westermann

ZEIT FÜR GESCHICHTE

Baden-Württemberg 12

Torsten Gass-Bolm
Elisabeth Gentner
Volker Habermaier
Birger Hass
Friedrich Huneke
Andrea Kimmi-Bühler
Sven Lembke
Daniel Schumacher
Mario Seiler
Tim Sonnenwald

ZEIT FÜR GESCHICHTE
Geschichtliches Unterrichtswerk für die Sekundarstufe II in Baden-Württemberg

verfasst von Torsten Gass-Bolm, Elisabeth Gentner, Volker Habermaier,
Birger Hass, Friedrich Huneke, Andrea Kimmi-Bühler, Sven Lembke,
Daniel Schumacher, Mario Seiler, Tim Sonnenwald
mit Beiträgen von Miriam Litten-Likus

Zu diesem Band gibt es Lehrermaterialien in gedruckter Form
(ISBN 978-3-14-116794-8) sowie BiBox – digitale Unterrichtsmaterialien:

westermann GRUPPE

Druck A[1] / Jahr 2022
Alle Drucke der Serie A sind im Unterricht parallel verwendbar.

Redaktion: Kerstin Meyer
Umschlaggestaltung: LIO Designagentur, Braunschweig
Layout: Druckreif! Sandra Grünberg, Braunschweig
Druck und Bindung: Westermann Druck GmbH, Georg-Westermann-Allee 66,
38104 Braunschweig

ISBN 978-3-14-**116793**-1

Liebe Schülerin, lieber Schüler,

„Die Darstellung der Geschichte seit dem Zweiten Weltkrieg zeigt [...] eines ganz deutlich: ein bis dahin nicht gekanntes Maß an grenzüberschreitenden Interaktionen zwischen Menschen, ihren Gemeinschaften, Ideen und Gütern“ – dies schrieb 2013 der japanische Historiker Akira Irye in seiner „Geschichte der Welt“ und stellte fest, dass in der unmittelbaren Vorgeschichte unserer Gegenwart ein stärkeres „Menschheitsgefühl“ entstanden sei. Dabei war die Welt nach 1945 zunächst vom Konflikt der Supermächte USA und UdSSR geprägt. Worin sich dieser in Wirtschaft und Gesellschaft zeigte und auf Europa auswirkte, wie Menschen in West- und Osteuropa verstärkt versuchten, durch zivilgesellschaftliches Handeln auf die Gestaltung der Gesellschaft Einfluss zu nehmen, welche Faktoren zum Zusammenbruch des Ostblocks und in der Folge zu Veränderungsprozessen auch im europäischen Miteinander führten, darum geht es im ersten Teil dieses Buches. Der zweite Teil nimmt Entwicklungen in Asien und Afrika in den Blick. Zu Beginn des 20. Jahrhunderts standen die größten Teile dieser Kontinente unter Kolonialherrschaft. „ZEIT für GESCHICHTE“ beleuchtet an vier Beispielen, wie Kolonien unabhängig wurden und wie der Kolonialismus und die Dekolonisierung bis in die Gegenwart fortwirken. Dabei richtet sich das Buch sowohl an die Schülerinnen und Schüler des Basisfachs wie des Leistungsfachs und unterstützt Sie darin, sich inhaltlich und methodisch auf das Abitur vorzubereiten.

Auszeichnungen von Materialien, Aufgaben und Begriffen

Im Unterricht sollten die meisten Teilkapitel von allen behandelt werden. Diese „Basiskapitel“ sind innerhalb der Gesamtkapitel am durchgehenden orangefarbenen Kopfbalken zu erkennen und im Inhaltsverzeichnis durch den Zusatz „BASIS“ ausgewiesen. In manchen dieser Kapitel finden Sie Aufgaben, die über die Basisanforderungen hinausgehen. Sie wurden in orangefarbene Kästchen gesetzt: ■.
Anregungen zur vertieften Auseinandersetzung sind in ZEIT für GESCHICHTE jeweils mit einem + gekennzeichnet. Auch manche von ihnen sind in erster Linie für die Bearbeitung im Leistungsfach gedacht und entsprechend hervorgehoben.

Ganze Teilkapitel, deren Inhalte über die Basisthemen hinausgehen, sind in der Kopfzeile der rechten Seite mit einer grauen Fläche gekennzeichnet
oder – sofern sie thematisch über den Bildungsplan hinausgehen – als „VERTIEFUNG“ ausgewiesen.

Ebenso sind vom Bildungsplan vorgegebene Lernbegriffe differenziert ausgewiesen: **Basisbegriffe**, die alle sicher anwenden können sollen, werden durch die Hervorhebung in Blau von **weiteren Fachbegriffen** unterschieden, die von den Leistungsfachschülerinnen und -schülern zusätzlich beherrscht werden sollen. Ein Register im Anhang hilft, Informationen zu zentralen Begriffen im Buch aufzufinden.

Hinweise zur Anwendung von Operatoren und Fachmethoden

Eine sichere Anwendung von Operatoren und Fachmethoden fördert ZEIT für GESCHICHTE mit folgenden Angeboten:

- Ein **Operatorenglossar** im Anhang erklärt die Anforderungen aller vom Bildungsplan vorgesehenen Operatoren, also der handlungsleitenden Verben in den Aufgaben. Vor allem aber zeigt es konkrete Schritte für deren Anwendung auf und gibt Formulierungshilfen.
- Das **Klausurentraining** stellt zu bekannten Inhalten passende Klausuraufgaben und führt modellhaft einen möglichen Bearbeitungsprozess vor. Dabei werden aus der Ich-Perspektive sinnvolle Überlegungen vorgestellt, die als Vorbereitung des Schreibprozesses zu verstehen sind. Das gezeigte Vorgehen kann als Unterstützung bei der späteren selbstständigen Auseinandersetzung mit Klausuraufgaben dienen. Musterlösungen zu jedem Klausurentraining finden Sie im Anhang.
- Unter der Rubrik **Methode** finden Sie Fachmethoden, die im Geschichtsunterricht der Sekundarstufe I bereits schrittweise eingeführt wurden – etwa zur Analyse von Materialien. Die Anleitungen sind inhaltlich eingebunden, aber übertragbar.

Die East Side Gallery in Berlin: Erinnerung an die Auswirkungen des Ost-West-Konflikts auf Deutschland

132 Das Ende des Ostblocks. Zerfall und Transformationsprozesse

196 Postkoloniale Räume. Aktuelle Probleme in historischer Perspektive

Ziviler Ungehorsam gegen Apartheid in Südafrika: Bahnreisende im Jahr 1952

256 Anhang

Mehr Ende als Anfang?

Deutschland, Europa und die Welt nach dem Zweiten Weltkrieg

M 1 a) Die Warschauer Altstadt, 1945

M 1 b) Der amerikanische Fotograf John Vachon (1914–1975) schilderte 1946 seiner Frau, wie er Warschau erlebte:

Dies ist wirklich eine unfassbare Stadt. Ich möchte sie dir beschreiben, weiß jedoch nicht, wie ich das anstellen soll. Es ist eine große Stadt, vor dem Krieg hatte sie mehr als eine Million Einwohner. Sie ist so groß wie Detroit. Nun sind 90 % davon vollkommen zerstört [...]. Wo man auch hinkommt, man sieht nur Reste von Gebäuden, denen die Dächer oder Seitenmauern fehlen, und darin leben Menschen. Eine Ausnahme ist das Ghetto, das nur eine weite Ebene ist, übersät mit Ziegelsteinen, verbogenen Bettgestellen, Badewannen, Sofas, gerahmten Bildern, Baumstümpfen, Millionen Dingen, die aus dem Schutt hervorragen. Ich verstehe nicht, wie jemand das tun konnte. [...] Es ist unbegreiflich böse.

Zit. nach Keith Lowe: Der wilde Kontinent. Europa in den Jahren der Anarchie 1943–1950, Stuttgart 2014, S. 23 (Übers.: Stephan Gebauer/Thorsten Schmidt)

M 2 a) Das Hafengebiet in Hamburg, 1945

M 2 b) Der britische Leutnant Philip Dark berichtete im Mai 1945 über Hamburg:

Wir bogen ins Zentrum ab und kamen in eine Stadt, die unvorstellbar verwüstet war. Es war mehr als schockierend. Soweit das Auge blickte, Quadratmeile auf Quadratmeile leerer Häuserschalen, in denen verbogene Stahlträger wie Vogelscheuchen emporragten, Heizkörper an einer noch stehenden Wand in der Luft hingen wie das gekreuzigte Skelett eines Pterodaktylus [Flugsauriers]. Furchtbare, abscheuliche Formen von Kaminen sprossen aus dem Gerüst einer Wand. Über dem Ganzen lag eine Atmosphäre zeitloser Stille. [...] Solche Bilder kann niemand verstehen, der sie nicht gesehen hat.

Zit. nach ebd., S. 26

displaced persons: Von der US-Armee geprägter Begriff für die während des Krieges deportierten Menschen, die die Befreiung durch die Alliierten außerhalb der Grenzen ihrer Heimatländer erlebten. Viele hatten weder Familien noch Orte, zu denen sie zurückkehren konnten. Etwa 1,7 Millionen DPs wurden von Internationalen Flüchtlingsorganisationen die Einreise in Länder wie USA, Kanada, Israel oder Großbritannien ermöglicht.

1. a) Beschreiben und vergleichen Sie M 1 und M 2.
   b) Formulieren Sie Fragen an das Kapitel.

Kriegsende – Beginn einer Friedenszeit?

Als am **8. Mai 1945** das Deutsche Reich kapitulierte und vier Monate später das Japanische Kaiserreich, war der Zweite Weltkrieg zu Ende. Weltweit waren über 60 Millionen Menschen gestorben. Etwa 6 Millionen europäische Juden waren ermordet worden. Millionen Menschen galten als verschollen – Millionen waren obdachlos geworden. Zeitzeugen schilderten, wie Menschenströme durch zerstörte Städte und verwüstete Landstriche zogen. In Deutschland waren unter ihnen nicht nur Menschen aus den Ostgebieten des ehemaligen Deutschen Reiches, die vor der Roten Armee oder vor Vertreibungsaktionen geflüchtet waren, sondern auch etwa 10 Millionen displaced persons (DPs), die aus Lagerhaft oder Zwangsarbeit befreit worden waren. Trauer und Verzweiflung, Hunger und Seuchen, Obdachlosigkeit und Überlebenskampf prägten den Alltag in den vormaligen Kriegsgebieten, und viele Menschen in Warschau, Berlin, London, Moskau oder New York einte trotz aller ideologischer Unterschiede die Sehnsucht nach Frieden.

Frieden gab es in vielen Teilen der Welt jedoch nicht: Zahlreiche innere Auseinandersetzungen, die durch den Kriegsverlauf hervorgerufen oder befördert worden waren, bestanden fort. So führten Zehntausende von Polen als Freiwillige in der „Heimatarmee" ihren Kampf gegen die sowjetischen Besatzer im Osten des Landes weiter, ebenso wie nationalistische Partisanen in der Ukraine oder im Baltikum. In Griechenland herrschte bis 1949 Bürgerkrieg zwischen linken Kräften, die von Albanien und Jugoslawien unterstützt wurden, und der konservativen Regierung, die militärische Unterstützung durch Großbritannien erhielt. Und in Jugoslawien kämpften vom Kommunisten Tito geleitete und von den Alliierten unterstützte Partisanen zunächst gegen die deutsche Besatzung und dann um die Vorherrschaft in dem Vielvölkerstaat.

Auch außerhalb Europas bedeutete die japanische Kapitulation nicht den Beginn einer Friedenszeit: Beispiele für Konflikte in Fernost nach 1945 sind der Indonesische Unabhängigkeitskrieg (1945–1949), der Französische Indochinakrieg (1946–1954) und der Erste Indisch-Pakistanische Krieg (1947–1949).

Zusammenbruchgesellschaften

In Deutschland war bei Kriegsende weit mehr als die Hälfte des Wohnraums dem Bombenkrieg zum Opfer gefallen – sowohl in Großstädten wie Berlin, Hamburg oder Dresden als auch in kleineren Städten wie etwa Heilbronn oder Pforzheim im Südwesten – ebenso wie viele Industrieanlagen. Weil zudem zahlreiche Brücken über größere Flüsse, Eisenbahnstrecken und Straßen zerstört waren – teils von der „Wehrmacht", um den Vormarsch der Alliierten aufzuhalten –, gab es auch keine funktionierende Infrastruktur mehr. Daher fehlte es an Lebensmitteln, Güter des täglichen Bedarfs konnten kaum produziert und transportiert werden. Das wahre Ausmaß der ökonomischen Notlage zeigte sich allerdings erst im strengen Winter 1946/47: Bis dahin hatten die Rohstoffvorräte noch für eine bescheidene Produktion und Versorgung der Bevölkerung mit dem Nötigsten gereicht. Ohne alliierte Hilfe wäre nun jedoch der Zusammenbruch der Versorgung mit Lebensmitteln und Energie zur Katastrophe geworden.

Die deutsche Propaganda hatte den Durchhaltewillen der Bevölkerung bis zuletzt beschworen, und so sahen manche überzeugte Nationalsozialisten nach der Kapitulation keinen anderen Ausweg als den Suizid. Allein für Berlin werden über 7000 Selbsttötungen im April/Mai 1945 angegeben, sodass ein Pfarrer von einer „Selbstmordepidemie" sprach. Doch auch unter denjenigen, die sich mit den neuen Verhältnissen arrangierten und versuchten, den täglichen Überlebenskampf zu bestehen, glaubten viele, keine Zukunftsperspektive zu haben, und konnten das Kriegsende daher kaum als Chance für einen Neubeginn wahrnehmen. Historiker sprechen von der Nachkriegsgesellschaft daher oft als **Zusammenbruchsgesellschaft**.

Zusammenbruch prägte auch das Leben in den von der deutschen „Wehrmacht" eroberten Gebieten – ob UdSSR, Griechenland oder dem Balkan, denn Hitler hatte den deutschen Truppen im März 1945 befohlen, „verbrannte Erde" zu hinterlassen. Daher war ihr Rückzug mit erneuten Zerstörungsexzessen einhergegangen. Nach den Zerstörungen beim Vormarsch der Deutschen waren viele Europäer also ein zweites Mal ihrer Lebensgrundlage beraubt worden. Allein in der Sowjetunion hatten die Deutschen rund 700 000 Dörfer niedergebrannt. Für Polen wurde 1947 eine Reduzierung des „nationalen Vermögens" auf 62 % des Vorkriegsstands ermittelt; etwa 84 % des Bahnwesens waren nach Kriegsende zerstört.

Angesichts der ungeheuren menschlichen und materiellen Verluste verwundert es nicht, dass die Befreiung der besetzten Gebiete durch die Alliierten mit Racheakten einherging. Entscheidend war in den einzelnen Ländern, wie sehr die jeweiligen Regierungen mit dem NS-Regime kollaboriert hatten bzw. welches Ausmaß der Widerstand gegen die Besatzungsherrschaft gehabt hatte. Die erste Phase der Gewalt wurde bald vom Versuch juristischer „Säuberung" abgelöst. In ehemals faschistischen oder autoritär regierten Staaten, vor allem in Frankreich, Italien und auf dem Balkan, schalteten die neuen politischen Eliten Vertreter der alten Eliten und ihre Helfer aus. Im Osten Europas – dem Machtbereich der UdSSR – wurden die „Säuberungen" auch dazu genutzt, das kommunistische Gesellschaftsmodell zu etablieren.

M3 Opfer im Zweiten Weltkrieg (Angaben in Mio.):

- **Soldaten:** getötet:15 verwundet: 25
- **Zivilisten:** getötet: 45

Länder mit den höchsten Opferzahlen (Angaben in Mio.; in Klammern: Anteil der Zivilisten)

- **UdSSR:** 24 (14,3) **China:** 20 (16,5)
- **Deutschland:** 7,7 (2,2)
- **Polen:** 5,6 (5,36)
- **NL-Indien** (Indonesien): 3,5 (alle)
- **Japan:** 2,9 (0,73)
- **Indien:** 2 (1,91)
- **Frz.-Indochina** (Vietnam, Laos, Kambodscha): 1,25 (alle)
- **Jugoslawien:** 1 (0,55)

Zusammengest. nach: www.nationalww2museum.org (02.07.2021)

„Säuberung": Der Begriff, der vom Ursprung her etwas Positives bezeichnet, wird auch beschönigend verwendet, um die Entfernung unliebsamer Personen aus ihren Ämtern oder, wie hier, von ihrem Wohnort zu benennen.

M4 Europa am Abgrund?

Der britische Autor Keith Lowe (*1970) fordert zu einem Experiment auf:

Versuchen Sie, sich eine Welt vorzustellen, in der es keine Institutionen gibt. Es ist eine Welt, in der sich die Grenzen zwischen den Ländern anscheinend aufgelöst haben. Menschen durchstreifen das grenzenlose Land auf der Suche nach Gemeinschaften, die nicht mehr existieren. Es gibt keine Verwaltungen mehr, weder nationale noch lokale. Es gibt keine Schulen und Universitäten, keine Bibliotheken und Archive mehr. Es gibt keine Kinos oder Theater und natürlich auch kein Fernsehen. Das Radio funktioniert gelegentlich, aber das Signal ist schwach, und die Sendungen, die man hören kann, sind fast immer in einer fremden Sprache. Eine Zeitung hat seit Wochen niemand mehr in der Hand gehabt. Es fahren keine Züge oder Autos, man kann nicht telefonieren noch Telegramme verschicken, die Postämter sind alle verwaist – abgesehen von dem, was mündlich weitergegeben wird, ist Kommunikation unmöglich. Es gibt keine Banken mehr, was jedoch keine Rolle spielt, da das Geld ohnehin wertlos ist. Es gibt keine Läden, denn niemand hat irgendetwas zu verkaufen. Es wird nichts mehr produziert: Die großen Fabriken und Unternehmen wurden alle zerstört oder stillgelegt […]. Es gibt keine Werkzeuge mehr außer denen, die man im Schutt findet. Es gibt keine Nahrung.
Recht und Ordnung existieren praktisch nicht mehr, denn es gibt weder Sicherheitskräfte noch ein Justizsystem […]. Wer etwas besitzen darf, hängt davon ab, wer der Stärkere ist und es mit seinem Leben verteidigen wird. Bewaffnete Männer ziehen durch die Straßen, nehmen sich, was sie wollen, und bedrohen jeden mit dem Tod, der sich ihnen in den Weg stellt. Frauen aus allen Gesellschaftsschichten und jeden Alters prostituieren sich für Nahrung und Schutz. Die Menschen […] kümmern sich nicht mehr um moralische Normen. Es zählt nur das nackte Überleben.

Keith Lowe: Der wilde Kontinent. Europa in den Jahren der Anarchie 1943–1950, Stuttgart 2014, S. 11 f. (Übers.: Stephan Gebauer und Thorsten Schmidt)

M5 Das Kriegsende als „Stunde null"?

Der Historiker Martin Sabrow setzte sich 2020 mit dem Bild der „Stunde null", dem radikalen Neubeginn, auseinander:

Auf wirtschaftlichem Gebiet […] kann angesichts der weitgehend erhaltenen Substanz des deutschen Anlagevermögens von einem totalen Zusammenbruch keine Rede sein. Auch in sozialer und kultureller Hinsicht erwies sich die vermeintliche „Stunde null" […] eher als eine „große Illusion", die die vielen Mentalitätsbrücken, die die west- wie die ostdeutsche Nachkriegsgesellschaft mit der Weimarer wie auch mit der NS-Zeit verbanden, fälschlich in den Hintergrund drängte. In der fortbestehenden Sozialschichtung, aber auch im Erziehungsstil wie im Wertehaushalt und nicht zuletzt in der mangelnden Bereitschaft zur kritischen Verarbeitung der nationalsozialistischen Vergangenheit kamen Kontinuitäten und Gemeinsamkeiten zum Ausdruck. […] Aber eine solch einseitige Bewertung der Formel von der „Stunde null" wird zugleich der Erfahrung der Zeitgenossen nicht gerecht, die sich von einem Augenblick zum anderen aus einer nationalsozialistisch geprägten Sinnwelt vertrieben fanden, die ihnen seit 1933 und den Zweiten Weltkrieg hindurch nicht nur ein ideologisches Verständnisgerüst geboten hatte, sondern auch eine lange stabil scheinende und plötzlich gesprengte Zeitordnung. Für sie, die sich mit dem militärischen, politischen und moralischen Zusammenbruch, den das Ende des „Dritten Reiches" bedeutete, für einen welthistorischen Moment in eine Welt ohne Vergangenheit und Zukunft entlassen sahen, bildet die Metapher der „Stunde null" einen denkbar prägnanten Ausdruck.

Zit. nach: www.bpb.de/apuz/303645/die-stunde-null-als-zeiterfahrung (06.11.2021)

M6 1945 – eine globale Zäsur?

Der Historiker Christoph Kleßmann schrieb 2010:

Das Schlüsseljahr 1945 ist sicherlich primär eine europäische Größe, weil hier die Folgen besonders einschneidend waren. Ohne Frage reichte jedoch die Wirkung der mit diesem Jahr verknüpften Entwicklungen weit über Europa hinaus, wie nicht nur die welthistorische Zäsur des Atombombenabwurfs auf Hiroshima und Nagasaki im August 1945 verdeutlicht. Der Weltkrieg und seine Konsequenzen waren ein globales historisches Ereignis wie bislang wohl kein anderes. Zwei Drittel aller Staaten und drei Viertel der Weltbevölkerung waren davon betroffen. Für Deutschland stellte 1945 als Befreiung von der NS-Herrschaft auch „einen Tiefpunkt der neueren deutschen Geschichte" dar. Neben enormen Gebietsverlusten legte eine nie erlebte Zahl von Toten, Flüchtlingen und Vertriebenen, Vergewaltigten, Evakuierten und Gefangenen den Eindruck von Finis Germaniae nahe. […]
Dass mit dem Ende der NS-Diktatur und des von ihr angezettelten Weltkrieges eine Befreiung verbunden war, die in Ostmitteleuropa sehr schnell wieder in ein neues Diktatursystem mündete, gehört zu den nicht auflösbaren Paradoxien des Jahres 1945. Für die osteuropäischen Völker ist dieser Zusammenhang sicherlich das wichtigste und schmerzlichste Element in der Erinnerung. […]

Finis Germaniae: lat., das Ende Deutschlands

1945 endete auch die zwei Jahrhunderte andauernde Epoche, in der Europa die Welt beherrscht hatte. [...] Die Auflösung des europäischen Imperialismus und der europäischen Kolonien gehörte essenziell dazu. [...]
Ein anderes Element von enormer Wirkung und Sprengkraft ist im weiteren Zusammenhang von 1945 ebenfalls zu nennen: die Gründung Israels. Die Nationalsozialisten wollten die „Endlösung der Judenfrage" und realisierten sie in Europa in grauenhafter Konsequenz. Aber die Folge des Holocaust war mit einer gewissen zeitlichen Verzögerung die Gründung eines jüdischen Staates. Damit aber wurde „das Ende der ‚jüdischen Frage' in Europa zu ihrem Beginn im Nahen Osten" [wie der Historiker Dan Diner formulierte].

Christoph Kleßmann: 1945 – welthistorische Zäsur und „Stunde null", zit. nach: docupedia.de/zg/klessmann_1945_v1_de_2010 (29.06.2021)

M 7 Weltgeschichte nach 1945 – was ist wichtig?

Der japanische Historiker Akira Iriye schreibt:

Die Globalgeschichte [besteht] aus zahlreichen Schichten oder Ebenen [...], die sich normalerweise nicht überlappen, aber trotzdem miteinander verbunden sind. Da gibt es die Geschichte der Welt, die sich auf der Ebene einzelner Staaten abspielt [...]. Für die Zeit nach 1945 wurde diese Geschichte zumeist im Rahmen des Kalten Krieges betrachtet [...]. Parallel zu dieser im Wesentlichen geopolitisch bestimmten Ebene entwickelten andere Bereiche ihre jeweils ganz eigene Dynamik. Da war zum einen die Ökonomie und zum anderen die Kultur, wo nationale Einheiten als Bezugsgrößen weniger wichtig waren als Waren, Kapital, Ideen sowie andere Produkte und Betätigungen in verschiedenen Teilen der Welt. All diese Ebenen überlappten sich gelegentlich [...], aber jede weist ihre eigene Geschichte, Chronologie und Agenda auf. Eine gänzlich andere Ebene stellte der natürliche Lebensraum dar, den die Menschen mit Tieren, Pflanzen, Wasser, Luft und anderen physischen Dingen teilten. [...]
Die Darstellung der Geschichte seit dem Zweiten Weltkrieg zeigt [...] eines ganz deutlich: ein bis dahin nicht gekanntes Maß an grenzüberschreitenden Interaktionen zwischen Menschen, ihren Gemeinschaften, Ideen und Gütern, mit der Folge, dass die Schicksale von Nationen, Zivilisationen, Individuen und der natürlichen Umwelt eng miteinander verknüpft waren, ob nun im politischen, ökonomischen, gesellschaftlichen oder kulturellen Bereich. [...] Länder und Völker in nichtwestlichen Teilen der Welt haben aktiv Geschichte geschrieben und sich nicht einfach nur in eine westlich geprägte Welt eingefügt. In der Folge ist ein stärkeres „Menschheitsgefühl" entstanden, selbst wenn sich die Menschen ihrer Vielfalt deutlicher bewusst wurden. [...] Die Zunahme dieses Interdependenzempfindens, des Gefühls einer menschlichen Schicksalsgemeinschaft, ist einer der bemerkenswertesten Aspekte der Zeitgeschichte.

Akira Iriye (Hg.): Geschichte der Welt. 1945 bis heute – Die globalisierte Welt, München 2013, S. 9–11, 14 (Übers.: Andreas Wirthenson)

---

2. a) Vollziehen Sie das in M 4 vorgeschlagene Experiment nach, indem Sie erläutern, was die Schilderung Lowes für Ihren Alltag bedeuten würde.
b) Arbeiten Sie aus M 4 Aspekte heraus, die für die aufzubauenden europäischen Nachkriegsgesellschaften bedeutsam sind.

3. Beantworten Sie die Leitfrage „Mehr Ende als Anfang?" und setzen Sie Ihre Antwort in Beziehung zu Ihren Fragen an das Kapitel (Aufgabe 1. b).

4. Beurteilen Sie die Beschreibung des „Schlüsseljahres 1945" (M 6, Z. 1). Unterscheiden Sie eine deutsche und eine internationale Perspektive. Beziehen Sie in Ihre Beurteilung M 5 ein.

5. Arbeiten Sie aus M 7 die Thesen zur Historiografie der Globalgeschichte heraus.

6. Legen Sie für die nächsten beiden Semester eine Übersicht an oder zeichnen Sie einen Zeitstrahl. Tragen Sie die jeweils behandelten Ereignisse mit verschiedenen Farben für die von Iriye in M 7 benannten Ebenen ein.

Tipp: Im politischen Bereich wird es Ihnen leichtfallen, wichtige Ereignisse zu finden. Für die ökonomischen, kulturellen oder ökologischen Entwicklungen ist es schwieriger. Suchen Sie nach einem Beispiel, das für eine Gesamtentwicklung steht. So könnten Sie für die zivile Nutzung der Atomkraft den Bau eines Atomkraftwerks in Ihrer Gegend oder den Super-GAU in Tschernobyl 1986 nennen.

„Heimatvertriebene“ – nur Deutsche?

Zwangsmigration nach 1945

M 1 (links) Vertriebenendenkmal in Friedrichshafen mit den Wappen der Heimatgebiete der Vertriebenen. Diese waren: Russlanddeutsche, Deutschbalten, Westpreußen, Ostpreußen, Sudetendeutsche, Oberschlesier, Siebenbürger, Brandenburger, Danziger, Pommern, Schlesier und Donauschwaben.

1. Analysieren Sie die in M 1 und M 2 abgebildeten Denkmäler. Beziehen Sie die künstlerische Konzeption – Aufbau, Bildelemente, Symbole – und die verwendeten Textelemente mit ein.

\+ Informieren Sie sich über Denkmäler zur Erinnerung an „Flucht und Vertreibung“ an Ihrem Schul- oder Wohnort.

2. Formulieren Sie davon ausgehend Fragen an das Kapitel.

Das Jahrhundert der Zwangsmigration

Die erste Hälfte des 20. Jahrhunderts war geprägt von vielfacher Zwangsmigration, ein Begriff, der in den 1980er-Jahren aufkam. Darunter verstehen Historiker massenhafte Ortsbewegungen von Menschen, die durch staatliche Anordnung oder durch militärische Gewalt – im Krieg oder bei inneren Auseinandersetzungen in einem Land – verursacht sind. Opfer sind ethnisch, sozial oder religiös definierte Gruppen, die von der übrigen Bevölkerung eines Gebiets abgetrennt werden sollen. So wurden nach 1918 Deutsche vom französischen Staat aus dem wiedergewonnenen Elsass vertrieben. Beispiele sind auch die Zwangsmigrationen innerhalb der stalinistischen UdSSR, bei der etwa deutsche Bevölkerungsteile von der Wolga nach Zentralasien oder Sibirien umgesiedelt wurden. Der „Generalplan Ost“, der vom NS-Regime im Zweiten Weltkrieg entworfen wurde, wollte Millionen von Menschen in ethnisch geschlossenen Gebieten ansiedeln. Nicht nur slawische Völker, Russen, Ukrainer und Polen, waren betroffen, sondern auch Deutsche aus den eroberten Gebieten, die unter dem Schlagwort „Heim ins Reich“ zum Verlassen ihrer Heimat gezwungen wurden.

Nach Kriegsende 1945 fanden – oft mit Billigung der alliierten Siegermächte – weitere „ethnische Säuberungen“ statt, wie bis heute diese Zwangsmigration beschönigend genannt wird. Bereits in der Endphase des Kriegs waren Millionen Deutsche, die außerhalb der Grenzen des Reiches gelebt hatten, vor den heranrückenden sowjetischen Truppen geflohen. In Umsetzung der alliierten Konferenzbeschlüsse von Teheran (1943), Jalta (1943) und Potsdam (1945) wurde Polen nach Westen verschoben: Ostpolen fiel an die UdSSR; seine polnische Bevölkerung musste nach Westen umsiedeln. Die Oder-Neiße-Linie sollte als künftige Westgrenze dienen; das südliche Ostpreußen sowie Schlesien wurden nun von Polen verwaltet. Die in Potsdam formulierte „Überführung deutscher Bevölkerungsteile“ aus Polen, Ungarn und der Tschechoslowakei, die „in ordnungsgemäßer und humaner Weise“ erfolgen sollte, legitimierte die bereits stattfindenden Vertreibungen der deutschen Minderheiten.

„ethnische Säuberungen“: In den Bürgerkriegen im zerfallenden Vielvölkerstaat Jugoslawien wurde der Begriff in den 1990er-Jahren für die gewaltsame Trennung von Serben, Kroaten, Bosniaken und Kosovo-Albanern gebraucht. Auch in Afrika finden bis heute ethnische Säuberungen statt, z. B. im Darfur-Konflikt.

M2 Denkmal der Landsmannschaften der deutschen Heimatvertriebenen in Berlin, 1955 („Ewige Flamme"). Auf der Rückseite steht: „Diese Flamme mahnt: Nie wieder Vertreibung!"

M3 Flucht und Vertreibung in Europa

Der Historiker Christoph Cornelißen ordnet Flucht und Vertreibung Deutscher nach 1945 in den europäischen Zusammenhang ein:

Im Laufe des Zweiten Weltkriegs wurde die ethnische Landkarte Europas von Grund auf umgestaltet. Rund 40 Millionen Flüchtlinge [...] verloren dauerhaft ihre Heimat, wobei die Flucht sich oft über mehrere Etappen erstreckte und in vielen Fällen Deportationen, Verschleppungen zur Zwangsarbeit und andere Verbrechen das Geschehen überlagerten. Noch sehr viele mehr mussten zumindest zeitweilig ihre angestammten Regionen verlassen. Der britische Historiker Peter Gatrell spricht von 60 Millionen Flüchtlingen [...] allein in Kontinentaleuropa, 175 Millionen weltweit, was etwa 7,6 Prozent der Weltbevölkerung zu Kriegsende entsprach. [...]

In einem breiteren europäischen Panorama zeigt sich, dass die Politik „ethnischer Säuberungen" als die extreme Variante einer Ideenwelt gelten muss, die seit der Orient- oder Balkankrise 1875–78 sowie den Balkankriegen die gewaltsame Herbeiführung ethnisch homogener Nationalstaaten als Voraussetzung für den Aufbau stabiler politischer und gesellschaftlicher Ordnungen vorsah. [...]

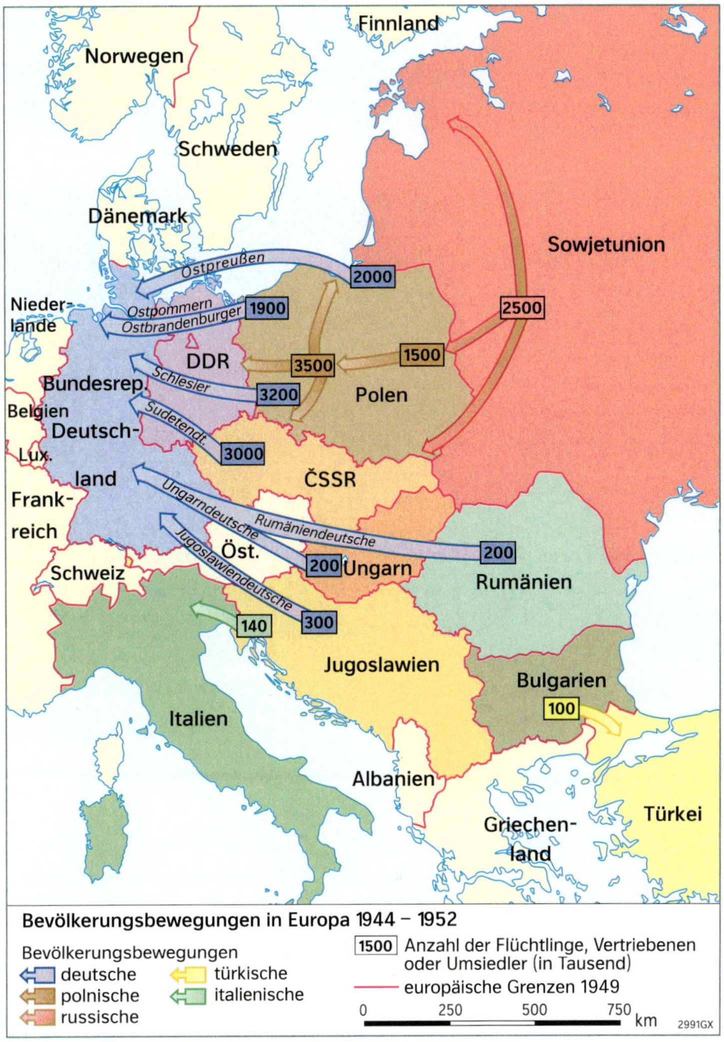

M4 Bevölkerungsbewegungen in Europa während und nach dem Zweiten Weltkrieg

In vielen Fällen gelangten die Flüchtlinge in Länder, deren Gesellschaften ohnehin in einem völligen Umbruch begriffen waren, sodass sich Wege für den sozialen und wirtschaftlichen Aufstieg eröffneten, die von vielen erfolgreich genutzt wurden. Anders dagegen sieht es aus, wenn die psychologische Seite der Deportationen und Fluchtwanderungen in den Blick genommen wird. Umsiedlung, Flucht und Vertreibung hinterließen bei den Überlebenden oft scherwiegende Folgen, die häufig erst mit großem Abstand zu den Geschehnissen zum Vorschein treten sollten.

Christoph Cornelißen: Europa im 20. Jahrhundert (Neue Fischer Weltgeschichte 7), Frankfurt/M. 2020, S. 293, 301

M5 Sudetendeutsche verlassen nach Kriegsende Prag. 1945 und 46 wurden sie – oft unter Gewaltanwendung – zum Verlassen ihrer Heimat gezwungen. Ihr Vermögen – ob Immobilien oder andere Werte – wurde durch ein im Oktober 1945 erlassenes Dekret dem tschechoslowakischen Staat unterstellt.

M6 Das Problem der Begriffe

a) Stephan Scholz:

Der Begriff […] „**Flucht und Vertreibung**" war bis 1990 ein Spezifikum der Bundesrepublik. Er war vonseiten des Staates und der Vertriebenenorganisationen als ein emotional besetzter und moralisch aufgeladener Begriff bewusst gewählt worden und sollte den Zwangs- und Unrechtscharakter des Vorgangs, die mit ihm verbundene Gewalt sowie den Anspruch auf seine Revision zum Ausdruck bringen. In der DDR wurde dagegen als terminus technicus der Begriff „Umsiedlung" verwendet, der den Vorgang betont nüchtern als einen ordnungsgemäßen und endgültigen markieren sollte. In der Wissenschaft wird heute meist neutral von der „Zwangsmigration" der Deutschen gesprochen.

https://ome-lexikon.uni-oldenburg.de/p49725 (13.04.2022)

b) Hans-Jürgen Bömelburg, Renate Stößinger und Robert Traba

In Polen wurden die Umsiedler aus Ostpolen ab 1945 durchweg als „Repatrianten" […] benannt, wodurch die Fiktion gewahrt schien, die ostpolnische Bevölkerung kehre in die angeblich urpolnischen „wiedergewonnenen Gebiete" zurück. […] Die Zwangsabschiebung der deutschen Bevölkerung wurde dagegen in Polen als „Migration" oder „Aussiedlung" verharmlost, der Begriff für Vertreibung […] war im Polnischen bis Anfang der Neunzigerjahre ein Tabubegriff. Heute ist er jedoch in großen Teilen der […] Öffentlichkeit Polens entideologisiert und wird wechselweise mit Begriffen wie „Aussiedlung", „Deportation" oder „Zwangsaussiedlung" benutzt.

Hans-Jürgen Bömelburg/Renate Stößinger/Robert Traba (Hgg.): Vertreibung aus dem Osten. Deutsche und Polen erinnern sich. Olsztyn 2000, S. 9

M7 Berichte Betroffener

a) Eine Deutsche aus dem Dorf Jahnsfelde (heute: Janczewo) im Kreis Landsberg a. d. Warthe, 1952:

Am 12. Juli 1945 wurde unser Dorf vollständig von Polen besetzt. Wir merkten bald, dass sie gekommen waren, um unsere Häuser und Höfe, unser ganzes Land und den Rest unserer Habe in Besitz zu nehmen, aber was uns weiter bevorstand, ahnten wir damals noch nicht. Auf unsern Hof kam einer aus Kongresspolen. […] Er legte einen Schein vom polnischen Landrat aus Landsberg vor, dass unser Hof von nun an ihm gehöre. Ich kann etwas polnisch lesen, […] war also im Bilde. Am 15. Juli 1945 sind wir mit einem Handkoffer von 30 Pfund vorgeschriebenem Gewicht, von polnischer Miliz getrieben und manches Mal um das Letzte beraubt, an die Oder gezogen. Es wurde uns gesagt, bis zu diesem Tage müssten wir rüber sein, andernfalls kämen wir nach Sibirien.

Zit. nach: BM für Vertriebene, Flüchtlinge und Kriegsgeschädigte (Hg.): Dokumentation der Vertreibung der Deutschen aus Ost-Mitteleuropa, Bonn 1954, Bd. I, S. 682

b) Aus dem Bericht über polnische Bewohner Lembergs (polnisch: Lwów, ukrainisch: Lwiw):

Eine wahrhafte Aussiedlungstragödie erlebten mein Onkel Jan Hewak und seine Frau Paulina. Beide waren Buchbinder. Durch harte Arbeit und Verzicht auf vieles hatten sie eine Werkstatt in der Fredro-Straße in Lemberg erworben und sogar einige Maschinen aus Wien importieren können. In der Nähe des Łyczakowski-Friedhofs besaßen sie eine Villa mit Garten. […] Als der Exodus der Polen aus Lemberg begann, wurde ihnen zunächst ihre Werkstatt genommen. Am Tage des Abtransports aus ihrer Heimatstadt warteten sie noch auf das Auto, das ihre Sachen zum Bahnhof bringen sollte, da kam schon ein anderes mit einem sowjetischen Offizier darin, der eine Zuweisung für ihr Haus in der Hand hielt.

Hans-Jürgen Bömelburg u. a., ebd., S. 82

Kongresspolen: Polen war seit 1795 zwischen Preußen, Russland und Österreich geteilt; ein polnischer Nationalstaat existierte seitdem nicht. 1807 hatte Napoleon jedoch die Gründung eines „Herzogtums Warschau" auf südpreußischem Gebiet befördert, um Preußen zu schwächen. Nach Napoleons Sturz ging auf dem Wiener Kongress (1815) „Kongresspolen" aus dem Herzogtum Warschau hervor, eine konstitutionelle Monarchie unter russischer Kontrolle. König von Polen war der russische Zar.

M8 Befriedung?

Der polnische Historiker Krzysztof Ruchniewicz schrieb 2015:

Lange Zeit wurde die These vertreten, dass die Zwangsmigrationen nach dem Zweiten Weltkrieg – vor allem von Deutschen und Polen – zwar schmerzhaft gewesen seien, aber zu Jahrzehnten des Friedens in Europa beigetragen hätten. Die Kritiker dieser Ansicht verweisen auf die über Jahrzehnte offen gebliebenen Wunden in Form von Gefühlen erlittenen Unrechts und Feindseligkeiten, die zum Teil bis heute zu spüren seien, auf die Atmosphäre eines latenten oder offenen Revisionismus auf der einen und des Gefühls des Provisoriums, der Ungewissheit, auf der anderen Seite [...]. Nach dieser Meinung war der Friede in Mitteleuropa keine Folge des „Geistes von Potsdam", sondern lediglich eine Auswirkung des „Kalten Krieges" und des „Eisernen Vorhangs", der die Antagonisten voneinander trennte und keine Möglichkeit einer weiteren direkten Konfrontation bot. Die bipolare Struktur der weltweiten Kräfteverhältnisse und die lange anhaltende politische Marginalisierung Europas bewirkten, dass die Grenzregelung – auch wenn sie von Millionen abgelehnt wurde – jahrzehntelang hielt und somit den vom Verlust der Heimat Betroffenen wie auch den nachfolgenden Generationen Zeit gab, sie zu akzeptieren.

Krzysztof Ruchniewicz: Zwangsmigration, zit. nach: ome-lexikon.uni-oldenburg.de/p32750 (Stand 14.09.2021)

M9 Verlorene Heimaten?

Władysław Bartoszewski, Widerstandskämpfer gegen die nationalsozialistische und die sozialistische Diktatur, war 1995 als polnischer Außenminister Gast des Deutschen Bundestags. Er sagte:

Während des Krieges und nach seiner Beendigung mussten Millionen von Menschen ihre Heimat verlassen. Für viele Polen waren dies die Gebiete jenseits des Bugs und für viele Deutsche die Gebiete östlich von Oder und Neiße. Diese beiden Gruppen von Menschen konnten nicht miteinander reden; doch wenn es dazu gekommen wäre, so hätten sich beide Völker beträchtlich früher verständigen und verstehen können. [...]

Und wenn sich [die Polen] in den polnischen Westgebieten ansiedelten, so kamen sie nicht als Sieger dorthin, sondern sie betrachteten sich als Opfer des Krieges, den sie niemals gewollt und dessen Ausbruch sie nicht verschuldet hatten. Der Umbruch von 1989 schaffte Möglichkeiten für eine offene politische Diskussion. Da man nun über das Schicksal der Aussiedler aus Wilna und Lemberg sprechen darf, ist es auch leichter, die menschliche Dimension des Dramas der Aussiedlungen aus Breslau oder Stettin zu erblicken. Die rechtlich-politische Regelung der Probleme der Vereinigung Deutschlands und seiner Grenzen bewirkte, dass heute ein Gespräch über die „verlorene Heimat" keinerlei Befürchtungen um die Friedensordnung in Europa hervorrufen muss.

www.bundestag.de/parlament/geschichte/gastredner/bartoszewski/rede_bartoszewski-245134; (09.01.2020)

„Geist von Potsdam": Die Formulierung bezieht sich auf die Potsdamer Konferenz (17.07.–02.08.1945) und unterstellt, dass sie von gemeinsamen Interessen der Verhandlungspartner USA, UdSSR und GB geprägt war.

Eiserner Vorhang: eine von dem britischen Premierminister Winston Churchill verwendete Metapher für die Abschottung des sowjetischen Machtbereichs (→ S. 21, M3)

3. Arbeiten Sie aus M3 und M4 die Dimension von Flucht und Vertreibung für Deutschland, für Europa und die Welt heraus.

4. a) Erläutern Sie an M5 und M7, was Vertreibung für die betroffenen Menschen bedeutete. Ziehen Sie auch weitere Aussagen heran, die Sie unter dem Webcode WES-116793-001 finden. Geben Sie den Code auf www.westermann.de/webcode ein.
b) Überprüfen Sie an M5 und M7 a), ob die in Potsdam beschlossene „Überführung [...] in ordnungsgemäßer und humaner Weise" erfolgte (→ S. 10, Z. 44 ff.).

5. a) Erläutern Sie das „Problem der Begriffe" (M6).
b) Wenden Sie in M6 genannte Begriffe auf die in M7 dargestellten Fallbeispiele an.

6. Überprüfen Sie mit M8 die These, die Zwangsmigrationen nach dem Zweiten Weltkrieg hätten „zu Jahrzehnten des Friedens" (Z. 4 f.) beigetragen.

7. Arbeiten Sie die Kernaussagen der Rede Władysław Bartoszewskis heraus (M9) und beurteilen Sie die Möglichkeit, heute über die „verlorene Heimat" (Z. 24) sprechen zu können.

8. Überprüfen Sie die am 8. Mai 1985 formulierte These des Bundespräsidenten Richard von Weizsäcker: „Wir dürfen nicht im Ende des Krieges die Ursache für Flucht, Vertreibung und Unfreiheit sehen. Sie liegt vielmehr in seinem Anfang und im Beginn jener Gewaltherrschaft, die zum Krieg führte. Wir dürfen den 8. Mai 1945 nicht vom 30. Januar 1933 trennen."
(zit. nach: www.bundespraesident.de/SharedDocs/Reden/DE/Richard-von-Weizsaecker/Reden/1985/05/19850508_Rede.html; 09.11.2021)

Geteilte Welt

Vom Systemkonflikt zum Konflikt der Blöcke

„Als im Dezember 1991 die Sowjetunion zusammenbrach, ging eine Epoche der Weltgeschichte zu Ende – eine Epoche der Angst und der ständigen Bedrohung, der Überwachung und des Misstrauens. Für die meisten Menschen war sie dennoch zur Normalität geworden, fast 45 Jahre lang war keine andere Weltordnung denkbar als die des **Kalten Krieges**. [...] Momente der Konfrontation und der Annäherung wechselten einander über die gesamte Dauer der Jahre 1947–1992 ab, ja zuweilen überlagerten sich sogar Konflikt- und Entspannungsphasen." – So charakterisierte der Historiker Bernd Stöver den sogenannten „Kalten Krieg", der die Welt nach dem Ende des Zweiten Weltkriegs prägte.

(Ders.: Ein totaler Krieg. In: Zeit Geschichte 3/2012: Der Kalte Krieg. Weltpolitik im Schatten der Bombe, S. 14–17, hier: S. 15)

Abbildungen:

- Karte der geteilten Welt (1947–1991)
- (unten links) Auch die Beherrschung des Weltraums war Gegenstand der Konfrontation zwischen den USA und der UdSSR. Am 12. April 1961 gelang es im Rahmen des sowjetischen Raumfahrtprogramms erstmals, mit Juri Gagarin einen Menschen in einer Raumkapsel die Erde umkreisen zu lassen.
- (unten rechts) Die erste Mondlandung – am 21. Juli 1969 – gelang dagegen den USA. Als der Astronaut Neil Armstrong die Mondoberfläche betrat, sagte er: „That's one small step for man, one giant leap for mankind."
  Einen Podcast zum Thema finden Sie unter dem Webcode **WES-116793-002**.

Der Kalte Krieg – nur ein Systemkonflikt?

Imperien – Verbündete – Gegner

M 1 Der Kalte Krieg war eine Konfrontation zwischen Kapitalismus und Sozialismus, die in den Jahren von 1945 bis 1989 ihren Höhepunkt hatte, obwohl ihre Ursprünge viel weiter in der Vergangenheit lagen und ihre Folgen heute noch zu spüren sind.

Odd Arne Westad: Der Kalte Krieg. Eine Weltgeschichte, Bonn 2020, S. 9

1. So beginnt der Historiker Odd Arne Westad seine Monografie zum „Kalten Krieg". Formulieren Sie anhand des Zitats Ausgangsfragen zum Thema „Kalter Krieg".

„Kalter Krieg" und „bipolare Welt" – Phänomene mit europäischen Wurzeln?

Spricht man vom Kalten Krieg, hat man meist die Zeit zwischen 1945 bis 1989/91 vor Augen, in der sich die zwei Supermächte USA und UdSSR unversöhnlich gegenüberstanden. Für Historiker ist diese Periodisierung zu eng. Die Jahre 1945 bis 1989 stellen lediglich den Höhepunkt in der Auseinandersetzung zweier Machtblöcke dar, die sich mit unterschiedlichen Ideologien weltweit gegenüberstanden. Die Ursprünge des Konflikts liegen in politischen „Ideen" begründet: Es geht um ein Aufeinanderprallen von **Kapitalismus** und **Sozialismus**, von unterschiedlichen Vorstellungen von Wirtschaft und Gesellschaft, die ausschlaggebend wurden für die Ausgestaltung der jeweiligen Politik und deren Ursprünge im 18. und 19. Jahrhundert liegen.

Die Bezeichnung „Kalter Krieg" ist hinsichtlich der „Kälte" jedoch irreführend: Auch wenn die Supermächte USA und UdSSR nie direkt militärisch aufeinandertrafen, so ist diese Zeit dennoch von kriegerischen Konflikten geprägt, die an verschiedensten Orten ausgetragen wurden. Will man diese Zeit der Weltgeschichte nicht nur über den Konflikt definieren, bietet sich der Begriff einer „bipolaren Welt" an. Er bringt zum Ausdruck, dass sich nicht nur zwei Länder gegenüberstehen, sondern auch zwei Ideologien, Kapitalismus und Sozialismus.

Diese Ideologien sind mit den Namen Adam Smith, dem Begründer einer Kapitalismustheorie, sowie Karl Marx und Friedrich Engels, Smiths schärfsten Kritikern, verbunden. Marx und Engels analysierten im 19. Jahrhundert die Fehlentwicklungen des Kapitalismus und strebten deren Überwindung durch die klassenlose Gesellschaft im Kommunismus an. So gesehen hat der Kalte Krieg einen europäischen Hintergrund. Hier entstanden die kapitalistischen und sozialistischen Denkmuster, die spätestens nach der russischen Oktoberrevolution 1917 einen künftigen **Systemkonflikt** wahrscheinlicher werden ließen.

Nur ein Systemkonflikt?

Die Ursprünge liegen aber nicht nur in einem ideologischen Gegensatz. So betont der His-

M 2 Amerikanisches Selbstverständnis: „Westward" von Emanuel Leutze, 1861. 6 x 9 m großes Wandbild im Kapitol in Washington

toriker Westad die Gemeinsamkeiten der US-amerikanischen und der russischen Geschichte auf ihren Wegen zu Imperien. Beide hatten im 18. und 19. Jahrhundert enorme ländliche Ressourcen zur Verfügung und versuchten, ihre Territorien ständig zu erweitern. Beide hatten ein vergleichbares Sendungsbewusstsein und waren überzeugt, Repräsentanten von Kultur und Fortschritt zu sein. Ihre „grenzenlosen" Möglichkeiten prägten Mentalität und Selbstbewusstsein dieser Kontinentalmächte. Für beide spielte zudem die Religion eine zentrale Rolle: Neben der Kultur brachte man den „richtigen" Glauben und legitimierte auch damit die territoriale Ausdehnung. So zeigten sich zu Beginn des 20. Jahrhunderts mit den USA und dem russischen Zarenreich zwei Imperien mit ähnlichen Machtansprüchen, die im Falle Sibiriens und Alaskas sogar direkt aneinandergrenzten.

M3 Die Einweihung des Nationaldenkmals „Tausend Jahre Russland", errichtet 1862 in Nowgorod. Gemälde von Bodgan Willewalde, 1864 (Ausschnitt)
Oben auf dem Denkmal steht die Allegorie Russlands auf einem Halbrund. Es ist die „Kappe des Monomach", das Symbol der Zarenmacht. Die Figuren der mittleren Ebene symbolisieren Ereignisse der russischen Geschichte, die unten angeordneten stehen für das Volk.

Wann begann der Kalte Krieg?

Schon die Zeitgenossen maßen dem Jahr 1917 eine epochale Bedeutung zu: Erstmals erschienen auf den europäischen Schlachtfeldern US-amerikanische Soldaten, um ihre Verbündeten Frankreich, Großbritannien und Russland im Krieg gegen das deutsche Kaiserreich zu unterstützen. Noch im selben Jahr wurde der russische Zar gestürzt, und die von Lenin geführten Bolschewiki beanspruchten seit Oktober 1917 in Russland die Macht. Sie konnten sich jedoch erst in einem Bürgerkrieg durchsetzen und gründeten 1922 schließlich die „Union der Sozialistischen Sowjetrepubliken" (UdSSR). Die USA hatten sich nach den Versailler Friedensverhandlungen 1919 zwar wieder aus Europa zurückgezogen, doch sollte ihr wirtschaftlicher und kultureller Einfluss den europäischen Kontinent nachhaltig verändern. Noch sah man in den USA und der Sowjetunion zwar eher Randmächte als „Global Player", doch die weltweite Führungsrolle Europas stand bereits infrage.

Mit dem Zweiten Weltkrieg sollte sich dieser Abstieg der europäischen Kolonialmächte, allen voran Großbritanniens und Frankreichs, weiter beschleunigen. Spätestens nach dem Überfall Deutschlands auf die Sowjetunion im Juni 1941 und der in der Folge zwischen dem britischen Premierminister Churchill und dem amerikanischen Präsidenten Roosevelt geschlossenen „Atlantik-Charta" (→ M5) wurde deutlich, dass sich das liberale Europa nicht mehr ohne amerikanische Hilfe gegenüber den faschistischen Regimen in Deutschland und Italien sowie dem diktatorischen Japan behaupten konnte. Der Krieg im Osten Europas ebnete zudem den Weg für eine Allianz der USA und Großbritanniens mit der UdSSR. Diese später als „unnatürliche Allianz" bezeichnete Verbindung scheint im Rückblick von Anfang an zum Scheitern verurteilt gewesen zu sein, doch für die zeitgenössischen Politiker war sie vor allem ein Mittel, Deutschland und Japan zu besiegen. Dafür war man bereit, ideologische Differenzen hintanzustellen. Als aber absehbar wurde, dass Deutschland und Japan den Krieg verlieren würden, traten immer mehr Brüche in der Koalition zutage. Vor allem der britische Premierminister Churchill wurde nicht müde, vor der Ausdehnung Stalins und der Sowjetunion zu warnen. Schon im Mai 1945 sprach er in einem Telegramm an den US-Präsidenten Truman diesbezüglich von einem „Eisernen Vorhang", der mitten in Europa niedergehe. Bei Kriegsende 1945 war deutlich, dass mit den USA und der UdSSR zwei neue Weltmächte in einem **Machtkonflikt** gegenüberstanden und die internationale Politik bestimmten – Europa hatte seine Machtstellung endgültig eingebüßt.

M4 Historiker urteilen über die Ursprünge des „Kalten Krieges"

a) Odd Arne Westad schrieb 2017:

[Im 19. Jahrhundert] spielten Ideen und ein Gefühl der schicksalhaften Bestimmung sowohl bei der russischen als auch bei der amerikanischen Expansion eine wichtige Rolle. [...] Bei ihrem Griff nach der Vorherrschaft waren die Eliten beider Länder überzeugt davon, eine europäische Mission zu erfüllen. Da sie europäische Vorfahren hatten, engagierten sie sich in gewisser Hinsicht jeweils für ein Projekt zur Globalisierung Europas, für seine Erweiterung bis zum Pazifik. Einige ihrer geistigen Führer waren außerdem der Ansicht, dass ihr Volk im Zuge dieser Expansion europäischer würde, also mehr auf europäische Werte fokussiert und eher bereit, in einem imperialen Zeitalter die Last eines Imperiums zu tragen. Gleichzeitig lebten aber auch in beiden Ländern Menschen, die in der Erweiterung ihres Landes etwas ganz anderes sahen als in der Ausbreitung der europäischen Reiche. Aus der Sicht vieler Russen und Amerikaner waren die Briten und Franzosen nur auf Rohstoffe und geschäftliche Vorteile aus, wohingegen sie selbst für ihre Expansion höhere Motive hatten, nämlich politische und religiöse Vorstellungen von Unternehmertum und sozialer Organisation zu vermitteln und Seelen zu retten.

Odd Arne Westad: Der Kalte Krieg. Eine Weltgeschichte, Bonn 2020, S. 24 f.

b) Wilfried Loth schrieb 2006:

Im Kern ging es im Ost-West-Konflikt um einen einfachen Gegensatz: Die Erwartung der Durchsetzung einer „sozialistischen" Ordnung nach dem Vorbild der Sowjetunion stand gegen die Behauptung und Förderung einer liberalen Ordnung, die auf Privateigentum und dem Schutz individueller Freiheitsrechte beruhte. [...]
Mit dem Gegensatz von Kommunismus und liberaler Ordnung verwoben, wenn auch nicht identisch, waren ältere Gegensätze zwischen kapitalistischer Produktionsweise und sozialistischen Alternativentwürfen, zwischen dem Pluralismus „westlicher" Prägung und dem Zentralismus „asiatischer" Prägung [...]. Gesellschaftlich spielte in vielen Schattierungen ein Konflikt zwischen tradierter Ordnung und den Emanzipationshoffnungen der Unterprivilegierten in den Konflikt hinein. Und mit den machtpolitischen Verschiebungen des Zweiten Weltkriegs kam dann noch ein globaler Mächtekonflikt hinzu: Das sowjetische Imperium stand gegen den Westen unter amerikanischer Führung, ein tendenziell weltweiter Wettlauf um Einflusssphären, Ressourcen und Durchsetzung der eigenen Ordnungsvorstellungen setzte ein.
Dabei war die östliche Seite von vornherein die schwächere: Sie war nicht nur in der Entwicklung der Wirtschaftskraft unterlegen und bei der atomaren Rüstung im Rückstand, sondern auch für die Mehrzahl der Menschen in Ost und West weitaus weniger attraktiv. [...]
Die Zuspitzung des Ost-West-Konflikts zum Kalten Krieg war darum zwar wahrscheinlich, aber alles andere als unvermeidlich. Stalin wusste grundsätzlich um die Schwächen seines Imperiums, er fühlte sich sogar stärker bedroht, als er es tatsächlich war. Das ließ ihn, wie seit der Öffnung der östlichen Archive noch deutlicher zu sehen ist als zuvor, bei Kriegsende für eine Kooperation mit den Westmächten votieren: Sie sollte andauern, bis die Revolution in den fortgeschrittenen Industrieländern ihren eigenen Weg gefunden haben würde.

Wilfried Loth: Geteilte Welt im Kalten Krieg. In: Die ZEIT – Welt- und Kulturgeschichte Bd. 14, Hamburg/Mannheim 2006, S. 362

M5 Quellen zur Anti-Hitler-Koalition

a) Folgende Ziele formulierten die Regierungschefs der USA und Großbritanniens in der Atlantik-Charta vom 14. August 1941:

Erstens, ihre Länder streben nach keiner Vergrößerung, weder auf territorialem Gebiet noch anderswo.
Zweitens, sie wünschen keine territorialen Änderungen, die nicht mit dem frei zum Ausdruck gebrachten Wunsch der betreffenden Völker übereinstimmen.
Drittens, sie achten das Recht aller Völker, sich die Regierungsform zu wählen, unter der sie leben wollen. Sie wünschen die obersten Rechte und die Selbstregierung der Völker wiederhergestellt zu sehen, denen sie mit Gewalt genommen wurden.
Viertens, sie werden, unter gebührender Achtung ihrer bestehenden Verpflichtungen, danach streben, dass künftig alle Staaten, große und kleine, Sieger und Unterlegene, gleicherweise Zugang zum Handel und den Rohmaterialien der Welt haben, die sie für das Gedeihen ihrer Wirtschaft benötigen. [...]

Sechstens, nach der endgültigen Vernichtung der Nazityrannei hoffen sie auf einen Frieden, [...] der allen Menschen die Sicherheit gibt, in ihren Ländern frei von Not und Furcht zu leben. **Siebentens**, ein solcher Friede würde allen Menschen gestatten, ungehindert die Meere und Ozeane zu überqueren.

Achtens [...] Da kein künftiger Friede aufrechtzuerhalten ist, solange die Rüstungen zu Land, zur See und in der Luft von Nationen weiterhin zum Angriff außerhalb der Grenzen eingesetzt werden, glauben sie auch, dass es wesentlich ist, diese Nationen zu entwaffnen, bis ein umfassenderes und dauerndes System der allgemeinen Sicherheit geschaffen wurde. [...]

Übers. zit. nach: Informationen zur politischen Bildung 245: Internationale Beziehungen I. Der Ost-West-Konflikt, Bonn 2003, S. 5

b) Von Stalin sind aus dem Frühjahr 1945 folgende Zitate zum Vorgehen der Alliierten überliefert:

Das Bündnis zwischen uns und dem demokratischen Flügel der Kapitalisten ist erfolgreich, weil Letztere ein Interesse daran haben, Hitlers Vorherrschaft zu verhindern. [In] Zukunft werden wir auch gegen diesen Flügel der Kapitalisten sein.

Übers. zit. nach John Lewis Gaddis: Der Kalte Krieg. Eine neue Geschichte, München 2007, S. 24 f.

Dieser Krieg ist anders als die früheren; wer ein Gebiet erobert, zwingt ihm auch sein eigenes Gesellschaftssystem auf, soweit seine Armee kommt. Es kann nicht anders sein.

Übers. zit. nach: Odd Arne Westad, a.a.O., S. 68

c) Am 12. Mai 1945 schrieb Churchill an Truman:

Die Lage in Europa beunruhigt mich zutiefst. [...] Die Zeitungen sind voll von Nachrichten über den massiven Abzug der amerikanischen Armeen aus Europa hinaus. Auch unsere Armeen dürften aufgrund früherer Beschlüsse wesentlich reduziert werden. Die kanadische Armee zieht bestimmt ab. Die Franzosen sind schwach [...]. Es liegt offen zutage, dass unsere bewaffnete Macht auf dem europäischen Kontinent binnen Kurzem dahinschwinden wird und dort nur noch bescheidene Kräfte zur Niederhaltung Deutschlands verbleiben.

[...] Ich habe mich stets um die Freundschaft der Russen bemüht; aber [...] die Verkoppelung ihrer Macht mit der Besetzung und Kontrolle so ungeheurer und weiter Gebiete, die von ihnen inspirierte, kommunistische Taktik in so vielen anderen Ländern und vor allem ihre Fähigkeit, lange Zeit große Armeen im Felde stehen zu lassen, beunruhigen mich ebenso sehr wie Sie. Wie wird sich die Lage in ein bis zwei Jahren darstellen, wenn [...] wir nur über eine Handvoll Divisionen, davon die Mehrzahl französischer, verfügen, während Russland zwei- bis dreihundert unter den Fahnen hält? [...]

Ein **Eiserner Vorhang** ist vor ihrer Front niedergegangen. Was dahinter vorgeht, wissen wir nicht. Es ist kaum zu bezweifeln, dass der gesamte Raum östlich der Linie Lübeck–Triest–Korfu schon binnen Kurzem völlig in ihrer Hand sein wird. Zu alldem kommen noch die weiten Gebiete, die die amerikanischen Armeen zwischen Eisenach und der Elbe erobert haben, die aber, wie ich annehmen muss, nach der Räumung durch Ihre Truppen in ein paar Wochen gleichfalls der russischen Machtsphäre einverleibt sein werden. General Eisenhower wird alle nur möglichen Maßnahmen treffen müssen, um eine zweite Massenflucht der Deutschen nach Westen zu verhindern, wenn dieser enorme moskowitische Vormarsch ins Herz Europas erfolgt. [...] Damit werden uns russisch besetzte Territorien von vielen Hundert Kilometer Tiefe wie ein breites Band von Polen abschneiden. [...]

Übers. zit. nach: Informationen zur politischen Bildung 245, a.a.O., S. 13

General Eisenhower: Oberbefehlshaber der US-Streitkräfte in Europa

2. a) Beschreiben Sie M 2 und M 3, auch mithilfe des Darstellungstextes.
   b) Formulieren Sie die zentralen Botschaften der Bilder.

3. a) Arbeiten Sie aus M 4 a) die Thesen Westads über das Verhältnis Russland–USA im 19. Jahrhundert heraus.
   b) Vergleichen Sie seine Thesen mit den Aussagen von Loth (M 4 b) mit Blick auf die Entstehung des Kalten Kriegs.

4. a) Arbeiten Sie die Ziele der Atlantik-Charta (M 5 a) heraus, indem Sie die einzelnen Abschnitte kategorial zuordnen (Herrschaft, Gesellschaft, Wirtschaft, Kultur).
   b) Fassen Sie die Botschaft, die Roosevelt und Churchill mit dieser Charta 1941 aussandten, zusammen.

5. Erklären Sie anhand seines Telegramms (M 5 c) Churchills Haltung gegenüber Stalin. Berücksichtigen Sie dabei die Aussagen von Stalin (M 5 b).

6. Beantworten Sie die Leitfrage des Kapitels (S. 16).

Eine „überraschende Wende" der Weltgeschichte?

Spaltung und Blockbildung

M 1 Sommer 1944: Französisches Plakat zum Kampf der Alliierten im Zweiten Weltkrieg
M 2 (rechts) 1947: Antisowjetische US-Propaganda (Buchcover)

1. Vergleichen Sie M 1 und M 2 und formulieren Sie Hypothesen zur historischen Entwicklung nach dem Sieg der Alliierten im Zweiten Weltkrieg.

USA und UdSSR: Ziele nach Kriegsende

Die USA und die UdSSR hatten sich während des Zweiten Weltkrieges in einer „Anti-Hitler-Koalition" zusammengefunden. Doch gegen Ende des Krieges stellten sich die Voraussetzungen für ihr weiteres politisches Handeln höchst unterschiedlich dar: Die USA waren militärisch wie wirtschaftlich zur führenden Weltmacht aufgestiegen. Dagegen hatte die Sowjetunion zwar ihre Einflusssphäre vergrößert, war jedoch durch den immensen Verlust an Menschenleben und die katastrophalen Kriegszerstörungen stark geschwächt. Trotzdem resultierte daraus keine klare Machtverteilung: Zwar verschaffte der Besitz der Atombombe den USA ein klares militärisches Übergewicht, doch besaß die Sowjetunion in Europa deutliche strategische Vorteile, vor allem wegen der Übermacht an Soldaten, die bald das Zehnfache der amerikanischen Truppenstärke umfasste. Vor diesem Hintergrund verfolgten beide Mächte unterschiedliche Ziele: Die USA wollten in erster Linie ihre wirtschaftliche Weltmachtstellung ausbauen, die Sowjetunion ihre geschwächte Herrschaft gegen Angriffe des Westens sichern.

Konflikte zwischen den Verbündeten

Die Brüche im Kriegsbündnis wurden vor allem deutlich, als es um die Neuordnung Europas und Ostasiens ging. Hinter vordergründigen Übereinstimmungen wurden bald Konzepte erkennbar, die sich diametral gegenüberstanden und in den jeweiligen ideologischen Unterschieden gründeten. Zwar beschlossen die Verbündeten noch in Jalta im Februar 1945, dass die befreiten Staaten ihre Regierungsform selbst wählen sollten. Während der Westen sich davon aber vor allem die Herausbildung parlamentarischer Demokratien erhoffte, war es das Ziel der Sowjetunion, in ihrem Einflussbereich von Kommunisten geführten Regierungen zum Durchbruch zu verhelfen. Stalin war der Meinung, die sowjetisch besetzten europäischen Staaten – Bulgarien, Polen, Rumänien, Ungarn und die

Propaganda (von lat.: propagare, verbreiten): der Versuch, durch die Anwendung bestimmter Kommunikationstechniken politische Sichtweisen zu beeinflussen und zu steuern. Häufig werden dabei Informationen und Meinungen manipulativ vermischt und gezielt Ängste geschürt.

Tschechoslowakei – seien für eine sozialistische Revolution noch nicht bereit. Zudem wollte er keinen Bruch mit den westlichen Bündnispartnern riskieren. Daher verfolgte er den Plan, diese Staaten zwar nicht in die Sowjetunion zu integrieren, sie aber gleichwohl unter kommunistische Kontrolle zu bringen und sie so vor dem befürchteten Zugriff des Westens zu schützen. Im Westen löste diese als Expansion des sowjetischen Einflussbereichs in Osteuropa aufgefasste Politik große Ängste aus.

Auf der Potsdamer Konferenz im Sommer 1945 hatten Großbritannien, die USA und die UdSSR als die drei Hauptalliierten während des Zweiten Weltkrieges zwar Regelungen zur künftigen Deutschlandpolitik getroffen, doch konnten selbst gemeinsame Gremien – wie etwa der Alliierte Kontrollrat – die zunehmende Entfremdung zwischen den Westmächten und der UdSSR nicht aufhalten. Der **Machtkonflikt** zeigte sich in zahlreichen gegensätzlichen Haltungen, etwa angesichts ausbleibender Demontagelieferungen zwischen den Besatzungszonen und manipulierter Wahlen, die in allen Staaten unter sowjetischem Einfluss zum Sieg kommunistischer Parteien führten.

In den USA, wo sich nach dem Krieg zunächst isolationistische Stimmen durchgesetzt hatten, kam es zu einer Umorientierung: Die Truman-Regierung setzte nun auf ein längerfristiges Engagement in Europa und der Welt. Diese neue Politik fand im März und Juni 1947 ihren Ausdruck in zwei deutlichen Statements: politisch-ideologisch in der sogenannten Truman-Doktrin (→ M4), wirtschaftspolitisch im Marshallplan. Die sowjetische Reaktion erfolgte prompt: Im September gründete sich das „Kommunistische Informationsbüro" (Kominform). Dabei handelte es sich um die Nachfolgeorganisation der Komintern, die 1943 als Geste guten Willens gegenüber den Verbündeten aufgelöst worden war und deren Ziel und Zweck nichts weniger als der kommunistische Umsturz in allen Regionen der Welt gewesen war.

Bereits Beginn des Jahres 1948 hatte sich das System des Kalten Krieges etabliert: In den von der Sowjetunion besetzten Staaten hatten die kommunistischen Parteien die politische Kontrolle übernommen; Sicherheitsdenken und der Primat der Ideologie dominierten die Politik Stalins. Die USA engagierten sich erkennbar über Jahre hinaus in der Welt mit dem Ziel des „Containments" – der „Eindämmung" – des Kommunismus sowie der Sicherung weltweiter Absatzmärkte. Ihren vorläufigen Abschluss fand die institutionelle und geografische Verfestigung der **Blockbildung** in der Bildung militärischer Bündnisse: im Westen mit der Gründung der NATO 1949, im Osten mit der Gründung des Warschauer Paktes 1955.

Ein Konflikt der Superlative

Als es der Sowjetunion im Sommer 1949 gelang, ebenfalls eine Atombombe zu entwickeln und das amerikanische Atomwaffenmonopol zu durchbrechen, setzte ein **Rüstungswettlauf** ein. Nach und nach wurde ein Zerstörungspotenzial geschaffen, das die menschliche Zivilisation um ein Vielfaches vernichten konnte. Auch der Kampf um die Meinung der Menschen nahm bis dahin unvorstellbare Formen an. Feindbilder und Konfrontation kennzeichneten die politische **Propaganda** und bestimmten das Verhältnis der Blöcke in der bipolaren Welt (**Bipolarität**). Der Historiker Bernd Greiner beschreibt den Kalten Krieg mit folgenden Worten: „Nie zuvor machten ganze Bündnissysteme ihre Sicherheit von der globalen Multiplikation des eigenen und einem gleichzeitigen Bankrott des konkurrierenden Gesellschaftsmodells abhängig, nie zuvor versuchten sie, den jeweils anderen noch aus dem hintersten Winkel der Erde zu vertreiben. Nie zuvor investierten moderne Gesellschaften derart viele Ressourcen in Militär, Wirtschaft, Wissenschaft, Bildung, Propaganda und Kultur um eines einzigen Zieles willen – zur Demonstration ihrer Überlegenheit in einen überzüchteten Wettbewerb der Systeme. Kurz: Nie zuvor benahmen sich Weltmächte und ihre Verbündeten jahrzehntelang so, als befänden sie sich im Krieg, ohne unmittelbar gegeneinander Krieg zu führen. Deshalb ist die zweite Hälfte des 20. Jahrhunderts einzigartig."*

M3 Die europäische Nachkriegsordnung. Die teils gestrichelte Linie zeigt den Verlauf des „Eisernern Vorhangs".

Demontagelieferungen: Die Besatzungsmächte hatten vereinbart, dass Lebensmittel aus dem Osten Deutschlands in den Westen sowie im Gegenzug im Westen demontierte Anlagen an die UdSSR geliefert werden sollten. Als die Lebensmittel aus dem Osten ausblieben, stellte der amerikanische Militärgouverneur die Demontagelieferungen ebenfalls ein.

isolationistisch: auf den Rückzug aus der Weltpolitik und die Verfolgung eigener Interessen ausgerichtet

Marshallplan: ein Wirtschaftshilfeprogramm der USA für Europa (→ S. 26–29)

* Zit. nach: Bernd Greiner: Spuren und Lehren des Kalten Kriegs, zit. nach: www.bpb.de/302841 (10.10.2021)

M4 Die „Truman-Doktrin"

Am 12. März 1947 erläuterte Präsident Truman vor dem US-Kongress die Richtlinien seiner Politik:

Es ist eines der Hauptziele der Außenpolitik der Vereinigten Staaten, Bedingungen zu schaffen, die es uns und anderen Nationen ermöglichen, eine Lebensform zu gestalten, die frei ist von Zwang. Hauptsächlich um diesen Punkt ging es in dem Krieg gegen Deutschland und Japan. [...] In jüngster Zeit wurden den Völkern einer Anzahl von Staaten gegen ihren Willen totalitäre Regierungsformen aufgezwungen. Die Regierung der Vereinigten Staaten hat immer wieder gegen den Zwang und die Einschüchterungen in Polen, Rumänien und Bulgarien protestiert, die eine Verletzung der Vereinbarungen von Jalta darstellen. [...]

Zum gegenwärtigen Zeitpunkt der Weltgeschichte muss fast jede Nation zwischen alternativen Lebensformen wählen. Nur zu oft ist diese Wahl nicht frei.

Die eine Lebensform gründet sich auf den Willen der Mehrheit und ist gekennzeichnet durch freie Institutionen, repräsentative Regierungsform, freie Wahlen, Garantien für die persönliche Freiheit, Rede- und Religionsfreiheit und Freiheit von politischer Unterdrückung.

Die andere Lebensform gründet sich auf den Willen einer Minderheit, den diese der Mehrheit gewaltsam aufzwingt. Sie stützt sich auf Terror und Unterdrückung, auf die Zensur von Presse und Rundfunk, auf manipulierte Wahlen und auf den Entzug der persönlichen Freiheiten.

Ich glaube, es muss die Politik der Vereinigten Staaten sein, freien Völkern beizustehen, die sich der angestrebten Unterwerfung durch bewaffnete Minderheiten oder durch äußeren Druck widersetzen. Ich glaube, wir müssen allen freien Völkern helfen, damit sie ihre Geschicke auf ihre eigene Weise selbst bestimmen können. Unter einem solchen Beistand verstehe ich vor allem wirtschaftliche und finanzielle Hilfe, die die Grundlage für wirtschaftliche Stabilität und geordnete politische Verhältnisse bildet. [...]

Die freien Völker der Welt rechnen auf unsere Unterstützung in ihrem Kampf um die Freiheit. Wenn wir in unserer Führungsrolle zaudern, gefährden wir den Frieden der Welt – und wir schaden mit Sicherheit der Wohlfahrt unserer eigenen Nation.

Übers. zit nach: Wolfgang Lautemann/Manfred Schlenke (Hgg.): Die Welt seit 1945 (Geschichte in Quellen 7), München 1980, S. 576 f.

US-Kongress: die Legislative der USA, bestehend aus den beiden Kammern Senat und Repräsentantenhaus

M5 Die „Zwei-Lager-Theorie"

Unmittelbar vor der Gründung der Kominform im September 1947 hielt Andrej A. Schdanow, Sekretär des ZK der KPdSU, vor Vertretern der wichtigsten kommunistischen Parteien Europas ein Referat über die internationale Lage. Seine Ausführungen gingen in eine gemeinsame Erklärung ein:

Infolge des Zweiten Weltkriegs und in der Nachkriegsperiode sind wesentliche Änderungen in der internationalen Lage eingetreten. Diese bestehen in einer neuen Aufstellung der in der Weltarena tätigen hauptsächlichen Kräfte, in einer Änderung in den Beziehungen unter den Siegerstaaten des Zweiten Weltkriegs und in ihrer Neugruppierung. Während der Krieg im Gange war, marschierten die Alliierten im Kampf gegen Deutschland und Japan zusammen und bildeten ein einziges Lager. Nichtsdestoweniger bestanden sogar während des Krieges im alliierten Lager [...] Meinungsverschiedenheiten. Die Sowjetunion und die demokratischen Länder sahen ihre hauptsächlichen Kriegsziele in der Wiederherstellung und Konsolidierung der demokratischen Ordnung in Europa, in der Beseitigung des Faschismus und der Verhinderung der Möglichkeit einer neuen Aggression seitens Deutschlands [...]. Die Vereinigten Staaten von Amerika – und Großbritannien im Einvernehmen mit ihnen – stellten sich ein anderes Kriegsziel: Sie wollten die Konkurrenten auf den Märkten – Deutschland und Japan – loswerden und ihre eigene Überlegenheit sichern.

Dieser Unterschied [...] begann in der Nachkriegskriegsperiode deutlich zu werden. Zwei entgegengesetzte Kurse der Politik nahmen Gestalt an: Auf der einen Seite strebte die Politik der UdSSR und der demokratischen Länder nach der Überwindung des Imperialismus und der Konsolidierung der Demokratie. Auf der anderen Seite strebte die Politik der Vereinigten Staaten und Großbritanniens nach der Stärkung des Imperialismus und der Abwürgung der Demokratie. Angesichts der Tatsache, dass die UdSSR und die Länder der neuen Demokratie die Verwirklichung der imperialistischen Pläne für den Kampf um die Weltvormachtstellung und um die Vernichtung der demokratischen Bewegungen verhinderten, wurde eine Kampagne gegen die UdSSR und die Länder der Demokratie proklamiert und von den eifrigsten imperialistischen Politikern in den USA und Großbritannien durch Drohungen verschärft.

So sind zwei Lager entstanden: das imperialistische, antidemokratische Lager, dessen Hauptziel darin besteht, die Weltvormachtstellung des amerikanischen Imperialismus zu erreichen und die Demokratie zu zerstören, und das antiimperialistische, demokratische Lager, dessen Hauptziel es ist, den Imperialismus zu überwinden, die Demokratie zu konsolidieren und die Überreste des Faschismus zu beseitigen.

Übers. zit nach: Boris Meissner: Das Ostpakt-System. Dokumentensammlung XVIII , Frankfurt/Berlin 1955, S. 97 f.

M 6 Eine Metapher: „Kalter Krieg"

Der Historiker Wilfried Loth schrieb 2017:

Bald nach Kriegsende gerieten die westlichen Supermächte und die Sowjetunion in eine Auseinandersetzung, die von der wechselseitigen Furcht vor dem Übergreifen der Gegenseite auf die eigene Sicherheitssphäre geprägt wurde. Diese Auseinandersetzung, die man nun mit der Metapher eines „Kalten Krieges" bezeichnete, führte dazu, dass an die Stelle des zerstörten, europäisch dominierten Staatensystems der Antagonismus zweier Machtblöcke trat, der Europa spaltete, das weltpolitische Gewicht der beiden Hauptsiegermächte weiter stärkte und die Abwehr der befürchteten Dominanz der Gegenseite zum vorherrschenden Gebot der Sicherheitspolitik beider Seiten werden ließ. Daraus resultierte sowohl ein beständiges Ringen um Einflusssphären und Ressourcen, das immer mehr Regionen der Welt in den Sog der Ost-West-Spannung geraten ließ, als auch das permanente Wettrüsten, das mit der Entwicklung der Nukleartechnik die Gefahr globaler Vernichtung heraufbeschwor.

Wilfried Loth: Der Kalte Krieg. Ursprünge und Verlauf. In: Katharina Hochmuth (Hg.): Krieg der Welten. Zur Geschichte des Kalten Krieges, Bonn u. a. 2017, S. 25

M 7 Rückkehr zu alten Sichtweisen?

Der Historiker Bernd Stöver schrieb 2012:

Der Bruch zwischen den Alliierten 1944/45 ist zum Teil als überraschende „Wende" interpretiert worden. Man kann sie aber auch schlicht als absehbare Rückkehr zu gewohnten Sichtweisen verstehen. Nachdem das gemeinsame Ziel erreicht war, zeigten sich die aufgestauten Konflikte und ideologisch-politischen Unterschiede umso deutlicher. [...] Die Potsdamer Konferenz im Juli und August 1945 war bereits erkennbar vom Konflikt gekennzeichnet. [...] Alle Fragen, die in Potsdam offen blieben oder unzulänglich geklärt worden waren, wurden zum Problem des entstehenden Kalten Krieges. [...]
Darüber hinaus wurde während der Konferenz der wichtigste technisch-militärische Beitrag zum Kalten Krieg geliefert, der den bisherigen Ost-West-Konflikt in eine neue, bisher unbekannte Dimension hob, obwohl dies die Beteiligten zunächst nicht ahnten. Noch am Vorabend der Konferenz war Truman über den erfolgreichen Test der Atombombe informiert worden. [...] Am 6. und am 9. August 1945 explodierten zwei Atombomben über den japanischen Städten Hiroshima und Nagasaki und richteten massive Verwüstungen an. [...] Der Einsatz der Kernwaffen, der den USA für etwa vier Jahre einen technologischen Vorsprung sicherte, war auch eine Machtdemonstration gegenüber Stalin. Der von Truman noch vor dem Einsatz informierte sowjetische Diktator zeigte sich jedoch auffallend unbeeindruckt. Mittlerweile weiß man, dass er bereits Kenntnisse hatte und die UdSSR selbst die Entwicklung einer eigenen Atomwaffe vorantrieb. Am 29. August 1949 konnte die erste sowjetische Atombombe erfolgreich gezündet werden.

Bernd Stöver: Der Kalte Krieg. Geschichte eines radikalen Zeitalters 1947–1991, München [4]2012, S. 18–20

2. a) Stellen Sie mithilfe des Darstellungstextes und M 3 die Ausgangslage 1945 dar.
   b) Entwickeln Sie auf der Basis des Darstellungstextes ein Ursache-Wirkungs-Gefüge zum Kalten Krieg.

3. a) Vergleichen Sie M 4 und M 5 kriteriengeleitet. Mögliche Kriterien könnten sein: Selbstwahrnehmung, Feindbild/zentrale Vorwürfe, besondere sprachliche Mittel.
   b) Überprüfen Sie: Inwieweit kann man hier schon von Propaganda sprechen?

4. a) Erarbeiten Sie aus M 6 eine erste Definition des Begriffs „Kalter Krieg".
   b) Überprüfen Sie, inwieweit sich die Aussagen des Historikers Loth durch die zentralen Erklärungen der Weltmächte (M 4 und M 5) belegen lassen.

5. Diskutieren Sie ausgehend von M 7, inwieweit der Kalte Krieg eine „überraschende Wende" der Weltgeschichte darstellte. Beziehen Sie dabei auch Ihre Erkenntnisse aus dem vorhergehenden Kapitel mit ein.

Eine Rede analysieren

Als Materialgrundlage einer Klausur liegt eine Rede des amerikanischen Präsidenten Truman aus dem Jahr 1947 vor (→ S. 22, M 4). Die Aufgabe dazu lautet:

„Analysieren Sie die Rede des US-Präsidenten Truman vom 12. März 1947 vor dem US-Kongress."

Vorüberlegungen

Der vorliegende Text ist ein Redeauszug. Es handelt sich also um eine spezifische Form der schriftlichen Quelle, da sich Redende in der Regel in einer bestimmten Absicht an ein Publikum richten. Da der Text aus der Zeit des Kalten Krieges stammt, muss ich mit Überzeichnungen sowohl in der Eigenwahrnehmung als auch in der Beschreibung des politischen Gegners und deshalb auch mit dem Einsatz propagandistischer Mittel rechnen.

Die Aufgabe verlangt von mir eine Analyse des Redeauszugs, das heißt, ich muss den Text zunächst formal beschreiben, anschließend Inhalt und Sprache untersuchen sowie eine Einordnung in den historischen Kontext vornehmen und am Schluss ein Fazit formulieren. Zentral ist es, die beabsichtigte Wirkung auf das Publikum, die Hauptintention der Rede, zu erkennen. Da in der Aufgabe keine Kriterien für die Analyse vorgegeben sind, wähle ich selbst Aspekte aus, die ich untersuchen und auswerten möchte. Dazu lese ich zuerst den Text, um mir einen Überblick zu verschaffen.

1. Formale Beschreibung

In einer kurzen Einleitung benenne ich das Thema (Europa-politik der USA), den Autor (US-Präsident Truman), den Zeitpunkt (März 1947), den Anlass (Erläuterung neuer poli-tischen Richtlinien) und den Ort der Rede (US-Kongress, Washington) sowie die Adressaten (Abgeordnete beider Kammern des Kongresses).

2. Untersuchung von Inhalt und Sprache (Tabelle)

a) **Inhalt:** Ich lese die Rede erneut und arbeite die zentralen Aussagen des Redners heraus. Truman trifft Aussagen sowohl über die USA als auch über die UdSSR, die ich zunächst in verschiedenen Farben markiere. Dann notiere ich neben dem Text Stichworte. Ich erkenne, dass Truman zunächst die weltpolitische Lage darstellt. Auf dieser Grundlage baut er anschließend seine Argumentation (zum weiteren Vorgehen der USA) auf. Zum Schluss betont er die Dringlichkeit des amerikanischen Handelns. Daraus ergeben sich folgende Fragen, die die Schwerpunkte meiner Analyse bilden: Dabei orientiere ich mich an folgenden Fragen:

- Wie stellt Truman die Ausgangssituation dar?
- Wie argumentiert er?
- Erzeugt er Handlungsdruck? Wenn ja, wie?

Im nächsten Schritt untersuche ich die Art der Argumentation genauer. Dabei fällt mir etwa auf, dass Truman seine negativen Urteile über die UdSSR nicht belegt.

b) **Sprache:** Ich untersuche die von Truman eingesetzten sprachlichen Mittel und achte z.B. auf rhetorische Stilmittel sowie auf die Wirkung, die mit sprachlichen Mitteln erzielt wird. So fällt mir z. B. auf, dass Truman den Begriff der Freiheit häufig wiederholt und „Ich-Botschaften" sendet, also von seinen persönlichen Überzeugungen spricht.

In der schriftlichen Ausarbeitung behandle ich Inhalt und Sprache jedoch nicht nacheinander, sondern ordne die einzelnen Beobachtungen und verknüpfe sie miteinander.

3. Erklären im historischen Kontext

Ich mache mir klar, dass Truman die Rede in der Funktion des Präsidenten der USA vor den höchsten demokratisch gewählten Gremien des Landes hielt, und zwar in einer Situation, in der die Machtverhältnisse zwischen den USA und der UdSSR unklar waren. Beide Mächte strebten 1947 danach, ihren Einflussbereich auszudehnen und den des anderen einzudämmen (→ S. 20f., Z. 26–110).

4. Formulierung eines Fazits

Am Ende meiner Analyse fasse ich

- die Hauptintention der Rede,
- die Art und Weise, wie diese Intention erreicht werden sollte, sowie
- die Bedeutung der Rede im historischen Kontext zusammen.

(Musterlösung: → S. 260)

Der amerikanische Präsident Truman vor beiden Häusern des Kongresses, 12. März 1947
(→ M 4, S. 22)

Redeauszüge	**Inhalt**	**Sprache**
Es ist eines der Hauptziele der Außenpolitik der Vereinigten Staaten, Bedingungen zu schaffen, die es uns und anderen Nationen ermöglichen, eine Lebensform zu gestalten, die frei ist von Zwang. Hauptsächlich um diesen Punkt ging es in dem Krieg gegen Deutschland und Japan. Unser Sieg wurde über Länder errungen, die versuchten, anderen Nationen ihren Willen und ihre Lebensform aufzuzwingen. […] In jüngster Zeit wurden den Völkern einer Anzahl von Staaten gegen ihren Willen totalitäre Regierungsformen aufgezwungen. Die Regierung der Vereinigten Staaten hat immer wieder gegen den Zwang und die Einschüchterungen in Polen, Rumänien und Bulgarien protestiert. […] Zum gegenwärtigen Zeitpunkt der Weltgeschichte muss fast jede Nation zwischen alternativen Lebensformen wählen. Nur zu oft ist diese Wahl nicht frei.	– Ziel der USA, für sich, aber auch für andere Nationen eine Lebensform zu ermöglichen, die geprägt ist vom Grundgedanken der Freiheit. Darum ging es im Zweiten Weltkrieg und z. B. im Protest gegen das Vorgehen der UdSSR in den besetzten Ländern. *(= Darstellung der Situation)* – Jede Nation muss sich für eine Lebensform entscheiden. Für viele Nationen ist diese Entscheidung nicht freiwillig. *(= Kernaussage)*	– auffällig: Truman nennt die Sowjetunion nicht namentlich. Die Adressaten können sie aber durch Nennung von „Zwang und Einschüchterungen in Polen, Rumänien und Bulgarien" als gemeinte „alternative Lebensform" identifizieren. – Durch Verwendung des Modalverbes „müssen" wird der beschriebenen Situation eine zwangsläufige Notwendigkeit zugeschrieben.
Die eine Lebensform gründet sich auf den Willen der Mehrheit und ist gekennzeichnet durch freie Institutionen, repräsentative Regierungsform, freie Wahlen, Garantien für die persönliche Freiheit, Rede- und Religionsfreiheit und Freiheit von politischer Unterdrückung. Die andere Lebensform gründet sich auf den Willen einer Minderheit, den diese der Mehrheit gewaltsam aufzwingt. Sie stützt sich auf Terror und Unterdrückung, auf die Zensur von Presse und Rundfunk, auf manipulierte Wahlen und auf den Entzug der persönlichen Freiheiten.	– Truman charakterisiert beide „Lebensformen", indem er ihre Merkmale scheinbar nüchtern aufzählt. Für die erste führt er Begriffe auf, die in liberal-demokratischem Umfeld positiv belegt sind. Die zweite kennzeichnet er mit negativ belegten Begriffen. Die Bedrohung der Ordnung der „freien Welt" wird unterstellt. *(= Argumentation, aber auffällig: T. führt keine Belege an, äußert Pauschalurteile)*	– parallel ausgeführte Darstellung der konkurrierenden Lebensformen, bis in einzelne Formulierungen hinein in Gegensätzen aufgebaut: „Willen der Mehrheit" – „Willen der Minderheit" / „Freiheit von politischer Unterdrückung" – „Entzug der persönlichen Freiheiten" *(„Freiheit" = Schlüsselbegriff)*
Ich glaube, es muss die Politik der Vereinigten Staaten sein, freien Völkern beizustehen, die sich der angestrebten Unterwerfung durch bewaffnete Minderheiten oder durch äußeren Druck widersetzen. Ich glaube, wir müssen allen freien Völkern helfen, damit sie ihre Geschicke auf ihre eigene Weise selbst bestimmen können. Unter einem solchen Beistand verstehe ich vor allem wirtschaftliche und finanzielle Hilfe, die die Grundlage für wirtschaftliche Stabilität und geordnete politische Verhältnisse bildet. […] Die freien Völker der Welt rechnen auf unsere Unterstützung in ihrem Kampf um die Freiheit.	– USA muss den „freien Völkern" in deren Kampf gegen die von einer Minderheit angestrebte Unterwerfung beistehen *(= Folgerung)* – USA sollte Hilfe zur Selbsthilfe leisten, die in wirtschaftlicher und finanzieller Unterstützung besteht *(= Ziel/Handlungsempfehlung)*	– Indem T. von sich spricht („Ich glaube"), macht er seine Handlungsempfehlung deutlich. Gleichzeitig erscheint diese unabdingbar („es muss die Politik der Vereinigten Staaten sein"). – mehrmalige Wiederholung der Begriffe frei/Freiheit. Damit knüpft er argumentativ an die zuvor dargestellte Bedrohung der freien Welt an.
Wenn wir in unserer Führungsrolle zaudern, gefährden wir den Frieden der Welt – und wir schaden mit Sicherheit der Wohlfahrt unserer eigenen Nation. […]	Zögern die USA, gefährden sie den Frieden der ganzen Welt sowie die Wohlfahrt des eigenen Landes. *(= Aufbau von Handlungsdruck)*	– Mit Ausdrücken wie „eigener Nation schaden" rückt T. die Belange seiner Adressaten in den Fokus. *(= Erhöhung der Überzeugungskraft)*

Nothilfe oder Machtausbau?

Der Marshallplan

M 1 Plakat zum Marshallplan, 1950

1. a) Setzen Sie die Kapitelüberschrift in Beziehung zur Kernaussage des Plakats M 1.
b) Formulieren Sie erste Fragen und Arbeitshypothesen zum Thema.

Der Marshallplan – eine politische Waffe der USA?

Dieser Frage ging eine Dokumentation des Senders ARTE – einer öffentlich-rechtlichen Sendergemeinschaft Frankreichs und Deutschlands – im Jahr 2018 nach. „Marshallplan" ist die verbreitete Bezeichnung für das vom amerikanischen Außenminister George C. Marshall erarbeitete „European Recovery Program" (ERP). Was ist haltbar an dem Vorwurf, der Marshallplan sei eine politische Waffe gewesen? Welche Ziele verfolgte die US-Regierung mit diesem Aufbauprogramm, das zwischen 1948 und 1952 Mittel in Höhe von bis zu 14 Milliarden Dollar – etwa 150 Milliarden nach heutigem Kurs – in Form von Sachleistungen und Krediten nach Europa transferierte?

Uneigennützige Wirtschaftshilfe oder Kampf gegen den Kommunismus?

Um sich dieser Frage anzunähern, muss man sich die Herausforderungen im Europa der Nachkriegszeit vor Augen führen: enorme kriegsbedingte Schäden der Infrastruktur, eine ungewisse politische Zukunft – nicht zuletzt des besiegten Deutschlands –, die Aufarbeitung der nationalsozialistischen Verbrechen und ihrer gesamteuropäischen Folgen, vielfältigste Formen von Migration auf dem europäischen Kontinent und die Herausbildung zweier sich feindlich gegenüberstehender Lager von Kapitalismus und Kommunismus. Diese Ausgangslage bestimmte die Denkmodelle und Planspiele der US-amerikanischen Regierung: Wie konnte man verhindern, dass sich der Kommunismus unter sowjetischer Führung weiter in Europa ausbreitete?

Für die US-Strategen führte der Weg vor allem über eine wirtschaftliche Konsolidierung, denn – so die Überlegung – wirtschaftlich prosperierende Demokratien mit einem gewissen Wohlstand seien politisch weniger anfällig für die Versprechen des Kommunismus. Dieser Weg schien für Europa aber ohne Hilfe von außen nicht erreichbar. Vor diesem Hintergrund sagte US-Präsident Truman am 12. März 1947 vor dem US-Kongress: „Es muss die Politik der Vereinigten Staaten sein, freien Völkern beizustehen, die sich der angestrebten Unterwerfung durch bewaffnete Minderheiten oder durch äußeren Druck widersetzen" (→ M 4, S. 22). Seine Rede – später als Truman-Doktrin bezeichnet – stellte eine klare Absage an die weitere Expansion des Kommunismus und der UdSSR dar.

Am 6. Juni desselben Jahres konkretisierte US-Außenminister Marshall diese Politik, indem er ein Wirtschaftsprogramm vorschlug, das den Wiederaufbau Europas durch finanzielle Zuwendungen voranbringen sollte. Dabei richtete sich das Angebot an alle Länder Europas, auch an die osteuropäischen Staaten. Heutige Historiker gehen aber davon aus, dass die US-Regierung überzeugt war, Stalin werde für seinen Machtbereich die Hilfen ablehnen. Der sowjetische Außenminister Molotow bezeichnete den Marshallplan erwartungsgemäß als „imperialistisch“ und als Einmischungsversuch in die inneren Angelegenheiten selbstständiger Staaten. Für die USA dagegen war er ein Instrument zur Stabilisierung westlich-liberaler Demokratien. Truman selbst betrachtete die Truman-Doktrin und den Marshallplan als „zwei Hälften derselben Walnuss“ – Politik und Wirtschaft untrennbar miteinander verbunden im Kampf gegen den Kommunismus.

M2 Plakat vor der ehemaligen Leipziger Oper während der Leipziger Messe, Foto 1948

Wirkung und Folgen des Marshallplans

Die vielleicht wichtigste Folge für Europa war der Zusammenschluss 17 westeuropäischer Länder, darunter die amerikanische, britische und französische Besatzungszone einschließlich Westberlins, zur „Organisation für Europäische Wirtschaftliche Zusammenarbeit“ (OEEC). Ursprünglich eingerichtet zur Verteilung der Hilfsgelder, kann man sie als einen Schritt in Richtung Versöhnungspolitik und europäischer Integration sehen. Die von den USA zur Verfügung gestellten Kredite dienten vor allem dem Kauf von Rohstoffen und Investitionsgütern, vornehmlich aus den USA. Kritiker dagegen sahen darin ein Instrument, das eine zunehmende Abhängigkeit Europas von den USA schuf.

Vor allem die psychologische Wirkung des Programms sollte nicht unterschätzt werden: Viele (westliche) Europäer wollten teilhaben am amerikanischen Erfolgsmodell mit seinem Konsum und Wohlstand. Zugleich grenzte man sich durch die Teilnahme am Programm vom kommunistischen Teil Europas ab und erteilte der Sowjetunion und ihrem Modell eine Absage. Insofern war der Marshallplan auch ein wichtiges Propagandainstrument des Westens im Kontext des Kalten Kriegs und trug wesentlich zur Spaltung Europas bei. Inwiefern die Marshallplan-Hilfen maßgeblich verantwortlich waren für den ökonomischen Aufschwung Westeuropas, wird dagegen bis heute in der Forschung unterschiedlich bewertet.

Imperialismus: Nach kommunistischem Sprachgebrauch wird die Ausdehnung des eigenen Macht- und Herrschaftsbereichs durch die Schaffung eines Imperiums als höchste Stufe des Kapitalismus aufgefasst, die schließlich durch die proletarische Revolution abgelöst werde.

M3 Plakate zum Marshallplan aus den Jahren 1947 und 1948

M4 Zukunftsperspektiven schaffen?

George C. Marshall sagte am 5. Juni 1947 in einer Rede an der Harvard-Universität:

Bei der Prüfung der Erfordernisse für den Wiederaufbau Europas wurden die Verluste an Menschenleben, die sichtbaren Zerstörungen von Städten, Fabriken, Bergwerken und Eisenbahnnetzen richtig eingeschätzt, doch wurde es im Laufe der verflossenen Monate offenbar, dass diese sichtbaren Zerstörungen wahrscheinlich weniger folgenschwer sind als die Desorganisation des ganzen Gefüges der europäischen Wirtschaft. [...] In vielen Ländern ist das Vertrauen in die eigene Währung schwer erschüttert. Das wirtschaftliche Gefüge Europas ist während des Krieges vollständig zusammengebrochen. [...]

In Wirklichkeit handelt es sich darum, dass Europas Bedarf an ausländischen Nahrungsmitteln und sonstigen lebenswichtigen Gütern – hauptsächlich aus Amerika – so viel größer als seine gegenwärtige Zahlungsfähigkeit ist, dass es entweder wesentliche zusätzliche Hilfe benötigt oder aber sich einem wirtschaftlichen, sozialen und politischen Niedergang sehr ernsten Charakters gegenübersehen wird. Das Hilfsmittel besteht darin, diesen bösartigen Kreislauf zu durchbrechen und den Glauben der europäischen Völker an die wirtschaftliche Zukunft ihres eigenen Landes sowie Europas in seiner Gesamtheit wiederherzustellen. [...] Logischerweise müssen die Vereinigten Staaten alles, was in ihrer Macht steht, unternehmen, um zu der Rückkehr normaler wirtschaftlicher Verhältnisse beizutragen, denn ohne diese ist eine politische Stabilität und ein gesicherter Friede unmöglich. Unsere Politik richtet sich nicht gegen irgendein Land oder eine Anschauung, sondern gegen Hunger, Armut, Verzweiflung und Chaos. Ihr Ziel ist die Wiederbelebung einer leistungsfähigen Weltwirtschaft, die das Entstehen politischer und sozialer Zustände, in denen freiheitliche Einrichtungen gedeihen können, ermöglichen soll. [...]

Es wäre für die Regierung der Vereinigten Staaten weder angemessen noch wirkungsvoll, wenn sie in einseitiger Weise ein Programm aufstellen würde, das dazu bestimmt ist, Europa wirtschaftlich wieder auf eigene Füße zu stellen. Das ist Sache der Europäer. Ich glaube, dass die Initiative von Europa ausgehen muss. Die Rolle unseres Landes sollte in freundschaftlicher Hilfe bei dem Aufstellen eines europäischen Programms und in der späteren Unterstützung eines solchen bestehen, sofern es uns ausführbar zu sein scheint. Das Programm sollte von den europäischen Nationen gemeinsam aufgestellt und von einer Anzahl derselben, wenn nicht von allen, gebilligt sein.

Übers. zit. nach: www.europa.clio-online.de/quelle/id/q63-28407 (07.06.2021)

M5 a) wurde zusammengest. nach: Rainer Klump: Wirtschaftsgeschichte der Bundesrepublik Deutschland, Wiesbaden 1985, M5 b) nach: Bundesminister für den Marshallplan: Wiederaufbau im Zeichen des Marshallplans, Bonn 1953, S. 23 (bearb.)

M5 US-Wirtschaftshilfen nach dem ERP 1948–1952*

a) Summen an einzelne Länder (in Mio. US-Dollar)

Großbritannien	3442,8
Frankreich	2806,3
Italien	1515,0
(West-)Deutschland	1412,8
Niederlande	977,3
Österreich	711,8
Griechenland	693,9
Norwegen	253,5
Türkei	242,5
Jugoslawien	159,3

b) Lieferungen nach Westdeutschland (in Mio. US-Dollar)

	Lebensmittel Futtermittel Saatgut	Rohstoffe für industrielle Produktion	Maschinen, Fahrzeuge	weitere Güter
1948/49	213	135	8	32
1949/50	175	212	9	29
1950/51	196	240	13	31
1951/52	76	100	8	26
1952/53	24	38	2	4
Summen	684	725	40	122

* Es handelt sich um Richtwerte. Aufgrund verschiedener Berechnungsverfahren werden in der Forschung die aufgewendeten Summen abweichend angegeben.

M6 Forschungsaspekte

a) Elke Kimmel schrieb 2005:

Der Marshallplan barg viele Motive: guter Wille, Förderung eines starken, einigen Europas gegen den Ostblock, aber auch der amerikanischen Wirtschaft. [...]
Am 4. April 1948 verabschiedete der US-Kongress den „European Cooperation Act“. In diesem waren verschiedene Regelungen als Grundlage des ERP getroffen worden, die der Unterstützung des amerikanischen Marktes dienen sollten. So mussten 50 Prozent der Waren auf amerikanischen Schiffen transportiert werden. Ein Viertel der Weizenlieferungen musste in den USA gemahlen werden, und es bestand die Pflicht, die landwirtschaftliche Überproduktion der USA aufzukaufen. Die europäischen Staaten waren außerdem verpflichtet, in den USA dringend benötigte Produkte zu „angemessenen“ Preisen dorthin zu exportieren.
Weiterhin behielten die USA die Kontrolle über die Vergabe der Mittel – auch dies ein Grund, weshalb die Sowjetunion die Teilnahme von vornherein ablehnen musste. Die USA konnte damit auch die westeuropäischen Staaten zur Einhaltung eines weitgehenden Wirtschaftsembargos gegenüber den osteuropäischen Staaten drängen. [...] Bereits im Juli 1947 hatte die Sowjetunion mit dem „Molotow-Plan“ auf das amerikanische Angebot reagiert. Aus diesem entstand später der „Rat für gegenseitige Wirtschaftshilfe“ (RGW), der die Handelsbeziehungen zwischen den sozialistischen Staaten regelte.

Zit. nach: www.bpb.de/geschichte/zeitgeschichte/marshallplan/40034/einleitung (30.09.2021)

b) Odd Arne Westad schrieb 2019:

Die deutsche Teilung war [...] in mancher Hinsicht ein Ergebnis des Marshallplans. Die Vereinigten Staaten hielten es wegen ihrer eigenen Sicherheit für zwingend notwendig, dass die westeuropäischen Volkswirtschaften wieder auf Touren kamen. Die Sowjetunion und die kommunistischen Regierungen hatten, verständlicherweise, keine Lust, sich einem Plan zum Wiederaufbau der europäischen Wirtschaft zu unterwerfen, den die Vereinigten Staaten entworfen hatten und der von US-amerikanischen Regierungsvertretern durchgeführt wurde. Die Notwendigkeit, den westlichen Teil Deutschlands unter der Kontrolle der Westalliierten in den Marshallplan aufzunehmen, bedeutete deshalb dessen Trennung vom Osten. [...]
Wie viel genau die Hilfe des Marshallplans [...] nach dem Krieg zur wirtschaftlichen Erholung Europas beitrug, ist schwer zu sagen. Vermutlich wäre ohnehin ein gewisses Wachstum entstanden, wenn auch in einigen Ländern und Regionen mehr als in anderen. Die Westeuropäer begannen wieder, an öffentliche und private Institutionen zu glauben, also gaben sie wieder Geld aus, schufen Arbeitsplätze und steigerten die Produktivität. [...] Und die Zahlungsbilanzschwierigkeiten zwischen europäischen Ländern wurden geringer, als der innereuropäische Handel wieder in Schwung kam. Zwischen 1947 und 1951 stieg die Produktion in den vom Marshallplan unterstützten Ländern um durchschnittlich 55 Prozent.

Odd Arne Westad: Der Kalte Krieg. Eine Weltgeschichte. Bonn 2020, S. 130 f.

---

2. Analysieren Sie die Rede des US-Außenministers Marshall (M 4). Gehen Sie dabei besonders ein auf
   - seine Lagebeurteilung Nachkriegseuropas,
   - seine mittelfristigen Ziele und
   - die Rolle der USA.

3. a) Beschreiben Sie mithilfe der Statistiken M 5 a) und b) Art und Umfang der Marshallplan-Hilfen.
   b) Prüfen Sie, inwiefern man von einem gesamteuropäischen Hilfsprogramm sprechen kann.

4. a) Formulieren Sie die Kernaussagen der Plakate in M 3 und stellen Sie Vermutungen über ihre Herkunft an.
   b) Analysieren Sie die Plakate.

5. a) Vergleichen Sie die Historikerurteile in M 6 über den Marshallplan hinsichtlich der Motive der USA und der jeweils genannten politischen Mittel.
   b) Prüfen Sie, inwiefern man vom Marshallplan von einer „politischen Waffe der USA“ reden kann.

6. Prüfen Sie auf der Basis von M 6 b) und dem Darstellungstext, inwiefern die Ergebnisse des Marshallplans den Zielen der US-Regierung (M 4) entsprochen haben dürften.

Wer hat Schuld am Kalten Krieg?

Einblicke in eine Forschungskontroverse

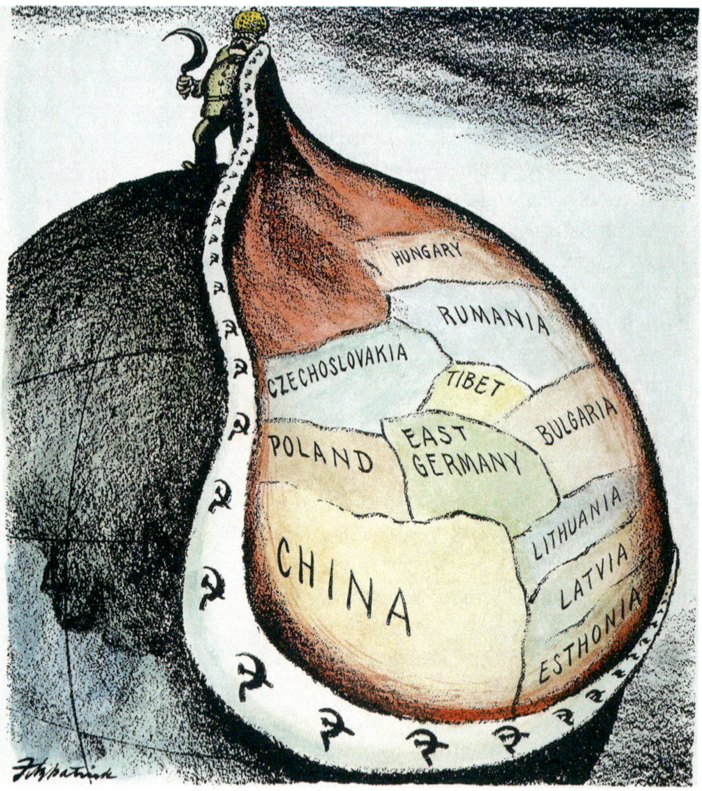

M 1 „Der neue Imperialismus". Karikatur des US-amerikanischen Zeichners Daniel Fitzpatrick zur Politik Stalins, 1951

1. Formulieren Sie die Aussage von M 1.

Wollen die Sowjets die Weltherrschaft?

Dieser Frage geht ein amerikanisches Schlüsseldokument aus der Anfangszeit des Kalten Krieges nach. Der damalige Chef des Planungsstabes im amerikanischen Außenministerium, Paul Nitze, entwickelte 1949 ein Strategiepapier, in dem die Sowjetunion scharf angegriffen und ihr vorgeworfen wurde, die westliche, freie Welt unterwerfen zu wollen: An die Stelle der demokratisch-liberalen Staaten sollten vom Kreml streng kontrollierte kommunistische Regime entstehen. Diese Haltung wurde in den westlichen Ländern übernommen. Doch was den westlichen Zeitgenossen selbstverständlich war, wird von der späteren Geschichtswissenschaft durchaus kontrovers gedeutet: Liegt die Schuld wirklich nur in der Politik der UdSSR begründet? Haben nicht auch die USA eine Mitverantwortung für die Eskalation des Konflikts? Musste es überhaupt zu diesem Konflikt kommen oder wären nicht politische Alternativen in Richtung Verständigung möglich gewesen? Diese Fragen werden von Historikern kontrovers diskutiert und nach jeweiligem Standpunkt unterschiedlich beantwortet.

Eine Frage – mehrere Antworten?

„Geschichte" per se gibt es nicht, vielmehr geht es um die ständige Analyse und Neubewertung historischer Quellen, Überreste und sonstiger Zeitdokumente, um sie zu einem Gesamtbild zusammenzufügen. Historikerinnen und Historiker sprechen in diesem Kontext von Narration und Rekonstruktion. Dabei können sie durchaus zu verschiedenen Schlussfolgerungen und Ergebnissen gelangen. Gerade zur Frage nach der „Schuld" für den Beginn des Kalten Krieges gehen die Positionen teils weit auseinander. Hier unterscheidet man aktuell zwischen drei verschiedenen „Denkschulen":

- Die „traditionelle" Sicht sieht die Hauptverantwortung bei der UdSSR und ihrer Sowjetisierung Osteuropas.
- Die sogenannten „Revisionisten" sehen vor allem die ökonomische Expansion der USA kritisch: In diesem Kontext bedeutet zum Beispiel der Marshallplan eine Spaltung Europas und eine Verschärfung des Konflikts.
- Die „Postrevisionisten" betonen dagegen, dass es eine Reihe von Missverständnissen und Fehldeutungen zwischen den USA und der UdSSR gegeben habe, die den Konflikt erst anheizten. Für diese Denkschule spielt der grundsätzliche Gegensatz zwischen Kapitalismus und Sozialismus eine zentrale Rolle.

Unabhängig von diesen drei Interpretationen geht man aktuell auch davon aus, dass es „ganz einfach" auch eine „Konkurrenz im System der Mächte" war (Hans Heinrich Nolte, 2009). Entscheidend bleibt folglich die Gewichtung der jeweiligen Faktoren und Merkmale des Kalten Kriegs, um die Frage nach der „Schuld" – besser „Verantwortung" - zu beantworten.

M2 Historikerurteile zur Verantwortung für den Kalten Krieg

a) John Lewis Gaddis schrieb 2007:

Die Wurzeln des Kalten Krieges reichten [...] in den Weltkrieg zurück. Das macht zum einen verständlich, warum der neue Konflikt so bald nach dem Ende des alten [des Krieges gegen Deutschland und Japan] ausbrach. Zum anderen waren Großmachtrivalitäten im Verhältnis der Nationen zueinander ohnehin seit Langem mindestens so normal gewesen wie Großmachtbündnisse. Der neue Konflikt zwischen den USA und der UdSSR war demnach nicht schwer vorherzusehen. Die interessante Frage lautet eher, warum die Kriegsführer selbst über das Auseinanderbrechen der Großen Allianz überrascht und sogar erschrocken waren. Sie hatten auf ein anderes Ergebnis gehofft; andernfalls hätten sie sich, als die Kämpfe noch im Gang waren, wohl kaum derart bemüht, sich darüber zu einigen, was nach ihrem Ende geschehen sollte. Ihre gemeinsamen Hoffnungen führten sie zueinander – aber ihre Visionen auseinander.

Roosevelt und Churchill stellten sich eine durch ein Machtgleichgewicht geprägte Nachkriegsordnung vor, die auf bestimmten Prinzipien fußen sollte. Durch Vermeidung der Fehler, die zum Zweiten Weltkrieg geführt hatten, sollten neue Kriege verhindert werden: Man würde eine gewisse Kooperation der Großmächte sicherstellen, durch eine neue kollektive Sicherheitsorganisation in Gestalt der Vereinten Nationen Wilsons Völkerbund wiederbeleben und die höchstmögliche politische Selbstbestimmung und ökonomische Integration fördern, sodass die Kriegsursachen, so wie Roosevelt und Churchill sie verstanden, im Lauf der Zeit verschwinden würden. Stalins Vision sah anders aus: Ihm schwebte eine Nachkriegsordnung vor, die einerseits seine eigene und die Sicherheit seines Landes gewährleistete und andererseits die Rivalität zwischen den Kapitalisten anstachelte, die nach seiner Ansicht in einen neuen Krieg münden würde. Durch den kapitalistischen Brudermord wiederum würde Europa schließlich unter sowjetische Herrschaft geraten. Roosevelts und Churchills Vision war multilateral und setzte die Möglichkeit voraus, dass auch unvereinbare Systeme miteinander vereinbare Interessen haben können. Stalin nahm nichts dergleichen an und handelte auf eigene Faust.

John Lewis Gaddis: Der Kalte Krieg. Eine neue Geschichte, München 2008, S. 41

b) Odd Arne Westad urteilte 2019:

Obwohl die Vereinigten Staaten und die Sowjetunion im Krieg Verbündete gewesen waren, war irgendeine Form von Nachkriegskonflikt nahezu unvermeidlich. [...] Dass Stalin der Kontrolle über Osteuropa eine höhere Priorität beimaß als guten Beziehungen zu seinen Alliierten, trug nach dem Kriegsende wesentlich zur Schwächung der Großen Allianz bei, und dasselbe galt auch für Stalins Größenwahn und die Gräueltaten, die er während des Krieges zum Beispiel in Polen beging. Auch die sowjetische Ideologie war für die Spannungen mitverantwortlich, weil ihr zufolge ein künftiger Konflikt mit der kapitalistischen Welt unumgänglich war und sie für die Nachkriegszeit intensive revolutionäre Erhebungen erwarten ließ. Die USA zeigten wenig Geduld, wenn die Sowjetunion ihr Übergewicht in internationalen Angelegenheiten nicht anerkannte. Präsident Truman verfügte weder über die politische Beweglichkeit noch über den Charme seines Vorgängers, und seine wichtigsten Berater, die schon lange eine härtere Linie gegenüber der Sowjetunion befürworteten, brachten ihn dazu, Entscheidungen zu treffen, die eher auf eine Eindämmung als auf eine Einbindung der Sowjetunion abzielten. [...] Als stärkste Macht hätten die Vereinigten Staaten mehr tun müssen, um mit der Sowjetunion Kanäle für Kommunikation, Handel und kulturellen und wissenschaftlichen Austausch aufrechtzuerhalten. Stalin hätte wahrscheinlich dennoch die Isolation gewählt. Doch die Intensität des Konflikts, einschließlich der Paranoia [Ängste], die er später auf beiden Seiten hervorrief, hätten sich vermutlich erheblich abschwächen lassen, wenn die stärkere Macht mehr Versuche unternommen hätte, Moskau zu Formen der Kooperation zu motivieren.

Odd Arne Westad: Der Kalte Krieg. Eine Weltgeschichte. Bonn 2020, S. 84 f.

multilateral: mehrere Seiten/Länder/ Akteure betreffend – im Gegensatz zu Bilateralität, bei der zwei Seiten einbezogen sind

2. a) Vergleichen Sie die Historikerurteile in M2, indem Sie sie tabellarisch kriteriengeleitet gegenüberstellen.
b) Ordnen Sie mithilfe des Darstellungstextes die Historiker den jeweiligen „Denkschulen“ zu.

3. Formulieren Sie ein eigenes Urteil zur Frage des Kapitels. Legen Sie dabei Ihre zentralen Argumente dar.

Gestaltungsspielräume in Ost und West?

Wirtschaftlicher und politischer Neubeginn Europas im Zeichen der Blockbildung

M 1 Anlässlich des 19. Parteitages der KPdSU 1952 in der DDR veröffentlichtes Propagandaplakat mit dem Motiv des Wiederaufbaus Dresdens

1. Formulieren Sie ausgehend von M 1 Hypothesen über die Beziehung der Besatzungsmächte zu den besetzten Gebieten.

Regierungssysteme im Dienst des Kalten Krieges?

Die zentralen Fragen, die von den Siegermächten nach Ende des Zweiten Weltkriegs für die besetzten europäischen Länder gelöst werden mussten, lauteten: Wie sollte ihr politischer Neubeginn aussehen und wie sollte ihr wirtschaftlicher Aufbau erfolgen? Zwar hatten sich die Siegermächte auf der Potsdamer Konferenz im Spätsommer 1945 auf eine demokratische Neuordnung Europas verständigt, doch über deren Ausgestaltung gingen die Meinungen weit auseinander.

Die Prognose Churchills vom Mai 1945, Europa werde schon bald von einem **Eisernen Vorhang** durchschnitten sein (→ S. 17), sollte sich in den kommenden Jahren bestätigen: Stalin war nicht gewillt, von ihm eroberte Gebiete wieder eigenständig werden zu lassen, vielmehr sollten sie in seinen Machtbereich integriert werden. Doch für einen Umbau nach sowjetischem Vorbild waren die demokratischen Wurzeln etwa in der Tschechoslowakei oder in Polen noch zu fest verankert, hier mussten sich die einheimischen Kommunisten erst Schritt für Schritt die Macht sichern, um die alten Strukturen beseitigen zu können. Es entstanden sogenannte **Volksdemokratien.** Anders als in der präsidentiellen oder **parlamentarischen Demokratie,** die die westlichen Besatzungsmächte in den westdeutschen Besatzungszonen verankern wollten, war in der Volksdemokratie weder Gewaltenteilung noch die Ermittlung von Mehrheitsmeinungen durch Wahlen vorgesehen. Der ideologische Konflikt zwischen den USA und der UdSSR hatte sich damit auf Europa und seine politische Ausgestaltung ausgeweitet, die unterschiedlichen Regierungssysteme in Ost und West zementierten die Teilung des Kontinents und verdeutlichten einmal mehr die Blockbildung auch in Europa.

Unterschiedliche Wirtschaftsordnungen

Verstärkt wurde diese Entwicklung durch das wirtschaftliche Auseinanderdriften Ost- und Westeuropas. Im **Marshallplan** (→ S. 26 f.) hatten die USA den europäischen Ländern Ende der Vierzigerjahre Wirtschaftshilfen in Form von Krediten und Sachlieferungen angeboten, die Stalin für die Länder seines Machtbereichs ablehnte – nicht unbegründet fürchtete er einen zunehmenden Einfluss der USA auf diese Gebiete durch deren wirtschaftliches Engagement. Die USA hingegen unterstellten Stalin, dass er das wirtschaftliche Chaos im Nachkriegseuropa für seine eigenen Zwecke nutzen wolle und deshalb eine wirtschaftliche Konsolidierung hinauszögere. Letztlich führte die ablehnende Haltung Stalins zu einer wirtschaftlichen Abschottung Osteuropas. Es standen sich zukünftig nicht nur zwei unterschiedliche politische Systeme, sondern auch zwei gegensätzliche Wirtschaftsordnungen gegenüber.

Im Westen etablierten sich wieder freie Märkte, eine **Marktwirtschaft**, die im Sinne des Wirtschaftsliberalismus auf freien Warenverkehr, freie Wirtschaftsakteure und private Investitionen setzte. Die Rolle des Staates wurde dabei in den verschiedenen westlichen Ländern durchaus unterschiedlich akzentuiert. So schränkte etwa die Bundesrepublik Deutschland mit ihrer „sozialen Marktwirtschaft" (→ S. 62 f.) den freien Markt durch staatliche Regelungen ein, die u. a. Kartell- und Monopolbildungen verhindern sollten.

Der Osten folgte dagegen dem sowjetischen Vorbild, das auf staatliche Lenkung durch Jahrespläne setzte und das Privateigentum an Produktionsmitteln weitgehend beseitigte. Das Kollektiv wurde z. B. in den Kolchosen – genossenschaftlich organisierten landwirtschaftlichen Großbetrieben – bzw. „landwirtschaftlichen Produktionsgenossenschaften" (LPGs) ein wichtiger Wirtschaftsakteur, der sich allerdings an die zentralen Vorgaben der Jahrespläne halten musste. An die Stelle privater Unternehmer trat hier der Staat, der in Form einer **Zentralverwaltungswirtschaft** alle wirtschaftlichen Fäden in Händen hielt. Denn staatliche Planungsbehörden bestimmten die Produktion, die Verteilung sowie die Preise aller Güter sowie Dienstleistungen und ließen den Betrieben kaum Entscheidungsspielräume. Die politischen Verhältnisse spiegelten sich somit auch in der wirtschaftlichen Ausgestaltung wider, da die Wirtschaftsordnungen ganz im Dienste des jeweiligen politischen Systems standen.

Zentralveraltungswirtschaft (Begriff): Von dem Wirtschaftswissenschaftler Walter Eucken (1891–1950) geprägter Begriff für die staatliche Planwirtschaft in sozialistischen Ländern. Er sollte den Charakter der zentralen Lenkung betonen und zugleich eine deutlichere Abgrenzung zum Begriff der Marktwirtschaft schaffen, da in ihr seitens der Unternehmen ebenfalls planerisch vorgegangen wird.

M 2 Wirtschaftsformen – eine Übersicht

	Marktwirtschaft	Plan- bzw. Zentralverwaltungswirtschaft
Rolle des Staates	Der Staat schafft durch Gesetze einen Ordnungsrahmen, der das Wirtschaften ermöglicht, indem er etwa unternehmerische Freiheiten garantiert.	Der Staat lenkt alle politischen und wirtschaftlichen Angelegenheiten, beispielsweise durch zentrale Volkswirtschaftspläne.
Eigentumsverhältnisse	Produktionsmittel sind Privateigentum.	Produktionsmittel sind in der Regel staatlich bzw. „volkseigen".
unternehmerisches Handeln	Die Abstimmung aller wirtschaftlichen Handlungen erfolgt dezentral und über den Markt.	Die Abstimmung aller wirtschaftlichen Handlungen erfolgt zentral durch staatliche Planungsebenen.
Angebot und Nachfrage	Anbietende und Nachfragende beeinflussen sich gegenseitig.	Das Warenangebot wird durch die Nachfragenden nicht unmittelbar beeinflusst.
Produktionsplanung	Jedes Unternehmen entscheidet nach betriebswirtschaftlichen Gesichtspunkten, was und wie produziert werden soll.	Der Staat entscheidet über die gesamte Produktion sowie über die Verteilung aller Güter und Dienstleistungen.
Wettbewerb	Der Wettbewerb beeinflusst Qualität, Menge und Preis der Waren und Dienstleistungen.	Qualität, Menge und Preis der Waren und Dienstleistungen werden durch staatliche Vorgaben definiert.

Der Weg in die deutsche Teilung

Nach der Unterzeichnung der bedingungslosen Kapitulation durch Vertreter der deutschen Wehrmacht war der Zweite Weltkrieg am 8. Mai 1945 in Europa beendet. Für das besiegte Deutschland folgte im Juni 1945 die Aufteilung in vier Besatzungszonen. Auch Berlin wurde in vier Sektoren aufgeteilt. Im Juli/August 1945 trafen sich die Vertreter der drei Hauptalliierten unter US-Präsident Truman, dem britischen Premierminister Churchill und dem sowjetischen Regierungschef Stalin zu einer Konferenz in Potsdam, wo sie sich auf die folgenden Eckpunkte für den künftigen Umgang mit den besetzten deutschen

M 3 Zwei deutsche Staaten entstehen

BRD ← **Westliche Besatzungszonen**

1949	← **1948**	← **1947**	← **1946**	← **1945**
23. Mai Das vom Parlamentarischen Rat erarbeitete „Grundgesetz“ für einen westlichen deutschen Teilstaat tritt in der Trizone in Kraft. Damit war die „Bundesrepublik Deutschland“ gegründet. Die Präambel des Grundgesetzes betont die Teilstaatlichkeit als vorläufigen Zustand: Der Beitritt der sowjetisch besetzten Gebiete zum Geltungsbereich des Grundgesetzes wird ausdrücklich offengehalten.	**März** Die französische Besatzungszone wird mit der „Bizone“ zusammengefasst; eine „Trizone“ entsteht. **Juni** In den westlichen Ländern wird im Rahmen einer Währungsreform die „Deutsche Mark“ eingeführt. **September** Im Auftrag der westlichen Besatzungsmächte soll ein „Parlamentarischer Rat“ eine Verfassung für die Trizone erarbeiten.	**Januar** Die amerikanische und die britische Besatzungszone werden zur „Bizone“ vereinigt. Dies soll die wirtschaftliche Verwaltung erleichtern und dem Außenhandel neue Impulse geben. **März** Um den Einfluss der UdSSR einzudämmen, sagt US-Präsident Truman allen Ländern militärische und wirtschaftliche Unterstützung zu, die sich in ihrer Unabhängigkeit bedroht sehen. Der Marshallplan wird auf den Weg gebracht.	**Juni** In den Ländern der amerikanischen Besatzungszone werden erste Landtagswahlen durchgeführt. **ab August** Die Länder Schleswig-Holstein, Niedersachsen und Nordrhein-Westfalen werden in der britischen Zone gegründet; Rheinland-Pfalz in der französischen Zone. **September** US-Außenminister Byrnes spricht sich in Stuttgart im Rahmen einer Grundsatzrede für mehr Kooperation der USA mit Deutschland aus und stellt die staatliche Souveränität Westdeutschlands in Aussicht.	**September** Die USA leiten in ihrer Zone erste Schritte zur Föderalisierung ein. Die Gründung der Länder Hessen, Württemberg-Baden und Bayern wird angebahnt. In der Folgezeit kommt es zur Wiederherstellung von Parteien (SPD) bzw. zu Parteineugründungen (z. B. CDU/CSU).

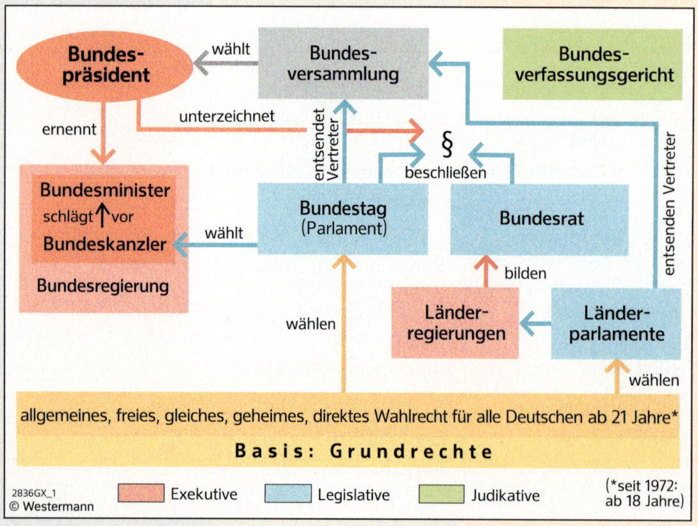

M 4 Verfassungsschaubild nach dem Grundgesetz der Bundesrepublik Deutschland

Gebieten verständigten: Demilitarisierung – Denazifizierung – Demokratisierung – Dezentralisierung der Wirtschaft (und Behandlung Deutschlands als wirtschaftliche Einheit) – Demontage (im Rahmen von Reparationen). Auch wurde in Potsdam festgelegt, dass künftig die Oder-Neiße-Linie die die Grenze der sowjetischen Besatzungszone zu Polen definieren sollte. Die Macht über Deutschland übten die vier Militärgouverneure der Besatzungsmächte aus. Sie richteten den Alliierten Kontrollrat ein, ein Beratungsgremium, in dem künftig alle Entscheidungen über Gesamtdeutschland getroffen werden sollten. Das Schaubild M3 zeigt spiegelbildlich weitere Entwicklungen in West- und in Ostdeutschland:

Sowjetische Besatzungszone (SBZ) ——→ **DDR**

1945 →

April
Walter Ulbricht, der spätere Staats- und Parteichef der DDR, trifft mit deutschen Kommunisten aus der UdSSR in Deutschland ein. Ihr Ziel ist die Übernahme zentraler Führungsstellen.

Mai
Die UdSSR beginnt eine rigide Demontage. So werden bis 1946 ca. 1 000 Betriebe abgebaut, weitere 200 in „Sowjetische Aktiengesellschaften" (SAG) umgewandelt.

Juni
Die sowjetische Militäradministration genehmigt erste Parteien: SPD und CDU. Der Freie Deutsche Gewerkschaftsbund, FDGB, wird gegründet.

ab September
Die bereits im Juli beschlossene Bodenreform wird durchgeführt. Bis 1948 werden landwirtschaftliche und industrielle Großbetriebe ebenso wie Bergwerke und Banken verstaatlicht.

1946 →

April
Auf einem Vereinigungsparteitag in Berlin werden die KPD und die SPD zur SED (Sozialistische Einheitspartei Deutschlands) vereinigt. In der Folgezeit wächst der Druck der SED auf die anderen Parteien in der SBZ. In der SED sind die Ämter zunächst paritätisch zwischen KPD und SPD besetzt, doch gewinnen die Kommunisten immer mehr an Einfluss.

1947 →

September
Mit der Gründung eines „Kommunistischen Infomationsbüros" (Kominform) versucht Stalin, die Länder in seinem Machtbereich näher an sich zu binden und in seinem Sinne zu beeinflussen. Alle kommunistischen Parteien der Länder Ost- und Mitteleuropas gehörten ihm an und erkannten Stalins Führungsrolle an.

1948 →

März
Mit dem Auftrag, eine Verfassung für die sowjetische Besatzungszone zu erarbeiten, wird ein „Deutscher Volksrat" einberufen.

Juni
Als Reaktion auf die Währungsreform im Westen und als Versuch, eine westdeutsche Staatsgründung zu verhindern, verhängt Stalin eine Blockade über Westberlin (→ S. 40).

1949

Januar
Im Rat für gegenseitige Wirtschaftshilfe (RGW bzw. COMECON) wird die wirtschaftliche Ausrichtung auf die UdSSR gebündelt und gesteuert.

7. Oktober
Die vom Deutschen Volksrat erarbeitete Verfassung tritt in Kraft. Damit geht aus der sowjetischen Besatzungszone die Deutsche Demokratische Republik hervor.

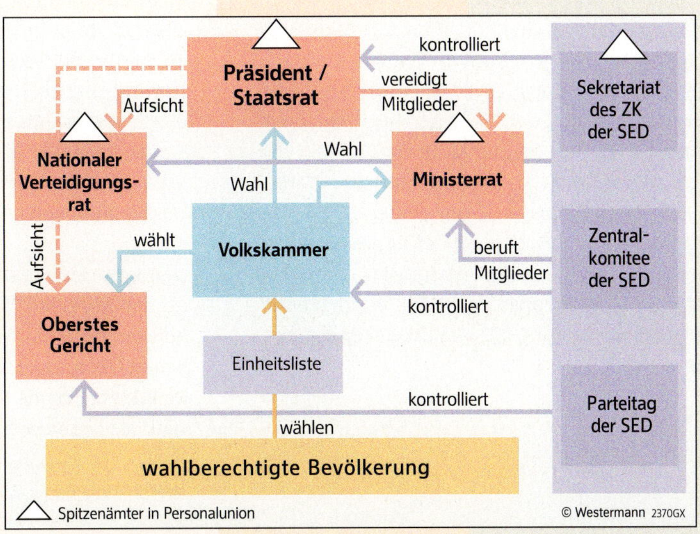

M5 Schaubild: Die Verfassung der Deutschen Demokratischen Republik

M6 „Volksdemokratie" und „Parlamentarismus"

a) „Volksdemokratie", 1947: Die mithilfe der Blockpolitik geschaffene neue Ordnung ist keine sozialistische Ordnung. Sie ist jedoch demokratischer als die bürgerlich-parlamentarische Demokratie und entspricht mehr als diese den Interessen des werktätigen Volkes. Sie versperrt einer späteren sozialistischen Entwicklung nicht den Weg, im Gegenteil, sie schafft notwendige und günstige Voraussetzungen für eine solche Entwicklung. Die Arbeiterklasse hat die Demokratie immer als den besten Kampfboden für den Sozialismus angesehen. Umso mehr trifft diese Feststellung für den neuen Typus der Demokratie, für die Volksdemokratie, zu. Historisch notwendige Etappen lassen sich nicht überspringen. Die Schaffung einer volksdemokratischen Ordnung ist heute für eine Reihe von Ländern eine notwendige Etappe in der Richtung zum Sozialismus.

In: Die Einheit. Zeitschrift für Theorie und Praxis des Sozialismus, Nr. 9, Ostberlin 1947

b) „Volksdemokratie", 1995: Im Unterschied zur freiheitlichen Demokratie nach kommunistischer Lehre Übergangsform zur sozialistischen Demokratie, wie sie allein in der UdSSR bestand. Äußerlich an parlamentarischen Formen festhaltend, ist die V. eine Staats- und Regierungsform, bei der die Macht allein in den Händen der kommunistischen Partei liegt, die für sich in Anspruch nahm, als Repräsentantin der Arbeiterklasse die Volksmehrheit zu vertreten. In den osteuropäischen Satellitenstaaten waren die bestehenden sozialistischen und anderen Parteien durch eine nationale Front gleichgeschaltet, wirklich freie und geheime Wahlen waren, da nach Einheitslisten und teilweise öffentlich gewählt wurde, nicht garantiert, die Produktionsmittel waren sozialisiert, der Wirtschaftsprozess staatlicher Planung unterworfen [...].

Erich Bayer/Frank Wende: Wörterbuch zur Geschichte. Begriffe und Fachausdrücke. 5., erw. Aufl., Darmstadt 1995, S. 568

c) „Parlament", 1995: Lat.: „Parlamentum", „Gespräch", im modernen Staatsrecht gleichbedeutend mit Volksvertretung; Versammlung frei gewählter, unabhängiger Repräsentanten des Volkes, denen in demokratischen Staaten die Gesetzgebung, vor allem die Wahrung des Budgetrechts und die Kontrolle der Exekutive, obliegen.
„Parlamentarismus": In England seit dem 18. Jh. entwickeltes Regierungssystem, bei dem die Regierung [...] der Mehrheit des Parlaments entnommen und diesem verantwortlich ist, und zwar unabhängig von der jeweiligen Staatsform, sodass der P. als parlamentarische Demokratie oder parlamentarische Monarchie Gestaltung findet. [...]
Das parlamentarische System, das den Gedanken der Repräsentation des Volkes durch das Parlament am stärksten vertritt, ist [...] von den meisten bürgerlichen Demokratien Europas im 19./20. Jh. übernommen worden, da es die wirksamste Kontrolle der Regierung durch das Volk bzw. seine Vertreter sichert.

ebd., S. 420 ff.

M7 Die Neugestaltung Westeuropas

Der britische Historiker Ian Kershaw schrieb 2018:

Die Blockeinteilung änderte nichts daran, dass Europa eine Ansammlung von Nationalstaaten war. Der Nationalstaat bildete die anerkannte Grundlage der politischen Organisation und Identität. [...] Der unterschiedliche Charakter der westeuropäischen Nationalstaaten, ihre jüngste Geschichte und die hervorstechenden Merkmale ihrer politischen Kultur: All dies sorgte dafür, dass die politische Entwicklung im Westen weit weniger gleichförmig verlief als östlich des Eisernen Vorhangs. Dennoch gab es Gemeinsamkeiten über nationale Grenzen hinweg. [...] Faschismus und Nationalsozialismus wurden nur noch von verschwindend kleinen Minderheiten unterstützt, und nach Beginn des Kalten Kriegs verlor auch der Kommunismus an Popularität; seine revolutionäre Alternative zur liberalen Demokratie sprach, abgesehen von einer Minderheit – die in Italien, Frankreich und Finnland zwar beachtlich, sonst aber vernachlässigbar war –, die Menschen nicht an.
Im Westen waren die politischen Restriktionen weniger offensichtlich als im Sowjetblock, aber es gab sie, überwiegend als Folgen des Kalten Kriegs. Der amerikanische Einfluss, der vor allem von der Notwendigkeit, Westeuropa zu einem stabilen Bollwerk gegen den Kommunismus zu machen, bestimmt wurde, war ein entscheidender einigender Faktor. Durch das atlantische Verteidigungsbündnis [NATO], das zu einem guten Teil ein Instrument der US-Außenpolitik in Europa war, wurden internationale Bindungen geschaffen und gestärkt. Welche Unterschiede die politischen Systeme in Westeuropa auch aufwiesen, der Antikommunismus bildete das einigende ideologische Band. Ein gewisser Zwang zu politischer Annäherung ging auch von den Erfordernissen ihrer rasch wachsenden Marktwirtschaften aus. [...] Internationaler und ökonomischer Druck bewirkten in den ersten Nachkriegsjahrzehnten, dass Westeuropa, trotz aller nationalen Unterschiede, zu einer erkennbaren politischen Einheit zusammenwuchs, die etablierte Grundsätze der liberalen Demokratie teilte, auf immer stärker miteinander verflochtenen kapitalistischen Ökonomien beruhte und weit engere Beziehungen zu den Vereinigten Staaten unterhielt als die einzelnen Länder vor dem Krieg.

Ian Kershaw: Achterbahn. Europa 1950 bis heute. München 2019, S. 72 f.

M8 Polen wird zur Volksdemokratie – ein Fallbeispiel

In einem Geschichtslexikon wird beschrieben:

Polen war am Ende des Zweiten Weltkriegs in einem desolaten Zustand: Rund sechs Millionen Tote – darunter 85 Prozent des jüdischen Bevölkerungsanteils – waren zu beklagen und rund 38 Prozent des Volksvermögens waren vernichtet. Schon am 15. August 1944 hatte das Lubliner Komitee die ersten wirtschaftspolitischen Weichen gestellt und die Enteignung des Großgrundbesitzes zugunsten der Kleinbauern sowie die Verstaatlichung von Industrie und Banken beschlossen.
Nach dem Krieg wachte jetzt Stalin sorgfältig darüber, dass in Polen ein Regime nach seinen Vorstellungen installiert wurde. So nahm die kommunistische Polnische Arbeiterpartei PPR [...] die Schlüsselposition in der 1945–47 von dem Sozialisten Edward Osóbka-Morawski geführten Regierung ein. Nur die [...] Polnische Bauernpartei (PSL) mit 600 000 Mitgliedern stellte sich dem kommunistischen Druck entgegen. Widerstandsgruppen im Untergrund konnten erst 1947 ausgeschaltet werden.
Der Auflage, baldige Wahlen durchzuführen, kam die Regierung erst am 19. Januar 1947 nach; aufgrund massiver Manipulationen gewann der kommunistisch dominierte Demokratische Block 394, die PSL nur 27 der 444 Sitze. [... Danach] begann die Verdrängung und Verfolgung missliebiger Politiker [...].
Ein stabiles sozialistisches Polen war für die UdSSR im beginnenden Kalten Krieg unverzichtbarer Teil der sozialistischen Staatenwelt. Und so legte Stalin – beginnend mit dem Freundschafts- und Beistandsvertrag vom 21. April 1945 – ein Netz aus Verträgen, Wirtschaftsabkommen und Vereinbarungen über das Land. [...] Die wachsende Abhängigkeit von der UdSSR trat bei der Einführung der Planwirtschaft, der Übernahme sowjetischer Einrichtungen, der Ablehnung des Marshallplans und der zwangsweisen Verschmelzung der traditionsreichen Sozialistischen Partei (PPS) mit der PPR zur Polnischen Vereinigten Arbeiterpartei (PVAP) im Dezember 1948 zutage. Die PVAP eignete sich das Führungsmonopol in Staat und Gesellschaft an. [...] Mit der volksdemokratischen Verfassung vom 22. Juli 1952 nahm das Land offiziell die Bezeichnung „Volksrepublik Polen“ an.

Die ZEIT – Welt- und Kulturgeschichte, Bd. 15: Die Welt im Zeitalter des Ost-West-Konflikts, Hamburg 2006, S. 34 f.

2. a) Arbeiten Sie aus dem Darstellungstext (S. 32 f.) die Gründe heraus, die zur Blockbildung führten.
b) Vergleichen Sie kriteriengeleitet die beiden Blöcke miteinander. Ziehen Sie dazu den Darstellungstext und M 2 heran.

3. a) Vergleichen Sie die Lexikonartikel von 1947 und 1995 (M 6 a) und b)).
b) Erklären Sie die zentralen Unterschiede auch mit Blick auf die Entstehungszeitpunkte der Texte.

4. a) Erläutern Sie die Regierungsformen der Bundesrepublik und der DDR (M 4 und M 5). Beziehen Sie die in M 6 gegebenen Definitionen ein.
b) Walter Ulbricht, bis 1971 maßgeblicher Politiker der DDR und SED-Vorsitzender, soll 1945 vor Parteigenossen gesagt haben: „Es ist doch ganz klar: Es muss demokratisch aussehen, aber wir müssen alles in der Hand haben.“* – Erklären Sie das Zitat anhand von M 5.

5. Prüfen Sie anhand des Darstellungstextes und der Zeitleiste M 3, inwiefern die deutsch-deutsche Teilung ein Ergebnis des Kalten Kriegs war.

6. a) Arbeiten Sie aus dem Fallbeispiel Polen (M 8) die zentralen Schritte und Maßnahmen der Kommunisten zum Machterwerb und zur Machtsicherung heraus.
b) Vergleichen Sie Ihre Ergebnisse mit den Aussagen des Historikers Ian Kershaw über die Entwicklungen in Westeuropa (M 7).
c) Erörtern Sie, inwiefern die europäischen Länder in Ost und West eigene wirtschaftliche und politische Gestaltungsspielräume hatten.

7. Beurteilen Sie, inwiefern es angemessen erscheint, von Polen oder der DDR im Gegensatz zur Bundesrepublik Deutschland oder anderen westlichen Staaten ab 1945 bis 1991 von „Satellitenstaaten“ zu sprechen.

* Zit. nach Wolfgang Leonhard: Die Revolution entlässt ihre Kinder. Köln 1955, S. 364 f.

Lubliner Komitee: eigentlich Polnisches Komitee der Nationalen Befreiung, eine kommunistische, von Moskau abhängige Gruppe

Satellitenstaat: Staat, der zwar formell unabhängig ist, dessen gesamte Politik jedoch von einer Großmacht bestimmt wird

Die Welt am Abgrund?

Krisen des Kalten Krieges

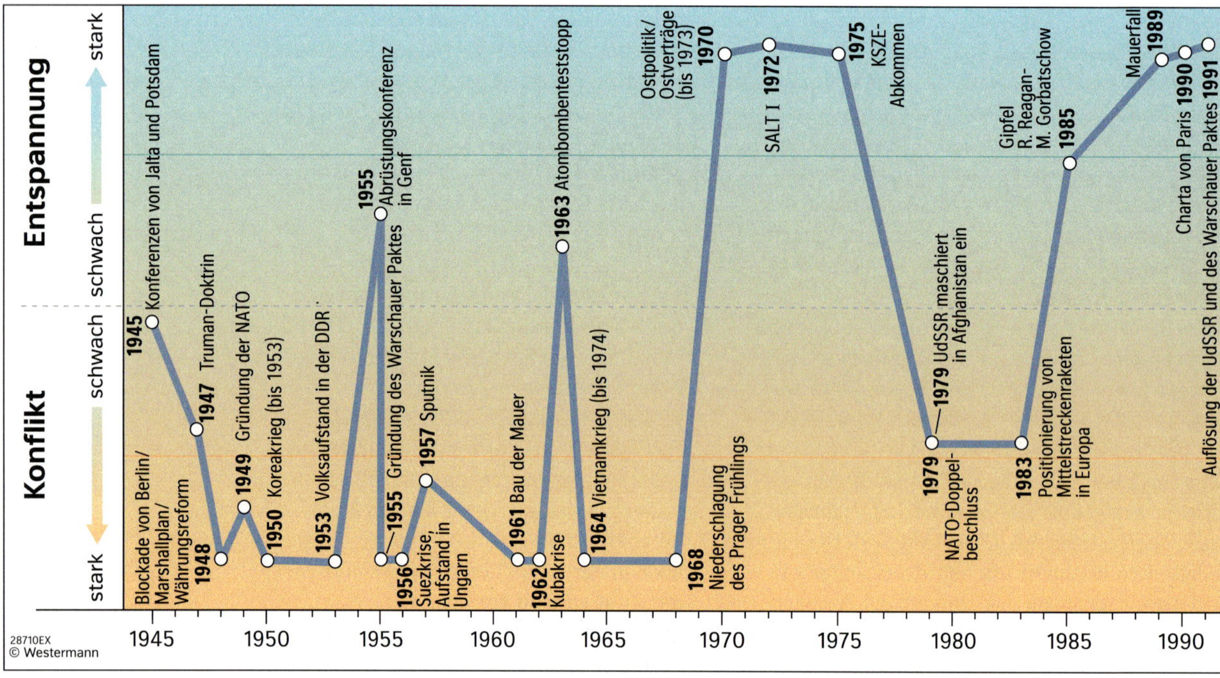

M 1 „Temperaturkurve" des Ost-West-Verhältnisses, 1945 bis 1990

1. Erläutern Sie die „Temperaturkurve" M 1. Beziehen Sie die Phasen des Kalten Krieges nach Bernd Stöver ein (M 3).

2. a) Arbeiten Sie die Thesen Bernd Stövers aus M 2 heraus.
   b) Finden Sie mögliche Erklärungen für die Spitzen der Kurve M 1.

M 2 Ein „totaler Krieg"?

Der Historiker Bernd Stöver charakterisierte:

Rasch entwickelte sich der Kalte Krieg zu einem „totalen Krieg", in dem mit Ausnahme der atomaren Waffen, die sich aufgrund ihres langfristigen Zerstörungspotenzials als nicht einsetzbar erwiesen, alles Verfügbare zur Anwendung kam, um diesen Konflikt zu gewinnen. Der Kalte Krieg war eine politisch-ideologische, ökonomische, technologisch-wissenschaftliche und kulturell-soziale Auseinandersetzung, die ihre Auswirkungen bis in den Alltag zeigte. Nur in der Dritten Welt wurde der Kalte Krieg schließlich auch als konventionelle militärische Auseinandersetzung geführt.
Die Nichtvereinbarkeit der beiden Lager führte zudem in den einzelnen Gesellschaften zu Polarisierungen. Annäherungen an die jeweils andere Seite oder Neutralität blieben bis zum Schluss verdächtig. Gerade darin wird deutlich, dass der Kalte Krieg eigentlich nur Kombattanten kannte – Teilnehmer auf dieser oder jener Seite.
Anschauungsunterricht bot im Osten etwa die Behandlung von Dissidenten, im Westen zum Beispiel das Verhalten gegenüber der Friedensbewegung. Dass die Öffentlichkeit ebenso wie die wissenschaftliche Literatur im Anschluss an den Kollaps des sowjetischen Systems und seiner Satelliten[staaten] die Frage nach dem Gewinner der Auseinandersetzung stellte, zeigt, dass selbst noch in der Retrospektive der Kalte Krieg als Kampf um Sieg oder Niederlage verstanden wurde.

Bernd Stöver: Der Kalte Krieg. Geschichte eines radikalen Zeitalters 1947–1991, München [4]2012, S. 9

Kombattanten: Kriegsteilnehmer

Dissidenten: Oppositionelle (→ S. 126)

Michail Gortbatschow: sowjetischer Politiker, der 1985 Generalsekretär des Zentralkomitees der KPdSU wurde

* M 3 wurde zusammengest. nach: Bernd Stöver: Ein totaler Krieg. In: Zeit Geschichte 3/2012: Der Kalte Krieg. Weltpolitik im Schatten der Bombe, S. 14–17, hier: S. 15 f.

M3 Bernd Stöver unterscheidet sieben Phasen des Kalten Krieges*:

- **1945–1947** „Vorbereitungsphase. [...] Die Spannungen zwischen den USA und der Sowjetunion verschärfen sich und gipfeln in quasioffiziellen ‚Kriegserklärungen' des Jahres 1947."

- **1947–1955** „USA und UdSSR stecken ihre Einflusszonen ab. [... Nachdem bereits 1949 die NATO gegründet wurde, endet diese Phase] mit der Gründung des Warschauer Paktes 1955. Die Teilung der Welt in zwei große Blöcke, in verbündete und neutrale Staaten ist nun weitgehend abgeschlossen."

- **1953–1961** „Nach Stalins Tod kommt es im Ostblock zu einer Reihe von Aufständen gegen die kommunistischen Machthaber. [...] Den Befreiungsbewegungen zu Hilfe zu kommen ist den westlichen Mächten im nuklear hochgerüsteten Mitteleuropa nicht möglich. Selbst die Westalliierten betrachten daher den [...] Mauerbau am 13. August 1961 als einen Beitrag zur Einhegung des Kalten Krieges in Europa."

- **1961–1991** „Der Konflikt verlagert sich mehr und mehr in die Entwicklungsländer – an die Peripherie des Kalten Krieges. [... Es entstehen] über einhundert „kleine Kriege", die zum Teil als **Stellvertreterkriege** geführt werden [...]."

- **1962–1979** „Europa erlebt eine Zeit der Entspannung. Zu den wichtigsten Erfolgen [...] gehören die Ostverträge der Ära Brandt [...], die Verhandlungen über den Abbau von Interkontinentalraketen [...] – sowie die Schlussakte der Konferenz über Sicherheit und Zusammenarbeit in Europa in Helsinki 1975."

- **1979–1989** „Als 1979 sowjetische Truppen in Afghanistan einmarschieren, wird die Konfrontation wieder sichtbarer. Die USA unterstützen die antikommunistischen Guerillakämpfer. [...] Fast zeitgleich [...] setzt ein neues atomares Wettrüsten ein. Es gipfelt 1983 in der Stationierung amerikanischer Mittelstreckenraketen in Europa [...]."

- **1985–1991** „Michail Gorbatschows [...] Plädoyer für Offenheit (Glasnost) und einen Umbau der Gesellschaft (Perestroika) läutet – ungeplant – den Anfang vom Ende des Sowjetimperiums ein."

M4 Krisen des Kalten Krieges – drei Fallbeispiele

Fallbeispiel 1: Die erste Berlinkrise, 1948/49

Landung eines „Rosinenbombers" auf dem Flughafen Tempelhof. Während der sowjetischen Blockade Westberlins wurde die Bevölkerung mithilfe der Luftbrücke der Briten und Amerikaner versorgt.

Fallbeispiel 2: Der Koreakrieg, 1950–1953

Amerikanische Truppen marschieren zur Front, Zivilisten fliehen. Die USA unterstützten den westlich ausgerichteten Süden, China und die UdSSR den kommunistisch dominierten Norden Koreas.

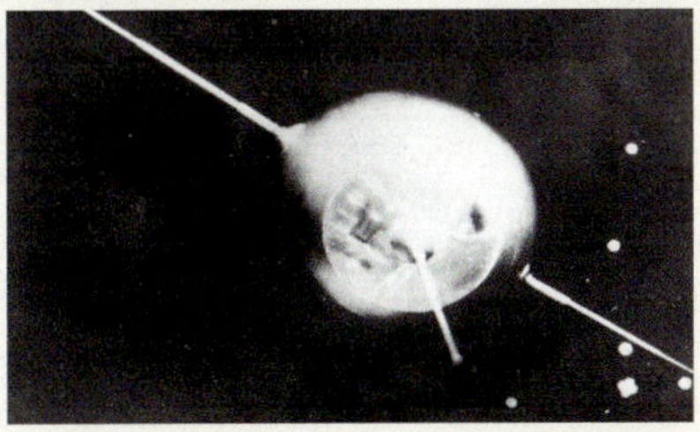
Fallbeispiel 3: Der „Sputnik-Schock", 1957

„Sputnik" war der erste künstliche Satellit, der auf eine Erdumlaufbahn gebracht werden konnte – am 4. Oktober 1957 von sowjetischer Seite. Dies löste im Westen einen Schock aus.

Gruppenarbeit

1. Wählen Sie anhand der Fotos in M4 einen Konflikt aus und bilden Sie zu jedem der Fallbeispiele eine Gruppe.
2. Erarbeiten Sie zu Ihrem Fallbeispiel anhand der Materialien auf den folgenden Doppelseiten
   - den Verlauf der Krise,
   - ihren historischen Hintergrund und
   - die Charakteristika der Krise.
3. Erstellen Sie ein Ursache-Wirkungs-Gefüge zu dem von Ihnen gewählten Konflikt.
4. Stellen Sie sich im Plenum gegenseitig Ihre Ergebnisse vor.
5. Formulieren Sie auf der Basis Ihrer Ergebnisse eine Definition des Begriffs „Kalter Krieg". Überarbeiten Sie gegebenenfalls Ihre Lösung zu Aufgabe 4, S. 23.

FALLBEISPIEL 1 Deutschland als Schauplatz des Kalten Krieges

Die erste Berlinkrise (1948/49)

Unter Historikerinnen und Historikern gilt die Berlinkrise gilt als eine der zentralen Krisen des Kalten Krieges: Die Blockade der Westzonen Berlins durch die UdSSR schuf klare Fronten und beschleunigte die Blockbildung entscheidend.

M1 Offizielle Dokumente zur Berlinkrise

a) Aus einer Mitteilung der sowjetischen Militärverwaltung (SMV) vom 18. Juni 1948:

Im Zusammenhang mit der separaten Währungsreform in den westlichen Besatzungszonen Deutschlands war die sowjetische Militärverwaltung gezwungen [...] zum Schutze der Interessen der Bevölkerung und der Wirtschaft der sowjetischen Zone sowie zur Vorbeugung einer Desorganisation des Geldumlaufs folgende Maßnahmen durchzuführen:

1. Der Passagierzugverkehr sowohl aus der sowjetischen Besatzungszone Deutschlands heraus als auch zurück wird eingestellt.

2. Die Einreise in die Sowjetische Besatzungszone wird für alle Arten des Gespann- und Kraftwagenverkehrs aus den westlichen Zonen [...] gesperrt. [...]

3. Alle Arten des Transports auf den Wasserstraßen sowohl aus der sowjetischen Zone in die westlichen Zonen als auch umgekehrt bedürfen einer Genehmigung des Chefs der Transportverwaltung der SMV [...].

4. Der Durchlass von Fußgängern aus den westlichen Zonen in die Sowjetische Besatzungszone Deutschlands mit Interzonenpass der westlichen Zonen über die Kontrollpassierstellen an der Demarkationslinie wird eingestellt. Personen, die sich aus der sowjetischen Zone in die westlichen Besatzungszonen Deutschlands begeben, passieren die Kontrollpassierstellen wie bisher.

5. Der Güterzugverkehr wird ungehindert, aber unter der Bedingung einer sorgfältigen Kontrolle aller Frachten [...] erfolgen.

6. Diese Anordnungen treten am 19. Juni, 0.00 Uhr, in Kraft.

Dokumente zur Berlinfrage, S. 76, zit. nach: Wolfgang Lautemann/Manfred Schlenke (Hgg.): Die Welt seit 1945 (Geschichte in Quellen 7), München 1980, S. 132

b) Note der US-Regierung an die der UdSSR, 6. Juli 1948:

Die Regierung der Vereinigten Staaten von Amerika wünscht die Aufmerksamkeit der Regierung der Sowjetunion auf die äußerst ernste internationale Lage zu lenken, die durch die Handlungsweise der sowjetischen Regierung entstanden ist, indem diese einschränkende Verkehrsmaßnahmen getroffen hat, die nunmehr einer Blockade der von den Vereinigten Staaten, Großbritannien und Frankreich in Berlin besetzten Sektoren gleichkommt. Die Regierung der Vereinigten Staaten betrachtet diese in Deutschland getroffenen Blockademaßnahmen als eine klare Verletzung bestehender Übereinkommen, die die Verwaltung der von den vier Mächten besetzten Stadt Berlin betreffen. [...]
Um auf keinen Fall ein Missverständnis über diesen Punkt aufkommen zu lassen, erklärt die Regierung der Vereinigten Staaten kategorisch, dass sie ihren Sektor in Berlin besetzt hält und auf freien Zugang zu ihm Anspruch hat in Ausübung eines festgelegten Rechtes, das sich von der Niederlage und Übergabe Deutschlands herleitet und in formellen Abmachungen der hauptsächlichen Alliierten bestätigt ist. Die Regierung der Vereinigten Staaten erklärt weiterhin, dass keine Drohungen, kein Druck und keine Handlung sie zur Aufgabe dieses Rechtes veranlassen können. Es steht zu hoffen, dass die Regierung der Sowjetunion sich über diesen Punkt keinerlei Zweifel hingibt. Die Regierung der Vereinigten Staaten teilt mit den Regierungen Frankreichs und Großbritanniens die Verantwortung für das materielle Wohlergehen von 2400000 Menschen in den westlichen Sektoren Berlins [...].

Dokumente zur Berlinfrage, S. 82 ff., zit. nach: ebd., S. 137 f.

c) Aus dem Viermächtekommuniqué vom 4. Mai 1949:

Die Regierungen Frankreichs, der Sowjetunion, Großbritanniens und der Vereinigten Staaten haben das folgende Übereinkommen erzielt:

1. Alle Einschränkungen, die seit dem 1. März 1948 von der sowjetischen Regierung über Handel, Transport und Verkehr zwischen Berlin und den westlichen Besatzungszonen Deutschlands sowie zwischen der Ostzone und den westlichen Besatzungszonen verhängt wurden, werden am 12. Mai 1949 aufgehoben werden.
2. Sämtliche seit dem 1. März 1948 von den Regierungen Frankreichs, Großbritanniens und den Vereinigten Staaten oder von einer von ihnen über die Verbindungswege, das Transportwesen und den Handelsverkehr zwischen Berlin und der Ostzone und zwischen den Westzonen und der Ostzone Deutschlands verhängten Beschränkungen werden ebenfalls am 12. Mai 1949 aufgehoben werden.

Dokumente zur Berlinfrage, S. 117, zit. nach: ebd., S. 140

M2 Selbsthilfe: Die Eingeschlossenen legten überall in Berlin Beete an, um sich mit Lebensmitteln zu versorgen und die Lieferungen durch die Luftbrücke zu ergänzen.

M3 Appelle und Proteste: Der Oberbürgermeister Berlins, Ernst Reuter, forderte am 9. September 1948 vor mehr als 300 000 Menschen auf den Stufen des Reichstags internationale Solidarität mit dem eingeschlossenen Berlin:

„Ihr Völker der Welt, [...] schaut auf diese Stadt und erkennt, dass ihr diese Stadt und dieses Volk nicht preisgeben dürft, nicht preisgeben könnt."

M4 Ein Wendepunkt

Ulrich Herbert beschreibt Zusammenhänge zwischen der Blockade und der Entstehung der BRD:

Die Sowjetunion erkannte die westdeutsche Währungsreform zutreffend als Absage der Amerikaner an die Fortsetzung der gemeinsamen Verantwortung für Deutschland und als Entscheidung für einen separaten Weststaat. [...] Problematisch war nun aber die Lage Berlins – es lag auf dem Territorium der SBZ, unterlag aber dem Viermächte-Sonderstatus. Um zu verhindern, dass die westdeutsche Währungsreform auf Westberlin übertragen wurde, entschloss sich die Sowjetunion, Berlin von allen Verbindungen zu Westdeutschland abzuschneiden, mit dem Ziel, die Westalliierten aus der Stadt herauszutrennen und Westberlin der SBZ zuzuschlagen [...].

Eine gewaltsame Durchbrechung der Blockade durch die Westmächte hätte das Risiko eines bewaffneten Konflikts bedeutet. Verhandelte der Westen mit der Sowjetunion, etwa über die Rücknahme der Währungsreform, hätte das womöglich das Ende der Weststaatsoption bedeutet, mit offenem Ausgang. Der Entschluss der Briten und Amerikaner, die 2,2 Millionen Einwohner Westberlins aus der Luft zu versorgen, war unter diesen Umständen ein waghalsiger Kompromiss, der enormen Aufwand erforderte – 10 Monate lang bis zu 1 300 Flüge täglich – und dessen Ende unabsehbar war. Dass er sich schließlich als erfolgreich erwies und die Sowjetunion zurückstecken musste, war die Folge der gewaltigen Anstrengungen, die vor allem die USA als nunmehr unbestrittene Führungsmacht des Westens unternommen hatten.

Für die Westdeutschen, aber auch für das Verhältnis zwischen Deutschen und Westalliierten war die Berlin-Blockade ein politischer und mentaler Wendepunkt. Berlin, die Hauptstadt des Deutschen Reiches, das Zentrum des NS-Terrors, wurde in diesen zehn Monaten zum Symbol der freien Welt, auch zum sichtbaren Symbol der amerikanischen Außenpolitik, wie Truman sie ein Jahr zuvor angekündigt hatte: jedem Land Hilfe zu leisten, das „sich der angestrebten Unterwerfung durch bewaffnete Minderheiten oder durch äußeren Druck" widersetze. [...] Die Spaltung der Welt in Ost und West war durch Blockade und Luftbrücke demonstriert und vertieft worden, Aggressivität und Brutalität der Sowjetunion standen in den Augen der Westdeutschen der tollkühnen Hilfsbereitschaft der britischen und amerikanischen Piloten gegenüber – jener Piloten, die noch wenige Jahre zuvor Berlin mit ihren Bomben in Schutt und Asche gelegt hatten.

Vermutlich hat kein anderes Ereignis der Nachkriegszeit die Deutschen in den Westzonen emotional so eng an den Westen gebunden wie dieses. In einer solchen Situation der Bedrohung auf der Seite der Freiheit und zugleich auf der Seite der Stärkeren zu stehen – diese Erfahrung konstituierte ihre Zugehörigkeit zum Westen und schuf die emotionalen Voraussetzungen, um einen von den Westalliierten geschaffenen Teilstaat zu akzeptieren.

Ulrich Herbert: Geschichte Deutschlands im 20. Jahrhundert, München 2014, S. 600 f.

FALLBEISPIEL 2 „Der wohl heißeste Krieg des Kalten Krieges"*

Der Koreakrieg 1950–1953

* Dierk Walter

M 1 Zeittafel

- **1910** Korea wird japanische Kolonie.
- **1945** Kriegsniederlage Japans; die UdSSR besetzt Nordkorea, die USA den Süden. Nach Wahlen soll eine gesamtkoreanische Regierung gebildet werden.
- **1948** Nach getrennten Wahlen entstehen zwei Staaten: im Norden die Volksrepublik Korea, im Süden die Demokratische Republik Korea.
- **Juni 1950** Nach beiderseitigen Grenzverletzungen überfällt Nordkorea Südkorea.
- **Juli 1950** US-Präsident Truman setzt das militärische Eingreifen von UN-Truppen unter Führung der USA durch.
- **1950–1953** Nordkorea erobert fast ganz Südkorea, wird dann aber zurückgedrängt. Nach Eingreifen Chinas aufseiten Nordkoreas entwickelt sich 1951 ein Stellungskrieg.
- **27. Juli 1953** Waffenstillstandsabkommen zwischen Vertretern Nordkoreas und der UNO

Nur fünf Jahre nach dem Ende des Zweiten Weltkriegs war der Koreakrieg der erste „heiße Krieg im Kalten Krieg", bei dem sich die USA und die UdSSR gegenüberstanden.

M 2 Der Beginn des Koreakrieges in internationalen Dokumenten

a) Aus dem Bericht der Kommission der Vereinten Nationen für Korea, zusammengesetzt aus Vertretern Australiens, Chinas, San Salvadors, Frankreichs, Indiens, den Philippinen und Syriens, vom 4. September 1950 über den Ausbruch des Koreakrieges am 25 Juni 1950:

Analyse und Schlussfolgerungen

A Die Verantwortlichkeit für die Aggression

202. Die Invasion des Gebiets der Republik Korea durch die Streitkräfte der nordkoreanischen Machthaber, die am 25. Juni 1950 begann, war ein Aggressionsakt, der ohne Warnung und ohne Provokation eingeleitet und nach einem sorgfältig vorbereiteten Plan ausgeführt wurde.

203. Dieser Aggressionsplan war – wie nun sicher ist - ein wesentlicher Bestandteil der Politik der nordkoreanischen Machthaber, deren Ziel die Kontrolle ganz Koreas war. Wenn die Kontrolle nicht mit friedlichen Mitteln zu erreichen war, sollte sie durch die Vernichtung der Republik Korea verwirklicht werden, entweder indem man es im Innern unterminierte oder – sollte sich das als unwirksam erweisen – indem man zu direkter Aggression griff [...]

B Ursprung und Natur des Konflikts

204. Der Ursprung des Konflikts liegt in der künstlichen Teilung Koreas und in dem Versagen der Besatzungsmächte, Übereinstimmung über die Methoden zu erzielen, die bei der Verleihung der Unabhängigkeit in Korea genutzt werden könnten. Schuld an diesem Versagen trug nicht das Verhalten des koreanischen Volkes selbst, sondern es war der Reflex jener weiteren und grundsätzlicheren Differenzen in Weltanschauung und Politik, die so auffallend den Charakter der internationalen Szenerie bestimmen.

205. Die künstliche Teilung wurde verfestigt durch den Ausschluss der Zeitweiligen Kommission der Vereinten Nationen aus Nordkorea, die von der Generalversammlung beauftragt worden war, das Abhalten von Wahlen in ganz Korea auf einer demokratischen Basis zu beobachten. Unter diesen Umständen wurde entschieden, solche Wahlen allein in Südkorea abzuhalten.

206. Wären die international kontrollierten Wahlen für ganz Korea gestartet worden und dadurch ein vereinigtes und unabhängiges Korea entstanden, hätte der gegenwärtige Konflikt niemals ausbrechen können.

Übers. zit nach: Wolfgang Lautemann/Manfred Schlenke (Hgg.): Die Welt seit 1945 (Geschichte in Quellen 7), München 1980, S. 592

b) Der Sicherheitsrat der UN verurteilt Nordkorea:

1. Der Sicherheitsrat verurteilt die nordkoreanische Regierung für ihre fortgesetzte Missachtung der Vereinten Nationen.

2. Der Sicherheitsrat fordert alle Staaten auf, ihren Einfluss bei der nordkoreanischen Regierung zur Aufhebung dieser Missachtung einzusetzen.

3. Der Sicherheitsrat fordert alle Staaten auf, der nordkoreanischen Regierung keinen Beistand, auch nicht moralischer Art zu leisten und keine Maßnahmen zu ergreifen, die zu einer Ausdehnung des koreanischen Konfliktes auf andere Gebiete und zu einer hiermit verbundenen weiteren Gefährdung des internationalen Friedens und der Sicherheit führen würden.

Zit. nach: Youn-soo Kim: Die Teilung und Wiedervereinigung Koreas 1945–1973, Kiel 1973, S. 109 f.

M3 Ein Konflikt der Supermächte?

Der Historiker Dierk Walter schreibt über Ursachen und Machtverhältnisse im Koreakrieg (a) sowie über „Stellvertreterkriege" (b):

a) Der wohl heißeste Krieg des Kalten Krieges und derjenige, der die außereuropäische Welt überhaupt erst zu einem Austragungsort der Blockkonfrontation machte, war der Koreakrieg (1950–1953). Im Sommer 1950 fielen Truppen des kommunistischen Nordteils in den de facto unter US-Schutz stehenden Südteil des Landes ein, um die Wiedervereinigung zu erzwingen. Die USA deuteten dies als einen aggressiven Schachzug Moskaus. Tatsächlich verhält es sich umgekehrt: Es war der nordkoreanische Präsident Kim Il-Sung, der zum Krieg drängte. Nur zögernd hatten die Sowjetunion und die Volksrepublik China ihre Unterstützung zugesichert. Der nordkoreanische Schwanz wedelte mit dem kommunistischen Hund.

Dem südkoreanischen Regime gelang es nicht ganz so erfolgreich, seinen großen Bruder zu mobilisieren. Aber letztlich waren auch die USA gezwungen, ihre Einflusssphäre zu verteidigen. Der Koreakrieg gehörte damit zu den wenigen Fällen, in denen das Militär von Kernmächten der Blöcke unmittelbar gegeneinander kämpfte. Mehrfach drohte der Krieg zu eskalieren – sogar der Einsatz der Atombombe wurde erwogen. Am Ende blieb der Konflikt unentschieden und das Land geteilt. Die beiden Führungen stabilisierten ihre jeweilige Machtposition. Die Verluste waren entsetzlich: Durch Massaker beider Seiten und Flächenbombardements der US-Luftwaffe kamen in Nord- und Südkorea jeweils rund eine Million Menschen ums Leben. Außerdem starben 900 000 Chinesen und 54 000 Amerikaner.

b) Das böse Wort „**Stellvertreterkriege**" zentriert viereinhalb Jahrzehnte Gewaltgeschichte der Welt auf die Konfrontation von USA und UdSSR, als seien die Kriegsparteien in der Dritten Welt nichts als Marionetten der Supermächte gewesen, mit Entwicklungshilfe bestochen, mit Waffenlieferungen und Militärberatern aufgerüstet und mit ideologischen Parolen aufgepeitscht. Historische Konfliktursachen, Machtdynamiken in den Kriegsgebieten, genuine politische Anliegen der regionalen Gewaltakteure verblassten in dieser Deutung neben der alles bestimmenden Systemkonfrontation. [...] Nicht jeder koloniale Aufstand aber war von Moskau ferngesteuert. [...] Das sozialistische Bekenntnis vieler Revolutionsführer war oft eher taktischer Natur. Im Westen herrschte unterdessen eine regelrechte Paranoia: Viele Konflikte [...] wurden dadurch zu ideologischen Konflikten umgedeutet [...].

Im Kern hatten die „heißen Kriege" nur selten unmittelbar mit dem Kalten Krieg zu tun. Zumindest bis 1975 waren viele dieser Kriege primär Dekolonisationkonflikte. [...] Viele „heißen Kriege" waren aber auch schlicht regionale Machtkonflikte oder innerstaatliche Bürgerkriege, die genauso ohne den Kalten Krieg entstanden wären, ja in vielen Fällen bereits vor seinem Beginn ausgebrochen waren – und manchmal nach seinem Ende weitergingen. Der Kalte Krieg hat also die Mehrzahl der „heißen Kriege" nicht ausgelöst. Er hat sie aber ideologisch überformt und durch politische und ideologische Einflussnahme, durch Waffenlieferungen, Militärberater und Wirtschaftshilfe intensiviert und in vielen Fällen verlängert.

Dierk Walter: Globale Fronten. In: Der Kalte Krieg. Weltpolitik im Schatten der Bombe. ZeitGeschichte 3/2012, S. 53 f.

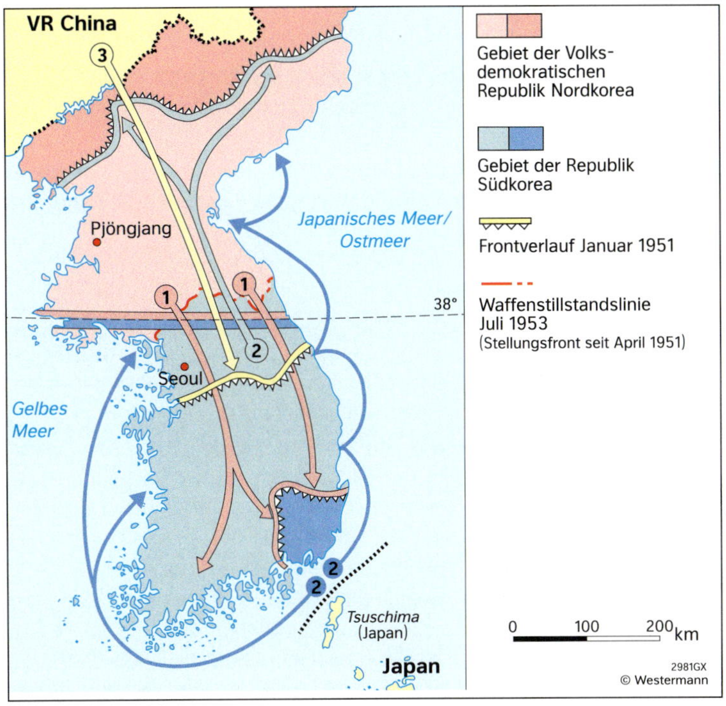

M4 Karte: Der Kriegsverlauf 1950 bis 1953. Auch ein unter dem Webcode **WES-116793-003** abrufbarer kurzer Film informiert darüber.

M5 Zivilisten im Koreakrieg: Ein Mädchen trägt seinen Bruder, im Hintergrund ein amerikanischer Panzer, 1951

FALLBEISPIEL 3 Der Weltraum – Schauplatz des Kalten Krieges?

Der „Sputnik-Schock“ 1957

Am 4. Oktober 1957 startete die UdSSR mit „Sputnik I“ den ersten Satelliten ins All. In Ost und West löste dieses Ereignis unterschiedliche Reaktionen aus.

M1 Der „Sputnik-Schock“ in Dokumenten der Zeit

Aus dem Leitartikel der „New York Herald Tribune“ vom 6. Oktober 1957:

Das ist eine ernüchternde Nachricht. Das ist in der Tat eine sehr schwerwiegende Nachricht, etwas, was jeden Bürger unserer Nation aus der pfennigfuchsenden, die Dinge leicht nehmenden Stimmung erweckten sollte, in welche die Regierung, der Kongress und das ganze Land verfallen sind. Das ist ein Triumph des Menschen über den Weltraum und eine Errungenschaft für die ganze menschliche Rasse, welche die amerikanischen Wissenschaftler [...] dazu veranlasste, [ihren sowjetischen Kollegen] Glückwünsche auszusprechen in einer Mischung aus freudiger Erregung und Bestürzung – freudiger Erregung darüber, dass die Brüderschaft der Wissenschaft in der Welt einen Satelliten gestartet hat, Bestürzung darüber, dass die kommunistische Welt die freie Welt hierbei geschlagen hat. In ihrer Bestürzung anerkannten sie die nüchterne Tatsache als das, was sie ist – eine schwere Niederlage für Amerika.

Das Ausmaß der Größe dieser Niederlage liegt in der Tatsache, dass die größte wissenschaftliche Entdeckung aller Zeiten *vor* dieser – die Freisetzung der Atomenergie – durch die Zurverfügungstellung unbegrenzter amerikanischer Mittel und die besten wissenschaftlichen Gehirne vieler Nationen vollbracht wurde. Dieser Erfolg kennzeichnete die Überlegenheit der Vereinigten Staaten in der Welt auf dem Gebiet wissenschaftlicher Forschung und Entwicklung. Der Sowjetsatellit bedeutet, dass wir diese Überlegenheit verloren haben. Der Grund, warum dies geschah, ist ebenfalls klar: Die Sowjetunion erlaubt nicht, dass irgendetwas die erstrangige Priorität wissenschaftlicher Forschung stört. [...]

Die sowjetischen Wissenschaftler arbeiten unter dem Mantel der totalen nationalen Diktatur und leiden darunter, wie alle Wissenschaftler unter einem Verlust von Freiheit leiden, aber innerhalb ihres eigenen Fachgebiets ist ihnen keine andere Grenze gesetzt als der Himmel, und seit Freitag nicht einmal das. Während die kommunistische Welt so vorging, hat die freie Welt ironischerweise ihre Wissenschaftler gequält und behindert. [...] Als Ergebnis hiervon haben die Sowjets uns nicht nur auf dem Gebiete der Satelliten überflügelt. Sie haben uns auch im tödlichen Bereich der Ferngeschosse überflügelt.

Übers. zit. nach: Keesings Archiv der Gegenwart 27, Wien u.a. 1957, S. 6683

gequält und behindert: Die Darstellung bezieht sich auf die Verfolgung zahlreicher namhafter Wissenschaftler durch eine antikommunistische Kampagne des republikanischen Senators McCarthy in den USA der 1950er-Jahre. Den Wissenschaftlern wurde vorgeworfen, die UdSSR bei der kommunistischen Unterwanderung der USA zu unterstützen. Viele verloren ihre von der Regierung finanzierten Forschungsprojekte.

NEUES DEUTSCHLAND
ORGAN DES ZENTRALKOMITEES DER SOZIALISTISCHEN EINHEITSPARTEI DEUTSCHLANDS
Berliner Ausgabe „Vorwärts“ — Berlin, Mittwoch, 9. Oktober 1957 — 12. (60.) Jahrgang / Nr. 239 / Einzelpreis 15 Pf
Auch am 5. Tag nach dem Start des sowjetischen Erdtrabanten:
Die Welt im Banne des Sputnik
Internationale Anerkennung der Überlegenheit der sozialistischen Wissenschaft
Warum gelang dem Sowjetvolk der große Wurf?
Bis Dienstag 2 Mill. km
Markantes Datum in der Menschheitsgeschichte

M2 Ausschnitt aus dem Titelblatt der Zeitung „Neues Deutschland“ vom 9. Oktober 1957. Von 1946 bis 1989 war sie das Zentralorgan der Sozialistischen Einheitspartei Deutschlands (SED).

M3 Neue Runde im Rüstungswettlauf

Der Historiker Bernd Stöver schreibt über Wettrüstung und die Folgen des „Sputnik-Schocks“:

[Die atomare Rüstung] war wohl [...] der eigentliche Garant für die Verhinderung des großen militärischen Konflikts im Kalten Krieg. [...] Der Kalte Krieg entwickelte damit eine bisher unbekannte Art der Sicherheitspolitik, die letztendlich darauf beruhte, dass kein „Großer Atomkrieg“ (Central Nuclear War, CNW) zwischen den USA und der UdSSR gewinnbar sein konnte. Das mehrfache gegenseitige Zerstörungspotenzial, das Ende der 1960er-Jahre erreicht wurde, war das Ergebnis eines Anfang der 1950er-Jahre einsetzenden massiven nuklearen Rüstungswettlaufs. Die USA waren die erste Atommacht gewesen und hatten nur vier Jahre später ihr Monopol verloren.

Das Problem des umfassenden Einsatzes von nuklearen Waffen blieben allerdings lange Zeit die Trägersysteme. Die ersten Sprengsätze waren noch mit herkömmlichen Bomben transportiert worden. Aber bereits die erste amerikanische Wasserstoffbombe, die am 1. November 1952 auf einem Südseeatoll explodierte, war schon allein aufgrund der Kühleinrichtung zu groß für Flugzeuge. Die Sowjets setzten wenig später eine Lithium-Kühlung ein, was die Bombe wieder wesentlich verkleinerte. Die nächste Generation der amerikanischen H-Bomben auf Lithium-Basis passte deshalb wieder in herkömmliche Boeing-Flugzeuge vom Typ B-47.

Alles dies zeigte, dass ein Rüstungswettlauf im Gange war, der sich von selbst fortsetzte und keines äußeren Anstoßes mehr bedurfte. [Entspannungssignale aus Ost und West blieben folgenlos. ...] Dies wurde 1957 deutlich, als es den Sowjets gelang, einen kleinen Satelliten mit dem Namen „Sputnik“ in den Weltraum zu befördern. Kurze Zeit später wurde mit einem zweiten das erste Lebewesen ins All geschossen bin: die Hündin Laika. Auf die Waffentechnik übertragen bedeutete das, dass die Sowjets in ihrer Raketentechnik so weit waren, auch Bomben über weite Strecken zu tragen.

Der „Sputnik-Schock“ im Westen sorgte für eine neue Runde in der Waffentechnik. Er war zugleich der Ausgangspunkt einer westlichen Bildungsinitiative („National Defense Education Act“), die in den USA schon 1958 einsetzte und zur Neugründung von Universitäten sowie zur verstärkten Rekrutierung der technologisch-wissenschaftlichen Intelligenz führte.

Das Wort von der amerikanischen „Raketenlücke“ bestimmte nicht nur die letzten Jahre der Amtszeits Eisenhowers [er war bis 1961 US-Präsident], sondern vor allem den Wahlkampf zwischen Nixon und Kennedy 1960. Dass es eine solche Unterlegenheit eigentlich nicht gab, spielt keine Rolle. Stattdessen entdeckte man jetzt den Weltraum als neues Schlachtfeld des Kalten Krieges. Über die Hälfte des enorm erhöhten Verteidigungshaushaltes in den USA floss nun in die Ausrüstung der Luftwaffe, der auch die Raketen unterstanden. Dies änderte sich bis zum Ende des Kalten Krieges nicht.

Bernd Stöver: Der Kalte Krieg. Geschichte eines radikalen Zeitalters 1947–1991, München [4]2012, S. 52 ff.

DAILY EXPRESS
Midnight—and London hears the first signals
SPACE AGE IS HERE

MOSCOW RAD
Man-ma
is circli
in 95
By CHAPMAN PINCHER

Daily Mirror
Russia beats America to it
UP GOES A MAN-MADE MOON

Daily Mail
MORNING SPECIAL
Soviet scientists claim lead in race into space
RUSSIA LAUNCHES A MOON
Next Week's Big

DAILY HERALD
First earth satellite goes round the world in 95 minutes
RUSSIA WINS THE RACE
WE SAY COME OFF IT!

News Chronicle
Daily Dispatch
DISHONEST MARRIAGE Page Four
Soviet scientists launch first man-made moon
23-inch 'football' circles earth 560 miles up
RUSSIA WINS SPACE RACE

M4 Schlagzeilen britischer Tageszeitungen am 5. Oktober 1957, dem Tag nach dem Start des „Sputnik“

M 1 Kuba, ein Inselstaat in der Karibik. Außer den größten Städten ist hier die sogenannte Schweinebucht eingezeichnet. Von hier aus versuchten die USA 1961 mit Unterstützung von Exilkubanern, den Sturz Fidel Castros herbeizuführen.

M 2 Sowjetische Raketenbasis auf Kuba, Ausschnitt aus einer Aufnahme der US-Luftaufklärung, 1962

Nur eine kleine Insel in der Karibik?

Kuba und der Kalte Krieg

Kuba – „Hinterhof" der USA?

Bereits im 19. Jahrhundert betrachteten die USA Mittel- und Südamerika als ihren Einflussbereich und verbaten sich hier jedes Eingreifen der Europäer. Im Zeichen des Kalten Krieges setzten sie diese Politik fort: In zahlreichen mittel- und südamerikanischen Staaten unterstützen sie – häufig durch verdeckte Operationen der CIA – **Putschversuche** gegen gewählte sozialistische Regierungen und brachten so Militärdiktaturen an die Macht. Neben dem ideologisch motivierten Kampf gegen linke Regierungen waren es vor allem die wirtschaftlichen Interessen amerikanischer Konzerne, die auf diese Weise geschützt werden sollten.

Auf der Karibikinsel Kuba, weniger als 700 km vom amerikanischen Bundesstaat Florida entfernt, errichtete seit 1952 Fulgencio Batista y Zaldívar eine **Militärdiktatur** und ließ in wenigen Jahren mehrere Tausend Oppositionelle ermorden. Doch der Widerstand in allen Schichten der Bevölkerung gegen Batista wuchs, und 1959 konnte eine nationale Befreiungsarmee unter Führung von Fidel Castro den Diktator durch eine **Revolution** stürzen. Der Sieg kam auch für die Revolutionäre überraschend, ausgereifte Pläne und Personal für eine Neuordnung Kubas gab es deshalb nicht. Da Castro mit den Kommunisten sympathisierte, nahmen die Reformen durch Enteignungen, Verstaatlichungen und eine Bodenreform jedoch bald sozialistische Gestalt an. Das wiederum stand – auch unter dem Vorzeichen des Kalten Krieges – den Bestrebungen der USA entgegen, Lateinamerika in ihrem Einflussbereich zu halten.

Versuche der US-Regierung, Castro mithilfe der CIA ermorden zu lassen, schlugen ebenso fehl wie der 1961 unternommene Versuch, mithilfe einer Invasion von etwa 1400 im US-Exil lebenden Kubanern den Sturz der Regierung Castro herbeizuführen. Auf Betreiben Washingtons wurde Kuba nun zunächst aus der Organisation Amerikanischer Staaten (OAS) ausgeschlossen und mit einem totalen Handelsembargo belegt. Die Sowjetunion hingegen unterstützte die neue Regierung Kubas, die die Eigenständigkeit Kubas unbedingt erhalten wollte. Durch die USA bedrängt und von der UdSSR umworben, näherte sich Kuba nun Moskau an.

Die **Kubakrise** 1962

1962 eskalierte die Situation auf Kuba, und es schien, als könne ein Krieg zwischen den Weltmächten nicht mehr vermieden werden: Am 15. Oktober hatten Fotos der US-Luftaufklärung gezeigt, dass sowjetische Abschussrampen für Atomraketen auf Kuba installiert wurden. Die USA sahen sich direkt bedroht. Präsident John F. Kennedy stellte der sowjetischen Regierung am 22. Oktober ein Ultimatum und forderte den sofortigen Abbau der Raketenstellungen. Zugleich verhängten die USA eine Seeblockade, um den sowjetischen Nachschub zu stoppen, und drohten – sollte die Sowjetunion dennoch nicht reagieren – mit einer Invasion Kubas. Sowjetische Schiffe, beladen mit Raketen und Rüstungsgütern, befanden sich bereits kurz vor der kubanischen Küste. Der Welt stockte der Atem, weil die Kubakrise eine direkte militärische Auseinandersetzung der Weltmächte, gar einen Atomkrieg, unvermeidlich erscheinen ließ. Im letzten Moment ließ der sowjetische Staatschef Chruschtschow die Schiffe stoppen und fand sich – ohne vorherige Absprache mit der kubanischen Führung – zu einem Kompromiss bereit: Die sowjetischen Raketen auf Kuba sollten unter UNO-Aufsicht ebenso abgebaut werden wie die US-amerikanischen Raketen in der Türkei, in deren Reichweite Moskau lag – der Abbau der amerikanischen Raketen blieb aber zunächst geheim. Zudem garantierten die USA in einer mündlichen Zusage, sich künftig nicht in die kubanische Politik einzumischen.

Die Erkenntnis, nur knapp einem Krieg entgangen zu sein, führte zu einer Wende in der Beziehung der Weltmächte. Um eine direkte Kommunikation zu ermöglichen, richtete man z. B. 1963 eine Fernschreiberverbindung zwischen Washington und Moskau ein. Die Aufrüstung wurde zwar fortan nicht beendet, aber man bemühte sich um Rüstungskontrolle.

M3 Ein überraschender Sieg

Der Historiker Odd Arne Westad beschreibt die Revolution auf Kuba:

Die kubanische Revolution war die Folge jahrelanger Misswirtschaft durch Fulgencio Batista, einen populistischen Präsidenten, der zunehmend diktatorischer agierte. Sie spiegelte auch die weit verbreitete Armut und die soziale Ungerechtigkeit in den ländlichen Gebieten wider, wenngleich diese Verhältnisse nicht schlimmer waren als in anderen lateinamerikanischen Ländern. Von Beginn an spielte der nationalistische Widerstand gegen die Kontrolle durch die USA eine wichtige Rolle in der Revolution. Kuba war in seiner Geschichte mehrmals von den USA besetzt worden, und einige kubanische Wirtschaftszweige, wie insbesondere die lebenswichtige Zuckerindustrie, wurden von US-amerikanischen Konzernen beherrscht. In den letzten Jahren seines Regimes hatte sich Batista enger an die Amerikaner gebunden, zum Teil, um seine politische Schwäche zu Hause auszugleichen. Ende der 1950er-Jahre erschien das Land reif für einen politischen Wechsel.

Dieses Machtvakuum wurde durch Fidel Castro und seine Gruppe im Exil lebender Revolutionäre aus Kuba und anderen lateinamerikanischen Ländern gefüllt. [...] Als das Batista-Regime 1958 aufgrund wirtschaftspolitischer Fehler, interner Zwistigkeiten und Konflikten mit der Regierung Eisenhower in ernste Schwierigkeiten geriet, begannen Castros Kämpfer mit größeren Operationen im gesamten Osten der Insel. Während sich seine Regierung allmählich auflöste, verließ Batista mit einem Großteil seines Vermögens das Land. Am 2. Januar 1959 zogen die Revolutionäre triumphal in der Hauptstadt Havanna ein.

Ihr plötzlicher Sieg kam für Castro ebenso überraschend wie für alle anderen Beobachter. Da sie auf die Machtübernahme vollkommen unvorbereitet waren, versuchten die Revolutionäre, liberale und als Batista-Gegner bekannte Persönlichkeiten für ihre Regierung zu gewinnen. Fidel Castro, der mit dem Marxismus sympathisierte und von seinem kommunistischen Bruder Raúl beeinflusst wurde, begann aber auch bald, mit Mitgliedern der Kommunistischen Partei Kubas zusammenzuarbeiten. [...] Fidel Castro wollte Kuba von Glücksspiel, Prostitution und all den anderen Übeln säubern, die seiner Ansicht nach von den Amerikanern ins Land gebracht worden waren.

Er verordnete eine durchgreifende Landreform, eine Senkung der Mieten und eine Erhöhung der Löhne. Zudem begann die Regierung unter seiner Ägide, ehrgeizige Pläne zur Verbesserung des Schulwesens und der Gesundheitsversorgung zu entwickeln. Ranghohe Mitglieder des vorherigen Regimes kamen in Haft, Hunderte wurden nach kurzen Verhandlungen vor „Revolutionstribunalen" durch Erschießungskommandos exekutiert. Das Regime Fidel Castros war autoritär und oft auch grausam. Im Laufe der Zeit brachen mehrere einstige Mitkämpfer mit ihm und ging ins Exil. Die Gebrüder Castro und ihre Anhänger rechtfertigten die Repressionen mit der Behauptung, dass sich die Revolution gegen ihre Feinde verteidigen müsse.

Odd Arne Westad: Der Kalte Krieg. Eine Weltgeschichte, Bonn 2020, S. 335 f.

M5 Der kubanische Revolutionsführer Fidel Castro mit Che Guevara, um 1960

M4 Januar 1959: Im Kampf gegen den US-Kapitalismus und die Korruption verbrennen Kubaner vor einem Casino in Havannas Altstadt Tische und Rouletteräder. Diktator Batista hatte in den Jahren vor der Revolution gezielt Casinos und Vergnügungslokale in Kuba angesiedelt und so amerikanische Investoren angelockt.

M6 Chruschtschow – Kennedy

KPdSU-Chef Chruschtschow und US-Präsident Kennedy führten während der Kubakrise einen geheimen Briefwechsel. Kennedy hatte am 26. Oktober 1962 die sofortige Einstellung aller Arbeiten an den kubanischen Raketenstützpunkten gefordert und Verhandlungen unter Aufsicht der UNO in Aussicht gestellt. Am 27. Oktober antwortete ihm Chruschtschow:

Sie möchten die Sicherheit Ihres Landes garantieren, und das ist verständlich. Doch Kuba möchte das Gleiche; alle Länder wollen ihre Sicherheit erhalten. Wie aber sollen wir, die Sowjetunion, unsere Regierung, Ihr Handeln bewerten, das in der Tatsache zum Ausdruck kommt, dass Sie die Sowjetunion mit Militärstützpunkten umgeben haben, unsere Verbündeten mit Militärstützpunkten umgeben haben; Militärbasen buchstäblich rund um unser Land angelegt haben; und dort Ihre Raketenausrüstungen stationiert haben? Das ist kein Geheimnis. Verantwortliche amerikanische Persönlichkeiten erklären öffentlich, dass dies so ist. Ihre Raketen stehen in Großbritannien, in Italien und sind gegen uns gerichtet. Ihre Raketen stehen in der Türkei.
[...] Meinen Sie denn, Sie hätten das Recht, Sicherheit für Ihr Land zu verlangen und den Abzug der Waffen zu fordern, die Sie offensiv nennen, uns aber dasselbe Recht nicht zuzugestehen?

Übers. zit. nach: Bernd Greiner: Die Kuba-Krise. 13 Tage im Oktober, Nördlingen 1988, S. 326 ff.

M7 (links) Reichweiten sowjetischer Atomraketen auf Kuba und (rechts) Reichweiten der in der Türkei stationierten US-amerikanischen Atomraketen

M8 Guevara – Castro – Chruschtschow

a) Der gebürtige Argentinier Ernesto „Che" Guevara war während der Kubakrise Industrieminister in Kuba. Er war der Auffassung, dass nicht die dort stationierten Atomraketen, die er als „Verteidigungswaffen" bezeichnete, die größte Gefahr für die USA darstellten, wie von US-Präsident Kennedy beklagt, sondern führte aus:

[Die größte Gefahr für die USA ist] das Fieber erregende Beispiel eines Volkes, das bereit ist, sich im Atomkrieg zu opfern, damit noch seine Asche als Zement diene für eine neue Gesellschaft, und das für einen Waffenstillstand nicht dankbar ist. [...] Woran wir festhalten, ist, dass wir auf dem Weg der Befreiung bleiben müssen, selbst wenn er durch einen Atomkrieg Millionen Opfer kostet, weil wir im Kampf auf Leben oder Tod zwischen zwei Systemen nichts anderes denken können als den endgültigen Sieg des Sozialismus oder den Rückschritt durch den atomaren Sieg der imperialistischen Aggression.

Übers. zit. nach: Heinrich August Winkler: Geschichte des Westens. Vom Kalten Krieg zum Mauerfall. München 2016, S. 384 f.

b) Der kubanische Regierungschef Fidel Castro hatte am 27. Oktober 1962 in einem Brief an Chruschtschow erklärt, für die Verteidigung seines Landes notfalls einen Atomkrieg und den eigenen Untergang in Kauf zu nehmen. Chruschtschow antwortete ihm am 31. Oktober:

Sie hätten heroisch verloren, doch die Revolution wäre zerschlagen worden, und das wäre wirklich eine ernste Niederlage der revolutionären Kräfte gewesen, weil die kubanische Revolution nicht allein für sich von Bedeutung ist in der Geschichte des revolutionären Kampfes, des Kampfes für den Sozialismus, sondern auch der Katalysator der revolutionären Bewegung der lateinamerikanischen Länder und der Länder Asiens und Afrikas ist [...].
Wir brauchen keinen Krieg. Die aggressiven Kräfte brauchen ihn, diese Wahnsinnigen, die die Perspektive verloren haben, im weltweiten Wettkampf mit dem Sozialismus zu gewinnen [...]. Wir jedoch, die Menschen, die an einer hellen Zukunft für die Menschheit bauen – dem Kommunismus –, haben keinerlei Interesse daran zu sterben, weder mit Musik noch ohne. Wir müssen leben, um die Sache des Kommunismus zum Sieg zu führen.

Zit. nach: ebd., S. 385

M 9 Traumatische Erfahrungen

Die Historikerin Daniela Spenser über die Folgen der Krise für Kuba:

Sicherlich erschien der sowjetischen Führung die kubanische Revolution als eine Gelegenheit, um in Lateinamerika – einem Einflussgebiet der USA – Fuß zu fassen, doch Chruschtschow dachte darüber hinaus in globalen Dimensionen: Die Raketenstationierung auf Kuba sollte die Stärke und Ausbreitung des sozialistischen Systems demonstrieren. Die Kubaner – allen voran Fidel Castro und Ernesto Guevara – stimmten der Stationierung nicht nur zu, um die Revolution gegen eine Aggression der USA zu verteidigen, sondern auch in der Überzeugung, dass die weltweite Ausbreitung des Sozialismus eine notwendige Bedingung für das Überleben des kubanischen Regimes sei. Mit der Kubakrise traten die Übereinstimmungen und Differenzen zwischen der sowjetischen und kubanischen Weltsicht deutlich zutage. [...]

Der Abzug der Waffen entschärfte die weltpolitische Krise, aber er hinterließ tiefe Narben im kubanisch-sowjetischen Verhältnis und förderte die Entschlossenheit der Kubaner, sich mit allen zur Verfügung stehenden Mitteln selbst zu verteidigen. Dass Kuba von den 1960er- bis in die 1980er-Jahre den bewaffneten Kampf in Lateinamerika und Afrika unterstützte, war nicht nur Ausdruck seiner ideologischen Überzeugungen, sondern gleichermaßen Folge des Unsicherheitsgefühls, das durch die Art und Weise, in der die Kubakrise gelöst wurde, stärker geworden war.

Hätte Kuba es unterlassen, Befreiungsbewegungen und Guerillakriege zu unterstützen oder selbst zu führen, wenn es nicht die traumatische Erfahrung gemacht hätte, von der Sowjetunion strategische militärische Unterstützung zu bekommen und kurz darauf wieder zu verlieren? Vermutlich nicht, aber zweifellos förderte diese Erfahrung die Entschlossenheit der kubanischen Führung, in die Offensive zu gehen, wo immer dies ohne direkte Konfrontation mit den Vereinigten Staaten möglich war – selbst wenn sie sich dabei nicht immer in Übereinstimmung mit der politischen Linie der Sowjetunion befand.

In den Augen der Kubaner war die Sowjetunion bei all ihrer Macht ein Staat, der den Kampf der Dritten Welt weder verstand noch unterstützte. Kuba dagegen sahen sie als ein Land, das nicht nur die wesentlichen Merkmale von Unterentwicklung aufwies, sondern zugleich die Erfahrung verkörperte, deren schlimmste Auswüchse zu überwinden. So nahm Kuba es auf sich, mit oder ohne Zustimmung der UdSSR, die Länder Lateinamerikas und Afrikas in ihrem Befreiungskampf zu unterstützen und damit die Prinzipien zu verteidigen, von denen sich seine eigene Revolution leiten ließ. Und schließlich untermauerte der Konflikt in der Karibik die Führungsrolle Fidel Castros, der die Bevölkerung in den folgenden Jahrzehnten unter Verweis auf die Vernichtung, der Kuba 1962 entgangen sei, davon überzeugen konnte, etwas Schlimmeres könne dem Land nicht passieren. Tatsächlich ist die Erinnerung an die Krise von 1962 bis heute einer der Faktoren, der zum Überleben des kubanischen Regimes beiträgt.

Daniela Spenser: Die Kubakrise 1962 und ihre Folgen für das kubanisch-sowjetische Verhältnis. In: Bernd Greiner u.a. (Hg.): Krisen im Kalten Krieg, Bd. 2, Hamburg 2008, S. 297–320, hier S. 319 f.

M 10 Kubanische Soldaten in einem Camp in Angola, 1976. Dort unterstützten sie die MPLA, eine marxistische Befreiungsbewegung, im Kampf gegen die portugiesische Kolonialherrschaft.

1. Bilden Sie anhand von M 1 und M 2 Hypothesen zur Überschrift des Kapitels.

2. a) Erarbeiten Sie aus dem Darstellungstext und M 3 die Bedingungen der kubanischen Revolution von 1958/59.
   b) Diskutieren Sie, inwieweit bereits diese Revolution ein Ergebnis des Kalten Krieges ist.

3. Stellen Sie mithilfe der Karten M 7 und des Textes M 6 die geostrategische Bedeutung Kubas dar.

4. Arbeiten Sie aus M 8 Ziele und Motive Chruschtschows und der kubanischen Führung (Che Guevara, Fidel Castro) heraus.

+ Recherchieren Sie Gründe für den Che-Guevara-Mythos. Prüfen Sie, ob man heute noch einen „Helden“ in ihm sehen kann.

5. Erörtern Sie, inwieweit Kuba während der Kubakrise 1962 zum Spielball der Supermächte wurde.

6. Arbeiten Sie aus dem Darstellungstext und M 9 die Folgen der Krise für Kuba und für den weiteren Verlauf des Kalten Krieges heraus.

Ist das Ende des Kalten Kriegs in Sicht?

Ansätze zur Entspannungspolitik 1955–1979

M 1 „Das Veto der Bombe" – Karikatur von Henry Meyer-Brockmann für das Titelblatt der Satirezeitschrift Simplicissimus" vom 19. Mai 1956. Die Bildunterschrift: „Es wird hier dauernd vom Frieden gesprochen – meine Herren, der Frieden bin ich!"

1. Formulieren Sie ausgehend von M 1 Fragen an das Kapitel.

Entspannungspolitik der Supermächte

Genf, 1955: Zum ersten Mal seit 1945 trafen sich die Siegermächte des Zweiten Weltkriegs zu Verhandlungen. Konkrete Beschlüsse wurden zwar nicht gefasst, aber der „Geist von Genf" nährte Hoffnungen auf eine friedliche Zukunft. Nikita Chruschtschow, Parteichef der KPdSU, verkündete 1956 die Leitlinie der **„friedlichen Koexistenz"**. Demnach sollte der Wettstreit zwischen dem demokratisch-kapitalistischen System und dem Kommunismus nicht militärisch, sondern friedlich ausgetragen werden. Die Sowjetunion strebe „freundschaftliche Beziehungen zu allen Ländern" an.

Weitere Ereignisse sorgten Anfang der 1960er-Jahre für eine Wende hin zur Entspannungspolitik: Zum einen hatte der Bau der Berliner Mauer 1961 die Blockbildung zwar weiter zementiert, zugleich aber einen ständigen Konfliktherd zwischen den Westmächten und der Sowjetunion beruhigt. Zum anderen hatte die Kubakrise 1962, als es beinahe zu einem Atomkrieg der beiden Supermächte gekommen wäre, die Notwendigkeit deeskalierender Schritte offensichtlich gemacht.

1963 verkündete US-Präsident John F. Kennedy die „Strategie des Friedens" – auch **„Kennedy-Impuls"** genannt. Sein Konzept bestand darin, die gegebenen Unterschiede zwischen West und Ost anzuerkennen und Konflikte in einer pragmatischen Politik der kleinen Schritte friedlich zu lösen. Noch im selben Jahr wurden ein Abkommen zum Verbot von Atomwaffentests geschlossen und eine direkte Fernschreiberverbindung zwischen Moskau und Washington, der „Heiße Draht", eingerichtet. Es folgten zahlreiche Abkommen zur Rüstungsbegrenzung und zur Verbesserung der Beziehungen (→ M 10) wie etwa 1968 der Atomwaffensperrvertrag, 1971 das Viermächteabkommen zu Berlin oder 1972/79 die SALT-Verträge („Strategic Arms Limitation Talks").

„Neue Ostpolitik"

Die BRD hatte unter Bundeskanzler Konrad Adenauer (1949–1963, CDU) einen Alleinvertretungsanspruch für das ganze deutsche Volk erhoben. Sie erkannte die DDR nicht als souveränen Staat an und drohte sogar Drittstaaten, die diplomatische Beziehungen zur DDR aufnehmen wollten, mit Sanktionen – bis hin zum Abbruch der eigenen diplomatischen Beziehungen. Spätestens mit dem Bau der Berliner Mauer 1961 war diese Politik jedoch gescheitert, da eine Wiedervereinigung in weite Ferne gerückt war. Daher griffen der Regierende Bürgermeister von Westberlin, Willy Brandt (SPD), und sein Pressesprecher Egon Bahr Kennedys Impuls auf. Mit dem Konzept „Wandel durch Annäherung" sollten in Verhandlungen mit den Ostblockstaaten Schritt für Schritt Kontakte aufgebaut, praktische Verbesserungen für die Menschen erzielt und langfristig die Wiedervereinigung erreicht werden. Bereits 1963 schloss daher der Westberliner Senat ein Passierscheinabkommen mit der DDR, um es Westberlinern zu ermöglichen, in die DDR zu reisen.

Nachdem Brandt 1969 zum Bundeskanzler gewählt worden war, kam es durch seine **Neue Ostpolitik** zur endgültigen Abkehr von der Konfrontationsstrategie. Passend zur zeitgleichen Entspannungspolitik der Supermächte nahm die SPD-FDP-Bundesregierung diplomatische Kontakte zu den Ostblockstaaten auf. 1970 besuchte Brandt als erster Bundeskanzler die DDR, gefolgt von einem Gegenbesuch des Vorsitzenden des Ministerrates der DDR, Willi Stoph. Zudem schloss die Bundesregierung die sogenannten Ostverträge mit der Sowjetunion, Polen, der DDR und der Tschechoslowakei (→ M 10). Darin wurden die Aufnahme gutnachbarlicher Beziehungen, ein Gewaltverzicht und die Anerkennung der bestehenden Grenzen vereinbart. Insbesondere die Anerkennung der Oder-Neiße-Grenze zu Polen, mit der Brandt faktisch die ehemaligen deutschen Ostgebiete aufgab, die 1945 unter die Verwaltung von Polen und der Sowjetunion gekommen waren, löste heftige Kritik aus: Konservative und Vertreter der Vertriebenenverbände bezichtigten Brandt des „Landesverrats"; ein Misstrauensvotum im Bundestag überstand Brandt nur knapp.

1972 schlossen die beiden deutschen Staaten den Grundlagenvertrag ab, in dem sie die Aufnahme von Kontakten in vielen Bereichen vereinbarten. Beide verzichteten darauf, den anderen Staat international zu vertreten – eine Abkehr vom Alleinvertretungsanspruch der BRD. Die DDR wurde dadurch international aufgewertet, auch wenn sie von der BRD völkerrechtlich weiterhin nicht anerkannt wurde, weil dies dem Wiedervereinigungsgebot des Grundgesetzes widersprochen hätte. Die deutsch-deutsche Annäherung führte 1973 zur Aufnahme beider deutscher Staaten in die UNO. Brandts Ostpolitik, für die er 1971 mit dem Friedensnobelpreis geehrt wurde, stieß weltweit auf große Anerkennung.

Der Helsinki-Prozess

Ein weiterer Schritt zur Entspannung war die „Konferenz für Sicherheit und Zusammenarbeit in Europa" (KSZE) in Helsinki. Seit 1973 verhandelten dort fast alle west- und osteuropäischen Staaten, außerdem die USA und Kanada (**Helsinki-Prozess**). In der KSZE-Schlussakte vereinbarten 1975 die 35 Staats- und Regierungschefs Zusammenarbeit und legten Prinzipien fest, auf denen die gegenseitigen Beziehungen gründen sollten. Hierzu gehörten die Unverletzlichkeit der Grenzen und die Nichteinmischung in innere Angelegenheiten. Dies war ein Erfolg für die Ostblockstaaten. Zum „Eigentor" (Kershaw) für die sozialistischen Regierungen in Osteuropa wurde aber die Verpflichtung, die Menschenrechte zu achten: Künftig konnten sich Oppositionelle auf diese Verpflichtung berufen, die ihre Regierungen selbst unterzeichnet hatten. Damit gab die KSZE-Schlussakte von Helsinki der Bildung von Bürgerrechtsgruppen im östlichen Europa Auftrieb.

M 2 Bundeskanzler Helmut Schmidt und der Erste Sekretär des ZK der SED Erich Honecker unterzeichnen die Schlussakte von Helsinki, 1975

Das Ende des Kalten Krieges?

Optimistische Zeitgenossen sprachen bei der Entspannungspolitik bereits vom Ende des Kalten Krieges. Aber jeder einzelne Schritt war mühsam und umstritten. Das Misstrauen auf beiden Seiten blieb groß. Und solange keine direkte Konfrontation zwischen den USA und der Sowjetunion drohte, verfolgten beide Seiten eine aggressive Außenpolitik: Verbündete in der „Dritten Welt" wurden jeweils weiterhin unterstützt, auch mit Waffen. Propaganda und Spionage wurden auf beiden Seiten ebenso weitergeführt wie das atomare Wettrüsten und sogar direkte militärische Interventionen wie die der USA in Vietnam. Seit 1977 rüstete die Sowjetunion mit neuen Mittelstreckenraketen auf, und 1979 marschierten sowjetische Truppen in Afghanistan ein. Im Westen gewannen nun die Befürworter eines harten Kurses gegen den Ostblock wieder die Oberhand. Ende der 1970er-Jahre war die Entspannungspolitik vorerst beendet.

ehemalige deutsche Ostgebiete Gebiete östlich von Oder und Neiße, die bis 1945 zum Deutschen Reich gehörten. In diesen Gebieten lebten Deutsche, Polen, Russen und Menschen anderer ethnischer Herkunft. Am Ende des Zweiten Weltkriegs wurden über zehn Millionen Deutsche von dort vertrieben oder sie flohen vor der Roten Armee (→ S. 10 f.). Heute gehören die Gebiete völkerrechtlich zu Polen bzw. Russland.

Misstrauensvotum: eine parlamentarische Abstimmung darüber, ob ein Regierungschef oder ein Mitglied der Regierung des Amtes enthoben wird

M3 Die Regierungschefs der Siegermächte im Jahr 1955 auf der „Konferenz des Lächelns" in Genf. Von links: Nikolai Bulganin (UdSSR), Dwight D. Eisenhower (USA), Edgar Faure (Frankreich), Anthony Eden (Großbritannien)

M4 Das Konzept der „friedlichen Koexistenz"

a) Nikita Chruschtschow, Erster Sekretär der KPdSU, schrieb in einem Rechenschaftsbericht an den XX. Parteitag, 14. Februar 1956:

Getreu den Lenin'schen Grundsätzen der friedliebenden Außenpolitik verfolgte die Sowjetunion aktiv ihren Kurs auf eine internationale Entspannung und auf die Festigung des Friedens und errang auf diesem Wege große Erfolge. [...]

Enorme Bedeutung hätte für die Festigung des Weltfriedens die Herstellung dauerhafter freundschaftlicher Beziehungen zwischen den zwei größten Mächten der Welt – der Sowjetunion und den Vereinigten Staaten von Amerika. Angenommen, den Beziehungen zwischen der UdSSR und den USA würden die fünf bekannten Prinzipien der friedlichen Koexistenz zugrunde gelegt werden, so hätte dies wahrhaft hervorragende Bedeutung für die ganze Menschheit und wäre natürlich auch für das Volk der USA nicht weniger von Nutzen als für die Völker der UdSSR und alle anderen Völker. Diese Prinzipien – gegenseitige Achtung vor der territorialen Integrität und Souveränität, Nichtangriff, Nichteinmischung in die inneren Angelegenheiten des anderen, Gleichheit und wechselseitiger Vorteil, friedliche Koexistenz und wirtschaftliche Zusammenarbeit – werden bereits jetzt von gut und gern zwanzig Staaten geteilt und unterstützt. [...]

Wir wollen im Kampf für den Frieden und die Sicherheit der Völker wie auch auf ökonomischem und kulturellem Gebiet mit den Vereinigten Staaten Freundschaft halten und zusammenarbeiten.

Übers. zit. nach: Dokumente zur Deutschlandpolitik, III. Reihe, Bd. 2: 01.01.–31.12.1956, Erster Halbband, Hgg.: BM für innerdeutsche Beziehungen, Frankfurt/M. 1963, S. 114–118, hier S. 114–117

b) Der sowjetische Ministerpräsident Alexej Kossygin schrieb 1965 in der Prawda:

Die Politik der friedlichen Koexistenz [...] ergibt sich aus der Unzulässigkeit der Gewaltanwendung bei der Lösung strittiger Fragen zwischen Staaten. Doch das bedeutet keinesfalls, dass das Recht der Völker, mit der Waffe in der Hand einer Aggression Widerstand entgegenzusetzen oder für die Befreiung von ausländischen Unterdrückern zu kämpfen, aufgehoben wäre. Denn es ist ein heiliges und unveräußerliches Recht, und die Sowjetunion hilft ohne Wenn und Aber allen.

Übers. zit. nach: Bernd Stöver: Der Kalte Krieg. Geschichte eines radikalen Zeitalters 1947–1991, München [4]2012, S. 388

M5 Der „Kennedy-Impuls"

Auszüge aus einer Rede des US-Präsidenten John F. Kennedy in Washington D. C., 10. Juni 1963:

Nach welcher Art von Frieden streben wir? Nicht nach einer Pax Americana, die der Welt durch amerikanische Kriegswaffen aufgezwungen wird. [...] Ich spreche hier von dem echten Frieden, jenem Frieden, der das Leben auf Erden lebenswert macht [...], nicht nur ein Friede für Amerikaner, sondern ein Friede für alle Menschen. Nicht nur Frieden in unserer Generation, sondern Frieden für alle Zeiten.

Ich spreche vom Frieden, weil der Krieg ein neues Gesicht bekommen hat. Ein totaler Krieg ist sinnlos in einem Zeitalter, in dem Großmächte umfassende und verhältnismäßig unverwundbare Atomstreitkräfte unterhalten können und sich weigern zu kapitulieren, ohne vorher auf diese Streitkräfte zurückgegriffen zu haben. Er ist sinnlos in einem Zeitalter, in dem eine einzige Atomwaffe fast das Zehnfache an Sprengkraft aller Bomben aufweist, die von den gesamten alliierten Luftstreitkräften während des Zweiten Weltkrieges abgeworfen wurden. [...]

Nikolai Bulganin war 1955 sowjetischer Regierungschef. Den politischen Kurs der UdSSR bestimmte jedoch der Vorsitzende der KPdSU, Nikita Chruschtschow.

Pax Americana (lat.: amerikanischer Friede): meint eine stabile, aber von den USA dominierte Weltordnung. Der Begriff ist angelehnt an historische Bezeichnungen für eine weltpolitische Vorherrschaft (z. B. Pax Romana).

Ich spreche jetzt nicht von der absoluten, nicht mehr fassbaren Idee des Weltfriedens und des guten Willens, von der einige Fantasten und Fanatiker immer noch träumen. [...] Wir sollten uns stattdessen auf einen praktischeren, erreichbareren Frieden konzentrieren, der nicht auf einer plötzlichen Revolution der menschlichen Natur, sondern auf einer allmählichen Evolution der menschlichen Institutionen basiert – auf einer Reihe von konkreten Maßnahmen und wirksamen Übereinkünften, die im Interesse aller Betroffenen liegen. [...] Denn der Friede ist ein Prozess – ein Weg, Probleme zu lösen.

Bei einem solchen Frieden wird es Streitigkeiten und entgegengesetzte Interessen geben, wie dies innerhalb von Familien und Nationen der Fall ist. Der Weltfriede wie auch der Friede in Stadt und Land erfordern nicht, dass jeder seinen Nachbarn liebt. Er erfordert lediglich, dass man in gegenseitiger Toleranz miteinander lebt, seine Streitfälle einer gerechten und friedlichen Lösung unterwirft.[...]

Keine Regierung und kein Gesellschaftssystem sind so schlecht, dass man das unter ihm lebende Volk als bar jeder Tugend ansehen kann. Wir Amerikaner empfinden den Kommunismus als Verneinung der persönlichen Freiheit und Würde [...]. Dennoch können wir das russische Volk wegen vieler seiner Leistungen – sei es in der Wissenschaft und Raumfahrt, in der wirtschaftlichen und industriellen Entwicklung, in der Kultur und in seiner mutigen Haltung – rühmen. [...] Unter den großen Weltmächten haben wir – und dies ist beinahe einzigartig – niemals gegeneinander im Krieg gestanden. Wohl kein anderes Volk in der Geschichte hat mehr gelitten als das russische Volk im Verlauf des Zweiten Weltkrieges. [...]

Wie die Welt weiß, werden die Vereinigten Staaten niemals einen Krieg beginnen. [...] Die gegenwärtige Generation von Amerikanern hat bereits genug – mehr als genug – von Krieg, Hass und Unterdrückung erlebt. Wir werden auf den Krieg vorbereitet sein, wenn andere ihn wünschen. Wir werden wachsam sein, um zu versuchen, ihm Einhalt zu gebieten. Aber wir werden ebenfalls unseren Teil dazu beitragen, um eine Welt des Friedens aufzubauen, in der die Schwachen sicher und die Starken gerecht sind.

Übers. zit. nach: Dokumente zur Deutschlandpolitik, IV. Reihe, Bd. 9, Erster Halbband (01.01.–30.06.1963), Hgg.: BM für innerdeutsche Beziehungen, Frankfurt/M. 1978, S. 382–388

M 6 Karikatur aus der Frankfurter Allgemeinen Zeitung zur KSZE-Konferenz in Helsinki von dem deutschen Zeichner Hanns Erich Köhler, 30. Juli 1975. Oben stehen (von links nach rechts) die Staats- bzw. Regierungschefs Giscard d'Estaing (Frankreich), Schmidt (BRD), Breschnew (UdSSR), Ford (USA), Wilson (Großbritannien).

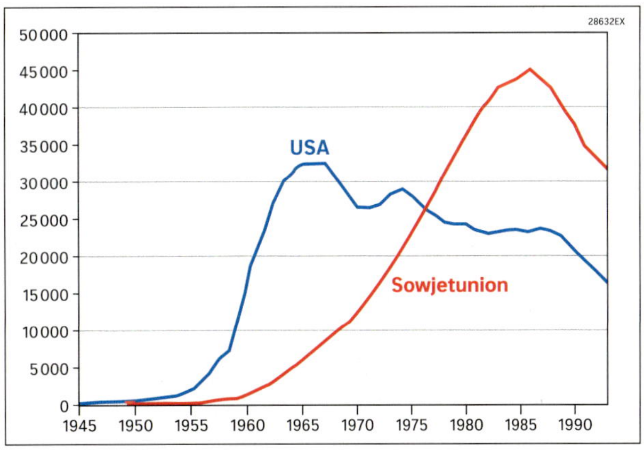

M 7 Die Anzahl der atomaren Sprengköpfe der USA und der Sowjetunion 1945–1990

M 7 wurde erstellt auf Basis der Daten aus: Global Nuclear Stockpiles 1945–2000, in: Bulletin oft the Atomic Scientists 56, 2/2000, S. 79

Das Bulletin of the Atomic Scientists wurde 1945 von Atomwissenschaftlern gegründet, die beim Bau der amerikanischen Atombombe beteiligt waren. Ziel der Non-Profit-Organisation ist es, öffentlich über Atompolitik zu informieren und sich für die internationale Kontrolle von Atomwaffen einzusetzen. Einige der Daten beruhen auf Schätzungen.

M 8 Anlässlich der Unterzeichnung des Warschauer Vertrages besuchte der deutsche Bundeskanzler Willy Brandt am 7. Dezember 1970 in der polnischen Hauptstadt auch das Denkmal für den Warschauer Ghettoaufstand 1943. Sein Kniefall bei der Kranzniederlegung wurde zum markantesten Symbol der Neuen Ostpolitik.

M 9 Wandel durch Annäherung – das Konzept der Neuen Ostpolitik

Egon Bahr (SPD) sagte in einem Vortrag in der Evangelischen Akademie Tutzing am 15. Juli 1963:

Die Voraussetzungen zur Wiedervereinigung sind nur mit der Sowjetunion zu schaffen. Sie sind nicht in Ostberlin zu bekommen, nicht gegen die Sowjetunion, nicht ohne sie. [...] Die amerikanische Strategie des Friedens lässt sich auch durch die Formel definieren, dass die kommunistische Herrschaft nicht beseitigt, sondern verändert werden soll. Die Änderung des Ost-West-Verhältnisses, die die USA versuchen wollen, dient der Überwindung des Status quo, indem der Status quo zunächst nicht verändert werden soll. Das klingt paradox, aber es eröffnet Aussichten, nachdem die bisherige Politik des Drucks und Gegendrucks nur zu einer Erstarrung des Status quo geführt hat. Das Vertrauen darauf, dass unsere Welt die bessere ist, die im friedlichen Sinn stärkere, die sich durchsetzen wird, macht den Versuch denkbar, sich selbst und die andere Seite zu öffnen und die bisherigen Befreiungsvorstellungen zurückzustellen.

[...] Die erste Folgerung, die sich aus einer Übertragung der Strategie des Friedens auf Deutschland ergibt, ist, dass die Politik des Alles oder Nichts ausscheidet. Entweder freie Wahlen oder gar nichts, entweder gesamtdeutsche Entscheidungsfreiheit oder ein hartes Nein, entweder Wahlen als erster Schritt oder Ablehnung, das alles ist nicht nur hoffnungslos antiquiert und unwirklich, sondern in einer Strategie des Friedens auch sinnlos. Heute ist klar, dass die Wiedervereinigung nicht ein einmaliger Akt ist, [...] sondern ein Prozess mit vielen Schritten und vielen Stationen. [...] Die Zone muss mit Zustimmung der Sowjets transformiert werden.

[...] Wir haben gesagt, dass die Mauer ein Zeichen der Schwäche ist. Man könnte auch sagen, sie war ein Zeichen der Angst und des Selbsterhaltungstriebes des kommunistischen Regimes. Die Frage ist, ob es nicht Möglichkeiten gibt, diese durchaus berechtigten Sorgen dem Regime graduell so weit zu nehmen, dass auch die Auflockerung der Grenzen und der Mauer praktikabel wird, weil das Risiko erträglich ist. Das ist eine Politik, die man auf den Nenner bringen könnte: Wandel durch Annäherung.

Zit. nach: Dokumente zur Deutschlandpolitik, IV. Reihe, Bd. 9, Zweiter Halbband (1.7.-31.12.1963), Hg.: BM für innerdeutsche Beziehungen, Frankfurt/M. 1978, S. 572–575

Zone: in der BRD verbreitete, abwertende Bezeichnung für die DDR (abgeleitet von „Ostzone")

M 10 Wichtige Schritte in der Entspannungspolitik bis 1979

1963 **Atomteststoppabkommen**	1963 **„Heißer Draht"**	1963 **Passierscheinabkommen**	1968 **Atomwaffensperrvertrag**	1970 **Moskauer Vertrag**	1970 **Warschauer Vertrag**	1971 **Viermächteabkommen**
Abkommen über das Verbot von Atomwaffentests in der Atmosphäre, unter Wasser und im Weltraum	USA – UdSSR: direkte Fernschreiberverbindung zwischen Moskau und Washington	Westberlin – DDR: Besuchsmöglichkeit für Westberliner in der DDR	USA – GB – UdSSR: Nichtverbreitung von Atomwaffen an andere Staaten	BRD – UdSSR: freundschaftliche Beziehungen, Gewaltverzicht, Anerkennung bestehender Grenzen	BRD – Polen: freundschaftliche Beziehungen, Gewaltverzicht, Anerkennung bestehender Grenzen	USA – GB – F – UdSSR: weiterhin Verantwortlichkeit für Berlin; Erleichterung des Transitverkehrs von der BRD nach Westberlin

"Kraft seiner starken Wurzeln wird er alle Mauern sprengen!"

M 11 Karikatur des westdeutschen Zeichners Wolfgang Hicks, 1972. Dargestellt sind Bundeskanzler Willy Brandt und Egon Bahr. Als Bundesminister für besondere Aufgaben war er Unterhändler bei den deutsch-deutschen Vertragsverhandlungen.

2. a) Analysieren Sie M 1.
b) Der Historiker Bernd Stöver schreibt zu der Karikatur: „Das zentrale Paradoxon des Kalten Krieges“. Erklären Sie diese Aussage.

3. a) Arbeiten Sie aus dem Darstellungstext und aus M 10 die Ansätze zur Entspannungspolitik heraus.
b) Vergleichen Sie die Ansätze und bewerten Sie sie.

4. Vergleichen Sie kriteriengeleitet die Ansätze zur Entspannung von Chruschtschow (M 4) und Kennedy (M 5).

5. a) Analysieren Sie die Rede von Egon Bahr (M 9).
b) Vergleichen Sie M 9 mit M 11.

6. Erklären Sie, warum Brandts Kniefall in Warschau (M 8) zu einer der bekanntesten politischen Gesten des 20. Jahrhunderts wurde. Informieren Sie sich dazu unter über den Aufstand im Warschauer Ghetto 1943 und zu Willy Brandts Rolle im Widerstand gegen den Nationalsozialismus. Unter dem Webcode **WES-116793-004** finden Sie dazu ein Infoblatt.

7. a) Überprüfen Sie auf der Basis des Darstellungstextes und M 7, ob „Entspannungsphase“ der angemessene Begriff für den Ost-West-Konflikt zwischen 1955 und 1979 ist.
b) Beurteilen Sie den Aussagewert von M 7.

1971	1972	1972	1973	1973	1975	1979
Transitabkommen	**SALT-I-Verträge**	**Grundlagenvertrag**	BRD und DDR werden Mitglied der UNO.	**Prager Vertrag**	**KSZE-Schlussakte**	**SALT-II-Verträge** (nicht ratifiziert)
BRD – DDR: Konkretisierung der Transitbestimmungen des Viermächteabkommens	USA – UdSSR (strategic arms limitation talks): Beschränkung des Umfangs von Raketenabwehrsystemen und Interkontinentalraketen	BRD – DDR: freundschaftliche Beziehungen, Gewaltverzicht, Anerkennung bestehender Grenzen		BRD – ČSSR: freundschaftliche Beziehungen, Gewaltverzicht, Anerkennung bestehender Grenzen	europäische Staaten – USA – Kanada: Gewaltverzicht, freundschaftl. Beziehungen, Anerkennung der Grenzen, Achtung der Menschenrechte	USA – UdSSR: weitere Begrenzung strategischer Offensivwaffen

Geteilte Welt

Vom Systemkonflikt zum Konflikt der Blöcke

→ S. 16–19

Nur ein „Systemkonflikt"? Ursprünge des „Kalten Krieges"

„Fast 45 Jahre lang war keine andere Weltordnung denkbar als die des **Kalten Krieges**", resümiert der Historiker Bernd Stöver. Mit dieser Aussage nimmt er vor allem den Zeitabschnitt von **1945 bis 1991** in den Blick, die Wurzeln für diesen Konflikt reichen aber weiter zurück. Einige Historiker sehen die Ursprünge bereits in der Geschichte der USA und Russlands als Imperien im 19. Jahrhundert: Ihnen gemeinsam war die Erfahrung stetiger geografischer Expansion und ein religiöses wie nationales Sendungsbewusstsein. Dies sollte sich mit dem Ausbruch der Revolutionen in Russland 1917 ändern: Nach der Machtübernahme der Bolschewiki im Oktober 1917 und der Gründung der Sowjetunion im Jahre 1922 standen sich jetzt nicht mehr nur zwei Mächte gegenüber, sondern mit **Kapitalismus** und **Sozialismus** zwei politisch wie wirtschaftlich völlig verschiedene Ideologien und Systeme. Der **Systemkonflikt** war abzusehen, sollte sich aber erst nach dem Zweiten Weltkrieg 1945 auch zu einem **Machtkonflikt** ausweiten.

→ S. 20–23

Eine „überraschende Wende"? Spaltung und Blockbildung

Nachdem die Alliierten, allen voran die USA und die UdSSR, 1945 zuerst Nazi-Deutschland und dann auch Japan besiegt hatten, ging es darum, eine neue Weltordnung zu schaffen. Doch sehr schnell zeigten sich die Bruchstellen ihrer Allianz. Der britische Premierminister Churchill warnte bereits im Mai 1945 von einem **„Eisernen Vorhang"**, der sich mitten durch Europa ziehe und die von der UdSSR eroberten Gebiete vom Rest Westeuropas trenne. Der sich entwickelnde **Machtkonflikt** zwischen den USA und der UdSSR zog zugleich einen **Rüstungswettlauf** nach sich. 1949 glich die UdSSR im Bereich der Atomwaffen die bisherige Überlegenheit der USA aus. Spätestens jetzt standen sich zwei atomare Supermächte in feindlichen Blöcken gegenüber, was auch zu einer Zunahme von Feindbildern und Klischees mit Mitteln der politischen **Propaganda** führte. In dieser **Blockbildung** sehen viele Historiker die Entstehung einer **Bipolarität** der Welt, die das Weltgeschehen für die nächsten 45 Jahre bestimmen sollte. Mit Blick auf die neutralen Länder sollte der Begriff der Bipolarität allerdings auch kritisch gedeutet werden.

→ S. 26–27, 32–37

Die Ausgestaltung der Blöcke: Gestaltungsspielräume für alle Beteiligten?

Wer letztlich verantwortlich ist für den Kalten Krieg, darauf geben Historiker unterschiedliche Antworten. Einig ist man sich darin, dass beide Supermächte schnell in ihren jeweiligen Einflussbereichen ihre jeweiligen politischen und wirtschaftlichen Systeme zu etablieren versuchten. So schuf sich die UdSSR einen Gürtel von Satellitenstaaten im östlichen Mitteleuropa, die wirtschaftlich und politisch von Moskau abhängig waren, nicht zuletzt durch die von der UdSSR übernommene **Zentralverwaltungswirtschaft** und die Errichtung sogenannter **Volksdemokratien**. Alles wurde von der jeweiligen Kommunistischen Partei gesteuert, die Fäden liefen in Moskau zusammen.
Auf der anderen Seite versuchten die USA mit großzügigen Wirtschaftshilfen wie dem **Marshallplan**, (West-)Europa wirtschaftlich wieder auf die Beine zu helfen, um so den Aufbau liberal geprägter, **parlamentarischer Demokratien** mit **marktwirtschaftlichen** Systemen zu fördern. Hier hatten die einzelnen Länder deutlich mehr Spielraum als die Länder im Osten, allerdings gaben die USA vor allem in ihrem Bündnissystem der NATO genauso den Weg vor wie die UdSSR im Warschauer Pakt.

Krisen des Kalten Krieges

Der Begriff „Kalter Krieg" für die Auseinandersetzung zwischen den beiden Weltanschauungen und Systemen lenkt den Blick auf den Machtkonflikt zwischen den Blöcken. Dass dieser Konflikt aber nicht immer „kalt" war, zeigen die vielen Krisen der Epoche. Deutschland stand dabei – wie z. B. während der ersten Berlinkrise 1948/49 – häufig im Mittelpunkt, weil die Grenze zwischen den Blöcken durch die beiden deutschen Staaten und mitten durch Berlin verlief. In vielen Teilen der Erde fanden im Zeichen des Kalten Krieges zudem konventionelle militärische Auseinandersetzungen statt – insgesamt über 150. Diese werden häufig als **„Stellvertreterkriege"** bezeichnet, wobei die Systemkonfrontation meist nur einer von vielen Faktoren war, die den jeweiligen Krieg befeuerten. Der Koreakrieg (1950–53) gilt als einer dieser Konflikte. Zugleich waren hieran aber auch die beiden Kontrahenten UdSSR und USA direkt beteiligt. Als ein Beispiel für eine durch den Kalten Krieg ausgelöste mentale Krise mit weitreichenden Folgen für die Gesellschaften der westlichen Welt gilt der „Sputnik-Schock" des Jahres 1957.

Die **Kubakrise** 1962 gilt als eine der gefährlichsten Krisen des Kalten Krieges – brachte sie die Welt nach allgemeinem Urteil doch an den Rand eines vernichtenden Atomkrieges. Gleichzeitig leitete ihre Überwindung eine Phase der Entspannung und ein Umdenken vieler ein. Ein Blick auf die Vorgeschichte dieser Krise zeigt die für zahlreiche Konflikte des Kalten Krieges typische Überlagerung vieler Konfliktfelder:

Im 19. Jahrhundert hatten die USA die wirtschaftliche Kontrolle der Karibikinsel durchgesetzt. Durch einen **Putsch** kam 1952 ein US-freundlicher Diktator an die Macht. Während der Jahre seiner **Militärdiktatur** wuchs der Widerstand in der Bevölkerung und führte schließlich zur **Revolution** und zur Durchsetzung des Sozialismus unter Fidel Castro. In unmittelbarer Nachbarschaft zu den USA gelegen, geriet Kuba dann in den Fokus des Kalten Krieges. Kuba war in diesem Konflikt jedoch nicht nur Spielball der Supermächte. Die kubanische Führung versuchte vielmehr, sich als Akteur der Weltpolitik zu etablieren. Auch nach Beilegung der Krise versuchte Kuba, diese Rolle in zahlreichen anderen Konflikten einzunehmen.

→ S. 38–45

→ S. 46–49

Entspannungspolitik – der Anfang vom Ende des Kalten Krieges?

Bereits in den 1950er-Jahren starteten die Supermächte diplomatische Initiativen zu einer Entspannungspolitik. 1957 erklärte der sowjetische Regierungschef Nikita Chruschtschow die **„Friedliche Koexistenz"** beider Systeme zur Leitlinie seiner Außenpolitik. Nach dem Bau der Berliner Mauer 1961 und der Kubakrise 1962 folgte US-Präsident John F. Kennedy mit der „Strategie des Friedens" (**Kennedy-Impuls**). Kennedy schlug eine Politik der kleinen Schritte vor, in der Konflikte pragmatisch gelöst werden sollten. In den Folgejahren wurden einige Abkommen vereinbart, die den Rüstungswettlauf eindämmen und Lösungen in Krisensituationen ermöglichen sollten. Der deutsche Bundeskanzler Willy Brandt schloss sich diesem Weg an: 1969 nahm er in der **Neuen Ostpolitik** diplomatische Beziehungen mit den Ostblockstaaten auf. Die BRD erklärte in den Ostverträgen den Verzicht auf Grenzänderungen und die Aufnahme von Kontakten. Mit der DDR wurde 1972 der Grundlagenvertrag geschlossen. Ein weiterer Schritt der Entspannungspolitik war der **Helsinki-Prozess**. In der KSZE-Schlussakte von 1975 vereinbarten 35 Staaten, darunter fast alle Ostblockstaaten, u. a. die Anerkennung der Grenzen, die Nichteinmischung in innere Angelegenheiten und die Einhaltung der Menschenrechte.

Als die Sowjetunion neue Raketen in Europa stationierte und 1979 in Afghanistan einmarschierte, reagierte der Westen mit einem harten Kurs, in dessen Folge auch im Westen neue Raketen stationiert wurden. Die Entspannungsphase war damit vorerst beendet. Dabei darf man nicht übersehen, dass Aufrüstung und militärische Auseinandersetzungen auf vielen Schauplätzen nie aufgehört hatten.

→ S. 50–55

Zwischen Aufschwung und Krise

Wirtschaft in West- und Ostdeutschland

Die beiden Supermächte USA und UdSSR dominierten nach dem Zweiten Weltkrieg durch ihren Konflikt nicht nur die politische Auseinandersetzung auf der Welt – ihre Systeme standen auch für unterschiedliche Wirtschaftsmodelle. Sie sind Gegenstand des ersten Teils dieses Kapitels. Während im Osten wirtschaftliche Prozesse planvoll organisiert wurden, setzte man im Westen auf die Steuerung der Wirtschaft durch den Markt. Die gegensätzlichen Modelle prägten die unterschiedlichen Alltagserfahrungen der Menschen in Ost und West. Wer etwa in der Bundesrepublik der 1950er-Jahre einkaufen ging, hatte – sofern er zahlungskräftig war – ein umfangreiches Warenangebot, aus dem er wählen konnte; im Osten dagegen ärgerten sich Kunden oft über mangelnde Konsumgüter und lange Wartezeiten. Doch spätestens seit Ende der 1960er-Jahre spürte, wer arbeitete, dass es einen Unterschied machte, ob – wie im Osten – das Recht auf Arbeit den Arbeitsplatz grundsätzlich sicherte oder – wie im Westen – der Verlust des Arbeitsplatzes drohen konnte. Als in den 1970er-Jahren im Westen wirtschaftliche Krisen zu steigender Arbeitslosigkeit führten, mehrten sich hier kritische Stimmen am System der Marktwirtschaft. Welche Wege zur Krisenbewältigung beschritten wurden, welche Auswirkungen sie bis in unsere Zeit haben und wie sie noch heute diskutiert werden, darum geht es im zweiten Teil des Kapitels.

Abbildungen

- Wilhelmshaven (BRD), 1956: Diese Schaufensterwerbung nimmt in mehrerlei Hinsicht auf die Lebenswirklichkeit der frühen BRD Bezug: Ein junges Paar – er Angestellter im Anzug, sie Hausfrau mit Schürze – lassen sich einen modernen Konsumartikel liefern.
- (links) Radeberg (DDR), 1952: Es geht voran mit dem Wohnungsbau in der DDR, so die Botschaft dieses Fotos der DDR-Illustrierten „Zeit im Bild". Es zeigt Jugendliche aus dem VEB Sachsenwerk mit Schlüsseln und Schlössern für die im Aufbau befindlichen Wohnhäuser an der Stalinallee (heute Karl-Marx-Allee) in Ostberlin.
- (rechts) Baden, 1973: Während der sogenannten „Ölkrise" führt die bundesdeutsche Regierung Energiesparmaßnahmen ein, darunter den „autofreien Sonntag"– für manche ein Anlass, die nun leeren Autobahnen umzunutzen.

Boom – mehr als ein Wirtschaftsaufschwung?

Neue Wohlstandserfahrungen – in BRD und DDR?

M 1 Eine westdeutsche Kühlschrankwerbung der Firma AEG, 1957

Westeuropa boomt

Die Verwüstungen des Zweiten Weltkrieges waren noch sichtbar, da florierte die Wirtschaft in etlichen Staaten Westeuropas schon: Fabriken produzierten Konsumgüter in großer Zahl, und viele Haushalte konnten sich Kühlschränke, Autos und sogar Auslandsreisen leisten. Die Veränderungen, die damit einhergingen, wurden in verschiedenen Staaten offenbar ähnlich erlebt: So sprachen die Franzosen von den Nachkriegsjahrzehnten bis 1975 als „Les Trentes Glorieuses" und die Briten vom „Golden Age". In der BRD bejubelte man die Zeit seit den frühen Fünfzigerjahren als „Wirtschaftswunder", in Italien als „miracolo economico", und in Spanien wurden die Jahre seit 1959 zum „milagro económico español" erklärt. Die Betonung des Wunderbaren und Außergewöhnlichen signalisiert, dass hier mehr geschehen sein musste als eine allmähliche Rückkehr zum Vorkriegsleben. Was war es, das sich nach einem Wunder anfühlte?

Der wirtschaftliche **Boom** war mit neuen Konsumerfahrungen verknüpft, Erfahrungen, die nicht einfach an bekannte Muster anknüpften. In der Bundesrepublik bahnte sich das Erlebnis des unregulierten und üppigen Konsums vor allem nach dem Ende der Lebensmittelrationierung im Jahr 1950 an. Was zunächst als „Fresswelle" begann, setzte sich in Bekleidungs- und Einrichtungswellen fort und vollendete sich für viele bereits in den 1950er-Jahren im ersten Italienurlaub. In weniger als zehn Jahren hatte sich die Zusammenbruchsgesellschaft Westdeutschlands in eine **Konsumgesellschaft** (→ rechts) verwandelt.

Die Erlebnisse des „Wunderbaren" in den westlichen Industriegesellschaften bewirkten eine Umwertung bisheriger Erfahrungen. 1957 stellte der britische Premierminister Harold Macmillan fest, dass in der jetzigen Lebenswelt „der Luxus der Reichen zum Lebensnotwendigen der Armen" geworden sei. Auch in den deutschen Staaten konnten Arbeiterinnen und Arbeiter nun Freizeit als eine Aufgabe individueller Lebensgestaltung begreifen, da die Wochen-

1. Werbung vermittelt oft Wunschbilder und soll Bedürfnisse wecken.
   a) Benennen Sie Sehnsüchte, die mit den Abbildungen M 1–M 3 geweckt werden sollen.
   b) Gestalten Sie zu M 1 und M 2 passende Slogans.

2. Erläutern Sie mithilfe des Darstellungstextes, welche Bedeutung die allgemeine Verfügbarkeit von Waren und das gestiegene Wohlstandsgefühl im Nachkriegsdeutschland für das gesellschaftliche Zusammenleben hatte.

3. Erörtern Sie, ob Wohlstand und wirtschaftliche Erholung lediglich Phänomene westlicher Industriestaaten waren.

M2 (links) Weihnachtliche Werbung in Ostdeutschland Anfang der 1950er-Jahre. „Konsum" hießen die Läden der Konsumgenossenschaften in der DDR, welche die Bevölkerung mit preisgünstigen Waren versorgen sollten.

M3 Zeitschriftenwerbung für die in der BRD vertriebenen Fernsehgeräte der niederländischen Firma Philips, 1958

→ Mehr zeitgenössisches Bildmaterial zum Thema bietet das „Wirtschaftswundermuseum". Geben Sie unter www.westermann.de/webcode **WES-116793-005** ins Suchfeld ein.

arbeitszeit allmählich abgenommen hatte und die Zahl der Urlaubstage gestiegen war. Zudem verfügte 1960 – im statistischen Durchschnitt – ein vierköpfiger Arbeiterhaushalt in Westdeutschland im Vergleich zu 1950 über das doppelte Einkommen. Da wichtige Kosten wie Miete und Heizmaterial im Preis konstant blieben, verwandelten sich einst exklusive Genussartikel wie Bohnenkaffee, Fleisch oder Butter für viele Menschen zu Alltagsprodukten. Selbst ein Volkswagen, für den 1950 ein Industriearbeiter 493 Arbeitstage hätte investieren müssen, war 1959 bereits nach 174 Arbeitstagen erarbeitet. Und kleinere Vergnügungen wie ein Kinobesuch oder ein Treffen mit Freunden bei gutem Essen konnten von den meisten Menschen immer wieder einmal ohne sorgenvollen Blick auf die Kosten genossen werden.

Keine Chance für den Sozialismus?

Materiell konnte auch die DDR immer mehr Bürgerinnen und Bürger Wohlstandserfahrungen ermöglichen. Zwar blieb vor allem Wohnraum lange knapp, aber die Versorgung mit Autos und Haushaltsgeräten glückte, wenn auch später als in der BRD und auf geringerem Niveau. Doch obwohl sich die DDR zu einem Arbeiter- und Bauernstaat erklärte, in dem durch die Arbeit der „werktätigen Massen" ein besseres Leben erreicht werde, wollte sich hier eine ähnliche Boom-Erfahrung wie im Westen nicht einstellen. Stattdessen verbreitete sich in beiden deutschen Staaten das Gefühl, die „soziale Frage" des 19. Jahrhunderts sei innerhalb des kapitalistischen Systems gelöst worden: Im Westen gab es viel, und es gab nun vieles auch für viele. Mochte die DDR auch Vollbeschäftigung bieten – solange sie nicht einen dem westlichen vergleichbaren Massenkonsum allgemein zugänglich machen konnte, erschien vielen DDR-Bürgerinnen und -Bürgern ein Neuanfang in Westdeutschland als große Verlockung. Letztlich akzeptierte auch die DDR-Führung das Wohlstandsniveau des Westens als Zielvorgabe für die wirtschaftliche Entwicklung. Dass diese sich mit den Mitteln der eigenen Wirtschaftsordnung nicht erreichen ließ, führte bald zu Konflikten und Kontroversen.

In allen Gesellschaften wird konsumiert, aber nicht alle Gesellschaften sind **Konsumgesellschaften**. Erst industrielle Massengesellschaften produzieren für so viele Konsumenten so viele Waren des Alltags und des gehobenen Bedarfs, dass der immer wieder vergrößerte Besitz oftmals nur ausgetauschter Waren – wie Schuhen, Unterhaltungselektronik usw. – zu einem zentralen Element der Lebensführung und Selbstdarstellung werden kann. Die Sozialwissenschaften sprechen dann von Konsumgesellschaften.

Markt oder Plan?

Zwei Wirtschaftsmodelle – zwei Versuche, die Zukunft zu gestalten

M 1 Welche Wirtschaft für Westdeutschland?

Der SPD-Politiker Erwin Schoettle antwortete am 21. April 1948 im Rahmen einer Sitzung des Wirtschaftsrates der besetzten Westzonen auf marktwirtschaftlich ausgerichtete Pläne für einen zukünftigen westdeutschen Staat.

Wenn wir nicht dazu kommen, den Gedanken einer ökonomischen Sanierung in Deutschland mit dem Gedanken einer gelenkten Umorganisation zu verbinden, einer Verlagerung bestimmter industrieller Sektoren, bestimmter Energien unserer Volkswirtschaft auf andere [...], wenn wir das nicht durch politische Entscheidungen und daraus sich ergebende Lenkungsmaßnahmen herbeiführen, dann werden wir es überhaupt nicht schaffen, denn aus freier Initiative wird das ganz bestimmt nicht entstehen. [...] Wir wollen die Freiheit der Wirtschaft in einem anderen Sinne, als Sie sie vielleicht wollen. Wir haben nämlich erfahren, dass die sogenannte freie Wirtschaft nur für einige Leute Freiheit bedeutet und für andere genau das Gegenteil.

Zit. nach: Institut für Zeitgeschichte/Wissenschaftliche Dienste des Deutschen Bundestags (Hgg.): Wörtliche Berichte und Drucksachen des Wirtschaftsrates des Vereinigten Wirtschaftsgebietes 1947–1949, bearb. v. Christoph Weisz/Hans Woller, München/Wien 1977, Bd. 2, S. 623

1. Erläutern Sie, welche Befürchtungen der Politiker Erwin Schoettle in M 1 mit der Einführung eines marktwirtschaftlichen Systems in Westdeutschland verbindet.

Ein Ziel – zwei Wege?

Noch bevor die Bundesrepublik Deutschland gegründet wurde, war die Diskussion darüber, welche wirtschaftspolitische Ordnung dem zukünftigen Deutschland zu Wachstum und Wohlstand verhelfen werde, bereits in vollem Gange. Bei allen Meinungsverschiedenheiten bestand Einigkeit allein darin, dass sich die Wirtschaftskrisen des 19. Jahrhunderts sowie der Zwischenkriegszeit mit ihren gesellschaftlichen, sozialen und politischen Folgen nicht mehr wiederholen dürften. Wie aber sollte dies verhindert werden? Auf welchem Weg sollten Wachstum, Wohlstand und ökonomische Stabilität erreicht werden? Und würden die Besatzungsmächte in den jeweiligen Besatzungszonen die wirtschaftspolitischen Weichenstellungen zulassen?

Trizone, Währungsreform: → S. 34

Als im April 1948 über die wirtschaftspolitische Zukunft der besetzten Westzonen beraten wurde (M 1), war eine gesamtdeutsche Zukunft angesichts der politischen und ideologischen Spannungen zwischen den Westalliierten und der Sowjetunion nicht mehr möglich – und einen vernetzten deutschen Wirtschaftsraum gab es nicht mehr. Sowohl in der sowjetisch besetzten Zone (SBZ) als auch in der von den Westmächten kontrollierten Trizone waren Weichenstellungen zur Einführung des jeweiligen ökonomischen Systems getroffen worden: eine zentral gesteuerte Wirtschaft in der SBZ, eine liberale Wirtschaftsordnung in der Trizone. Während Diskussionen über wirtschaftspolitische Alternativen in der SBZ unmöglich waren, wurde in den westlichen Besatzungszonen über die künftige Wirtschaftsordnung gestritten: Welche würde langfristig zu ökonomischem Aufschwung, gesellschaftlichem Wohlstand und politischer Stabilität führen?

In der westlichen Besatzungszone verfolgte der Wirtschaftspolitiker Ludwig Erhard (seit 1949 CDU) die Einrichtung der **sozialen Marktwirtschaft**, eines Konzepts, das bereits in der Zwischenkriegszeit von verschiedenen Ökonomen als Antwort auf die Ursachen der Weltwirtschaftskrise erarbeitet worden war. In ihrem Zentrum steht der Markt. Anders als der Wirtschaftsliberalismus des 19. und frühen 20. Jahrhunderts (→ S. 33, M 2) wies Erhards Konzept dem Staat allerdings die Rolle eines Hüters der Normen wirtschaftlichen Handelns zu: Der Staat müsse einen Ordnungsrahmen schaffen, der eine leistungsfähige Wirtschaft und eine gute Versorgung der Bürgerinnen und Bürger ermöglicht. Um dies zu erreichen, sollte er etwa Kartellbildungen verhindern und für stetigen Wettbewerb sorgen. So könnten Innovationen und faire Preise gewährleistet werden. Zudem müssten die Gefahren unsozialer Entwicklungen wie Lohnverfall oder Arbeitslosigkeit bestmöglich eingedämmt werden. Als „sozialen Staat“ verstand Erhard einen Staat, der es den Bürgerinnen und Bürgern ermöglicht, Wohlstand durch Leistung zu erreichen und zugleich unter abgesicherten sozialen Bedingungen zu leben.

Das Konzept der sozialen Marktwirtschaft setzte sich in der Trizone gegen andere Ansätze durch, die einen stärkeren staatlichen Einfluss auf die Wirtschaft forderten. In den folgenden Jahren wurde es allerdings von sozialen Sicherungssystemen flankiert, an deren Entstehung die CDU, vor allem aber die SPD und die Gewerkschaften beteiligt waren.

In der SBZ setzten die Politiker dagegen auf die **Zentralverwaltungswirtschaft** (→ S. 33), um der Wirtschaft zu Wachstum und der Bevölkerung zu Wohlstand zu verhelfen. Die staatliche Lenkung der Wirtschaft sollte eine Entwicklung ohne Krisen und Arbeitslosigkeit möglich machen und die Errichtung einer sozialistischen Gesellschaftsordnung unterstützen. Nach dem Vorbild der Sowjetunion war die Einrichtung der Zentralverwaltungswirtschaft begleitet von der Verstaatlichung privater Betriebe und der staatlichen Planung der volkswirtschaftlichen und gesellschaftlichen Entwicklung in Form von **Fünfjahresplänen**. Mit dem ersten Fünfjahresplan (1951–1955) bekannte sich der Ministerrat zum **Primat der Schwerindustrie.** Ziel war es, die Produktion der stark zerstörten Schwerindustrie um 50 % zu steigern, da Stahl für den Aufbau der Infrastruktur und der Konsumgüterindustrie ebenso dringend gebraucht wurde wie für die Schaffung von Wohnraum. Zudem sollten Hunderttausende Menschen für die Industriearbeit gewonnen werden.

Welches System liegt vorne?

Der Beginn des enormen wirtschaftlichen Aufschwungs in der BRD (→ S. 60 f.) wird oft mit der Währungsreform und der Abschaffung der Lebensmittel- und Warenrationierung im Jahr 1948 in Verbindung gebracht. Dabei war noch zum Zeitpunkt der Republikgründung im Jahr 1949 der Erfolg der sozialen Marktwirtschaft keineswegs sicher. Die Preise für Waren sowie die Arbeitslosigkeit waren nämlich zunächst spürbar gestiegen. Die sogenannte Gründungskrise mehrte nicht nur in Westdeutschland, sondern auch unter den Westalliierten die Furcht vor wirtschaftlicher und politischer Instabilität. Erst Mitte des Jahres 1951 stabilisierten die steigenden Wachstumsraten im Export die westdeutsche Wirtschaft. Vor allem der Beginn des Koreakrieges (→ S. 42 f.) und die damit verbundene Eskalation im Kalten Krieg waren hierfür entscheidend. Während die Alliierten ihre Schwer- und Rüstungsindustrie intensivierten, bedienten die deutschen Unternehmer in bisher unbekanntem Umfang die weltweite Nachfrage nach langlebigen Gütern vor allem im Bereich Maschinenbau, Elektrotechnik und Feinmechanik. Das sich von nun an selbst tragende Wirtschaftswachstum verhalf der sozialen Marktwirtschaft zu breiter Akzeptanz.

Auch die DDR konnte zu Beginn der 1950er-Jahre ein enormes Wirtschaftswachstum verzeichnen. Dies galt allerdings vor allem für den Bereich der Schwerindustrie, während die Produktion von Konsumgütern zunächst vernachlässigt wurde. Erst als die SED – nach Protesten der Bevölkerung (→ S. 106) und massiven Abwanderungen junger Menschen – diese Ausrichtung 1953 korrigiert hatte, stieg auch die Erzeugung von Lebensmitteln und anderen Bedarfsgütern, sodass sich der Lebensstandard der Bevölkerung deutlich erhöhte. Dennoch konnte die in der Besatzungszeit eingeführte Lebensmittelrationierung erst im Mai 1958 abgeschafft werden. Zu diesem Zeitpunkt waren Wachstum und Wohlstand in Westdeutschland bereits zum Gradmesser für viele Menschen in der DDR geworden.

M2 Plakat zum ersten Fünfjahresplan.in der DDR, 1951

M3 Ausstattung von Haushalten mit Konsumgütern (Angaben in %)

	Ost 1960	West 1962
Pkw	3	27
Waschmaschine	6	34
Telefon	–	14

zusammengest. nach: Rainer Geißler (Hg.): Die Sozialstruktur Deutschlands. Zur gesellschaftlichen Entwicklung mit einer Bilanz zur Vereinigung, Wiesbaden 2008, S. 73

M 4 Angebote für alle? Nach der Währungsreform 1948 in der Trizone boten Händler plötzlich eine Vielzahl von Waren an, die sie angesichts der Rationierungen sowie eines fehlenden Zahlungssystems zurückgehalten hatten.

M 5 Wo bleibt der Wohlstand?

Die gewerkschaftsnahe Zeitung „Der Bund“ berichtete 1948 vom Alltag einer Hausfrau in der Zeit nach der Währungsreform:

„So schwer war es noch nie, die Familie satt zu bekommen, wie gerade jetzt nach der Währungsreform“, sagt Frau Schäfer. Sie legt ihr Einkaufsnetz auf den Küchentisch. Sie hat Kartoffeln, Zwiebeln und einen großen Wirsingkohl mitgebracht. Nichts von den anderen schönen Sachen, die man in den Gemüseläden sieht: weiße feste Blumenkohlköpfe, lange grüne Gurken, dunkle saftige Kirschen, Pilze [...]. Diese Dinge dürfen für Frau Schäfer nicht da sein. Schon die Zwiebeln sind zu teuer: Dieser Bund mit 15 Stück kostet 85 Pfenning! Der Wirsingkohl 90 Pfennig. Wenn man es recht bedenkt, kann man auch die leck'ren neuen Kartoffeln nicht kaufen. Aber irgendetwas muss Herr Schäfer doch essen, wenn er acht Stunden im Betrieb gestanden hat. Irgendetwas muss doch da sein, wenn die Kinder aus der Schule kommen. [...] Frau Schäfer möchte so gerne ein paar neue Teller kaufen, dies und das für den Haushalt. Man hat doch so lange nichts anschaffen können! Manchmal träumt sie von neuen Strümpfen, von einem leichten Sommerkleid. Man ist doch auch noch nicht so alt [...]. Und jetzt gibt es so hübsche Sachen. Aber die größte Sorge ist: Wie bekommen wir die Winterkartoffeln in den Keller? Die Kohlenpreise sollen erhöht sein. Wenn das nur nicht wahr ist!

Zit. nach: Christoph Kleßmann/Georg Wagner (Hgg.): Das gespaltene Land, München 1993, S. 177

M 6 „Freiheit“ statt „Untertanentum“

In seinem 1957 veröffentlichten Buch „Wohlstand für alle“ erläuterte Ludwig Erhard, Bundesminister für Wirtschaft, der Öffentlichkeit Kerngedanken der sozialen Marktwirtschaft:

Das berechtigte Verlangen, dem Individuum größere Sicherheit zu geben, kann [meines Erachtens] nur dadurch erfüllt werden, dass wir über eine Mehrung des allgemeinen Wohlstandes jedem Einzelnen das Gefühl seiner menschlichen Würde und damit auch die Gewissheit vermitteln, dass er von jedweden Gewalten unabhängig ist. Das mir vorschwebende Ideal beruht auf der Stärke, dass der Einzelne sagen kann: „Ich will mich aus eigener Kraft bewähren, ich will das Risiko des Lebens selbst tragen, will für mein Schicksal selbst verantwortlich sein. Sorge du, Staat, dafür, dass ich dazu in der Lage bin.“ Der Ruf dürfte nicht lauten: „Du, Staat, komm mir zur Hilfe, schütze mich und hilf mir“, sondern umgekehrt: „Kümmere du, Staat, dich nicht um meine Angelegenheiten, sondern gib mir so viel Freiheit und lass mir von dem Ertrag meiner Arbeit so viel, dass ich meine Existenz, mein Schicksal und dasjenige meiner Familie selbst zu gestalten in der Lage bin.“
Die wachsende Sozialisierung der Einkommensverwendung, die um sich greifende Kollektivierung der Lebensplanung, die weitgehende Entmündigung des Einzelnen und die zunehmende Abhängigkeit vom Kollektiv oder vom Staat [...] müssen die Folgen dieses gefährlichen Weges hin zum Versorgungsstaat sein, an dessen Ende der soziale Untertan und die bevormundete Garantierung der materiellen Sicherheit durch einen allmächtigen Staat, aber in gleicher Weise auch die Lähmung des wirtschaftlichen Fortschritts in Freiheit stehen wird.

Ludwig Erhard: Wohlstand für alle, Düsseldorf/Wien 1957, S. 251 f.

2. a) Beschreiben Sie M 4. Welche Aussageabsicht verfolgt die Schaufensteraufschrift?
b) Analysieren Sie M 5.
c) Vergleichen Sie Ihre Ergebnisse mit den Ergebnissen aus Aufgabe a).

3. Analysieren Sie M 2 und vergleichen Sie M 2 mit M 3, auch anhand des Darstellungstextes.

M7 „Plane mit, arbeite mit, regiere mit!"

Aus der Einleitung des „Gesetzbuches der Arbeit" der DDR, 1961:

Die Arbeiter-und-Bauern-Macht und das Volkseigentum garantieren erstmals in der Geschichte Deutschlands die Freiheit und die sozialen Rechte der Werktätigen, wie das Recht auf Arbeit, das Recht auf gleichen Lohn für gleiche Arbeit, das Recht auf Bildung, das Recht auf Erholung und das Recht auf Gesundheits- und Arbeitsschutz sowie auf materielle Versorgung bei Krankheit, Invalidität und Alter. [...] In der Deutschen Demokratischen Republik vollzog und vollzieht sich eine grundlegende Veränderung des Charakters der Arbeit. Aus der Last der unfreien Arbeit für schmarotzende Ausbeuter wurde die freie Arbeit der Werktätigen für sich selbst und für die Gesellschaft. In einem langwierigen, konfliktreichen Prozess der Erziehung und Selbsterziehung im Kampf gegen die Überreste der alten Denkweise und gegen rückständige Gewohnheiten wandelt sich die Einstellung der Menschen zur Arbeit und zueinander. [...] Die gemeinsame bewusste Arbeit aller Werktätigen nach einheitlichem Plan, der auf der Übereinstimmung der gesellschaftlichen und der persönlichen Interessen beruht, ist die Hauptquelle der Kraft und Macht des sozialistischen Staates. Durch den demokratischen Zentralismus wird die Einheit zwischen der zentralen staatlichen Leitung der gesellschaftlichen Arbeit und der schöpferischen Tätigkeit der Massen verwirklicht. Das führt zur immer aktiveren Teilnahme der Werktätigen an der Leitung der Wirtschaft und des Staates. „Plane mit, arbeite mit, regiere mit!" – dieser Grundsatz wird von den Werktätigen immer umfassender und besser verwirklicht. So entwickelt und vervollkommnet sich die sozialistische Demokratie.

Zit. nach: www.verfassungen.de/ddr/gesetzbuchderarbeit61.htm (06.10.2021)

M8 Der Weg zum Erfolg?

Der Historiker Ulrich Herbert äußert sich zur DDR-Wirtschaft in den Fünfzigerjahren.

Nach dem ersten, auf fünf Jahre berechneten Gesamtwirtschaftsplan sollte bis 1955 eine Verdopplung des industriellen Ausstoßes erreicht werden. Allerdings zeigten sich schon früh manifeste Probleme und Widersprüche der Planwirtschaft. Erstens gab es für die sozialistische Umgestaltung eines fortgeschrittenen Industrielandes keine historischen Vorbilder. Der Ausgang dieser Operation am lebenden Patienten war daher ganz ungewiss, zumal das Experiment von Politikern durchgeführt wurde, die nur über geringe Kenntnisse und Erfahrungen in volkswirtschaftlichen Fragen verfügten. Zweitens ließ der Führungsanspruch der SED auch und gerade in der Wirtschaft bald ein riesige Planungsbürokratie entstehen, die selbst nachgeordnete Einzelfragen zentral regelte und den einzelnen Betrieben keine Möglichkeiten zu flexiblen Entscheidungen ließ. Drittens führten die zu erfüllenden Sollziffern zum Vorrang eines rein quantitativen Wachstums, zumal die Interessen der Abnehmer und Verbraucher in diesem System nur als nachgeordnete Gesichtspunkte galten, sodass es an Anreizen für Produktivität und technische Innovationen fehlte. Und viertens war mit dem Primat der Schwerindustrie die Vernachlässigung der Konsumgüterindustrie verbunden, was dazu führte, dass die Versorgung der Bevölkerung noch lange Jahre ganz unzureichend blieb. Der Hunger der Nachkriegsjahre war auch in der DDR überwunden, aber Mangel, Lebensmittelkarten und Schwarzmarkt bestimmten weiterhin den Alltag [...] und blieben ein Kennzeichen der DDR-Wirtschaft und ein Quell der Unzufriedenheit in der Bevölkerung.

Ulrich Herbert: Geschichte Deutschlands im 20. Jahrhundert, München 2014, S. 705 f.

Gesetzbuch der Arbeit: die gesetzliche Regelung des Arbeitsrechts für die Beschäftigten und Betriebe der DDR

4. a) Erläutern Sie an M 6 Erhards Vorstellung von der Rolle der Menschen im marktwirtschaftlichen System. Ziehen Sie dazu die Informationen zur Sprache heran, die unter dem Webcode **WES-116793-006** abrufbar sind.
b) Vergleichen Sie das Ergebnis aus a) mit Ihren Überlegungen aus Aufgabe 1.

5. a) Erklären Sie anhand von M 7, welche Versprechen den DDR-Bürgerinnen und Bürgern vonseiten der Planwirtschaft gemacht wurden.
b) Überprüfen Sie, ob diese Versprechen Wirklichkeit wurden. Ziehen Sie dazu M 8 heran.

+ Laut Erhard hat in der sozialen Marktwirtschaft jeder Mensch die Chance, sein Schicksal selbst zu gestalten. Beurteilen Sie diese These.

Wie Stabilität erreichen?

Versorgungsleistungen in Ost und West

M 1 (oben) Blick auf das Theater im Zentrum von Eisenhüttenstadt, früher „Stalinstadt", 1989 | (links) Eine Kindergartengruppe in Stalinstadt, 1954

1. a) Beschreiben Sie M 1.
   b) M 1 gilt als „sozialistische Stadt". Bilden Sie Hypothesen zu deren Merkmalen.

Planstadt: Gegenmodell zur in ungelenkten Prozessen gewachsenen Stadt. Oft geht es bei Planstädten darum, programmatische Leitideen umzusetzen. Die Stadt soll dann ein Ideal menschlichen Zusammenlebens verwirklichen.

Die erste sozialistische Stadt in Deutschland

1950 fiel auf dem III. Parteitag der SED die Entscheidung, ein „Eisenhüttenkombinat Ost" aufzubauen. Die Teilung des deutschen Wirtschaftsraumes und die zu Beginn des Kalten Krieges beschlossenen Lieferbeschränkungen der westlichen Länder für Osteuropa hatten dazu geführt, dass der Aufbau einer eigenständigen Eisenverhüttung für die DDR zum wichtigsten wirtschaftlichen Ziel geworden war – denn ohne Stahl war ein Wiederaufbau des Landes nicht möglich. Am vorgesehenen Standort am Oder-Spree-Kanal sollte zugleich eine Planstadt für etwa 10 000 Beschäftigte und ihre Familien entstehen. Ihr Name: Stalinstadt – seit 1961 Eisenhüttenstadt –, die erste „sozialistische Stadt" der DDR, wie Walter Ulbricht verkündete. Was aber machte diese Planstadt zu einer „sozialistischen Stadt"?

Über die Leitlinien des modernen Städtebaus hinaus, die u. a. die Schaffung von Bildungseinrichtungen, Kaufhäusern und Grünflächen zur Erholung umfasste, sollte es in Stalinstadt keinen privaten Grundstücksbesitz geben, alle Wohnungen in öffentlicher Hand bleiben. Auch eine Trennung von gehobenen Wohnvierteln und einfachen Arbeitervierteln war nicht vorgesehen, sondern gleichartige Wohnverhältnisse für alle. Die Ausgestaltung von Wohnvierteln, Geschäften oder Kindergärten war also das Resultat einer staatlichen Perspektive auf das Leben der DDR-Bürgerinnen und -Bürger; der Städtebau diente dazu, das Ziel einer einheitlichen Gesellschaft im Sozialismus zu erreichen.

Die DDR – ein Staat sozialer Solidarität?

Die Verfassung der DDR garantierte das **Recht auf Arbeit**. Auch wenn es zu Stockungen im Produktionsprozess kam, entledigten sich die verstaatlichten Betriebe ihrer Beschäftigten nicht. Und wer arbeitete, war materiell ausreichend versorgt. Doch was, wenn jemand aus dem Arbeitsprozess dauerhaft herausfiel? Für diejenigen, die nicht arbeiteten, wurde das Verfassungsgebot, den „notwendigen Unterhalt" der Menschen sicherzustellen, nur auf niedrigem Niveau umgesetzt. Zwar gab es in der DDR eine Sozialversicherung, aber sie war unterfinanziert, sodass vor allem Kranke sowie Rentnerinnen und Rentner von Armut bedroht waren. Die allgemeine staatliche Subventionierung von Mieten und Lebensmitteln milderte allerdings auch für diese Gruppen die Wirkung niedriger Einkommen ab.

Ein Beleg dafür, dass in der DDR die produktive Gemeinschaft der „werktätigen Massen“ im Vordergrund stand, bot auch die seit 1964 geltende Regelung für Westreisen. Nur wer verrentet war, konnte zu Familienbesuchen in die BRD reisen.

Sozialgesetze in der BRD

Der Wiederaufbau in der BRD erfolgte in enger Anlehnung an vertraute Muster der liberalen kapitalistischen Gesellschaftsordnung und ging vom verfassungsmäßig garantierten Recht auf Privateigentum aus. Allerdings war bald abzusehen, dass ohne staatliche Eingriffe von der Vielzahl derjenigen, die nach wenigen Nachkriegsjahren noch immer in Armut lebten, ein erhebliches Konfliktpotenzial ausgehen würde. Wer also den Bestand des westlichen Gesellschaftssystems garantieren wollte, der musste sich der Frage stellen, wie z. B. Kriegswaisen, Geflüchteten, Vertriebenen und der großen Zahl von Versehrten zu helfen sei. Rasch hatte die CDU-geführte Regierung mit Stimmen der oppositionellen SPD ein Gesetz über die Kriegsopferversorgung beschlossen. Zudem ermöglichte das erste Wohnungsbaugesetz von 1951 die Errichtung von zwei Millionen Sozialwohnungen bis 1956. Diese Gesetze mobilisierten große Geldsummen, um die materielle Not vieler Menschen zu mildern.

Eine reale Umverteilung finanzieller Mittel, aber eben keine Verstaatlichung vollzog sich zudem mit dem Gesetz zum sogenannten Lastenausgleich aus dem Jahr 1952. Es wandelte Vermögensabgaben, die vor allem von Grundeigentümern aufgebracht werden mussten, in Zahlungen zur sozialen Unterstützung privater Haushalte um. Auch in der BRD spielte der Staat damit eine gesellschaftsgestaltende Rolle. Dabei diente der Lastenausgleich nicht ausschließlich dazu, Abhilfe bei Bedürftigkeit zu schaffen. Ziel war auch, Menschen ihre vormalige gesellschaftliche Position wiederzugeben. Die immer noch begüterte Unternehmerin konnte daher vom Lastenausgleich ebenso profitieren wie die ausgebombte Angestelltenfamilie, die den Verlust ihres Mobiliars beklagte. Der **Sozialstaat** half vielen Menschen, unterstützte und reproduzierte dabei aber zugleich den alten sozialen Abstand, sodass die bestehende Schichtung nicht aufgehoben, hilfsbedürftigen Menschen aber eine verbesserte Lebenssituation ermöglicht wurde.

Die Rentenreform

Die Wirtschaft boomte früh in der BRD, und die Löhne stiegen. Doch Rentnerinnen und Rentner hatten daran keinen Anteil, denn die direkte Teilhabe über höhere Einkommen blieb ihnen verschlossen. Mitte der 1950er-Jahre lebten mindestens sechs Millionen von ihnen in Altersarmut. Das Durchschnittsgehalt lag bei etwa 350 DM, die Durchschnittsrente hingegen war mit ca. 70 DM nicht weit vom Existenzminimum entfernt. In dieser Situation brachte die Bundesregierung unter Kanzler Adenauer (CDU) eine Rentenreform auf den Weg – wiederum mit Stimmen der eigentlich oppositionellen SPD. Dabei handelte es sich nicht lediglich um eine Erhöhung der Rentenbezüge. Die Höhe der Renten wurde mit der allgemeinen Wohlstandsentwicklung gekoppelt. Rentnerinnen und Rentner wurden nun nicht mehr als Sozialfälle behandelt, sie nahmen bei im Durchschnitt fast verdoppelten Renten an der gesellschaftlichen Wohlstandsentwicklung teil. Allerdings definierte ihre vorherige Erwerbskarrriere das Ausmaß ihres Wohlstands im Alter.

Banken, Versicherungen und Arbeitgeberverbände kritisierten diese veränderte Form der Rentenbemessung, weil sie die Finanzierung zur Aufgabe derjenigen machte, die im Arbeitsleben standen. Sie sahen ein Gesellschaftsmodell drohen, in dem Arbeitsleistung nicht mehr mit persönlichen Profiten belohnt, sondern zur Finanzierung sozialstaatlicher Versorgungsleistungen entfremdet würde – solch ein übermächtiger Sozialstaat werde den Unternehmen notwendige Handlungsräume nehmen. Auch Ludwig Erhard, der als Wirtschaftsminister in der frühen BRD die Einführung der sozialen Marktwirtschaft verantwortete, fürchtete einen Systemwechsel hin zum **Versorgungsstaat**. Der progagandistische Zug seiner Analyse zeigte sich besonders deutlich, als 1973 infolge einer Wirtschaftskrise die Zeit der Vollbeschäftigung endete. Für viele Menschen endete damit auch ihre Wohlstandsbiografie. Nur kurze Zeit später geriet deswegen auch das sozialstaatliche Unterstützungssystem der BRD in eine Krise.

Sozialstaat: Nach westdeutschem Verständnis war der Sozialstaat ein Staat, der akzeptiert, dass Menschen in wirtschaftliche Krisen und materielle Not geraten können. Er richtet Behörden ein und stellt finanzielle Mittel bereit, die im Einzelfall helfen sollen. Er garantiert jedoch zugleich das marktwirtschaftliche System.

M2 Gesetzliche Regelungen zur Versorgung in der DDR

a) Aus der Verfassung der DDR, 1949:

ARTIKEL 15: (1) Die Arbeitskraft wird vom Staat geschützt. (2) Das Recht auf Arbeit wird verbürgt. Der Staat sichert durch Wirtschaftslenkung jedem Bürger Arbeit und Lebensunterhalt. Soweit dem Bürger angemessenen Arbeitsgelegenheit nicht nachgewiesen werden kann, wird für seinen notwendigen Unterhalt gesorgt.

ARTIKEL 16: (1) Jeder Arbeitende hat das Recht auf Erholung, auf jährlichen Urlaub gegen Entgelt, auf Versorgung bei Krankheit und im Alter. [...]

ARTIKEL 18: [..] (2) Die Arbeitsbedingungen müssen so beschaffen sein, dass die Gesundheit, die kulturellen Ansprüche und das Familienleben der Werktätigen gesichert sind. (3) Mann und Frau, Erwachsener und Jugendlicher haben bei gleicher Arbeit das Recht auf gleichen Lohn. [...]

ARTIKEL 19: (1) Die Ordnung des Wirtschaftslebens muss den Grundsätzen sozialer Gerechtigkeit entsprechen; sie muss allen ein menschenwürdiges Dasein sichern. (2) Die Wirtschaft hat dem Wohl des ganzen Volkes und der Deckung seines Bedarfes zu dienen; sie hat jedermann einen seiner Leistung entsprechenden Anteil an dem Ergebnis der Produktion zu sichern. (3) Im Rahmen dieser Aufgaben und Ziele ist die wirtschaftliche Freiheit des Einzelnen zu gewährleisten.

Zit. nach: verfassung-deutschland.de/ddr-verfassung/ddr49.htm (22.10.2021)

b) Das „Gesetzbuch der Arbeit" aus dem Jahr 1977 gibt über die Versorgung der Rentner in der DDR – genannt Arbeitsveteranen – Folgendes vor:

§ 236. Betreuung der Arbeitsveteranen. Der Betrieb ist verpflichtet, die Arbeitsveteranen in das geistig-kulturelle Leben des Betriebes sowie in die soziale Betreuung einzubeziehen. Die Arbeitsveteranen haben das Recht, die Einrichtungen des Betriebsgesundheitswesens in Anspruch zu nehmen und am Werkküchenessen im Betrieb teilzunehmen. Sie sind bei der Vergabe von Ferienplätzen zu berücksichtigen. Der Betrieb hat ihnen entsprechend seinen Möglichkeiten bei der Instandhaltung ihrer Wohnung Hilfe zu gewähren.

Zit. nach: www.verfassungen.de/ddr/arbeitsgesetbuch77.htm (22.10.2021)

M3 Plakat der Nationalen Front – also des Zusammenschlusses der Parteien in der DDR – mit einem Appell zur Nachbarschaftshilfe, 1953

M4 Die „Volkssolidarität" war ein Sozialverband in der DDR, als dessen wichtigste Aufgabe die Versorgung und Pflege älterer Menschen galt. Für das vorbildliche Engagement in der Nachbarschaftshilfe wurden Ehrenzeichen wie diese Anstecknadel aus dem Jahr 1986 verliehen.

M5 Private Solidarität in der DDR

Die Zeitzeugin Gerlinde Fellmann beschrieb in den 2010er-Jahren rückblickend private Solidaritätserfahrungen:

Anfang der 1960er-Jahre erhielten die ersten privaten Antragsteller ein Telefon. Der Antrag musste eine dringende dienstliche Befürwortung beinhalten, sonst wurde er abgelehnt. [...] Da ich als Studentin nicht mehr zu Hause lebte, ergab sich doch hin und wieder die Notwendigkeit der fernmündlichen Kontaktaufnahme mit meinen Eltern, die ein privates Telefon besaßen. Aber so einfach ging das nicht. Da es sich um ein Ferngespräch handelte und der Selbstwählverkehr noch nicht eingeführt war, musste ich auf die Post gehen. Das war mit mehr oder weniger langen Wartezeiten verbunden. [...]

Der Aufbau des Selbstwählverkehrs begann dann schrittweise in einzelne Zonen. [...] Langsam erweiterte sich der Selbstwählverkehr, sodass am Ende der DDR sogar in das sozialistische Ausland selbst gewählt werden konnte, aber eine Direktanwahl nach Westdeutschland gab es da immer noch nicht. Diese Verbindungen gingen nur über das Fernamt und dauerten meist viele Stunden.[...] Wenn man abends – es ging nur abends oder am Wochenende, da ein Telefonat vom Betrieb aus in die BRD verboten war – ein Gespräch anmeldete, hatte man Glück, wenn es vor dem Zubettgehen zustande gekommen war. Diese Verfahrensweise führte auch dazu, dass mehr nachbarschaftliche Kontakte entstanden. Die Nicht-Telefonbesitzer gingen zu Nachbarn und erledigten dort ihre Telefonate, denn über die Poststellen konnte man das rein zeitmäßig nicht abwickeln.

Zit. nach: research.uni-leipzig.de/fernstud/Zeitzeugen/zz153.htm (09.11.2021)

M6 Teilhabe am „Wirtschaftswunder“?

Der Historiker Hans-Ulrich Wehler urteilte 2008:

Tatsächlich wurde das der sozialen Marktwirtschaft zugeschriebene „Wirtschaftswunder“ geradezu zu einem sinnstiftenden Mythos, der die Defizite und Schattenseite wohltätig verhüllte, etwa die wachsende Asymmetrie der Einkommens- und Vermögensverteilung: Bis 1968 besaßen [...] nur 1,7 % der Privathaushalte volle 74 % des Produktivvermögens [...]! Mit anderen Worten: Ohne die von der großen Mehrheit anerkannte wirtschaftliche Erfolgsbilanz hätte die soziale Marktwirtschaft ihren jahrzehntelang anhaltenden Siegeszug in der öffentlichen Meinung nicht antreten, geschweige denn fortsetzen können.

An einigen Stationen lässt sich ablesen, wie mit der sozialen Marktwirtschaft materielle und politische Fortschritte verbunden waren, die nicht nur die Notlage der Anfangsjahre überwanden, sondern auch durch steigende Realeinkommen, politische Teilhabe und soziale Absicherung jene optimistische Zukunftserwartung erzeugten, die den Weg in die Konsumgesellschaft ebnete. [...]

Nach dem Lastenausgleich verkörperte die Rentenreform von 1957 eine der größten politischen Leistungen der frühen Bundesrepublik [...]. Das Grundgesetz knüpfte zwar in den Artikeln 20/1 und 28 an das Sozialstaatspostulat der Weimarer Republik an, doch erst die neuartige Dynamisierung der Rente, mithin ihre laufende Anpassung an die Tariflohnentwicklung und damit die Teilhabe am wirtschaftlichen Aufschwung markierte einen fundamentalen Fortschritt in der sozialen Sicherheit.

Hans-Ulrich Wehler: Deutsche Gesellschaftsgeschichte. Fünfter Band. Bundesrepublik und DDR 1949–1990, München 2008, S. 74 f.

Sozialstaatspostulat: Die BRD hat sich durch das Grundgesetz (Art. 20) darauf verpflichtet, „ein sozialer Bundesstaat“ zu sein. Politischen Entscheidungen ist damit durch die Verfassung eine Richtung, aber kein konkreter Inhalt vorgegeben.

2. a) Beschreiben Sie die Garantien, die die DDR-Verfassung (M 2 a) den arbeitenden Menschen bot.
   b) Erörtern Sie: War die DDR ein Sozialstaat? Ziehen Sie für die Bewertung auch M 2 b) heran.

3. a) Arbeiten Sie aus dem Darstellungstext heraus, wie die BRD und die DDR mit der Rentenfrage umgingen.
   b) Begründen Sie die Unterschiede.

4. a) Charakterisieren Sie mithilfe von M 3 und M 4 die Formen von Solidarität und Nachbarschaftshilfe, die in der DDR als beispielhaft galten.
   b) Vergleichen Sie die in M 5 dargestellte Nachbarschaftshilfe mit den Formen der Unterstützung, die M 3 und M 4 veranschaulichen.

5. Arbeiten Sie das Urteil Wehlers heraus (M 6).

6. Charakterisieren Sie die Rolle der Staatsgewalt im Sozialstaat BRD und im sozialistischen Arbeiter- und Bauernstaat DDR für die soziale Stabilität. Belegen Sie Ihre Aussagen mit Beispielen.

Endgültige Überwindung sozialer Ungleichheit?

„Nivellierte Mittelstandsgesellschaft" und „Arbeiter- und Bauernstaat"

M1 Plakat des Deutschen Gewerkschaftsbundes (DGB) zum 1. Mai 1956

M2 Kurze Zeitleiste zur deutschen Sozialgesetzgebung

- **1883** Gesetz betr. die Krankenversicherung der Arbeiter
- **1884** Unfallversicherungsgesetz
- **1889** Gesetz betr. die Invaliditäts- und Alterssicherung
- **1918** Verordnung über Tarifverträge
- **1927** Gesetz über Arbeitsvermittlung und Arbeitslosenversicherung (AVAVG)
- **1952** Gesetz zum Lastenausgleich (BRD)
- **1957** Neuregelungsgesetz der Rentenversicherung (BRD)
- **1963** Mindesturlaubsgesetz für Arbeitnehmer (BRD)
- **1965–1974** Tarifvertragliche Durchsetzung der 40-Stunden-Woche in zentralen Wirtschaftssektoren der BRD
- **1967** gesetzliche Einführung der Fünftagewoche in der DDR

1. a) Beschreiben Sie M 1.
b) Ordnen Sie die hier vertretene Zielvorstellung der Zeitleiste M 2 zu.
c) Formulieren Sie Vermutungen darüber, welche sozialpolitischen Ziele die BRD und die DDR mit den Erträgen ihrer jeweiligen Volkswirtschaften verfolgt haben könnten.

BRD: Sozialer Frieden?

In der BRD überzeugten sozialstaatliche Regelungen verschiedene soziale Gruppen wie Bauern, Arbeiter oder Rentner davon, dass durch die Kooperation zwischen Politik, wirtschaftlichen Eliten und Arbeitervertretungen eine Gesellschaft entstehen könne, die es schafft, dauerhaft sozialen Frieden zu garantieren. Hatten Gewerkschaften und arbeiternahe Parteien noch in der Besatzungszeit Verstaatlichungen von Großbetrieben und weitreichende Mitbestimmung durch die Arbeiterschaft selbst gefordert, so waren sie seit der Ausbreitung des wirtschaftlichen Wohlstands und des allgemein zugänglichen Massenkonsums auf Verhaltensmuster eingeschwenkt, die den Streit als Mittel, aber den innergesellschaftlichen Konsens als Ziel festlegten. Nicht mehr der Kampf um die Verfügungsgewalt über das Kapital, sondern der für eine bessere Lebenssituation der Arbeitnehmerinnen und -nehmer stand für die Gewerkschaften nun im Vordergrund. Mit Erfolg: „Samstags gehört Vati mir" – diese Forderung, die auf eine Einführung der Fünftagewoche und eine Verringerung der Arbeitszeit abzielte, wurde tariflich zunächst in der Metallindustrie (1967) durchgesetzt, dann auch in anderen Branchen.

Eine „Mittelstandsgesellschaft"?

Der Zuwachs an Freizeit und der Anstieg des Einkommens blieben nicht ohne Wirkung. Vor allem jüngere Arbeiterinnen und Arbeiter in der BRD individualisierten ihren Lebensstil und lösten sich von Verhaltensidealen einer Arbeiterklasse, die als kämpferische Einheit auftreten wollte. Plausibler war es, die Verbesserung der Lebensverhältnisse zu erreichen, indem man die eigene betriebliche Karriere verfolgte, sich dazu fortbildete und sich an erworbenen Wohlstandsgütern erfreute. Spontane Konsumfreude schloss nicht aus, langfristige Sparziele zu verfolgen, z. B. für den Erwerb eines Eigenheims.

Dem zeitgenössischen Soziologen Helmut Schelsky (1912–1984) erschienen Arbeitnehmerinnen und -nehmer, die im Einklang mit gesellschaftlichen Konsumwünschen leben konnten und sich zunehmend entpolitisierten, als Ausdruck einer neuen gesellschaftlichen Balance. In einer **„nivellierten Mittelstandsgesellschaft"**, so seine Deutung, würden in der BRD nun die starken Gegensätze zwischen Bildungs- und Wirtschaftsbürgertum einerseits und den Verwaltungsangestellten und Industriearbeitern andererseits schwinden. Diese Diagnose einer „sozialen Entschichtung" wirkte plausibel und war anschlussfähig an ein verbreitetes Lebensgefühl, obwohl die These in der Wissenschaft schon damals umstritten waren. Der relative Wohlstandsgewinn vieler und der damit sichtbare Konsum führten offenbar dazu, dass sich immer mehr Menschen einer Mittelschicht zurechneten, ohne dass sie im Einzelnen ermitteln wollten, wie groß denn tatsächlich die Kluft zwischen Kapital besitzenden und rein aufs Arbeitseinkommen angewiesenen Haushalten war.

DDR: Wirkungen der Staatsgewalt

Die DDR-Führung strebte nach eigener Aussage eine klassenlose Gesellschaft an, in der sich Gleichheit und Solidarität entfalten sollten. Eine solchermaßen befriedete Gesellschaft könne sich erst verwirklichen, wenn die Produktionsmittel im Wesentlichen für alle Menschen in gleichem Maße zugänglich seien. Den Bauern unterscheide dann vom Arbeiter nicht mehr die Verfügung über eigenes Kapital – wie Boden und landwirtschaftliche Maschinen –, sondern allein die Art der Tätigkeit. Entsprechend wurde der Begriff „Arbeiter“ meist durch den Sammelausdruck „Werktätige“ ersetzt, weil dieser deutlicher zum Ausdruck brachte, dass alle Menschen als Teile eines großen gemeinsamen Produktionsprozesses gesehen wurden.

Der SED-Staat versuchte, das Privateigentum an Produktionsmitteln abzuschaffen, zunächst in der Großindustrie, dann in mehreren Wellen der Zwangskollektivierung in der Landwirtschaft. Und selbst wenn manchen Handwerksmeistern oder Hoteliers weiterhin Raum für privatwirtschaftliche Unternehmungen zugestanden wurde, so blieben sie doch abhängig von der Zentralverwaltungswirtschaft. Denn auch ein selbstständiger Handwerksmeister konnte sein Material nicht einfach einkaufen, sondern war von Zuteilungen abhängig.

Eine relative materielle Gleichstellung erschien vielen Menschen in der DDR jedoch nicht als individueller Vorteil. Tatsächlich verweigerten sich in den ersten Jahren der DDR monatlich Tausende der staatlichen Vereinheitlichung und verließen die DDR, um in der BRD neu anzufangen. Mit dem Mauerbau wurde ihnen 1961 diese Möglichkeit jedoch genommen (→ S. 107). Die Menschen in der DDR hatten nun keine Alternative zu den bestehenden Gegebenheiten mehr, ihre Lebensplanung mussten sie nun ganz dem DDR-System anpassen.

Soziale Gleichheit in der DDR?

Hatte dieses Machtgebilde, das sich „sozialistisch“ und **„Arbeiter-und-Bauern-Staat“** nannte, immerhin die epochale Aufgabe gelöst, soziale Ungleichheit abzuschaffen? In materieller Hinsicht herrschte tatsächlich eine weitgehende Nivellierung – mehr als in der BRD. An der Spitze der SED gab es allerdings eine „Monopolelite“, die über die Macht verfügte, sich selbst zu privilegieren und sich beispielsweise mit exklusiven Wohnungen in der sogenannten „Waldsiedlung Wandlitz“ auszustatten. Diese Gruppe, die sich über das System der erzwungenen Gleichheit im Arbeiter-und-Bauern-Staat hinwegsetzte, umfasste – so wird geschätzt – nicht mehr als 600 Personen. Aus ihrer Machtstellung, nicht aus erwirtschafteten Profiten, ergab sich für sie relativer Wohlstand und der Zugriff auf volkswirtschaftlich produzierte Güter.

Die „werktätigen Massen“ blieben dagegen insgesamt auf einem vergleichbaren, staatlich garantierten Niveau solider Grundversorgung. Im Alltag fielen aus dieser Einheitlichkeit lediglich diejenigen heraus, die aufgrund persönlicher Beziehungen oder durch familiäre Kontakte Zugang zu westlichen Devisen – insbesondere zur D-Mark – hatten. Sie besaßen etwa die Möglichkeit, sich beim Einkauf in einem Intershop mit „westlichen“ Waren zu versorgen – z. B. mit Ananas in Konservendosen oder mit US-amerikanischen Zigaretten. Doch diese Flucht aus der materiellen Einheit blieb eine individuelle und erzeugte keine sozialen Klassen.

Intershop: Seit 1962 gab es in der DDR staatliche Ladengeschäfte mit der Bezeichnung Intershop. In ihnen konnte nicht mit der Währung der DDR eingekauft werden. Da Intershops Westreisenden Waren günstig anboten, brachten sie Devisen ins Land.

M3 Ein Intershop, 1978

M4 Intershop-Erlebnisse in den 1960ern

Die Schriftstellerin Kathrin Aehnlich berichtete 2020 rückblickend über den Genuss westlicher Waren, wie ihn der Intershop ermöglichte:

Es schien ein Spagat über die Mauer. Hier gab es all die Dinge, die es in „Konsum" oder „HO" [„Handelsorganisation"] nicht gab. Alles in den Regalen des Intershops erweckte mein Verlangen. Bedauerlicherweise hatten wir kein Westgeld. Einmal im Jahr schickte Onkel Jo aus Mühlheim ein Weihnachtspaket, für das ich mich mit einem Brief in Schönschrift bedanken musste. Nie durfte ich mir etwas wünschen. Ich sollte dankbar sein, dass ich überhaupt etwas bekam. [...] Dann endlich schickte uns die zentrale Zimmervermittlung einen Schweden, der vorsichtig fragte, ob er mit D-Mark bezahlen könne.

Das Geschäft wurde an unserem Küchentisch abgewickelt. Das Wunder war geschehen. In der Zuckerdose in unserem Küchenschrank, in der immer das Haushaltsgeld steckte, lagen 100 Westmark. Wir waren reich! Ich fand, der Schein fasste sich viel fester an als unser dünnes DDR-Geld, er war größer, er war schöner und er knisterte lauter. [...]

Mit dem nicht ganz legal erworbenen Westgeld in der Tasche betraten wir den Bahnhof in geheimer Mission. [...] Vor uns in der Schlange standen vor allem Frauen. Alle versuchten, möglichst heiter zu wirken, doch ich spürte die Anspannung. Als meine Mutter an der Reihe war, verlangte sie mit spitzem Mund: „Ein Neulonghämd, büttö!". Für sich selbst kaufte sie „Tosca". Selbstverständlich Eau de Cologne, Parfüm wäre zu teuer gewesen. Ich bekam eine Stange Blasenkaugummi.

Die Tosca-Flasche bekam, zwischen umhäkelten Taschentüchern, einen Platz im Nachtischkasten. Meine Mutter leistete sich den Duft nur zu besonderen Anlässen. Zwei Tupfer auf die Ohrläppchen, einen aufs Taschentuch. Die Mütter meiner Schulkameraden rochen alle gleich. Zur Jugendweihefeier nahm mir die Tosca-Wolke im Saal fast den Atem.

Zit. nach: www.mdr.de/geschichte/stoebern/damals/der-verfuehrerisches-duft-des-westens100.html (05.01.2022)

Tosca-Flacon aus den 1960er-Jahren. Der Slogan dazu lautete: „Das zärtliche Geschenk".

M5 Soziale Ungleichheit in der DDR?

Die britische Historikerin Mary Fulbrook schrieb:

a) Soziale Ungleichheiten in der DDR basierten auf einer komplexen Verbindung von Faktoren, die nichts damit zu tun hatten, ob die Produktionsmittel in Privatbesitz waren oder nicht. Die wichtigsten Grundlagen der Ungleichheit waren Macht und die [...] Auswirkungen einer besonderen Stellung in der Machthierarchie; der Rang in der politischen Ideologie [in der sogenannten „Arbeitergesellschaft" war der Arbeiterstatus am angesehensten ...]; der Charakter der ausgeübten Tätigkeit, etwa die Arbeitsbedingungen und das Ausmaß von Autonomie, Spezialisierung, Druck und Zwang; und die Verfügung über entscheidende Ressourcen, etwa Zugang zu „Westwährung", zu den richtigen „Verbindungen" und zu inoffiziellen Lieferanten illegaler Waren und Dienstleistungen außerhalb der üblichen Zeiten. [...]

b) [Die] Ausweitung von Einkaufsmöglichkeiten erfolgte in einem sich verändernden sozialen Rahmen, der in mancher Hinsicht dem westlicher Gesellschaften in den Sechziger- und Siebzigerjahren glich. Die Einführung der Fünftagewoche [...] 1967 verschaffte den Menschen mehr Freizeit. Der steigende Zugang zu westlichen Radiokanälen, die in den Sechzigerjahren von der großen Mehrheit der Haushalte gehört wurden, und immer mehr auch zu westlichen Fernsehsendern (da der Besitz von Fernsehern rapide zunahm und das West-Fernsehen in den Siebzigerjahren offiziell geduldet wurde), bedeutete für die Ostdeutschen die Teilnahme an umfassenden Freizeit- und Kulturtrends. [...]

Die eigene Politik der SED [...] verstärkte eine Fixierung auf westliche Waren und Vorstellungen von einer Konsumgesellschaft. Während die Sozialpolitik der SED für alle einen Mindestlebensstandard hinsichtlich Nahrung, Verkehrsmitteln und Wohnung zu sichern suchte, trug die offizielle Entschlossenheit, sich dem Westen [...] als überlegen zu erweisen, gleichzeitig dazu bei, die egalitären Ideale des Sozialismus zu untergraben. Der Bereich des Konsums führte jedoch zu neuen Ambitionen und Ungleichheiten, welche die ostdeutsche Sozialstruktur weiter verkomplizierten und individualistische Strömungen erzeugten, die sozialistische Kollektive und kollektive Ziele stark infrage stellten.

Mary Fulbrook: Ein ganz normales Leben, Darmstadt 2008, a) S. 66 f., b) S. 61, 65 (Übers.: Kai Nicolai)

M 6 Wandlungen im Westen

Die Neue Zürcher Zeitung berichtete 1955 über Forschungen zur „Mentalität der jungen Arbeiter“:

Der ausgelernte Arbeiter hat das Bewusstsein, erweiterten Lebensmöglichkeiten gegenüberzustehen. Er begegnet dieser Chance mit dem Willen zum persönlichen Aufstieg. [...] Die Gesellschaft erscheint ihm nicht mehr als in zwei unvereinbare Klassen der Besitzenden und der Habenichtse getrennt, sondern eher trifft für sie das Bild der Stufenleiter zu, bei der man sich von Stufe zu Stufe „etwas mehr leisten“ kann. [...] Eine Umfrage bei jungen Arbeitern ergab, dass sich 70 % der Männer und 92 % der Mädchen von der „sozialen Frage“ keine Vorstellung mehr machen konnten. Das Netz der sozialen Vor- und Fürsorgemaßnahmen ist ihnen so selbstverständlich geworden wie der elektrische Strom in Haushalt. [...] Damit haben sich aber auch das Ansehen und die Bedeutung der Verbände und Organisationen, die sich für diese Errungenschaften einsetzten, stark vermindert. [...] Die Veränderung der Einstellung zur Arbeit bringt es mit sich, dass die Freizeit die Sinnerfüllung des Lebens übernehmen muss. Vergnügen und „Hobby“ stehen dabei im Vordergrund. Gleichzeitig wird die Freizeit von vielen jungen Arbeitern auch zur beruflichen Weiterbildung beansprucht. Die moderne Technik mit ihren zahlreichen Formen der Zerstreuung hat zu einer Ausweitung des passiven, rezeptiven Verhaltens und zu einem Rückgang des individuellen, produktiven Gestaltens geführt. Zugleich hat die Begeisterungsfähigkeit für Ideen gelitten. Von deutschen jugendlichen Arbeitslosen konnten bei einer Umfrage 54,7 Prozent der männlichen Jugendlichen und 71,1 Prozent der weiblichen Jugendlichen keine Idee nennen, für die sie sich begeistern konnten. Von den übrigen wurden folgende „Ideen“ genannt:

	männlich (in %)	weiblich (in %)
Sport, Musik, Kunst	11,2	15,6
Europa	10,2	5,6
Freiheit/Demokratie	7,6	2,2
Sozialismus/Marxismus	6,7	8,9
Beruf und Arbeit	5,9	5,6
Christentum	5,9	17,8

Zit. nach: zeitungsarchiv.nzz.ch/read/132120/132120/1955-11-26/21 (22.11.2021)

M 7 Personelle Einkommensverteilung im Deutschen Reich und in der BRD, vor Steuerabzug, 1913–1974

% der Einkommensbezieher → / Jahr ↓	10*	40*	50*
	% des Gesamteinkommens ↓		
1913	40	36	24
1928	37	38	25
1936	39	43	18
1950	34	46	20
1961	38	40	22
1965	35	43	22
1974	33	45	22

* Mit den 10/40/50 % der Einkommensbezieher sind die Reichsten, die „Mittleren“ und die mit dem geringsten Einkommen gemeint.
M 7 wurde erstellt nach: Dietmar Petzina: Materialien zum sozialen und wirtschaftlichen Wandel in Deutschland seit dem Ende des 19. Jahrhunderts, in: Harald Winkel (Hg.): Wirtschaftliche Entwicklung und sozialer Wandel, Darmstadt 1981, S. 335

2. a) Die Autorin des Textes M 4 jubelt: „Wir waren reich!“ (Z. 18). Erläutern Sie, warum 100 Westmark in der DDR Reichtum bedeuten können.
b) Ordnen Sie die in M 4 beschriebenen Wünsche und Verhaltensweisen den Aussagen des Darstellungstextes auf S. 71 zu.

3. a) Arbeiten Sie die Thesen der Historikerin in M 5 a) zur sozialen Ungleichheit in der DDR heraus.
b) Erläutern Sie M 5 b) mithilfe Ihrer Ergebnisse zu Aufgabe 3 a).

4. a) Arbeiten Sie heraus, wie M 6 die Denk- und Lebensweise der jungen Arbeiter in der frühen BRD charakterisiert.
b) Erläutern Sie, warum die „soziale Frage“ (M 6, Z. 12) für die jungen Arbeiter und Arbeiterinnen keine große Rolle mehr spielt.

5. a) Analysieren Sie M 7 mithilfe der auf S. 274 dargestellten methodischen Schritte.
b) Erörtern Sie anhand von M 6 und M 7, ob die BRD der 1950er-Jahre nicht mehr in „Klassen der Besitzenden und der Habenichtse getrennt“ (M 6, Z. 6 f.) ist.

\+ Der Besitz von Konsumgütern und Freizeitaktivitäten sind den Bürgerinnen und Bürgern beider deutschen Staaten wichtig. Erläutern Sie auf Basis der Materialien, warum solche Haltungen in der BRD und der DDR öffentlich unterschiedlich bewertet wurden.

Frauen zwischen Haushalt und Erwerbsarbeit?

Nach dem Zweiten Weltkrieg veränderten sich staatliche Macht und wirtschaftliche Organisation in beiden Teilen Deutschlands. Welche Aufgaben Männern und Frauen zukommen sollten, war zunächst unbestimmt. Zwar waren Leitvorstellungen männlicher Leistung und weiblicher Fürsorge tradiert, doch hatte schon das NS-Regime nicht auf weibliche Erwerbstätigkeit verzichtet. Spätestens im Krieg griff die deutsche Industriegesellschaft auf weibliche Arbeitskräfte zurück. Sie sollten, sei es in Fabrik oder Verwaltung, Männer ersetzen, damit diese für den Kriegsdienst freigestellt werden konnten. Nach Kriegsende kehrten viele Männer gar nicht oder erst spät aus der Gefangenschaft heim, und viele, die zurückkehrten, fanden nicht leicht in ihr ziviles Leben zurück. Auch sie mussten neu beginnen. Zugleich wurden in beiden deutschen Staaten Millionen von Arbeitskräften gebraucht. Viele Familien – ob mit oder ohne Mann – blieben auf das Einkommen von Frauen angewiesen, um das materielle Auskommen zu sichern. Führten gleichwertige Leistungen und die Notwendigkeit massenhafter weiblicher Erwerbstätigkeit zur Überwindung traditioneller Rollenvorstellungen?

M 1 Die Frau als gute Seele der Familie im Spielfilm „Meine Kinder und ich" (BRD, 1955)

In der BRD ...

... setzte sich mit dem Aufschwung der 1950er-Jahre in allen Gesellschaftsschichten die Haltung durch, dass es ein Zeichen des Wohlstands sei, wenn Frauen nach der Eheschließung ihre Erwerbstätigkeit aufgäben. Ihre Kräfte sollten sie vor allem einsetzen, um eine heimelige Familienatmosphäre zu schaffen. Da die Durchschnittslöhne der Frauen unter denen der Männer lagen, war diese Form der Arbeitsteilung zwischen den Geschlechtern scheinbar den objektiven gesellschaftlichen Gegebenheiten geschuldet. Die bislang von berufstätigen Frauen ausgeübten Tätigkeiten mussten jedoch weiterhin geleistet werden, und so wurden die Lücken in einigen Beschäftigungsfeldern nun mit Hunderttausenden Gastarbeiterinnen gefüllt. Während deutsche Frauen sich mit der Erwartung konfrontiert sahen, Kinder und Haushalt an erste Stelle zu setzen, wurden Gastarbeiterinnen als reine Arbeitskräfte wahrgenommen.

Erst mit dem Geichberechtigungsgesetz (1957) und schließlich dem aktiven Auftreten der Frauenbewegung in den 1970er-Jahren (→ S. 122) veränderten sich Wahrnehmungs- und Handlungsmuster in der BRD. Die beginnende Förderung von Mädchenbildung, die öffentliche Debatte über die Organisation von häuslicher und außerhäuslicher Arbeit sowie eine veränderte Familiengesetzgebung – z. B. mit dem „Ersten Gesetz zur Ehe- und Familienrechtsreform" von 1976, das das Ideal der „Hausfrauenehe" zurückwies – eröffneten sich neue Handlungsmöglichkeiten für Frauen in der BRD.

M 2 Das Gleichberechtigungsgesetz

Das im Grundgesetz der BRD festgelegte Gleichheitsgebot von Mann und Frau wurde erst 1957 nach vielfachen Debatten gesetzlich konkretisiert:

§ 1356 Die Frau führt den Haushalt in eigener Verantwortung. Sie ist berechtigt, erwerbstätig zu sein, soweit dies mit ihren Pflichten in Ehe und Familie vereinbar ist.

§ 1360 Die Ehegatten sind verpflichtet, durch ihre Arbeit und mit ihrem Vermögen die Familie angemessen zu unterhalten. Die Frau erfüllt ihre Verpflichtung, durch Arbeit zum Unterhalt der Familie beizutragen, in der Regel durch die Führung des Haushalts; zu einer Erwerbstätigkeit ist sie nur verpflichtet, soweit die Arbeitskraft des Mannes und die Einkünfte der Ehegatten zum Unterhalt der Familie nicht ausreichen und es den Verhältnissen der Ehegatten auch nicht entspricht, dass sie den Stamm ihrer Vermögen entwerten.

Bundesgesetzblatt, 21. Juni 1957

In der DDR ...

..., wo – vor allem bis zum Mauerbau 1961 – großer Arbeitskräftemangel herrschte, wurden Frauen für die Berufstätigkeit mobilisiert. Waren 1950 44% der erwerbsfähigen Frauen berufstätig, so waren es 1989 91 % – im weltweiten Vergleich ein außerordentlicher Wert, auch wenn Berufstätigkeit nicht mit Vollzeitarbeit gleichzusetzen ist. Festzuhalten ist, dass es in der DDR offenbar gelang, Frauen für die Arbeitswelt zu emanzipieren. Dazu trug bei, dass das Regime mit seiner übergreifenden Macht in der Lage war, Frauen durch staatliche Förderung stetig zu qualifizieren und zudem familiäre Formen der Kinderbetreuung durch staatliche Institutionen wie Krippen und Kindergärten zu ersetzen. Aus zahlreichen Selbstäußerungen von Frauen geht hervor, dass die staatlich geförderte Möglichkeit, zu eigenem Einkommen zu gelangen, ihre Autonomie enorm stärkte. Auch die höheren Scheidungszahlen in der DDR gegenüber der BRD legen diesen Schluss nahe.

Doch obwohl sich die DDR in ihrer konsequenten Unterstützung weiblicher Erwerbstätigkeit als ein Staat der „werktätigen Massen" bewies, in dem allein die Teilhabe am Arbeitsprozess ohne Rücksicht auf das Geschlecht den gesellschaftlichen Status bestimmen sollte, blieben auch hier klassische Rollenmuster erhalten. Nur wenigen Frauen gelang der Aufstieg in berufliche Spitzenpositionen. Die Hälfte der Ärzte waren in der DDR zwar Frauen, aber in den Positionen der Chef- und Oberärzte waren sie deutlich unterrepräsentiert. Zudem mussten auch in der DDR die meisten Frauen haushaltsbezogene Arbeit im größeren Maßstab als ihre Lebenspartner erledigen.

M3 Frauenförderung in der DDR

Die Historikerin Petra Weber erläutert, wie die SED Frauen in verschiedene Bereiche der Erwerbsarbeit bringen wollte:

An sozialistische Traditionslinien anknüpfend hatte sich die SED schon früh für die Förderung weiblicher Studierender eingesetzt. Nachdem der Anteil der Studentinnen an den Hochschulen von 28,4% 1949/50 auf 22,0% 1952 gefallen war, versucht man 1953 durch die Einführung einer 30-%-Quote, ein Studium der Frauen zu unterstützen, was aber nur begrenzten Erfolg zeigte. Bis 1961 wuchs der Prozentsatz der weiblichen Studierenden auf 25,4%, deren soziale Herkunft die SED-Ideologie jedoch Lügen strafte. Denn wie in der Bundesrepublik [...] kamen die angehenden Akademikerinnen häufig auch selbst aus akademischen Elternhäusern. In Arbeiterkreisen der DDR und der Bundesrepublik waren die mentalen Barrieren, die einem Frauenstudium im Weg standen, nahezu gleich groß. [...] Erst in den 1960er-Jahren, als die DDR-Führung eine Frauenquote für technische Berufe einführte, begannen Frauen in diese Männerdomäne einzudringen. Machten Frauen in vormals Männern vorbehaltenen Berufen Karriere, so hatten diese Berufe wie beispielsweise der des Juristen oder des Wirtschaftswissenschaftlers zuvor einen beträchtlichen, mit Einkommenseinbußen verbundenen Prestigeverlust erlitten.

Petra Weber: Getrennt und doch vereint. Deutsch-deutsche Geschichte 1945–1989/90, Berlin ²2020, S. 372 f.

M4 Standbild aus dem Spielfilm „Spur der Steine" (DDR, 1966). Er erzählt von der Arbeit auf einer Großbaustelle in der DDR der 1960er-Jahre. Dort übernimmt die Bauingenieurin Kati Klee ihre erste Leitungsfunktion. Klee wird als gutaussehende und beruflich hoch qualifizierte Frau präsentiert. Ihre Verstrickung in Liebesbeziehungen und ihr Wunsch nach privatem Glück verhindern allerdings Karriere und Aufstieg.

1. Bilden Sie Hypothesen über die Gründe für die unterschiedlichen Werte für die BRD und die DDR in M5.

2. a) Beschreiben Sie anhand des Darstellungstextes zur BRD (→ S. 74) und M2, wie Arbeitsmarkt und staatliche Gesetzgebung auf die Erwerbsbiografien von Frauen in der frühen BRD wirkten.
b) Beurteilen Sie, ob das 1957 formulierte Gesetz (M2) Gleichberechtigung in der BRD sicherstellen konnte.

3. a) Beschreiben Sie anhand des Darstellungstextes zur DDR (→ oben) sowie von M3 und M4, welche Rolle die DDR-Staatsgewalt für die Gleichberechtigung der Geschlechter spielte.
b) Beurteilen Sie die Wirkung staatlicher Quotenregelungen für die Durchsetzung der Gleichberechtigung.

* M5 gibt keine Auskunft über die Dauer der Wochenarbeitszeiten. Als „Erwerbstätige" wurden auch Arbeit suchend Gemeldete gezählt. | ** k. A.: keine Angabe

M5 Anteil der erwerbstätigen* Frauen in %

Jahr	BRD	DDR
1950	31,3	44,0
1955	k. A.**	52,5
1960	33,6	k. A.
1970	30,2	66,1
1980	32,6	73,2

nach: www.destatis.de sowie: G. Winkler (Hg.): Frauenreport 90, 1990, S. 63

Das Ende des Wohlstands?

Eine Krise und eine Bewältigungsstrategie in den 1960er-Jahren

M 1 Wohlstand für alle? Am 21. Oktober 1967 demonstrierten ganze Familien in Dortmund-Huckarde vor der Kokerei Hansa, die mit ihren 314 Öfen zu den größten Kokereien Deutschlands gehörte.

1. Beschreiben Sie das Foto und stellen Sie gemeinsam Thesen auf, warum es zu den Protesten ganzer Familien gekommen ist.

Wohlstandsbiografien in der Krise?

Im Rückblick war das Jahr 1965 ein Wendepunkt. Niemals zuvor waren in der BRD mehr Menschen in der Industrie beschäftigt. Mit der Industriegesellschaft war das Versprechen auf einen nie endenden Wirtschaftsaufschwung verbunden, an den sich die Menschen in der BRD mittlerweile gewöhnt hatten. So waren in nur fünf Jahren die Reallöhne der Industriearbeiter um 37 % gestiegen, und es herrschte **Vollbeschäftigung**. Zwar gab es noch immer große gesellschaftliche Unterschiede, aber Aufschwung und Wohlstand waren auch in der Arbeiterschaft angekommen. Doch zeigten sich auch Risse im „Wohlstandsparadies“ BRD: Im Ruhrgebiet, dem Herzen der deutschen Schwerindustrie, kam es zur Stilllegung von Zechen und damit zum Wegfall von Arbeitsplätzen. Dies war eine Folge der Globalisierung und des Strukturwandels in der Wirtschaft: Der Import günstigen Erdöls aus dem Nahen Osten als neuer Energieträger begann die Kohle und damit verbundene Industrien abzulösen.

Bundeskanzler Ludwig Erhard, der als „Vater des Wirtschaftswunders“ hohes Ansehen genoss, reagierte auf den konjunkturellen Abschwung mit dem Hinweis auf die Selbstregulierungskräfte des Marktes. Doch in der an ungebremstes Wirtschaftswachstum gewöhnten Bevölkerung der BRD verbreitete sich Krisenangst. Zwar wird im Rückblick eher von einer „Konjunkturdelle“ gesprochen, doch als im Bundeshaushalt 1967 erstmals eine Deckungslücke von 7 Milliarden Mark klaffte, die Arbeitslosenquote auf 2,5 % anstieg und die Inflation der Verbraucherpreise zunahm, befürchteten viele hinter der ökonomischen Krise eine soziale und politische Destabilisierung der BRD. Die Konzeptlosigkeit, die Ludwig Erhard von vielen Seiten vorgeworfen wurde, führte zu einem großen Vertrauensverlust und letztlich zum Ende von Erhards Kanzlerschaft.

Mit Plan aus der Krise?

Die Große Koalition aus CDU/CSU und SPD, die ab Dezember 1966 die Regierungsgeschäfte übernommen hatte, reagierte 1967 mit einem von Wirtschaftsminister Karl Schiller ausgearbeiteten „Gesetz zur Förderung der Stabilität und des Wachstums der Wirtschaft“. Dieses Gesetz war der Überzeugung verpflichtet, dass in einer immer komplexer werdenden Industriegesellschaft nur bestehen könne, wer die ökonomische Entwicklung wissenschaftlich analysiere und mittels staatlicher Steuerungspolitik den Fortschritt eines Landes lenke. Die Theorie war nicht neu – der britische Ökonom John Maynard Keynes hatte sie bereits in den 1930er-Jahren entwickelt. Sein sogenannter **Keynesianismus** besagte, dass der Staat in Zeiten abnehmender Wirtschaftstätigkeit durch öffentliche Investitionen die Nachfrage auf dem Markt ankurbeln sollte (→ S. 83). Damit würde er Wirtschaftsschwankungen verhindern und so ein gleichmäßiges und ungestörtes Wirtschaftswachstum garantieren. In Zeiten der Hochkonjunktur hingegen sollte der Staat sich zurückziehen und steuerfinanzierte Rücklagen bilden, die er künftig zur planvollen Steuerung der Wirtschaft benötigen würde.

M2 Die „Ruhrkrise“

Im November 1967 berichtete das Magazin DER SPIEGEL über die Ursachen der „Ruhrkrise“:

„Fünf Minuten vor zwölf“ (Schiller] hat die Bundesregierung zum ersten Mal ernsthaft den Kampf gegen die Ruhrkrise aufgenommen. [...] Erhard hatte der Ruhr einst feierlich gelobt, er werde für den Absatz von jährlich 140 Millionen Tonnen Kohle sorgen. Durch Subventionen, Einfuhrkontingente für US-Kohle und 25 Mark Mineralölsteuer je Tonne hatte er versucht, sein „ehrliches Versprechen“ zu erfüllen. Der wachsende Ölverbrauch und die erkaltende Konjunktur machten jedoch die Richtzahl 140 illusorisch. Schon 1966 fiel der Verbrauch im Inland auf 102,5 Millionen Tonnen Kohle. Für 1967 rechnen die Experten damit, allenfalls 94 Millionen Tonnen absetzen zu können. Und trotz der Stilllegungen – seit 1957 verlor jeder zweite Bergmann, insgesamt 250 000, seinen Arbeitsplatz – muss der Bergbau noch einmal mindestens 40 000 Kumpel freisetzen. Weitere 39 000 scheiden durch Erreichen der Altersgrenze sowie durch freiwillige Abwanderung aus.

DER SPIEGEL 47/1967 vom 12.11.1967

M3 Eine Lösung mit Plan?

Wirtschaftsminister Karl Schiller erklärte 1966 das neue Wirtschaftskonzept der „Globalsteuerung“, mit der die wirtschaftliche Entwicklung dauerhaft beeinflusst werden sollte:

Um ein angemessenes Wachstum bei Preisstabilität, Vollbeschäftigung und außenwirtschaftlichem Gleichgewicht zu erreichen, bedarf die Marktwirtschaft der globalen [hier: Wirtschaftsbereiche übergreifenden] Steuerung, im Wesentlichen durch die Mittel der Geld- und Fiskalpolitik. [...] Verzichtet man auf diesen Ausbau, dann bleibt schließlich nur die „Flucht in Einzeldirigismen“ [planwirtschaftlich ausgerichtete Maßnahmen mit detaillierten Vorgaben]. [...]
Damit stehen wir jetzt in einer besonderen Bewährungsprobe des marktwirtschaftlichen Systems. Die Regierenden müssen sich also zu groben quantitativen Zielen der Entwicklung bekennen. Es sind damit Orientierungsziele gegeben, nichts weiter. Sie sind global und ohne Vollzugsverbindlichkeit für die einzelnen Branchen oder gar Betriebe. Andernfalls wären allerdings die Grenzen der Rahmenplanung zur Detailplanung und zur imperativen Lenkung überschritten. Mithilfe eines solchen globalen Zahlenwerks lässt sich sicherlich entscheiden, ob der Gebrauch dieses oder jenes Einzelinstruments angebracht ist, denn das Informationsniveau ist dann ohne Zweifel erhöht worden.

Zit. nach: Jürgen Krack/Karl Neumann: Konjunktur, Krise, Wirtschaftspolitik. Die wirtschaftliche Entwicklung in der Bundesrepublik sowie Möglichkeiten und Grenzen der politischen Einflussnahme, Köln 1978, S. 178 (bearb.)

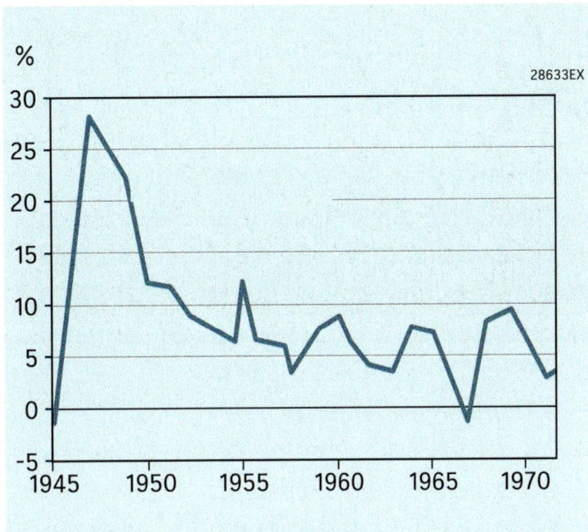

M4 Wachstumsraten des Bruttonationaleinkommens (BNE) in Westzonen und BRD 1945–1970

Geldpolitik: Maßnahmen zur Regelung der Geldversorgung und der Kreditangebote der Banken, z. B. die Erhöhung oder Senkung des Leitzinses durch eine Zentralbank

Fiskalpolitik: staatliche Maßnahmen zur Lenkung der Wirtschaft, z. B., indem bei guter Konjunktur Steuern erhöht und damit Rücklagen gebildet werden

Bruttonationaleinkommen: die Summe aller von Inländern innerhalb eines festgelegten Zeitraumes erwirtschafteten Einkommen

2. a) Arbeiten Sie aus M 2 die Gründe für die Wirtschaftskrise der Jahre 1966/67 heraus.
b) Vergleichen Sie die Ergebnisse mit Ihren Thesen aus Aufgabe 1.

3. a) Charakterisieren Sie die Ziele der Wirtschaftspolitik des bundesdeutschen Wirtschaftsministers Karl Schiller (M 3).
b) Ordnen Sie M 3 zeitlich ein. Ziehen Sie auch den Darstellungstext heran.
c) Überprüfen Sie mithilfe von M 4, ob die Politik Schillers erfolgreich war.

4. „Der Keynesianismus widerspricht der ökonomischen Grundthese der sozialen Marktwirtschaft Erhard'scher Prägung.“
Beurteilen Sie diese These. Ziehen Sie dazu nochmals Ihre Ergebnisse aus Aufgabe 4, S. 65 heran.

5. Vergleichen Sie den Ansatz der „Gobalsteuerung“ mit dem des Fünfjahresplans (S. 33, S. 63).

Einen Sachverhalt erörtern

Geschichte als solche, die es nur nachzulernen gilt, gibt es nicht. Geschichtsschreibung besteht darin, aus Quellen heraus zu Urteilen zu gelangen. Dabei spielen die Perspektive und die Intention des Autors oder der Autorin eine wichtige Rolle. Deshalb gehört die sachliche Auseinandersetzung über Urteile zum Wesen der Beschäftigung mit Geschichte. Aus diesem Grund geht es im Geschichtsunterricht häufig darum, kontroverse Fragen zu erörtern, Argumente und Beispiele für beide Seiten abzuwägen und schließlich zu einem eigenen Sachurteil zu gelangen. Aufgaben mit dem Operator „Erörtern" (→ S. 269) werden daher häufig in Klausuren gestellt, etwa:

„Erörtern Sie, ob die wirtschaftliche Entwicklung der beiden deutschen Staaten zu mehr sozialer Gleichheit geführt hat."

1. Vorüberlegungen

Zunächst mache ich mir die Aufgabenstellung klar: Auf die Fragestellung „Hat die wirtschaftliche Entwicklung zu mehr sozialer Gleichheit geführt?" soll mit dem Operator „erörtern" eine Antwort formuliert werden. Um eine Fragestellung zu erörtern, muss ich:
- sie zunächst erklären,
- Pro- und Kontra-Argumente auswählen und mit Beispielen beschreiben,
- die Pro- und Kontra-Argumente abwägen und zu einem eigenen differenzierten Urteil kommen.

Meine Kenntnisse aus dem Deutschunterricht über den Aufbau einer dialektischen Erörterung können mir hier sehr helfen.

Die Aufgabe verlangt ein Urteil darüber, ob die wirtschaftliche Entwicklung in BRD und DDR zu mehr sozialer Gleichheit geführt hat. Wegen der völlig unterschiedlichen Systeme nehme ich mir vor, die Frage für die BRD und die DDR getrennt zu erörtern. Zudem muss ich mir klarmachen, was ich unter „sozialer Gleichheit" verstehe. Ich definiere sie als Gleichheit von Einkommen, Vermögen, Besitz und Lebensbedingungen. Es geht also nicht um politische oder rechtliche Gleichheit.

2. Sammeln von Argumenten und Beispielen

Nun sammle ich Pro- und Kontra-Argumente sowie konkrete Beispiele jeweils für die BRD und die DDR. Um meine Antwort später strukturiert niederschreiben zu können, notiere ich sie stichwortartig auf einem Konzeptpapier (M 1). Ich wäge diese Argumente ab und komme zu einem Urteil, das ich ebenfalls auf dem Konzeptpapier festhalte. Weil es wichtig ist, dass in meiner ausformulierten Antwort Argumentation und Urteil zueinander passen, sollte ich mein Urteil schon kennen, wenn ich nun beginne, die Erörterung zu schreiben.

3. Gliederung der Erörterung

In der Einleitung formuliere ich zunächst die zu erörternde Fragestellung, beispielsweise so:

Der Soziologe Helmut Schelsky bezeichnete die Gesellschaft der BRD in den 1950er-Jahren als „nivellierte Mittelstandsgesellschaft", weil die sozialen Unterschiede zwischen Arbeiterschaft und Bürgertum durch das „Wirtschaftswunder" schwinden würden. In der DDR war die soziale Gleichheit sogar grundlegend für die Legitimation des „Arbeiter- und Bauernstaates". Doch stimmte das überhaupt? Führte die wirtschaftliche Entwicklung in beiden deutschen Staaten tatsächlich zu mehr sozialer Gleichheit?

Zudem definiere ich im Rahmen der Einleitung den Begriff der sozialen Gleichheit und informiere über mein Vorgehen.

(Musterlösung: → S. 261)

Fragestellung: *Hat die wirtschaftliche Entwicklung in BRD und DDR zu mehr sozialer Gleichheit geführt?*

Erklärung der Fragestellung: *Definition soziale Gleichheit, Trennung nach BRD und DDR*

	Pro-Argumente	*Kontra-Argumente*
BRD	• *Wirtschaftsboom der Nachkriegszeit: wirtschaftliche Verbesserungen für fast alle Menschen* • *Armut als Massenphänomen überwunden* • *Lebensumstände sozialer Gruppe näherten sich an (z. B. Fernseher, Auto in vielen Haushalten)* • *Wahrnehmung der Zeitgenossen („nivellierte Mittelstandsgesellschaft")* • *Staat sorgte durch Sozialpolitik für sozialen Ausgleich, z. B. Lastenausgleichsgesetz 1952, Rentenreform 1957, Bau von Sozialwohnungen (Sozialstaat)*	• *Wirtschaftsstrukturen und Verteilung von Eigentum (z. B. an Produktionsmitteln wie Fabriken) blieben erhalten* • *weiterhin ungleiche Verteilung von Vermögen und Besitz* • *Konzept der sozialen Marktwirtschaft strebte keine soziale Gleichheit an* • *deutliche Ungleichheit der Lebensumstände von Männern (Arbeit) und Frauen (Hausfrau) in der Nachkriegszeit, Lohnunterschiede*
DDR	• *in DDR-Verfassung: Recht auf gleichen Lohn bei gleicher Arbeit* • *tatsächlich weitgehende materielle Gleichstellung durch:* – *Enteignung von Großunternehmern durch die Verstaatlichung von Produktionsmitteln,* – *Kollektivierung des Landbesitzes,* – *staatliche Zuteilungen (Pläne),* – *staatliche Grundversorgung (z. B. günstige Mieten und Preise),* – *staatlich festgelegte Löhne, geringe Lohnunterschiede* • *relativ gleiche soziale Lage von Männern und Frauen* • *Grenzen nach oben und unten: privater Reichtum durch wirtschaftlichen Erfolg unmöglich,* • *aufgrund von Wachstum und staatlicher Wirtschafts- und Sozialpolitik keine Armut*	• *Privilegien einer kleinen Führungselite der SED (z. B. größere Eigenheime, Zugang zu Westwaren)* • *Frauen trotz Berufstätigkeit auch für Erziehung und Haushalt zuständig*

Aspekte meines Urteils:
- *in der BRD: Annäherung der Lebensumstände verschiedener sozialer Gruppen und breiter Wohlstand, aber Ungleichheit von Vermögen und Besitz*
- *in der DDR: relative soziale Gleichheit, aber auf deutlich niedrigerem Niveau und kaum wirtschaftliche Freiheit. Aber: Für viele DDR-Bürger/innen war die Chance auf Wohlstand attraktiver als soziale Gleichheit (ein Grund für die Flucht nach Westen).*

M 1 Beispiel für einen Stichwortzettel

Im Hauptteil werde ich die Argumente und Beispiele, wie ich sie mir in Stichworten notiert habe, getrennt nach Pro und Kontra ausformulieren. Wichtig ist, dass ich konkret schreibe und Fachbegriffe, Daten, Ereignisse, Personen, Gesetze etc. nenne, um meine Aussage zu belegen. Sinnabschnitte mache ich durch Absätze deutlich.

4. Formulieren eines Fazits

Im abschließenden Fazit gebe ich mein eigenes Urteil ab und fasse die Begründung kurz zusammen. Wichtig ist, dass das Urteil pointiert und zugleich differenziert ist.

Das Ende einer Erfolgsgeschichte?

Erdöl

„Das Erdöl ist eine nutzlose Absonderung der Erde – eine klebrige Flüssigkeit, die stinkt und in keinster Weise verwendet werden kann."
– Aus einer Publikation der Russischen Akademie der Wissenschaften, 1806

„Meine Formel für Erfolg? Steh früh auf, arbeite bis spät abends, finde Öl."
– Jean Paul Getty, US-amerikanischer Öl-Tycoon, 1944

„Wenn du ein kleines, reiches, strategisch positioniertes Land mit Ölvorkommen bist, ist die ganze Welt dein Freund."
– John Oliver, britisch-amerikanischer Moderator, 2004

„Die knappste Ressource, die wir noch haben, ist nicht Öl […], sondern Zeit, um Öl […] durch erneuerbare Energien zu ersetzen."
– Franz Alt, deutscher Journalist, 2008

M1 Zitate zum Thema Erdöl aus drei Jahrhunderten

1. Stellen Sie mithilfe der Zitate Vermutungen über die Bedeutung von Erdöl in unterschiedlichen historischen Kontexten an.

2. a) Beschreiben Sie die Entwicklung des Ölpreises in M 2.
   b) Erklären Sie signifikante Ölpreisveränderungen in M 2 unter Rückgriff auf den Darstellungstext.

Vom Leuchtmittel zum Treibstoff

John D. Rockefeller (1839–1937) im Jahr 1935

Wie sähe unsere Welt ohne Erdöl aus? Ob Fleecepullover, Shampoo, Kaugummi, Kerzen, Matratzen, Plastikverpackungen oder Grillanzünder – aus unserem heutigen Alltag sind erdölhaltige Produkte nicht mehr wegzudenken. Die moderne Geschichte des Erdöls begann Mitte des 19. Jahrhunderts in den USA: Petroleum – damals als „Steinöl" bezeichnet, um es von tierischen und pflanzlichen Ölen zu unterscheiden – wurde zu dieser Zeit als Brennstoff für Lampen verwendet und ersetzte nach und nach den Waltran als Brennstoff. Darüber hinaus war Schmieröl für die Maschinen der beginnenden Industrialisierung unentbehrlich. Das Potenzial, das im Erdöl steckte, erkannte auch der junge Kaufmann John D. Rockefeller – er stieg 1870 in die Förderung und den Handel mit Erdöl ein und wurde mit seiner Firma, der „Standard Oil Company", zu einem der reichsten Menschen der Welt.

In den 1880er-Jahren schien es jedoch so, als wäre die Erfolgsgeschichte des Erdöls bereits wieder vorbei, bevor sie richtig begonnen hatte. Die Erfindung der Glühbirne und die beginnende Elektrifizierung der Städte ließ die Nachfrage nach Petroleum für Lampen stark sinken – der große Vorteil des elektrischen Lichts war die geringere Brandgefahr. Nachdem jedoch Carl Benz 1886 das erste Auto mit Verbrennungsmotor vorgestellt hatte, nahm die Nachfrage nach Erdöl schnell wieder zu. 1910 übertraf der Absatz von Benzin erstmals den von Petroleum. Schon 1912 fuhren in den USA 900 000 Autos, rund hundertmal so viele wie im Jahr 1900. Den endgültigen Durchbruch der Fahrzeuge mit Verbrennungsmotor brachte aber der Erste Weltkrieg. Mit Lastwagen wurden Truppen transportiert und Nachschub herangeschafft, erste Panzer und Flugzeuge kamen zum Einsatz. Technische Verbesserungen des Verbrennungsmotors und der damit betriebenen Fahrzeuge waren wichtig für die Kriegsführung und wurden stark vorangetrieben. Auch dies ist ein Grund dafür, dass 1920 in den USA bereits 9,2 Millionen Autos die Straßen befuhren.

Erdöl boomt

Die strategische Bedeutung von Erdöl zeigte sich vor allem während des Zweiten Weltkrieges: Ohne Motorisierung war Kriegsführung nicht mehr möglich. Besonders deutlich wird dies am Beispiel Deutschlands, das in den letzten Kriegsmonaten nahezu vollständig von der Versorgung mit Erdöl abgeschnitten war. Nach dem Zweiten Weltkrieg explodierte die Zahl der Autos in den USA dann geradezu; 1950 betrug sie rund 40 Millionen.

Die Erdölförderung in den Staaten des Westens konnte mit der wachsenden Nachfrage nicht mehr Schritt halten, und Erdölimporte aus dem Nahen Osten wurden immer wichtiger. Dort und in Südamerika übernahmen vor allem Firmen aus den USA und Großbritannien die Förderung, sodass nahezu die gesamten Gewinne aus dem Ölgeschäft an sie flossen. Bald allerdings verlangten die Staaten mit

Erdölvorkommen, in größerem Maße an den Gewinnen beteiligt zu werden. In vielen Fällen führt dies zur „fifty-fifty“-Formel, also zur Halbierung der Gewinne. Andere Staaten – wie etwa der Iran – verstaatlichten Ölkonzerne und schlossen westliche Firmen damit ganz von der Förderung aus.

Zu einer Krise kam es 1956, als der ägyptische Präsident die Verstaatlichung des Suezkanals verkündete, des wichtigsten Verkehrweges für den Öltransport vom Nahen Osten nach Europa. Der westlichen Welt führte die „Suezkrise“ ihre Abhängigkeit vom Erdöl überdeutlich vor Augen. Frankreich und Großbritannien versuchten, ihre Einflüsse militärisch durchzusetzen, wurden jedoch von den Vereinten Nationen gestoppt.

Nicht mehr stoppen aber ließ sich der Siegeszug des Erdöls. In den folgenden 15 Jahren vervierfachte sich der jährliche Verbrauch dieses Rohstoffes. Da gleichzeitig eine Reihe neuer Ölvorkommen entdeckt wurden, kam es aber nicht zu steigenden Preisen – im Gegenteil, Öl wurde sogar billiger als Kohle und dadurch auch in vielen Industrien Hauptenergielieferant. Ölheizungen ersetzten in den meisten Wohnhäusern nun die Kohleöfen. 1972 gab es in den USA 161 Millionen Autos.

Ölkrisen in den Siebzigerjahren

Gegen Ende der 1960er-Jahre schlossen sich viele der Erdöl exportierenden Staaten in der OPEC zusammen. Ziel war es, durch eine gemeinsame Verknappung des Angebots dem Preisverfall Einhalt zu gebieten. Das Ziel wurde erreicht: Der Preis des Erdöls begann wieder zu steigen. Als es 1973 zum Krieg zwischen Israel und seinen arabischen Nachbarn kam und die USA Israel mit Waffenlieferungen unterstützten, reagierten die Erdöl fördernden arabischen Staaten mit einem Ölembargo gegen die USA. Eine „**Ölkrise**“ begann: Während die weltweit verfügbare Menge an Erdöl sank, stieg der Ölpreis stark an. Autofreie Sonntage und ein zeitweiliges Tempolimit auf deutschen Autobahnen waren die Folge. Zudem begannen die westlichen Staaten, an der Erschließung neuer Ölquellen zu arbeiten und beispielsweise Bohrplattformen zur Ölförderung in der Nordsee zu errichten.

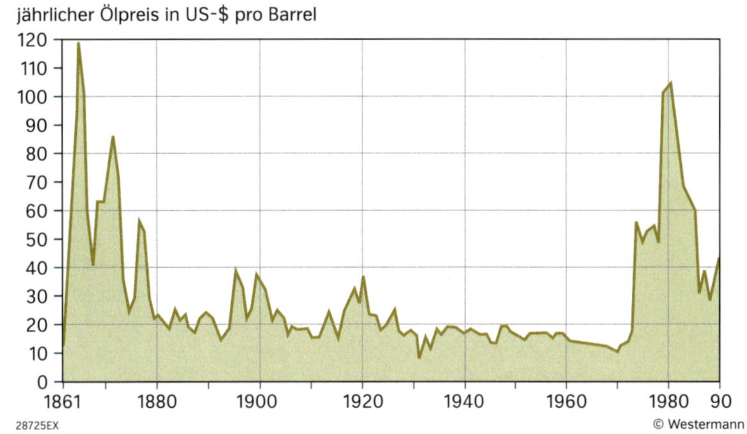

M2 Die Entwicklung des Ölpreises
Erstellt nach: www.welt.de/wirtschaft/energie/article117282451/Die-Welt-darf-sich-auf-billiges-Oel-freuen.html (10.12.2021)

Doch als es Ende der 1970er-Jahre im Ölförderland Iran nach einer Revolution zur Gründung einer „Islamischen Republik“ kam und die westliche Welt mit einem Wirtschaftsembargo reagierte, verknappte sich das Angebot an Erdöl erneut. Diese zweite Ölkrise verschärfte sich noch, als kurz darauf ein Krieg zwischen den Nachbarländern Iran und Irak begann. Angesichts des immer weiter steigenden Ölpreises wurden in der westlichen Welt erste Programme zum Einsparen von Erdöl entwickelt.

Die Zukunft des Erdöls

Der vom Menschen verursachte Klimawandel und die Luftverschmutzung in den Industrieländern führten seit Mitte der 1980er-Jahre zu einem Umdenken im Umgang mit Erdöl. Eine verstärkte Entwicklung alternativer Antriebe, vor allem in den entwickelten Staaten des Westens, hat einen sinkenden Erdölverbrauch zur Folge. Einige Staaten haben bereits das endgültige Ende des Verbrennungsmotors für einen Zeitpunkt in der nahen Zukunft ausgerufen. Für Schwellen- und Entwicklungsländer allerdings wird Erdöl auch in den kommenden Jahrzehnten der wohl wichtigste Treibstoff bleiben. Das Zeitalter des Erdöls neigt sich dennoch unweigerlich dem Ende zu.

„Planet Leak“, Karikatur von Rainer Ehrt, undatiert

Ist weniger mehr?

Krisen und der Rückzug des Staates

M 1 Streikende Arbeiter einer englischen Kohlezeche bei der Besetzung einer staatlichen Behörde zur Verwaltung der Kohleförderung (NCB) in London, 1984. Sie fordern „Kohle[förderung] statt Almosen" und den Sieg der NUM, ihrer Gewerkschaft.

1. Stellen Sie Vermutungen über die Hintergründe der mit M 1 thematisierten Protestaktion an.

Das Ende des „Golden Age"

Die Mehrzahl der westeuropäischen Staaten hatte seit den 1950er-Jahren eine bisher nicht gekannte Wachstums- und Produktivitätssteigerung erlebt, ein „**Golden Age**". Sein Resultat war ein „catching up" im Verhältnis zu den USA. Die zuvor bestehende Wohlstandslücke zwischen Westeuropa und den USA war bis zum Ende der 1960er-Jahre vollständig geschlossen. Und als es 1967 in der BRD zu einer wirtschaftlichen Rezession kam, konnte diese durch Maßnahmen der Regierung, die sich am **Keynesianismus** orientierten, gestoppt werden (→ S. 76 f.). Bei Politikern, aber auch bei vielen Bürgerinnen und Bürgern führte das dauerhaft hohe Wachstum und das schnelle Überwinden der Rezession zu der Annahme, dass Wirtschaftskrisen vermeidbar seien, wenn man ihnen mit klugen, steuernden wirtschaftspolitischen Maßnahmen begegnet.

Anfang der 1970er-Jahre änderten sich die wirtschaftlichen Rahmenbedingungen für die europäischen Staaten jedoch dramatisch. Die im Zweiten Weltkrieg zerstörte Infrastruktur war weitgehend wiederhergestellt, die Produktivität sowie das Lohnniveau entsprachen annähernd dem der USA. In dieser Situation verteuerte eine Ölkrise den wichtigsten Rohstoff der damaligen Zeit, das Erdöl, drastisch. Darüber hinaus zerbrach 1973 das System der festen Wechselkurse (→ M 2). Vor allem der deutschen Industrie hatte es bisher zu einem großen Wettbewerbsvorteil bei Exporten verholfen. Ursache dafür war, dass der festgelegte Wechselkurs nicht dem Wechselkurs entsprach, der an einem freien Markt gebildet worden wäre. Benötigte Devisen zum Bezahlen von Rechnungen bei deutschen Firmen konnten somit von ausländischen Kunden deutlich günstiger beschafft werden. Innerhalb von nur zwei Jahren nach dem Ende des Systems der festen Wechselkurse verteuerten sich deutsche Waren für ausländische Käufer um 30 – 40 % – ein spürbarer Rückgang der Exporte war die Folge.

Hatte das Wirtschaftswachstum 1973 noch 4,7 % betragen, so sank es auf 0 % im Jahr 1974 und auf -1,1 % im Jahr 1975. Westdeutschland erlebte seine erste „echte" Wirtschaftskrise der Nachkriegszeit und damit das Ende des „Golden Age". Mit dem Rückgang der Wirtschaftsleistung ging ein starker Anstieg der Arbeitslosigkeit einher. Sie erreichte 1975 das erste Mal eine Million. Dieser Wert sollte auch in Zukunft nie wieder unterschritten werden. Von nun an waren alle Regierungen mit einer **Sockelarbeitslosigkeit**, also einer mehr oder weniger großen Zahl dauerhaft arbeitsloser Menschen, konfrontiert. Die Zeit der Vollbeschäftigung war vorbei. In der öffentlichen Debatte der damaligen Zeit wurde sogar befürchtet, dass rund ein Drittel der Bevölkerung dauerhaft vom Wohlstand ausgeschlossen bleiben könnte. Diese Sorge umschreibt der Begriff der „**Zwei-Drittel-Gesellschaft**".

Noch zu Beginn des Jahres 1973 waren die Wachstumsraten in der BRD hoch gewesen. Dies hatte die Regierung unter Bundeskanzler Willy Brandt dazu veranlasst, staatliche Investitionen zu reduzieren. Denn die Bundesregierung verfolgte eine antizyklische Wirtschaftspolitik: In Zeiten des Booms nahm sie staatliche Investitionen zurück (um das Wirtschaftswachstum zu reduzieren) und weitete diese in Phasen der Rezession aus (um das Wirtschaftswachstum anzukurbeln). 1973 setzte die Wirkung ihrer Maßnahme jedoch gerade ein, als die Wirtschaftskrise ihren Anfang nahm, was die Situation erheblich verschlimmerte.

Die Stagflation

Die Ölkrise führte 1973 nicht nur zu einem erheblichen Anstieg des Preises für Benzin und Diesel weltweit, sondern mittelbar durch gestiegene Produktions- und Transportkosten auch zu einer Verteuerung nahezu aller anderen Waren. Da die wirtschaftliche Leistung zur gleichen Zeit sank, war in den Staaten des Westens ein bis dahin unbekanntes Phänomen zu beobachten: eine hohe Teuerungsrate – als Inflation – bei gleichzeitig stagnierendem wirtschaftlichem Wachstum. Wirtschaftswissenschaftler beschreiben dieses Phänomen als „**Stagflation**". Zuvor war eine hohe Inflationsrate normalerweise nur während einer wirtschaftlichen Hochphase beobachtet worden, wenn nämlich Unternehmen eine gestiegene Nachfrage nicht mehr durch eine Ausweitung der Produktion befriedigen können und die Preise aufgrund von Knappheit steigen.

Einen zusätzlichen Schub erhielt die Inflation in der BRD dadurch, dass in der ersten Hälfte der 1970er-Jahre viele Anleger ihr Kapital aus den USA abzogen und in Europa anlegten. Sie rechneten dort mit höheren Renditen als in den USA. Dieser Zufluss an Kapital erhöhte die Geldmenge und verstärkte dadurch die Inflation weiter. Für die keynesianistische Wirtschaftspolitik bedeutete diese Entwicklung letztlich das Ende – eine hohe Inflation bei niedrigem Wirtschaftswachstum war mit diesem Ansatz nicht mehr zu bewältigen.

Wirtschaftspolitik, besser liberal?

Mit der Übernahme der Regierung durch Bundeskanzler Helmut Schmidt 1974 begann die schrittweise Abkehr vom keynesianistischen Modell. Zwar ist kein radikaler Bruch mit der Wirtschaftspolitik Willy Brandts zu erkennen, aber die staatlichen Eingriffe in das Wirtschaftsgeschehen nahmen künftig ab. Auch die Regierungsübernahme durch die CDU-FDP-Regierung in den 1980er-Jahren brachte im Bereich der Wirtschaftspolitik nur graduelle Veränderungen mit sich.

Einen anderen Weg gingen die britische Regierung unter Premierministerin Margaret Thatcher und die Regierung der USA unter Präsident Ronald Regan. Beide verfolgten eine Wirtschaftspolitik des **Neoliberalismus** mit dem Ziel, die Marktkräfte wieder freier agieren zu lassen. Um dieses Ziel zu erreichen, wurden Staatsbetriebe privatisiert, der Sozialstaat reduziert, staatliche Regulierungen der Finanzmärkte abgebaut und Steuern gesenkt.

Erwartungen der Menschen

Die zwei Jahrzehnte des wirtschaftlichen Booms nach dem Zweiten Weltkrieg können aus heutiger Sicht und im positiven Sinne als Ausnahmejahre bezeichnet werden: Europa erlebte eine Zeit der ununterbrochenen Wohlstandsmehrung. Für die Zeitgenossen indes stellte sich die Situation anders dar: Das Wirtschaftswunder hatten sie als Merkmal der Marktwirtschaft wahrgenommen und erwarteten ein dauerhaft hohes Wirtschaftswachstum sowie Vollbeschäftigung. Vor dem Hintergrund dieser Erwartungshaltung wirkten die Erfahrungen der wirtschaftlichen Krisen in den 1970er-Jahren auf die Menschen umso katastrophaler.

Rendite: Gewinn, der mit angelegtem Geld erwirtschaftet wird

John M. Keynes ging bei der nach ihm benannten Theorie, dem **Keynesianismus**, davon aus, dass die kapitalistische Wirtschaftsordnung an sich instabil ist und nicht dazu in der Lage, dauerhaft für Vollbeschäftigung zu sorgen. Wirtschaftliche Krisen entstünden, weil die Menschen bei steigendem Verdienst einen immer größeren Teil ihres Einkommens sparten und damit die Nachfrage nach Gütern sinke. Verursacht durch diesen Nachfragrückgang reduzierten die Unternehmen ihre Produktion und entließen Mitarbeiter. Käme es also zu einer Rezession, einer Wirtschaftsflaute, so müsste die Nachfragelücke durch staatliche Investitionen – finanziert durch Staatsschulden – geschlossen werden. Dies nannte er „deficit spending", also „Defizitfinanzierung". Nach Beendigung der Rezession seien die Staatsschulden aus den dann höheren Steuereinnahmen zurückzuzahlen.

M2 Die Bedeutung der Wechselkurse

a) Das System der festen Wechselkurse

Staaten verpflichten sich, durch den Ankauf bzw. Verkauf von Dollar den Wechselkurs entsprechend der Vereinbarung stabil zu halten (Stand 1955)

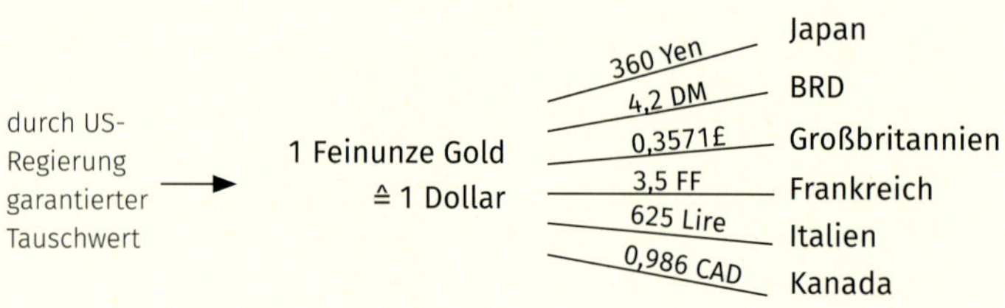

b) Die Wechselkurse ausgewählter Währungen zum US-Dollar von 1950 (hier entspricht der Wechselkurs 100 %) bis zum Jahr 1980 (nach der Beendigung des Systems der festen Kurse):

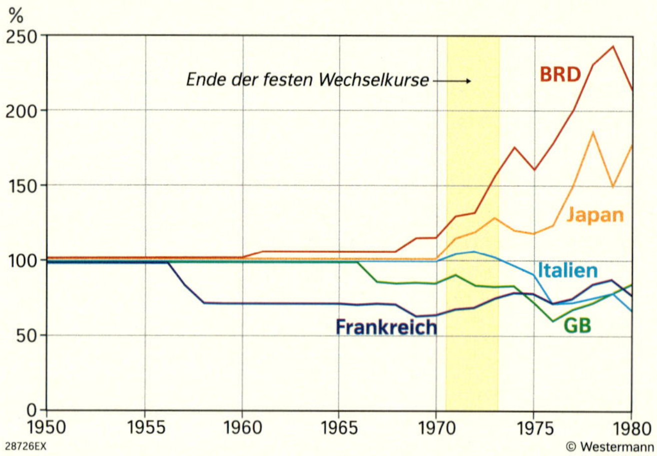

Lesebeispiel: Im Jahr 1955 (feste Wechselkurse) erhielt man für einen US-Dollar 4,20 DM. Im Jahr 1975 (flexible Wechselkurse) erhielt man für 1,60 US-Dollar (d. h. 160 % des Betrages von 1955) den Gegenwert von 4,20 DM. Der Preis für 4,20 DM hatte sich also um 60 % erhöht.

M2 wurde zusammengestellt nach: Michael D. Bordo/Barry Eichengreen (Hgg.): A Retrospect on the Bretton Woods System: Lessons for International Monetary Reform, Chicago 1993

M3 Der Begriff des Neoliberalismus

Die Wirtschaftsjournalistin Karen Horn schreibt auf der Webseite der CDU-nahen Konrad-Adenauer-Stiftung:

Der Begriff „Neoliberalismus" im korrekten Wortsinne beschreibt [...] das sozialwissenschaftliche und politische Projekt, einen gedeihlichen Ordnungsrahmen für eine „gute Gesellschaft" zu entwickeln und zu verwirklichen, der die Grundwerte der Freiheit und Gerechtigkeit, der Verantwortung und Solidarität auch in der Wirtschaft als Teilbereich des gesellschaftlichen Miteinanders harmonisch zu verbinden erlaubt. Im Gegensatz zum [...] klassischen Liberalismus setzt der Neoliberalismus nicht nur auf reine Selbstkoordination der Wirtschaft im Wege des Wettbewerbs, sondern hebt auf die Notwendigkeit eines Überbaus von Regeln ab (Ordnung). Der Neoliberalismus ist somit der Entwurf eines „dritten Weges". [...]

Die [Vordenker des Neoliberalismus] verband das Anliegen, dem Spiel der marktwirtschaftlichen Kräfte einen klaren Rechtsrahmen zu geben, der wirtschaftliche Machtpositionen verhindert und die anspornenden, den Wohlstand mehrenden Eigenschaften des Wettbewerbs auch dauerhaft zu nutzen erlaubt. Es ging um eine Rahmenordnung für Wirtschaft und Gesellschaft, die in ihrer Rechtsstaatlichkeit die individuellen Freiheitsrechte schützt und die Kraft des Wettbewerbs nutzt. [...]

Zu den essentiellen Gestaltungsmerkmalen einer freien und marktwirtschaftlichen Ordnung im Geiste des Neoliberalismus zählen vor allem das Privateigentum an den Produktionsmitteln, freie Preisbildung, stabiles Geld, offene Märkte, Wettbewerbs- und Gewerbefreiheit, private Haftung sowie Abwesenheit von Privilegien und Diskriminierungen durch den Staat. Im Kern des neoliberalen Konzepts für die Wirtschaft steht der Wettbewerb, der für Leistung sorgt [...]. [D]er Wettbewerb muss mithilfe einer aktiven Wettbewerbspolitik gesichert werden. Staatliche Eingriffe in die Wirtschaft gelten ansonsten als grundsätzlich systemwidrig. [...]

Als Rechtsstaat ist der Staat vorrangig für die Sicherung des Ordnungsrahmens zuständig; er wird somit als „starker Staat" oberhalb der Partikularinteressen [Einzelinteressen] in Wirtschaft und Gesellschaft [...] als Diener der Gesellschaft skizziert. Selbst als Unternehmer aufzutreten steht ihm nicht zu. Indes können gelegentlich auch prozesspolitische Eingriffe erwünscht und zulässig sein – und zwar dann, wenn sie „marktkonform" bleiben und im Ergebnis die Funktionsfähigkeit der Märkte fördern; wenn sie die Bildung von Monopolen oder Kartellen verhindern (Wettbewerbspolitik); oder wenn sie dem übergeordneten Ziel des sozialen Ausgleichs so weit dienen, dass die Funktionsfähigkeit des Markts dadurch verbessert, keinesfalls aber geschwächt wird (Sozialpolitik, Umverteilung).

Zit. nach: www.kas.de/de/web/soziale-marktwirtschaft/neoliberalismus (09.12.2021)

M4 Wandel in Großbritannien

In Großbritannien waren nach dem Zweiten Weltkrieg große Bereiche verstaatlicht worden. Dazu zählte das Gesundheitssystem, die Kohle- und Stahlindustrie ebenso wie Teile des Einzelhandels und der Reisebranche. Doch das Land verlor immer mehr an Wettbewerbsfähigkeit und seine Währung an Wert. In dieser Situation wurde die konservative Politikerin Margaret Thatcher Premierministerin. Der britische Historiker Tony Judt beschreibt ihre neoliberale Politik und deren Auswirkungen auf die Gesellschaft:

Alles, oder fast alles, kam unter den Hammer. In der ersten Phase waren es kleine Firmen und Unternehmen, zumeist Produktionsbetriebe, an denen der Staat eine kleinere oder Mehrheitsbeteiligung hatte. Ihnen folgten die bisher „selbstverständlichen“ Monopole wie die Telekommunikation, Energieversorgung und Luftfahrt, eine Phase, die 1984 durch den Verkauf der British Telecom eingeläutet wurde. Außerdem verkaufte die Regierung einen großen Teil des nach dem Krieg errichteten staatseigenen Wohnungsbestands […].

Trotz dieser scheinbaren Demontage des öffentlichen Sektors war der Anteil des britischen Bruttoinlandsprodukts, der Anfang 1988 von Ausgaben der öffentlichen Hand verschlungen wurde, praktisch genauso hoch wie zehn Jahre zuvor (42,5 %), und das, obwohl Mrs. Thatcher versprochen hatte, „die Menschen von der Last des Staates zu befreien“. Der Grund war, dass die konservative Regierung nie dagewesene Summen an Arbeitslosenunterstützung zahlen musste. […]

Dank Mrs. Thatcher entstand in Großbritannien ein sehr viel größerer Markt für Güter, Dienstleistungen und schließlich auch Arbeit. Es gab eine größere Auswahl [an Produkten] und schließlich auch mehr Preiswettbewerb. […] Als Volkswirtschaft war das thatcherisierte Großbritannien also leistungsfähiger geworden. Doch als Gesellschaft erlebte es eine Kernschmelze mit katastrophalen langfristigen Folgen. Durch Geringschätzung und Abwicklung aller in öffentlicher Hand befindlichen Ressourcen, durch die lautstarke Propagierung einer individualistischen Ethik, die einzig und allein quantifizierbare Werte [hier gemeint: Umsatz] gelten ließ, fügte Margaret Thatcher dem Gefüge des öffentlichen britischen Lebens schweren Schaden zu. Bürger mutierten zu Aktienbesitzern oder „Anlegern“. […] Da sich von den Busunternehmen bis zu den Stromversorgern alles in den Händen konkurrierender Privatfirmen befand, wurde der öffentliche Raum zum Marktplatz.

Tony Judt: Geschichte Europas von 1945 bis zur Gegenwart, München u. a. 2006, S. 619 f. (Übers.: Hainer Kober)

M5 Wirtschaftswachstum durch Kündigungen? Eine Karikatur von Roger Schmidt aus dem Jahr 2009

2. Erklären Sie dies mithilfe des Darstellungstextes und M2, inwiefern das Ende des Systems der festen Wechselkurse dem deutschen Export schadete.

3. Anfang der 1970er-Jahre endete das „Golden Age“. Stellen Sie die Ursachen für dieses Ende in einer Mindmap dar.

4. a) Erläutern Sie die sozialen Probleme, die mit dem Ende des „Golden Age“ entstanden, auf der Basis der Darstellungstextes.
   b) Recherchieren Sie, inwieweit diese Probleme heute noch aktuell sind. Beziehen Sie sich bei Ihrer Antwort auch auf M5.

5. Erstellen Sie analog zum Informationstext über den Keynesianismus (S. 83) einen Artikel zum Begriff „Neoliberalismus“ für ein Schülerlexikon. Nutzen Sie dafür den Darstellungstext sowie M3 und M4.

6. „Der Neoliberalismus stimulierte das wirtschaftliche Wachstum nachhaltig – er vernachlässigte in seiner Wirkung jedoch den individuellen Wohlstand vieler Menschen.“
   Beurteilen Sie diese Aussage.

Soll der Staat Gewinne regulieren?

Zwei Parteien – zwei Haltungen zum Neoliberalismus

Eine Pro-Kontra-Debatte

Die wirtschaftliche Entwicklung der westlichen Welt ist bis heute durch sich abwechselnde Phasen des Booms und der Rezession gekennzeichnet. Deren Auswirkungen bleiben selten auf den Bereich der Wirtschaft selbst beschränkt, sondern treffen auch Staat und Gesellschaft: So entstehen in Phasen der Rezession Probleme wie hohe Arbeitslosigkeit und eine Überforderung der Sozialsysteme, in Zeiten des Booms dagegen werden zunehmend klimaschädliche Gase ausgestoßen, und die Nachfrage nach begrenzten Ressourcen steigt. Die Frage, wie der Staat auf diese Herausforderungen reagieren soll, wird in der Politik bis heute kontrovers diskutiert: Brauchen wir mehr staatliche Regulierung? Oder sorgen letztlich doch eher die Marktkräfte selbst für eine Problemlösung? Seit mehr als einem Jahrhundert stehen sich dabei der Neoliberalismus und der Keynesianismus als bedeutendste Theorien gegenüber. Im englischsprachigen Raum sprechen Wirtschaftswissenschaftler dabei auch von einem „fight of the century".

Im Dezember 2020 äußerten sich die Bundestagsabgeordneten Lisa Paus (Bündnis 90/Die Grünen) und Marco Buschmann (FDP) im Rahmen einer Pro-Kontra-Debatte zum Verhältnis von Staat und Markt im Vorfeld des Bundestagswahlkampfes 2021. Auszüge daraus sind im Folgenden wiedergegeben.

1. Vergleichen Sie die Positionen der beiden Autoren in M 1 und M 2 zum Neoliberalismus als Wirtschaftsordnung.

2. Sind die Ideen des Neoliberalismus heute noch aktuell? Erörtern Sie diese Frage ausgehend von Ihren Ergebnissen aus Aufgabe 1. Ziehen Sie auch historische Beispiele heran.

sozial-ökologische Transformation: Gemeint ist die Umgestaltung von Wirtschaft und Gesellschaft hin zur Klimaneutralität – also Gleichgewicht zwischen CO^2-Emissionen und Aufnahme von CO^2 aus der Atmosphäre – unter Berücksichtigung der sozialen Leistungsfähigkeit (d. h. Mieten müssen z. B. auch nach einer ökologischen Sanierung bezahlbar bleiben).

Lisa Paus, 2021

M 1 „Den zügellosen Kräften des Marktes Einhalt gebieten!"

Die Politikerin Lisa Paus (Bündnis 90/Die Grünen) vertritt die folgende Position:

Noch im vergangenen Jahr empfahlen Gesundheitsökonomen, die Hälfte der Krankenhäuser in der Fläche zu schließen. Wo stünde Deutschland jetzt in der Coronakrise, wenn es diesem Rat gefolgt wäre? Am Abgrund. [...] Die Coronakrise und die ökologische Krise führen uns deutlich vor Augen: Wir müssen unsere Gesellschaft und Wirtschaft nachhaltig und widerstandsfähig machen. Das wird nur gehen, wenn wir statt auf Privatisierung künftig mehr auf Gemeinwohlorientierung setzen und massiv in unsere Infrastruktur sowie die sozial-ökologische Transformation investieren.
Dabei geht es nicht darum, einfach Märkte und Gewinne für Unternehmen abzuschaffen. Es geht darum, neue Wege des Wirtschaftens zu gehen und die Mischung von staatlichen, privaten und gemeinwohlorientierten Unternehmen neu auszutarieren. Wie das Recht auf Wohnen oder Mobilität, so ist das Recht auf Gesundheit Teil der öffentlichen Daseinsvorsorge. Um jeder und jedem einen Zugang zu einer qualitativ hochwertigen Versorgung zu ermöglichen, müssen wir in diesem Bereich die Gemeinwohlorientierung stärken. Das Gleiche gilt für den Bereich Wohnen: Hier sollte es neben staatlichen und privaten Bauträgern einen starken gemeinnützigen, häufig genossenschaftlichen Bereich für bezahlbares Wohnen geben. Bezahlbares Bauland ist dafür unver-

zichtbar. Deshalb müssen Renditen in diesem Bereich begrenzt sein und Grund und Boden verstärkt in öffentliches oder gemeinwohlorientiertes Eigentum überführt werden.

Aber auch über den Bereich der öffentlichen Daseinsvorsorge hinaus brauchen wir eine Neuausrichtung der Wirtschaft. Und auch hier ist das zentrale Wort für mich: Gemeinwohlorientierung. [...] Der Weg dahin ist nicht, die Märkte abzuschaffen, sehr wohl aber, sie durch klare sozial-ökologische Leitplanken zu transformieren. [...] Der Markt sollte nicht das alleinige Organisationsprinzip für unser Wirtschaften sein, schon gar nicht für unsere Gesellschaften.

Die Wirtschaft muss den Menschen dienen, nicht andersherum. [...] Die sozial-ökologische Marktwirtschaft hat das Potenzial, uns entscheidend voranzubringen. Aber wir dürfen nicht naiv sein: Es braucht einen deutlich stärkeren Ordnungsrahmen, um den zügellosen und zerstörerischen Kräften des Marktes Einhalt zu gebieten. Und die richtige Mischung von staatlichen, privaten und gemeinwohlorientierten Unternehmen.

Zit. nach: www.tagesspiegel.de/politik/pro-und-contra-soll-der-staat-gewinne-regulieren-wir-muessen-den-zuegellosen-kraeften-des-marktes-einhalt-gebieten/26731240.html (16.12.2021)

M2 „Ohne Gewinne kann unsere Gesellschaft nicht!"

Der FDP-Politiker Marco Buschmann meint:

Gier ist die Sucht nach Gewinn. Wie jede Sucht ist sie schlecht. Trotzdem bleibt der Gewinn etwas Gutes. Denn ohne ihn bräche der Sozialstaat zusammen, und die Gesellschaft würde ihre Innovationskraft verlieren. Es ist nötig, das wieder klar auszusprechen. [...]

Wem der Gewinn ein Dorn im Auge ist, sei ein Gedankenexperiment empfohlen: Tun wir so, als erziele kein Unternehmen in Deutschland mehr Gewinne. Das Steueraufkommen von Bund, Ländern und Kommunen bräche um 158 Milliarden Euro ein. [...] Würde man diesen Einbruch in eine entsprechende Kürzung steuerfinanzierter Sozialausgaben übersetzen, wäre das Entsetzen groß. Denn das hieße etwa 70 Milliarden Euro weniger für sozialstaatliche Leistungen. Wollte man nicht kürzen, sondern die Lücke mit der Erhöhung anderer Steuern füllen, so wäre das Entsetzen noch größer. Dann zahlen nämlich Arbeitnehmer, Rentner oder Hartz-IV-

Marco Buschmann, 2021

Bezieher die Zeche. Denn um 70 Milliarden zusätzlich einzunehmen, müsste man entweder die Lohnsteuer um ein Drittel oder die Umsatzsteuer um knapp sechs Prozent anheben. [...]

Doch ohne Gewinn kommt es noch schlimmer! Wir leben im Zeitalter disruptiver Innovationen. Sie helfen uns, Menschheitsaufgaben wie die Bekämpfung von Hunger, Krankheit oder Klimawandel zu bewältigen. Sie entscheiden ebenso darüber, wer das Vertrauen seiner Kunden behält. Denn die erwarten immer bessere Produkte. Das gelingt nur durch permanente Innovation. Ein Land ohne Innovation verliert seine Wettbewerbsfähigkeit. [...]

Wir wollen Innovationen. Daher brauchen wir Veränderung. Genau die scheuen wir aber. Daraus folgt eine politische Frage ersten Ranges: Wie motiviert man eine Gesellschaft zu Veränderungen, die niemand möchte, um zu den Innovationen zu gelangen, die wir alle brauchen? Gewinne privater Unternehmen spielen dabei eine zentrale Rolle. Wenn von zehn Veränderungen neun schiefgehen und Kosten verursachen, dann muss man sich Innovation leisten können. Gewinne schaffen dafür einen Insolvenzpuffer. So kann man es sich leisten, auch Niederlagen einzustecken. Es gilt nur eine Voraussetzung: Wenn der zehnte Versuch gelingt, dann muss er – Achtung! – Gewinn abwerfen. [...] Wer neun Mal scheitert, bevor beim zehnten Mal der Durchbruch gelingt, dem sind vorher Spott und Häme sicher. Warum soll man sich das antun? Gewiss lassen sich einige Idealisten nicht abschrecken. Aber dass mit dem Gewinn eine Belohnung winkt, lockt auch so manchen normalen Menschen auf den steinigen Pfad der Innovation.

Zit. nach: www.tagesspiegel.de/politik/pro-und-contra-soll-der-staat-gewinne-regulieren-ohne-gewinne-kann-unsere-gesellschaft-nicht/26731076.html (16.12.2021)

disruptive Innovationen: Verbesserungen, z. B. von Produkten oder Dienstleistungen, die innerhalb kürzester Zeit zu großen Veränderungen führen

Muss sich die Wirtschaft immer neu erfinden?

Strukturwandel in Westeuropa seit den 1970er-Jahren

M 1 (links) 1970er-Jahre: Bergarbeiter der Essener „Zeche Zollverein" bei Schichtende, (rechts) 2020er-Jahre: ein Co-Working Space in London

1. Stellen Sie Vermutungen darüber an, welche Faktoren die Arbeitswelt in den vergangenen fünfzig Jahren veränderten.

Von der Industrie- zur Dienstleistungsgesellschaft

Ölkrisen und Exporteinbrüche – die akuten wirtschaftlichen Probleme der 1970er-Jahre fielen in Westeuropa zusammen mit dem Beginn eines tiefgreifenden **Strukturwandels** von der Industrie- hin zur Dienstleistungsgesellschaft. Ob im Ruhrgebiet, in Südwales oder in der belgischen Provinz Limburg – aufgrund günstiger werdender Transportkosten und der Verbreitung des Energieträgers Erdöl war die Kohleindustrie als erste Branche in eine Krise geraten, in deren Folge immer mehr Zechen geschlossen wurden. In der Stahlindustrie ebenso wie in der Textilindustrie war es – seit den 1970er-Jahren – vor allem das gestiegene Lohnniveau, das die Produktion für Unternehmer weniger rentabel machte und zum Rückbau dieser Industriezweige führte.

In den betroffenen Gebieten Europas wurde die Entwicklung von den Menschen als existenzbedrohend wahrgenommen. Nicht mehr nur vereinzelt und für kurze Zeit kam es zu Arbeitslosigkeit, nun waren ganze Stadtteile und Regionen langfristig betroffen. Zwar konnten die schlimmsten Folgen durch den Sozialstaat aufgefangen werden, der Verlust von Wohlstand war allerdings häufig unvermeidlich. Staatliche Maßnahmen zielten vor allem darauf ab, Unternehmen aus anderen Branchen in vom Strukturwandel besonders betroffenen Gebieten anzusiedeln. Das betraf vor allem die in der Entstehung begriffene Computerbranche: Mit elektronischer Datenverarbeitung und der Verwendung erster automatisierter Produktionssysteme nahm nun die **Digitalisierung** der Arbeitswelt ihren Anfang.

Darüber hinaus wuchs der gesamte Dienstleistungssektor ab Mitte der 1970er-Jahre erheblich und löste bis Ende der 1980er-Jahre die Industrie als wichtigsten Sektor ab. Die meisten neuen Arbeitsplätze entstanden in den Bereichen Pflege, Erziehung und Bildung sowie Büro und Verwaltung. Charakteristisch für diese Arbeitsbereiche waren höhere fachliche Anforderungen, als dies bisher im Rahmen der industriellen Produktion notwendig gewesen war. Auch der Bereich der „soft skills", der z. B. die Teamfähigkeit umfasst, erlangte größere Bedeutung. Darüber hinaus vereinfachte die Einführung von flexiblen Arbeitszeitmodellen die Vereinbarkeit von Familie und Beruf.

Wandel durch Digitalisierung

Um die Jahrtausendwende war die Bedeutung der Informationstechnologie enorm gestiegen. Die Digitalisierung hatte sich zum Motor eines weiteren Strukturwandels entwickelt, der nahezu alle Bereiche des wirtschaftlichen Lebens umfasste: Heute machen Cloudsysteme das Arbeiten über große Distanzen möglich, Start-ups revolutionieren mit ihren Apps viele Dienstleistungsbereiche und Autos werden zu (selbst-)fahrenden Computern mit elektrischem Antrieb. Bedeutende Branchen der letzten Jahrzehnte stehen damit vor immensen Herausforderungen, u. a. der stationäre Einzelhandel und die großen Automobilkonzerne. Wie wird sich dieser Wandel in Zukunft auf das gesellschaftliche Miteinander auswirken?

M2 Von der ersten Datenleitung zum Word Wide Web

Der Journalist Alexander Kluy schreibt über die Entwicklung des Internets:

„Hast du das L?“ – „Ja!“ – „Hast du das O?“ – „Ja!“ – „Hast du das G?“ Dann stürzte der Rechner ab. Auf dem Gelände der University of California in Los Angeles (UCLA) saß der Student Charley Kline an einem Computer, so groß wie eine Waschmaschine, eine halbe Tonne schwer und per Hubschrauber und Kran antransportiert, und telefonierte mit einem Kollegen im kalifornischen Menlo Park. Sein Rechner war durch eine 50-Kilobit-Datenleitung mit dessen Computer im Stanford Research Institute verbunden. Die Vernetzung hatte der Informatiker Frank Heart konstruiert. Kline gab ein „l“ in den Computer ein – und auf dem Monitor des rund 520 Kilometer entfernten Rechners erschien ein „l“. Dann tippte er „o“ ein. Auch das kam an. Beim dritten Buchstaben, dem „g“, brach der Computer des Empfängers zusammen.

Die erste jemals über das Internet versendete Botschaft war von geradezu antikischer Schlichtheit und lautete also „lo“. Abends wurde das Experiment ein zweites Mal wiederholt. Mit Erfolg – „log“ kam an. Es war der 29. Oktober 1969. Knapp sechs Wochen später wurden auch die Universitäten von Santa Barbara und Utah angeschlossen.

„Es kam uns nicht gerade wie ein historischer Moment vor, wir hatten nicht mal einen Fotoapparat dabei, um die Sache festzuhalten“, erinnert sich heute Professor Leonard Kleinrock von der UCLA, einer der Meisterhirne hinter einer Innovation, ohne die der Alltag des 21. Jahrhunderts nicht mehr vorstellbar ist. Es war die Geburtsstunde des Internets, das damals noch Arpanet hieß. Entgegen des kolportierten Mythos war das Internet ein ziviles Projekt. Ganz unbeteiligt war das US-Verteidigungsministerium allerdings nicht. Denn das Internet verdankte sich dem „Sputnik“, dem dadurch in den USA ausgelösten Schock und dem damit ausgelösten wissenschaftlich-technologischen Wettlauf der Supermächte. Noch unter Eisenhower wurde die ARPA ins Leben gerufen, die Advanced Research Projects Agency, eine ins Pentagon integrierte Forschungsbehörde. Deren Ziel: die Förderung von Projekten und neuen Technologien, auf dass diese eines Tages militärisch genutzt werden.

1982 wurde das in den Sechzigerjahren entwickelte Arpanet auf TCP/IP-Standard (Transmission Control Protocol/Internet Protocol) umgestellt. Dieser sperrige Name bezeichnet eine Software, die 1974 entwickelt worden war und den Austausch von Daten und Datenpaketen zwischen Netzwerken reguliert. Anfang der Neunziger entwickelte dann der Brite Tim Berners-Lee am Kernforschungslabor CERN in Grenoble das World Wide Web, eine als Hypertext aufgebaute Vernetzung von Daten und Inhalten, die über einen Browser sichtbar gemacht werden konnten.

1973 hatten gerade mal 2000 Menschen über 35 Hosts das Netz genutzt; acht Jahre später waren es schon rund 500 000 User auf 188 Hosts (Elizabeth II. versandte schon 1976 ihre erste E-Mail). 1992 wurde das Internet in den USA für kommerzielle Unternehmen freigegeben. Heute sind weltweit mehr als 500 Millionen Computer miteinander verknüpft.

Leonard Kleinrock wurde 1999 von der „Los Angeles Times“ auf die Liste „Die 50 Menschen, die am nachhaltigsten die Wirtschaft veränderten“ gesetzt. Doch wie wird dieser Hochtag globaler Kommunikation begangen? Mit Begängnissen, Click-Konzerten, digitalen Partys? Fehlanzeige. Trefferanzeige: exakt null. Worauf man stößt, sind lauter Feierlichkeiten, das Internet sicherer zu machen. Sauberer. Fehlerfreier. Log out.

Alexander Kluy: „Der 29. Oktober ist Internet-Tag“, in: Die WELT, 9.10.2007

---

2. Erläutern Sie mithilfe des Darstellungstextes, wie Strukturwandel Wirtschaft und Menschen zu unterschiedlichen Zeiten geprägt hat.

3. a) Beschreiben Sie auf der Basis von M2 die Entwicklung des Internets hin zum alltäglichen „Gebrauchsgegenstand“.
   b) „Der 29. Oktober sollte als Geburtstag des Internets besonders gewürdigt werden.“ Diskutieren Sie diesen Vorschlag unter Berücksichtigung der heutigen Bedeutung des Internet.

4. Erstellen Sie eine Liste von Wirtschaftsbereichen, die besonders in den letzten zehn Jahren vom Strukturwandel, der durch die Digitalisierung ausgelöst wurde, betroffen wurden.

5. a) Vergleichen Sie den Strukturwandel von der Industrie- zur Dienstleistungsgesellschaft mit dem von der Dienstleistungsgesellschaft zum digitalen Zeitalter.
   b) Beurteilen Sie, ob die beschleunigte Digitalisierung seit der Jahrtausendwende ähnlich gravierende Veränderungen mit sich bringen wird wie der Strukturwandel der 1970er- und 1980er-Jahre.

Vernetzte Welt?

Phänomene und Auswirkungen der Globalisierung

M 1 Ein Getränk geht um die Welt – droht durch Globalisierung der Verlust von weltweiter Vielfalt? (links) Coca-Cola-Werbung in Äthiopien (undatiert); (rechts) Coca-Cola-Truck im Straßenverkehr von New York City, 2016

1. Wird die Welt „cocacolarisiert“? Erstellen Sie eine Liste mit Veränderungen, die die Globalisierung für den Alltag der Menschen mit sich bringt.

Der Begriff der Globalisierung

Seit den 1890er-Jahren in den USA produziert, kam Coca-Cola um 1920 nach Europa und wenige Jahre später auch nach Afrika – in einer Hochphase weltweiter Handelsaktivität. Für solche Hochphasen, die sich in der Vergangenheit immer wieder mit Phasen abwechselten, in denen der internationale Handel eine untergeordnetere Rolle spielte, verwenden manche Historikerinnen und Historiker den Begriff „Globalisierung“. Gebräuchlich geworden ist er in den 1990er-Jahren, als das Phänomen einer beschleunigten weltweiten Vernetzung sichtbar wurde. Sie hatte sich nach den Wirtschaftskrisen der 1970er- und 1980er-Jahre in der westlichen Welt angebahnt. Mittlerweile hat sich der Begriff der Globalisierung aus dem wirtschaftlichen Kontext gelöst und findet auch in vielen weiteren Bereichen Anwendung. Wodurch wurde diese neue Erfahrung weltweiter Vernetzung vorangebracht?

Aufschwung durch Deregulierung?

Die Staaten der westlichen Welt antworteten auf die wirtschaftlichen Krisen der 1970er- und 1980er-Jahre verstärkt mit neoliberaler Politik, worauf ein weltweiter Prozess der Deregulierung des Waren- und Kapitalverkehrs einsetzte. Weil die Zentralbanken für ein dauerhaft niedriges Zinsniveau und hohe Liquidität der Unternehmen sorgten, wurde die Realwirtschaft wieder angekurbelt. Zugleich wurde es durch technologische Innovationen wie die elektronische Datenverarbeitung und das in der Entstehung begriffene Internet möglich, große Mengen an Kapital mit wenigen Handgriffen um den Erdball zu schicken. Kapital sammelte sich dort, wo die zu erzielenden Gewinne am vielversprechendsten waren. Auf der anderen Seite aber traten bald neue Probleme wie Währungs-, Spekulations- und Verschuldungskrisen auf und führten zu weltweiten Belastungen der Gesellschaften.

Der Prozess der Globalisierung beschränkte sich aber nicht nur auf die **Finanzmärkte**. Vor allem die Wertschöpfungsketten wurden internationaler. Seit Mitte der 1990er-Jahre findet in den meisten Staaten der westlichen Welt nahezu keine Endfertigung von Gebrauchsgütern des täglichen Lebens mehr statt. Deren Produktion hat sich im Zuge von Rationalisierungsprozessen in die Entwicklungs- und Schwellenländer, vor allem im asiatischen Raum, verlagert. Während die Industrieländer weiterhin Entwicklung und Forschung betreiben, wurde die Fertigung selbst dorthin ver-

Zentralbank: die für die nationale Geld- und Währungspolitik zuständige Bank. Sie ist für die Ausgabe von Geldscheinen und die Höhe der Zinsen verantwortlich.

Wertschöpfungskette: der Weg vom Rohstoff zum Endprodukt. Eine Wertschöpfungskette kann viele verschiedene Länder und Firmen umfassen.

legt, wo die Lohnkosten am geringsten sind. Für die Staaten der westlichen Welt bedeutet dies, dass vor allem Arbeitsplätze in Bereichen mit niedriger Qualifikation weniger wurden. Die Versorgungsengpässe bei manchen Produkten im Zuge der Covid-Pandemie, z.B. bei medizinischen Masken, die in Deutschland vor der Pandemie nicht mehr gefertigt wurden), stellen dieses Modell der Arbeitsteilung jedoch zunehmend infrage.

Transnationale Konzerne entstehen

Die Globalisierung der Wertschöpfungsketten blieb nicht ohne Auswirkungen auf die großen Unternehmen. Konnten diese bis in die 1980er-Jahre hinein in einem Nationalstaat verortet werden – „Ford" z.B. in den Vereinigten Staaten oder „Volkswagen" in Deutschland –, so lösten sich die Unternehmen bis in die 2000er-Jahre häufig aus ihrem nationalen Kontext. Entwicklungs- und Produktionsstätten großer Konzerne verteilen sich inzwischen über die ganze Welt; häufig befindet sich nur noch der Firmensitz und die Entwicklungs- und Forschungsabteilung im ursprünglichen „Heimatland" des Unternehmens. Wirtschaftswissenschaftler sprechen in diesem Zusammenhang von **transnationalen Konzernen**. Als solche verstanden sich viele Unternehmen, die im Kontext des Internets und der Digitalisierung gegründet wurden, von Anfang an. Hierunter fallen z.B. „amazon" oder „Meta", der Mutterkonzern von „facebook" und „whatsapp".

Die Rolle der Nationalstaaten bei dieser Entwicklung ist ambivalent: Auf der einen Seite machen sie durch staatliche Deregulierungsmaßnahmen und das Schließen von Freihandelsabkommen die wirtschaftliche Globalisierung erst möglich. Auf der anderen Seite beklagen sie jedoch den Verlust von Kontroll- und Einflussmöglichkeiten. Vor allem transnationale Konzerne, die internetbasierte Dienstleistungen anbieten, können sich in vielen Fällen nationalstaatlichen Kontrollen entziehen – sie sind in den meisten Staaten schlicht physisch nicht präsent und damit für die dortige Justiz kaum greifbar.

Auch die Besteuerung transnationaler Konzerne wurde durch die Globalisierung deutlich erschwert. Gerade für Unternehmen im internetbasierten Dienstleistungsbereich, z.B. für Lieferdienste, ist es einfach, den Unternehmenssitz (und damit den Ort der Besteuerung) in ein Land zu verlagern, in dem die Steuerlast gering ist. Ein ruinöser Wettlauf zwischen den Staaten um die niedrigsten Steuersätze war zeitweise die Folge dieser Konkurrenzsituation. Erst in den letzten Jahren gelingt es durch internationale Abkommen, gewisse Mindeststandards bei der Besteuerung festzulegen und dieses „race to the bottom" zumindest einzudämmen.

„Globalisierung" in neuen Kontexten

Für viele Mitarbeitende großer Konzerne bedeutete die transnationale Ausrichtung ihrer Arbeitgeber eine Chance, im Rahmen von Arbeitnehmerentsendungen zu **migrieren** und im Ausland tätig zu werden. Mittlerweile sind internationale Erfahrungen auf dem Arbeitsmarkt mehr denn je gefragt, und auch zahlreiche Ausbildungsprogramme tragen dem „globalisierten" Arbeitsmarkt Rechnung, etwa Angebote wie das ERASMUS-Programm der Europäischen Union. Die Welt scheint den Menschen offener zu stehen als jemals zuvor. Entwickelt sich vor diesem Hintergrund eine „Weltkultur", die zahlreiche Einflüsse vereint? Tatsächlich wird der Begriff der Globalisierung inzwischen auch auf kulturelle Phänomene angewendet, die nahezu auf der ganzen Erde beobachtbar sind. Doch fürchten Kritiker, dass nicht durch kulturelle Vielfalt etwas Neues entsteht, sondern dass eine Mainstream-Kultur durch Streamingdienste und Fast-Food-Ketten einen kulturellen Einheitsbrei hervorbringt und vor allem regionale Identitäten verloren gehen.

Zudem ist die beschleunigte Globalisierung nicht nur mit Erfahrungen von internationalem Austausch, karrierefördernder Arbeitsmigration oder weltumspannenden Kulturangeboten verknüpft. Auch die durch Kriege, Konflikte und Armut ausgelöste **Migration** wird seit einigen Jahren als „gobal" beschrieben, denn sie betrifft nahezu alle Staaten dieser Erde – entweder als Flucht-, Transit- oder als Zielstaaten. Eine Lösung dieser Migrationsprobleme entzieht sich ebenfalls nationalen Zugriffen und scheint nur durch die Zusammenarbeit aller betroffenen Staaten möglich zu sein.

M2 Transnationale Unternehmen

Top 100 transnationale Unternehmen	1995	2000	2005	2010	2015
Vermögenswerte insgesamt (Index)	**100**	151	212	291	314
Anteil der Auslandsvermögen an Gesamtvermögen (%)	41	50	54	61	62
Umsatz insgesamt (Index)	100	113	158	184	187
Anteil des Auslandsumsatzes an Gesamtumsatz (%)	48	50	57	63	65
Beschäftigte insgesamt (Index)	100	118	126	134	144
Anteil der im Ausland Beschäftigten an Gesamtzahl (%)	48	48	53	58	58
Welt-Bruttoinlandsprodukt (BIP) (Index)	100	109	153	213	252

M2 wurde erstellt nach: United Nations Conference on Trade and Development: World Investment Report 2016

M3 Globalisierung in Biografien

Unter der Überschrift „Globalisierung – Segen oder Fluch?“ beleuchteten Journalistinnen und Journalisten der Tageszeitung „Die WELT“ im Jahr 2009 Auswirkungen der Globalisierung auf Einzelne in China, Indien und den USA:

a) Das rosa gestrichene Zimmer der 13-jährigen Jiang Yufei in Shangai hängt voller Poster taiwanesischer Popstars und ihrer Lieblingssängerin Avril Lavigne, die hat einen iPod und mag Pizza und Burger. [...] „Sie ist schon so weit, dass sie sagt: Adidas mag ich nicht. Ich möchte Nike-Schuhe, die sind bequemer“, sagt ihre Mutter. [...] Auf den ersten Blick scheint der Lebensstil des Mädchens aus Shanghai alle Vorurteile zu bestätigen, die mit dem Schlagwort Globalisierung verbunden werden: Seit Geld und Güter fast ungehindert und in immer schnellerem Tempo um den Erdball jagen, breitet sich der westliche Lebensstil in immer mehr Ländern und Kulturen aus. Die Menschen vergessen althergebrachte Traditionen, sagen Kritiker. [...] Die Befürworter sehen hingegen die Globalisierung als Chance für Wohlstand und Freiheit. Und in der Tat: Die Globalisierung hat in den vergangenen zehn Jahren mehr als eine Milliarde Menschen aus der Armut in die Mittelschicht aufsteigen lassen. [...]

Diese globale Vernetzung hat aber auch ihren Preis, wenn es nicht mehr so gut läuft. So wie der wirtschaftliche Boom in den vergangenen Jahren viele Gewinner hatte, vereint die Globalisierung die Länder auch in der Krise. [...] Auf allen fünf Kontinenten verlieren Erdenbürger [in der sogenannten Subprime-Krise, seit 2007, → Info, S. 95] Jobs und Geld.

b) Menschen sind heute auf eine Weise verbunden, die vor zehn Jahren noch niemand für möglich gehalten hätte. Zum Beispiel Yasmeen Malik [aus Virginia/USA] und Dixie. [...] „Sie ist meine Lieblingsnachhilfelehrerin“, sagt Yasmeen. Das Besondere: Die beiden haben sich noch nie gesehen. Dixie sitzt nicht mit Yasmeen am Schreibtisch, sondern am anderen Ende einer Internetleitung, die durch Ozeane zur indischen Stadt Bangalore führt. [...] An Yasmeens Computer ist ein Mikrofon angebracht und eine spezielle Software der Internetfirma TutorVista installiert. Ihre Eltern zahlen jeden Monat 100 Dollar an die Firma. [...] Früher hatte die Schülerin einen Nachhilfelehrer, der tatsächlich mit ihr am Tisch saß.
Doch der Unterricht bei Dixie ist genauso gut, nur eben viel günstiger. Das kommt daher, weil in Indien Miete, Essen und alles andere weni-

ger kosten als in Amerika. Wie so oft erzeugt die Globalisierung Gewinner und, zumindest kurzfristig, Verlierer. Der alte Nachhilfelehrer daheim in Virginia verliert – falls er nicht einen neuen Job findet. Familie Malik dagegen profitiert: Yasmeen kann sich aussuchen, wann und wie viel Nachhilfe sie braucht, und ihre Eltern zahlen weniger Geld für den Unterricht als früher. Und auch Dixie gehört zu den Gewinnern: Sie hat einen für indische Verhältnisse gut bezahlten Job. Damit aber hängt Dixies Schicksal nicht mehr davon ab, wie gut die Wirtschaft in Indien läuft, sondern davon, wie es um die Wirtschaft in den USA bestellt ist. Denn wenn Yasmeens Mutter oder Vater auf einmal durch die Krise ihren Job verlören und zu Hause blieben, dann müssten sie das Geld für die Nachhilfe ihrer Tochter vielleicht sparen.

c) Globalisierung ist allerdings viel mehr als Geld und Jobs […]. Für den 31-Jährigen Aniruddha Shanbhag lässt sich die Globalisierung in drei Buchstaben zusammenfassen: MTV. Anfang der 1990er-Jahre bekam er in seiner Heimat, in Indien, erstmals den amerikanischen Musiksender zu sehen. Und die Videos amerikanischer und europäischer Bands haben das südasiatische Land ebenso verändert wie viele andere Regionen der Welt: Statt für die traditionelle Musik ihres Landes interessierten sich Jugendliche wie Aniruddha plötzlich für Bands wie Metallica und Nirvana. Und statt eines klassischen indischen Wickelrocks für Männer trugen junge Leute lieber absichtlich aufgeschlitzte Jeans. […]
Unter dem Eindruck von MTV ist Aniruddha Toningenieur geworden, dann hat er für einen Internetshop Musik-CDs aus anderen Ländern eingekauft. Inzwischen verkauft er Versicherungen für eine Tochterfirma des deutschen Allianz-Konzerns. Sieben Sprachen hat sich Aniruddha nebenher angeeignet. Auf Deutsch bringt er nur ein paar Worte über die Lippen, aber er weiß, dass Bayern München Rekordmeister ist. Es sind Menschen wie Aniruddha, die die Globalisierung unumkehrbar machen. „Wenn ich mich nur mit Indien befassen könnte", sagt er, „wäre mir die Welt wahrscheinlich zu eng geworden."

Anette Dowideit, Steffen Fründt, Sebastian Jost, Christiane Kühl u. a.: Globalisierung: Segen oder Fluch?, in: Die WELT, 24.03.2009, online: www.welt.de/finanzen/globalisierung-kinder/article3083634/Globalisierung-Segen-oder-Fluch.html (10.12.2021)

Als **Subprime-Krise** wird eine weltweite Bankenkrise bezeichnet, die im Jahr 2007 in den USA ihren Anfang nahm. Ursache dafür war die Praxis von Kreditvergaben amerikanischer Banken: In den USA waren die Immobilienpreise seit der Jahrtausendwende deutlich und kontinuierlich angestiegen. Amerikanische Banken vergaben dabei Immobilienkredite auch an solche Bankkundinnen und -kunden, die sich diese eigentlich gar nicht leisten konnten. Die Banken klassifizierten sie daher nicht als „prime" („erstklassig"), sondern als „subprime" – also eher problematisch.
Ein Großteil der Banken behielt die Kredite jedoch nicht, sondern fasste diese in Finanzprodukten zusammen. Hierbei wurden z. B. Tausende von Krediten in einem Fond gebündelt und dieser weltweit an Investoren verkauft. Dies war möglich, weil in den Jahren zuvor nahezu alle staatlichen Regelungen für die Finanzbranche abgeschafft worden waren. Die Hausbesitzer bezahlten ihre Kredite nun nicht mehr an die Bank zurück, von der sie den Kredit bekommen hatten, sondern an Investoren.
Diese Investoren – also die Käufer der Fonds – waren andere Banken, vermögende Privatpersonen und sogenannte „institutionelle Anleger" (z. B. große Lebensversicherungen). Sie erhielten ihr Geld sicher zurück – entweder durch die Raten der Hausbesitzer oder, falls die Raten nicht mehr bezahlt werden konnten, durch den Verkauf der Häuser.
Als die Preise für Immobilien in den USA allerdings zu fallen begannen, ging diese Rechnung nicht mehr auf. Immer mehr Immobilien mussten so günstig verkauft werden, dass die verbleibenden Schulden den Erlös des Immobilienverkaufs weit überstiegen.
Die Entwicklung verursachte einerseits Pleiten von Banken und Versicherungen, andererseits Rettungsaktionen der Nationalstaaten durch Hilfsgelder in bisher ungekannter Höhe, um den Finanzsektor vor dem vollkommenen Zusammenbruch zu bewahren. Für viele Privatanleger weltweit bedeutete die Subprime-Krise den Verlust all ihrer Ersparnisse.

2. **Nennen Sie unterschiedliche Voraussetzungen, die die Globalisierung erst möglich gemacht haben.**

3. **Stellen Sie dar, welche Veränderungen im Wirtschaftsgeschehen durch die Globalisierung ausgelöst wurden.**

4. **Unternehmen agieren heute global, die Macht der Nationalstaaten endet in den meisten Fällen an den Staatsgrenzen. Erläutern Sie mithilfe des Darstellungstextes, M 2 und dem Text zur Subprime-Krise Probleme, die aus diesen Rahmenbedingungen hervorgehen.**

5. **Überprüfen Sie anhand des Darstellungstextes und M 3, inwieweit es gerechtfertigt ist, den Globalisierungsbegriff auch auf andere Bereiche auszudehnen.**

Zwischen Aufschwung und Krise

Wirtschaft in Ost- und Westdeutschland

→ S. 60–61

Wohlstand – eine neue Erfahrung für alle nach dem Krieg?

Nach dem Zweiten Weltkrieg strebten beide deutsche Staaten mit ihren Wirtschaftssystemen die Überwindung von Armut an. Anders als in der DDR führten jedoch nur in der BRD und anderen Staaten des Westens durch rasant steigende Produktionszahlen, marktwirtschaftliche Zugänge zu Waren (z. B. zu Kühlschränken, Autos oder Reisen) und sprungartig wachsende Löhne zu einer neuartigen **Boom**-Erfahrung. Selbst die „soziale Frage“ der frühen Industriegesellschaften schien nun in Westeuropa überwunden zu sein. Wer sich den Leistungsanforderungen in der Arbeitswelt stellte, konnte nicht nur als Wähler, sondern auch als Konsument aktiv am gesellschaftlichen Leben teilhaben. Ist die Frage nach dem gesellschaftlichen Zusammenhalt also eine reine Wohlstandsfrage? Besonders für die DDR war die Etablierung erfolgreicher **Konsumgesellschaften** im Westen eine bedrohliche Perspektive, da sie nicht in gleichem Maße prosperierte.

→ S. 62–65

Markt- oder Zentralverwaltungswirtschaft: Wer agiert – und mit welchem Ziel?

In der BRD war 1948 die politische Entscheidung für die **soziale Marktwirtschaft** gefallen. Ein staatlich gesetzter Ordnungsrahmen sollte fairen Wettbewerb garantieren und unsoziale Entwicklungen wie Arbeitslosigkeit bestmöglich eindämmen. Die Verteilung der Gewinne war im Wesentlichen Vereinbarungen zwischen Unternehmern und Gewerkschaften überlassen. Was der Staat durch Steuern einnahm, diente auch der sozialen Fürsorge. In der DDR dagegen war der Staat die prägende wirtschaftliche Macht. Die **Zentralverwaltungswirtschaft**, in der eine staatliche Bürokratie Produktion und Verteilung der Produkte steuerte, schien vor dem Hintergrund der historischen Erfahrung am besten geeignet, das Aufkommen großer gesellschaftlicher Krisen zu verhindern. Im ersten **Fünfjahresplan** der DDR für die Jahre 1951–1955 wurde zunächst zuungunsten der Konsumgüterindustrie das **Primat der Schwerindustrie** verfügt. Das Ziel des Fünfjahresplans, die Fürsorge des Staates im Interesse aller umzusetzen, wurde jedoch nicht erfüllt. Der Reichtum, den der Staat verteilen wollte, wurde nicht erzeugt.

→ S. 66–73

Angleichung oder Gleichheit?

Die BRD verpflichtete sich, als **Sozialstaat** materielle Nöte ihrer Bürgerinnen und Bürger nicht zu ignorieren. Gerade in den ersten beiden Jahrzehnten ihres Bestehens schienen privates Gewinnstreben und staatliche Unterstützung miteinander zu harmonieren. Die Durchsetzung z. B. des Lastenausgleichs und die Neuregelung der Rente verbesserte zwar die Situation vieler Menschen, festigte aber Gesellschaftsstrukturen, zu denen soziale Ungleichheit gehörte. Mit steigendem Wohlstand der Bevölkerung in der BRD verbreitete sich die Vorstellung, in einer **„nivellierten Mittelstandsgesellschaft“** zu leben. Einkommensgarantien im Sinne kollektiver Existenzsicherung, wie sie die DDR als Aufgabe des Staates definierte, wurden in der BRD als Maßnahmen eines **Versorgungsstaates** abgewertet, weil sie mit den Idealen liberalen Wirtschaftens nicht in Einklang zu bringen waren.
Die DDR verstand sich dagegen als **Arbeiter- und Bauernstaat** und versprach denen, die durch produktive Arbeit am Aufbau des Staates teilhatten, einen festen Platz in der Gesellschaft. Für den gesellschaftlichen Aufbau war sie auf den Einsatz möglichst aller Arbeitskräfte angewiesen und garantierte in ihrer Verfassung ein **Recht auf Arbeit**. Wer aber nicht mehr arbeitete oder als unproduktiv wahrgenommen wurde, konnte – wie etwa Rentnerinnen und Rentner – an den Rand der DDR-Gesellschaft geraten.

Als vor allem in den 1970er-Jahren in der BRD konjunkturell bedingte Wirtschaftskrisen einsetzten, erschien das bisher erlebte Ideal der **Vollbeschäftigung** plötzlich als Illusion. Um Massenarbeitslosigkeit zu verhindern und das erreichte harmonische Zusammenspiel von arbeitenden und kapitalbesitzenden Menschen zu erhalten, das für die politische Kultur der BRD eine große Rolle spielte, reagierte die Regierung nun mit einer Wirtschaftspolitik, die dem **Keynesianismus** verpflichtet war, auf die Krise. Gegen die Gebote des freien Marktes sollte der Staat nun zu einem Akteur werden, der sich verpflichtete, nicht vollständig, aber möglichst umfassend individuelle Wohlstands- und Konsummöglichkeiten zu bewahren.

→ S. 76–77

Neoliberalismus – eine Lösung nach dem Ende des „Golden Age"?

Die Zeit des „Golden Age" oder „Wirtschaftswunders" der 1950er- und 1960er-Jahre, in der wirtschaftliche Krisen mit all ihren negativen Begleiterscheinungen für die Zeitgenossen in Westeuropa Geschichte zu sein schienen, wäre ohne Erdöl nicht denkbar gewesen. Für die Wirtschaft des 20. Jahrhundert war dieser Rohstoff so prägend wie kein zweiter. Verwendung fand er nicht nur als Brennmaterial, sondern auch als Ausgangsstoff für viele Produkte des Industriezeitalters.

Groß war jedoch die Schockwirkung, als sich zu Beginn der 1970er-Jahre in Westeuropa und Nordamerika das **Ende des „Golden Age"** abzeichnete. Mehrere Entwicklungen hatten die Wirtschaft schwer getroffen: Der Wiederaufbau nach dem Zweiten Weltkrieg weitgehend abgeschlossen, das System der festen Wechselkurse brach zusammen und politische Krisen im Nahen Osten lösten die Verknappung des Rohstoffs Erdöl auf dem Weltmarkt aus. Politik und Wirtschaft mussten lernen, mit neuen Phänomenen wie der **Stagflation** umzugehen. Auch die sozialen Verwerfungen waren groß. In Westdeutschland entwickelte sich eine **Sockelarbeitslosigkeit** und man sah sich mit der Gefahr einer dauerhaften Verarmung eines Teils der Gesellschaft (**„Zwei-Drittel-Gesellschaft"**) konfrontiert.

Die wirtschaftlichen Krisen der 1970er- und 1980er-Jahre diskreditierten den Keynesianismus schrittweise und führten zu einem Aufleben des **Neoliberalismus** und dem damit verbundenen freieren Wirken der Marktkräfte.

→ S. 80–85

Digitalisierung und Globalisierung – nicht nur wirtschaftliche Auswirkungen?

Die Wirtschaftskrisen der 1970er- und 1980er-Jahre förderten den **Strukturwandel** in Westeuropa. Vor allem die auf Kohle basierende Schwerindustrie und der Bergbau wurden immer unrentabler, mehr und mehr Zechen wurden geschlossen. Gleichzeitig nahm die Bedeutung des Dienstleistungsbereichs stetig zu. Dieser wurde zum wichtigsten Wirtschaftszweig in Deutschland. Die 1980er-Jahre brachten im Zuge des Neoliberalismus auch die Privatisierung von Staatsunternehmen und die Deregulierung vieler Wirtschaftsbereiche mit sich. Die Entstehung großer **transnationaler Konzerne** und hochmobiler **Finanzmärkte** im Zuge einer **beschleunigten Globalisierung** war die Folge – eine Entwicklung, die ab Ende der 1990er-Jahre zu einer Reihe von Finanz- und Wirtschaftskrisen führte. Um die Jahrtausendwende verhalfen technische Innovationen im Bereich der Informationstechnologie der **Digitalisierung** zum Durchbruch. Mit diesem **Strukturwandel** nahm die Bedeutung von app- und internetbasierten Unternehmen deutlich zu. Anpassungen auch im Dienstleistungsbereich waren die Folge.

Der Prozess der Globalisierung blieb nicht auf den wirtschaftlichen Bereich beschränkt. So stellt die zunehmende **Migration** aufgrund zunehmender Verarmung zahlreicher Volkswirtschaften heute ein grenzüberschreitendes, globales Problemfeld dar.

→ S. 88–93

Proteste und staatliche Reaktionen

Streben nach Bürgerbeteiligung seit 1945

Nach 1945 brachten sich Bürgerinnen und Bürger verstärkt in die Politik und das gesellschaftliche Leben ein. In Westeuropa und den USA entstanden Protestbewegungen, die 1968 einen Höhepunkt hatten. Es kam zu Konflikten innerhalb der Gesellschaften und mit den staatlichen Obrigkeiten, doch daraus entwickelte sich ein neues Verständnis vom Zusammenleben in der Demokratie. Auch im kommunistischen Osteuropa protestierten Menschen – unter autoritären Bedingungen. Sie forderten mehr Freiheiten und Reformen. In der DDR, Polen, Ungarn und der Tschechoslowakei kam es zu Unruhen, die mit Gewalt niedergeschlagen wurden. Welche Themen haben Menschen in West und Ost dazu bewegt, Protest zu üben? Welche Formen wählten sie? Wie reagierten die Machthaber? Wie prägen diese historischen Entwicklungen unsere Gegenwart? Mit diesen Fragen setzt sich das folgende Kapitel auseinander.

Abbildungen

- Banksy: „Love Is In The Air". Der Künstler brachte das großformatige Schablonengraffiti (Stencil) erstmals 2005 in der palästinensischen Kleinstadt Beit Sahur im Westjordanland an. Er protestierte mit seinem Werk gegen die Errichtung der 760 km langen Mauer durch den israelischen Staat, die das Westjordanland „zum größten Gefängnis der Welt" mache. Das Motiv des Blumenwerfers ist ikonisch geworden und vielfach verbreitet. (kleine Fotos von oben nach unten)
- November 1954, München: Junge Männer protestieren gegen die Wiederbewaffnung und die Einführung der Wehrpflicht in der BRD.
- August 1961, Ostberlin: Während des Mauerbaus in der Bernauer Straße fliehen Anwohner in den Westteil der Stadt.
- Mai 1968, Paris: Proteste von Studierenden – u.a. für bessere Studienbedingungen und gegen den Vietnamkrieg – eskalieren und münden in einen wochenlangen Generalstreik.
- August 1968, Bratislava: Ein Mann im Schlafanzug stellt sich einem sowjetischen Panzer provokativ entgegen. Nachdem die kommunistische Regierung der Tschechoslowakei im Frühjahr Reformen angekündigt hatte, beendet im August das Eingreifen sowjetischer Truppen den neuen Regierungskurs.

Auf dem Weg zur Zivilgesellschaft?

Der Anspruch auf Partizipation

Was ist eine Zivilgesellschaft?

Seit der Antike partizipieren Menschen am politischen und gesellschaftlichen Geschehen. In der Aufklärung des 18. Jahrhunderts entwickelte sich das normative Konzept der bürgerlichen Gesellschaft, in der freie und mündige Bürgerinnen und Bürger selbstständig und auf Vernunft basierend die Verhältnisse regeln. Insbesondere nach 1945 weitete sich die Idee zum Konzept der Zivilgesellschaft aus, das von einem umfassenderen und weltweiten Anspruch der Bürgerinnen und Bürger auf Partizipation ausgeht. Zivilgesellschaft sei ein „Ensemble von freiwilligen und nicht-staatlichen Zusammenschlüssen von Bürgerinnen und Bürgern, die in eigener Regie gesellschaftliche Aufgaben wahrnehmen oder sich anwaltschaftlich für kollektive Güter bzw. unterprivilegierte Gruppen einsetzen", definiert der Soziologe Dieter Rucht. Als wichtige Träger von Zivilgesellschaft nennt er Vereine, Verbände, Kirchen, Stiftungen, Bürgerinitiativen, soziale Bewegungen, zuweilen auch Unternehmen, die diese Ziele verfolgen.

M 1 Beteiligung: a) Werbung von Fußballfans für den Bürgerentscheid zum Bau eines neuen Stadions in Freiburg, 31. Januar 2015 und b) Fridays-for-Future-Demonstration in Stuttgart 2019

1. Nennen Sie ausgehend vom Darstellungstext aus Ihrer eigenen Erfahrung Beispiele für Zivilgesellschaft.

2. Erarbeiten Sie ausgehend von den Fotos (S. 96–98) mögliche Chancen und Probleme einer Zivilgesellschaft.

3. a) Vergleichen Sie die Verwendung des Begriffs „Zivilgesellschaft" in M 2 und M 3 und nehmen Sie dazu Stellung.
   b) Diskutieren Sie, inwieweit die gegenwärtige deutsche Gesellschaft als Zivilgesellschaft bezeichnet werden kann.
   c) Beurteilen Sie die Bedeutung der Zivilgesellschaft für die Demokratie.

4. a) Setzen Sie sich in Gruppen arbeitsteilig mit folgenden Themen der S. 100–113 auseinander:
   - Proteste gegen die Wiederbewaffnung,
   - „68er-Bewegung",
   - Aufstand des 17. Juni 1953,
   - Republikflucht und Mauerbau,
   - „Prager Frühling" sowie
   - (im Leistungsfach) mit dem Aufstand in Ungarn 1956.

   b) Vergleichen Sie die Proteste in West- und Osteuropa und die Reaktionen auf den Protest. Erarbeiten Sie hierzu zunächst geeignete Vergleichskriterien.
   c) Bewerten Sie die Protestbewegungen.

5. Erörtern Sie nach Bearbeitung des Gesamtkapitels, ob sich in West- und Osteuropa nach 1945 Zivilgesellschaften herausgebildet haben.

M2 Was ist Zivilgesellschaft?

Der Soziologe Dieter Rucht führte 2001 aus:

a) Es gibt Begriffe, die in bestimmten raum-zeitlichen Kontexten eine erstaunliche Erfolgsgeschichte aufweisen und viele Debatten in ihren Bann schlagen. [...] Das trifft auch auf den vor allem seit der Aufklärung wichtig gewordenen Begriff der Zivilgesellschaft zu. Er erlangte in den Siebziger- und Achtzigerjahren des vergangenen Jahrhunderts in Osteuropa, danach auch in anderen Regionen eine neue Blüte. Warum die Idee von Zivilgesellschaft für osteuropäische Dissidenten und Bürgerbewegungen attraktiv war, liegt auf der Hand. Der Staat war allmächtig, suchte alle gesellschaftlichen Kräfte zu kontrollieren und insbesondere deren kritische Regungen zu ersticken, obgleich er sich als Demokratie bezeichnete. In dieser Situation bildete Zivilgesellschaft – und nicht so sehr Demokratie – den ideellen Gegenpol zur Realität des Staates, war Hoffnung und Versprechen vor allem für eine freie, d.h. vor staatlichen Übergriffen geschützte Gesellschaft. [...].

b) Das Konzept Zivilgesellschaft birgt einen [...] Doppelcharakter in sich. Es bezeichnet einerseits [...] die Sphäre des Nicht-Staatlichen. [...] Anderseits ist Zivilgesellschaft, und dies schon seit dem Beginn der Wortschöpfung, ein normativer Begriff. Seit der Aufklärung bezeichnet Zivilgesellschaft eine Idee, ein Programm, ein uneingelöstes Versprechen. [...]
Die Berufung auf die Zivilgesellschaft in heutigen politischen Diskussionen erfolgt zumeist im Sinne eines Appells: Die als Potenzial unterstellten Kräfte der Zivilgesellschaft werden angerufen, drängende Probleme zu lösen oder zu lindern, um Dinge zum Besseren zu wenden. [...] Zivilgesellschaft bildet eine notwendige, aber keine hinreichende Bedingung von Demokratie; sie sollte mit dieser nicht verwechselt werden. Demokratie ist vorrangig eine politische Form, die formelle Institutionalisierung verlangt. Anders verhält es sich mit Zivilgesellschaft. [...] Zivilgesellschaft ist weder in ihrer tatsächlichen Existenz noch als regulative Idee ein unverrückbarer Besitzstand. Eine normativen Maßstäben genügende Zivilgesellschaft bleibt eine ständige Herausforderung; sie muss demzufolge auch von jeder Generation neu definiert und gelebt werden.

Zit. nach: www.wzb.eu/system/files/docs/sv/iuk/rucht01_zivilgesesellschaft.pdf, S. 1, 3–6 (22.06.2021)

M3 Wer gehört zur Zivilgesellschaft?

Der Politikwissenschaftler Edgar Grande schrieb 2021:

Wer gehört nun aber konkret zur Zivilgesellschaft? Die österreichische Tageszeitung „DER STANDARD“ hat auf diese Frage unlängst eine aufschlussreiche Antwort gegeben: „Flüchtlingshelfer, Protestversammler, politische Aktivisten, Umweltschützer – sie zählen zur Zivilgesellschaft und springen ein, wenn Parteien und Staat versagen“ (DER STANDARD, 30.09.2018). In dieser Antwort zeigt sich ein zwar aktuelles, aber doch sehr enges, von starken normativen Vorannahmen und Erwartungen geprägtes Verständnis von Zivilgesellschaft. Darin gilt die Zivilgesellschaft per Definition als gemeinwohlorientiert, dem politischen Protest werden umstandslos emanzipatorische Wirkungen zugeschrieben und politische Beteiligung gilt eindeutig als demokratiefördernd. Die Zivilgesellschaft gilt nach diesem Verständnis als „gelungene Gesellschaft“ [...].
Ist das so? Bei genauerer Betrachtung zeigt sich, dass in der Zivilgesellschaft die Pluralität, das gesamte Spektrum von Werten, Zielen, Akteuren und Handlungsformen in einer Gesellschaft zum Ausdruck kommt. Das schließt mit ein, dass auch die Zivilgesellschaft ihre Schattenseiten haben kann, ob das lokale Initiativgruppen sind, in denen die Eigeninteressen von Anwohnern dominieren, sei es gegen neue Straßen, gegen Mobilfunkmasten, gegen Windräder oder anderes mehr, oder ob das nationalistische und ausländerfeindliche Proteste wie Pegida sind. Die „schmutzige Seite“ [...] der Zivilgesellschaft zeigt sich an vielen Stellen und sie ist kein neues Phänomen. [...] Daraus folgt auch, dass die „Zivilgesellschaft“ nicht nur ein Akteur oder ein Netzwerk von Akteuren ist, sondern dass sie auch eine Arena, ein Kampfplatz sein kann, wo unterschiedliche Ziele, Interessen und Wertvorstellungen aufeinanderprallen; wo gesellschaftliche Konflikte ausgetragen – und im besten Fall auch beigelegt werden.

Edgar Grande: Wie wichtig ist die Zivilgesellschaft? Einführende Bemerkungen, in: Clara van den Berg (u.a.): Zivilgesellschaft in der Bundesrepublik Deutschland. Aufbrüche, Umbrüche, Ausblicke, Bielefeld 2021, S. 13–19, hier: S. 14 f.

Dissident (von lateinisch: dissidere „auseinandersitzen, nicht übereinstimmen“): Bezeichnung für Systemkritiker in autoritären Staaten. Der Begriff wurde ab den 1970er-Jahren insbesondere für Oppositionelle in den kommunistischen Staaten verwendet.

Pegida: Kurzform für „Patriotische Europäer gegen die Islamisierung des Abendlandes“. 2014 entstandene, fremden- und islamfeindliche Organisation, die mit Demonstrationen in die Öffentlichkeit tritt

Proteste – ein Weg zur Zivilgesellschaft?

Der Umgang mit Protesten in der BRD und in Westeuropa 1949–1968

M 1 Ein wütender Berliner entreißt einem Demonstranten eine rote Fahne, 1. Mai 1968

1. Entwickeln Sie anhand von M 1 Hypothesen zu Protesten von Bürgerinnen und Bürgern in der Bundesrepublik.

Die 1950er: Proteste gegen die Wiederbewaffnung

Mit dem Grundgesetz von 1949 war die Bundesrepublik als repräsentative Demokratie gegründet worden. Politische Entscheidungsfindung sollte vor allem in den Parlamenten stattfinden. Dennoch nutzten Bürgerinnen und Bürger schon in den 1950er-Jahren auch außerhalb der Parlamente die Möglichkeiten der vom Grundgesetz garantierten Meinungs-, Presse- und Versammlungsfreiheit, um für ihre Anliegen zu kämpfen. Besonders heftig drehten sich die politischen Debatten anfangs um die Gründung und Aufrüstung der Bundeswehr: Nach dem Potsdamer Abkommen war Deutschland entmilitarisiert. Aber spätestens als 1950 der Koreakrieg begann, der mit enormen Kosten verbunden war und auch in Europa Kriegsängste auslöste, wollten die USA, dass sich die Bundesrepublik im 1949 gegründeten westlichen Militärbündnis, der NATO, engagierte. Bundeskanzler Adenauer erkannte seinerseits die Möglichkeit, als Gegenleistung für einen Militärbeitrag die Souveränität der BRD zu erreichen. Das aber warf die Frage nach der **Wiederbewaffnung** der BRD auf, die nicht nur im europäischen Ausland auf Widerstand traf.

In der Bundesrepublik bildete sich gegen die Pläne der Wiederbewaffnung eine pazifistische Bewegung, die sogenannte „Ohne mich"-Bewegung, heraus, die vor allem Demonstrationen und Kongresse veranstaltete. Doch auch darüber hinaus gab es Proteste:

- Bundesinnenminister Gustav Heinemann trat im Streit mit Bundeskanzler Adenauer aus der CDU aus und gründete die Gesamtdeutsche Volkspartei, die bei Wahlen aber erfolglos blieb.
- Der evangelische Theologe Martin Niemöller initiierte eine Volksbefragung gegen die Wiederbewaffnung. Zwar wurde sie vom Bundesinnenministerium wegen vermuteter kommunistischer Unterwanderung verboten, erbrachte bis 1951 aber fast sechs Millionen Unterschriften.
- Im Januar 1955 fand in der Frankfurter Paulskirche eine Veranstaltung von SPD, Gewerkschaften, Christen und Intellektuellen statt. Sie protestierten mit dem „Deutschen Manifest" (M 2).

Letztlich aber scheiterten die Proteste: In den Pariser Verträgen von 1955 trat die Bundesrepublik Deutschland der NATO bei – und erhielt weitgehende Souveränität. 1956 rückten die ersten Soldaten der neu gegründeten „Bundeswehr" in die Kasernen ein. Aber die Proteste gegen die Wiederbewaffnung hatten dazu beigetragen, dass die Bundeswehr Teil der demokratischen Gesellschaft werden sollte: Sie wurde unter die Führung von Bundestag und Bundesregierung gestellt. Die Soldaten sollten „Staatsbürger in Uniform" sein.

Als die Bundesregierung jedoch bald darauf plante, die Bundeswehr mit Atomwaffen auszurüsten, entwickelte sich eine weitere Protestbewegung: „Kampf dem Atomtod!" Sie war eingebettet in Anti-Atomwaffen-Bewegungen, die von Großbritannien ausgehend Ende der 1950er-Jahre in ganz Westeuropa entstanden. Die Kampagne „Kampf dem Atomtod!" mobilisierte deutlich mehr Menschen als die Proteste gegen die Wiederbewaffnung einige Jahre zuvor, denn in Zeiten des nuklearen Wettrüstens war die Angst vor einem Atomkrieg groß. Die Bewegung erfuhr aber auch deshalb viel Zuspruch, weil sie von prominenten Wissenschaftlern unterstützt wurde. 1957 protestierten im „Göttinger Manifest“ 18 Naturwissenschaftler, darunter Atomphysiker wie Otto Hahn und Werner Heisenberg, gegen die nuklare Bewaffnung der Bundeswehr. Die Proteste gingen auch weiter, nachdem der Bundestag die Atombewaffnung der Bundeswehr beschlossen hatte. Erst als die NATO im Dezember 1958 entschied, dass allein den USA die Verfügungsgewalt für die in Westdeutschland stationierten Atomwaffen vorbehalten sei, endete die Kampagne. Aber aus ihr entwickelte sich nach britischem Vorbild die Ostermarschbewegung für Abrüstung, die eine Wurzel für die in den 1960er-Jahren zunehmenden politischen Proteste wurde.

Die 1960er: Gesellschaftlicher Aufbruch

Seit Mitte der 1960er-Jahre erhielten Protestbewegungen weltweit Zulauf: Neue Themen kamen hinzu, die Proteste internationalisierten sich. 1968 fand die Bewegung ihren Höhepunkt – in der ganzen westlichen Welt und darüber hinaus., z. B. auch in Lateinamerika. „68“ wurde zum Mythos und steht je nach Sichtweise für mehr Demokratie und individuelle Freiheit oder für Werteverfall. Vorreiter war neben der Friedensbewegung auch die Bürgerrechtsbewegung in den USA um Martin Luther King.

Deutsches Manifest

Aus ernster Sorge um die Wiedervereinigung Deutschlands sind wir überzeugt, daß jetzt die Stunde gekommen ist, Volk und Regierung in feierlicher Form zu entschlossenem Widerstand gegen die sich immer stärker abzeichnenden Tendenzen einer endgültigen Zerreißung unseres Volkes aufzurufen.

Die Antwort auf die deutsche Schicksalsfrage der Gegenwart—ob unser Volk in Frieden und Freiheit wiedervereinigt werden kann oder ob es in dem unnatürlichen Zustand der staatlichen Aufspaltung und einer fortschreitenden menschlichen Entfremdung leben muß—, hängt heute in erster Linie von der Entscheidung über die Pariser Verträge ab.

Die Aufstellung deutscher Streitkräfte in der Bundesrepublik und in der Sowjetzone muß die Chancen der Wiedervereinigung für unabsehbare Zeit auslöschen und die Spannung zwischen Ost und West verstärken. Eine solche Maßnahme würde die Gewissensnot großer Teile unseres Volkes unerträglich steigern. Das furchtbare Schicksal, daß sich die Geschwister einer Familie in verschiedenen Armeen mit der Waffe in der Hand gegenüberstehen, würde Wirklichkeit werden.

In dieser Stunde muß jede Stimme, die sich frei erheben darf, zu einem unüberhörbaren Warnruf vor dieser Entwicklung werden. Unermeßlich wäre die Verantwortung derer, die die große Gefahr nicht sehen, daß durch die Ratifizierung der Pariser Verträge die Tür zu Viermächteverhandlungen über die Wiederherstellung der Einheit Deutschlands in Freiheit zugeschlagen wird.

Wir appellieren an Bundestag und Bundesregierung, alle nur möglichen Anstrengungen zu machen, damit die vier Besatzungsmächte dem Willen unseres Volkes zur Einheit Rechnung tragen.

Die Verständigung über eine Viermächte-Vereinbarung zur Wiedervereinigung muß vor der militärischen Blockbildung den Vorrang haben. Es können und müssen die Bedingungen gefunden werden, die für Deutschland und seine Nachbarn annehmbar sind, um durch Deutschlands Wiedervereinigung das friedliche Zusammenleben der Nationen Europas zu sichern.

Das deutsche Volk hat ein Recht auf seine Wiedervereinigung!

(Helmut Gollwitzer) (Dr. Heinemann) (J. Hessen) (Ernst Lange)

(E. Ollenhauer) (Reuter) (Alfred Weber)

M2 Das 1955 veröffentlichte „Deutsche Manifest“ als Plakatmotiv

M3 (links) Martin Luther King am 28. August 1963 bei seiner „I Have a Dream“-Rede am Lincoln Memorial in Washington D.C.

Zwar entwickelte die **68er-Bewegung** in jedem Land eigene Ausprägungen, doch gab es auch Verbindendes. Hierzu zählte der Protest gegen den Vietnamkrieg. Die Kriegsführung der Amerikaner wurde als Widerspruch zur selbst verkündeten Rolle als Verteidiger der Freiheit bewertet und stieß nicht nur im eigenen Land auf entschiedenen Widerstand. Gemeinsam war den Protesten auch, dass sie als Generationenkonflikt wahrgenommen wurden. Es waren vor allem junge Menschen, Studierende, Auszubildende, Schülerinnen und Schüler, die gegen die Werte der Eltern aufbegehrten. Dennoch trugen viele Ältere die Veränderungen mit. Gerade Intellektuelle, aber auch die Gewerkschaften zählten zu den Vorreitern der Protestbewegung.

M4 9. November 1967: Studenten protestieren bei der Übergabe des Rektorats der Universität Hamburg.

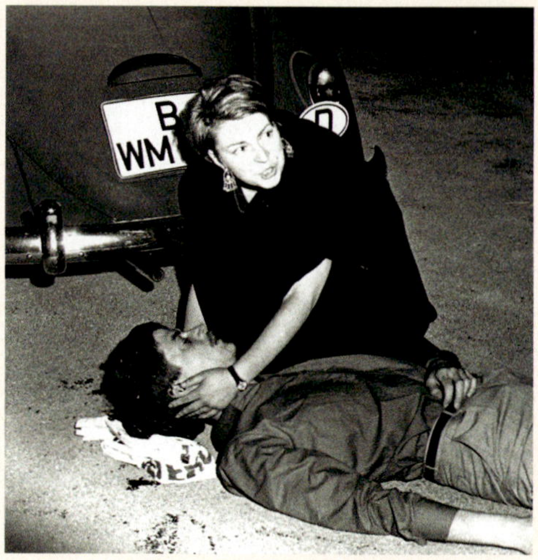

M6 2. Juni 1967: Bei einer Demonstration in Berlin wird der Student Benno Ohnesorg von einem Polizisten erschossen.

M5 Das Porträt Che Guevaras auf einer roten Fahne. Als Guerillaführer war er an der kubanischen Revolution beteiligt, die 1959 zum Sturz des Diktators Batista geführt hatte. Unter dem Bildnis sein Kampfruf: „Hasta la Victoria Siempre!" („Immer bis zum Sieg")

Forderungen der „68er"

Im Wesentlichen zielte die Bewegung der „68er" auf gesellschaftliche Liberalisierung: Zum einen richtete sie sich gegen den Widerspruch zwischen Demokratie als Staatsform und autoritären Strukturen im Alltag. Deshalb sollte die gesamte Gesellschaft demokratisiert werden. Autoritäre Strukturen etwa in den Familien, den Schulen, den Universitäten, den Betrieben wurden kritisiert und Formen der Mitbestimmung diskutiert. Zum anderen sollte der einzelne Mensch freier über sein Leben entscheiden können. Alte Moralvorstellungen – gerade im Bereich der Erziehung, der Sexualität und der Geschlechterrollen – wurden hinterfragt. Es gab Experimente mit Lebensformen außerhalb der Kleinfamilien in sogenannten Kommunen. Sexuelle Tabus wurden gezielt gebrochen. „68" war nicht zuletzt ein Lebensgefühl, das sich auch in neuen Musikstilen mit Stars wie Bob Dylan und Moden wie langen Haaren bei Männern offenbarte. Vorbild war die Hippie-Bewegung in den USA.

In Westdeutschland heizten zwei Besonderheiten die Proteste an: Erstens war die deutsche Gesellschaft durch die NS-Zeit belastet. Die Protestbewegung prangerte die NS-Vergangenheit vieler hoher Funktionsträger in der BRD als Beleg für den autoritären Charakter des Staates an. Zweitens regierte zwischen 1966 und 1969 eine Große Koalition aus CDU und SPD. Sie konnte sich im Bundestag auf eine Mehrheit von 447 stimmberechtigten Abgeordneten stützen, denen eine Opposition von nur 49 FDP-Abgeordneten gegenüberstand. Das förderte die Sorgen vieler vor einem autoritären Staat. Angesichts des mangelnden Einflusses der Opposition im Parlament bildete sich eine „außerparlamentarische Opposition" heraus, „APO", so die Eigenbezeichnung der Bewegung.

In der BRD waren Studierende, die Reformen an den Universitäten einforderten, Vorreiter der Bewegung, sodass „68" auch als Studentenbewegung bezeichnet wird. Sie griffen auf marxistische Ansätze zurück, um die aus ihrer Sicht verkrusteten Strukturen der „bürgerlichen Gesellschaft" zu erklären. Der Sozialistische Deutsche Studentenbund (SDS) unter ihrem Wortführer Rudi Dutschke bildete die Spitze der westdeutschen Studentenbewegung. Kommunistische Anführer wie der Argentinier Ernesto „Che" Guevara (M5), der nordvietnamesische Präsident Ho Chi Minh (→ S. 215) oder der chinesische Diktator Mao Zedong galten vielen 68ern als Vorkämpfer des Widerstands gegen den Kapitalismus. Dabei standen deren politische Konzepte im Widerspruch zu den demokratischen und liberalen Vorstellungen weiter Teile der Protestbewegung.

M 7 Die Berliner „Kommune 1" im Juni 1967, Foto von Thomas Hesterberg

Die Wohngemeinschaft „Kommune 1" in Westberlin sorgte mit provokanten Aktionen für Aufsehen, ihre Bewohner wurden zu Popstars der 68er-Bewegung. In diesem berühmten Foto, das in den Tagen nach der Tötung von Benno Ohnesorg entstand, inszenierten sich die Kommunarden als Opfer einer Polizeirazzia. Vor allem aber wurde es zum Sinnbild der „sexuellen Revolution". Mit ihrer öffentlich zur Schau gestellten Nacktheit schienen sie ihren Ruf einer Wohngemeinschaft zu bestätigen, in der „freie Liebe" praktiziert wurde. Dabei war ihnen die Nacktheit selbst unangenehm, wie weitere Bilder zeigen. Nach dem Foto zogen sie ihre Kleidung sofort wieder an. Das Leben in der Kommune 1 war viel „braver", als die Öffentlichkeit glaubte.

Radikalisierung

Als am 2. Juni 1967 Studierende gegen den Besuch des vom Westen unterstützten, diktatorisch regierenden Schah von Persien in Westberlin demonstrierten, wurde der Student Benno Ohnesorg von einem Polizisten erschossen – und das Foto des Sterbenden (M 6) massenhaft verbreitet. Vielen schien es als Beweis, dass die BRD ein autoritärer Polizeistaat sei. Dies war ein Auslöser für die Radikalisierung der Protestbewegung. Nur Monate später, im April 1968, wurde Rudi Dutschke von einem rechtsextremen Attentäter schwer verletzt, was zu gewalttätigen Unruhen führte. Kurz darauf, im Mai 1968, beschloss der Bundestag sogenannte Notstandsgesetze, die der Bundesregierung bei inneren Unruhen Eingriffe in die Grundrechte ermöglichten. Die Protestbewegung veranstaltete in ganz Westdeutschland Großdemonstrationen gegen diese Gesetze, die aus ihrer Sicht die Demokratie bedrohten. Viele verglichen die Notstandsgesetze mit dem Artikel 48 der Weimarer Verfassung (Notverordnung) oder dem Ermächtigungsgesetz von 1933. Zeitgleich eskalierten in Paris Proteste zu einer bürgerkriegsartigen Situation. Anders als in der Bundesrepublik hatten sich hier Studierende und Arbeiter zusammengeschlossen.

Die Protestbewegung stieß auf erheblichen Widerstand der Konservativen. Hippies wurden als „Gammler" abqualifiziert, Demonstrationen zogen Gegendemonstrationen nach sich. Den marxistischen Vordenkern der Bewegung wie dem SDS wurde von der konservativen Presse wie den Zeitungen aus dem Springer-Verlag vorgeworfen, „Linksterror" zu betreiben und mit den Diktaturen im Ostblock zu sympathisieren. Die Intensität der Auseinandersetzungen hatte auch mit den bewusst provokanten Protestformen zu tun. Mit gezielten Regelbrüchen – z. B. mit „Sit-ins", also Sitzstreiks, oder mit Provokationen durch sexuelle Freizügigkeit – forderte die Jugendbewegung das „Establishment" heraus.

„Wertewandel"

Nach 1968 flauten die Proteste ab. Aber viele ihrer Akteure trugen die Ideen in ihren Alltag und veränderten so die Gesellschaft erheblich. Sozialwissenschaftler nannten diese Entwicklung „**Wertewandel**". Zwar setzten sich die radikalsten Ansätze nicht durch, aber Mitbestimmung und Diskussion ersetzten allmählich autoritäre Lösungen. Die Gesellschaft wurde liberaler, ließ neue Lebensformen wie Wohngemeinschaften zu und ging offener mit Sexualität um. Auch die Rollen der Geschlechter veränderten sich zunehmend. Dennoch blieb Kritik am Wertewandel, der von konservativer Seite als Werteverlust gedeutet wurde.

M 8 Rudi Dutschke bei einer Rede im Februar 1968. Eine Außensicht auf Dutschke gibt der unter dem Webcode **WES-116793-007** abrufbare Wochenschau-Film wieder. Wochenschau-Filme zeigten aktuelle Ereignisse im Kino-Vorprogramm.

M9 „Wilhelminischer Geist"

Aus der Abiturrede eines Schülers im Jahr 1968

Dies ist der Form nach ein demokratischer Staat. Demokratie bedeutet die aktive Teilnahme am gesellschaftlichen Leben und die selbstständige Gestaltung desselben durch die Bürger, das heißt auch: Gesellschaft ist ein Prozess, kein Zustand. Doch unser Staat ist eben nur der Form nach demokratisch [...], es besteht eine Diskrepanz zwischen geschriebener Verfassung und Verfassungswirklichkeit, der Durchschnittsbürger, die große Masse verharrt in politischer Lethargie [...].

An diesem bedauernswerten Zustand unserer Gesellschaft hat die Schule zum großen Teil Mitschuld. Unser Schulsystem und das Bildungsideal unserer Schule entspricht noch dem des Obrigkeitsstaates der wilhelminischen Zeit. Die Aufgabe der Schule bestand damals in der „Heranzüchtung" von loyalen, pflichtbewussten Untertanen, bereit, Volk und Kaiser widerspruchslos zu dienen. Der Ausspruch „Ruhe ist die erste Bürgerpflicht" ist auch noch heute Bestandteil unserer Erziehung. Wie soll eine autoritär strukturierte, zum Untertanendenken, zum Inaktivismus erziehende Schule von gestern demokratisch verantwortungsbewusste Staatsbürger von morgen erziehen? [...] In ihrem täglichen Ablauf müsste die Schule eine Demokratie im Kleinen sein, die Schüler müssten andauernd Demokratie praktizieren, das heißt Verantwortung tragen und das schulische Leben mitgestalten.

M10 Transparent auf einer Demonstration von Schülerinnen und Schülern in Hannover, 1968

Aber stattdessen werden die Schüler bis in die Oberstufe hinein künstlich infantil gehalten. [...] Das Problem der Demokratisierung der Schule wird nicht durch die formale Einrichtung von Schülermitverwaltungen und Schülerparlamenten – welch wunderbar demokratische Namen! – gelöst, sondern es ist eine Frage der Erziehung, der Erziehung der Schüler zu politisch aktiven, schöpferischen und demokratisch verantwortungsbewussten Menschen, nicht zu formales Wissen ausspuckenden Robotern.

Reinhard Hecht (Wilhelmi-Gymnasium, Sinsheim/Elsenz): Wihelminischer Geist in unserer Schule, in: Martin Meier-Siem (Hg.): Abiturientenreden gehalten in der Bundesrepublik, Hamburg 1969, S. 62–66

M11 Wandel von Erziehungsprinzipien
Ergebnisse von Meinungsumfragen in der BRD

„Auf welche Eigenschaften sollte die Erziehung der Kinder vor allem hinzielen: Gehorsam und Unterordnung, Ordnungsliebe und Fleiß oder Selbstständigkeit und freien Willen?"
(Angaben in Prozent; Mehrfachnennungen möglich)

	Gehorsam/ Unterordnung	Ordnungsliebe/ Fleiß	Selbstständigkeit/freier Wille	sonstige/keine Antworten
1954	28	43	28	6
1967	25	48	37	5
1974	17	44	53	5
1979	11	43	44	3

Erstellt nach: Arthur Fischer: Jugendliche und Erwachsene '85. Generationen im Vergleich Bd. 3: Jugend der fünfziger Jahre bis heute, hrsg. v. Jugendwerk der dt. Shell, Leverkusen 1985, S. 208

M12 Kreatives Spielen in einem „Kinderladen", 1972

M 13 „68“ – Mythos oder Impulsgeber für eine andere Gesellschaft?

Der britische Historiker Ian Kershaw über die Bedeutung von „68“ in Westeuropa:

Das Datum „1968“, das bei den Teilnehmern der Demonstrationen und Streiks umgehend mythische Qualität annahm, wurde über das eine Jahr hinaus zum Symbol einer Zeit eines kulturellen Wertewandels. Obwohl die Unruhen von 1968 bald verebbten, besaß ihr Erbe kein Ablaufdatum. Die antiautoritäre, egalitäre und libertäre Einstellung der 68er hatte bleibenden Einfluss. Sie spielte bei der teilweisen Demokratisierung mancher Organisationen in den folgenden Jahren eine Rolle. Die Protestbewegungen hatten den Generationenkonflikt und die emanzipatorischen Bestrebungen aufgegriffen, die schon in der Zeit davor virulent gewesen waren und noch lange nach dem Ende des Dramas von 1968 weiterwirkten. Sie waren entscheidend für die Bemühungen um eine weniger autoritäre Erziehung und ebneten der Gleichberechtigung der Geschlechter den Weg. [...]

Die 68er hegten lebendige – und in der Regel rosarot gefärbte – Erinnerungen an die große Zeit, in der sie glaubten, die bestehende Ordnung umstürzen zu können. Noch viele Jahre später waren sie überzeugt, an einem heroischen Kampf beteiligt gewesen zu sein. Viele von ihnen wurden dennoch konventionelle „Modellbürger“, manche [...] sogar hochrangige Mitglieder des „Establisments“. Gleichwohl nahmen die jungen Demonstranten und Möchtegernrevolutionäre von 1968, während sie älter wurden, ihre Werte mit sich in ihr Alltagsleben und ihre häufig profanen Berufe. Die Einstellungen, die in der Jugendrevolte jenes Jahres zum Ausdruck gekommen waren, wirkten dauerhaft nach. Gewiss entschieden sich manche dafür, sich zu entpolitisieren und von ihrer radikalen Vergangenheit zu distanzieren. Viele waren enttäuscht über eine revolutionäre Bewegung, die keine Revolution zustande gebracht hatte. Aber andere versuchten den „Kampf“ auf die eine oder andere Weise fortzusetzen, indem sie ihren Reformeifer in ihre Berufe einbrachten [....]. Sie waren „Multiplikatoren“, die dafür sorgten, dass mit der Protestbewegung nicht zugleich der Wertewandel endete.

Ian Kershaw: Achterbahn. Europa 1950 bis heute, München 2021, S. 340–342

M 14 Diese Karikatur von Karl-Heinz Schoenfeld erschien am 3. Februar 1968 mit der Bildunterschrift „Wie sich die Bilder gleichen!“ in der Berliner Ausgabe der BILD-Zeitung. Die BILD, die Berliner Morgenpost und die WELT gehörten zum Springer-Verlag, der sich 1968 gegen die Studentenbewegung positionierte.

2. a) Stellen Sie auf der Basis des Darstellungstextes und mit Bezug auf ausgewählte Bildmaterialien die Entwicklung der Proteste in der BRD von den 1950er- bis zu den späten 1960er-Jahren dar. Achten Sie dabei auf Formen, Themen, Ziele und Ergebnisse.
   b) Vergleichen Sie Formen und Themen der Proteste der 1950er- und 1960er-Jahre mit denen im heutigen Deutschland.

3. a) Die Fotos M 4, M 6 und M 7 zählen zu den bekanntesten der deutschen Studentenbewegung. Analysieren Sie ein ausgewähltes Bild.
   b) Erläutern Sie, warum es so bekannt wurde.

\+ Recherchieren Sie zur Biografie von Che Guevara und bewerten Sie seinen Status als Pop-Ikone (M 5). Beachten Sie auch M 8 a) auf S. 48.

4. a) Analysieren Sie M 9.
   b) Diskutieren Sie, ob die Schule heute demokratisch ist.

5. Bewerten Sie mithilfe von M 9–M 13 die Bedeutung der Protestbewegung für den Wertewandel seit 1968.

6. Analysieren und bewerten Sie M 14.

7. 1968: Bewegung, Revolte, Revolution? Überprüfen Sie die Eignung der Begriffe. Klären Sie zunächst ihre Bedeutungen.

Partizipation in der Diktatur?

Der Umgang mit Protesten in der DDR und in Osteuropa 1949–1968

M 1 Proteste in Ostberlin, 1953 (links), und in Prag, 1968 (rechts)

1. Formulieren Sie Hypothesen zu Form und Inhalt des Protests in Osteuropa und zu Reaktionen der Staatsmacht.

In den Staaten des Ostblocks war Protest nicht vorgesehen. Er wurde von den kommunistischen Staatsapparaten als Abweichung vom einzig richtigen, von Marx, Engels und Lenin vorgegebenen Weg angesehen und bekämpft. Dennoch gab es Proteste in den Ostblockstaaten. Sie hatten vergleichbare Ursachen, Formen und Forderungen und riefen ähnliche Reaktionen der kommunistischen Machthaber und der Sowjetunion hervor.

17. Juni 1953: Volksaufstand oder gescheiterte Revolution?

Ministerium für Staatssicherheit (MfS), auch Stasi: Geheimpolizei sowie Inlands- und Auslandsgeheimdienst der DDR. Durch eine hohe Zahl an offiziellen und inoffiziellen Mitarbeitern sorgte die Stasi für eine weitreichende Überwachung der Bevölkerung.

1952 beschloss das Politbüro der SED den „planmäßigen Aufbau des Sozialismus". Damit sollte die bereits in Gang befindliche Umwandlung der DDR nach sowjetischem Vorbild vorangetrieben werden. Innerparteiliche Kritiker des stalinistischen Kurses von Walter Ulbricht wurden aus der SED ausgeschlossen, und auch Oppositionelle außerhalb der Partei, etwa in der evangelischen Kirche oder im Kulturbetrieb, waren verstärkt Verfolgungen ausgesetzt. Das 1950 gegründete Ministerium für Staatssicherheit wurde ausgebaut. In der Bevölkerung rief aber vor allem die Wirtschaftspolitik der SED Unmut hervor:

- Gegen den Widerstand der Bauern sollten privat geführte Betriebe zu „Landwirtschaftlichen Produktionsgenossenschaften" (LPG) kollektiviert werden. Damit wurde nicht wenigen Bauern das Land wieder weggenommen, das sie nach 1945 durch Enteignungen von Großbauern erst erhalten hatten. Wer sich weigerte, wurde mit harten Strafen belegt.
- Die Industriebetriebe waren 1952 bereits zu 75 % in „Volkseigenen Betrieben" (VEB) verstaatlicht, nun wuchs der Druck auf die verbliebene Privatwirtschaft, ebenfalls in Staatseigentum überzugehen. Erschwerend kam hinzu, dass die DDR-Führung der Schwerindustrie gegenüber der Konsumgüterindustrie den Vorrang gab (→ S. 63), sodass Mangel an Waren des täglichen Bedarfs herrschte.

Die steigende Unzufriedenheit in der Bevölkerung führte dazu, dass die Fluchtbewegung in den Westen dramatische Ausmaße annahm. Zur gleichen Zeit starb im März 1953 der sowjetische Diktator Stalin. Seine Nachfolger lockerten den Kurs und erwarteten dies auch von der DDR-Führung um Ulbricht. Tatsächlich kam es – nach offenen Streitigkeiten in der SED – auch hier zu Lockerungen, allerdings erfüllte der „Neue Kurs" nicht die Erwartungen der Bevölkerung. Insbesondere wurde die kurz zuvor eingeführte Erhöhung der Arbeitsnorm um 10 %, die faktisch einer Lohnkürzung gleichkam, nicht zurückgenommen. Die schwankende Politik des Regimes löste Proteste aus. Schon in den Tagen vor dem 17. Juni kam es in Ostberlin zu Protestzügen von Arbeiterinnen und Arbeitern, die die Senkung der Arbeitsnorm forderten. Am 17. Juni aber schlossen sich Menschen aus allen Berufsgruppen den Protestierenden an: In über 250 Orten kam es zu Streiks und Demonstrationen, mancherorts wurden Gefängnisse und Parteibüros gestürmt, viele LPGs lösten sich auf.

Die DDR-Führung hatte die Normerhöhungen zwar inzwischen zurückgenommen, aber die Forderungen der Aufständischen gingen nun viel weiter: freie Wahlen, Freilassung der politischen Gefangenen, Rücktritt der Regierung, Wiedervereinigung. Die SED-Führung hatte die Kontrolle über das Land verloren – ohne den Eingriff der Sowjetunion wäre die DDR wohl am Ende gewesen. Doch Truppen der Roten Armee beendeten den Aufstand – hauptsächlich, indem sie mit Gewalt drohten. Schüsse fielen denooch, und der Volksaufstand kostete etwa fünfzig Menschen ihr Leben, einige von ihnen starben durch Hinrichtungen. In den Wochen nach dem Aufstand wurden Tausende als „Provokateure“ verhaftet.

Für die DDR hatte der **Aufstand vom 17. Juni 1953** drastische Folgen. Wie alle kommunistischen Regime befand sich die SED-Führung in einem „Dilemma zwischen der Befriedigung der aufgestauten Forderungen der Arbeiterschaft und der Verteidigung des sozialistischen Staates“, wie der Historiker Odd Arne Westad formulierte. Daher baute die SED ihren Überwachungsapparat weiter aus. Zu offensichtlich war, dass die selbst ernannte Arbeiter- und Bauernpartei in der Bevölkerung wenig Rückhalt hatte. Um künftig Aufstände zu verhindern, sorgte die Staatsführung durch höhere Löhne und Renten sowie günstige Mieten und Preise aber auch für eine bessere Versorgung der Bevölkerung – auf Kosten einer wachsenden Staatsverschuldung. Der 17. Juni wurde auch zum Gegenstand beiderseitiger Propaganda im Kalten Krieg: Die SED stellte den Aufstand als vom Westen gelenkten faschistischen Putsch dar, in der Bundesrepublik war der 17. Juni seit 1954 als „Tag der Deutschen Einheit“ gesetzlicher Feiertag.

1956: Aufstand in Ungarn – eine „vollgültige Revolution“?

In Ungarn hatte sich eine stalinistische Führung unter Màtyàs Ràkosi durchgesetzt. Nach Stalins Tod 1953 und den Lockerungen in der Sowjetunion entstand eine Kluft zwischen Ràkosi und dem liberaleren Kommunisten Imre Nagy, der für Wirtschaftsreformen und einen demokratischen Sozialismus eintrat. Nagy wurde im Zuge der Entstalinisierung Ministerpräsident, 1955 jedoch wieder abgesetzt und aus der kommunistischen Partei ausgeschlossen. Dennoch hatte die in Aussicht gestellte Öffnung die Bevölkerung zu politischem Engagement motiviert: Intellektuelle und Studierende diskutierten über eine freiere Zukunft Ungarns, Arbeiter kritisierten ihre wirtschaftliche Situation. Der „Petőfi-Kreis“, benannt nach einem Revolutionsdichter von 1848 und Kämpfer für die ungarische Unabhängigkeit, wurde zum wichtigsten Diskussionskreis und intellektuellen Impulsgeber.

Zum sogenannten **Ungarnaufstand** kam es im Oktober 1956, als Demonstranten nicht nur die Wiedereinsetzung Nagys verlangten, sondern sich ihre Forderungen zu einer „vollgültigen Revolution“ (Ian Kershaw) steigerten: Abzug der sowjetischen Truppen, freie Wahlen, Ende der kommunistischen Alleinherrschaft. Zunächst hatten sich die Proteste vor allem in Demonstrationen und symbolischen Akten gezeigt, wie dem Umsturz einer kolossalen Stalin-Statue in Budapest. Doch Sicherheitskräfte schossen auf Demonstranten, und die Situation eskalierte zur gewaltsamen Auseinandersetzung. Sowjetische Truppen marschierten nun auch in Ungarn ein.

Als Nagy im Oktober wieder zum Ministerpräsidenten ernannt wurde und den Abzug der sowjetischen Truppen sowie Reformen ankündigte, schien die Revolution gewonnen zu haben. Doch nach Gewaltakten gegen sowjetische Soldaten wuchs die Sorge der UdSSR, dass die Unruhen auf andere Staaten Osteuropas überschwappen könnten. Bereits Anfang November marschierten sowjetische Truppen erneut ein und stürzten die neue Regierung. Nagy, der den Austritt Ungarns aus dem Warschauer Pakt verkündet hatte, wurde festgenommen und eine Moskau-treue Regierung eingesetzt. Etwa 3 000 Ungarn wurden bei den Kämpfen getötet, auf sowjetischer Seite kamen etwa 700 Soldaten ums Leben. Nach den Unruhen flohen etwa 200 000 Ungarn ins Ausland, Tausende wurden zu Haftstrafen verurteilt, mehrere Hundert Menschen hingerichtet, darunter auch Nagy.

M2 Aufständische in Budapest am 24. Oktober 1956. Sie haben aus der ungarischen Flagge die kommunistischen Symbole herausgeschnitten. Diese Flagge wurde zum Symbol des Ungarnaufstands.

Leistungsfach-Thema

M3 (rechts) Maurer eines Bautrupps, bewacht durch einen DDR-Grenzposten, bei Ausbesserungsarbeiten im Mai 1962, nachdem die Mauer an der Bernauer Straße durch eine ungeklärte Explosion beschädigt worden war

1961: „Republikflucht“ – und eine Lösung?

Angesichts des staatlichen Drucks in der DDR war Abwanderung in den Westen die häufigste Form des Protestes. Insgesamt verließen zwischen 1949 und 1961 knapp drei Millionen Menschen die DDR in Richtung Westen. Die meisten waren jung und gut ausgebildet – und fehlten der DDR-Wirtschaft als Arbeitskräfte. Vor allem als das SED-Regime seit 1960 seinen Kollektivierungskurs verstärkte, schossen die Fluchtzahlen in die Höhe. Denn die Grenze zwischen den beiden deutschen Staaten war zwar bereits seit 1952 befestigt, aber der Übergang vom Ostsektor in einen der Westsektoren Berlins stand weiterhin offen. Für die DDR wurde dies nun existenzgefährdend.

Drohungen von Ulbricht und dem sowjetischen Regierungschef Chruschtschow, auch den Westteil Berlins in das kommunistische Hoheitsgebiet einzubeziehen, wurden vom US-Präsidenten Kennedy strikt zurückgewiesen. Schließlich schloss die DDR am 13. August 1961 ihre Grenze zu den Westsektoren Berlins, zunächst mit Stacheldraht, dann mit einer Mauer, die immer weiter ausgebaut wurde. Der Westen protestierte zwar gegen den Mauerbau, griff aber nicht ein. Die SED legitimierte die Mauer als „antifaschistischen Schutzwall“. Durch den Bau der Mauer gingen die Fluchtzahlen rapide zurück, die Menschen waren praktisch eingesperrt. Ohne die offenen Grenzen stabilisierte sich die DDR politisch und wirtschaftlich. Manche Historikerinnen und Historiker sprechen sogar von einer „zweiten Gründung“ der DDR.

Fluchtversuche aber gab es auch nach dem **Mauerbau**, nun unter großer Lebensgefahr. Bis zum Fall der Mauer im Jahr 1989 gelang etwa 40 000 Menschen die Flucht aus der DDR, jährlich scheiterten jedoch auch Tausende bei dem Versuch, die DDR zu verlassen. Dies wurde auf verschiedenen Wegen versucht – am häufigsten durch Überwindung der Mauer in Berlin, jedoch auch über die innerdeutsche Grenze oder den Umweg über andere sozialistische Staaten. Viele kehrten von genehmigten Reisen in den Westen nicht mehr zurück. Etwa 480 000 Menschen – und damit die größte Gruppe – reisten seit dem Mauerbau, insbesondere in den 1980er-Jahren, legal aus der DDR aus, obwohl der Weg über einen Ausreiseantrag mit jahrelangen Schikanen der DDR-Behörden verbunden war.

Bei der Aufgabe, die von den Machthabern so bezeichnete **„Republikflucht“** zu verhindern,

M4 Auslösende Fluchtgründe von DDR-Flüchtlingen
(häufige Nennungen, erfasst in der BRD im Juli 1961)

Aufforderung zu „gesellschaftspolitischer Betätigung“	528
Familienzusammenführung	343
Wunsch nach besseren Einkommens- und Wohnverhältnissen	205
Konflikte im Zusammenhang mit Kollektivierung oder staatlicher Beteiligung in der Landwirtschaft	136
Spitzelaufträge und Spitzelverpflichtungen	135
Verdacht oder Verfolgung von Beziehungen zum Westen	81
Versagung der Reisegenehmigung oder der legalen Umsiedlung in die Bundesrepublik	68
Angst vor Bestrafung	63
Maßnahmen zur Verstaatlichung der privaten Wirtschaft	59
Verpflichtung zum Eintritt in die Nationale Volksarmee oder die Volkspolizei	59
Widerstand gegen das Regime	57
Ost-West-Pendler	53
Differenzen in der Ehe	53
Ablehnung des kommunistischen Erziehungssystems oder Nichtzulassung der Kinder zur Oberschule	48
Lohn- und Arbeitsschwierigkeiten	47
Ablehnung der Ideologie	44
Nichtzulassung zum Studium	41

Zusammengest. nach: Bundesministerium für gesamtdeutsche Fragen (Hg.): Die Flucht aus der Sowjetzone und die Sperrmaßnahmen des kommunistischen Regimes vom 13. August 1961 in Berlin, Bonn und Berlin 1961, S. 21 f.

arbeitete das Ministerium für Staatssicherheit mit der Volkspolizei, der Armee, den Grenztruppen sowie kommunalen SED-Institutionen eng zusammen. Flüchtende wurden kriminalisiert: Seit 1954 war das Verlassen der DDR ohne Genehmigung ein eigener Straftatbestand und wurde mit bis zu drei Jahren Haft geahndet; später stand auch die Vorbereitung der Flucht unter Strafe; die Haftdauer konnte nun bis zu acht Jahre umfassen (→ Randspalte). In internen Anweisungen wurde von den Grenzsoldaten verlangt, auch auf Flüchtlinge zu schießen, wenn deren Flucht nicht anders zu verhindern sei, 1982 wurde der „Schießbefehl" auch gesetzlich geregelt. Die Gesamtzahl der Todesopfer ist umstritten. Als gesichert gelten etwa 270 durch Gewaltakte der DDR-Grenzsicherung getötete Menschen, andere Untersuchungen gehen unter Einbeziehung aller Todesarten und Opfer (etwa auch durch Unfälle getötete DDR-Grenzsoldaten) von etwa tausend Toten aus.

1968: Umbruch in Prag?

Anders als die DDR schien sich die Tschechoslowakei (ČSSR) Ende der 1960er-Jahre auf einen Reformkurs zu begeben: 1967 hatten sich zunächst unter Studierenden in der Hauptstadt Prag Proteste an schlechten Wohnbedingungen in Wohnheimen entzündet. Sie weiteten sich zu generellen Forderungen größerer Teile der Bevölkerung nach Demokratisierung, Liberalisierung und besseren wirtschaftlichen Verhältnissen aus. Selbst aus der kommunistischen Partei kam die Forderung nach Reformen – vor allem von Vertretern um Parteisekretär Alexander Dubček. Er stand in Opposition zu Präsident Antonín Novotný, der Reformen strikt ablehnte. Ihre Auseinandersetzung wurde zusätzlich durch einen Konflikt um größere Autonomie der Slowakei innerhalb der ČSSR verschärft. Gegen Novotný unterstützte Dubček die slowakischen Positionen.

Im Januar 1968 musste Novotný aufgrund von Kritik an einem gewaltsamen Polizeieinsatz gegen protestierende Studierende als Präsident der ČSSR zurücktreten, Dubček ersetzte ihn zudem als Parteichef. Dies löste euphorische Hoffnungen in der Bevölkerung aus. Man begann „auf einmal frei zu atmen", erinnerte sich später der Dichter Václav Havel.

Dubček setzte den **„Prager Frühling"** in Gang: Er ließ marktwirtschaftliche Elemente in der Planwirtschaft zu, hob die Zensur auf, ließ autonome Gewerkschaften zu und gab dem Kulturleben Freiheiten. Es ging darum, einen „Sozialismus mit menschlichem Antlitz" zu realisieren, nicht darum, den Sozialismus abzuschaffen. Doch die Führer der anderen Warschauer-Pakt-Staaten forderten Dubček im Juli 1968 auf, seine „Konterrevolution" zu beenden. Als Prag dem nicht nachkam, marschierte im August 1968 eine halbe Million Soldaten des Warschauer Pakts in die ČSSR ein. Dubček und andere Reformpolitiker wurden festgenommen und nach Moskau gebracht.

Die tschechoslowakische Regierung verzichtete auf den bewaffneten Kampf gegen die Invasoren, aber Bürgerinnen und Bürger leisteten weitgehend zivilen Widerstand. Nach wenigen Tagen war dieser jedoch gebrochen, die Regierung musste auf sowjetischen Druck ihre Reformen zurücknehmen. Der Protest der Tschechoslowaken wich auf andere Formen aus: Bei der Beerdigung des Studenten Jan Palach im Januar 1969, der sich aus Protest gegen die Rücknahme der Reformen selbst verbrannt hatte, nahmen mehrere Hunderttausend Menschen teil. Riesige Demonstrationen gab es auch kurz darauf nach dem Sieg der Eishockey-Mannschaft der ČSSR gegen die Sowjetunion. Aber dies blieb ohne politische Folgen. Nach der Niederschlagung des Prager Frühlings setzte die Sowjetunion im November 1968 die „Breschnew-Doktrin" durch, nach der die Souveränität der sozialistischen Staaten eingeschränkt sei, wenn „eine Gefahr für die Sicherheit der ganzen sozialistischen Gemeinschaft" entstehe. Damit reklamierte die Sowjetunion für sich den Anspruch, die Politik des gesamten Ostblocks zu bestimmen und gegen Abweichungen vorzugehen.

Durch die gewaltsame Niederschlagung der Proteste in der DDR, in Ungarn und der ČSSR hatte die Sowjetunion ihre Macht im Ostblock gefestigt, aber jegliche Glaubwürdigkeit verloren. Die Menschen arrangierten sich zwar meist mit den kommunistischen Regimen. Aber latent blieb Unzufriedenheit bestehen. Im Westen lösten die Unruhen Wellen der Empörung und Solidarisierung mit den Protestbewegungen aus. Die Westmächte griffen aber nicht ein. Einen Atomkrieg wollten die USA nicht riskieren.

M5 Denkmal für Jan Palach in Prag, nach dem heute in Tschechien zahlreiche Straßen und Plätze benannt sind

→ Was, wenn Prominente die DDR verließen? Dazu äußert sich die Sport-wissenschaftlerin Jutta Braun im Zeitzeugenportal des Hauses der Geschichte, abrufbar auf www.westermann.de/webcode unter **WES-116793-008**.

M6 Der 17. Juni 1953 in Schulbuchtexten

a) In einem DDR-Schulbuch für 10. Klassen an Oberschulen und Erweiterten Oberschulen hieß es 1961:

Im Juni 1953 nahmen die Imperialisten fieberhaft Kurs auf die gewaltsame Beseitigung der Arbeiter-und-Bauern-Macht in der Deutschen Demokratischen Republik. Zu dieser Zeit bahnte sich immer mehr eine internationale Entspannung an. [...] In Deutschland unternahm die Regierung der Deutschen Demokratischen Republik, unterstützt durch die Sowjetregierung, neue Anstrengungen zum Abschluss eines Friedensvertrages mit Deutschland und zur Wiederherstellung der Einheit Deutschlands.

Das Beispiel des friedlichen sozialistischen Aufbaus strahlte immer mehr auf Westdeutschland aus, und die Anfangsschwierigkeiten beim Aufbau des Sozialismus wurden zusehends überwunden. Die reaktionären Kräfte erkannten, dass die Einheit zwischen der Partei der Arbeiterklasse, der Staatsmacht und den breiten Massen des Volkes sich immer enger gestaltete und dass damit die Absichten zur „Aufrollung" der Deutschen Demokratischen Republik immer aussichtsloser wurden.

In dieser Situation versuchten sie am 17. Juni 1953, einen faschistischen Putsch anzuzetteln, der die Arbeiter-und-Bauern-Macht stürzen sollte. Rowdys aus halbfaschistischen Organisationen, arbeitsscheue und kriminelle Elemente wurden von den Berliner Westsektoren her in die DDR eingeschleust. Die Leitung lag in den Händen des amerikanischen Geheimdienstes und Bonner Regierungsstellen. Der Putsch wurde von unseren Staatsorganen gemeinsam mit den klassenbewussten Werktätigen niedergeschlagen. Die zeitweilig in der Deutschen Demokratischen Republik stationierten Streitkräfte der UdSSR verhinderten, dass es zu einem militärischen Überfall auf unseren Staat und damit zum Beginn eines neuen Krieges in Europa kam. Nach dem 17. Juni 1953 scharten sich die Werktätigen noch enger um ihren Staat [...].

Lehrbuch für Geschichte. 10. Klasse der Oberschule und der Erweiterten Oberschule, Berlin (Ost) 1961, S. 316 ff.

b) Im Darstellungstext eines BRD-Geschichtsbuches für 10. Realschulklassen hieß es 1963:

Wie wenig die Politik der SED von der überwältigenden Mehrheit der Bevölkerung in Mitteldeutschland gebilligt wird, geht auch schon aus dem Aufstand der städtischen Arbeiterbevölkerung in der Zone am 17. Juni 1953 hervor. Eine Erhöhung der Arbeitsnorm erregte die beim Bau der Stalinallee in Ostberlin beschäftigten Arbeiter zu einer Erhebung, die sich rasch über ganz Mitteldeutschland verbreitete. Die tiefe Unzufriedenheit mit den schlechten Lebens- und Arbeitsverhältnissen, mit der Rechtlosigkeit des arbeitenden Menschen und der Misswirtschaft vieler Parteifunktionäre der SED kam mit elementarer Wucht zum Ausdruck. Nur die sowjetischen Panzer konnten die unbewaffneten Aufständischen niederhalten und die Erhebung unterdrücken. Die übrige Welt aber sah schon damals, dass die Regierung in Ostberlin ihre Macht nur den Waffen der Sowjettruppen entliehen hatte.

Geschichtliches Unterrichtswerk für Mittlere Schulen. Bd. 5: Neueste Zeit, Paderborn/Hannover 1963, S. 102

Mitteldeutschland: Wie „Zone" ein westdeutscher, negativ konnotierter Begriff für die DDR. Mit dem Wort „Mitteldeutschland" wird auch signalisiert, dass die Ostgebiete, die seit 1945 unter polnischer bzw. sowjetischer Verwaltung standen, weiterhin zu Deutschland gerechnet wurden.

M7 Aufstand oder Revolution?

Dieser Frage ging der Historiker Philipp Gassert nach und schrieb über den 17. Juni 1953:

Zweifellos gehört das Datum in die Ahnengalerie der großen, revolutionären Erhebungen in der deutschen Geschichte, von der Märzrevolution 1848 über den November 1918 bis zum Tanz auf der Mauer 1989. Auch setzt der 17. Juni die Erzählung von gescheiterten deutschen Revolutionen fort, angefangen mit 1848/49 [...]. Trotz ihres Scheiterns wird der „bürgerlichen Revolution" von 1848/49 dieses Etikett umstandslos zuerkannt, wie übrigens auch der (westlichen) Revolte der 68er, die sich in der öffentlichen Wahrnehmung das einschränkende Suffix der „Kulturrevolution" hart erarbeitet hat. Doch obwohl die SED-Herrschaft vorübergehend kollabierte, wird der 17. Juni kaum als gescheiterte Revolution bezeichnet. Es dominieren Zuschreibungen wie „Aufstand" [...], „Volksaufstand" [...], „deutscher Aufstand" [...] oder „Aufstand der Arbeiter" [...]. Das große Wort „Revolution" wird vermieden, obwohl das Ziel des Aufstands die Umwälzung der bestehenden gesellschaftlichen und politischen Ordnung war.

Philipp Gassert: Bewegte Gesellschaft. Deutsche Protestgeschichte seit 1945, Stuttgart 2018, S. 58

M8 Bedeutungen des Mauerbaus

Der Historiker Ulrich Herbert schrieb 2014:

Wer die DDR bis zum 13. August nicht verlassen hatte, war nun darin gefangen und musste sich wohl oder übel damit arrangieren. Das gelang den einen besser, den anderen schlechter. „Man war der Entscheidung, zu fliehen oder zu bleiben, enthoben", schrieb der Schriftsteller Günter de Bruyn in seinen Erinnerungen. „Das Provisorische hatte feste Konturen bekommen; das Vorläufige sah plötzlich nach Dauer aus. Auf Dauer also galt es sich einzurichten [...]." Das aber hatte Folgen. „Der Mauerbau [...]", erinnerte sich Joachim Gauck, „sollte Haltung und Mentalität der Menschen im Land besonders nachhaltig prägen: Aus objektiver Machtlosigkeit, die der übermächtige Staatsapparat über die Bevölkerung verhängt hatte, wurde nun auch subjektive Ohnmacht. Und da man den Menschen die institutionellen Möglichkeiten einer Partizipation nahm, verloren sie allmählich die Fähigkeit zu eigenverantwortlichem Handeln."
Für die SED-Führung hingegen war der Mauerbau ein Triumph. [...] Nun endlich konnte sie in ihrem Land schalten und walten, ohne auf die Zustimmung der Bevölkerung Rücksicht nehmen zu müssen, der die Flucht in den Westen als Ausweg jetzt versperrt war. Und in der Tat stellt sich der Mauerbau im Rückblick als eine Art zweite Gründung der DDR dar. Das Land stabilisierte sich danach sowohl wirtschaftlich als auch politisch, seine Bedeutung im Kreise der Ostblockstaaten nahm zu. [...]
Zugleich aber war die Berliner Mauer das offene, jederzeit zu besichtigende Symbol der Niederlage des Kommunismus, der seine Bevölkerung einsperren musste und Fluchtwillige erschießen ließ, um seine Herrschaft aufrechterhalten zu können. [...] Die offizielle Bezeichnung der Mauer als „antifaschistischer Schutzwall" war eine nur mühsame Kaschierung der eigenen Gewaltpolitik und delegitimierte überdies den Antifaschismus. Denn obwohl die stete SED-Propaganda, wonach die Bundesrepublik ein Hort des Faschismus und Militarismus sei, zwar ein Zerrbild zeichnete, aber doch nicht völlig aus der Luft gegriffen war, gab es niemanden, der ernsthaft glaubte, die Mauer sei gebaut worden, um sich der heranstürmenden westdeutschen Nazi-Bataillone zu erwehren.

Ulrich Herbert: Geschichte Deutschlands im 20. Jahrhundert, München 2014, S. 727 f.

Walter Ulbricht

M9 Der Mauerbau in Zeichnungen:
a) oben eine Karikatur von Wolfgang Hicks aus der westdeutschen Zeitung „Die Welt" vom 14. August 1961,
b) unten ein Ausschnitt einer Seite aus „Neues Deutschland" vom 23. August 1961. „Neues Deutschland" war 1946 als „Zentralorgan der SED" gegründet worden.

Als es 13 schlug

Wie es unsere Zeichner sahen

Alyda Jahn
Wolfgang Speer
Beier-Red.
Klaus Arndt
Prof. Ernst Jazdzewski

Johnson: „Nimmt mir ja doch keiner mehr ab!"

Kriegsbrandherd Westberlin unter Kontrolle

Was haben die Staatsmacht der DDR, die Nationale Front, die bewaffneten Streitkräfte, die Kampfgruppen usw. durch ihren entschlossenen und mutigen Einsatz erreicht?

Ich habe schon darauf hingewiesen, daß wir den Kriegsbrandherd Westberlin unter Kontrolle gebracht haben. Wir haben dafür gesorgt, daß der Aufbau des Sozialismus friedlich weitergehen kann und haben auch den Menschenhande[l] und die Ausplünderung der Bürge[r] der Deutschen Demokratischen Re[-]publik durch die westdeutschen Mi[li]taristen gestoppt.

Zugleich aber – das erscheint [...] besonders wichtig – haben wir d[...] führenden Politikern und der Bev[...] [...] Westdeutschlands wieder [...]

M 10 In der BRD anlässlich des Ungarnaufstandes vom „Volksbund für Frieden und Freiheit" (VFF) veröffentlichtes Plakat, 1956/57.
Der VVF verstand sich als zentrale antikommunistische Organisation in der Bundesrepublik. Einer seiner Initiatoren war während des Nationalsozialismus hoher Funktionär im Propagandaministerium.

M 11 Forderungen Studierender

Auszug aus der an der Budapester Technischen Hochschule entstandenen 14-Punkte-Resolution vom 22./23. Oktober 1956:

1. Wir fordern den alsbaldigen Abzug aller Sowjettruppen [...]

2. Wir fordern die Wahl neuer Führer der Partei der Ungarischen Werktätigen auf der unteren, mittleren und höheren Ebene in geheimer Wahl von unten nach oben. Diese Funktionäre sollen so rasch wie möglich einen Parteikongress einberufen, um ein neues Zentralkomitee zu wählen.

3. Unter Führung des Genossen Imre Nagy muss sich eine neue Regierung konstituieren; alle verbrecherischen Führer der Stalin-Rákosi-Ära müssen unverzüglich von ihren Pflichten entbunden werden.[...]

5. Wir fordern, dass im ganzen Land allgemeine und geheime Wahlen abgehalten werden, an denen alle politischen Parteien teilnehmen, um eine neue Nationalversammlung zu wählen.

6. Wir fordern die Überprüfung und Neuordnung der ungarisch-sowjetischen [...] Beziehungen auf politischem, wirtschaftlichem und kulturellem Gebiet auf der Basis völliger politischer und wirtschaftlicher Gleichheit und der Nichteinmischung in die inneren Angelegenheiten des einen durch den anderen.

7. Wir fordern eine völlige Neuorganisation des Wirtschaftslebens von Ungarn unter der Leitung von Fachleuten. Das gesamte auf Planung beruhende Wirtschaftssystem muss im Lichte der in Ungarn herrschenden Bedingungen und der lebenswichtigen Interessen des ungarischen Volkes überprüft werden.[...]

9. Wir fordern eine vollständige Revision der in der Industrie geltenden Normen und eine alsbaldige und radikale Anpassung der Löhne an die berechtigten Bedürfnisse der Arbeiter und Intellektuellen. [...]

12. Wir fordern bedingungslose Meinungs- und Redefreiheit sowie die Freiheit für Presse und Rundfunk [...].

13. Wir fordern, dass das Stalindenkmal, Symbol der stalinistischen Tyrannei und politischen Unterdrückung, so schnell wie möglich entfernt und durch ein Denkmal zur Erinnerung an die gemarterten Freiheitskämpfer von 1848/49 ersetzt wird.

Übers. zit. nach: Peter Gosztony: Der Ungarische Volksaufstand in Augenzeugenberichten, Düsseldorf 1966, S. 127 ff.

---

2. Stellen Sie ausgehend vom Darstellungstext und ausgewählten Materialien Ursachen, Formen, gesellschaftliche Träger, Ziele und Ergebnisse der Proteste in der DDR und der ČSSR dar.
■ Beziehen Sie zusätzlich den Ungarnaufstand ein.

3. a) Analysieren Sie M 6 a).
b) Vergleichen Sie M 6 a) mit M6 b).
c) Beurteilen Sie, ob der Darstellungstext zum 17. Juni 1953 (S. 106 f.) eine einseitige Perspektive einnimmt.
d) Überprüfen Sie mithilfe von M 7, ob der Volksaufstand in der DDR 1953 als Revolution bezeichnet werden kann.

4. a) Analysieren Sie M 9 a).
b) Vergleichen Sie M 9 a) mit der Karikatur oben links in M 9 b).
c) Stellen Sie mithilfe von M 8 die verschiedenen Interpretationen des Mauerbaus dar.

M 12 Das „Manifest der 2000 Worte“

Der Schriftsteller Ludvík Vaculík verfasste das Manifest, aus dem hier ein Auszug wiedergegeben ist. Es erschien am 27. Juni 1968 in verschiedenen Zeitungen in der ČSSR, unterzeichnet von zahlreichen Intellektuellen:

Wir befinden uns seit Anfang dieses Jahres im Erneuerungsprozess der Demokratisierung. Er begann in der Kommunistischen Partei. [...] Die Initiative und die Bestrebungen der demokratischen Kommunisten sind [...] nur eine Begleichung der Schuld, die die gesamte Partei bei den Nichtkommunisten hat, denen sie keine gleichberechtigte Stellung gewährte. [...] Der Erneuerungsprozess bringt nichts allzu Neues. Er bringt Gedanken und Themen, von denen viele älter als die Irrtümer unseres Sozialismus sind, und andere entstanden unter der Oberfläche des sichtbaren Geschehens. Sie hätten schon längst ausgesprochen sein sollen, aber sie wurden unterdrückt. [...]

Gemeinsame, übereinstimmende Standpunkte können nur in Diskussionen gefunden werden, für die Meinungsfreiheit notwendig ist, die eigentlich unsere einzige demokratische Errungenschaft dieses Jahres ist. [...]

Fordern wir den Rücktritt der Menschen, die ihre Macht missbrauchten, öffentliches Eigentum veruntreuten, unehrlich oder inhuman gehandelt haben. Es müssen Methoden gefunden werden, um sie zum Rücktritt zu bewegen. Zum Beispiel: die öffentliche Kritik, Resolutionen, Demonstrationen, [...] Geschenke sammeln für ihre Rente, Streik und Boykott ihrer Türen. Gesetzwidrige, ungehörige und grobe Methoden sind abzulehnen, weil sie zur Beeinflussung Alexander Dubčeks missbraucht würden. [...]

Wie nach dem Kriege, so haben wir auch im diesjährigen Frühling erneut eine große Gelegenheit. Wir haben wieder die Möglichkeit, unsere gemeinsame Sache, die den Arbeitstitel Sozialismus trägt, in die Hände zu nehmen und ihr eine Form zu geben, die besser unserem früheren guten Ruf und auch der verhältnismäßig guten Meinung entsprechen würde, die wir früher von uns hatten.

Zit. nach: www.herder-institut.de/digitale-angebote/dokumente-und-materialien/themenmodule/quelle/1486/details.html (05.01.2021)

M 13 Karikatur des deutsch-niederländischen Zeichners Fritz J. Behrendt, 1968. Dargestellt sind die politischen Führer der Ostblockstaaten (in der Mitte Breschnew, links daneben Ulbricht). Auf dem Hocker davor steht „Dubček – Hus“. Jan Hus war ein böhmischer Reformator, der wegen seiner Kritik an der katholischen Kirche auf dem Konzil von Konstanz 1415 hingerichtet wurde. Für das tschechische Nationalbewusstsein spielt Hus bis heute eine große Rolle.

---

5. a) Ordnen Sie die Gründe, die DDR zu verlassen (M 4), nach geeigneten Kategorien.
b) Beurteilen Sie ausgehend vom Darstellungstext und M 4, ob man von einer Fluchtbewegung aus politischen Gründen sprechen kann.

6. Überprüfen Sie anhand des Darstellungstextes und M 12, ob der „Prager Frühling“ der Versuch einer Revolution war.

\+ M 13 gibt eine westliche Sichtweise wieder.
a) Erklären Sie die historischen Bezüge, die er gewählt hat.
b) Arbeiten Sie die Aussage der Karikatur heraus.

\+ Überprüfen Sie mithilfe des Darstellungstextes und M 11, ob der Ungarnaufstand der Versuch einer Revolution war.

\+ Analysieren Sie M 10.

Einen Sachverhalt erläutern

In einer Klausur ist folgende Aufgabe gegeben:

„Erläutern Sie an je einem Beispiel aus der BRD und der DDR bis 1970, wie politischer Protest geäußert wurde und wie der Staat darauf reagierte."

1. Vorüberlegungen zur Aufgabe

Zuerst muss ich mir genau über die Aufgabe klar werden. Ich notiere:

erläutern	→	*Operator*
Protest u. staatliche Reaktion	→	*Thema*
je ein Beispiel aus BRD u. DDR	→	*Besonderheit der Aufgabe*
1949–1970	→	*zeitlicher Rahmen*

Der Operator „erläutern" verlangt, dass ich Sachverhalte im Zusammenhang beschreibe und anschaulich mit Beispielen und Belegen erkläre. Es geht also nicht um eine reine Wiedergabe von Wissen, vielmehr muss ich:
- Sachverhalte sinnvoll auswählen,
- sie in eine Struktur bringen (z. B. thematisch, nach Kategorien, chronologisch),w
- sie anschaulich beschreiben, d. h. konkrete Belege nennen wie Ereignisse, Personen, Daten, Fachbegriffe,
- Zusammenhänge deutlich machen.

Bei einer Erläuterung geht es allerdings nicht darum, eine eigene Meinung zu formulierung und eine Abwägung zwischen verschiedenen Positionen vorzunehmen.

In Bezug auf das Thema mache ich mir klar, dass hier zwei Aspekte verlangt sind: Politische Proteste und staatliche Reaktionen. Dazu muss ich zunächst den Begriff „Protest" definieren. Ich verstehe darunter allgemein verschiedene Formen von Äußerungen oder Handlungen, die sich gegen die Politik des Staates richten. Protest zielt meist auf politische Veränderungen ab. Ich zähle auch Handlungen zu Protest, die sich passiv von der Politik distanzieren, z. B. die Flucht aus einem Land.

Die Aufgabenstellung verlangt, dass ich je ein Beispiel aus West und Ost wähle, also aus je einem der beiden Systeme des Ost-West-Konflikts. Aus welchen Ländern ich die Beispiele wähle, ist mir überlassen. Es gibt auch keine Vorgabe, dass die beiden Beispiele in einem inneren Zusammenhang stehen müssten (z. B. gleiche Zeit). Hier bin ich also frei in der Wahl.

2. Die Wahl der Beispiele

Nachdem ich mir Klarheit über die Aufgabenstellung verschafft habe, bereite ich meine eigene Antwort vor. Dafür ist wichtig, dass ich geeignete Beispiele auswähle. Das bedeutet hier, dass ich mich zum einen mit diesen Beispielen gut auskennen muss und zum anderen, dass sie „ergiebig" sind und differenzierte Erkenntnisse ermöglichen. Infrage kommen:
- im Westen: Proteste gegen die Wiederbewaffnung, 68er-Bewegung,
- im Osten: 17. Juni 1953 in der DDR, Ungarnaufstand 1956, Flucht aus der DDR und Mauerbau 1961, „Prager Frühling" 1968.

Ich entscheide mich für die Proteste gegen die Wiederbewaffnung in der BRD und den Volksaufstand in der DDR 1953.

3. Fragen an das Thema entwickeln

Zu den von mir gewählten Beispielen trage ich nun Informationen auf einem Stichwortzettel (→ M 1) zusammen. Dazu formuliere ich Fragen, mit deren Hilfe ich inhaltliche Aspekte strukturiert erfassen kann. Anschließend notiere ich stichwortartig Antworten auf die Fragen und nenne dabei konkrete Ereignisse, Daten, Personen, Fachbegriffe etc., mit denen ich die Antwort belegen kann. So kann ich auch absehen, ob die von mir gewählten Beispiele ergiebig sind (oder ob ich sie ggf. ändern sollte). Später kann ich von diesen Notizen ausgehend meine Erläuertung ausformulieren.

5. Gliederung meiner Erläuterung

Wichtig ist, dass ich meinen Text sinnvoll strukturiere. Sinnabschnitte trenne ich durch Absätze voneinander ab.

Fragen	Antworten ...	
	... zur Wiederbewaffnung der BRD	... zum Volksaufstand in der DDR
Wann und wo war der Protest?	*Anfang 50er-Jahre bis 1955; BRD*	*17. Juni 1953 und die Tage davor; DDR*
Wer protestierte?	*„Ohne mich"-Bewegung, darunter v. a. evangelische Christen, Teile von SPD und Gewerkschaften, Intellektuelle*	*zunächst Arbeiter, dann alle Berufsgruppen*
Welche Ursachen/Anlässe hatte der Protest?	*Wiederbewaffnung der BRD: Gründung der Bundeswehr*	*Erhöhung der Arbeitsnorm um 10 %; unklarer Kurs der SED-Führung nach Stalins Tod*
Welche Formen des Protests gab es?	*Demonstrationen, Volksbefragung, Erklärungen („Deutsches Manifest" 1955), Amtsniederlegung des Ministers Heinemann*	*Demonstrationen, Streiks, Sturm auf SED-Büros und Gefängnisse, Auflösung von LPGs*
Welche Forderungen und Ziele hatten die Protestierenden?	*Verhinderung der Gründung der Bundeswehr; Wiedervereinigung*	*zunächst: Rücknahme der Erhöhung der Arbeitsnorm, dann: freie Wahlen, Rücktritt der SED-Regierung, Freilassung von politischen Gefangenen, Wiedervereinigung (→ Revolution? Ende der DDR?)*
Welchen historischen Kontext hatte der Protest?	*Hochphase des Kalten Kriegs (Koreakrieg 1950–53), Beitritt der BRD zu westlichem Bündnissystem NATO (1955)*	*„Aufbau des Sozialismus" in der DDR: Verstaatlichung von Betrieben (VEBs), Kollektivierung der Landwirtschaft (LPGs), Ausbau der SED-Herrschaft (Stasi seit 1950)*
Hatte der Protest Erfolg bzw. welche Folgen hatte der Protest?	*nein (Gründung der Bundeswehr 1955); aber: Bundeswehr sollte Teil der Demokratie sein; Friedensbewegung bleibt aktiv („Kampf dem Atomtod")*	*nein; aber: DDR-Führung versuchte durch Subventionen (günstige Mieten etc.) neuen Volksaufstand zu verhindern*
Wie reagierte der Staat auf die Proteste?	*Diskussionen im Bundestag; aber auch Verbot der Volksbefragung, keine Änderung der Politik*	*Niederschlagung durch sowjetische Truppen mit Zustimmung der SED-Führung (ca. 50 Tote), Verfolgung von Demonstranten (Tausende Verhaftungen)*
Hat der Staat mit Gewalt reagiert?	*nein (kaum)*	*ja*

M 1 Beispiel für einen Stichwortzettel

Im Hauptteil gliedere ich
- zum einen nach den Beispielen: Ich stelle zunächst das eine Beispiel, dann das andere dar. Ich könnte auch nach den gestellten Fragen vorgehen, die ich jeweils für beide Beispiele beantworte. Eine Erläuterung der Beispiele „am Stück" erscheint mir hier aber einfacher.
- zum anderen nach a) den Protesten und b) den staatlichen Reaktionen darauf.

Meine Antwort hat dann folgenden Aufbau:
- Einleitung: kurze Hinführung zum Thema, Aufgabenstellung, Nennung der ausgewählten Beispiele, Vorgehensweise (hier: Fragen an die Beispiele);
- Hauptteil (anhand des Stichwortzettels):
  - Erläuterung der Wiederbewaffnung der BRD (Proteste/staatliche Reaktion),
  - Erläuterung des Volksaufstands in der DDR (Proteste/staatliche Reaktion);
- Schluss: kurzes, bündelndes Fazit, z. B.:

In der BRD stellten die Proteste den Staat als solchen nicht infrage, in der DDR weiteten sie sich dagegen zu Forderungen nach einem anderen politischen System aus. Beide Proteste scheiterten jedoch – in der BRD auf politischem Weg, in der DDR durch eingesetzte Waffengewalt.

(Musterlösung: → S. 262)

Eine „protestierende Republik"?

Aufbruchsversuche zu mehr Bürgerbeteiligung in der BRD der 1970er-/1980er-Jahre

M 1 Februar 1975: Frauen demonstrieren in Frankfurt am Main gegen das Abtreibungsverbot nach § 218 des Grundgesetzes (→ S. 122)

1. a) Beschreiben Sie die Demonstrantinnen und ihren Slogan.
b) Nennen Sie Themen, zu denen verschiedene gesellschaftliche Gruppen heutzutage demonstrieren.

BAföG (Bundesausbildungsförderungsgesetz): 1971 eingeführtes Gesetz zur staatlichen finanziellen Unterstützung von Studierenden sowie Schülerinnen und Schülern

Emanzipation (lat., wörtlich: „aus der Hand nehmen") meint die Freigabe von Abhängigen, z. B. von Sklaven aus der Sklaverei. Heute ist unter Emanzipation der Prozess zu mehr Freiheit und Gleichheit von Gruppen (z. B. Frauen) oder Individuen zu verstehen, verbunden mit der Kritik an Diskriminierung und bevormundenden Strukturen.

Reformpolitik in den 1970ern – Umsetzung von „68"?

„...entscheiden wir alleine": Bürgerinnen und Bürger organisieren sich, protestieren öffentlich gegen Vorgaben „von oben" und fordern mehr Selbst- und Mitbestimmung – wie hier beim Kampf gegen das Abtreibungsverbot. Die Frauenbewegung war nicht die einzige Bürgerbewegung in den Siebzigern, die gesellschaftliche Veränderungen anstrebte.

Schon 1969 hatte der neu gewählte Bundeskanzler Willy Brandt (SPD) die Impulse der „68er-Bewegung" (→ S. 102 f.) aufgegriffen und in seiner Regierungserklärung angekündigt, **„mehr Demokratie wagen"** zu wollen. Er begriff Demokratie als ständigen Prozess, an dem alle Bürgerinnen und Bürger eines Staates mitwirken. Die Innenpolitik der von ihm geführten SPD-FDP-Regierung zielte daher darauf, die Partizipation der Bürgerinnen und Bürger zu fördern, etwa durch

- die Ausweitung von Mitbestimmungsrechten in den Betrieben,
- die Absenkung des Volljährigkeits- und Wahlalters auf 18 Jahre,
- die Erweiterung von Freiheitsrechten, indem u. a. Homosexualität entkriminalisiert und ein neues Ehe- und Familienrecht erlassen wurde, das die Gleichstellung der Frauen förderte,
- einen verbesserten Zugang zu Bildung, u. a. mit der Einführung von BaFöG,
- die Förderung Einkommensschwacher durch die Ausweitung von Sozialleistungen.

Verschiedene Wege der „68er"

Mit Leben gefüllt wurde der freiheitlichere institutionelle Rahmen vor allem von der Generation der „68er", also von jungen Menschen, deren Einstellungen durch die 68er-Bewegung beeinflusst worden waren. Dabei waren „die 68er" nach der Hochphase ihres Protests durchaus unterschiedliche Wege gegangen: Ein kleiner Teil hatte sich radikalisiert, war in kleinen kommunistischen Gruppen aktiv geworden. Ungeachtet der Menschenrechtsverletzungen in der Sowjetunion und in China sahen sie im Marxismus-Leninismus oder in den Lehren Mao Zedongs den richtigen Weg zu einer freien Gesellschaft. Einige wenige begaben sich sogar in den Terrorismus. Die linksterroristische „Rote Armee Fraktion" (RAF) verübte seit Ende der 1960er-Jahre zahlreiche Anschläge, die das aus ihrer Sicht imperialistische System entlarven und zu Fall bringen sollten.

Der weitaus größere Teil der „68er" aber setzte sich im Alltag von Beruf und Privatleben für **Emanzipation** – für mehr Freiheiten und mehr Demokratie – ein. In der bundesdeutschen Gesellschaft kam es auch dadurch zu einem Wertewandel: Erziehung in Familien und Schulen wurde weniger autoritär, die Sexualmoral freier, das klassische Familienmodell – verheiratete Paare mit Kindern, Vater als Alleinverdiener, Mutter als Hausfrau –

mehr und mehr aufgebrochen. Auch entwickelten sich neue Lebensformen, etwa Wohngemeinschaften, Singlehaushalte, Einelternfamilien und die zunächst noch kritisch beäugten „wilden Ehen“, das Zusammenleben von Paaren ohne Trauschein. Kurzum: Die Gesellschaft wurde liberaler und pluraler, vielfältiger. Vor allem stießen zuvor als „abweichend“ empfundene Lebensformen nun auf größere Akzeptanz.

Ein Grund für die **Pluralisierung** ist auch im Boom der Nachkriegszeit zu sehen, der zu wachsendem Wohlstand, steigendem Bildungsniveau, der kulturellen Ausrichtung nach Westen und dem Entstehen einer Dienstleistungsgesellschaft führte, die Bildung und Information mehr wertschätzte als die klassische Industriegesellschaft zuvor. Viele Menschen strebten nun verstärkt immaterielle Werte – wie Selbstverwirklichung oder eine gesunde Umwelt – an und beurteilten die Orientierung an materiellen Werten kritischer.

Mehr Partizipation?

In den 1970er-Jahren entwickelte sich in der BRD aus der 68er-Bewegung heraus ein alternatives Milieu, in dem neue Lebensformen erprobt wurden. Beispiele für die vielfältigen Aufbrüche zu mehr zivilgesellschaftlichem Engagement sind etwa:

- „Kinderläden“, in denen antiautoritäre Erziehung praktiziert wurde, und Jugendzentren, die Jugendlichen Raum für ihre Freizeitbeschäftigungen boten.
- „Dritte-Welt-Läden“, mit denen Menschen versuchten, durch Information und Verkauf fair gehandelter Produkte gegen die Ausbeutung der Entwicklungsländer vorzugehen.
- kollektiv organisierte Betriebe in den Städten, die neue Formen des Wirtschaftens erprobten und mehr auf Solidarität als auf Gewinnmaximierung ausgerichtet waren.
- Landkommunen, in denen alternative Landwirtschaft betrieben wurde.

Diese Aufbrüche hatten oft experimentellen Charakter. Viele scheiterten, andere aber waren erfolgreich und gaben wichtige Impulse etwa für liberale und demokratische Erziehung, für fairen Handel oder ökologische Landwirtschaft.

Auch Bürgerinitiativen, die in den 70er-Jahren zahlreich entstanden, trugen zur Entwicklung der Zivilgesellschaft bei. Sie forderten und praktizierten oft an lokalen Problemen Mitbestimmung – beispielsweise bei der Einrichtung eines Kindergartens oder bei Kampagnen gegen Immobilienspekulation. Gemeinsam waren den Aktivitäten eine kritische Haltung gegenüber kapitalistischer Profitorientierung und der Wille zu mehr Partizipation. In diesem Zusammenhang entstanden auch die sogenannten **Neuen Sozialen Bewegungen** (NSB). In Abgrenzung zu früheren sozialen Bewegungen wie der Arbeiterbewegung, die in Parteien und Gewerkschaften institutionalisiert wurde, verstanden sie sich weniger bürokratisch und sozial heterogener. Sie sahen sich eher als Netzwerke und Initiativen und weniger als Großorganisationen. Die bedeutsamsten NSB in der Bundesrepublik waren die Frauenbewegung, die Umweltbewegung und die Friedensbewegung.

Um 1970 waren viele „68er“ in die SPD eingetreten, die die Impulse der Protestbewegung durch Brandts Reform- und Demokratisierungspolitik aufgriff. Am Ende des Jahrzehnts aber sahen sich viele „Alternative“ und Anhänger der NSB nicht mehr im Parteienspektrum vertreten. Daher gründete sich 1980 aus diesem Milieu heraus die Partei „Die Grünen“.

Pluralisierung (von lat.: plures, mehrere): Entwicklung zu größerer Vielfalt an Lebensformen und Denkweisen

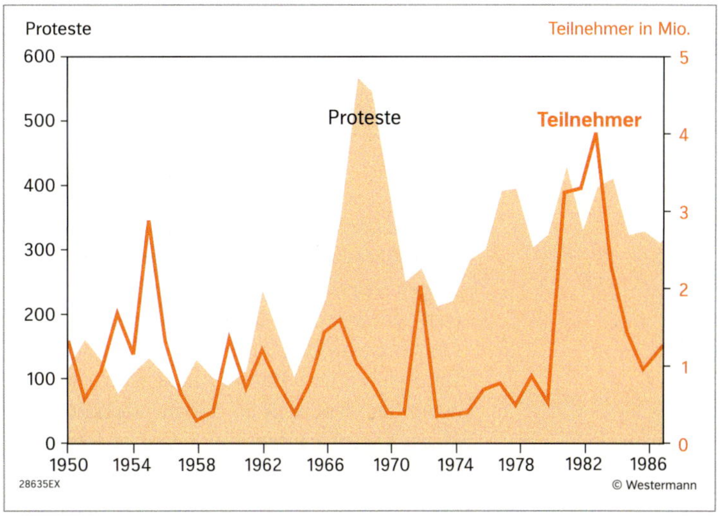

M2 Anzahl der Proteste und der Teilnehmenden in der BRD, 1950–1987

M2 wurde erstellt nach: Dieter Rucht/Roland Roth: Soziale Bewegungen und Protest – eine theoretische und empirische Bilanz, in: Dies. (Hg.): Die sozialen Bewegungen in Deutschland seit 1945. Ein Handbuch, Frankfurt/M. 2008, S. 635–668, hier S. 646

M3 Bundeskanzler Willy Brandt während seiner Regierungserklärung im Bundestag, 1969

M4 „Mehr Demokratie wagen"

Aus der Regierungserklärung von Bundeskanzler Willy Brandt, 28. Oktober 1969:

Die strikte Beachtung der Formen parlamentarischer Demokratie ist selbstverständlich für politische Gemeinschaften, die seit gut 100 Jahren für die deutsche Demokratie gekämpft, sie unter schweren Opfern verteidigt und unter großen Mühen wieder aufgebaut haben. [...]

Unser Volk braucht wie jedes andere seine innere Ordnung. In den 1970er-Jahren werden wir aber in diesem Lande nur so viel Ordnung haben, wie wir an Mitverantwortung ermutigen. Solche demokratische Ordnung braucht außerordentliche Geduld im Zuhören und außerordentliche Anstrengung, sich gegenseitig zu verstehen.

Wir wollen mehr Demokratie wagen. Wir werden unsere Arbeitsweise öffnen und dem kritischen Bedürfnis nach Information Genüge tun. Wir werden darauf hinwirken, dass nicht nur durch Anhörungen im Bundestag, sondern auch durch ständige Fühlungnahme mit den repräsentativen Gruppen unseres Volkes und durch eine umfassende Unterrichtung über die Regierungspolitik jeder Bürger die Möglichkeit erhält, an der Reform von Staat und Gesellschaft mitzuwirken.

Wir wenden uns an die im Frieden nachgewachsenen Generationen, die nicht mit den Hypotheken der Älteren belastet sind und belastet werden dürfen; jene jungen Menschen, die uns beim Wort nehmen wollen – und sollen. Diese jungen Menschen müssen aber verstehen, dass auch sie gegenüber Staat und Gesellschaft Verpflichtungen haben.

Wir werden dem Hohen Hause ein Gesetz unterbreiten, wodurch das aktive Wahlalter von 21 auf 18, das passive von 25 auf 21 Jahre herabgesetzt wird. Wir werden auch die Volljährigkeitsgrenze überprüfen.

Mitbestimmung, Mitverantwortung in den verschiedenen Bereichen unserer Gesellschaft wird eine bewegende Kraft der kommenden Jahre sein.

Wir können nicht die perfekte Demokratie schaffen. Wir wollen eine Gesellschaft, die mehr Freiheit bietet und mehr Mitverantwortung fordert. Diese Regierung sucht das Gespräch, sie sucht kritische Partnerschaft mit allen, die Verantwortung tragen, sei es in den Kirchen, der Kunst, der Wissenschaft und der Wirtschaft oder in anderen Bereichen der Gesellschaft. [...]

Die Regierung kann in der Demokratie nur erfolgreich wirken, wenn sie getragen wird vom demokratischen Engagement der Bürger. [...]

Wir suchen keine Bewunderer; wir brauchen Menschen, die kritisch mitdenken, mitentscheiden und mitverantworten. [...] Deshalb suchen wir das Gespräch mit allen, die sich um diese Demokratie mühen.

Meine Damen und Herren, in den letzten Jahren haben manche in diesem Land befürchtet, die zweite deutsche Demokratie werde den Weg der ersten gehen. Ich habe dies nie geglaubt. Ich glaube dies heute weniger denn je. Nein: Wir stehen nicht am Ende unserer Demokratie, wir fangen erst richtig an.

www.willy-brandt-biografie.de/wp-content/uploads/2017/08/ Regierungserklaerung_Willy_Brandt_1969.pdf (19.08.2021)

M5 Postmaterielle Werte

Der Historiker Ulrich Herbert schrieb 2014:

[Mit dem Begriff „Lebensqualität"] war eine neue Kategorie entstanden, die den sich vollziehenden Wandel in der politischen Mentalität plausibel und wirksam zusammenfasste. „Lebensqualität" war unübersehbar eine subjektive Kategorie, die eher auf das Individuum als auf Großgruppen bezogen war. Sie signalisierte, dass mittlerweile ein Zustand erreicht war, der eine Verbesserung des Lebens über die Sorgen um das tägliche Brot hinaus erlaubte. In einem Land, in dem die soziale Lage von vier Fünfteln der Bevölkerung mindestens zufriedenstellend war, stand mithin nicht mehr die bloße Vermehrung des Wohlstands auf der Tagesordnung, sondern die qualitative Verbesserung der Lebensbedingungen. Das bezog sich vor allem auf Faktoren wie Gesundheit, saubere Umwelt und Natur, aber auch Bildung, Berufschancen, freie Zeit und die Möglichkeit der „Selbstverwirklichung" – auch dies bald ein Leitbegriff der Zeit.

Ulrich Herbert, Geschichte Deutschlands im 20. Jahrhundert, München 2014, S. 915

M 6 Eine „lernende Demokratie“

Der Historiker Edgar Wolfrum formulierte im Jahr 2006:

Die Neuen Sozialen Bewegungen – die weit über die Anti-Atomkraft- und Ökologiebewegung hinausreichten – waren überaus vielgestaltig und ihre Ansprüche auf Mitgestaltung dementsprechend groß: Bürgerrechtsgruppen, Dritte-Welt-Gruppen, Alten- und Selbsthilfegruppen [...], Wissenschafts- und Gesundheitsläden, Aktionsnetze gegen Chemie in der Landwirtschaft sowie Selbsthilfegruppen im Sozialbereich gehörten ebenso dazu wie die Schwulen- und Lesbenbewegung, die Hausbesetzungsbewegung [...], vor allem jedoch die neue Frauenbewegung und die Friedensbewegung. [...]

Nicht alles an den neuen Protestformen war demokratisch, manche ergötzten sich an anarchischem Verhalten oder der Lust an Randalen und traten den Rechtsstaat mit Füßen. Doch insgesamt genommen: Die Aktivitäten der Neuen Sozialen Bewegungen haben in der Bundesrepublik zu einem bemerkenswerten Wandel der politischen Kultur geführt, sie haben die „Toleranzräume gegenüber unkonventionellem politischem Verhalten“ [so die Historikerin Dorothea Hauser] erweitert. Insbesondere die vielen Bürgerinitiativen und ihre breite Anerkennung bei der Gesamtbevölkerung liefern auch Hinweise darauf, dass die Deutschen zu erwachsenen Demokraten geworden sind; sie sind ein Ausweis der „lernenden Demokratie“ in der Bundesrepublik.

Edgar Wolfrum: Die geglückte Demokratie. Geschichte der Bundesrepublik Deutschland von ihren Anfängen bis zur Gegenwart, Bonn 2007, S. 405 (bearb.)

Gruppenarbeit

Auf den folgenden Seiten finden Sie Darstellungen und Materialien zu ausgewählten Neuen Sozialen Bewegungen: zur Umwelt- bzw. Anti-AKW-Bewegung, zur neuen Frauenbewegung und zur Friedensbewegung.

1. Bilden Sie Dreiergruppen und bearbeiten Sie arbeitsteilig je eines der Themen nach den gegebenen Aufgabenstellungen.

2. Erstellen Sie anschließend gemeinsam in der Dreiergruppe eine Tabelle zu folgenden Aspekten:
   - Thema und Anlass der Bewegung,
   - soziale Zusammensetzung,
   - Protestformen,
   - Folgen und Bedeutung der Bewegung.

3. a) Diskutieren Sie in Ihrer Gruppe bzw. im Kurs anschließend die Bedeutung der Neuen Sozialen Bewegungen für die Entwicklung der Zivilgesellschaft in der Bundesrepublik.
   b) Vergleichen Sie die Neuen Sozialen Bewegungen mit heutigen Protestbewegungen.

---

2. Erläutern Sie die Folgen von „68“ für die westdeutsche Gesellschaft der 1970er- und 1980er-Jahre.

3. Arbeiten Sie das Demokratieverständnis von Willy Brandt (M 4) heraus.

\+ Diskutieren Sie: Ist Wählen ab 16 gerechtfertigt?

4. a) Analysieren Sie M 2.
   b) Beurteilen Sie auf Grundlage des Darstellungstextes, M 2 und M 6, welche Bedeutung die 1970er- und 1980er-Jahre für die Entwicklung einer Zivilgesellschaft in Westdeutschland hatten (→ S. 98).

5. Stellen Sie mithilfe von M 5 den Zusammenhang zwischen der wirtschaftlichen Entwicklung der Bundesrepublik in der Nachkriegszeit und dem Wertewandel dar.

Thema 1 Die Umwelt- und Anti-AKW-Bewegung

M1 Das bekannteste Logo der weltweiten Anti-AKW-Bewegung wurde 1975 von der Dänin Anne Lund entworfen.

„Global denken, lokal handeln“

Die Umweltbewegung der 1970er-Jahre hatte Vorläufer, die bis ins 19. Jahrhundert zurückreichen. Der frühen Naturschutzbewegung war es vornehmlich um den Schutz der lokalen Natur vor der Zerstörung durch die Industrialisierung gegangen. Die neue Umweltbewegung handelte zwar auch lokal, dachte aber global und in größeren politischen Zusammenhängen. Weil das industrielle System aus ihrer Sicht die Lebensgrundlagen bedrohte, wurde es als Ganzes infrage gestellt. „Was bislang als selbstverständliche Begleiterscheinung der industriellen Moderne angesehen worden war, wurde nun rasch zum Skandal“, schrieb der Historiker Ulrich Herbert. Dabei agierte die neue Umweltbewegung zumeist in Bürgerinitiativen. Auf Umweltprobleme machte auch die 1971 in Kanada gegründete Organisation „Greenpeace“ aufmerksam – oft mit spektakulären Aktionen.

Zur Entstehung eines breiteren Umweltbewusstseins trug maßgeblich der 1972 veröffentlichte Bericht „Die Grenzen des Wachstums“ des Club of Rome bei. Dieser sagte angesichts der Ausbeutung der natürlichen Ressourcen, der Bevölkerungszunahme und der Umweltzerstörung voraus, dass in den nächsten hundert Jahren die „absoluten Wachstumsgrenzen“ erreicht würden und der industrielle Fortschritt seine eigenen Grundlagen zu zerstören drohe. Die Wirkung des Berichts, der die Ökologie zum zentralen Thema machte, erklärt sich auch durch die Ölkrise von 1973, die die Abhängigkeit vom Erdöl vor aller Augen führte (→ S. 81).

Club of Rome: 1968 gegründetes Gremium von internationalen Expertinnen und Experten verschiedener Disziplinen

BRD: Ein langer Weg

In der Bundesrepublik war die Debatte um die Atomenergie *das* zentrale Thema der Umweltbewegung. Gerade in Zeiten der Ölknappheit schien ihr die Zukunft zu gehören. Daher wurden in den 1970er-Jahren zahlreiche Atomkraftwerke (AKW) geplant. Doch zugleich nahmen die Einwände gegen diese Technik zu. Viele hatten Angst vor einer möglichen Belastung mit radioaktiver Strahlung und unkontrollierbaren atomaren Unfällen. Vor allem aber stieß das ungelöste Problem der Endlagerung von radioaktiven Brennstäben auf Kritik.

Als Beginn der Anti-AKW-Bewegung in der BRD gilt der Februar 1975, als im südbadischen Wyhl einheimische Bauern zusammen mit „Alternativen“ aus dem nahen Freiburg Baumaschinen blockierten, um den Beginn von Bauarbeiten für ein AKW zu verhindern. Dies war der Auftakt für eine Protestbewegung, die letztlich den Bau verhinderte: Nach langen Rechtsstreitigkeiten gab das Land Baden-Württemberg das Vorhaben auf. In den folgenden Jahren bildeten sich gegen fast jede geplante Atomanlage Bürgerinitiativen, die mit Flugblättern und Plakaten, Kundgebungen und Demonstrationen, Besetzungen und auf dem Rechtsweg versuchten, den Bau zu verhindern. Dabei kam es zu massiven, gelegentlich auch gewalttätigen Auseinandersetzungen mit der Polizei. Die Zahl der aktiven Bürgerinnen und Bürger in der Anti-AKW-Bewegung ging in die Hunderttausende. Allein zur größten Demonstration kamen 1979 rund 100 000 Menschen nach Bonn. So hat die Bewegung erheblich zur Ausweitung von bürgerlicher Partizipation beigetragen.

Schwere Atomunfälle – etwa im amerikanischen Harrisburg 1979 und im sowjetischen Tschernobyl 1986 – ließen die Kritik an der Nutzung von Atomenergie weiter wachsen. So beschloss im Jahr 2002 die Bundesregierung, die deutschen Kernkraftwerke stillzulegen, 2011 wurde dieser Beschluss erneuert. Auf lange Sicht hat die Anti-AKW-Bewegung in der BRD also ihr vorrangiges Ziel erreicht. Aber das Problem der Umweltzerstörung ist keineswegs gelöst. Inzwischen steht die drohende Klimakatastrophe im Fokus der Debatten und hat weltweit – nicht zuletzt eingefordert durch die seit 2018 bestehende „Fridays for Future“-Bewegung – immer größere Bedeutung.

M2 Ein Flugblatt der badischen Anti-AKW-Bewegung

Erklärung der 21 Bürgerinitiativen an die badisch-elsässische Bevölkerung, verbreitet im August 1974:

Weil wir wissen,
dass das geplante Atomkraftwerk bei Wyhl, sein Atommüll und seine künftige Ruine unser Land und unser Leben gefährden;
dass der Betrieb des Atomkraftwerks und der nachfolgenden Industrie das Klima so verändert, dass den Landwirten, vor allem den Winzern, die Existenz zerstört wird und sie als billige Arbeitskräfte in die Fabrik gehen müssen;
dass die Atomingenieure keinen Schutz bieten können gegen Verseuchung der Luft, die wir atmen, des Wassers, das wir trinken, der Pflanzen und Tiere, die wir essen;
und weil wir nicht abwarten können, bis die Katastrophe da ist.
Weil wir sehen,
dass diese fahrlässigen Pläne nicht uns, sondern der Atomindustrie nützen, die unsere Existenz für ihren Profit aufs Spiel setzt;
dass wir belogen werden mit Parolen wie: „Entweder Fortschritt oder Umweltschutz [...]".
Weil wir gelernt haben,
dass die Regierung in dieser Sache nicht neutral ist;
dass Ministerpräsident und Wirtschaftsminister im Aufsichtsrat des Energieunternehmens sitzen; [...]
dass die Regierung [...] die Bürgerinitiativen, d.h. die Selbstorganisation der Bevölkerung, bekämpft und die Bevölkerung täuscht;
dass sie ihre Pläne notfalls mit Gewalt und gegen den Protest von fast 100000 Einsprechern durchsetzen will;
dass wir unsere Interessen nur noch selber, gemeinsam und entschlossen vertreten können;
und weil wir nicht dulden, dass unser Recht derart missachtet wird. [...]
Deshalb haben wir beschlossen, die vorgesehenen Bauplätze für das Atomkraftwerk Wyhl und das Bleiwerk in Marckolsheim gemeinsam zu besetzen, sobald dort mit dem Bau begonnen wird. Wir sind entschlossen, der Gewalt, die uns mit diesen Unternehmen angetan wird, so lange passiven Widerstand entgegenzusetzen, bis die Regierungen zur Vernunft kommen.

Zit. nach: Archiv Soziale Bewegungen (Hg.): Nai hanmer g'sait! Kein Atomkraftwerk in Wyhl und anderswo, CD-ROM 2005 (Dok. 17652)

M3 „Nai hämmer gsait!" (alemannisch für „Nein haben wir gesagt!") – Plakat der badisch-elsässischen Bürgerinitiativen, aus dem Jahr 1982. Der Satz wird in Südbaden heute noch bei Protesten gegen Bauprojekte verwendet.

M4 Eine Bewertung

Der Soziologe Dieter Rucht schrieb 2008:

[Die bundesdeutsche Anti-Atomkraftbewegung] war die ausschlaggebende Kraft, um die Atomprogramme der 1970er-Jahre drastisch zu reduzieren und auf dem Niveau der frühen 1980er-Jahre einzufrieren. [...] Dies ist vor allem vor dem Hintergrund zu würdigen, dass die Anti-Atomkraftbewegung zunächst gegen eine fast geschlossene Front von Politik, Industrie, wissenschaftlichen und technischen Experten anzukämpfen hatte [...]. Darüber hinaus hat „die maßgeblich von der Anti-AKW-Bewegung entwickelte Widerstandskultur lange Zeit weit über die Bauplätze hinausgestrahlt und das Ringen um Grundrechte, soziale Gerechtigkeit und Demokratie in anderen gesellschaftlichen Bereichen geprägt" [Reimar Paul, Journalist]. Dass es zu solchen Effekten kam, liegt nicht nur an der quantitativen Stärke der Bewegung, der zunehmenden Konvergenz ihres vormals „bürgerlichen" und ihres „linksradikalen" Flügels und der Beharrlichkeit des Protests. Im Unterschied etwa zu Frankreich [...] bestand auch eine Reihe günstiger Kontextbedingungen: insbesondere (1) ein föderatives politisches System [...] sowie (2) die sich allmählich abzeichnende Spaltung der politischen Eliten in der Frage der Atomenergie.

Dieter Rucht: Anti-Atomkraftbewegung, In: Roland Roth u.a. (Hgg.): Die sozialen Bewegungen in Deutschland seit 1945, Frankfurt/New York 2008, S. 245–266, hier S. 264f.

Bleiwerk in Marckolsheim: Im elsässischen Marckolsheim, nur wenige Kilometer von Wyhl gelegen, sollte ein Bleiwerk gebaut worden. Die deutschen und französischen Bürgerinitiativen schlossen sich im Kampf gegen die beiden Großprojekte zusammen.

Thema 2 Die neue Frauenbewegung

Ziel: Gleichstellung

Frauen hatten seit dem 19. Jahrhundert wichtige Rechte erkämpft: Zunehmend wurden sie zum Studium an Hochschulen zugelassen und erhielten nach und nach das Wahlrecht. In Deutschland gewährte dies die Weimarer Reichsverfassung von 1919, welche die „grundsätzliche Gleichberechtigung" der Geschlechter festschrieb. Doch mit diesen Entwicklungen war die gesellschaftliche Gleichstellung der Geschlechter noch nicht erreicht. Den Kampf dafür nahm eine neue internationale Frauenbewegung seit den 1960er-Jahren auf. Vor allem die französische und die US-amerikanische Frauenbewegung wurden zu Vorbildern.

Im September 1968 kritisierte Helke Sander, Sprecherin des „Aktionsrats zur Befreiung der Frauen", auf einem Kongress des Sozialistischen Deutschen Studentenbundes (SDS), dass die männlichen Wortführer des SDS zwar die gesellschaftliche Emanzipation voranbringen wollten, selbst aber an patriarchalischen Vorstellungen festhielten. Ihre Rede und die Tomaten, mit denen daraufhin die führenden Männer des SDS beworfen wurden, gelten als Startpunkt der neuen Frauenbewegung in der BRD. Deren zentrale Anliegen waren die Selbstbestimmung von Frauen sowie die vollständige Gleichstellung in gesellschaftlicher, rechtlicher und wirtschaftlicher Hinsicht.

Um Frauen auf ihrem Weg in die Autonomie zu unterstützen, gründeten Frauen Einrichtungen für Frauen – Frauenkulturzentren, Frauenbuchhandlungen, Frauenzeitungen wie die „Emma", die seit 1977 erscheint, aber auch Frauenhäuser, die Frauen Schutz vor gewalttätigen Partnern boten. Durch Kampagnen bekämpfte die Frauenbewegung sowohl Gewalt gegen Frauen wie auch Prostitution. In ihren Fokus rückte vor allem aber die Strafbarkeit von Abtreibungen nach § 218 des Strafgesetzbuchs. So bezichtigten sich 374 Frauen – darunter Prominente – im Juni 1971 selbst öffentlich, gegen den Abtreibungsparagrafen verstoßen zu haben. Unter der Schlagzeile „Wir haben abgetrieben!" veröffentlichte die Zeitschrift „Stern" ihre Fotos und Namen. Die Idee zu dieser spektakulären Aktion hatte Alice Schwarzer, die spätere Herausgeberin der „Emma" und Wortführerin der deutschen Frauenbewegung, aus Frankreich übertragen. Durch diese Aktion war die Frauenbewegung aus dem Milieu der Studentenbewegung hinaus in die breite Öffentlichkeit getreten. Die Debatte um den § 218 polarisierte die Gesellschaft und auch die Politik. Ging es der Frauenbewegung mit dem Kampf für die Straffreiheit der Abtreibung um die Selbstbestimmung von Frauen über ihren Körper („Mein Bauch gehört mir") gegen die – männlich dominierten – Institutionen von Politik, Kirche, Ärzteschaft und Justiz, so argumentierte die Gegenseite mit dem Schutz des ungeborenen Lebens.

Ziel erreicht?

Der westdeutsche Feminismus der 1970er- und 1980er-Jahre kann Erfolge vorweisen: Das Bewusstsein für Frauenrechte ist deutlich gewachsen. Gleichstellungsbeauftragte sind in den Betrieben längst etabliert. In der BRD fiel 1977 das Gesetz, nach dem die Frau für den Haushalt zuständig sei und einer Berufstätigkeit nur nachgehen dürfe, wenn dies mit den „Pflichten in Ehe und Familie" vereinbar sei. Der Anteil von berufstätigen Frauen ist seitdem gestiegen. Doch Gendergerechtigkeit ist noch nicht erreicht: Frauen verdienen bei gleicher Tätigkeit durchschnittlich immer noch weniger als Männer, auch wenn der „Gender-Pay-Gap" seit den 1970er-Jahren geringer geworden ist. Zudem sind in deutschen Unternehmen die meisten Führungspositionen nach wie vor von Männern besetzt. Auch das Abtreibungsrecht ist weiterhin umstritten: Die Strafbarkeit der Abtreibung wurde 1974 durch die Fristenregelung, nach der der Schwangerschaftsabbruch bis zur 12. Woche straffrei sein sollte, entschärft. Aber das Bundesverfassungsgericht erklärte diese Regelung für verfassungswidrig. 1976 trat eine Indikationslösung in Kraft, nach der die Abtreibung straffrei bleibt, wenn sie innerhalb einer bestimmten Frist und aus medizinischen Gründen oder aus einer Notlage erfolgt.

M1 Die Journalistin Alice Schwarzer, 2006, mit einer Ausgabe der ersten „EMMA"

Indikation (von lat.: indicare, anzeigen): in der Medizin verwendeter Begriff für den Grund einer Behandlung, also dafür, warum eine Maßnahme angezeigt (sinnvoll) ist

M2 Forderung: Autonomie

Aus einem Thesenpapier, vorgelegt auf dem Bundesfrauenkongress in Frankfurt/Main am 11. März 1972:

1. Frauen organisieren sich separat, weil ihnen auffällt, dass die Gesellschaft aktiv von Männern bestimmt wird und wurde [...].

2. Frauen organisieren sich separat, weil sie gemeinsame Probleme haben, die im sogenannten „Privatbereich" besonders massiv auftreten und von den bisherigen Organisationen [gemeint sind Parteien, Gewerkschaften und Verbände] als „unpolitisch" abgetan werden oder wiederum aus der Sichtweise der „aktiven" Männer angegangen werden [...].

3. Frauen organisieren sich separat, weil sie oft so konkret unter dem Druck, zum Teil auch der Gewaltanwendung von Männern stehen, dass sie einen „Freiraum" brauchen, um sich eigene Frauenvorbilder zu schaffen, um neue Lebensstile für sich zu erproben, um sich zu informieren, um mit anderen Frauen von der Gesellschaft hochgehaltene Ideale wie „Mutterschaft" und „Wesen Frau" auf ihre unterdrückende Wirkung auf uns Frauen hin zu untersuchen.

4. Frauen organisieren sich separat, weil sie dazu erzogen worden sind, ihr ganzes Leben auf Männer hin auszurichten (Kleidung, Beruf, Berufung), und eines Tages feststellen, dass sie für sich gar nichts sind [...].

5. Frauen organisieren sich separat, weil sie erkannt haben, dass sie als Einzelne aufgeschmissen sind, und, um ihre Lage zu verbessern, mit vielen Frauen, denen es genauso geht (Abtreibung!), zusammenarbeiten müssen. Die Misere ihrer Lage (Verantwortung für die Kinder, schlechtere Ausbildung, Einsamkeit in der Vorstadt etc.) wird von Frauen erlebt. Männer können sie nur theoretisch „nachempfinden". Deshalb müssen Frauen aktiv werden, weil nur sie wissen, was ihnen stinkt und wie sie anders leben wollen.

6. Frauen organisieren sich separat, um ihre eigensten Ansprüche, entwickelt aus der Tatsache ihrer besonderen Unterdrückung, ihre Vorstellungen von ihrer Zukunft im gemeinsamen Kampf durchsetzen zu können, sodass eine Zukunft nicht schon wieder ohne sie und über ihre Köpfe hinweg gemacht wird.

Zit. nach: Ursula Linnhoff (Hg.): Die neue Frauenbewegung. USA – Europa seit 1968, Köln 1974, S. 66 f.

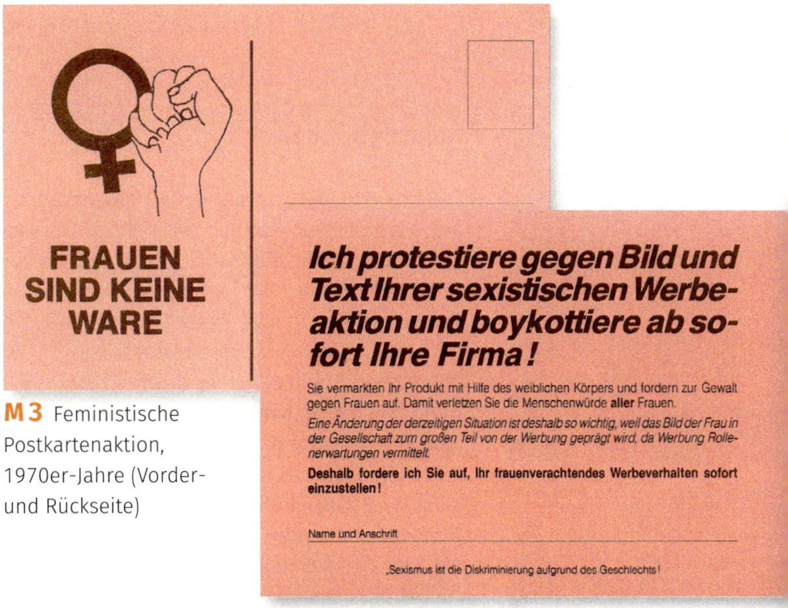

M3 Feministische Postkartenaktion, 1970er-Jahre (Vorder- und Rückseite)

M4 Öffentliche Aktion gegen den § 218: Aufkleber auf einem Auto, das für eine Fahrt zu einer Abtreibungsklinik in den Niederlanden eingesetzt wurde. Foto von Abisag Tüllmann, Frankfurt, 1975

M5 „Feminismus wird da konkret, wo zwei, drei Frauen zusammen reden und handeln! Wo Frauen beginnen, zu fragen, statt zu gehorchen, zu kämpfen, statt hinzunehmen. [...] Es geht nicht darum, sich ohne Männer zu emanzipieren [...], es geht darum, Männer nicht länger mit der Bitte um Einsicht, sondern mit eigenen Einsichten und daraus gezogenen Konsequenzen zu konfrontieren."

– Alice Schwarzer, 1975

Dies.: Der „kleine Unterschied" und seine großen Folgen, Frankfurt/Main 1975, S. 236

Thema 3 Die Friedensbewegung

M 1 Das Luftbild zeigt die Menschenkette am 22. Oktober 1983 auf der B 10 nahe Plochingen.

NATO-Doppelbeschluss: Angesichts der Rüstungsinitiative der Sowjetunion beschloss die NATO zweierlei:
– mit der UdSSR über die Begrenzung atomarer Mittelstreckenraketen zu verhandeln und
– im Fall eines Scheiterns der Verhandlungen selbst aufzurüsten, um ein nukleares Gleichgewicht zu erreichen.

Neue Bedrohungen

Ende der 1970er-Jahre nahmen die Spannungen im Ost-West-Konflikt wieder zu. Auf die Aufrüstung der UdSSR mit neuen Mittelstreckenraketen und den Einmarsch der Roten Armee in Afghanistan reagierte der Westen mit dem NATO-Doppelbeschluss von 1979, mit dem ein Aufrüsten auch im Westen verbunden war. Aufrüstung wurde Anfang der 1980er-Jahre daher zum bestimmenden und zugleich umstrittensten politischen Thema: In ganz Westeuropa und in den USA entstanden Massenbewegungen gegen „Nachrüstung“, wie Befürworter die Maßnahmen des Westens bezeichneten. Besonders stark war die Friedensbewegung in der BRD. Nach Umfragen waren 1983 etwa zwei Drittel der Bundesbürgerinnen und -bürger gegen die Stationierung neuer Mittelstreckenraketen. Den „Krefelder Appell“ (→ M 2) von 1981 gegen die „Nachrüstung“ des Westens unterschrieben etwa fünf Millionen Menschen. Kritiker warfen dem Appell wie der Friedensbewegung überhaupt vor, einseitig gegen die Aufrüstung des Westens zu kämpfen, gegenüber der Aufrüstung der Sowjetunion aber zu schweigen.

Aktionen gegen Stationierungen

In der BRD hatte es seit der Debatte um die Wiederbewaffnung eine Friedensbewegung gegeben. Deren Ostermärsche, die international seit den späten 1950er-Jahren stattfanden (→ S. 101), erhielten nun wieder enormen Zulauf. Die Friedensbewegung übernahm Protestformen auch von der Anti-AKW-Bewegung, mit der sie auch personell eine hohe Übereinstimmung hatte. Mit „zivilem Ungehorsam“– etwa Sitzblockaden vor Raketendepots – versuchte sie, die Stationierung neuer Mittelstreckenraketen zu verhindern. Auch im Alltag bekannten sich viele, vor allem Jüngere, durch das Tragen von Buttons (→ M 3) öffentlich zu ihrer Haltung.

Bei Demonstrationen kamen in mehreren westlichen Staaten riesige Menschenmengen zusammen. Höhepunkt der Bewegung war der Oktober 1983, der sogenannte „Heiße Herbst“. In der BRD demonstrierten etwa 1,3 Millionen Bürgerinnen und Bürger an verschiedenen Orten, darunter mehr als 200 000, die eine durchgehende Menschenkette zwischen Stuttgart und Neu-Ulm bildeten (→ M 1).

Die Friedensbewegung war generationenübergreifend und hatte eine breite gesellschaftliche Basis. An Initiativen und Protesten beteiligten sich Vertreterinnen und Vertreter der Kirchen, Intellektuelle, Kunstschaffende, Vertreterinnen der Frauenbewegung und sogar Generäle der Bundeswehr. Politisch hatte die Friedensbewegung ihre Basis insbesondere beim linken Teil der SPD und den gerade gegründeten Grünen, aber auch Anhänger anderer Parteien zählten sich zur Friedensbewegung. SPD und FDP waren in dieser Frage gespalten. Der Streit um die Aufrüstung war einer der Gründe für den Bruch der SPD-FDP-Koalition 1982. Die CDU/CSU, die seit 1982 mit Helmut Kohl den Bundeskanzler stellte, befürwortete den NATO-Doppelbeschluss.

Ziel verfehlt?

Im November 1983 entschied sich der Bundestag mehrheitlich für die Stationierung der amerikanischen Mittelstreckenraketen, die in den kommenden Jahren in der BRD und anderen westeuropäischen Staaten tatsächlich aufgestellt wurden. Ihr Ziel hatte die Friedensbewegung also verfehlt. Mit der Entspannung im Ost-West-Konflikt und den Abrüstungsvereinbarungen im INF-Vertrag von 1987 wurden aber bis 1991 sowohl die amerikanischen als auch die sowjetischen Mittelstreckenraketen wieder abgebaut und zerstört. Die Beurteilung ist bis heute umstritten: Manche vertreten die Position, dass die harte Haltung des NATO-Doppelbeschlusses die Abrüstung ermöglichte. Andere sehen in den Friedensbewegungen in Ost und West Wegbereiter der Abrüstung. Aus gesellschaftsgeschichtlicher Sicht hat die Friedensbewegung wesentlich zur Entwicklung von Partizipation, zur Etablierung von öffentlichem Protest und zur Entstehung einer Zivilgesellschaft in Deutschland beigetragen.

M2 Der „Krefelder Appell“

Aufruf der westdeutschen Friedensbewegung vom 16. November 1981:

Immer offensichtlicher erweist sich der Nachrüstungsbeschluss der NATO vom 12. Dezember 1979 als verhängnisvolle Fehlentscheidung. Die Erwartung, wonach Vereinbarungen zwischen den USA und der Sowjetunion zur Begrenzung der eurostrategischen Waffensysteme noch vor der Stationierung einer neuen Generation amerikanischer nuklearer Mittelstreckenraketen in Westeuropa erreicht werden könnten, scheint sich nicht zu erfüllen. [...]

Der neugewählte Präsident der USA [Ronald Reagan] erklärt unumwunden, selbst den bereits unterzeichneten SALT-II-Vertrag zur Begrenzung der sowjetischen und amerikanischen strategischen Nuklearwaffen nicht akzeptieren [...] zu wollen. Mit der Verweigerung der Ratifizierung durch die USA würde jedoch die Aussicht auf Verhandlungen zur Begrenzung der eurostrategischen Nuklearwaffen unvermeidbar in noch weitere Ferne rücken. Ein selbstmörderischer Rüstungswettlauf könnte nicht im letzten Augenblick gestoppt werden; seine zunehmende Beschleunigung und offenbar konkreter werdende Vorstellungen von der scheinbaren Begrenzbarkeit eines Nuklearkrieges müssten in erster Linie die europäischen Völker einem untragbaren Risiko aussetzen.

[Wir] appellieren daher gemeinsam an die Bundesregierung, die Zustimmung zur Stationierung von Pershing-II-Raketen und Marschflugkörpern in Mitteleuropa zurückzuziehen [...].

In der Öffentlichkeit wächst die Sorge über die jüngste Entwicklung. Immer entschiedener werden die Möglichkeiten einer alternativen Sicherheitspolitik diskutiert. Solche Überlegungen sind von großer Bedeutung für den demokratischen Prozess der Willensbildung und können dazu beitragen, dass unser Volk sich nicht plötzlich vollzogenen Tatsachen gegenübergestellt sieht.

Alle Mitbürgerinnen und Mitbürger werden deshalb aufgerufen, diesen Appell zu unterstützen, um durch unablässigen und wachsenden Druck der öffentlichen Meinung eine Sicherheitspolitik zu erzwingen, die [...] Abrüstung für wichtiger hält als Abschreckung.

Zit. nach: www.1000dokumente.de/index.html?c=dokument_de&dokument=0023_kre&object=translation&st=&l=de (30.10.2021, bearb.)

M3 Zwei Anstecker aus dem „Heißen Herbst“ 1983. Die Aufschrift rechts bezieht sich auf Mittelstreckenraketen vom Typ Pershing II mit Atomsprengköpfen und auf Marschflugkörper (Cruise Missiles), die in der BRD stationiert wurden.

M4 Normalisierung des Protests

Der Historiker Philipp Gassert schrieb 2018 über die Bedeutung der Friedensbewegung:

Zwar hat die Friedensbewegung der 1980er-Jahre ihr explizites politisches Ziel genauso wenig erreicht wie die „1968er-Bewegung“. [... Doch der Streit um den Frieden] machte Demonstrieren für bürgerliche Mittelschichten noch mehr akzeptabel. Was um 1968 noch revolutionär wirkte, war nun schon fast normal. Protest war in der Mitte der bürgerlichen Gesellschaft angekommen, weder eine Jugendbewegung (wie überwiegend „1968“) noch etwas allein für Gewerkschaftler und Sozialdemokraten. Auch die „aufgeklärte Reaktion“ des Establishments [...], das inzwischen relativ gelassen mit den Protesten umgehen konnte, zeigt an, dass Protest in der politischen Kultur Westdeutschlands „normal“ geworden war und einfach dazugehörte. Diese Gelassenheit fehlte um „1968“, aber auch noch bei den Anti-AKW-Protesten.

Mit dieser enormen Verbreiterung der Protestpartizipation in den 1980er-Jahren war die Bundesrepublik tatsächlich „eine protestierende Republik“ geworden. Nicht in der militanten Auseinandersetzung am Bauzaun [des AKWs] in Brokdorf oder an der Startbahn West, aber in der friedlichen Variante der massenhaften „Friedensbewegung“, an der eben auch Eltern, Kinder und Großeltern mitwirkten, hatte der Straßenprotest sich weit über sein historisches Kernmilieu in der „alten Linken“ hinausbewegt.

Philipp Gassert: Bewegte Gesellschaft. Deutsche Protestgeschichte seit 1945, Stuttgart 2018, S. 164 f.

INF-[Intermediate-Range Nuclear Forces]-Vertrag: Der am 1. Juni 1988 in Kraft getretene Vertrag sah die Beseitigung aller bodenstartfähigen nuklearen und konventionellen Raketen mit einer Reichweite von 1 000 bis 5 500 Kilometern bis zum 1. Juni 1991 vor (→ S.136).

SALT [Strategic Arms Limitation Talks]-II-Vertrag: 1979 zwischen den USA und der UdSSR geschlossener Vertrag zur Limitierung von Mittelstreckenwaffen. Der US-Senat ratifizierte ihn jedoch nicht, da sowjetische Truppen noch im selben Jahr in Afghanistan einmarschierten.

eurostrategische Nuklearwaffen: strategische, hier: der Abschreckung dienende atomare Waffen in Europa

Startbahn West: ein Ausbau des Frankfurter Flughafens, gegen den Anfang der 1980er-Jahre Umweltschützer massiv protestierten. Es kam dort zu gewalttätigen Ausschreitungen, bei denen zwei Polizisten erschossen wurden.

Politisches Engagement im autoritären Staat?

Aufbruchsversuche zu mehr Bürgerbeteiligung im Ostblock der 1970er

M 1 Karikatur von Fritz J. Behrendt 1977. Die Person im Bett ist der sowjetische Staats- und Parteichef Leonid Breschnew (1964–1982).

1. a) Beschreiben Sie M 1.
b) Erklären Sie die Aussageabsicht der Karikatur mithilfe des Darstellungstextes.

Oppositionelle in Osteuropa

Seit den 1960er-Jahren entstand in Osteuropa eine **Dissidentenbewegung**. Es handelte sich jedoch nicht um eine Massenbewegung mit breiter zivilgesellschaftlicher Basis, sondern um kleine, oppositionelle Gruppen sowie einzelne Intellektuelle aus Literatur, Kunst und Wissenschaft. Sie einte die Kritik an den Regimen, doch gab es unter ihnen westlich orientierte Liberale, Reformkommunisten, Nationalisten und religiöse Dissidenten, die durchaus verschiedene Ziele verfolgten. Wichtigstes Mittel ihres Protests waren kritische Bücher, Lieder oder Petitionen, die oft im westlichen Ausland erschienen oder unter der Hand zur Kopie weitergegeben wurden.

Die kommunistischen Regime waren mit dem Zwiespalt konfrontiert, dass sie einerseits nicht zu scharf gegen Kritiker vorgehen durften, da anderenfalls die Proteste – auch aus dem westlichen Ausland – zuzunehmen drohten. Andererseits wollten die Regierenden die Systemkritiker unter Kontrolle halten. Oppositionelle standen daher überall im Ostblock unter Beobachtung der Geheimdienste: Schriftsteller und Musiker waren von Publikations- oder Auftrittsverboten bedroht. Die kommunistischen Staatsapparate setzten als Mittel der Repression auch Haftstrafen und Verbannungen ein. Mehreren prominenten Dissidenten wurde in den 1970er-Jahren sogar ihre Staatsangehörigkeit entzogen. „Willkürliche Verhaftungen und Hinrichtungen gehörten [nach Stalin] der Vergangenheit an. Wer sich ruhig verhielt, war relativ sicher. Aber offene Kritik oder politisch abweichende Meinungen forderten Repressalien heraus. [...] Der Schraubstock konnte gelockert werden, wie unter Chruschtschow geschehen, aber nicht entfernt“, urteilte der Historiker Ian Kershaw.

Dissident (von lat.: dissidere „auseinandersitzen, nicht übereinstimmen“): Bezeichnung für Systemkritiker in autoritären Staaten. Der Begriff wurde ab den 1970er-Jahren insbesondere für Oppositionelle in den sozialistischen Staaten verwendet.

Chruschtschow: Parteichef der KPdSU von 1953 bis 1964. Er leitete seit 1956 die Abkehr vom Stalinismus ein.

Helsinki und die Folgen

Die KSZE-Schlussakte von Helsinki (→ S. 51), in der 1975 fast alle osteuropäischen Staaten zugestimmt hatten, die Menschenrechte zu achten, gab den Oppositionellen Auftrieb, denn darauf konnten sie sich fortan berufen. So gründeten Dissidenten in der Tschechoslowakei die Bürgerrechtsgruppe **Charta 77.** Die gleichnamige Erklärung vom 1. Januar 1977 wurde von 257 Bürgerinnen und Bürgern der ČSSR unterzeichnet. Das breite Spektrum der Unterzeichner reichte von früheren Aktivisten des Prager Frühlings bis hin zu einer Untergrundrockband. Wenige Tage später wurde die Erklärung in führenden westeuropäischen Zeitungen abgedruckt, jedoch nicht in tschechoslowakischen. Die weltanschaulich heterogene Bürgerrechtsgruppe erklärte zwar, keine Opposition zur Regierung, sondern ein Forum zum offenen Dialog sein und – mit Verweis auf die Schlussakte von Helsinki – auf Menschenrechtsverletzungen hinweisen zu wollen. Dennoch geriet sie ins Visier des Staates. Ihre Mitglieder mussten Observationen, Berufsverbote, Haftstrafen und sogar Ausbürgerung erleiden. Trotz der Repressionen wurde die Gruppe in den 1980er-Jahren Mittelpunkt der Opposition und Forum der Diskussion in der ČSSR. Sie gilt als Keimzelle der „Samtenen Revolution“ des Jahres 1989 (→ S. 166 f.).

M2 Aus der „Charta 77“

In der am 1. Januar 1977 veröffentlichten Erklärung hieß es:

Die Verantwortung für die Einhaltung der Bürgerrechte im Lande obliegt selbstverständlich vor allem der politischen und staatlichen Macht. Aber nicht nur ihr. Jeder trägt seinen Teil Verantwortung für die allgemeinen Verhältnisse [...]. Das Gefühl dieser Mitverantwortlichkeit, der Glaube an den Sinn bürgerschaftlichen Engagements und der Wille dazu [...] hat uns auf den Gedanken gebracht, Charta 77 zu bilden, deren Entstehung wir heute öffentlich anzeigen.

Charta 77 ist eine freie, informelle und offene Gemeinschaft von Menschen verschiedener Überzeugungen, verschiedener Religionen und verschiedener Berufe, verbunden durch den Willen, sich einzeln oder gemeinsam für die Respektierung der Bürger- und Menschenrechte in unserem Land und in der Welt einzusetzen – jener Rechte, die [...] von der Abschlussakte der Konferenz in Helsinki [...] und die zusammenfassend von der „Allgemeinen Erklärung der Menschenrechte“ der UN zum Ausdruck gebracht werden. [...]

Charta 77 ist keine Basis für oppositionelle politische Tätigkeit. Sie will dem Gemeininteresse dienen wie viele ähnliche Bürgerinitiativen in verschiedenen Ländern des Westens und des Ostens. Sie will aber nicht eigene Programme politischer oder gesellschaftlicher Reformen oder Veränderungen aufstellen, sondern in ihrem Wirkungsbereich einen konstruktiven Dialog mit der politischen und staatlichen Macht führen [...].

Übers. zit. nach: Jürgen Schmidt: Zivilgesellschaft. Bürgerschaftliches Engagement von der Antike bis zur Gegenwart, Reinbek 2007, S. 236–238

M3 Der Mut prominenter Dissidenten wurde im Westen bewundert. [...] Ihre Behandlung durch die repressiven kommunistischen Regime wurde lautstark und wiederholt verurteilt. Aber nichts deutete darauf hin, dass ihre Proteste mehr waren als Nadelstiche. Die hinter der stabilen Fassade anwachsenden Wirtschaftsprobleme waren eine weit ernstere Herausforderung [für die Regierenden].

Ian Kershaw, 2019

Ders.: Achterbahn. Europa 1950 bis heute, München 2019, S. 395

M4 Warte nicht auf bessre Zeiten

Wolf Biermann, 1973

Manchen hör ich bitter sagen
„Sozialismus – schön und gut
Aber was man uns hier aufsetzt
Das ist der falsche Hut!“
Manchen seh ich Fäuste ballen
In der tiefen Manteltasche
Kalte Kippen auf den Lippen
Und in den Herzen Asche
Refrain 1:
Wartest du auf bessre Zeiten
Wartest du mit deinem Mut
Gleich dem Tor, der Tag für Tag
An des Flusses Ufer wartet
Bis die Wasser abgeflossen
Die doch ewig fließen

Manche raufen sich die Haare
Manche seh ich hasserfüllt
Manche seh ich in das Wolltuch
Des Schweigens eingehüllt
Manche hör ich abends jammern
„Was bringt uns der nächste Tag
An was solln wir uns noch klammern
An was? An was? An was?“
[Wdh. Refrain 1]

Manche hoffen, dass des Flusses
Wasser nicht mehr fließen kann
Doch im Frühjahr, wenn das Eis taut
Fängt es erst richtig an
Manche wollen diese Zeiten
Wie den Winter überstehn
Doch wir müssen Schwierigkeiten
Bestehn! Bestehn! Bestehn!
Refrain 2:
Warte nicht auf bessre Zeiten
Warte nicht mit deinem Mut
Gleich dem Tor, der Tag für Tag
An des Flusses Ufer wartet
Bis die Wasser abgeflossen
Die doch ewig fließen

Viele werden dafür sorgen
Dass der Sozialismus siegt
Heute! Heute, nicht erst morgen!
Freiheit kommt nie verfrüht
Und das beste Mittel gegen
Sozialismus (sag ich laut)
Ist, dass ihr den Sozialismus
AUFBAUT! Aufbaut! (aufbaut)
[Wdh. Refrain 2]

Allgemeine Erklärung der Menschenrechte: Sie wurde 1948 von der Generalversammlung der Vereinten Nationen – also von allen Mitgliedern der UNO, also auch der ČSSR – verkündet. Artikel 1 lautet: „Alle Menschen sind frei und gleich an Würde und Rechten geboren.“

M5 Kurzbiografien bekannter Dissidenten

Alexander Solschenizyn (1918–2008) war ein sowjetischer Schriftsteller. Er begeisterte sich in seiner Jugend für die Lehren Lenins. 1945 wurde er verhaftet, ohne Gerichtsverhandlung zu acht Jahren Lagerhaft und anschließender „ewigen Verbannung" verurteilt, weil er in Briefen an einen Freund Kritik an Stalin geübt hatte. Bis 1953 war er in Lagern des Gulag inhaftiert. In dieser Zeit näherte sich der bisherige Atheist dem orthodoxen Christentum an. Seine Verbannung verbrachte er in Kasachstan.

Im Zuge der Entstalinisierung wurde Solschenizyn 1957 rehabilitiert. Seine Erlebnisse verarbeitete er in der Novelle „Ein Tag im Leben des Iwan Denissowitsch", in der er die Grausamkeiten des stalinistischen Lageralltags schilderte. Das Buch, für das er 1970 den Nobelpreis für Literatur erhielt, durfte mit Erlaubnis Chruschtschows erscheinen.

Solschenizyn äußerte sich in den Folgejahren weiterhin kritisch und setzte sich für die Abschaffung der Zensur ein. Seit 1965 stand er unter ständiger Kontrolle des sowjetischen Geheimdienstes KGB. Im Jahr 1974 erschien der erste Band seines Hauptwerks „Der Archipel Gulag" in Frankreich. Daraufhin wurde er wegen Landesverrats verhaftet. Solschenizyn wurde die sowjetische Staatsangehörigkeit entzogen und er wurde außer Landes gebracht. Zunächst nahm ihn in der BRD der Schriftsteller Heinrich Böll auf, später siedelte er in die Schweiz, dann in die USA um. 1990 erhielt er unter der Regierung Gorbatschows (→ ab S. 134) die sowjetische Staatsangehörigkeit zurück. 1994 kehrte er nach Russland zurück und wurde zu einem Vertreter eines rechten russischen Nationalismus.

Andrei Sacharow (1921–1989) war Physiker. Von 1948 bis 1968 arbeitete er im sowjetischen Kernwaffenprogramm und gilt als „Vater der sowjetischen Wasserstoffbombe", die 1953 erstmals gezündet wurde. Seit Mitte der 1950er-Jahre jedoch wuchsen Sacharows Bedenken gegen Atomwaffen. Zunehmend äußerte er sich auch regimekritisch. So warnte er vor einer Rehabilitierung Stalins, kritisierte die Niederschlagung des Prager Frühlings 1968 und setzte sich für Abrüstung ein, woraufhin er aus dem sowjetischen Kernwaffenprogramm entlassen wurde.

In den folgenden Jahren engagierte Sacharow sich für die Achtung der Menschenrechte in der Sowjetunion. 1970 gehörte er zu den Mitbegründern des „Komitees zur Durchsetzung der Menschenrechte" und forderte in einem offenen Brief an die Regierung eine Demokratisierung der Sowjetunion. Auch setzte er sich für politische Häftlinge und für das Selbstbestimmungsrecht von ethnischen Minderheiten ein. 1975 erhielt er den Friedensnobelpreis.

Nach Protesten gegen den Einmarsch sowjetischer Truppen in Afghanistan wurde Sacharow 1980 verhaftet und nach Gorki verbannt, wo er ohne Kontakt zur Außenwelt unter Aufsicht des KGB lebte. Später musste ihm seine Frau, die Ärztin Jelena Bonner, ins Exil folgen. Im Zuge der Reformen Michail Gorbatschows (→ S. 134) wurde 1986 die Verbannung beider aufgehoben. Andrej Sacharow engagierte sich anschließend politisch für die Reform der sowjetischen Verfassung und für die Aufarbeitung der stalinistischen Verbrechen. Heute sind nach ihm mehrere Preise benannt, etwa der Sacharow-Preis des Europäischen Parlaments, der für den Einsatz für Menschenrechte verliehen wird.

---

2. Stellen Sie arbeitsteilig mithilfe des Darstellungstextes und der Biografien M5 dar, wie die Dissidenten im Ostblock organisiert waren, welche Methoden des Protests sie verwendeten und welchen staatlichen Repressionen sie ausgesetzt waren.

3. Analysieren Sie M2 und M4 in Hinblick auf die politische Haltung der Verfasser.

\+ Recherchieren Sie zu Dissidentinnen in den Ostblockstaaten und beurteilen Sie deren Bedeutung. Nutzen Sie dazu den Webcode **WES-116793-009**.

Václav Havel (1936–2011)
war ein tschechischer Schriftsteller. Er stammte aus einem bürgerlichen Haushalt, weshalb ihm nach der kommunistischen Machtübernahme in der Tschechoslowakei die Ausbildung erschwert wurde. Seit Anfang der 1960er-Jahre schrieb Havel Dramen im Stil des absurden Theaters.

1967 kritisierte er erstmals öffentlich die Zensur in der ČSSR. Während des Prager Frühlings 1968 war er Vorsitzender des „Klubs unabhängiger Schriftsteller" und unterstützte als Nichtkommunist die Reformen Alexander Dubčeks (→ S. 109). Nach der Niederschlagung des Prager Frühlings äußerte sich Havel mehrfach gegen das kommunistische Regime. In der Folge erhielt er ein Aufführungs- und Publikationsverbot, schrieb aber dennoch im Untergrund weiter. Seine Dramen erschienen in einem westdeutschen Verlag.

1977 gehörte Havel zu den Initiatoren der Gruppe „Charta 77". Wegen seines politischen Engagements wurde er mehrfach inhaftiert und saß zwischen 1977 und 1989 insgesamt fünf Jahre in Haft.

Havel war eine der führenden Persönlichkeiten der „Samtenen Revolution" des Jahres 1989, die zum Sturz der kommunistischen Herrschaft in der Tschechoslowakei führte (→ S. 166 f.). Als Kandidat des gerade gegründeten „Bürgerforums" wurde er 1989 im Zuge der ersten freien Wahlen zum Staatspräsidenten der neuen Tschechoslowakischen Republik gewählt. Nach der Teilung des Landes war Havel von 1993 bis 2003 Präsident der Tschechischen Republik. Er wurde in verschiedenen Ländern mit zahlreichen Preisen für seinen Einsatz für Menschenrechte und mit Literaturpreisen geehrt.

Wolf Biermann (geb. 1936)
ist ein deutscher Liedermacher und Lyriker. Biermanns Vater war als Jude und Mitglied des kommunistischen Widerstands gegen den Nationalsozialismus in Auschwitz ermordet worden. Biermann wuchs nach dem Krieg in Hamburg auf und siedelte als junger Kommunist 1953 (kurz vor dem Volksaufstand) in die DDR über. Seit Ende der 1950er-Jahre war Biermann künstlerisch tätig. Er gründete 1961 ein Berliner Theater, das allerdings noch vor der Eröffnung geschlossen wurde, nachdem Biermann ein Stück über den Mauerbau geschrieben hatte. Daraufhin erhielt er ein sechsmonatiges Auftrittsverbot, und sein Aufnahmeantrag in die SED wurde abgelehnt. Nach einer Gastspielreise in der BRD und nach der Veröffentlichung eines Gedichtbandes in einem westdeutschen Verlag erhielt Biermann 1965 in der DDR vollständiges Auftritts- und Publikationsverbot. Er war im Fokus des Ministeriums für Staatssicherheit. Dennoch veröffentlichte er im Westen DDR-kritische Platten, die er in seiner Wohnung aufgenommen hatte. Als Biermann 1976 auf einer Gastspielreise in der BRD war, beschloss das Zentralkomitee der SED, ihn auszubürgern, und verhängte gegen ihn ein Einreiseverbot in die DDR. Diese Ausbürgerung sorgte in West- und Ostdeutschland für großes Aufsehen. Führende Kunstschaffende der DDR protestierten dagegen mit einer öffentlichen Resolution oder erklärten sich solidarisch. Auch sie waren daraufhin staatlichen Repressionen ausgesetzt bis hin zu Auftrittsverboten und Inhaftierungen. Seit 1977 ist Biermann in der BRD als Künstler tätig und beteiligt sich an politischen Debatten. Er äußerte sich immer wieder kritisch zur DDR, verstand sich aber auch nach der Ausbürgerung als Sozialist.

4. Vergleichen Sie die Entwicklung der Zivilgesellschaft in Ost- und Westeuropa.

5. a) Vergleichen Sie die Aussagen von M 1 und M 3.
   b) Beurteilen Sie anhand des Darstellungstextes und der Materialien, ob die Versuche zu mehr Bürgerbeteiligung in den Ostblockstaaten bis 1989 erfolgreich waren.

Proteste und staatliche Reaktionen

Streben nach Bürgerbeteiligung seit 1945

→ S. 100–105

Proteste in Westeuropa – ein Weg zur Zivilgesellschaft?

In den frühen 1950er-Jahren stießen die Pläne der **Wiederbewaffnung** der BRD auf den Widerstand vieler Bürgerinnen und Bürgern. Ursachen für die Proteste der „Ohne mich"-Bewegung waren nicht nur die Erinnerung an den Zweiten Weltkrieg und die Sorge vor einem erneuten Krieg, sondern auch die Befürchtung, dass eine westdeutsche Armee die Wiedervereinigung unmöglich machen würde. Dennoch wurde 1955 die Bundeswehr gegründet. Die Proteste wurden noch größer, als die Bundeswehr mit Atomwaffen aufgerüstet werden sollte. Auch in anderen westeuropäischen Ländern bildete sich eine Protestbewegung gegen atomare Aufrüstung.
In den 1960er-Jahren nahmen die Proteste zu. Weltweit demonstrierten vor allem junge Menschen gegen den Vietnamkrieg der USA. Höhepunkt war die **„68er-Bewegung"**, die sich vor allem für mehr Bürgerbeteiligung und eine freiere Gesellschaft einsetzte. In allen gesellschaftlichen Bereichen – Universitäten, Schulen, Wirtschaft, Familien, Bundeswehr etc. – wurde intensiv über Demokratisierung diskutiert und gestritten. Viele Studierende und Intellektuelle sahen im Marxismus einen Weg, die als autoritär empfundenen Strukturen der kapitalistischen Gesellschaft zu überwinden.
Im Laufe der 1960er- und 1970er-Jahre vollzog sich ein **Wertewandel**, der immaterielle Werte wie „Selbstverwirklichung" und „Emanzipation" gegenüber der Steigerung des materiellen Wohlstands bedeutender werden ließ. Traditionelle Werte wie „Gehorsam" wurden zunehmend kritisch betrachtet.

→ S. 106–113

Proteste in Osteuropa – Partizipationszuwachs oder Unterdrückung?

Auch in den kommunistisch regierten Staaten Osteuropas gab es Proteste. In ihrem Zentrum stand die Forderung nach mehr politischen und wirtschaftlichen Freiheiten. In der DDR demonstrierten im Juni 1953 Arbeiter dafür, dass die Erhöhung der Arbeitsnorm zurückgenommen werden sollte. Diese Proteste weiteten sich am **17. Juni 1953** zu einem Volksaufstand aus, bei dem freie Wahlen und die Wiedervereinigung gefordert wurden – die Existenz der DDR stand auf dem Spiel und wurde von sowjetischen Truppen gerettet, die den Aufstand niederschlugen. Ähnliches, allerdings unter viel größeren Opfern, wiederholte sich 1956 beim **Ungarnaufstand**. In Ungarn hatten sich auch Teile der kommunistischen Partei für Reformen ausgesprochen. In der Tschechoslowakei gingen im **„Prager Frühling"** 1968 die Reformen sogar von der Führung der Kommunistischen Partei um Alexander Dubček aus. Auch dieser Reformversuch wurde von der UdSSR und ihren Satellitenstaaten gewaltsam niedergeschlagen.
„Republikflucht" aus der DDR war eine weitere Form, Protest zu äußern. Seit Mitte der 1950er-Jahre war es eine Straftat, das Land zu verlassen. Dennoch verließen bis 1961 etwa drei Millionen Menschen die DDR in Richtung Bundesrepublik. Mit dem **Mauerbau** vom 13. August 1961 versperrte die SED-Führung diesen Weg. Damit stabilisierte sich die DDR zwar, schloss ihre Bürgerinnen und Bürger aber praktisch in ihrem Land ein. Bei Fluchtversuchen kamen in den folgenden Jahrzehnten zahlreiche Menschen ums Leben. Viel mehr Menschen verließen die DDR über legale Ausreiseanträge, die aber mit Schikanen der SED-Behörden verbunden waren.

Die BRD der 1970er- und 1980er-Jahre: eine protestierende Republik?

Bundeskanzler Willy Brandt (SPD) griff 1969 die Forderungen der Protestbewegung in der BRD auf: In seiner Regierungserklärung kündigte er an, **„mehr Demokratie wagen"** zu wollen. Tatsächlich setzte seine sozialliberale Koalition einige Reformen durch, die auf eine Liberalisierung und Demokratisierung der Gesellschaft zielten: etwa die Absenkung des Volljährigkeits- und Wahlalters auf 18 Jahre, die Ausweitung der betrieblichen Mitbestimmung, die Einführung von BaFöG, die Entkriminalisierung von Homosexualität und die Reform des Ehe- und Scheidungsrechts. Auch gesellschaftlich setzten sich die Bestrebungen nach **Emanzipation** fort. Es bildete sich ein alternatives Milieu, das sich an Werten wie „Selbstverwirklichung" und „Lebensqualität" orientierte. In den 1970er-Jahren gab es in der BRD vielfältige Versuche, diese Werte auch zu realisieren. So gründeten sich beispielsweise „Kinderläden", die eine antiautoritäre Erziehung praktizierten, „Dritte-Welt-Läden", die sich gegen die Ausbeutung von Entwicklungsländern einsetzten, und Betriebe, die eher auf Solidarität und kollektive Leitung als auf Gewinnmaximierung zielten. Es wurden Landkommunen gegründet, die der ökologischen Landwirtschaft Impulse gaben. Auch lebten mehr Menschen in neuen Lebensformen wie Wohngemeinschaften. Auf dieser Weise kam es zu einer **Pluralisierung** der Gesellschaft.
Protest wurde zunehmend normal, zumeist von Bürgerinitiativen organisiert. Der Protest richtete sich in der Regel gegen lokale Projekte, etwa den Bau einer Straße. In diesem Zusammenhang entstanden zahlreiche **Neue Soziale Bewegungen** (NSB), Initiativen, die sich von institutionalisierten Bewegungen wie Parteien oder Gewerkschaft abgrenzten und eher als Netzwerke von Bürgerinitiativen für ihre Ziele kämpften. Die wichtigsten NSB waren die Umwelt- und Anti-AKW-Bewegung, die Frauenbewegung und die Friedensbewegung.
Durch die Ausweitung der Bürgerbeteiligung in den 1970er-Jahren erhielt die Zivilgesellschaft der BRD einen erheblichen Schub.

→ S. 116–125

Osteuropa in der 1970ern: Aufbruch zu mehr Partizipation?

Im sozialistischen Osteuropa waren Proteste und die Entwicklung einer Zivilgesellschaft durch Repressionen des autoritären Systems sehr viel schwerer möglich. Dennoch gab es Ansätze von Bürgerbeteiligung. Seit den 1960er-Jahren übten einzelne Kritiker und kleine Gruppen in der Sowjetunion und den anderen Staaten des Ostblocks Protest. Diese **Dissidentenbewegung** war weltanschaulich sehr vielfältig. Manche strebten nach einer liberalen Demokratie wie im Westen, andere waren eher nationalistisch oder christlich motiviert. Gemeinsam war ihnen die Kritik an ihren Regimen und an den Menschenrechtsverletzungen. Der Begriff „Bewegung" darf aber nicht darüber hinwegtäuschen, dass die Dissidenten anders als im Westen keine breite gesellschaftliche Basis hatten. Ihr Mut wurde bewundert, im Westen wurden sie gefeiert, doch hatten sie wenig Unterstützung. Dennoch wurden Dissidenten von den kommunistischen Machthabern verfolgt, inhaftiert, mit Publikationsverbot belegt, ins Exil geschickt oder ausgebürgert.
1975 bekamen Oppositionelle im Osten durch die KSZE-Schlussakte von Helsinki Auftrieb, weil die kommunistischen Regime darin die Einhaltung der Menschenrechte garantiert hatten. Darauf konnten sich Kritiker nun berufen. Dies geschah 1977 in der Tschechoslowakei, als mit der Erklärung **„Charta 77"** eine gleichnamige Oppositionsgruppe gegründet wurde, die sich zum Ziel gesetzt hatte, auf Menschenrechtsverletzungen hinzuweisen. Die Charta 77 wurde zur wichtigsten Oppositionsgruppe in der Tschechoslowakei und dadurch trotz der Helsinki-Erklärung auch zum Objekt staatlicher Verfolgung.

→ S. 126–129

Das Ende des Ostblocks

Zerfall und Transformationsprozesse

Zahlreiche Entwicklungen führten seit dem Ende der 1970er-Jahre sowohl zu einer angespannten Lage im Kalten Krieg als auch zu einer Krisensituation in der Sowjetunion und den weiteren Staaten des Ostblocks. Mit einem umfangreichen Reformprogramm wollte Michail Gorbatschow, der neu ernannte Generalsekretär des Zentralkomitees der KPdSU, seit 1985 das Gesellschaftssystem und die Wirtschaft in der Sowjetunion modernisieren und damit langfristig den Sozialismus stärken.

Welche Dynamik Gorbatschow mit seinen Reformen auslösen würde, ahnte er 1985 nicht. Letztlich führte sie zum Zusammenbruch des Ostblocks und zur Auflösung der Sowjetunion. In welchem Zusammenhang stehen Gorbatschows Reformen mit dem Fall der Mauer 1989 und der Deutschen Einheit? Fanden vergleichbare Veränderungsprozesse auch in den anderen Staaten des Ostblocks statt? Wurde durch sie gar eine Zeitenwende eingeläutet? Auch die Europäische Union wurde durch den Zusammenbruch des Ostblocks vor neue Herausforderungen gestellt, gewann aber auch Entwicklungsperspektiven.

Abbildung

- April 1990: Nur wenige Monate nach den Revolutionen in Berlin, Prag und Bukarest werden an einem Beliner Mauersegment aufgehängte Fotos zur Geschichte des geteilten Europas angeboten – hier für Touristen aus Frankreich.

Problemlösung oder Anfang vom Ende?

Glasnost und Perestroika in der Sowjetunion

M 1 Titelbild der Zeitschrift „Der Spiegel", 22. Februar 1987

1. a) Beschreiben Sie M 1.
   b) Formulieren Sie Hypothesen zum Titel „Revolution von oben".

Die 1970er-Jahre endeten krisenhaft – mit einer neuen Konfrontation der Blöcke. Als ein Auslöser dafür gilt die Modernisierung der auf Westeuropa gerichteten sowjetischen Mittelstreckenraketen. Sie veranlasste die NATO, ihren „Doppelbeschluss" zu fassen: Sofern die Sowjetunion nicht abrüste, werde auch die NATO aufrüsten und solche Raketen stationieren. Indem dieser Beschluss die Aufstellung neuer atomarer Waffen in Westeuropa legitimierte, beendete er die Entspannungsphase des „Kalten Krieges". Knapp zwei Wochen später, am 25. Dezember 1979, marschierten sowjetische Truppen in Afghanistan ein, und das, obwohl die Sowjetunion bereits an Kriegen in Angola, Mosambik und Äthiopien beteiligt war. Global bedeutete der nun beginnende „Zweite Kalte Krieg" eine Verschärfung der Bedrohungslage; für die Sowjetunion bedeutete er zusätzlich eine Überforderung der wirtschaftlichen Ressourcen des Landes, was auch im Inneren zu einer schwierigen politischen Situation führte.

Dissident (von lat.: dissidere, abweichen): Kritiker des Regierungskurses

Innenpolitische Reformen in der UdSSR

Als **1985 Michail Gorbatschow** Generalsekretär des Zentralkomitees der Kommunistischen Partei der Sowjetunion (KPdSU) wurde, gehörte er mit seinen erst 54 Jahren einer anderen Generation als seine Amtsvorgänger an – und setzte sich eine Modernisierung des sowjetischen Gesellschaftssystems zum Ziel. Unter den Schlagworten **Glasnost** (Transparenz) und **Perestroika** (Umgestaltung) sollten alle Bereiche der Gesellschaft umgestaltet werden – ohne jedoch den Führungsanspruch der Kommunistischen Partei infrage zu stellen. Der Sozialismus sollte gestärkt aus der Reformphase hervorgehen.

Die eingeleiteten Reformen sahen etwa die Förderung marktwirtschaftlicher Prinzipien wie Wettbewerb vor sowie das offene Ansprechen zu behebender Missstände. Zwar wurde die Zensur formell erst 1990 durch ein neues Pressegesetz aufgehoben, doch führte schon Glasnost dazu, dass über bisherige Tabuthemen wie Kriminalität, Korruption, Alkoholismus und Umweltverschmutzung berichtet wurde. Auf Regierungs- und Verwaltungsebene gingen die Reformen mit einem groß angelegten Personalwechsel einher, indem reformunwillige Repräsentanten der „alten Zeit" ersetzt wurden.

Ein kritischer öffentlicher Dialog sollte Akzeptanz für die Umgestaltung des sowjetischen Gesellschaftsmodells schaffen. Dadurch konnte sich allmählich eine Zivilgesellschaft herausbilden, die in der Folge ansatzweise auch zur Politisierung der Gesellschaft führte. Bereits 1987 waren fast alle politischen Dissidenten aus der Haft entlassen worden. Zudem wurden bisher von der Zensur unterdrückte Bücher, Filme und Theaterstücke der Öffentlichkeit zugänglich gemacht. Jedoch waren es in erster Linie Literaten, Künstler und Wissenschaftler – nicht der Großteil der Bevölkerung –, die sich an einem Diskurs um bestehende gesellschaftliche und wirtschaftliche Strukturen, um Möglichkeiten der Reformierung und der Ausgestaltung des Transformationsprozesses beteiligten.

... auch mit außenpolitischen Folgen

Die neue Stärkung der Eigeninitiative und der Selbstverantwortung fand konsequenterweise auch Anwendung auf die sozialistischen „Bruderländer" der Sowjetunion: Gorbatschow hob die „Breschnew-Doktrin" auf, die eine begrenzte Souveränität dieser Länder bedeutet hatte. In der Vergangenheit war sie die Grundlage für militärische Interventionen gewesen – sofern die KPdSU die kommunistische Herrschaftsordnung in ihren „Satellitenstaaten" bedroht sah. Nun sicherte Gorbatschow diesen Staaten zu, ihre Eigenständigkeit zu achten. 1987 erklärte er in Prag: „Die Selbstständigkeit jeder Partei, ihre Verantwortung vor dem eigenen Volk und das Recht, souverän die Fragen der Entwicklung des Landes zu lösen, sind für uns selbstverständliche Prinzipien." Länder, die im sowjetischen Machtbereich lagen, sollten also frei sein, gegebenenfalls politische, wirtschaftliche und soziale Reformen einzuleiten. Für diesen neuen außenpolitischen Kurs fand ein sowjetischer Diplomat die Bezeichnung **Sinatra-Doktrin** – in Anspielung auf den Frank-Sinatra-Song „I Did It My Way". Vor allem in Polen und Ungarn wurden die neuen Möglichkeiten der Reformierung von Politik und Gesellschaft sogleich aufgenommen. Aus welchen Gründen aber hat sich Michail Gorbatschow Mitte der 1980er-Jahre zu einem solchen Kurswechsel mit all seinen neuen Herausforderungen überhaupt entschieden?

Wirtschaft im Hintertreffen?

In den 1970er- und 1980er-Jahren war in den Bereichen Wirtschaft und Gesellschaft eine zunehmende Auseinanderentwicklung zwischen östlichem und westlichem Europa zu beobachten. Der Osten sah sich vor allem mit Engpässen bei der Versorgung mit Waren und Dienstleistungen, mit einem Technologierückstand – insbesondere bei der elektronischen Datenverarbeitung – und mit einer hohen Auslandsverschuldung konfrontiert.

Als Ende 1979 der „Zweite Kalte Krieg" einsetzte, begann zugleich ein neuer **Rüstungswettlauf** zwischen den USA und der UdSSR, der zu einem erheblichen Anstieg der Militärausgaben beider Staaten führte. In der Sowjetunion hatte die Aufrüstung zum einen die einseitige Förderung der Schwerindustrie zur Folge, sodass sich bereits bestehende Engpässe bei der Versorgung der Bevölkerung mit Konsumgütern und Lebensmitteln zu einer **Versorgungskrise** verschärften. Zum anderen waren für notwendige Wirtschaftsreformen und Modernisierungen keine finanziellen Mittel mehr vorhanden. So löste der neue Rüstungswettlauf vor dem Hintergrund der ohnehin angespannten wirtschaftlichen Lage in der Sowjetunion und den Ländern des östlichen Europas eine wirtschaftliche Rezession aus: In den 1980er-Jahren brachen die Wachstumsraten auf jährlich durchschnittlich 0,4 % ein, womit sie weit hinter der westeuropäischen Wirtschaft – mit einer jährlichen Wachstumsrate von 2,3 % – lagen.

Das **Innovationsdefizit** des Ostens zeigte sich insbesondere beim Maschinenbau, in der Elektronik und in der Chemie. In den westeuropäischen Ländern hatte die Digitalisierung – die „dritte industrielle Revolution" – einige Wirtschaftsbereiche bereits grundlegend verändert, gar einen **Strukturwandel** herbeigeführt. Schon in den 1970er-Jahren war hier der Computer in die Welt der Wirtschaft eingezogen, und der Bereich der Dienstleistungen war zum größten Beschäftigungssektor aufgestiegen. Die Volkswirtschaften des Ostblocks hingegen hatten es versäumt, Produktionsanlagen und -strategien an den technisch-wirtschaftlichen Wandel anzupassen, sodass man von einer Strukturkrise der sozialistischen Gesellschaften des östlichen Europas sprechen kann.

Die UdSSR hatte bisher vor allem Erdöl, Erze und Holz in den Westen exportiert. Doch infolge der Krisen ging der Außenhandel mit den westeuropäischen Staaten in den 1980er-Jahren zurück. Das entfernte die sozialistischen Staaten noch weiter vom Westen und trug im Gegenzug zu intensiverer Verzahnung untereinander bei.

Transformationsprozess: Prozess der gesellschaftlichen und wirtschaftlichen Umgestaltung (z.B. durch die Einführung von marktwirtschaftlichen Elementen)

„Satellitenstaat": Staat, der zwar formal unabhängig, faktisch aber von einem anderen Staat abhängig ist (wie ein Satellit, der sich im Gravitationsfeld eines größeren Himmelskörpers befindet)

Strukturwandel: die dauerhafte Veränderung des wirtschaftlichen und gesellschaftlichen Gefüges eines Staates. Auslöser können bahnbrechende Erfindungen sein, die Produktionsweisen nachhaltig verändern.

Devisen: ausländische Zahlungsmittel, mit denen Bankgeschäfte getätigt werden können, hier: D-Mark

Gleichzeitig aber mussten die östlichen Staaten westliche Technologien importieren, weil eigene Produkte nicht selbst in ausreichender Menge produziert werden konnten. In der Folge stieg deren Verschuldung im Westen weiter an. Diese Entwicklungen trugen dazu bei, dass überkommene ideologische Gewissheiten – wie etwa das Ideal eines modernen und fortschrittlichen Sozialismus – infrage gestellt wurden. So beförderten sie eine **Legitimitätskrise** und trugen auch zu einer abnehmenden Loyalität der Bürgerinnen und Bürger bei.

Globalisierung und Sozialismus – unvereinbar?

Zu wichtigen Akteuren der in den 1980er-Jahren verstärkt einsetzenden Globalisierung wurden transnational agierende Unternehmen, die sich mit Innovationen vor allem in der Pharmaindustrie, im Automobilbau, in der Elektronik sowie der IT-Branche behaupteten. Mit der E-Mail entstand eine neue Form der kommunikativen Vernetzung. Hinsichtlich dieser zunehmenden Globalisierung manövrierte sich die Sowjetunion unweigerlich in eine Außenseiterrolle: Denn Globalisierung wird erst möglich durch intensiven Informationsaustausch – mithilfe von Kommunikationstechnik und Mobilität, z.B. in Form von Auslandsreisen –, durch die internationale Vernetzung der Finanzmärkte und durch globale Konkurrenzfähigkeit.

Da es vor allem die hohen Rüstungsausgaben waren, die den sowjetischen Staatshaushalt schwer belasteten, sah Gorbatschow in der Rüstungsbegrenzung die Voraussetzung seiner Reformpolitik: Die Beendigung des Wettrüstens, aber auch die Abkehr von kostspieligen militärischen Interventionen in den „Satellitenstaaten" sollten notwendige finanzielle Ressourcen für die Reformen freisetzen. Im Dezember 1987 unterzeichneten Gorbatschow und US-Präsident Reagan in Washington den INF-Vertrag über die vollständige Beseitigung nuklearer Mittelstreckenraketen – ein Meilenstein in der **Entspannungspolitik** zwischen beiden Ländern.

Um der sich verschlechternden Versorgungslage gegensteuern zu können, erhöhte die sowjetische Regierung die im Umlauf befindliche Geldmenge, was jedoch zu einer Hyperinflation führte. Die ohnehin knapp bemessenen Einkommen der unteren Schichten blieben hinter der allgemeinen Inflation zurück. Die sowjetische **Staatsverschuldung**, die 1985 noch 13 Milliarden Rubel betragen hatte, war bis 1988 bereits auf 80 Milliarden gestiegen. Während Staatsunternehmen ihre Produktion verringerten oder gar einstellten, gewann die Privatwirtschaft vor allem im Dienstleistungsbereich, im Finanzwesen und Handel an Bedeutung. Allerdings florierten auch Schwarzmarkthandel und Korruption. Es wurde deutlich, dass sich eine jahrelange staatliche Misswirtschaft nicht innerhalb kurzer Zeit korrigieren ließ. Vielmehr trugen die Reformen innerhalb der sowjetischen Gesellschaft Ende der 1980er-Jahre zu wachsender Polarisierung, z.B. in Reformanhänger und Traditionalisten, sowie zu sozialer Ungleichheit bei.

Glasnost und Perestroika brachten aber nicht nur die sowjetische Gesellschaft, sondern das gesamte System des Ostblocks ins Wanken. Denn wie sich in den folgenden Jahren zeigen sollte, beinhaltete der neue Kurs das Potenzial, den Staaten des Ostblocks den Weg zur Demokratisierung zu ebnen. Doch bedeutete die neue politische Freiheit hier zugleich eine neue große Herausforderung, denn Politik war ab jetzt so zu gestalten, dass man sich der Zustimmung der eigenen Bevölkerung sicher war.

M 2 Michail Gorbatschow (links) und US-Präsident Ronald Reagan (rechts) unterzeichnen am 8. Dezember 1987 in Washington den INF-Vertrag.

INF [Intermediate-Range Nuclear Forces]-Vertrag: Der am 1. Juni 1988 in Kraft getretene Vertrag sah die Beseitigung aller bodenstartfähigen nuklearen und konventionellen Raketen mit einer Reichweite von 1 000 bis 5 500 Kilometern bis zum 1. Juni 1991 vor. Er wurde auf unbegrenzte Dauer geschlossen, 2019 jedoch unter den Präsidenten Trump (USA) und Putin (Russische Förderation) außer Kraft gesetzt.

M3 Wie war die Lage in Osteuropa?

Der norwegische Historiker Odd Arne Westad analysiert die Lage vieler osteuropäischer Staaten in den 1980er-Jahren wie folgt:

Zweifellos hatten viele Osteuropäer, die Ungarn und Tschechoslowaken zum Beispiel, einen Lebensstandard, von dem die meisten Sowjetbürger nur träumen konnten. Doch auch hier verbreitete sich das Gefühl, dass die Staatsführer nicht in der Lage seien, die drängenden Probleme in den Griff zu bekommen und eine sichere und stabile Versorgung mit Konsumgütern zu gewährleisten. Es war nicht so, dass die Osteuropäer schlechter lebten als früher. Vielmehr hatte es damit zu tun, dass viele von ihnen wussten, um wie viel besser die Menschen in Westeuropa lebten und wie viel schneller es dort vorwärtsging. Die zunehmenden Kontakte über den Eisernen Vorhang hinweg, die nach der Konferenz von Helsinki möglich wurden, verfestigten bei vielen Osteuropäern, insbesondere bei Fachkräften, Lehrern und Managern, die Überzeugung, dass ihre Lebensbedingungen wesentlich schlechter seien als jene der Menschen auf der westlichen Seite der Grenze. Mehr denn je verglichen sie ihre Situation nicht mit der ihrer eigenen Vergangenheit oder mit den Verhältnissen in der Sowjetunion, sondern mit jener der anderen Europäer, deren Leben sie durch das Fernsehen, durch Filme oder zufällige Begegnungen zu kennen meinten. [...]

[Viele] betrachteten sich immer weniger als „Osteuropäer", die sich der Sowjetherrschaft zu beugen hatten. Stattdessen verstanden sie sich zunehmend wieder als Mitteleuropäer, die unter der Besatzung einer fremden Sowjetkultur standen. Wenn zum Beispiel Norwegen oder Portugal zum europäischen Kernbereich gehörten, warum dann nicht auch sie? [...]

Die Erweiterung der EG [der Europäischen Gemeinschaft, dem Vorläufer der EU] um die südeuropäischen Länder war von erheblicher Bedeutung für den Kalten Krieg. Für die Osteuropäer beinhaltete sie das Versprechen, dass auch sie eines Tages einer europäischen Gemeinschaft würden beitreten können. [...] Diese Wahrnehmung wirkte wie eine Zeitbombe unter der sowjetischen Herrschaft in Osteuropa.

Odd Arne Westad: Der Kalte Krieg. Eine Weltgeschichte, Bonn 2020, S. 568 f., 573, 577 f.

M4 Das Bruttoinlandsprodukt (BIP) in Mrd. $ der USA und der UdSSR im Vergleich

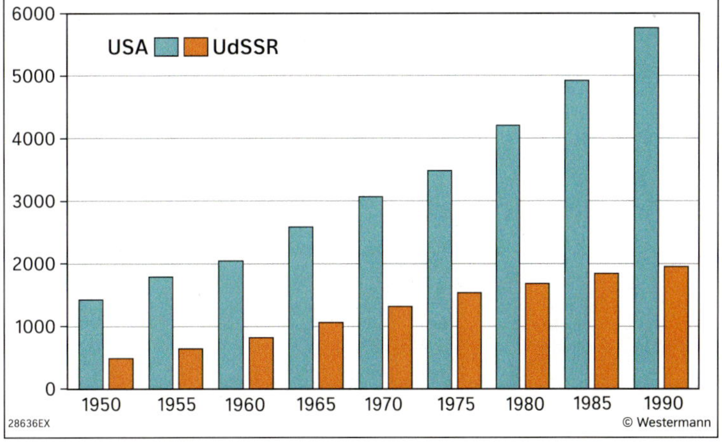

Zusammengest. nach: de.statista.com/statistik/daten/studie/935320/umfrage/bip-wachstum-in-den-usa-und-der-udssr (30.07.2021)

M5 Die Entwicklung der sowjetischen Wirtschaft 1985–1990

(Dargestellt ist die jährliche Veränderung in % von 1985 bis 1990)

	1985	1986	1987	1988	1989	1990
Bevölkerung	1,1	1,0	0,9	0,8	0,7	0,3
Beschäftigte (Arbeiter/Angestellte)	0,8	0,6	0,1	-1,1	-1,5	-0,7
Bruttosozialprodukt	2,3	3,3	2,9	5,5	3,0	-2,0
Industrieproduktion	3,4	4,4	3,8	3,9	1,7	-1,2
Agrarproduktion	0,2	5,3	-0,6	1,7	1,3	-2,3
Arbeitsproduktivität der Gesamtwirtschaft	1,3	2,1	1,6	4,8	2,3	-1,0
Geldeinkünfte der Bevölkerung	3,7	3,6	3,9	9,2	13,1	11,0
Außenhandelsumsatz	0,4	2,3	0,6	2,6	4,5	-6,9

Zusammengest. nach: Manfred Hildermeier: Geschichte der Sowjetunion 1917–1991. Entstehung und Niedergang des ersten sozialistischen Staates, München: [2]2017, S. 1091

Hyperinflation: das sehr schnelle und unkontrollierte Ansteigen der Preise für Waren und Dienstleistungen bei zwar gleichzeitig steigenden Löhnen, aber auch rasantem Wertverlust des Geldes

Konferenz von Helsinki: 1975 auf Vorschlag der sowjetischen Regierung einberufene „Konferenz für Sicherheit und Zusammenarbeit in Europa" (KSZE). Vertreter fast aller europäischen Staaten trafen dort mit Vertretern Kanadas und der USA zusammen (→ S. 51).

BIP: Das Bruttoinlandsprodukt misst den Wert aller Güter und Dienstleistungen, die in einem Jahr innerhalb der Landesgrenzen einer Volkswirtschaft erwirtschaftet werden.

M6 Gorbatschows Reformpläne

Zum 70. Jahrestag der Oktoberrevolution sagte Michail Gorbatschow am 2. November 1987:

Genossen! Eine feste Basis für den beschleunigten Vormarsch in allen Richtungen kann nur durch grundlegende Veränderungen in der Wirtschaft geschaffen werden. Auch die Umgestaltung selbst wird ihre ganze Stärke nur dann erreichen, wenn sie die ganze Volkswirtschaft von Grund auf aufrüttelt. Das seinerseits ist verknüpft mit tiefgreifenden Wandlungen im Wirtschaftsmechanismus, im gesamten System der Wirtschaftsleistung.

Die im ganzen Lande eingeleitete Wirtschaftsreform verfolgt das Ziel, in den nächsten zwei bis drei Jahren den Übergang vom übermäßig zentralisierten und weisungsgebundenen Leistungssystem zu einem demokratischen System zu sichern, das vorwiegend auf ökonomischen Methoden, auf einem normalen Verhältnis von Zentralleitung und Selbstverwaltung beruht. Ein solches System setzt eine bedeutende Erweiterung der Selbstständigkeit von Vereinigungen und Betrieben, ihre Umstellung auf volle wirtschaftliche Rechnungsführung und Eigenfinanzierung sowie die Ausstattung der Arbeitskollektive mit den dazu nötigen Rechten voraus. [...] Wir sind für eine mannigfaltige öffentliche Meinung, für ein reiches geistiges Leben. Wir brauchen keine Angst davor zu haben, schwierige Probleme der gesellschaftlichen Entwicklung offen aufzuwerfen und zu lösen, Kritik zu üben und zu diskutieren. Gerade unter solchen Bedingungen setzt sich die Wahrheit durch, formen sich richtige Entscheidungen. [...]

Der Marxismus-Leninismus als schöpferische Lehre ist keine Sammlung fertiger Rezepte und doktrinärer Vorschriften. Dem engstirnigen Dogmatismus abgeneigt, sichert die marxistisch-leninistische Lehre eine aktive Wechselwirkung der bahnbrechenden theoretischen Gedanken mit der Praxis [...]. Je tiefer wir in unsere Probleme eindrangen [...], desto klarer wurde, dass die Umgestaltung auch einen umfassenderen gesellschaftlich-politischen und historischen Zusammenhang hat.

Die Umgestaltung ist nicht nur das Abschütteln von Stagnation und Konservatismus der vorausgehenden Perioden und die Ausbesserung zugelassener Fehler, sondern auch die Überwindung historisch begrenzter, überholter Züge der Gesellschaftsorganisation und der Arbeitsmethoden.

[...] Zwei Schlüsselprobleme der gesellschaftlichen Entwicklung bestimmen das Schicksal der Umgestaltung. Das sind die Demokratisierung des gesamten gesellschaftlichen Lebens und eine radikale Wirtschaftsreform.

Presseabteilung der Botschaft der UdSSR in Zusammenarbeit mit der Informationsagentur Nowosti (Hg.): Gorbatschows historische Rede. Zum 70. Jahrestag der Oktoberrevolution – Perestroika und Glasnost, Wochenschau 16/17/1987 (Sonderausgabe)

M7 Spätere Urteile

a) Der Historiker Manfred Hildermeier beurteilt Gorbatschows Reformen wie folgt:

Gewiss hat Gorbatschow manche Fehler gemacht. [...] Er ist der naiven Vorstellung erlegen, die bloße Beseitigung zentraler Vorgaben und Kontrolle reiche aus, um mithilfe unterdrückter Energien die Volkswirtschaft zu sanieren. Dass sich einige wenige Wendige unter Ausnutzung korruptionsaffiner Netzwerke bereichern könnten, während die Masse der Bevölkerung in Armut versank, hat er offenbar nicht für möglich gehalten und dann zu spät erkannt. Manches spricht auch für die Berechtigung des Vorwurfs, er sei am Ende vor der eigenen Courage erschrocken und habe den letzten Schritt, den Sprung in die Marktwirtschaft, immer weiter hinausgezögert – bis ihm das Schicksal die Entscheidung aus der Hand nahm. Nur eines sollte man Gorbatschow nicht vorwerfen: dass er eine nicht existente Krise erfunden habe und seine Sanierungsstrategie, die so gründlich misslang, unnötig gewesen sei. Zwar war die Masse der Bevölkerung Ende der Neunzigerjahre mit Blick auf ihre traurigen materiellen Lebensverhältnisse sehr wahrscheinlich der Meinung, dass die Therapie schlimmer war als die Krankheit. Dies kann aber für den Historiker nicht das einzige Kriterium sein. [...] Anhänger politischer Freiheit und der Achtung von Menschen- und Bürgerrechten dürften zu einem anderen [...] Fazit gelangen. Auf den „Trümmern des Sozialismus" gediehen auch die Hoffnung auf Demokratie und die freie Entfaltung des Einzelnen in einer liberalen Gesamtordnung. [...]

So wie der Zusammenbruch der Sowjetunion nicht von der Perestroika zu lösen ist, so lässt sich auch die Perestroika nicht von einer Krise der sozialistischen Gesamtordnung lösen, die alles andere als eingebildet, nämlich systemisch und chronisch, war.

Manfred Hildermeier: Geschichte der Sowjetunion 1917–1991. Entstehung und Niedergang des ersten sozialistischen Staates, München: [2]2017, S. 1109 f.

b) Der Historiker Dietmar Neutatz urteilt:

Dass ausgerechnet [Gorbatschows] Politik, die zunächst große Hoffnungen weckte, im ökonomischen Kollaps, dem Zusammenbruch der Sowjetmacht und im Auseinanderfallen des Imperiums endete, lag nicht an ungünstigen Umständen, sondern an der prinzipiellen Verkehrung der Problemlage durch Gorbatschow selbst. [...]

Die Perestroika [...] als den eigentlichen Grund für das Ende der kommunistischen Herrschaften in Osteuropa zu betrachten und in ihr die Ursache für die Wirtschaftskrise zu identifizieren, erscheint trotz ihrer wichtigen Funktion als Katalysator zu kurz gegriffen und stellt die Kausalbeziehungen auf den Kopf. Es bedurfte der ökonomischen Voraussetzungen, dass die Perestroika zustande kam, und die ihr zugeschriebenen Wirkungen konnten nur eintreten, weil die schon viel länger bestehenden Systemfehler nun voll zum Tragen kamen und Gorbatschow den sie schützenden stillschweigenden Konsens, die eigentlichen Probleme hinter der Fassade einer künstlichen zweiten Wirklichkeit zu verbergen, aufbrach.

Abgesehen von der Verengung der Kausalitäten auf die kurze Zeitspanne von wenigen Jahren schreiben die Interpretationen, die Gorbatschow zum Hauptverantwortlichen für den Zusammenbruch des Sowjetsystems erklären, seiner Politik zwischen den Zeilen eine Destruktivität zu, die ihr in der Gesamtbewertung nicht gerecht wird.

Die Länder des ehemaligen Ostblocks verdankten der Perestroika immerhin die Freiheit, und auch in Russland eröffnete sie – wenn auch unbeabsichtigt – die Chance auf die Wiederaufnahme einer pluralistischen und gegenüber der Außenwelt aufgeschlossenen Entwicklung, wie sie sieben Jahrzehnte zuvor von den Bolschewiki gewaltsam unterbrochen worden war. Gorbatschow wurde zum unfreiwilligen Konkursverwalter des Kommunismus in Osteuropa und der Sowjetunion als Imperium, aber er wurde es deswegen, weil er von der jahrzehntelangen Unterdrückung der Meinungsfreiheit und der Aufrechterhaltung eines verlogenen Diskurses abrückte.

Dietmar Neutatz: Träume und Alpträume. Eine Geschichte Russlands im 20. Jahrhundert, München 2013, S. 531

2. a) Analysieren Sie M 4 und M 5 unter Berücksichtigung des Darstellungstextes und der Hinweise auf S. 274.
b) Gestalten Sie mithilfe des Darstellungstextes sowie M 4 und M 5 eine Mindmap zu den Krisenphänomenen der Sowjetunion in den 1980er-Jahren.

3. a) Ergänzen Sie Ihre Mindmap mithilfe des Darstellungstextes und M 3 durch Krisenphänomene der weiteren Staaten des Ostblocks.
b) Erläutern Sie, inwiefern die Krisenphänomene der UdSSR und weiterer Ostblockstaaten miteinander verquickt waren.

4. a) Arbeiten Sie aus dem Darstellungstext und M 6 die zentralen Inhalte und Ziele von „Glasnost“ und „Perestroika“ heraus.

\+ Analysieren Sie die rhetorisch-stilistische Ausgestaltung der Rede M 6.
b) Beurteilen Sie, ob „Glasnost“ und „Perestroika“ eine „Revolution von oben“ darstellten.
Bilden Sie dazu eine Positionslinie. Berücksichtigen Sie auch Ihre Hypothesen aus Aufgabe 1. b).

5. a) Vergleichen Sie die Aussagen der beiden Historiker in M 7.
b) Diskutieren Sie folgende These: Waren Glasnost und Perestroika der Anfang vom Ende?
Oder: Diskutieren Sie folgende These:

Am Anfang der großen Krise, die den Untergang der Sowjetordnung bringen sollte, standen weder eine spürbare Erschütterung der staatlichen Zwangsgewalt noch ununterdrückbarer politischer Freiheitswille, [sondern] eine „alarmierende“ ökonomische „Trägheit“.

Manfred Hildermeier: ebd., S. 941

Ein Problem des Sozialismus?

Umweltverschmutzung

M 1 „Keine Verschmutzung der Gewässer!" Plakat von Georgi Solonin und Jewstafi Tschitschkan, UdSSR 1964

1. a) Beschreiben Sie das Plakat und arbeiten Sie seine Aussageabsicht heraus.
   b) Formulieren Sie Hypothesen zum ökologischen Bewusstsein in der Sowjetunion der 1960er-Jahre.
   c) Überprüfen Sie Ihre Hypothesen mithilfe des Darstellungstextes.

Das Verhältnis zur Natur im Sozialismus

Vergiftete Flüsse, austrocknende Seen, Bodenerosion – in der Sowjetunion waren ernsthafte Schädigungen der natürlichen Umwelt die Folge beschleunigter Industrialisierung. Lange lag der Fokus der Wirtschaftspolitik darauf, die Industrialisierung des riesigen Landes voranzutreiben, die im europäischen Vergleich erst spät in Gang gekommen war. Die Natur wurde im Zuge des wirtschaftlichen Aufbaus vor allem als Objekt technischer Verfügbarkeit verstanden. Ihre Bezwingung, die umfassende Nutzbarmachung der in ihr zur Verfügung stehenden Ressourcen sollte dazu beitragen, den wirtschaftlichen Rückstand der Sowjetunion zu überwinden, die Freiheit des Menschen zu verwirklichen und die Grundlagen für zukünftige Fortschritte zu legen. Um weite Flächen mit großen Maschinen möglichst effektiv bewirtschaften zu können, wurden Neuland gewonnen und die landwirtschaftliche Monokultur gefördert, häufig die Ursache für Bodenerosion. Um die Infrastruktur zu verbessern, wurden lange Kanäle, große Staudämme und Wasserkraftwerke gebaut – und die massive Umgestaltung der Natur als Teil der Modernisierung des Landes propagiert.

Bereits Anfang der 1960er-Jahre griffen Journalisten, Naturwissenschaftler, aber auch Schriftsteller umweltrelevante Fragestellungen auf und versuchten, in der Öffentlichkeit ein Bewusstsein für die wachsenden Umweltprobleme zu schaffen. Doch erst seit dem Amtsantritt Gorbatschows im Jahr 1985 bildeten sich in der UdSSR verstärkt kleinere Umweltgruppen heraus. Würde Glasnost bewirken, dass Umweltprobleme künftig stärker diskutiert und letztlich auch gelöst werden könnten?

UdSSR: Supergau in Tschernobyl

Als es am 26. April 1986 während der Simulation eines vollständigen Stromausfalls im Atomkraftwerk von Tschernobyl in der Ukraine zu einem unkontrollierten Leistungsanstieg in einem der vier Kraftwerkblocks kam, führte dies zur Explosion. Der Reaktorkern schmolz, der Block des Atomkraftwerks brannte: Damit war der GAU, der **g**rößte **a**nzunehmende **U**nfall, eingetreten. Freigesetzte radioaktive Substanzen verseuchten große Gebiete der Ukraine, Weißrusslands und Russlands, aber auch weite Teile Nord- und Mitteleuropas wurden mit radioaktiver Strahlung belastet.

Offene Berichterstattung über das Unglück gab es jedoch nicht: Erst als westliche Medien über eine rasant gestiegene Radioaktivität informierten – insbesondere in Skandinavien und Österreich – erfuhr auch die Bevölkerung in den sozialistischen Staaten über das Ausmaß der radioaktiven Belastung. Die Sowjetführung äußerte sich spät und bagatellisierte die Vorkommnisse. Viel zu spät fiel auch ihre Entscheidung, die Bevölkerung der am schlimmsten betroffenen Gebiete zu evakuieren. Hinzu kam, dass die Aufklärung der Ursachen, des Ablaufs und des Ausmaßes der Reaktorkatastrophe schleppend verlief. Ein enormer Vertrauensverlust gegenüber der sowjetischen Führung im In- und Ausland war die Folge. Sowohl das Krisenmanagement wie auch die Informationspolitik der sowjetischen Regierung hatten sich als defizitär herausgestellt – im Hinblick auf politische Offenheit und Transparenz (Glasnost) war eine Diskrepanz zwischen Theorie und Praxis offenbar geworden. Darüber hinaus bewirkte der Reaktorunfall im globalen Kontext – wenn auch in verschiedenen Ländern unterschiedlich ausgeprägt – eine nachhaltige Verunsicherung gegenüber der Atomkraft: Der Mythos von der beherrschbaren Kernenergie war zerstört. In der BRD entwickelten sich die Anti-Atomkraft-Proteste mit ihrer Forderung nach einer Energiewende zu einer Massenbewegung.

DDR: Braunkohle im Fokus

Auch in der DDR wurde der Kampf gegen die Atomkraft nach dem Reaktorunfall in Tschernobyl zu einem zentralen Anliegen von Umweltschützern. Bereits seit Beginn der 1980er-Jahre gab es hier Umweltgruppen – kleine, in der Regel isoliert agierende Initiativen. Vor dem GAU in Tschernobyl galt ihr Hauptaugenmerk dem Energieträger Braunkohle. In der DDR war dieser die Grundlage der Industrie und der Energiewirtschaft, vor allem nachdem die Sowjetunion im Zuge der Ölkrise von 1973 die Preise für Rohöllieferungen erhöht hatte. Für den Abbau der Braunkohle wurden in Gebieten mit großen Vorkommen – etwa im südöstlichen Brandenburg und im nordöstlichen Sachsen – auch Umsiedlungen der dort lebenden Menschen angeordnet.

Die Umweltgruppen konnten sich in der DDR vor allem unter dem Dach der evangelischen Kirchen zu Keimzellen einer ökologischen Sensibilisierung entwickeln. Ein früher Meilenstein ist die Gründung des Ökologischen Arbeitskreises der Dresdner Kirchenbezirke (ÖAK) am 5. Juni 1980. In den Fokus gerückt wurde in erster Linie die Umweltverschmutzung: das ungeklärte Einleiten von Industrieabwässern in Flüsse oder die mit Schwefeldioxid belastete

M2 Opfer der Tschernobyl-Katastrophe demonstrierten am 30. September 1989 auf einem Platz in Minsk (Weißrussland).

Luft in den Industriegebieten und großen Städten sowie das daraus resultierende Waldsterben, etwa im Erzgebirge. Als Ausdrucksformen ihres Protestes wählten die Gruppen Fahrradfahr- und Baumpflanzaktionen. Aufsehen erregte auch der heimlich von Umweltaktivisten gedrehte Dokumentarfilm „Bitteres aus Bitterfeld" (1988), der das enorme Ausmaß der Umweltzerstörung in der von der chemischen Industrie geprägten Region um die Kleinstadt in Sachsen-Anhalt zeigte. Rückblickend kann diskutiert werden, welchen Beitrag die Umweltbewegung durch ihre politischen Aktivitäten zum Untergang der DDR geleistet hat.

M3 Nahezu eine Million Menschen versammelten sich am 4. November 1989 auf dem Alexanderplatz in Ostberlin, um friedlich für Veränderungen in der DDR zu demonstrieren.

Umweltzerstörung in Ost und West?

Zu neuen Dimensionen der Umweltzerstörung hatte auch der Kalte Krieg beigetragen – auf globaler Ebene. Ursachen hierfür waren Atomwaffentests, der forcierte Aufbau von Rüstungsbetrieben, eine Wirtschaft, die sich über Jahrzehnte mehr an Produktion und Wachstum als an Nachhaltigkeit orientierte, sowie die Vernichtung von Flora und Fauna in Stellvertreterkriegen – wie etwa durch den großflächigen Einsatz des Entlaubungsgiftes Napalm im Vietnamkrieg. Als größte Luftverschmutzer galten die USA und die Sowjetunion; 1980 gingen 42 %, 1990 41 % der weltweiten Emissionen auf die beiden Weltmächte zurück. Der Beitrag Chinas belief sich 1980 auf 8 % und 1990 auf 11 %. Gleichzeitig aber nahm das Umweltbewusstsein in Ost und West zu (→ S. 120 f.) – die Umwelt wurde mehr und mehr als transnationale Angelegenheit wahrgenommen.

M4 Daten zur Umweltgeschichte zwischen 1986–1991

26.04.1986	**UdSSR:** Reaktorunfall von Tschernobyl (Ukraine)
03.07.1986	**UdSSR:** Das Politbüro wird erstmals umfassend über die Risiken der sowjetischen Kernkraftwerke aufgeklärt.
08/1986	**UdSSR:** Gorbatschow gibt das Projekt auf, sibirische Flüsse zur Bewässerung Innerasiens umzuleiten.
02.09.1986	**DDR:** Gründung der Umweltbibliothek in Räumen der Ostberliner Zionsgemeinde. Hier wurden verbotene Schriften zu Umwelt- und Menschenrechtsthemen gesammelt und heimlich die „Umwelt-Blätter" gedruckt.
04/1987	**UdSSR:** Einsetzung einer Regierungskommission über die ökologische Situation des Aralsees (→ M5)
1988	**UdSSR:** Zwei Zeitschriften organisieren eine Expedition in die Aralregion, die die Aufmerksamkeit der Öffentlichkeit auf die dortige ökologische Katastrophe lenkt.
	UdSSR: Gründung der „Sozio-Ökologischen Union", die Beziehungen zur internationalen ökologischen Community aufnimmt und Aktionen koordiniert
	UdSSR, Lettland: Auf öffentlichen Druck hin wird ein Staatliches Komitee für Naturschutz geschaffen.
	Ungarn: Protestbewegung gegen einen geplanten Donaustaudamm
05/1988	**UdSSR, Estland:** Gründung einer Grünen Bewegung, einer „demokratischen radikalen Bürgerinitiative zur Verhütung einer ökologischen Katastrophe und zur Herausbildung einer naturverbundenen Lebensweise"
06/1988	**DDR:** Pleißegedenkmarsch auf der kilometerlangen Abdeckung des zur Kloake gewordenen Flusses Pleiße in Leipzig, vorbereitet von der „Initiativgruppe Leben" und der „Arbeitsgruppe Umwelt" (AGU)
	DDR: In Spannung zur Umweltbibliothek konstituiert sich die „Arche Nova" („Grün-ökologisches Netzwerk Arche")
	DDR: Der unter Geheimhaltung gedrehte Dokumentarfilm „Bitteres aus Bitterfeld" wird nach Westberlin geschmuggelt.
10/1988	**Polen:** Jahrestreffen der „Friends of the Earth International" in Krakau, der bis dahin einzigen großen Umweltorganisation, die bereits bis in Ostblockländer reicht
1989	**UdSSR, Kasachstan/Usbekistan:** Der Aralsee teilt sich in zwei getrennte Seen; erstmals gelangt die Katastrophe des Aralsees in die westlichen Medien.
	UdSSR, Kasachstan: Entstehung einer Protestbewegung gegen dortige Atomwaffentests
	UdSSR, Georgien: Gründung der ersten grünen Partei innerhalb der zerfallenden Sowjetunion
1991	**DDR/BRD:** Der im März 1990 gegründete „Naturschutzbund" der DDR schließt sich mit dem Deutschen Bund für Vogelschutz (DBV) zum Naturschutzbund Deutschland (NABU) zusammen.

Zusammengest. nach: Joachim Radkau: Die Ära der Ökologie. München 2011, S. 488–496

M5 Eine ökologische Katastrophe

Der Aralsee zwischen Kasachstan und Usbekistan ist fast ausgetrocknet. Ein Artikel der „Wirtschaftswoche" stellte 2020 dar:

In den Sechzigern war der See noch der viertgrößte der Welt. Heute ist nur noch ein Bruchteil von ihm übrig, über 80 % des Wassers sind mittlerweile verloren. [...]

Zu Sowjetzeiten entschied man sich, in den kargen Regionen um den See Baumwolle anzupflanzen. Die Sträucher sind robust und brauchen nur wenig Nährstoffe zum Überleben – dafür aber umso mehr Wasser. Zu jener Zeit versorgten zwei große Flüsse den Aralsee mit Wasser, dann kamen die Bagger, gruben Kanäle und schufen so ein Bewässerungssystem für die Baumwollfelder. Kurzfristig ergaben sich daraus schnelle Gewinne durch Steigerung der Ernte, entsprechend weiteten die Sowjet-Funktionäre die Anbauflächen aus. [...]

Wirtschaftlich wie ökologisch stellte sich das als schlechte Entscheidung heraus. So ergaben Studien verschiedener US-Universitäten, dass der durch die Baumwolle erwirtschaftete Umsatz in keiner Weise die Verluste deckte, die etwa durch das Sterben des Fischfangs entstanden – einer der wichtigsten Wirtschaftszweige zu damaliger Zeit. Nichts davon ist geblieben.

Mit dem Verschwinden des Sees entstanden weitere Probleme. Auf diplomatischer Ebene stritten sich die Anrainerstaaten um den Zugang zum Trinkwasser, aber auch um die Verteilung der für den See bestimmten internationalen Hilfsgelder. Auf lokaler Ebene kommt es immer wieder zu Konflikten zwischen Minderheiten und den jeweiligen Regierungen. So ernten zum Teil immer noch Zwangsarbeiter in Usbekistan die Baumwolle [...].

Dass das Wasser fehlt, ist das offensichtlichste Problem für die Bevölkerung. Doch mindestens genauso problematisch sind die Substanzen, die es zurücklässt. So fließen seit Jahrzehnten giftige Düngemittel, Pestizide und Industrie-Chemikalien von den Anbauflächen und umliegenden Fabriken zurück ins Grundwasser und in den See. Lange konnte das Wasser Teile der Chemikalien binden. Doch je mehr davon verschwindet, desto mehr Gifte lagern sich in der zurückbleibenden Wüste ab, gelangen so als Feinstaub in die Luft, wo Sandstürme sie in die Umgebung tragen.

Mareike Müller: „Wie der Aralsee zur menschengemachten Katastrophe wurde", in: Wirtschaftswoche, 26.02.2020

M6 Gorbatschow über die Folgen des Reaktorunfalls in Tschernobyl

Anlässlich des 20. Jahrestags des Reaktorunfalls von Tschernobyl äußerte sich Michail Gorbatschow im April 2006 in einem Zeitungsartikel wie folgt:

Der Reaktorunfall in Tschernobyl, der sich diesen Monat zum zwanzigsten Mal jährt, war vielleicht mehr noch als die von mir begonnene Perestroika die wirkliche Ursache für den Zusammenbruch der Sowjetunion fünf Jahre später. Tschernobyl stellt einen historischen Wendepunkt dar: Es gab die Zeit vor der Katastrophe, und es gibt die völlig andere Zeit, die danach folgte.

Direkt am Morgen der Explosion im Kernkraftwerk von Tschernobyl am 26. April 1986 kam das Politbüro zusammen, um die Lage zu besprechen. Eine Regierungskommission wurde einberufen, die sich mit den Folgen beschäftigen sollte. [...] Dem Politbüro lagen nicht sofort die relevanten und vollständigen Informationen vor, die die Lage nach der Explosion widergespiegelt hätten. Trotzdem herrschte im Politbüro allgemeiner Konsens darüber, dass wir Informationen offen herausgeben sollten, sobald wir welche erhielten. Das wäre im Geiste der Glasnost-Politik, die zum damaligen Zeitpunkt bereits in der Sowjetunion etabliert war. Daher sind die Behauptungen, das Politbüro habe die Informationen über den Unfall verheimlicht, weit von der Wahrheit entfernt. [...] Tatsächlich kannte niemand die Wahrheit, und deshalb waren all unsere Versuche, vollständige Informationen über das Ausmaß der Katastrophe zu bekommen, vergeblich. [...]

Es stimmt natürlich, dass die Welt zuerst durch schwedische Wissenschaftler von der Katastrophe in Tschernobyl erfuhr, was den Eindruck erweckte, wir würden etwas verbergen. Doch in Wahrheit hatten wir nichts zu verbergen, da wir einfach eineinhalb Tage lang über keinerlei Informationen verfügten. [...] Mehr als alles andere hat die Katastrophe von Tschernobyl die Durchsetzung der freien Meinungsäußerung ermöglicht. Das System, wie wir es kannten, konnte nicht mehr weiterexistieren. Es wurde absolut klar, wie wichtig es war, die Glasnost-Politik weiterzuführen.

Michail Gorbatschow: Todesstoß für die UdSSR, in: DIE WELT, 21.04.2006 (Übers. a. d. Engl. v. Anke Püttmann)

M 7 „Öko-Sozialismus: Versuch, den Umweltschutz in der DDR mit einer einfachen Maßnahme auf BRD-Niveau zu hieven". Barbara Henniger, freischaffende Karikaturistin in der DDR und Stammzeichnerin der DDR-Satirezeitschrift „Eulenspiegel", erstellte diese Karikatur im Mai 1989.

---

2. a) Arbeiten Sie aus M 5 heraus, inwiefern die Situation am Aralsee als Inbegriff eines Ökozids, also einer durch den Menschen verursachten Zerstörung eines Ökosystems, bezeichnet werden kann.
   b) Setzen Sie M 1 und M 5 zueinander in Beziehung.

3. a) Erläutern Sie auf der Basis von M 6 folgende These von Gorbatschow: „Der Reaktorunfall in Tschernobyl [...] war vielleicht mehr noch als die von mir begonnene Perestroika die wirkliche Ursache für den Zusammenbruch der Sowjetunion" (Z. 1 ff.)
   b) Diskutieren Sie die These. Berücksichtigen Sie dafür auch M 2.

4. a) Analysieren Sie M 7 mithilfe des Darstellungstextes.
   b) Vergleichen Sie M 7 und M 3.
   c) Erörtern Sie – auch mithilfe von M 4 –, ob die Umweltbewegungen im Sozialismus der 1980er-Jahre ein Nischendasein führten.

5. Diskutieren Sie: Konnten die Umweltprobleme im Ostblock ein Katalysator für den dortigen politischen Wandel sein?

6. Beurteilen Sie, inwiefern Umweltprobleme und Umweltbewusstsein im Osten und im Westen bis 1990 als „transnationale Angelegenheit" bezeichnet werden können. Ziehen Sie M 4 heran.

Polen als Vorreiter auf dem Weg zur Demokratie?

Eine „selbstbeschränkte Revolution“

M 1 Streik auf der Lenin-Werft in Danzig, August 1980. Hervorgehoben ist der Redner, der Elektriker Lech Wałęsa.

1. Entwickeln Sie Vermutungen über das abgebildete Geschehen und über mögliche Folgen. Beziehen Sie dabei Ihr Vorwissen über Polen nach 1945 ein.

Volksaufstände in Polen

August 1980: Unerhörtes geschieht in Danzig. Eine Delegation der kommunistischen Regierung Polens und streikender Arbeiterinnen und Arbeiter, angeführt von Lech Wałęsa, unterzeichnen nach wochenlangen Streiks ein Abkommen, das wichtige Forderungen der Streikenden erfüllt. In dem Land, das seit dem Zweiten Weltkrieg zu den Satellitenstaaten der Sowjetunion gehört, bricht eine Zeit größerer wirtschaftlicher, politischer und gesellschaftlicher Freiheit an. Wie kam es dazu, und welche Folgen hatte die Einigung zwischen der Staatsmacht und ihrer Bevölkerung?

Hinweise zur Aussprache:
- „Wałęsa“: ł = w, wie im Englischen bilabial ausgesprochen, ę = nasaliertes offenes e
- „Solidarność“: ść = schtsch

Der polnische Staat, der erst gegen Ende des Zweiten Weltkriegs wiederhergestellt (und nach Westen verschoben) worden war, gehörte zum Machtbereich der Sowjetunion. Doch die Tradition polnischer Aufstände gegen Fremdherrschaft, die schon das 19. und die erste Hälfte des 20. Jahrhunderts geprägt hatte, zeigte sich auch im kommunistischen Polen. Bereits 1956, 1970 und 1976 hatte es Massenstreiks gegen Preiserhöhungen durch die Regierung gegeben, die rasch mit Forderungen nach mehr politischer Beteiligung verbunden wurden. 1968 hatten Studierende für mehr Rechte in Universität und Staat demonstriert. Die Aufstände waren gewaltsam niedergeschlagen worden.

Als 1978 mit Karol Wojtyla ein Pole Papst wurde, nachdem 450 Jahre lang nur Italiener dieses höchste katholische Amt innegehabt hatten, beflügelte dies die polnische Bevölkerung, die sich zu einem Großteil zur katholischen Kirche bekannte. Im Papst sah man die höchste Autorität und fühlte sich nun mehr denn je ermutigt, sich gegen das kommunistische Regime zu wenden. Die Kirche unterstützte dies – auch in Danzig 1980.

Dass es dort gelang, einen größeren Freiraum zu erkämpfen, war vor allem auf die Streikbewegung zurückzuführen, aus der die von der Staatsmacht unabhängige Gewerkschaft **Solidarność** hervorging. Sie nährte nicht nur in Polen Hoffnungen auf die Entwicklung demokratischer Strukturen, sondern beflügelte auch Oppositionelle in der DDR. Doch bereits 15 Monate nach der Unterzeichnung des Abkommens zwischen der Streikbewegung und der kommunistischen Regierung Polens – im Dezember 1981 – verhängte Letztere unter General Wojciech Jaruzelski das Kriegsrecht über Polen und verbot die Solidarność, die mittlerweile etwa 10 Millionen Mitglieder zählte – bei einer Bevölkerungszahl von 35 Millionen. Tausende Anhänger der Solidarność wurden verhaftet; die Opposition in den Untergrund gedrängt. 1983 wurde das Kriegsrecht wieder aufgehoben, aber viele Polinnen und Polen zogen sich in den privaten Bereich zurück.

„Großer Wandel“

Im Sommer 1988 verschärfte sich die seit Jahren andauernde Wirtschaftskrise in Polen so stark, dass sogar der tägliche Bedarf nicht ausreichend gedeckt werden konnte. Wieder waren Massenstreiks die Folge. Die politische Führung um General Jaruzelski versuchte nun, einen Dialog mit der (immer noch verbotenen) Solidarność: Ein „Runder Tisch“ sollte Partei und Opposition zusammenführen. Ob eher die Ausweglosigkeit der ökonomischen Lage oder das Vorbild der Reformpolitik Gorbatschows die kommunistische Partei auf diesen Weg führte, ist unter Historikerinnen und Historikern umstritten. Im Frühjahr 1989 begannen die Gespräche am „Runden Tisch“; die katholische Kirche nahm eine vermittelnde Rolle ein. Nach langen und zähen Verhandlungen einigte man sich auf einen Kompromiss: Für den Sommer 1989 wurden Wahlen angesetzt, bei denen 35 % der Mitglieder im Sejm, dem polnischen Parlament, frei gewählt werden, 65 % der kommunistischen Partei und ihren Massenorganisationen reserviert bleiben sollten. Die Wahlen zum in der kommunistischen Zeit aufgelösten Oberhaus, dem Senat, sollten vollständig frei sein. Die Kirche gab nun ihre Vermittlerrolle auf und unterstützte die Opposition.

Am 4. Juni 1989 kam es zu einem Erdrutschsieg der Nichtkommunisten: Sie errangen alle zur freien Wahl stehenden Sitze im Unterhaus sowie 99 % der Sitze im Senat. Als Staatspräsident wurde im Juli 1989 General Wojciech Jaruzelski gewählt: ein Zugeständnis der Wahlsieger an das alte Regime. Im Gegenzug konnte einen Monat später Tadeusz Mazowiecki als erster nichtkommunistischer Regierungschef Polens seit dem Zweiten Weltkrieg gewählt werden. Der polnische Historiker Jerzy Holzer fand für den Vorgang den Begriff der „selbstbeschränkten Revolution“*. Und der britische Historiker Timothy Garton Ash urteilte 1990 über den 4. Juni 1989: „Die Behauptung, an diesem Tag habe der Kommunismus in Polen geendet, war eine poetische Übertreibung. Doch an jenem herrlichen 4. Juni hat das polnische Volk den Kommunismus abgewählt.“**

Die Kommunistische Partei war noch bis 1990 an der Regierung beteiligt, löste sich dann aber auf. Die Amtszeit von Präsident Jaruzelski wurde verkürzt, und Ende 1990 wurden die ersten freien Präsidentenwahlen in Polen abgehalten, aus denen Lech Wałęsa als Sieger hervorging.

M 2 1979: Besuch von Papst Johannes Paul II. (vorher als Karol Wojtyła von 1964 bis 1978 Erzbischof von Krakau) in Warschau.
Das Transparent trägt die Aufschrift „Lob der göttlichen Vorsehung“. Außerdem sind darauf Symbole zu erkennen:
- die für Polen bedeutsamen Jahreszahlen: 966 (Taufe des polnischen Herrschers), 1966 (für die Katholische Kirche: 1 000 Jahre Christianisierung, für den kommunistischen Staat: 1 000 Jahre Polen), 1979: Papstbesuch,
- die Zeichen Alpha und Omega, erster und letzter Buchstabe des griechischen Alphabets, die vor allem in Verbindung mit dem Christusmonogramm ☧ als Symbole der ewigen Herrschaft des christlichen Gottes gelten.

Die Folge: Transformation

Eine gigantische Staatsverschuldung, Hyperinflation und der Einbruch der industriellen Produktion veranlassten die Regierung Mazowiecki zu einer radikalen Anpassung der polnischen Wirtschaft an die Marktwirtschaft. Im Vergleich zu anderen Transformationsgesellschaften des ehemaligen Ostblocks erholte sich Polen daraufhin relativ rasch – allerdings um den Preis wachsender sozialer Ungleichheit. Auch die politische Entwicklung des demokratischen Polen war von Krisen geprägt: Solidarność zerfiel in konkurrierende Gruppierungen. Neue Parteien bildeten sich und lösten sich wieder auf. Zwischen 1993 und 1997 regierte wieder ein Bündnis postkommunistischer Parteien. 1999 trat Polen der NATO bei, und 2004 wurde es in die EU aufgenommen.

* Jerzy Holzer: Solidarność. Selbstbeschränkte Revolution, in: Hans-Henning Hahn/Robert Traba (Hg.): Deutsch-Polnische Erinnerungsorte Bd. 2, Paderborn 2014, S. 159

** Timothy Garton Ash: Ein Jahrhundert wird abgewählt. Europa im Umbruch 1980–1990. München, erw. Neuausg. 2019, S. 390

M3 Gegen das System?

Aus den „21 Forderungen" der Streikenden im August 1980:

1. Anerkennung freier, unabhängiger Gewerkschaften
2. Streikrecht und Sicherheitsgarantien für Streikende und deren Angehörige
3. Gewährleistung der Rede-, Druck- und Publikationsfreiheit
4. Wiedereinstellung aller entlassenen Streikenden und Freilassung aller politischen Häftlinge
5. Medienberichte über Entstehung und Forderungen des überbetrieblichen Streikkomitees
6. Wirtschaftsreformen und Informationen über die tatsächliche Lage im Lande
7. Lohnfortzahlung während der Streikzeit
9. automatische Lohnerhöhungen entsprechend der Preiserhöhungen und der Inflationsrate
10. volle Lebensmittelversorgung der Bveölkerung, Export nur von Überschüssen
12. Vergabe von leitenden Positionen nach Kompetenz und nicht nach Parteizugehörigkeit
16. Verbesserung der Arbeitsbedingungen im Medizinbereich für eine bessere medizinische Versorgung der Bevölkerung
17. Krippen- und Kindergartenplätze für alle Kinder arbeitender Frauen
19. Kürzung der Wartezeiten für den Erwerb einer neuen Wohnung
21. Einführung arbeitsfreier Samstage

Wiedergegeben nach: www.das-polen-magazin.de/die-21-forderungen-der-solidarnosc (31.10.2021)

M4 Der Papstbesuch in Polen

Der Historiker Włodzimierz Borodziej fasst die Folgen des Papstbesuches 1979 in Polen zusammen:

Johannes Paul II. verließ nach neun Tagen ein verwandeltes Polen. Beobachter sprachen von einem Erdbeben, von einer schier unglaublichen, schwer fassbaren und doch überall spürbaren Veränderung menschlicher Verhaltensweisen. [...] Die Polen fühlen sich angesprochen als Einzelpersonen und herausgefordert als Nation, mehr aus ihrem Leben zu machen. Der Gegensatz zwischen „denen da oben" und „uns", zwischen System und Gesellschaft, gewann neue Konturen: Gegen das Organisations- und Medienmonopol der Partei stand nun eine Autorität, die scheinbar mühelos alle offiziellen Deutungsversuche der vergangenen Jahrzehnte verdrängt hatte. [...]
Die Polen erkannten durch das Massenerlebnis, dass ihre persönliche Enttäuschung keine singuläre Haltung war, sondern von der Mehrheit ihrer Landsleute geteilt wurde. [...]
Dass Johannes Paul II. mit dem ersten Besuch in seiner Heimat dazu beitragen würde, ein ganzes Weltsystem ins Wanken zu bringen, hatten allerdings auch die größten Optimisten nicht vorhersagen können. Die Geschichte wäre vielleicht anders verlaufen, hätten Wahl und Besuch des Papstes nicht in einer Zeit stattgefunden, in der die Krise des Systems [...] offen zum Ausbruch kam.

Włodzimierz Borodziej: Geschichte Polens im 20. Jahrhundert, München 2010, S. 358f.

M5 Und die Opposition in der DDR?

Der Theologe Stephan Bickhardt, Mitglied der Opposition in der DDR, sprach 2020 in einem Interview des MDR über die Solidarnośc als Vorbild:

Frage: Herr Bickhardt, seit 1972 konnten DDR-Bürger ohne Visum nach Polen fahren. Sie haben sehr früh sehr viel von dieser damals neuen Regelung Gebrauch gemacht. Wie kam es dazu?
Antwort: Nun, es ging mir im Grunde so wie Tausenden anderen jungen Leuten, die einfach nur mit dem „kleinen Blauen", dem DDR-Ausweis, plötzlich losziehen konnten. [...] Das war fast eine richtige Jugendbewegung, die sich da jeden Sommer aufmachte nach Polen. Und dann kam noch dazu, dass ich 1976 schon, im Alter von 17 Jahren, dort auch mit kritischen Leuten zusammengekommen bin und da einen ganz anderen Atem der Freiheit erlebt habe als in der DDR. [...]
Frage: Hat Sie das als „angehende" DDR-Oppositionelle nicht beflügelt?
Antwort: Doch. [...] 1980 kamen wir alle zurück mit dieser interessanten und befreienden Erfahrung eines breiten, gewaltfreien Aufstandes. [...] Ich kam zurück und hatte erlebt, dass auch die ganzen jungen Leute diese 21 Forderungen wichtig finden und sich selbst auch organisieren. Denn es gab ja damals auch eine studentische Solidarność. Und diese Mischung aus symbolischer Aktion und tatsächlicher Selbstorganisation und die ganze Begeisterung, die dann im Gespräch war, die hat mich auch sagen lassen: Wir müssen hier auch was machen. Damals war die Idee [...] im Raum, einen sozialen Friedensdienst, eine Art Wehrersatzdienst, zu fordern vom Staat. Und wir haben damals den Entschluss gefasst, daraus eine große Aktion zu machen. Das war wirklich, kann man sagen, emotional gebrieft von der polnischen Opposition.

Frage: Mit der Ausrufung des Kriegsrechts in Polen fühlten sich die Genossen auch in Ostberlin endlich wieder fest im Sattel. [...] Wie haben Sie selbst diesen Moment erlebt?

Antwort: Emotional war das ein extremer Rückschlag. [...] Mit der Ausrufung des Kriegsrechts sind ja auch 30000 Menschen verhaftet und in Lager gebracht worden. Darunter Freunde und Leute, die wir schätzten. Also das war plötzlich so ein tiefes Tal. Und in dem Moment weiß man einfach auch nicht, wie man da wieder rauskommt. [...]

Gerettet hat uns 1985 die Hinwendung zur Menschenrechtsfrage. Also irgendwann haben wir kapiert, Frieden kann nur dann wirklich herrschen, wenn es einen gesellschaftlichen Frieden auf der Basis von Freiheit gibt. Und wir haben dann durch diese Hinwendung zu den Menschenrechtsfragen letztlich wieder neu Tritt gefasst.

Zit. nach: www.mdr.de/geschichte/polen-ddr-solidarnosc-100.html (06.11.2021)

M6 „Selbstbeschränkte Revolution"

Der polnische Historiker Jerzy Holzer formulierte 2014:

Obwohl die Solidarność in Opposition zum System stand, stellte sie dessen internationale und innenpolitische Funktionsprinzipien nicht infrage, was in der Formel der „selbstbeschränkten Revolution" zum Ausdruck kam. Diese Zurückhaltung der Solidarność resultierte aus der Überzeugung, dass die Gefahr einer sowjetischen Intervention bestand. Mit der Zeit führten die Behinderung von Veränderungen und zugleich die fortschreitende Zerrüttung des kommunistischen Systems zu einer Polarisierung in der Solidarność.

Jerzy Holzer: Solidarność. Selbstbeschränkte Revolution, in: Hans-Henning Hahn/Robert Traba (Hg.): Deutsch-Polnische Erinnerungsorte Bd. 2, Paderborn 2014, S. 159

M7 „Großer Wandel"?

Die polnische Soziologin Maria Jarosz zog 2004 ein Fazit des „Großen Wandels":

Nach fünfzehn Jahren Umbau im Land – der von den Soziologen als Großer Wandel bezeichnet wird – haben wir Freiheit, Demokratie, eine sich entwickelnde Wirtschaft und die Integra-tion in die Europäische Gemeinschaft. Das ist viel. Die Rahmenbedingungen, die ein normales Leben in einem normalen Land ermöglichen, sind schließlich geschaffen worden.

Es waren dies notwendige Bedingungen, die aber nicht hinreichen, vor allem nicht für die große Masse von Polen, für die „das bessere Morgen gestern war". Sie werden als die Verlierer der polnischen Transformation bezeichnet: die Armen, Arbeitslosen, Marginalisierten. Zu einem Leben in Armut sind auch ihre Kinder verurteilt, eine Generation, die nicht in den Genuss des Privilegs der guten Geburt kommt. [...]

Die Ungleichheit der Chancen und die Vererbung des Familienstatus sind zum immanenten Merkmal des neuen Systems geworden, mit allen seinen negativen Folgeerscheinungen. [...]

Zur größten gesellschaftlichen Enttäuschung ist die Staatsmacht geworden, die – unabhängig von der politischen Färbung – auf Kosten der öffentlichen und nationalen Interessen ihre eigenen und gruppenspezifischen Interessen verwirklicht. Affären, Korruption und närrische Gesten der Populisten unter den Abgeordneten lassen ein katastrophales Bild von Regierung, Parlament und Gerichtswesen entstehen. [...] Mit der Zeit haben sich die hochfliegenden Hoffnungen der Gesellschaft aufgelöst, die dahin gingen, den Systemwandel als Allheilmittel anzusehen – in den Vordergrund schoben sich ungünstige Erscheinungen [...].

Maria Jarosz: Macht, Privilegien, Korruption. Die polnische Gesellschaft 15 Jahre nach der Wende, Wiesbaden 2005, S. 9 ff. (Übers.: Peter O. Loew)

2. Arbeiten Sie aus M3 heraus, inwiefern die 21 Forderungen gegen das kommunistische System gerichtet waren.

3. Erklären Sie anhand von M2 und M4 die Bedeutung der katholischen Kirche für den Wandel in Polen.

4. Beurteilen Sie auf der Basis von M5 die Rolle des Wandels in Polen für die Opposition in der DDR.

5. Charakterisieren Sie Begründung und Folgen der „selbstbeschränkten Revolution" der Solidarność
anhand des Darstellungstextes, M3 und M6.

6. a) Arbeiten Sie aus M7 heraus, wie die weitere Entwicklung Polens nach 1989 beurteilt wird.
b) Erörtern Sie die Frage, inwiefern der Wandel in Polen und Deutschland die beiden Länder verbindet oder trennt.

Der „Große Wandel“ in Danzig

Wie mit Erinnerung umgehen?

M 1 (oben) Das Europäische Solidarność-Zentrum (ECS) in Danzig – (oben rechts) Lech Wałęsa 2014 bei der Eröffnung – (unten rechts) Holztafel mit den 21 Forderungen der streikenden Werftarbeiter (→ S. 146, M 3), ursprünglich am Eingang der Werft. Die Tafel steht auf der Liste des UNESCO-Weltkulturerbes. Hier wird sie von Basil Kerski, dem Direktor des ECS, dem britischen Thronfolgerpaar gezeigt.

Aufstand von 1970: von den Danziger Werften ausgehender Arbeiteraufstand vom 14.–22. Dezember 1970 in mehreren größeren polnischen Städten, der durch den Einsatz des Miltärs beendet wurde

PiS: Abkürzung des Parteinamens Prawo i Sprawiedliwość (Recht und Gerechtigkeit), 2001 von den Brüdern Kaczyński gegründet

Lech Kaczyński: Staatspräsident 2005–2010

Jarosław Kaczyński: Bruder von Lech K., Ministerpräsident 2006/2007, als Vorsitzender der PiS einer der mächtigsten Politiker Polens

Streit um ein Museum

Wer heute das berühmte Tor der ehemaligen Lenin-Werft in Danzig durchschreitet, steht in ihren noch nicht abgewickelten Resten: Industriebrache. Übrig geblieben von dem für die polnische Opposition historisch bedeutsamen Ort sind neben dem Tor das Pförtnerhäuschen und ein riesiges, 42 m hohes Denkmal aus drei Kreuzen. Dieses war im Dezember 1980 von der wenige Monate zuvor gegründeten Gewerkschaft Solidarność in Erinnerung an die Toten des Aufstands von 1970 aufgestellt worden. Unmittelbar daneben wurde 2014 eines der wichtigsten Kulturzentren Polens eröffnet: das Europäische Solidarność-Zentrum (ECS). Das Gebäude ist von außen und innen mit rostigen Stahlplatten verkleidet. Damit spielt die Architektur auf den Schiffsbau und die Lenin-Werft an. Das ECS ist Museum und Archiv der Solidarność zugleich. Außerdem finden hier zahlreiche Veranstaltungen der Zivilgesellschaft statt.

Das Museum wurde 2007 von Solidarność und dem polnischen Kultusministerium gegründet und wird heute auch von der Stadt Danzig getragen. Die seit 2015 in Polen regierende rechtspopulistische PiS versucht jedoch, über Personal- und Finanzierungsfragen Einfluss auf das Museum und seine Aktivitäten zu nehmen. Ihr Vorwurf lautet, Gewerkschafterinnen und Gewerkschafter, die der PiS nahestehen, würden in der Ausstellung zu wenig berücksichtigt. Dazu zählen etwa Lech und Jarosław Kaczyński, einst enge Mitarbeiter, später erbitterte Gegner Wałęsas. Auch zivilgesellschaftliche Aktionen, die im ECS stattfinden, stoßen auf Missbilligung der Regierung. Auf eine entscheidende Kürzung der Zuschüsse durch die Zentralregierung 2018/19 reagierten die Stadt Danzig, zahlreiche andere, nicht von der PiS regierte Kommunen sowie Privatpersonen mit einer freiwilligen Erhöhung ihrer Zuschüsse und mit Spenden. So konnten die Gedenkfeierlichkeiten anlässlich der Demokratisierung Polens 1988/89 dennoch finanziert werden.

M 2 Politik im Museum?

a) Staatspräsident Bronisław Komorowski sagte 2011 bei der Grundsteinlegung des ECS:

Wir erinnern uns alle an unsere zwiespältigen Gefühle und unser Hadern mit dem Schicksal, dass andere wichtige Ereignisse zu Ikonen des Wandels in Europa nach 1989 wurden. Wir erinnern uns gut daran, dass wir uns wünschten, dass die polnische Solidarność überall zum Zeichen des Wandels zum Besseren in unserem Teil der Welt würde.

Übers. zit. nach: Florian Peters: Rezension zu: Europäisches Solidarność-Zentrum, www.hsozkult.de/exhibitionreview/id/rezausstellungen-205 (05.11.2021)

b) Die Historikerin Monika Heinemann analysiert die Diskussion um Geschichtsmuseen in Polen:

Seit 2004 hält in Polen ein beispielloser Museumsboom an, der sowohl Geschichts- als auch Kunstmuseen umfasst. Debatten, Streit und Emotionen rufen jedoch besonders die zahlreichen neuen historischen Museen hervor. Ihre Präsentationen ringen nicht nur um eine (Neu-) Definition dessen, was und vor allem wer als Teil polnischer Geschichte wahrgenommen werden kann bzw. soll. [...] Mit dem Regierungswechsel 2015 haben diese Auseinandersetzungen eine neue Qualität erreicht. Die Regierungspartei Recht und Gerechtigkeit [PiS ...] treibt seitdem offensiv die Durchsetzung ihrer Geschichtsdeutungen voran. [...] Trotz des zum Teil massiven Vorgehens der Regierung gegen einzelne Institutionen bleibt festzustellen, dass die museale Landschaft Polens bis heute plural bleibt. Zahlreiche Einrichtungen eröffnen bis in die Gegenwart Ausstellungen mit eigenen Geschichtsdeutungen, welche konträr zur aktuellen staatlichen Geschichtspolitik stehen. In ihnen wird die gesellschaftliche, ethnische, religiöse und politische Vielfalt der polnischen Vergangenheit in vielfältigen Facetten beleuchtet.

Zit. nach: www.laender-analysen.de/polen-analysen/259/politik-im-museum-der-kampf-um-deutungshoheiten/ (04.11.2021)

M 3 Aufarbeitung?

Der polnische Journalist Maciej Stasiński schrieb 2009 über die Aufarbeitung der kommunistischen Vergangenheit Polens:

[Seit 1989] prallen zwei entgegengesetzte Positionen zur Aufarbeitung der Diktatur aufeinander.

Auf der einen Seite befanden sich [...] die zentralen Führungsfiguren der demokratischen Opposition sowie die Architekten der Übergangsvereinbarungen, die für einen „Schlussstrich und Neuanfang" plädierten. Ihr Ziel war, das postkommunistische Polen in eine demokratische, pluralistische und liberale Zukunft zu führen. Dazu musste die ehemalige kommunistische Partei, die sich inzwischen in eine „sozialdemokratische" verwandelt hatte, als eine weitere politische Kraft im demokratischen Spiel zugelassen werden. Dies bedeutete allerdings nicht die Straffreiheit (im Sinne einer Generalamnestie) für Funktionäre des kommunistischen Regimes und der Staatssicherheit [...], sondern überließ diese Angelegenheit der Justiz.

Auf der anderen Seite entstand eine politische Strömung, angeführt von Oppositionellen der „zweiten Reihe" aus der antikommunistischen demokratischen Bewegung oder von Personen, die nicht in der Opposition aktiv gewesen waren. Diese immer mehr an Gewicht gewinnende Strömung forderte eine „Abrechnung" mit der Diktatur über den Weg der öffentlichen Abstrafung der alten Kommunistenriege, allen voran der Mitarbeiter des Geheimdienstes. [...]

Für die Autoren der Kampagne, die öffentlich durch [...] Jarosław [...] und [...] Lech Kaczyński geschürt wurde, war die Hetze gegen Lech Wałesa ein Mittel, um den gesamten demokratischen Wandel Polens seit 1989 zu hinterfragen und ihn als Verrat und Betrug am polnischen Volk durch eine Allianz von falschen Eliten der Solidarność und Exkommunisten darzustellen.

Zit. nach: www.bpb.de/internationales/europa/polen/40663/vergangenheitsbewaeltigung (04.11.2021)

1. Erschließen Sie aus M 1 und M 2 a), welche Bedeutung die Erinnerung an die Solidarność heute in Polen spielt.

2. Vergleichen Sie die Ergebnisse aus Aufgabe 1 mit dem Darstellungstext und mit M 2 b).

3. a) Erklären Sie mithilfe von M 3 die Diskussion um die Erinnerung an die Solidarność.
b) Formulieren Sie auf Grundlage Ihrer Beschäftigung mit dem „Großen Wandel" in Polen ein Fazit zur Leitfrage des Teilkapitels: „Wie mit Erinnerung umgehen?"

Zukunftsperspektiven ohne Reformen?

Krisenphänomene in der DDR der 1980er-Jahre

M 1 Ostberlin, 7. Oktober 1989: Führende Politiker und hohe Staatsgäste, unter ihnen auch Michail Gorbatschow, feiern das 40-jährige Bestehen der DDR auf der Karl-Marx-Allee.

1. a) Beschreiben Sie M 1.
   b) Erläutern Sie, wie die SED-Führung die DDR nach außen hin präsentiert.

Schein und Sein

40 Jahre DDR – im Oktober 1989 präsentierte sich der Staat stets stark und selbstsicher. Doch bereits in den späten 1970er-Jahren zeigte sich eine Diskrepanz zwischen Anspruch und Wirklichkeit des real existierenden Sozialismus. Insbesondere ökonomische Probleme, wie sie auch in den anderen Staaten des Ostblocks auftraten, brachten die SED-Führung in Bedrängnis. Der amtierende Staatschef Erich Honecker hatte nach der Devise „Einheit von Wirtschafts- und Sozialpolitik“ seit Beginn der 1970er-Jahre die Einkommen und Konsumchancen der DDR-Bevölkerung ständig verbessert. Grundnahrungsmittel, Kleidung, Wohnen und Nahverkehr wurden subventioniert – auf Kosten der Investitionen für Großtechnologien. Dadurch verschlechterten sich jedoch die Chancen für wirtschaftliche Innovationen, sodass die DDR im internationalen Wettbewerb mit dem Westen immer weiter zurückfiel. Damit verpasste sie, ähnlich wie die Sowjetunion und die anderen sozialistischen Länder, den Anschluss an den technologischen Wandel, der sich weltweit vollzog. Hinzu kam, dass der gesamtwirtschaftliche **Strukturwandel** hin zum Dienstleistungssektor ausblieb und in den Bereichen Schwerindustrie und Landwirtschaft überproportional viele Beschäftige tätig blieben.

Die Importe aus dem Westen hatten zu einem drastischen Anstieg der Devisenschulden der DDR geführt – während gleichzeitig eine Ausweitung der Westexporte aufgrund des zunehmenden technologischen Rückstands der DDR-Wirtschaft nicht möglich war. Um der **Staatsverschuldung** entgegenwirken zu können, hätten – rein volkswirtschaftlich betrachtet – Sozialleistungen und Subventionen reduziert werden müssen; politisch betrachtet stellte dies aber für die SED-Führung ein No-Go dar – zu sehr fürchtete man Unruhen innerhalb der Bevölkerung. Der Zahlungsunfähigkeit konnte der Staat nur mithilfe von Milliardenkrediten entgehen, die er von der Bundesrepublik in den Jahren 1983 und 1984 erhielt. Doch das geliehene Geld reichte gerade zum Erhalt des öffentlichen Lebens. Wirtschaftliche Innovationen waren davon nicht zu finanzieren, ebenso wenig wie notwendige Verbesserungen im Bereich des Umweltschutzes oder zum Erhalt der Städte. Der Rückgang der wirtschaftlichen Leistungsfähigkeit führte auch zu vermehrten Versorgungsengpässen.

Sich arrangieren oder Kritik üben?

Als Gegenleistung an die BRD für die erhaltenen Kredite erweiterte die DDR die Reisemöglichkeiten ihrer Bürgerinnen und Bürger. Verwandtenbesuche im Westen trugen jedoch, wie auch das Westfernsehen, zu einer wachsenden Unzufriedenheit der Bevölkerung über die Verhältnisse in der DDR bei. Hinzu kam, dass Menschen, vor allem in den Industrieregionen und größeren Städten, unter **Umweltverschmutzung** litten: Die Braunkohlekraftwerke verpesteten ungefiltert die Luft. Zugleich verfielen ganze Innenstädte, weil für Renovierungsmaßnahmen Baustoffe und Geld fehlten. In dieser Situation nahm die Zahl der Ausreiseanträge zu.

Die Mehrheit der DDR-Bürgerinnen und -Bürger war mit dem Leben im „real existierenden Sozialismus“ aber nicht unzufrieden, wenn auch viele zu ihrem Staat über die Jahre eine innere Distanz entwickelt hatten. Der immer häufiger praktizierte Rückzug in die „private Nische" führte zu einer verbreiteten politischen Apathie, bot den Menschen jedoch auch Chancen, sich den allgegenwärtigen politischen Parolen und gesellschaftlichen Aufforderungen zu entziehen. Dennoch führte wachsende Unzufriedenheit seit Mitte der 1980er-Jahre auch dazu, dass sich – kleine – oppositionelle Gruppen bildeten. Doch wer im Verdacht stand, die Politik der SED-Regierung abzulehnen oder Nachforschungen über Missstände anzustellen, wurde kriminalisiert.

Die zentrale Stütze der innenpolitischen Kontrolle war das 1950 eingerichtete Ministerium für Staatssicherheit (MfS), auch „Stasi" genannt. Seine Mitarbeiter bespitzelten kritisch eingestellte DDR-Bürgerinnen und Bürger, etwa indem sie ihre Post lasen sowie ihre Telefone und ihre Wohnungen mittels „Wanzen" überwachten. Die Stasi verhaftete Verdächtige, verhörte sie monatelang in eigenen Untersuchungsgefängnissen wie etwa im Berliner Bezirk Hohenschönhausen. In der Folge verhängte sie – unterstützt von der Justiz – Berufsverbote, Hausarrest, Gefängnisstrafen oder gar die Ausweisung. Ab 1976 wurde zudem die „psychische Zersetzung" angewendet, indem z. B. Gerüchte gestreut, beruflicher und privater Misserfolg herbeigeführt oder wiederholt Wohnungseinbrüche inszeniert wurden. Hauptamtliche und inoffizielle Mitarbeiterinnen und Mitarbeiter des MfS, sogenannte IM, wirkten dadurch massiv auf das Leben der von ihnen überwachten Menschen ein und schufen ein Gefühl der Allgegenwärtigkeit staatlicher Kontrolle – und dies umso mehr, je deutlicher sich die Fragilität des Staates abzeichnete.

Ostberlin, Prenzlauer Berg: Schlangestehen und Hoffen, dass genügend Ware vorrätig ist, gehörte zum Alltag.

Ilmenau: Schüler einer Computer-AG mit einem Kleincomputer der DDR-Marke Robotron. In der DDR entwickelte Computer waren durchaus leistungsfähig, jedoch in der Produktion vergleichsweise teuer. In so großer Stückzahl wie im Westen konnten sie nicht hergestellt werden.

Ostberlin: Skateboarden – auch in der DDR angesagt

M 2 Eindrücke aus der DDR im Jahr 1986

Eine existenzielle Krise?

Zu all diesen Krisenfaktoren kam, dass Gorbatschows Reformmaßnahmen einen enormen Einfluss auf den gesamten sowjetischen Machtbereich ausübten. Die SED-Führung sah die Existenz der DDR hiervon besonders stark bedroht, denn – anders als in anderen sozialistischen Staaten – diente ihr die Abgrenzung von der „kapitalistischen" BRD als Fundament des eigenen Selbstverständnisses; eine Annäherung durch Reformen würde die sozialistische Gesellschaftsordnung infrage stellen und eine **Legitimitätskrise** auslösen.

Während viele Nachbarn des Ostblocks sich einem Kurs der Reformierung öffneten, ließ in der DDR die SED wissen, man werde „nicht die Wohnung neu tapezieren, bloß weil es der Nachbar mache". Solch eine Abgrenzung von der Sowjetunion, aber auch von anderen reformwilligen sozialistischen „Bruderstaaten" wie Polen und Ungarn manövrierte die DDR zunehmend in eine Außenseiterrolle. In Teilen der Bevölkerung, insbesondere bei den sich in den 1980er-Jahren herausbildenden dissidenten Strömungen, weckten Gorbatschows Reformen und Ideen jedoch durchaus Hoffnungen.

M 3 Ein Utensil der Stasi: die sogenannte Knopflochkamera

M4 Faktoren der Wirtschaftsentwicklung in der DDR 1970–1987

Jahr	Investitionen (in Mrd. DM)	Subventionen (in % der Investitionen) z. B. Wohnungsbau, soziale Einrichtungen, Verkehr	Auslandsschulden (in Mrd. DM)
1970	34,4	34,3	2,2
1975	42,0	41,4	11,0
1980	46,9	43,1	25,3
1985	39,6	54,0	30,0
1987	45,5	49,2	34,7

Zusammengest. nach: Konrad H. Jarausch: Die unverhoffte Einheit 1989–1990, Frankfurt/M. 1995, S. 154

M5 Ein Stasi-Bericht

Der folgende Stasi-Bericht vom 11. September 1989 trägt den Vermerk „Streng geheim!":

Vorliegenden Informationen zufolge sind zahlreiche, vor allem langjährige Parteimitglieder von tiefer Sorge erfüllt über die gegenwärtige allgemeine Stimmungslage unter großen Teilen der Werktätigen, besonders in den Betrieben, teilweise verbunden mit ernsten Befürchtungen hinsichtlich der weiteren Erhaltung der politischen Stabilität der DDR. Sie begründen diese Haltung insbesondere mit solchen persönlich getroffenen Feststellungen im Arbeits-, Wohn- und Freizeitbereich wie

- der erheblichen Zunahme von durch Unwillen und Unzufriedenheit gekennzeichneten, in immer aggressiverem Ton geführten Diskussionen im Zusammenhang mit der Versorgungslage und der Lage im Dienstleistungsbereich, der Lohn-Preis-Politik, der materiell-technischen Sicherstellung der Produktion,
- zunehmenden Erscheinungen von Passivität und Gleichgültigkeit unter Werktätigen gegenüber dem politischen und gesellschaftlichen Leben in der DDR insgesamt und im Territorium,
- dem weiteren Rückgang von Arbeitsdisziplin und Leistungsbereitschaft,
- der erheblichen Zunahme von Erscheinungen des Spekulantentums und der Korruption.

Die Praxis zeige, dass auch zahlreiche Parteimitglieder mit derartigen Auffassungen und Verhaltensweisen in Erscheinung treten und sich damit kaum noch von Parteilosen unterscheiden.

In diesem Zusammenhang wiesen Mitglieder und Funktionäre der SED wiederholt darauf hin, dass Diskussionsinhalte von Werktätigen zu den vorgenannten Problemen in wachsendem Maße die Tendenz erkennen lassen, die Partei- und Staatsführung für die entstandene Lage verantwortlich zu machen, ihr, vor allem unter Hinweis auf die altersmäßige Zusammensetzung, die Fähigkeit abzusprechen, die vielfältigen Probleme zu lösen. [...] SED-Mitglieder und andere progressive Kräfte [schlussfolgern], es zeichne sich ein wachsender Vertrauensschwund zwischen Volk und Partei ab.

BStU, MfS, ZAIG, 0/223, zit. nach: Daniela Münkel (Hg.): Die DDR im Blick der Stasi 1989. Die geheimen Berichte an die SED-Führung, Göttingen 2019, S. 199 f.

M6 Woran scheiterte die DDR?

Der Historiker Stefan Wolle urteilte zehn Jahre nach dem Mauerfall:

a) Es wäre falsch, die innere Festigkeit des SED-Regimes bestreiten zu wollen, auch wenn es am Ende wie ein Kartenhaus zusammenstürzte. Stabilität und Instabilität stellten eine dialektische Einheit dar [ergaben ein Zusammenspiel]. Der DDR-Sozialismus ist nicht an seinen Fehlern, sondern an seiner Vollendung gescheitert. Wie könnte man sonst erklären, dass ein derartig geschlossenes, militärisch durchorganisiertes und bis in den letzten Winkel der Gesellschaft kontrolliertes Staatswesen innerhalb weniger Wochen fast widerstandslos auseinanderbrach? Wo blieben die mehreren Hunderttausend hauptamtlichen und inoffiziellen Mitarbeiter der Staatssicherheit, die Kampfgruppen der Arbeiterklasse, die Funktionäre der SED und der Massenorganisationen? Jahrzehntelang hatten sie den „Ernstfall" geprobt, atomsichere Führungsbunker und Lager für 85 000 Oppositionelle standen bereit, jetzt mussten sie nur noch die jedes Detail berücksichtigenden Alarmpläne aus der Schublade ziehen. Eines hatten sie jedoch nicht vorgesehen – die Möglichkeit selbstständiger Entscheidungen. Zu lange hatte man den Menschen Eigeninitiative, Verantwortungsbewusstsein und Risikobereitschaft ausgetrieben und ihnen so den Willen genommen, den Sozialismus zu verteidigen. Weit eher wirkten der noch bestehende Privatsektor, die geduldete Feierabendarbeit und der gänzlich illegale Handel mit knappen Gütern dem Untergang entgegen.

b) Noch deutlicher trat die eigenartige Dialektik von Stabilisierung und Destabilisierung in der Außen- und Deutschlandpolitik zutage. Mit jedem Abkommen verlor der Kalte Krieg an Schärfe. Die völkerrechtliche Anerkennung, die Aufnahme diplomatischer Beziehungen zu vielen Staaten der Welt, der Eintritt in die UNO, die Gleichberechtigung mit der Bundesrepublik stärkten die Souveränität der DDR. Die entsprechend gefeierten Erfolge untergruben aber gleichzeitig ihre Existenzgrundlage. Die SED-Führung erstrebte die Normalisierung der Lage in Europa und hatte doch nichts mehr zu fürchten als ihre Verwirklichung. Der deutsche Halbstaat mit dem Unruheherd Westberlin in der Mitte war historisch absurd und konnte nur in einer auf Konfrontation beruhenden internationalen Situation überleben. Mit dem Ost-West-Gegensatz musste auch er von der politischen Bühne verschwinden. Deshalb betrieb er eine Schaukelpolitik, indem er die Entspannung begrüßte und gleichzeitig die ideologische Koexistenz bekämpfte. Auf die Dauer konnte dies nicht gelingen. Als schließlich die Feindbilder und Bedrohungsängste verblassten, lockerte sich langsam, aber unaufhaltsam die Klammer, die den Staat zusammenhielt.

Stefan Wolle: Die heile Welt der Diktatur. Alltag und Herrschaft in der DDR 1971–1989, Berlin 1999, S. 342

2. a) Analysieren Sie M 4 mithilfe des Darstellungstextes (bis Z. 51).

\+ Beurteilen Sie die Aussagekraft von M 4.

b) Gestalten Sie mithilfe des Darstellungstextes, M 2 und M 4 ein Strukturdiagramm zu den Krisenphänomenen in der DDR der 1980er-Jahre.

\+ Setzen Sie die wirtschaftlichen Herausforderungen der DDR in Beziehung zu denen der Sowjetunion (S. 135 f.).

3. a) Arbeiten Sie aus M 5 die Krisenphänomene der DDR im Jahr 1989 heraus.
b) Überprüfen Sie die Aussagen von M 5 auf der Basis Ihrer bisherigen Arbeitsergebnisse.

4. Der Historiker Stefan Wolle schreibt: „Der DDR-Sozialismus ist nicht an seinen Fehlern, sondern an seiner Vollendung gescheitert." (M 6 a), Z. 6 f.)
a) Erläutern Sie diese These mithilfe von M 6.
b) Beurteilen Sie die These.

\+ Ein Befürworter und ein Gegner der Reformen Gorbatschows streiten sich 1988 in der DDR darüber, wie die Krise in der DDR überwunden werden könne. Führen Sie das Gespräch.

Gruppenarbeit

Wie reagierten die politische Führung und die DDR-Bevölkerung auf die immer deutlicher zutage tretenden Krisenphänomene? Auf den folgenden Seiten werden verschiedene Positionen aus der Mitte der 1980er-Jahre in der DDR vorgestellt, die Sie im Gruppenpuzzle erarbeiten können.

1. Arbeiten Sie in Expertengruppen die jeweils thematisierten Reaktionen auf Krisenphänomene heraus. Berücksichtigen Sie
   - die Herkunft der jeweiligen Gruppe(n),
   - ihre Motivation,
   - die Zielsetzung der Position und
   - die Konsequenzen, die die Haltungen für die Aktivisten und den Staat hatten.

2. Stellen Sie sich in Ihren Stammgruppen die Arbeitsergebnisse gegenseitig vor.

3. Suchen Sie anschließend nach Gemeinsamkeiten und Unterschieden zwischen den Haltungen der verschiedenen Gruppen.

4. Diskutieren Sie abschließend folgende These des Historikers Andreas Rödder: „Die Staatspartei stand vor einem Dilemma: Reformen gefährden den SED-Staat ebenso wie Reformverweigerung."
(Ders.: Geschichte der deutschen Wiedervereinigung, München [3]2020, S. 21)

\+ Erweitern Sie Ihre Kenntnisse über die oppositionellen Bewegungen mithilfe der folgenden Zeitzeugenportale:
- www.jugendopposition.de
- zeitzeugenberlin.de/
- www.berliner-mauer-gedenkstaette.de/de/links-894.html

THEMA 1 Glasnost – nicht für Parteimitglieder?

Güter des Alltagskonsums stark subventionieren, zur Bewahrung von Arbeitsplätzen auch unrentable Unternehmen stützen und dabei trotz steigender Auslandsverschuldung in Kauf nehmen, wirtschaftlich und technologisch abgehängt zu werden? Auch SED-Mitglieder erkannten die Gefahren des „Wohlfahrtssozialismus“ der Ära Honecker und betrachteten sie mit Besorgnis. Die SED-Führung bestand jedoch darauf, die „Einheit von Wirtschafts- und Sozialpolitik“ beizubehalten, und brachte sich damit in einen Gegensatz zur Sowjetunion, wo Michail Gorbatschow bereits seit 1985 seine Reformpolitik vertrat. Glasnost und Perestroika zielten auf die Aktivierung der Bürgerinnen und Bürger ab, was bei vielen Sozialisten in der DDR, auch bei SED-Mitgliedern, gut ankam. Umso enttäuschter waren sie daher von der Reformunwilligkeit ihrer Parteiführung.

Der Führung war Kritik, auch aus den eigenen Reihen, nicht willkommen, und sie blieb bei ihrem Kurs der Härte: Bereits zwischen 1981 und 1985 war es zu über 100 000 Parteiverfahren gekommen. Knapp 90 000 Mitglieder waren ausgeschlossen worden oder hatten die Partei freiwillig verlassen. Allerdings blieb die überwiegende Mehrheit der 2,3 Millionen Parteimitglieder dem Staat treu.

M1 Festhalten am sozialistischen Wohlfahrtsstaat

Gerhard Schürer, Kandidat für das Politbüro der SED, wurde wegen seiner Analyse der drohenden Zahlungsunfähigkeit der DDR-Wirtschaft von Erich Honecker als „Saboteur“ beschimpft. Er erinnerte sich 1993:

Ich glaube, es gab jährlich mindestens einen Versuch, grundlegende Änderungen an diesem Preissystem herbeizuführen, weil wir natürlich am ehesten gespürt haben, zu welchem Unsinn dieses Preissystem führen kann. [...]
Da war aber eine Position in Honeckers Kopf, die so fest war, dass noch nicht einmal Mittag, der ihn wirklich in jeder Richtung beeinflusst hat, ihn in dieser Richtung zu einer Änderung der Preispolitik, der gesamten ökonomischen Politik veranlassen konnte. [...] Honeckers Standpunkt war: „Alle Erschütterungen in den sozialistischen Ländern haben mit Preisveränderungen begonnen, in Polen, Ungarn und in der ČSSR. Und bei mir nicht! Es bleibt alles, wie es ist, dann müsst ihr eben billiger produzieren.“ Wir waren die Rechner, immer verpönt.

Zit. nach: Theo Pirker u.a.: Der Plan als Befehl und Fiktion. Wirtschaftsführung in der DDR, Opladen 1995, S. 91

Mittag: Die Rede ist von Günter Mittag, dem Wirtschaftssekretär des Zentralkomitees der SED.

M2 Führen im Auftrag der Arbeiterklasse

Für Mitglieder und Kandidaten der SED sowie für Lehrer und Angestellte des öffentlichen Dienstes war es – unabhängig von ihrer politischen Bindung – verpflichtend, an Veranstaltungen des „Parteilehrjahrs der SED“ teilzunehmen. In den Studienmaterialien von 1989 hieß es:

Die führende Rolle der SED in der sozialistischen Gesellschaft der DDR ist kein selbstgewählter Anspruch, sondern der historische Auftrag der Arbeiterklasse, die diese Partei hervorgebracht hat und ihr das Gepräge gibt. [...]
Die SED weist sich als eine Partei der Arbeiterklasse und des ganzen Volkes aus, weil sie aus dem Volk kommt, zum Volke gehört und konsequent dessen Interessen vertritt, weil sie ihrem revolutionären Voranschreiten den Sinn des Sozialismus zugrunde legt: Alles zum Wohl des Volkes, alles für das Glück der arbeitenden Menschen! Sie nimmt teil am Denken und Fühlen des Volkes, kennt seine Bedürfnisse und Probleme, denen sie in ihren Beschlüssen Ausdruck gibt. [...]
Zur Gesellschaftskonzeption der SED [...] gibt es im Interesse des Volkes keine Alternative. Die Partei kennt auch den richtigen Weg für die Verwirklichung der Interessen des Volkes und beschreitet ihn konsequent.

Parteilehrjahr der SED, 3. Stud.-Jahr, 05.06.1989, S. 10 ff.

M3 Kritik innerhalb der SED

Der überzeugte Sozialist Andreas Fisch, Lehrer für Russisch und Geschichte, wurde als 24-Jähriger Anfang der 1980er-Jahre Parteisekretär an einer Dresdener Schule, womit er in alle Schulangelegenheiten eingebunden war. Er berichtete rückblickend:

Es gab immer mehr Fragen, die nicht beantwortet wurden. Warum gibt es in Dresden keine Möglichkeit, irgendetwas zu kaufen? Oder: Warum gibt es nur in Berlin Bananen? Also ganz simple Sachen. Oder aus den Betrieben: Warum gibt es kein Kupfer? Warum ist das eine Qualität, die wir nicht verarbeiten können, aber verarbeiten müssen, was zu schlechteren Produkten führt, die schneller kaputtgehen oder gar nicht nutzbar sind. Das waren Alltagsprobleme, die waren permanent da und nahmen immer mehr Raum ein.

[Von der Kreisleitung der Partei wurde mir gesagt] „Genosse Fisch, solche Fragen kannst du doch nicht stellen.“ Ich sagte: „Wieso kann ich die nicht stellen? Ich denke, ich soll kritisch sein. Und wenn ich Fragen habe, kann ich sie doch stellen, ich möchte gerne Antworten haben, mir fehlen Informationen.“ „Ja, aber so kann man das nicht belassen. Die muss man anders stellen, du müsstest sie mit deinem Wissen von Lenin sowieso beantworten können.“ „Ja, aber es gibt Fragen, die kann man nicht allgemein beantworten, denn es glaubt einem keiner mehr, wenn man mit Phrasen kommt.“

Zit. nach: Hans-Hermann Hertle/Stefan Wolle: Damals in der DDR, München 2004, S. 224 ff.

Anmerkung: *1987 legte Andreas F. den Posten des Parteisekretärs nieder und wurde Puppenspieler.*

M5 Seit 1967 erschien in der DDR eine deutsche Version des sowjetischen Magazins „Sputnik“. Als es in den 1980er-Jahren zunehmend gesellschaftskritische Themen aufgriff, stieg auch in der DDR seine Auflage. Im Herbst 1988 thematisierte das Magazin die Rolle Stalins im Zweiten Weltkrieg. Daraufhin stellte die SED-Führung den Vertrieb des Magazins ein. Überall im Land kam es nun zu Protesten.

M4 Gründe für Parteiaustritte

Eine Analyse des Zustandes der SED durch das MfS vom 11. September 1989:

Mitglieder und Funktionäre der SED [...] üben zum Teil scharfe Kritik an der Arbeit übergeordneter Parteileitungen sowie am Inhalt und Verlauf von Mitgliederversammlungen. [...] Es werde an den Problemen vorbeigeredet. Auf konkrete Fragen gebe es keine Antwort bzw. kritische Diskussionen würden mit dem Hinweis auf Parteidisziplin „abgewürgt“. Wer auf Parteiversammlungen die vorhandenen Probleme anspreche und klare Antworten verlange, werde sehr schnell als Nörgler abgestempelt. Hauptamtliche Parteifunktionäre wirkten in ihrer Argumentation „hilflos“; sie würden teilweise unbequemen Fragen ausweichen. [...] Es gebe erhebliche Informationsdefizite in der Partei. Dies sei der Grund dafür, dass viele Parteimitglieder resignierten, da sie sich mit ihren Problemen alleingelassen fühlten. Hochschullehrer (SED-Mitglieder) erklären, mit wachsendem Unbehagen in Vorlesungen und Seminare zu gehen, da Studenten immer häufiger politisch sensible Themenbereiche ansprechen und dazu Fragen stellen, auf die sie keine überzeugenden Antworten geben könnten, ohne Grundpositionen der Partei infrage zu stellen.

BStU, MfS, ZAIG, 0/223, zit. nach: Daniela Münkel (Hg.): Die DDR im Blick der Stasi 1989. Die geheimen Berichte an die SED-Führung, Göttingen 2019, S. 201

THEMA 2 Flucht und Ausreise

Die DDR-Bevölkerung lebte mit der Mauer als existenzielle Grundbedingung. Niemand war frei, das Land nach eigenem Willen zu verlassen. Zwar gab es die Möglichkeit, einen Ausreiseantrag zu stellen, doch war die Dauer der Antragsbearbeitung ebenso willkürlich wie das Erteilen der Genehmigung. Viele Antragstellende mussten sofort ihren qualifizierten Arbeitsplatz verlassen und Hilfsarbeiten erledigen. Dennoch nahmen in den 1980er-Jahren die Ausreiseanträge zu, zumeist von jüngeren, gut ausgebildeten Männern. Sie brachten die Regierung in ein Dilemma: Durften sie ungehindert ziehen, ermunterten sie andere, es ihnen nachzutun; mussten sie gegen ihren Willen bleiben, verstärkten sie die Opposition und schädigten den außenpolitischen Ruf der DDR. So versuchte die SED-Führung einerseits, Antragsteller durch zermürbende Behandlung abzuschrecken, andererseits genehmigte sie immer mehr Ausreisen.

Weil sie kein Vertrauen in die Behörden hatten, entschlossen sich zudem immer wieder Bürgerinnen und Bürger zur Flucht. Entweder versuchten sie, die scharf bewachte Mauer zu überwinden, über die Ostseegrenze zu entkommen oder von einem sozialistischen Drittland in den Westen zu gelangen. Die DDR ohne Genehmigung zu verlassen war jedoch ein Straftatbestand. Wer bei der „Republikflucht“ oder bei ihrer Vorbereitung erwischt wurde, musste mit Gerichtsverfahren und Haftstrafe rechnen. In den 1980er-Jahren konnten solche Häftlinge als politische Gefangene von der Bundesrepublik häufig freigekauft werden – die DDR brauchte die Devisen.

Blockparteien: Parteien, die neben der SED existierten (CDU, DBD, LDPD, NDPD). Sie konnten aber nur mit der SED zusammen als „Demokratischer Block“ gewählt werden. Die Existenz der „Blockparteien“ diente dazu, nach außen politische Vielfalt zu suggerieren.

Zusammengest. nach: Jens Gieseke: Die DDR-Staatssicherheit. Schild und Schwert der Partei, Bonn 2000, S. 68

M 1 Anträge auf Ausreise und ihre Gewährung 1976–1989

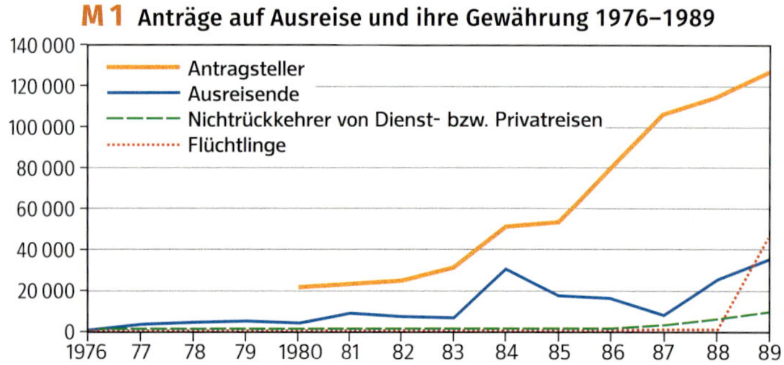

M 2 Flucht im Heißluftballon

1979 gelang den Thüringer Familien Strelzyk und Wetzel aus der Kleinstadt Pößneck eine aufsehenerregende Flucht aus der DDR mit einem selbst genähten Ballon. (Der deutsche Spielfilm „Ballon“ aus dem Jahr 2018 erzählt diese Geschichte.) Das Ehepaar Strelzyk schrieb 1999 über seine Fluchtgründe:

Pößneck war damals eine Kreisstadt mit rund 20 000 Einwohnern. Von den Häuserfassaden bröckelte der Putz, an den Sommertagen roch es in den Gassen nach Fäkalien, eine Kanalisation gab es natürlich nicht. Nachts lag die Stadt verwaist, uralte Laternen tauchten die Straße in ein schummriges Licht. Eine ideale Kulisse für einen Nachkriegsfilm. Am Stadtrand entstanden Plattenbausiedlungen. Nicht schön, aber allemal besser als die verfallenden Altbauten. [...]

Die politischen Verhältnisse bedrückten uns: Volkskammerwahlen, die die SED und die Blockparteien regelmäßig mit über 99 % der Stimmen gewannen; ein „Antifaschistischer Schutzwall“ und perfekte Grenzanlagen, angeblich zum Schutz der DDR-Bürger vor den kapitalistischen Nachbarn, demonstrative Loyalitätsbekundungen nicht nur am 1. Mai, dem Tag der Arbeit. All das engte uns immer mehr ein, schnürte uns die Luft ab. 1974 beantragten wir eine Reise nach Jugoslawien. Eine Antwort erhielten wir nie.

Doris und Peter Strelzyk: Schicksal Ballonflucht. Der lange Arm der Stasi, Berlin 1999, S. 11 f.

M 3 Kriminalisierung

Ein 37-jähriger Diplomingenieur wurde 1985 wegen „mehrfacher öffentlicher Herabwürdigung“ zu einer Freiheitsstrafe von 18 Monaten verurteilt. Aus der Urteilsbegründung:

Die Haltung des Angeklagten zu den gesellschaftlichen Verhältnissen der DDR ist negativ, geprägt durch das regelmäßige Verfolgen von Sendungen wie das „ZDF-Magazin“. Der Angeklagte glaubt, in der BRD besser leben zu können, und stellte am 17.1.1982 zusammen mit seiner damaligen Ehefrau einen Antrag auf Übersiedlung in die BRD, der abgelehnt wurde.

M 4 (rechts) Die Grenzanlage an der Ackerstraße und der Bergstraße in Berlin, 1969

Der Angeklagte war nicht bereit, diese Entscheidung zu akzeptieren. [...]
Unter Bezugnahme auf sein Übersiedlungsersuchen bzw. auf Grenzsicherungsmaßnahmen der DDR behauptete er, dass es in der DDR keine Reisefreiheit gäbe, „man in der DDR eingesperrt wäre und nirgendwohin reisen könnte". In solchen Zusammenhängen bezeichnete er die DDR mehrfach als „großes Gefängnis", in dem die DDR-Bürger eingesperrt leben müssten. Er erklärte, nicht „Sklave dieses Scheiß-Staates sein zu wollen". [...]
Gegenüber Zeugen erklärte er, dass die Staatsgrenze der DDR zur BRD völkerrechtswidrig und unmenschlich wäre. Sie wäre in erster Linie nach innen gerichtet, um DDR-Bürger von der Flucht abzuhalten. Auch in solchen Zusammenhängen verglich er die DDR mit einem Gefängnis und erklärte, dass der Staat mit diesen Sicherungsmaßnahmen DDR-Bürger zwingen würde, auf DDR-Bürger zu schießen.

Zit. nach: Hans-Jürgen Grasemann: Das politische Strafrecht, in: Eberhard Kuhrt (Hg.): Am Ende des realen Sozialismus, Bd. 1: Die SED-Herrschaft und ihr Zusammenbruch, Opladen 1996, S. S. 91–114, hier S. 97

M 5 Mentale Konsequenzen

Der in der DDR geborene Historiker Stefan Wolle beschreibt, was es für die Ausreisenden bedeutete, die DDR zu verlassen:

[Die Ausreise] bedeutete ja nicht einfach die Änderung des Wohnsitzes. Der Flüchtling brach alle Brücken hinter sich ab, nahm bewusst in Kauf, Eltern, Freunde und Verwandte auf unabsehbare Zeit nicht mehr wiederzusehen, stürzte sie außerdem oft in berufliche Schwierigkeiten und ließ sein Eigentum zurück. Für manchen wog ebenfalls schwer das Zurücklassen der Heimat, der vertrauten Umgebung und auch der Hoffnung auf eine sozialistische Utopie, für die er Benachteiligung oder gar den Aufenthalt im Gefängnis hingenommen hatte. Besonders Intellektuelle fühlten sich selbst Jahre nach ihrer Übersiedlung in den Westen immer noch als DDR-Bürger im Exil.

Stefan Wolle: Die heile Welt der Diktatur. Alltag und Herrschaft in der DDR 1971–1989, Berlin 1999, S. 283 f.

M 6 Scheinbare Stabilität

Erich Honecker sagte im Januar 1989 im Rahmen einer Rede:

Mit dem Bau des antifaschistischen Schutzwalls im Jahre 1961 wurde die Lage in Europa stabilisiert, der Frieden gerettet. Die heute in einigen Medien der BRD und Westberlin über [...] die Mauer erschienenen Meldungen zeugen nicht nur von Kurzsichtigkeit, sondern enthüllen auch eine ganze Portion Heuchelei, mit der in Bonn und in Berlin (West) Politik gemacht wird. Die Herren [...] scheinen zu vergessen, dass es eine ständige Aufgabe der Regierung eines jeden Staates sein sollte, seine Bürger vor Ausplünderungen zu schützen. Der Handelskurs, der Umwechslungskurs 1 Mark der BRD gegen 7 Mark der DDR, ist ein Beispiel dafür. Dabei ziehen wir noch nicht einmal in Betracht, dass es ein ernsthaftes Anliegen unseres Staates ist, unsere Bürger vor den Machenschaften der Drogengesellschaft des Westens zu schützen. [...]
So viel sei aber jetzt schon gesagt: Die Mauer wird [...] so lange bleiben, wie die Bedingungen nicht geändert werden, die zu ihrer Errichtung geführt haben. Sie wird in 50 und auch in 100 Jahren noch bestehen bleiben, wenn die dazu vorhandenen Gründe noch nicht beseitigt sind. Das ist schon erforderlich, um unsere Republik vor Räubern zu schützen, ganz zu schweigen von denen, die gerne bereit sind, Stabilität und Frieden in Europa zu stören. Die Sicherheit der Grenze ist das souveräne Recht eines jeden Staates, und so auch unserer DDR.

Zit. nach: Neues Deutschland, 20.01.1989

Ein Film über den Zustand der Grenzanlagen in den 1980er-Jahren ist auf der Webseite „Chronik der Mauer" zu finden. Geben Sie dafür **WES-116793-010** auf www.westermann.de/webcode ins Suchfeld ein.

THEMA 3 Kirchliche Gruppen

In der DDR standen die christlichen Kirchen am Rande der Gesellschaft. Christen und insbesondere junge Leute, die sich offen in den Jungen Gemeinden engagierten, wurden als vermeintliche Gegner des Sozialismus unter Druck gesetzt. In den Schulen erlebten sie seit jeher Diskriminierung; auf ihrem Bildungsweg wurden sie häufig benachteiligt. Doch in den Kirchengebäuden endete die Allmacht des Staates: Sie waren Schutzräume, in denen Fragen diskutiert und Dinge besprochen werden konnten, die in der Öffentlichkeit ansonsten tabuisiert waren. Viele Pfarrer und Kirchenmitarbeiter vor allem der mitgliederstarken evangelischen Kirche stellten unangepassten Jugendlichen Gemeinderäume als Treffpunkte zur Verfügung, sodass sich innerhalb der Kirchen eine Jugendkultur entwickelte, die religiöse mit kulturellen und politischen Anliegen verband. Daraus erwuchsen in den 1980er-Jahren spontane, teilweise unorganisierte und sich unpolitisch gebende Umwelt- und Friedensgruppen. 1980 verkündete der Bund der evangelischen Kirchen in der DDR ein Friedensjahrzehnt unter dem Motto „Frieden schaffen ohne Waffen". Doch erst seit 1987 wurden einige Kirchengemeinden Zentren einer echten politischen Opposition.

M 2 Aktivistinnen der Gruppe „Frauen für den Frieden" vor der Erlöserkirche in Berlin während eines Friedensfestes im Jahr 1983

M 1 Das Em-blem der DDR-Friedensbewegung auf einem Sticker aus dem Jahr 1988. Der Slogan geht auf eine Bibelstelle zurück, Micha 4, 3–4: „Sie werden ihre Schwerter zu Pflugscharen und ihre Spieße zu Sicheln machen. Es wird kein Volk gegen das andere das Schwert erhe-ben und sie werden hinfort nicht mehr lernen, Krieg zu führen."

M 3 Pazifismus und DDR – unvereinbar?

Die „Abteilung Volksbildung" des Bezirks Rostock berichtete über Jugendliche, die das Emblem „Schwerter zu Pflugscharen" trugen:

Mit dem 26. März 1982 waren es insgesamt 59 Schüler aus 21 Polytechnischen Oberschulen und 4 Erweiterten Oberschulen des Bezirkes, die mit o.g. Emblem in der Schule erschienen. [...] Für die Arbeit der Kreisschulräte und der Direktoren mit den Schülern, die das Emblem „Schwerter zu Pflugscharen" tragen, haben wir die Kreisabteilungen mit folgenden Standpunkten ausgerüstet. Grundsätzlich muss vor allem durch die Jugendorganisation erreicht werden, dass eine solche öffentliche Meinung im Klassenkollektiv entwickelt wird, die die Emblemträger isoliert und ihre Haltung verurteilt. Es muss zu einer offenen und kritischen Haltung im Klassenverband kommen, in der die Unvereinbarkeit von pazifistischen Auffassungen mit der Verfassung der DDR, dem Statut der FDJ und der Erziehung zur kommunistischen Moral klar herausgearbeitet wird. In den weiteren Gesprächen mit den betreffenden Eltern und Schülern ist der Standpunkt zu vertreten, dass das Tragen des o. g. Emblems in der Schule ungesetzlich und deshalb verboten ist.

BArchP.Dr–2A.1735, zit. nach Frank Blask u.a. (Hg.): Schule: streng vertraulich! Die Volksbildung der DDR in Dokumenten Bd. 1, Berlin 1996, S. 538 (bearbeitet)

M4 Schmieden auf dem Kirchentag

a) Der Pfarrer Friedrich Schorlemmer, 1983 Mitinitiator des Kirchentages in Wittenberg anlässlich des 500. Geburtstages von Martin Luther, berichtete rückblickend über eine Schmiedeaktion am 24. September 1983:

[Am letzten Abend] strömte „das Volk" in den Lutherhof, weil dort kurzfristig ein Abend der Begegnung und eine kleine Schmiedeaktion angekündigt waren. [...] Als dann am Abend das Schwert umgeschmiedet werden sollte und sich viel mehr Menschen eingefunden hatten, als wir je erwartet hatten, mussten wir aus der Hand eine ganze Abendveranstaltung für einige Tausend, besonders jüngere Menschen organisieren. Während wir sangen, lasen und beteten, hämmerten, interpretierten, filmte die Staatssicherheit die Teilnehmer und das Geschehen. [...] Aber die zahlreich untergemischte Staatssicherheit griff nicht ein. Sie provozierte keinen Skandal. Sie verhinderte nicht das Umschmieden. Zu verdanken haben wir dies einzig und allein der Anwesenheit von Teilnehmern aus der Schweiz, aus Simbabwe, aus der Bundesrepublik, hauptsächlich auch der anwesenden Journalisten aus aller Welt.

Friedrich Schorlemmer: „Schwerter zu Pflugscharen". Die Schmiedeaktion im Luther-Hof in Wittenberg, in: Ulrich Hermann (Hg.): Protestierende Jugend. Jugendopposition und politischer Protest in der deutschen Nachkriegsgeschichte, Weilheim 2002, S. 237 f.

b) Der Schmied Stefan Nau erinnert sich an die Umstände der Schmiedeaktion:

Und gerade dieses Thema Micha 4, [...] „Schwerter zu Pflugscharen", und alle haben Bilder gemacht – es waren auch viele Künstler dabei –, diese Ansteckbilder, Lederprägungen usw. Und da [...] hab ich den Vorschlag gemacht, da ich ja Kunstschmied bin, wie wär's, wenn wir das mal den Menschen zeigen würden, wie so was geht, ein Schwert, eine Waffe umzuschmieden zur Pflugschar. [...] Und da hab ich das halt vorbereitet. Da aber immer Stasispitzel auf Schorlemmer angesetzt waren, auf unsere Gruppe, wurde das heimlich dann in die Kirchenräume verbracht, bis zu dem Tag dann.

Transkription von Melanie Urban nach: www1.mdr.de/damals/622861.html (01.08.2017)

M5 Diese Bronzeplastik übergab die Sowjetunion 1959 als offizielles Geschenk an die UNO.

M6 Momentaufnahme vom Kirchentag in Ostberlin, 1987

M7 Eltern gegen den Wehrunterricht

Aus einer Elterneingabe an das Ministerium für Volksbildung, 1988:

Als christliche Bürger, die in diesem Land ihr verfassungsmäßiges Recht auf freie Religionsausübung – wozu auch eine christliche Erziehung der Kinder gehört – wahrnehmen wollen, geraten wir in Konflikt mit der sozialistischen Wehrerziehung an der Schule. So können wir uns nicht damit einverstanden erklären, dass es schon in der 6. Klasse im Sportunterricht lehrplanmäßige Pflicht ist, mit Handgranaten zu werfen, damit also bereits im Kindesalter eine langsame Gewöhnung an den Umgang mit militärischen Gegenständen stattfindet. Weiterhin sehen wir uns aus Glaubens- und Gewissensgründen nicht in der Lage, einer Teilnahme unseres Sohnes am Wehrunterricht und dem in der 9. Klasse stattfindenden Wehrlager für Jungen zuzustimmen. [...] Wir bitten Sie dringend, diesem Wunsch der christlichen Bürger nach Veränderung des Erziehungskonzeptes nicht länger zu negieren und anstelle des jetzigen Systems der Wehrerziehung ein neues System der friedlichen Konfliktbewältigung in der Volksbildung zu schaffen. Die nach außen gerichtete Friedenspolitik der DDR kann nur glaubhaft und wirksam sein, wenn sie mit gleicher Intensität auch innerhalb des Landes betrieben wird.

Zit. nach Oskar Anweiler (Hg.): Bildungspolitik in Deutschland 1945–1990, Bonn 1992, S. 426 ff.

THEMA 4 Die Bürgerbewegung

M 1 Anonyme Karikatur in der von einer oppositionellen Gruppe herausgegebenen Zeitschrift „Grenzfall", 1986

Als die DDR 1975 die KSZE-Schlussakte von Helsinki unterschrieb (→ S. 51) und damit die Einhaltung von Menschenrechten verbindlich erklärte, schöpften viele Hoffnung. Doch die trog. So wurde 1976 dem Dichter und Liedermacher Wolf Biermann während einer Tournee durch die Bundesrepublik die Staatsbürgerschaft der DDR aberkannt, obwohl ihm zuvor ausdrücklich zugesichert worden war, zurückkehren zu dürfen. Es kam zu Solidaritätsaktionen vieler Intellektueller der DDR, die dann ihrerseits freiwillig oder gezwungenermaßen die DDR verließen.

Erst mit der Entstehung der Friedensbewegung und den immer offensichtlicheren Umweltzerstörungen in der DDR entwickelten sich neue oppositionelle Bürgerrechtsgruppen – alternative Umwelt-, Menschenrechts- und Friedensgruppen. Sie wollten nicht die Auflösung der DDR, sondern Reformen. „Es ging um etwas mehr Luft in dieser miefigen DDR, um etwas mehr Bewegung in der Zwangsjacke", erinnert sich Reinhard Schult, ein Mitglied der Bürgerrechtsgruppe „Gegenstimmen", im Rückblick. Damit standen die Gruppen jedoch im Widerspruch zum SED-Staat. Da alles, Produktionsmittel wie staatliche Machtmittel, den Werktätigen gehöre, könne es keinen Gegensatz zwischen Staat und Volk geben, argumentierte die SED. Eine Opposition in der DDR müsse sich folglich gegen den Arbeiter- und Bauernstaat richten, weshalb sie per se verbrecherisch sei. Alle Bürgerrechtsgruppen mussten daher mit der Überwachung und Verfolgung durch das MfS rechnen. Dabei, betont Reinhard Schult, war die Opposition nicht groß: „Wir waren eine verschwindende Minderheit – ohne Rückhalt in der Bevölkerung", sagt er*.

*Zit. nach Hans-Hermann Hertle/Stefan Wolle: Damals in der DDR, München 2004, S. 269

M 2 Versammlung in der Umweltbibliothek in Ostberlin, 1988

Die **Umweltbibliothek** wurde im September 1986 von oppositionellen Aktivisten gegründet. Zunächst war sie im Keller des Gemeindehauses der Zionskirche in Ostberlin untergebracht. Hier wurden meist verbotene Bücher und Zeitschriften zu Umwelt- und Menschenrechtsthemen gesammelt und heimlich die „Umwelt-Blätter" gedruckt. Im November 1987 stürmte das MfS den Keller und verhaftete die Aktivisten. Sie wurden allerdings auf internationalen Druck hin wieder freigelassen. Mit Druckpressen aus dem Westen entstand ein kleiner Untergrundverlag. Die „Umwelt-Blätter" gehörten zu den meistverbreiteten oppositionellen Veröffentlichungen in der DDR.

M3 Die Initiative Frieden und Menschenrechte (IFM)

Die 1985 in Ostberlin gegründete Gruppe IFM nutzte anfangs die kirchliche Öffentlichkeit, verstand sich jedoch als unabhängig von der Kirche. Ihre Positionen veröffentlichte sie unter anderem in der illegalen Zeitschrift „Grenzfall“. Am 2. April 1986 formulierte die Gruppe in einer Eingabe an den XI. Parteitag der SED:

Zwar fordert das Parteistatut im Rahmen der innerparteilichen Demokratie die freie und sachliche Diskussion zu Fragen der Parteipolitik, sprich Staatspolitik. Doch finden solche Diskussionen kaum statt. Sie werden bereits im Keim erstickt und als opportunistisch-revisionistisch charakterisiert. Es gibt also keine Parteiöffentlichkeit, keine offene Auseinandersetzung und keine Publikationen zu solchen Fragen. [...]

Der Anspruch eines Erziehungs- und Bildungssystems sollte die Erziehung zu allseitig entwickelten, demokratiefähigen und mündigen Bürgern sein. Die Jugend- und Bildungspolitik in der DDR erhebt diesen Anspruch für sich, kann ihm aber in der Praxis nicht gerecht werden, weil sie auf einer persönlichkeitsbrechenden Erziehung und auf gesellschaftlichem Wohlverhalten aufbaut. Anstelle des sozialistischen Bildungsprivilegs wurde in der DDR ein politisches Bildungsprivileg gesetzt, das heißt, dass die berufliche Perspektive bzw. der weitere Bildungsweg sehr stark vom politischen Wohlverhalten abhängig ist. Bereits in der Schule wird dies in Beurteilungen unter dem Synonym „gesellschaftliche Arbeit“ bewertet. Dadurch wird ein über den schulischen Leistungsdruck hinausgehender Anpassungsdruck erzeugt. [...] Durch die Jugend- und Bildungspolitik der DDR werden die Jugendlichen entmündigt und bevormundet. Die Summe dieser Erfahrungen führt bei vielen Jugendlichen zu einer resignierenden Haltung. Das zeigt sich an der Zahl derer, die einen Ausreiseantrag stellen bzw. einen Fluchtversuch unternehmen, ebenso wie in verstärktem Alkoholmissbrauch, Selbstmordversuchen und steigender Jugendkriminalität. [...]

Ein Ausdruck für das in den letzten Jahren gewachsene Engagement ist die von den staatlichen Organisationen unabhängige Friedensbewegung. Von Parteitag zu Parteitag wächst mit dem Engagement aber auch der Druck von staatlicher Seite gegen die Engagierten. Ihnen wird immer wieder unterstellt, dass sie auf ungelöste Probleme hinweisen, um die DDR zu schwächen und zu diskreditieren. Dies führt dazu, dass das offene Gespräch von den Vertretern staatlicher Institutionen und Einrichtungen gemieden wird, gegen die Engagierten aber Repressalien ausgeübt werden. [...] Wenn die SED dem Anspruch „Zum Wohle des Volkes“ gerecht werden will, dürfen diejenigen, die die Probleme benennen, nicht kriminalisiert werden. Wir erwarten deshalb, dass in diesem Land ein konstruktiver Dialog beginnt.

Zit. nach: Eberhard Kuhrt (Hg.): Am Ende des realen Sozialismus, Bd. 3: Opposition in der DDR, Opladen 1999, S. 188 ff.

M4 Die Geschichte der eigenen Angst

Der 1964 in Ostberlin geborene Stefan Berg war seit 1986 Redakteur bei verschiedenen kirchlichen Zeitungen in der DDR. Seit 1996 schreibt er für den SPIEGEL. In einem im selben Jahr veröffentlichten Zeitzeugenbericht mit dem Titel „Die Geschichte der eigenen Angst“ stellte er dar:

Die allmächtige Partei brauchte nur noch in Ausnahmefällen – an der Grenze zum Beispiel – die brutalen Herrschaftsinstrumente. Für den Alltag hatte sie ausgesorgt. Denn die Angst hatte sie in den Jahren zuvor tief in die Bevölkerung eingepflanzt. Nun konnte sie Anpassung ernten. Wie eine Erbkrankheit wurde sie von den Eltern an die Kinder weitergegeben. So verinnerlicht waren bestimmte Erfahrungen, dass viele sie gar nicht erst machen mussten, um sich doch so zu verhalten, als hätten sie sie gemacht. Heute werden, auch aus Verärgerung über das eigene angepasste Verhalten, vielfach die Verhältnisse einfach umgedeutet: Es sei alles gar nicht so schlimm gewesen. So steht jeder besser da, vor allem vor sich selbst.

Zit. nach Eberhard Kuhrt (Hg.): Am Ende des realen Sozialismus, Bd. 1: Die SED-Herrschaft und ihr Zusammenbruch, Opladen 1996, S. 39

Gehen oder bleiben?

Das Jahr 1989 in der DDR

M 1 Diese im Oktober 1989 in Frankreich veröffentlichte Karikatur stammt von Jean-François Batellier. Die Aufschriften auf den Schildern lauten u. a. : „40 Jahre reichen", „Nieder mit der Stasi", „Rechtsstaat", „Nieder mit der Bürokratie", „Freie Wahlen", „Reisen!", „Schnell!" etc. Auf dem Haus steht: „Bei Erich", auf der Mauer: „Lärmschutzwand".

1. a) Beschreiben Sie M 1 und erläutern Sie die Aussageabsicht.
   b) Formulieren Sie davon ausgehend Fragen an das Kapitel.

Frühling '89: Die Kommunalwahlen

Einheitsliste: Der Wahlzettel bestand aus einer Liste von Kandidaten aller Parteien und Massenorganisationen, die als „Block", also gemeinsam, aufgestellt waren. Um für sie zu stimmen, musste man den Wahlzettel gefaltet in die Wahlurne werfen. Um sie abzulehnen, musste man in der Kabine jeden Kandidaten einzeln durchstreichen, eine Gesamtstreichung machte die Wahl ungültig.

„Von der Sowjetunion lernen heißt siegen lernen" – hieß es jahrzehntelang in der DDR. Doch seit der Reformer Michail Gorbatschow an der Macht war, distanzierte sich die SED-Führung von dem sowjetischen Vorbild – angesichts von Mangelwirtschaft und Umweltzerstörung für viele Bürgerinnen und Bürger unverständlich. Ihren Unmut zeigten viele im Vorfeld der Kommunalwahlen im Mai 1989, indem sie öffentlich Kritik äußerten, und zwar nicht nur an den lokalen Missständen, sondern auch an grundsätzlichen Fragen des DDR-Sozialismus. Theologen und Mitglieder von Friedens- und Umweltgruppen riefen zum Wahlboykott auf, weil die in der DDR übliche Einheitsliste aller Parteien nicht demokratisch sei und die Regierung die wahren politischen Verhältnisse der Republik verschleiere. Am 7. Mai, dem Wahltag, fanden sich in mehreren Städten und Dörfern Gruppen zusammen, um ihr gesetzlich verbürgtes Recht auf Wahlkontrolle zu nutzen. Anhand eigener Strichlisten konnten sie beweisen, dass die Wahlergebnisse zugunsten der Einheitsliste gefälscht waren. Sie erhoben Strafanzeige, erhielten jedoch statt Antworten nur Verwarnungen. Führende Aktivisten wurden vom MfS drangsaliert und durch Abschiebedrohungen eingeschüchtert.

Das aber stärkte nur die **Bürgerbewegung**, die jetzt monatlich „Wahldemonstrationen" gegen den Wahlbetrug veranstaltete. Jedoch nicht ohne Angst. Denn im kommunistischen China wurden am 4. Juni die bereits einige Wochen andauernden Demonstrationen für Menschenrechte und Demokratie gewaltsam aufgelöst. Nach Schätzungen des Internationalen Roten Kreuzes kamen dabei etwa 2600 Menschen – die meisten Studierende – um ihr Leben. Unklar blieb, wie viele hinterher verfolgt und inhaftiert wurden. Während es auch in der DDR zu spontanen Solidaritätsbekundungen in der Bevölkerung kam, unterstützte die SED-Führung offiziell den Kurs der chinesischen Regierung. Jeder politische Protest war nun von der Frage begleitet: Würden auch in der DDR Panzer gegen Demonstranten rollen?

Spätsommer: Massenflucht

Viele Menschen hatten weder in die Reformfähigkeit noch in die Sicherheit ihres Staates Vertrauen und versuchten, die DDR zu verlassen. Im Sommer 1989 kam es zu einer regelrechten **Ausreisebewegung**: Nachdem die reformkommunistische Regierung in Ungarn am 11. September die Grenze nach Österreich geöffnet hatte, flohen innerhalb von drei Tagen 15000 DDR-Bürgerinnen und -Bürger von hier aus in den Westen. Nahezu gleichzeitig versammelten sich etwa 3000 Geflüchtete aus der DDR in der bundesdeutschen Botschaft in Prag, um ihre Ausreise in den Westen zu erzwingen. Die SED-Führung sah sich genötigt, diesen Menschen, deren Bilder täglich in den internationalen Medien waren, die Ausreise zu gestatten. In Sonderzügen wurden sie schließlich – durch die DDR – in die Bundesrepublik gebracht. Am Hauptbahnhof in Dresden versuchten Hunderte, in die bereits völlig überfüllten Züge zu gelangen, woran sie von der Polizei gewaltsam gehindert wurden.

Währenddessen organisierte sich auch der Protest von Bürgerbewegungen immer mutiger: Gruppierungen wie „Demokratie jetzt“ und „Neues Forum“ beantragten die Zulassung als politische Organisationen. In Ostberlin kam es nun regelmäßig zu Protestkundgebungen auf dem Alexanderplatz. Zugleich formierte sich ein Widerstandszentrum in Leipzig, wo sich aus den montäglichen Friedensgebeten in der Nikolaikirche regelmäßige Protestzüge durch die Stadt entwickelten und „Wir sind das Volk“ gerufen wurde: die „Montagsdemonstrationen“.

Herbst: Das 40-jährige DDR-Jubiläum

Die SED-Führung geriet immer stärker unter Druck: Die Massenfluchten belasteten die Wirtschaft, die Bürgerbewegung untergrub die staatliche Autorität. Die Regierung entschied sich für eine gewaltsame Unterdrückung der Opposition: Während der Feierlichkeiten zum 40-jährigen Jubiläum der DDR am 7. Oktober 1989 ging die Volkspolizei brutal gegen Demonstrierende vor, während zugleich der Ehrengast, Michail Gorbatschow, auf der Tribüne zu Reformen aufrief, die in dem von seinem Übersetzer zugespitzten Bonmot gipfelten: „Wer zu spät kommt, den bestraft das Leben.“ Doch schon zwei Tage später, am 9. Oktober, erzielte die Bürgerbewegung in Leipzig ihren Durchbruch. Zur Montagsdemonstration kamen bis zu 70 000 Menschen und zogen durch eine abgesperrte und menschenleere Innenstadt. Die Bewohnerinnen und Bewohner waren aufgefordert worden, die Innenstadt zu räumen, der Polizei war das gewaltsame Vorgehen gegen die Demonstrierenden befohlen und scharfe Munition ausgeteilt worden. Doch alles blieb ruhig. „Keine Gewalt“-Rufe waren aus der Menge zu hören – und auf Anweisung der lokalen Befehls- und Machthaber übten die Ordnungskräfte keine Gewalt aus. Damit hatte die Bürgerbewegung ihr Demonstrationsrecht durchgesetzt. In der folgenden Woche demonstrierten bereits über 100 000 Menschen, und am 4. November kamen in Ostberlin auf der ersten offiziell genehmigten Demonstration in der DDR mehr als eine halbe Million Menschen zusammen.

Das Zentralkomitee der SED lief den Ereignissen hinterher. Am 17. Oktober wurde Erich Honecker seines Amtes enthoben, seine engsten Gefolgsleute entmachteten ihn. Nur einen Tag später kündigte der neue Generalsekretär Egon Krenz Reformen an. Doch die Menschen verließen weiter massenhaft das Land. Das Alltagsleben in der DDR wurde immer schwieriger: Ganze Krankenhausabteilungen konnten nicht mehr arbeiten, weil ein zu großer Teil des Personals das Land verlassen hatte.

Der Mauerfall

Die SED-Führung bekam die Situation nicht in den Griff, ihre Reformvorschläge wurden nicht akzeptiert. Am **9. November 1989** kündigte Günter Schabowski, Mitglied des Politbüros, auf einer internationalen Pressekonferenz eine sofortige Lösung für Westreisen an. Daraufhin strömten Zehntausende zur Mauer, die von den hilflosen Grenzbeamten irgendwann geöffnet wurde.* Die ganze Nacht über feierten die Berliner in West- und Ostberlin gemeinsam. Wie es mit der DDR weitergehen sollte, war allerdings völlig unklar. Im Hinblick auf die Ereignisse des Jahres 1989 in der DDR wird häufig von **Friedlicher Revolution** gesprochen.

* Stationen des Mauerfalls in Videos hat die ARD zusammengestellt, abrufbar über www.westermann.de/webcode: **WES-116793-011**.

M2 Der Tag danach: Am 10. November strömten Menschen aus ganz Deutschland nach Berlin, um die Grenzöffnung am Brandenburger Tor gemeinsam zu feiern.

M3 Prag, September 1989: Das Foto zeigt Zelte für Geflüchtete auf dem Gelände der bundesdeutschen Botschaft. Dort verkündete der Außenminister der BRD, Hans-Dietrich Genscher, am 30. September, dass die Ausreise möglich geworden sei.

M4 Leipzig, September 1989: Gesine Oltmanns (links) und Katrin Hattenhauer (rechts) von der Bürgerbewegung präsentieren vor der Nikolaikirche mutig ihre Forderung.

M5 Die SED kommentiert

Die SED-Führung ließ den folgenden Kommentar zur Ausreise der DDR-Bürgerinnen und Bürger aus der Prager Botschaft in die Bundesrepublik am 1. Oktober 1989 im DDR-Fernsehen verlesen:

Zügellos wird von Politikern und Medien der BRD eine stabsmäßig vorbereitete „Heim ins Reich"-Psychose geführt, um Menschen in die Irre zu führen und auf einen Weg in ein ungewisses Schicksal zu treiben. Das vorgegaukelte Bild vom Leben im Westen soll vergessen machen, was diese Menschen von der sozialistischen Gesellschaft bekommen haben und was sie nun aufgeben. Sie schaden sich selbst und verraten ihre Heimat. [...]

Sie haben sich selbst von ihren Arbeitsstellen und von den Menschen getrennt, mit denen sie bisher zusammen lebten und arbeiteten. Bar jeder Verantwortung handelten auch Eltern gegenüber ihren Kindern, die im sozialistischen deutschen Staat wohlbehütet aufwuchsen und denen alle Kindereinrichtungen, alle Bildungs- und Entwicklungsmöglichkeiten offenstanden. [...]. Hinzu kommt, dass sich nach bisherigen Feststellungen unter diesen Leuten Asoziale befinden, die kein Verhältnis zur Arbeit und auch nicht zu normalen Wohnbedingungen haben. Sie alle haben durch ihr Verhalten die moralischen Werte mit Füßen getreten und sich selbst aus unserer Gesellschaft ausgegrenzt. Man sollte ihnen deswegen keine Träne nachweinen.

Zit nach: www.nd-archiv.de/artikel/1971101.sich-selbst-aus-unserer-gesellschaft-ausgegrenzt.html (02.08.2017)

M6 Gewaltloser Protest

Der Pfarrer der Leipziger Nikolaikirche, Christian Führer, berichtete rückblickend von der Montagsdemonstration am 9. Oktober 1989, an der etwa 70 000 Menschen teilnahmen:

So viele Menschen habe ich noch nie auf einem Platz gesehen, sie standen dicht an dicht, man sah lauter Kerzen. [...] Und dann ist das Unglaubliche geschehen, ist dieser Geist der Gewaltlosigkeit auf die Massen übergegangen, und sie sind losgelaufen. Es hat niemand einen Knüppel erhoben, einen Stein geworfen. Es ist friedlich ausgegangen. [...] Es wurde kein Polizist angegangen, es wurde keiner verhaftet. Die Kampfgruppenleute wurden in Gespräche verwickelt, die Polizisten verschwanden plötzlich irgendwie. [...] Die Gewaltlosigkeit war unsere einzige Chance, und sie hat dann in den vier Wochen bis zum 9. November das ganze System auf friedliche Weise beseitigt. Der 9. Oktober, das ist unser „Kapital", da geschah etwas, was außerhalb der sonst bekannten Machtgruppierungen lag, außerhalb von Armee, Finanzen, Wirtschaft. Diese friedliche Revolution der Kerzen, die haben wir ganz allein gemacht. Die ist weder vom Westen unterstützt worden noch sonst in irgendeiner Weise. Sie haben alle mitgebangt am Fernseher, sie haben zugeschaut, und die Christen haben das mit ihren Gebeten unterstützt. Aber gemacht haben es die Menschen der ehemaligen DDR, hier, allein.

Zit. nach: Wolfgang Kenntemich u.a. (Hgg.): Das war die DDR. Geschichte des anderen Deutschland, Berlin 1993, S. 228 f.

M 7 Im Rückblick: Die Ausreise über die Prager Botschaft

Hans-Dietrich Genscher, der damalige Außenminister der Bundesrepublik Deustchalnd, sprach am 30. September 1989 vom Balkon der Prager Botschaft der BRD zu den DDR-Bürgerinnen und -Bürgern, die dort Zuflucht gesucht hatten. In dem folgenden Textauszug schilderte er später, was vorausgegangen war. So habe er 1988 gegenüber dem sowjetischen Außenminister Schewardnadse geäußert, dass sich niemals wiederholen dürfe, was am 17. Juni 1953 in der DDR geschehen ist, dass nämlich sowjetische Panzer gegen Protestierende eingesetzt werden. Dies würde die Lage in Europa grundlegend verändern. Genscher schrieb weiter:

An dieses Gespräch musste ich zurückdenken, als die Bewegung in der DDR begann. [...] Wie in einem Schulbeispiel entwickelte sich aus einer vorrevolutionären Situation eine revolutionäre. [...] Ich war mir bewusst, wie viel Verzweiflung einerseits und wie viel Mut andererseits dazu gehörte, unter den Bedingungen des Jahres 1989 die Heimat zu verlassen oder aber sich bei den Demonstrationen auf die Seite derer zu stellen, von denen die einen eine bessere DDR und die anderen ein einiges Deutschland wollten.

Dabei war eines für mich unabdingbar: Unsere Botschaften mussten für jeden Flüchtling offen bleiben [...]. Das Verlangen der DDR, unsere Botschaften für die Flüchtlinge zu verschließen, lehnte ich ab. [...]

Ich denke, die Welt hat damals erlebt, dass wenige Tausend Menschen, die ihr Schicksal mutig in die Hand genommen hatten, das Weltgeschehen bewegten. Und sie haben damit Geschichte geschrieben. Das geschah vor den Augen der ganzen Menschheit, nicht in Konferenzsälen und gottlob auch nicht auf dem Schlachtfeld, deshalb wurde daraus eine friedliche Freiheitsrevolution. Es fand seine Antwort in den Straßen von Leipzig und überall mit dem stolzen Wort „Wir sind das Volk“ und „Wir sind ein Volk“ und mit dem Aufruf zur Menschlichkeit. Ganz einfach und ganz klar: „Keine Gewalt!“

Keine Gewalt – das möchte man heute allen zurufen, die Verantwortung tragen oder sie übernehmen wollen.

Hans-Dietrich Genscher: Glücksgefühle auf dem Prager Balkon, in: Elke Bitterhof (Hg.): Goodbye, DDR. Erinnerungen an den Mauerfall, Berlin 2014, S. 23 ff.

M 8 Ein Touristenmagnet ist die East Side Gallery am Ufer der Spree in Berlin-Friedrichshain. Dort wurde ein Stück der Mauer als Mahnmal erhalten. Künstlerinnen und Künstler aus über hundert Nationen haben es mit Bildmotiven gestaltet, die an die deutsche Teilung und ihre Überwindung erinnern sollen.

2. a) Beantworten Sie mithilfe des Darstellungstextes Ihre Fragen aus Aufgabe 1. b).
b) Beurteilen Sie, ob M 1 die Situation im Oktober 1989 angemessen wiedergibt.

3. Gestalten Sie einen Zeitstrahl zu den Meilensteinen des Jahres 1989 in der DDR. Trennen Sie dabei die Handlungen und Reaktionen der SED-Führung von denen der Bevölkerung. Weisen Sie Zeitpunkte bzw. Zeitabschnitte als Wendepunkte bzw. Phasen im Ereignisverlauf aus.
Z. B.: Kommunalwahlen – Beginn des öffentlichen Protests von Bürgerrechtlern

4. a) Charakterisieren Sie die Ausreisebewegung aus der DDR mithilfe des Darstellungstextes sowie von M 3, M 5 und M 7.
b) Vergleichen Sie M 5 und M 7 im Hinblick auf die Ausreise von DDR-Bürgerinnen und Bürgern.

+ Analysieren Sie M 6.

5. Diskutieren Sie – ausgehend von M 4, M 6 und M 7: Handelte es sich bei den Ereignissen des Jahres 1989 um eine friedliche Revolution?

6. Beurteilen Sie – ausgehend von M 8 – die Bedeutung des 9. November 1989.

Weitere friedliche Revolutionen?

Umstürze in anderen sozialistischen Ländern

M 1 Bronzeplastik an der Národní třída, einer Straße im Zentrum Prags. Sie trägt den Titel „Hände" und wurde in Erinnerung an die Ereignisse vom 17. November 1989 in der tschechischen Hauptstadt gestaltet.

1 Beschreiben Sie die Bronzeplastik M 1 mithilfe der Informationen zum Bild.

2. a) Formulieren Sie Hypothesen zu den Ereignissen am 17. November 1989 in der Tschechoslowakei.
b) Überprüfen Sie Ihre Hypothesen mithilfe des Darstellungstextes.

Die sozialistischen Länder im östlichen Europa nahmen die Politik Gorbatschows unterschiedlich auf: Während Polen und Ungarn Reformen schnell befürworteten, lehnten neben der DDR auch andere Länder den neuen Kurs lange ab, darunter die Tschechoslowakei (ČSSR) und Rumänien. Sie wollten ihre „sozialistische Identität" bewahren, die sie als Existenzberechtigung betrachteten. Zu Umbrüchen kam es im Jahr 1989 allerdings auch hier; die Entwicklungen nahmen aber ganz unterschiedliche Wendungen.

Umbruch in der Tschechoslowakei

Unter Berufung auf die KSZE-Schlussakte hatte sich 1976/77 in der Tschechoslowakei die „Charta 77" herausgebildet (→ S. 126 f.). Diese Bewegung, benannt nach einem Manifest politischer Dissidenten, richtete sich vor allem gegen Menschenrechtsverletzungen des Regimes. Einer ihrer führenden Köpfe war der Schriftsteller Václav Havel. Er und andere Intellektuelle nahmen Gorbatschows Ideen und Reformmaßnahmen mit Zustimmung auf. Die „Charta 77" war aber keine große, mitgliederstarke Organisiation. Denn so lange wie möglich hatte das Regime in der ČSSR Kritik nicht zugelassen. Noch waren die Erinnerungen an den „Prager Frühling" von 1968 präsent (→ S. 109), dessen Niederschlagung erst durch die militärische Intervention der Staaten des Warschauer Paktes möglich gewesen war.

Als „Charta 77" am 11. Juli 1989 die Petition „Einige Sätze" veröffentlichte und darin tiefgreifende politische Veränderungen forderte – darunter Freiheit, Demokratie und die Freilassung der politischen Häftlinge –, kam in der Tschechoslowakei ein Stein ins Rollen. Über wenige Monate hinweg entwickelte sich auch hier eine breitere Protestbewegung: So demonstrierten anlässlich des 70. Jahrestags der tschechoslowakischen Unabhängigkeit am 28. Oktober 1989 mehrere Tausend Menschen auf dem Wenzelsplatz in Prag und in den umliegenden Straßen. Von den großen Städten Prag und Brünn (Brno) ausgehend, dehnten sich die Proteste immer weiter im Land aus.

17. November 1989: ein Wendepunkt?

Die Staatsführung hatte sich zunächst entschieden, gegen Demonstrierende und Oppositionelle mit Gewalt vorzugehen – so auch bei einer Massendemonstration von etwa 50 000 Menschen am 17. November 1989 in Prag. Die Veranstaltung wurde von Sicherheitskräften brutal aufgelöst, viele Demonstrierende erlitten Verletzungen. Dabei hatten die Teilnehmenden gehofft, eine Woche nach dem Fall der Berliner Mauer auch in der Tschechoslowakei friedlich weitreichende Veränderungen herbeiführen zu können. So lässt sich sicherlich sagen, dass der Mauerfall eine mobilisierende und beflügelnde Wirkung auf die weiteren Ereignisse in der ČSSR entfaltete.

Bis heute nimmt der 17. November 1989 einen zentralen Stellenwert in der tschechischen und slowakischen Erinnerungskultur ein: als eigentlicher Beginn der **Samtenen Revolution** und damit auch als Wendepunkt hin zur Etablierung eines liberal-demokratischen Systems. Der Begriff „Samtene Revolution" (auch: „Sanfte Revolution") soll dabei zum Ausdruck bringen, dass der politische Systemwechsel in der Tschechoslowakei – insgesamt betrachtet – relativ schnell und weitgehend gewaltfrei verlief. Denn vom 17. November ging eine Solidarisierungsbewegung innerhalb der Bevölkerung aus. Eine Reaktion auf die gewaltsame Niederschlagung der Proteste war der Zusammenschluss von tschechischen und slowakischen Oppositionsgruppen zum „Bürgerforum" bzw. zur „Öffentlichkeit gegen Gewalt" am 19. November. Diese Gruppen entwickelten sich in der Folgezeit zu den tragenden Säulen der „Samtenen Revolution". Eine ihrer zentralen Forderungen war ein nationaler Dialog über die weitere Zukunft des Landes. Auch weiterhin kam es zu großen, gegen das kommunistische Regime gerichteten Demonstrationen und Protestaktionen, die das gesamte Land erfassten. Eine besondere Signalwirkung ging vom landesweiten Generalstreik am 27. November 1989 aus, bei der die Mehrheit der Werktägigen in einer konzertierten Aktion für zwei Stunden die Arbeit niederlegten. Nur zwei Tage später stimmte das Parlament, das immer noch von den Kommunisten dominiert wurde, der Einführung eines Mehrparteiensystems zu.

Umbruch in Rumänien?

Ganz anders die Entwicklung in Rumänien: Der politische Umbruch in Osteuropa erreichte Rumänien als Letztes – dafür mit besonderer Heftigkeit. Um Proteste gegen das Regime unter Kontrolle zu bekommen, die am 16. Dezember in Timişoara eingesetzt hatten, entschloss sich der rumänische Diktator Nicolae Ceauşescu, mit großer Härte gegen Demonstrierende vorzugehen. Er verhängte den Ausnahmezustand im Land und erteilte der rumänischen Geheimpolizei Securitate den Schießbefehl. Am 20. Dezember 1989 spitzte sich die Lage zu: In mehreren Städten kam es zu blutigen Auseinandersetzungen, die Landesgrenzen wurden gesperrt. Als Aufständische das Parteigebäude in Bukarest stürmten, floh Ceauşescu mit seiner Ehefrau, wurde jedoch von Soldaten der rumänischen Armee gefasst, die auf die Seite der Aufständischen gewechselt war, und festgesetzt. Im Fernsehen verkündete der ehemalige Parteifunktionär Ion Iliescu: „Das rumänische Volk hat den Tyrannen gestürzt und wird die Macht nicht wieder aus den Händen geben." Der „Tyrann" wurde am 25. Dezember mit seiner Ehefrau in einem Schauprozess zum Tode verurteilt; kurz darauf wurde das Paar erschossen und Bilder der Leichen medial verbreitet. Die Botschaft, die die neuen Machthaber – eine Koalition aus Militärs und jüngeren Parteikadern unter Iliescu – damit vermittelten, war deutlich: Mit Ceauşescu hatte man den Schuldigen zur Verantwortung gezogen, eine weitere Aufarbeitung würde es mit den neuen Machthabern, die teilweise die alten waren, nicht geben.

Auch nach der Hinrichtung Ceauşescus dauerten die schweren Straßenkämpfe und Schießereien in Bukarest und anderen Städten Rumäniens an; ein Austausch der alten Eliten fand auch in der Folgezeit kaum statt. Zusammenfassend lässt sich festhalten, dass es ein Putsch war, der die Ära Ceauşescu beendete.

Große Aufgaben für den neuen Staat

In der Tschechoslowakei dagegen wählte die Nationalversammlung am 29. Dezember Václav Havel einstimmig zum neuen Präsidenten. Und am 8./9. Juni 1990 konnten dann die ersten freien Wahlen durchgeführt werden. Am 5. Juli folgte die Wahl Havels zum Staatspräsidenten der „Tschechischen und Slowakischen Föderativen Republik".

Als große Herausforderung stellte sich – auch vor dem Hintergrund einer seit Jahren angespannten Wirtschaftslage – die Transformation des Wirtschaftssystems heraus, also der Übergang von einer auf Staatseigentum basierenden Planwirtschaft hin zur Marktwirtschaft auf der Grundlage von Privateigentum – ohne sich dabei auf eine bestehende Unternehmerschicht stützen zu können. Hinzu kam: 1992 stimmte das slowakische Parlament für die Unabhängigkeit der Slowakei – wie dies auch die slowakische Nationalbewegung gefordert hatte. In der Folge bildeten sich zwei selbstständige Staaten heraus: die Tschechische Republik und die Slowakei.

M2 Mehr als 500 000 Menschen demonstrierten am 25. November 1989 in Prag gegen das kommunistische Regime. Als Symbol des sanften Widerstands hielten die Menschen Schlüsselbunde hoch und rasselten damit. Staatspräsident Gustáv Husák versuchte, die Lage zu beruhigen, indem er einigen politischen Häftlingen Amnestie erteilte.

M3 Am Abend des 17. Dezember 1989 im rumänischen Timişoara: Ein Demonstrant sucht Deckung. 58 Menschen wurden hier an diesem Abend von Regierungstruppen getötet.

M4 Synergieeffekte

Über Verflechtungen der Revolutionen in der DDR und in der ČSSR schreibt der tschechische Historiker Oldřich Tůma.

Das tschechoslowakische Fernsehen brachte im Oktober und November täglich Aufnahmen von den Massenprotesten in ostdeutschen Städten. Die faszinierenden Bilder vom Fall der Berliner Mauer hatten auf die tschechische Öffentlichkeit unbestritten eine mobilisierende Wirkung. Aber nicht nur das. So verfügten beispielsweise tschechische studentische Kreise [...] über viele Kontakte in die DDR. Mehrere Anführer der studentischen Streiks im Oktober und November 1989 fuhren in die DDR, um an den dortigen Demonstrationen teilzunehmen. [...] Noch wichtiger war wohl aber, dass sich ein nicht unbedeutender Teil der Demontage des SED-Staates direkt in Prag abspielte und demzufolge auch die tschechoslowakische Entwicklung beeinflusste. Die dramatischen Ereignisse in der Prager Botschaft der Bundesrepublik Deutschland und deren Kulmination in Gestalt der „Züge in die Freiheit“, die im September, Oktober und November Tausende von Flüchtlingen aus Prag in die Bundesrepublik brachten, wurden bereits unzählige Male beschrieben. [...] Prag war jedoch nicht nur der Schauplatz dieser Massenflucht, sondern auch ein wichtiger Mitspieler. In [vielen] wichtigen Momenten beeinflussten Entscheidungen, die in Prag getroffen wurden, den weiteren Verlauf der Geschichte. [...]
Der Entscheidung Ostberlins [die Ausreise der Geflücheten in die BRD zuzulassen] und der letztlich getroffenen Lösung war eine diskrete, aber dennoch sehr nachdrückliche Initiative aus Prag vorausgegangen. [...] Die Lösung bestand im September und Oktober 1989 darin, dass die Ausreise der Prager Botschaftsflüchtlinge über das Gebiet der DDR in die BRD erfolgte. Im November durften die Fluchtwilligen direkt aus der Tschechoslowakei in die Bundesrepublik reisen. [...] Es ist offensichtlich, dass es hier zu einem Synergieeffekt und einer Rückkopplung kam: Die Situation in der Tschechoslowakei hatte indirekt Einfluss auf die Entwicklung in der DDR und diese beeinflusste wiederum im Oktober und November entscheidend die Veränderungen in der Tschechoslowakei.

Oldřich Tůma: 1989. Zusammenbruch zweier kommunistischer Regime. In: Detlef Brandes u. a. (Hg.): Wendepunkte in den Beziehungen zwischen Deutschen, Tschechen und Slowaken 1848–1989, Essen 2007, S. 302 f., 305

M5 Eine Neujahrsansprache

Zwei Tage nach seiner Wahl zum Präsidenten der Tschechoslowakei durch die Nationalversammlung hielt Václav Havel eine Ansprache anlässlich des Jahreswechsels 1989/1990 an das tschechoslowakische Volk. Er sagte:

Wir sind moralisch krank geworden, weil wir es uns angewöhnt haben, etwas anderes zu sagen, als wir dachten. [...] Das alte Regime, bewaffnet mit seiner arroganten und intoleranten Ideologie, reduzierte die Menschen darauf, Produktionskräfte zu sein, und die Natur darauf, ein Produktionswerkzeug zu sein. Die Regierenden machten begabte und autonome Menschen im eigenen Land zu Schrauben und Muttern einer monströsen riesigen, lärmenden und stinkenden Maschine, deren eigentliche Bedeutung niemandem klar war. So verschliss sie langsam, aber sicher alle Schrauben und Muttern. [...]
Wir haben uns alle an das totalitäre System gewöhnt und akzeptierten es als eine unveränderliche Tatsache – und trugen damit dazu bei, es zu perpetuieren [ihm Dauer zu verleihen]. Mit anderen Worten: Wir alle sind, wenn auch natürlich in unterschiedlichem Ausmaß, verantwortlich für den Betrieb der totalitären Maschinerie. Keiner von uns ist nur Opfer. Wir alle sind auch Mitschöpfer.
Warum sage ich das? Es wäre sehr unvernünftig, das traurige Erbe der letzten 40 Jahre als etwas Fremdes zu verstehen, das ein entfernter Verwandter uns vermacht hat. Im Gegenteil müssen wir dieses Erbe akzeptieren als Sünde, die wir an uns selbst begangen haben. Wenn wir das so akzeptieren, werden wir verstehen, dass wir alle, und nur wir alle, etwas dagegen tun müssen. Wir können den früheren Herrschern nicht die Schuld an allem geben, nicht nur weil es unaufrichtig wäre, sondern weil es die Pflicht, die wir heute haben, stumpf machen würde: nämlich die Pflicht, unabhängig, frei, vernünftig und rasch zu handeln. Lassen wir uns nicht täuschen: Die beste Regierung der Welt, das beste Parlament und der beste Präsident können nicht viel auf eigene Faust erreichen. Und es wäre falsch, von ihnen allein ein allgemeingültiges Rezept zu erwarten. Freiheit und Demokratie schließen Partizipation und damit die Verantwortung von uns allen ein.

Zit. u. übers. nach: old.hrad.cz/president/Havel/speeches/index_uk.html (08.07.2021)

M6 Neue Herausforderungen

Am 30. September 1990 führte der SPIEGEL ein Interview mit Václav Havel. Ein Auszug:

SPIEGEL: Die deutsche Vereinigung wurde erst durch die Katastrophe des Sozialismus in Osteuropa möglich. Wie erklären Sie den Zusammenbruch?

HAVEL: Ich habe ihn immer als eine historische Notwendigkeit angesehen, die Frage war nur, wann es passierte und unter welchen Umständen. Ein großes politisches Verdienst hat dabei natürlich die Politik Michail Gorbatschows in der Sowjetunion – sie hat den ganzen Prozess in Bewegung gebracht. [...]

SPIEGEL: Einer Ihrer wichtigsten Mitarbeiter, Alexander Dubček, bekennt sich noch immer zum Sozialismus mit menschlichem Antlitz von 1968. Was verbindet Sie [mit ihm]?

HAVEL: Die politischen Führer der heutigen Tschechoslowakei wünschen sich nichts sehnsüchtiger als einen freien, unabhängigen Staat, ein demokratisches System mit funktionierender Marktwirtschaft. Im Grundsätzlichen sind wir uns also einig, aber es gibt selbstverständlich auch Unterschiede, ein Spektrum verschiedener Meinungen – wie im Westen. [...]

SPIEGEL: Da sitzt also [...] ein Präsident, der Ehrlichkeit, Gerechtigkeit, Spontaneität und Solidarität schätzt. Im Land aber leben die alten Strukturen noch, ist die gescheiterte Kommunistische Partei immer noch die zweitstärkste politische Kraft. Ist das nicht sehr schwierig für Sie?

HAVEL: Das Problem liegt nicht so sehr in der Existenz der Kommunistischen Partei an sich, sondern in einer politischen Mafia, die sich der Strukturen des Landes bemächtigt hat. [...]

SPIEGEL: Wie wollen Sie Ihre Mafiosi loswerden?

HAVEL: Wichtiger als der Austausch von Menschen – der natürlich auch wichtig ist – scheint mir, die alten bürokratischen und ökonomischen Machtstrukturen zu zerstören. [...]

SPIEGEL: Was für eine Kumpanei ist das genau?

HAVEL: Das sind zum Beispiel Menschen, die dank der politischen Macht auf sehr dunklen Wegen das große Geld verdient haben und die jetzt finanziell besser dran sind als ehrliche, gute Menschen. Bei der Privatisierung müssen wir deshalb Mechanismen finden, die verhindern, dass die früher Reichen das ehemalige Staatseigentum aufkaufen und diejenigen, die gut und ehrlich waren, weiterhin arm bleiben.

Václav Havel/Dieter Wildt/Rudolf Augstein: „Der Geist siegte über die Macht“, in: Der SPIEGEL 40/1990, 30.09.1990

M7 Václav Havel spricht am 10. Dezember 1989, dem Tag der Menschenrechte, zu den Massen in Prag. An diesem Tag kam es erstmals zu einer Regierungsbildung, bei der die Kommunistische Partei nicht mehr die Mehrheit bildete.

3. a) Gestalten Sie – mithilfe des Darstellungstextes sowie M1, M2 und M7 – einen Zeitstrahl mit den Meilensteinen des Jahres 1989 in der Tschechoslowakei.
   b) Tragen Sie dort – auch mithilfe von M4 – in einer anderen Farbe die Synergieeffekte zwischen der Friedlichen Revolution in der DDR und der Samtenen Revolution in der Tschechoslowakei ein.
   c) Diskutieren Sie die Aussage: Die deutsche ist mit der tschechischen Geschichte des Jahres 1989 eng verworben.

4. a) Vergleichen Sie in einer tabellarischen Übersicht die Friedliche Revolution in der DDR mit der Samtenen Revolution in der Tschechoslowakei und mit dem Putsch in Rumänien.
   Hinweis: Für den Vergleich können Sie folgende Kategorien verwenden: Ursachen der Proteste, Forderungen, Akteure, Verlauf, Folgen und Wirkungen.
   b) Überprüfen Sie – auch unter Berücksichtigung der S. 162–165 – folgende These des Historikers Christoph Cornelißen zu den Veränderungsprozessen im östlichen Europa: „Bei einem Blick auf die konkreten Entwicklungen vor Ort zeigen sich erhebliche Abweichungen.“
   (C. Cornelißen.: Europa im 20. Jahrhundert. Frankfurt/M. 2020, S. 483)

5. Gestalten Sie mithilfe von M5 und M6 eine politische Agenda mit zentralen To-dos für die Tschechoslowakei nach 1990.

\+ Analysieren Sie M5.

\+ Informieren Sie sich über den Spielfilm „Kolya“ (Regie: Jan Svěrák, 1996) und erstellen Sie hierzu eine Präsentation.

Sind wir „das" Volk, oder sind wir „ein" Volk?

Vom Mauerfall zur Einheit

M 1 Die nach dem Mauerfall formulierten Vorstellungen zur Zukunft der DDR waren vielfältig. Die hier abgebildeten wurden bei Demonstrationen in Ostberlin und Leipzig Anfang Dezember 1989 aufgenommen.

1. Analysieren Sie M 1 und formulieren Sie Fragen an das Kapitel.

Eine Reform des Sozialismus?

Überall in Deutschland löste der „Mauerfall" Euphorie aus, setzte jedoch die politischen Akteure – SED-Führung wie Oppositionsbewegung – unter hohen Handlungsdruck. Weiterhin wanderten bis zu 2000 Menschen täglich in den Westen ab, vor allem junge und gut qualifizierte Leute. Zudem war offensichtlich, dass die Konkurrenzfähigkeit der meisten DDR-Betriebe bei einem offenen Markt unwahrscheinlich war und die DDR-Wirtschaft ohne finanzielle Hilfe wenig Chancen hatte.

Am 13. November wurde ein neuer Ministerpräsident, Hans Modrow, vereidigt, der auf die Verständigung mit den Bürgerrechts- und Oppositionsgruppen setzte. Im ganzen Land bildeten sich in dieser Phase des Machtvakuums „Runde Tische", an denen Vertreter der etablierten Parteien und der **Bürgerbewegung** saßen. Gemeinsam versuchten sie, die Folgen der SED-Diktatur zu bewältigen und den Übergang zum demokratischen System zu gestalten. Der „Zentrale Runde Tisch" in Berlin entwickelte sich zunehmend zu einer Art Ersatzparlament: Wie sollte die politische Zukunft der DDR aussehen? An den Runden Tischen wurde an einer künftigen Eigenständigkeit der DDR festgehalten. Während aber die SED ihre Macht erhalten wollte, strebte die Bürgerbewegung mehrheitlich einen reformorientierten Sozialismus an: den „dritten Weg".

Runder Tisch: Synonym für gleichberechtigte Verhandlungen, auf eine Sitzordnung ohne Hierarchien zurückgehend. Vertreterinnen und Vertreter verschiedener Institutionen oder Interessengruppen verhandeln, um zu Kompromissen oder einvernehmlichen Lösungen zu kommen.

Vorschlag: Deutsche Einheit

In diese Diskussion platzte der westdeutsche Bundeskanzler Kohl mit einem Zehn-Punkte-Programm zur „Wiedergewinnung der staatlichen Einheit Deutschlands", den er dem Bundestag am 28. November vorlegte. Kohl schlug vor, „konföderative Strukturen" zwischen den beiden deutschen Staaten zu schaffen, also ein Bündnis zweier souveräner Partner, die nach außen hin gemeinsam auftreten. Dieses Bündnis sollte eines Tages in einen neuen, geeinten Staat münden. Vor allem aber sollte diese deutsche Wiedervereinigung Teil eines gesamteuropäischen Einigungsprozesses sein, der jetzt, nach dem Fall des Eisernen Vorhangs, möglich sei. Abgestimmt hatte Kohl seine Pläne nur mit dem wichtigsten Bündnispartner, den USA, sonst war niemand informiert, nicht einmal der Koalitionspartner FDP.

Das Wiedervereinigungsangebot der Bundesrepublik war für viele Menschen in der DDR erheblich zukunftsverheißender als die Reformierung der DDR. Hunderttausende forderten in den Wochen vor und nach der Jahreswende 1989/90 auf Demonstrationen die Deutsche Einheit. Die politische Dynamik ging nun von der Straße aus, auch der „Zentrale Runde Tisch" konnte sie nicht mehr beeinflussen. Der DDR-Ministerpräsident Modrow versuchte, die Bundesrepublik zu einer Wirtschaftshilfe zu veranlassen. Sie sollte als Ausgleich dafür gelten, dass die DDR in den Nachkriegsjahren mehr Reparationszahlungen geleistet hatte als die Bundesrepublik. Kohl zeigte sich hiervon unbeeindruckt. Die von Modrow eingeleiteten Wirtschaftsreformen, die auf eine „sozialistische Marktwirtschaft" abzielten, wollte er nicht finanzieren.

Die DDR wird abgewählt

Modrow hatte gehofft, durch die Einbindung der Oppositionsgruppen große Teile der Bevölkerung in den Stabilisierungsprozess der DDR integrieren zu können. Doch die Oppositionsgruppen repräsentierten nicht die DDR-Bevölkerung. Es wurde immer deutlicher, dass weder die Übergangsregierung Modrow noch der Runde Tisch über ausreichende demokratische Legitimation verfügten. Daher beschlossen beide, die ersten freien Volkskammerwahlen auf den 18. März 1990 vorzuziehen. Obwohl diese schnelle Wahl allgemein begrüßt wurde, blieb den Parteien und politischen Gruppen, insbesondere aus der Bürgerbewegung, kaum Zeit, sich zu organisieren und ein Programm zu entwerfen. Der Wahlkampf wurde auf die Frage zugespitzt, ob die DDR als eigenständiger Staat bestehen bleiben oder ein deutscher Einheitsstaat entstehen sollte. Bei einer Wahlbeteiligung von 93% entschied sich die DDR-Bevölkerung mit 48% der Wählerstimmen für eine rasche Wiedervereinigung, wie sie das konservative Parteienbündnis „Allianz für Deutschland" versprochen hatte. Damit standen nun die Zeichen auf Wiedervereinigung.

Auf dem Weg zur Deutschen Einheit

Am 18. Mai 1990 schlossen beide deutsche Staaten einen Staatsvertrag, der BRD und DDR in einer **Währungs-, Wirtschafts- und Sozialunion** zusammenschloss. Die DDR übernahm damit praktisch die gesamte Wirtschaftsordnung der BRD. Als der Vertrag am 1. Juli in Kraft trat, galt die westdeutsche D-Mark auch in der DDR als Zahlungsmittel. Umstritten war der Wechselkurs der alten Ostmark im Verhältnis 1:1. Tatsächlich stiegen so die Löhne und Kosten der DDR-Produktion mit einem Schlag auf Westniveau, was für die marode Industrie das faktische Aus bedeutete. Die Entscheidung für den Wechselkurs war jedoch eine psychologische gewesen: Die Menschen in der DDR sollten sich nicht als „Bürger zweiter Klasse" fühlen. Mit dem Einigungsvertrag vom 20. September 1990 wurde dann der letzte Schritt zur staatlichen Einheit vollzogen: Die DDR trat der Bundesrepublik nach Artikel 23 des Grundgesetzes bei. Am **3. Oktober 1990** konnte die **Deutsche Einheit** gefeiert werden.

Die Zustimmung der Siegermächte

Dafür war allerdings die Zustimmung der Siegermächte des Zweiten Weltkriegs erforderlich gewesen. Die europäischen Nachbarstaaten, vor allem Frankreich und Großbritannien, fühlten sich durch die Entwicklungen in der DDR und insbesondere das bundesdeutsche Zehn-Punkte-Programm zur Wiedervereinigung überrumpelt. Zudem zeigten sie sicherheitspolitische Bedenken gegenüber einem allzu mächtigen und großen Deutschland in der Mitte Europas. Während die USA ihren bundesdeutschen Partner von Anfang an unterstützten, konnten Frankreich und Großbritannien erst nach langwierigen Debatten dafür gewonnen werden. Am bedeutsamsten war jedoch die Haltung der Sowjetunion. Die Deutsche Einheit stellte für sie nicht nur einen Verlust des politischen Einflussgebietes dar, sondern auch die Ausweitung der NATO nach Osten – schließlich war die Bundesrepublik NATO-Mitglied. Erst als die USA der Sowjetunion Abrüstungsschritte und Sicherheitsgarantien anboten und die BRD finanzielle und wirtschaftliche Unterstützung zusicherte, stimmte sie, die sich in einer zunehmend schwierigen politischen und wirtschaftlichen Lage befand, der Deutschen Einheit zu.

In den „Zwei-plus-vier-Verhandlungen" im Frühjahr und Sommer 1990 regelten die vier Siegermächte mit den beiden deutschen Staaten den internationalen Status Gesamtdeutschlands. Der am 12. September 1990 in Moskau unterzeichnete **Zwei-plus-vier-Vertrag** schrieb fest, dass das vereinte Deutschland die bestehenden Grenzen, vor allem im Osten, anerkennt. Zudem bekräftigte die deutsche Seite, dass von ihrem Boden kein Krieg ausgehen und das vereinigte Deutschland auf die Herstellung und den Besitz von atomaren, biologischen und chemischen Waffen verzichten werde. Mit dem Vertrag endete auch die Nachkriegszeit: Deutschland erhielt seine volle innere und äußere staatliche Souveränität.

M2 „Für unser Land“

Am 26. November 1989 veröffentlichten Prominente aus Politik, Wissenschaften und Künsten aus der DDR den gleichnamigen Aufruf.

Unser Land steckt in einer tiefen Krise. Wie wir bisher gelebt haben, können und wollen wir nicht mehr leben. Die Führung einer Partei hatte sich die Herrschaft über das Volk und seine Vertretungen angemaßt, vom Stalinismus geprägte Strukturen hatten alle Lebensbereiche durchdrungen. Gewaltfrei, durch Massendemonstrationen, hat das Volk den Prozess der revolutionären Erneuerung erzwungen, der sich in atemberaubender Geschwindigkeit vollzieht. Uns bleibt nur wenig Zeit, auf die verschiedenen Möglichkeiten Einfluss zu nehmen, die sich als Auswege aus der Krise anbieten.

ENTWEDER können wir auf der Eigenständigkeit der DDR bestehen und versuchen, mit allen unseren Kräften und in Zusammenarbeit mit denjenigen Staaten und Interessengruppen, die dazu bereit sind, in unserem Land eine solidarische Gesellschaft zu entwickeln, in der Frieden und soziale Gerechtigkeit, Freiheit des Einzelnen, Freizügigkeit aller und die Bewahrung der Umwelt gewährleistet sind.

ODER wir müssen dulden, dass, veranlasst durch starke ökonomische Zwänge und durch unzumutbare Bedingungen, an die einflussreiche Kreise aus Wirtschaft und Politik in der Bundesrepublik ihre Hilfe für die DDR knüpfen, ein Ausverkauf unserer materiellen und moralischen Werte beginnt und über kurz oder lang die Deutsche Demokratische Republik durch die Bundesrepublik vereinnahmt wird.

Lasst uns den ersten Weg gehen. Noch haben wir die Chance, in gleichberechtigter Nachbarschaft zu allen Staaten Europas eine sozialistische Alternative zur Bundesrepublik zu entwickeln. Noch können wir uns besinnen auf die antifaschistischen und humanistischen Ideale, von denen wir einst ausgegangen sind. Alle Bürgerinnen und Bürger, die unsere Hoffnung und unsere Sorge teilen, rufen wir auf, sich diesem Appell durch ihre Unterschrift anzuschließen.

Berlin, den 26. November 1989

Neues Deutschland, 29.11.1989

Unter den Unterzeichnenden waren der Pfarrer Friedrich Schorlemmer (→ S. 159), die Schriftstellerin Christa Wolf, die Bürgerrechtlerin Ulrike Poppe und die Rocksängerin Tamara Danz von der Band Silly.

M3 Der Prozess der Vereinigung

Wolfgang Schäuble handelte als Beauftragter der Bundesregierung den Einigungsvertrag mit der DDR aus. 1995 beurteilt er rückblickend, wie sich die Lage 1989/1990 abzeichnete:

Fünf Jahre danach ist man immer schlauer. Diese und jene Weiche, so ist oft zu hören, hätte man vielleicht damals bei der Organisation der deutschen Wiedervereinigung anders stellen sollen. [...]

[Es] drängte die Frage, wie überhaupt die unverhoffte und möglicherweise sehr kurze Chance zur Wiedervereinigung genutzt werden könnte. Denn ob uns die Herstellung der Einheit Deutschlands in Frieden und Freiheit ohne Blutvergießen und Chaos und in Übereinstimmung mit unseren Nachbarn überhaupt gelingen würde, war Anfang 1990 noch keineswegs ausgemacht. [...] Der Zeit- und Problemdruck, unter den sich alle Beteiligten durch die Demonstrationen und die Übersiedlerwelle in immer stärkerem Maße gesetzt sahen, wurde zugleich zu einem Element der Lösung des Problems, die Einheit Deutschlands damals zu schaffen und die Chance nicht zu verpassen. [...]

Die schnelle Währungsunion war unsere Antwort auf den Übersiedlerstrom, der beide deutsche Staaten im Frühjahr 1990 vor große Probleme stellte. [...]

In der Logik der Währungsunion lag der Beitritt der DDR zur Bundesrepublik. [...] Wir standen vor einem handfesten materiellen Problem. Wie konnten die Menschen in der DDR möglichst schnell an das im Westen erreichte Niveau von Wohlstand und sozialer Sicherheit herangeführt werden, ohne dass dabei die Leistungsfähigkeit der Wirtschaft und der sozialen Sicherungssysteme im Westen überfordert und destabilisiert würde? Heute können wir sagen, dass uns das weitestgehend gelungen ist. Die Währungsunion ist von Anfang an mit einer Sozialunion gekoppelt worden. Mit der Währungsumstellung 1:1 und Transferzahlung von 150 Milliarden Mark pro Jahr in den letzten Jahren, was pro Kopf der Bevölkerung im Osten ungefähr 10 000 Mark entspricht, sind wir bis an den Rand des ökonomisch und politisch Leistbaren gegangen.

Wolfgang Schäuble: Danach ist man immer schlauer. In: ZEIT-Punkte 5/1995, Vereint, doch nicht eins, S. 32 ff.

M 4 Der Staatsvertrag zwischen der BRD und der DDR (Inkrafttreten: 1. Juli 1990)

Währungsunion	Wirtschaftsunion	Sozialunion	
• DM als einzige Währung • Deutsche Bundesbank alleinige Zentralbank • Umtauschkurse Mark der DDR : DM 1:1 für Löhne und Gehälter, Renten, Mieten, Pachten, Stipendien, Guthaben von natürlichen Personen bis zu bestimmten Höchstgrenzen (bis zu 6000 DM); 2:1 für alle übrigen Verbindlichkeiten	Die DDR schafft Voraussetzungen für die soziale Marktwirtschaft: • Privateigentum • freie Preisbildung • Wettbewerb • Gewerbefreiheit • freier Verkehr von Waren, Kapital, Arbeit • ein mit der Marktwirtschaft verträgliches Steuer-, Finanz- und Haushaltswesen • Einfügung der Landwirtschaft in das EG-Agrarsystem	Die DDR schafft folgende Einrichtungen entsprechend denen in der BRD: • Rentenversicherung • Krankenversicherung • Arbeitslosenversicherung • Unfallversicherung • Sozialhilfe	Die DDR schafft und gewährleistet nach dem Vorbild der BRD: • Tarifautonomie • Koalitionsfreiheit • Streikrecht • Mitbestimmung • Betriebsverfassung • Kündigungsschutz

Die BRD gewährt für die Anschubfinanzierung Mittel aus dem Bundeshaushalt und für den Haushaltsausgleich der DDR Finanzzuweisungen aus dem „Sonderfonds Deutsche Einheit" in Höhe von 115 Mrd. DM.

M 5 Gab es Alternativen?

Der Historiker Andreas Rödder kommt zu folgendem Fazit:

Als Alternativen zur schnellen Wiedervereinigung unter möglichst vollständiger Übertragung der bundesdeutschen Ordnung auf die DDR wurden [verschiedene] Optionen vorgebracht. Eine eigenständige, reformierte DDR als „sozialistische Alternative zur Bundesrepublik", wie sie weite Kreise der Oppositionsbewegung wünschten, hätte sicher eine freiheitliche Demokratie werden können. Aber sie hätte die materiellen Ziele verfehlt und wäre wirtschaftlich kaum lebensfähig gewesen [...]. [Eine weitere Option wäre] eine sukzessive wirtschaftliche Angleichung der DDR-Wirtschaft an die Bundesrepublik [gewesen], die mit einem schrittweisen Übergang zur staatlichen Einheit koordiniert werden sollte. [Aber] auch in diesem Falle wäre der Übersiedlerstrom nicht zu stoppen gewesen. Eine dritte Option [...] sah einen aktuellen Verzicht auf eine schnelle Währungsunion und die Integration einer staatlichen Einheit in eine spätere europäische Lösung vor.

[...] Institutionell gab es im Grundsatz keine tragfähige Alternative zur schnellen Einheit nach westdeutschem Muster. Nicht in der faktischen Unumgänglichkeit der grundsätzlichen Entscheidungen lag das zentrale Problem, sondern eher in den zu optimistischen Erwartungen sowie in den grundlegenden Haltungen, nicht zuletzt über den 3. Oktober 1990 hinaus.

Andreas Rödder: Geschichte der deutschen Wiedervereinigung, München [3]2020, S. 93, 112

2. Beantworten Sie Ihre Fragen aus Aufgabe 1.

3. a) Erweitern Sie Ihren Zeitstrahl zum Kapitel aus Aufgabe 3, S. 169 um die Ereignisse aus dem Wendejahr 1989/90. Unterscheiden Sie jetzt zwischen innerdeutschen und internationalen Ereignissen. Ordnen Sie M 1 und M 4 in die Entwicklung ein und erläutern Sie diese.
   b) Erstellen Sie ein Ranking der Weichenstellungen für die Deutsche Einheit. Begründen Sie Ihre Auswahl.

4. Vergleichen Sie die Forderungen aus M 2 mit den Ausführungen in M 3.

\+ Arbeiten Sie die Perspektivität der Ausführungen in M 3 heraus.

5. a) Diskutieren Sie mithilfe von M 5 mögliche Vor- und Nachteile der dort genannten Alternativen zu einer schnellen Wiedervereinigung.
   b) Beurteilen Sie: War die schnelle Wiedervereinigung alternativlos?

\+ Gestalten Sie eine Präsentation zu folgender Frage: „Der 3. Oktober – ein geeigneter deutscher Nationalfeiertag?" Startpunkt Ihrer Recherche kann die folgende Webseite sein: www.deutschland.de/de/tag-der-deutschen-einheit

Aufbau oder Abbau Ost?

Aufbruch zu Demokratie und Marktwirtschaft

M 1 Mitarbeiter der SKET-Schwermaschinenbau GmbH in Magdeburg demonstrieren im Juli 1992 mit Transparenten und Plakaten.

1. a) Beschreiben Sie M 1 und erläutern Sie die Forderungen auf den Plakaten.
b) Formulieren Sie Fragen zu M 1.

Wirtschaftliche Neuordnung

Durch den Beitritt der DDR zur Bundesrepublik waren die neuen Bundesländer den alten rechtlich gleichgestellt, doch wie könnten materielle und mentale Unterschiede der beiden Teile Deutschlands überwunden werden?

Vor allem die Umstellung der sozialistischen Planwirtschaft auf die soziale Marktwirtschaft war eine gewaltige Herausforderung. Ganze Wirtschaftszweige brachen zusammen, und etwa vier Millionen Arbeitsplätze gingen verloren. Ein wesentlicher Grund dafür war die Einführung der D-Mark im Verhältnis 1:1. Denn in der Folge stiegen die Löhne und damit auch die Produktionskosten, wodurch die Waren so teuer wurden, dass sie auf ihren bisherigen Märkten in Osteuropa nicht mehr bezahlbar waren. Sie wurden aber auch nicht im Westen gekauft, wo sie als minderwertig galten. Der Absatz brach ein. Hinzu kam: Viele Betriebsanlagen waren technisch völlig veraltet, Straßen- und Schienenwege sowie die Gebäudesubstanz in einem desolaten Zustand. Ein Plan für den „Aufbau Ost" musste dringend her.

Bereits im Juli 1990 nahm die sogenannte Treuhandanstalt ihre Arbeit auf. Ihre Aufgabe: Privatisierung des Staatsvermögens der DDR. Dazu gehörten nahezu alle Industriebetriebe sowie ein Großteil der Wohn- und Geschäftshäuser, Handelsgeschäfte, Grundstücke usw. Tausende „volkseigene Betriebe" (VEB) sollten an private Unternehmer verkauft, saniert oder, wenn dies unmöglich war, stillgelegt werden. Trotz Einzelerfolge gab es unzählige Betriebsschließungen. Erst um die Jahrtausendwende gelang in einigen Gegenden die Ansiedlung von Großunternehmen; an anderen Regionen ging der Aufschwung jedoch völlig vorbei.

neue Bundesländer: Brandenburg, Mecklenburg-Vorpommern, Sachsen, Sachsen-Anhalt, Thüringen

Geruchskonserven: von der Stasi konservierte Geruchsproben Verdächtiger, um diese gegebenenfalls später mit Hunden aufspüren zu können

Aufarbeitung der Vergangenheit

Ebenso drängend wie die wirtschaftliche Neuorientierung war die Aufarbeitung der politischen Vergangenheit, vor allem mit der Stasi. Viele Menschen, besonders Angehörige der Bürgerbewegungen, hatten unter den Verfolgungen des MfS gelitten. Sie wollten nicht dulden, dass diese von der Regierung Modrow beibehaltene – lediglich umbenannte – Behörde den demokratischen Neuanfang störte. Seit Anfang Dezember besetzten Oppositionelle einige Bezirksämter und Kreisdienststellen des MfS, weil das Gerücht herumging, die Behördenmitarbeiter begännen, im großen Stil Beweismaterial zu vernichten. Die Aktionen gipfelten in der Besetzung der Zentrale des MfS am 15. Januar 1990 in Berlin.

Gigantische Mengen von Akten, Tonaufnahmen, Fotos, Filmen und Geruchskonserven, die vom MfS angelegt worden waren, wurden auf Initiative der Bürgerbewegungen archiviert und einer 1991 geschaffenen Bundesbehörde – der Behörde des/der Bundesbeauftragten für die Stasiunterlagen (BStU) – übertragen. Auf Antrag können alle Bundesbürgerinnen und -bürger Einsicht in ihre Akten bekommen. Andere mussten sich – auch gegen ihren Willen – überprüfen lassen: Im Einigungsvertrag war festgelegt worden, dass nur nachweislich Unbelastete als Abgeordnete und als Mitarbeitende des Öffentlichen Dienstes, der in den neuen Bundesländern immerhin 1,7 Millionen Menschen umfasste, tätig sein dürften.

M2 Herausforderung Wirtschaftsumbau

Der Historiker Christoph Cornelißen beschreibt Herausforderungen der Transformation von Plan- zu Marktwirtschaften, denen sich alle postkommunistischen Gesellschaften stellen mussten:

Die führenden Köpfe der Treuhand waren Manager, westdeutsche Beamte und alte DDR-Kader, die sowohl Treibende als auch Getriebene einer grundstürzenden Umwälzung waren, deren Tragweite sie angesichts der Geschwindigkeit der Entscheidungen vielfach selbst nicht genau einschätzen konnten. Nach vier Jahren stellte sich die Bilanz wie folgt dar: Rund 70 % der Unternehmen wurden privatisiert (oder an die früheren Besitzer zurückgegeben), die restlichen 30 % mit Millionen Arbeitsplätzen liquidiert. [...] Im internationalen Vergleich durchlief die Wirtschaft der fünf neuen Länder in der Bundesrepublik die radikalste Schocktherapie im postkommunistischen Europa. Zum einen, weil die Währungsunion vom Juli 1990 mit einem Schlag den massiven Rückstand der Produktivität gegenüber der westdeutschen Industrie offenbarte, zum anderen setzte die Deutsche Einheit vom Oktober 1990 [ihre] Wirtschaft [...] der ungeschützten Konkurrenz nicht nur der älteren Bundesländer, sondern auch des Auslands aus. [...] Der Umbau von Plan- zu Marktwirtschaften bedeutete [...] viele weitere grundlegende Herausforderungen, die nicht zuletzt wegen der sich einstellenden sozialen Krisen umgehend beantwortet werden mussten. Damit sind in erster Linie die Liberalisierungen der Wirtschaftsordnungen, der Aufbau oder Umbau des Bankenwesens, die Freigabe der Preise und die Reform des Steuersystems gemeint. Hinzu kam die Notwendigkeit, auch das Gesundheits- und das Rentensystem neu auf die Beine zu stellen, wobei für all diese Bereiche überhaupt erst einmal ein fachgeschultes [...] Personal aufgebaut werden musste.

Christoph Cornelißen: Europa im 20. Jahrhundert (Neue Fischer Weltgeschichte Bd. 7), Frankfurt/M. 2020, S. 520ff.

M3 Ein gespaltenes Haus?

Der ehemalige deutsche Bundeskanzler Willy Brandt (1969–1974) äußerte sich im Februar 1992 zu der Frage, wie künftig mit Personen umgegangen werden sollte, die in das Herrschaftssystem der SED verstrickt gewesen waren:

SPIEGEL: Nach 1945 wurden großzügig auch alte Nazis am Aufbau des neuen Staates beteiligt. Könnte jetzt ähnlich verfahren werden?

BRANDT: Also da gibt es natürlich gewaltige Unterschiede zwischen den beiden Regimen, auch in Bezug auf deren Dauer. Aber, um einmal ein praktisches Beispiel zu nennen: Kurt Schumacher, der erste Vorsitzende der Sozialdemokraten nach dem Krieg, der zehn Jahre im Lager schwer gelitten hatte, forderte noch im Winter 1945/46 eine Amnestie für junge Leute, die schon als 18-Jährige in schreckliche Sachen verwickelt waren. Wir wären damals nicht wieder auf die Beine gekommen, wenn wir nicht Bereitschaft zum inneren Ausgleich gezeigt hätten, wenn sich nicht auch Konrad Adenauer dafür entschieden hätte, fünf gerade sein zu lassen. [...]

SPIEGEL: Wo wäre jetzt die Grenze zu ziehen?

BRANDT: Ich will hier nicht als Lehrmeister auftreten. Aber dass man nicht jedermann, der mal in der SED mitgemacht hat oder in den Blockparteien, von politischen Ämtern ausschließen kann, das scheint mir einleuchtend. Ich erinnere da an ein Wort, das Abraham Lincoln, nach dem amerikanischen Bürgerkrieg, seinen Leuten gesagt hat: Ein in sich gespaltenes Haus hat keinen Bestand.

Willy Brandt/Paul Lersch/Klaus Wirtgen: „Erst das Land, dann die Partei", in: Der SPIEGEL 9/1992

M4 wurde zit. nach: Dirk Laabs: Der deutsche Goldrausch, München 2012, S. 329

Der Zentralismus der DDR und der Dirigismus der Wirtschaft ist durch die Treuhand ein Kapitel weit fortgesetzt worden. Man konnte offenbar die DDR nur mit DDR-Methoden abschaffen.

M4 So urteilte Reinhard Höppner, 1994 bis 2002 Ministerpräsident von Sachsen-Anhalt.

2. Beantworten Sie Ihre Fragen aus Aufgabe 1. b) mithilfe des Darstellungstextes.

3. a) Arbeiten Sie die Schwierigkeiten bei der Umsetzung der Wirtschafts- und Währungsunion aus dem Darstellungstext, M2 und M4 heraus.
   b) Formulieren Sie – davon ausgehend – Handlungsempfehlungen für die Gestaltung zukünftiger wirtschaftlicher Transformationsprozesse.

4. Arbeiten Sie aus M3 Brandts Haltung zur Eingliederung von SED-Mitgliedern in die Bundesrepublik heraus und nehmen Sie unter Bezug zum Darstellungstext (ab Z. 38) dazu Stellung.

Nicht mehr steuerbar?

Transformationsprozesse in der Sowjetunion

M 1 „5 Jahre Gorbi", Karikatur von Horst Haitzinger aus dem Jahr 1990

1. a) Analysieren Sie M 1.
   b) Setzen Sie die Karikatur mit dem SPIEGEL-Titelbild M 1 auf S. 134 in Beziehung.

Transformationsgesellschaft: Gesellschaft, die von einem tiefgreifenden und längerfristigen Wandel des politischen Systems gekennzeichnet ist. Er geht in der Regel auch mit einer Veränderung der gesellschaftlichen und wirtschaftlichen Ordnung einher.

GUS: Zur GUS gehörten ursprünglich: Armenien, Aserbaidschan, Georgien (erst seit 1993), Kasachstan, Kirgisistan, Moldawien, Russland, Tadschikistan, Turkmenistan, die Ukraine, Usbekistan und Weißrussland. Georgien trat bereits im Jahr 2009 wieder aus. Auch die Ukraine ist nicht mehr Mitglied der GUS. Sie trat 2018 infolge der Besetzung der Krim (2014) durch die Russische Föderation aus.

Veränderungen wirken zurück

Die von Glasnost und Perestroika beflügelten Entwicklungen in Polen, Ungarn, Deutschland und der Tschechoslowakei wirkten bald auf die Sowjetunion zurück. Auch hier wurde der Ruf nach tiefgreifenderen Reformen wie etwa nach einem Mehrparteiensystem lauter – und führte dazu, dass Anfang 1990 das Machtmonopol der KPdSU aus der Verfassung gestrichen wurde. Doch dabei blieb es nicht: Es zeigte sich, dass die in Gang gesetzten Reformprozesse eine ungeahnte Dynamik innerhalb der **Transformationsgesellschaft** entwickelten und kaum mehr gesteuert werden konnten. Nachdem sich zudem im März 1991 der Warschauer Pakt und im Juni der Rat für gegenseitige Wirtschaftshilfe offiziell aufgelöst hatten, versuchten kommunistische Politiker und führende Militärs im August 1991, die Reformpolitik Gorbatschows durch einen Putsch zu beenden und dadurch den Erhalt der UdSSR zu sichern. Sie scheiterten jedoch, weil sich ihnen die sowjetischen Streitkräfte nicht anschlossen.

Die von Gorbatschow eingeleiteten Reformen hatten also nicht zur Stabilisierung der bestehenden Ordnung und damit zu einer Konsolidierung des Sozialismus geführt, sondern – entgegen ihrer ursprünglichen Zielsetzung – dazu, dass der gesamte Ostblock ebenso wie der Staatszusammenhalt der UdSSR verfiel und die Macht der Zentralgewalt im Inneren immer stärker abnahm. In der historischen Forschung werden daher die Reformmaßnahmen rückblickend auch als „Vereinbarkeit des Unvereinbaren" bezeichnet. Der Großteil der russischen Bevölkerung steht heute den Reformen Gorbatschows gleichgültig bis ablehnend gegenüber. Der russische Präsident Wladimir Putin bezeichnete den Zerfall der Sowjetunion 2005 in einer Rede sogar als die „größte geopolitische Katastrophe des 20. Jahrhunderts".

Die GUS: das Ende der UdSSR

Die Sowjetunion war ein multiethnisches Imperium, ein Vielvölkerreich. Vor allem ihre zentralistische Struktur wurde in den kleineren Teilrepubliken zunehmend als Widerspruch zum eingeleiteten Demokratisierungsprozess wahrgenommen. Warum sollten alle Fäden weiterhin in Moskau zusammenlaufen? Forderungen nach politischer Freiheit gingen Hand in Hand mit solchen nach nationaler Emanzipation und einem Selbstbestimmungsrecht der Völker. Sie wurden zu einer weiteren wichtigen Komponente des eingeleiteten Transformationsprozesses – und mündeten in die **Auflösung der UdSSR (1991)**, also der „Vereinigung der Sozialistischen Sowjetrepubliken" und die Absetzung von Michail Gorbatschow, der ein Präsident ohne Land geworden war.

An die Stelle der UdSSR trat die **GUS**, die „Gemeinschaft Unabhängiger Staaten" – unter Führung der **Russischen Föderation** mit ihrem Präsidenten Boris Jelzin. Als Nachfolgestaat der größten ehemaligen Sowjetrepublik trat die Russische Föderation als Rechtsnachfolgerin der UdSSR auf. Zu den Gründungsmitgliedern der GUS zählten zudem die Ukraine und Weißrussland, und nach und nach traten

M2 (linke Spalte) SPIEGEL-Titelbild vom 2. September 1991. Der Bär wurde seit dem 19. Jahrhundert als Symbol für Russland verwendet, seit den 1980er-Jahren auch für die UdSSR.

M3 Boris Jelzin, der im Juni 1991 zum Präsidenten der Russischen Föderation gewählt worden war, unterzeichnet am 21. Dezember 1991 die Erklärung über die Schaffung der Gemeinschaft unabhängiger Staaten (GUS).

auch die weiteren ehemaligen Sowjetrepubliken bei – bis auf die drei baltischen Staaten Litauen, Lettland und Estland. Die GUS verstand sich als eine zwischenstaatliche Organisation, die ihren Mitgliedern einen gemeinsamen Wirtschafts- und Sicherheitsraum bieten sollte. Doch verfolgten einzelne Mitglieder durchaus gegensätzliche Interessen und außenpolitische Orientierungen: Während kleinere Mitglieder hofften, als souveräne Staaten innerhalb der GUS leichter wirtschaftliche Kooperationen ausbauen zu können, zielte die Russische Föderation eher darauf, ihren Einflussbereich durch die GUS zu festigen.

Innerhalb der Russischen Föderation, in der allein etwa hundert Ethnien leben, entwickelte nach dem Zerfall der UdSSR die nationale Frage besondere Sprengkraft. Vor allem an der Peripherie – also in größerer Entfernung von der Hauptstadt Moskau – entstanden Unabhängigkeitsbewegungen, die sich destabilisierend auf das Land auswirkten. Ein Beispiel hierfür ist der Tschetschenien-Konflikt: Bereits seit 1991 strebte die russische Teilrepublik Tschetschenien im Nordkaukasus nach Unabhängigkeit von Moskau. Nachdem diplomatische Lösungen gescheitert waren, ging die russische Regierung 1994 militärisch gegen die tschetschenische Unabhängigkeitsbewegung vor. Dies war der Beginn eines langwierigen und blutigen Krieges, in dem von beiden Seiten Kriegsverbrechen gegen Zivilisten verübt wurden.

Viele Verlierer, wenige Gewinner?

Die seit 1987 in der Sowjetunion eingeleiteten Wirtschaftsreformen sahen für Betriebe einen gestaffelten Übergang zur Eigenverantwortlichkeit vor. Doch unter schwierigen Rahmenbedingungen – etwa einer weiterhin zentralen Ressourcenverteilung und nach wie vor geltenden Gewinnabführungsquoten – erwiesen sich die Reformen als wenig erfolgreich. Im Gegenteil: 1990 war es sogar zu einer Verteuerung elementarer Konsumgüter und Grundnahrungsmittel gekommen.

Nach Auflösung der UdSSR forcierte Boris Jelzin schließlich eine neoliberale Politik: Im Rahmen des Transformationsprozesses sollte die staatliche sozialistische Planwirtschaft zügig in eine marktgesteuerte freie Ordnung überführt werden. Dies beinhaltete eine Freigabe der Preise und eine Öffnung der Märkte nach außen. Staatseigentum wurde konsequent in Privateigentum überführt, was durch die Ausgabe von Anteilsscheinen an die Bevölkerung erfolgen sollte: Ein „Volk von Eigentümern“ sollte daraus hervorgehen, so der Plan. Doch zwischen 1992 und 1995 lösten stetige Preissteigerungen eine Hyperinflation aus, die die Ersparnisse des Großteils der Bevölkerung vernichtete. Viele verkauften ihre Anteilsscheine, aber wer bereits Erfolg mit einem eigenen Unternehmen hatte, konnte nun durch günstige Ankäufe zu Vermögen kommen.

neoliberal: → S. 84
Hyperinflation: → S. 137

Verlierer dieses Transformationsprozesses war vor allem die bisherige Mittelschicht – darunter Lehrpersonal oder Verwaltungsangestellte –, die sich, wie auch die Arbeiterschaft in der Industrie, mit großen Einkommenseinbußen und einem damit einhergehenden Verlust der sozialen Sicherheit konfrontiert sah. Dabei war durch Privatisierung und Wirtschaftskrise auch das soziale Sicherungssystem in großen Teilen zusammengebrochen. Zudem konnte die Höhe der Rentenzahlungen nicht an die Inflationsrate angepasst werden. Diese Gemengelage führte dazu, dass neue Besitzstrukturen und damit eine neue soziale Ordnung entstanden. Darin war der Anteil der Menschen, deren Einkommen unter dem Existenzminimum lag, deutlich höher als zuvor, und das „Wohlstandsgefälle" war steiler geworden. Unter den Arbeitslosen hatten vor allem die Frauen einen besonders hohen Anteil: Ende 1994 betrug er mehr als 70 %.

Die ungünstigen wirtschaftlichen Entwicklungen lösten aber nicht nur einen großen gesellschaftlichen Umschichtungsprozess aus. In Kombination mit mangelnder staatlicher Autorität bildeten sie einen Nährboden für Kriminalität, Korruption – und für einen Vertrauensverlust vieler in den Staat. Und erst sehr langsam entwickelte sich über die Jahre ein Mittelstand mit einer Unternehmerschicht.

Das Phänomen der Oligarchen

Nur für sehr wenige brachten die Transformationsprozesse einen deutlichen sozialen Aufstieg mit sich: Anstelle eines „Volkes von Eigentümern" – wie das ursprüngliche Ziel lautete – entstand in Russland eine Gesellschaft, die sich nach Besitz und Reichtum ausdifferenzierte, was zu einer ausgeprägten Milieubildung führte. Teure Autos, Luxusuhren und Auslandsreisen wurden zu Statussymbolen der Reichen. An die Spitze der Besitzenden setzten sich die sogenannten **Oligarchen**, Einzelne, die enorme Reichtümer anhäuften und zusammen eine neue Wirtschafts- und Vermögenselite bildeten. Der Begriff Oligarch stammt ursprünglich aus der griechischen Antike und bezeichnet eine Person, die mit wenigen anderen zusammen die Herrschaft ausübt und dabei eigennützig agiert.

In diesem Sinne waren – und sind es noch – die russischen Oligarchen eng mit der Politik verquickt, die sie zu ihren Gunsten zu beeinflussen versuchten. So unterstützten sie z. B. die Wahlkampagne zur Wiederwahl Boris Jelzins im Jahr 1996 finanziell und medial. Im Gegenzug versprachen sie sich eine Aufrechterhaltung der für ihre Geschäfte günstigen wirtschaftspolitischen Rahmenbedingungen. Anstatt jedoch ihre erzielten Gewinne in Produktionsanlagen in Russland zu reinvestieren und zu einer Ankurbelung der Wirtschaft beizutragen, transferierten sie ihr erwirtschaftetes Vermögen eher ins Ausland. Diese Entwicklungen trugen dazu bei, dass das Misstrauen eines Großteils der Bevölkerung gegenüber marktwirtschaftlichen Prinzipien – „dem Kapitalismus" – und gegenüber unternehmerischem Handeln geschürt wurde.

Eine neue Verfassung für Russland

In der Verfassung von 1993, die auch einen Grundrechtekatalog umfasst, wird Russland als ein demokratischer, föderaler Rechtsstaat mit republikanischer Regierungsform definiert. Gleichzeitig sieht die Verfassung eine Verankerung des Präsidialsystems vor – mit weitreichenden Kompetenzen für den Präsidenten: Der Präsident, der vom Volk direkt gewählt wird, ist Oberbefehlshaber der Streitkräfte und hat – seit 2012 – eine Amtszeit von sechs Jahren. Er verfügt über eine eigene – vom Parlament, der Duma, unabhängige – legislative Kompetenz. So hat er das Recht, Dekrete und Verordnungen zu erlassen, sofern diese nicht der Verfassung widersprechen.

Dies hat in Russland in der Folge zu einem schwach ausgeprägten Parlamentarismus, in dem auch politische Parteien eher eine untergeordnete Rolle spielen, geführt. Hinzu kommt, dass eine große Kluft zwischen der demokratischen Verfassungsordnung und der politischen Praxis besteht. So sieht beispielsweise die Verfassung zwar eine unabhängige Justiz vor, jedoch gehen in der Praxis Verfassungsrecht und Verfassungswirklichkeit oftmals auseinander. Unter diesen Vorzeichen ist es in Russland in den 1990er-Jahren nicht gelungen, eine starke Zivilgesellschaft mit politisch aktiven Bürgerinnen und Bürgern hervorzubringen.

Grundrechtekatalog: Neben den Grundrechten auf Menschenwürde, Gleichheit und dem Recht auf Leben schreibt die russische Verfassung u. a. fest:
- politische und persönliche Freiheitsrechte (u. a. Reisefreiheit, Informationsfreiheit, Versammlungsfreiheit),
- Mitwirkungsrechte (wie aktives und passives Wahlrecht),
- Recht auf Eigentum,
- Recht auf Arbeit,
- Recht auf Wohnung,
- Recht auf Alterssicherung.

M4 Korruption in Russland – ein Fehler im System?

Am 12. September 2019 schrieb Tony Wood, Redakteur der „New Left Review", in „Le Monde diplomatique" über Korruption im heutigen Russland unter Präsident Putin.

Die Opposition [in Russland] umfasst ein breites Spektrum politischer und ideologischer Strömungen. Was Liberale, Sozialisten [und] Monarchisten [...] dabei vor allem eint, ist der Kampf gegen Korruption. [...]

Staatliches Vorgehen gegen Korruption [also die Korruptionsbekämpfung der Regierung] dient lediglich der internen Kontenklärung oder bleibt reine PR-Übung. Der Versuch der Opposition, die Korruption aus der Welt zu schaffen, beruht hingegen auf der Annahme, sie sei nur Begleiterscheinung eines Systems, das ohne sie gerechter und besser funktionieren würde.

Die wahren Orgien illegaler Bereicherung [...] resultieren aber weniger aus der persönlichen Raffgier Putins und seiner Kollegen als vielmehr daraus, dass sie Teil der Systemarchitektur sind. Die Korruption ist nichts Zufälliges oder dem zeitgenössischen russischen Kapitalismus Übergestülptes – sie ist ihm von Anfang an inhärent [zugehörig, innewohnend].

Um das besser zu begreifen, muss man die Entstehung der postsowjetischen Elite betrachten. Gewöhnlich kursiert in den westlichen Medien die Geschichte, dass schlaue Akteure in dem Drunter und Drüber des Übergangs zum freien Markt während der 1990er-Jahre Reichtümer scheffelten. Vielleicht hielten sie sich dabei nicht immer an die Gesetze: Aber waren diese in den chaotischen Zeiten nicht selbst uneindeutig?

Oft wurden die damals emporkommenden Oligarchen mit den US-amerikanischen Raubkapitalisten („robber barons") des späten 19. Jahrhunderts verglichen – also Männern, deren skrupellose Aneignung von Reichtum bald schon hochwohlanständig daherkam [...].

Was dieser Erzählung fehlt, ist allerdings das grundlegende Verständnis für die Art und Weise, wie die Oligarchen ihre Vermögen erwarben. Die neue russische Elite entstand nämlich nicht durch munteren Wettbewerb, sondern durch den politischen Willen des Staats.

Da für die Regierung Jelzin die Zerschlagung der sowjetischen Planwirtschaft oberste Priorität besaß, privatisierte sie Staatsvermögen von 1992 an in einem regelrechten Rundumschlag. Mittels „Coupon-Vergaben" bekamen die russischen Bürger und Bürgerinnen Anteile an ausgewählten Unternehmen, mit denen sie handeln durften; durch „Privatisierungen qua Dekret" übertrug der Regierungschef bestimmten Personen den Besitz ganzer Firmen.

Die Folge dieser Formen von Privatisierung war eine rasch sich bildende und wachsende neue Schicht von Reichen, die beträchtliche Anteile der produktiven Infrastruktur des Landes zu lächerlich niedrigen Preisen ergatterten.

[Ein Banker beschrieb]: „Um in unserem Land Millionär zu werden [...], reicht es [häufig], dass man von Regierung, Parlament, lokalen Potentaten oder Strafverfolgungsbehörden tatkräftig unterstützt wird. Wenn Sie Glück haben, wickelt der Staat eines schönen Tages seine Finanzgeschäfte über Ihre eigene kleine Bank ab, oder es werden großzügig Quoten für den Export von Öl, Holz und Gas erteilt. Mit anderen Worten: Sie können gar nicht anders, als Millionär werden."

Tony Wood: Korruption in Russland – ein Fehler im System, zit. nach: monde-diplomatique.de/artikel/!5623543 (13.07.2021); Übers. Sigrid Ruschmeier)

Roman Abramowitsch – ein Milliardär aus dem Nichts? Der 1966 geborene Abramowitsch hatte ein Wirtschafts- und Ingenieursstudium absolviert, als es ihm Mitte der 1990er-Jahre gelang, sehr günstig Anteile am privatisierten Ölkonzern „Sibneft" zu erwerben. Davon ausgehend baute er ein weitverzweigtes Firmenimperium auf, das unterschiedliche Branchen umfasst: u. a. Aluminium, Autos, Strom, Lebensmittel, Papier, Stahl. Abramowitsch gilt als wichtiger Wegbereiter für den Machtwechsel von Präsident Boris Jelzin zu Waldimir Putin im Jahr 2000. Von 2000 bis Juli 2008 war Abramowitsch Gouverneur der im Nordosten Russlands gelegenen Region Tschukotka (→ Foto). 2003 kaufte er für 210 Mio. Euro den englischen Fußballclub FC Chelsea. Er besitzt mehrere Jachten, luxuriöse Villen in verschiedenen Ländern und wertvolle Kunstobjekte.

Während die USA laut der „Forbes-Analyse" von 2020 614 Milliardäre zählt, hat Russland nur 99 Milliardäre vorzuweisen. Die Analyse zeigt, dass in den USA ein Milliardär auf rund 500 000 Einwohner kommt, in Russland ein Milliardär auf 1,5 Millionen Einwohner. Während jedoch auf jeden US-Milliardär im Durchschnitt knapp 5 Mrd. Dollar entfallen, sind es in Russland fast 40 Mrd. Dollar.

M5 Abramowitsch bei der Einführung in seine zweite Amtszeit als Gouverneur, 2005

M6 Chaos und Anarchie?

In einem Beitrag für „ZEIT Geschichte" im Jahr 2015 erläutert der Historiker Jörg Baberowski die Situation Russlands in den 1990er-Jahren.

Wie konnte es sein, dass eine allmächtige Diktatur, eine Supermacht, die wenige Jahre zuvor noch ein Konkurrent um die Weltherrschaft gewesen war, geräuschlos abtrat und im Inneren nichts als Chaos und Anarchie hinterließ? [...] Der Sozialismus war an seinen Verheißungen gemessen worden und an ihnen gescheitert. Dennoch träumte in den Achtzigerjahren kaum jemand vom Ende der sowjetischen Ordnung. [...] Der Lebensstandard war niedrig, aber höher als in den Fünfziger- und Sechzigerjahren. Alle Untertanen waren in ein soziales Sicherungssystem des Gebens und Nehmens integriert, das ihnen ein bescheidenes Auskommen, Ordnung und Erwartungssicherheit garantierte. Nicht einmal in den nationalen Republiken regte sich Widerspruch. Die meisten Menschen empfanden die Sowjetunion als einen bewohnbaren Ort, nicht als Völkergefängnis. Das Ende der Sowjetunion kam, weil ihre Führer, vor allem der Generalsekretär des Zentralkomitees, Michail Gorbatschow, glaubten, dass der Sozialismus reformiert werden müsse [...]. Er und seine Gefolgsmänner stellten sich die Frage, wie die Lücke zwischen den sozialistischen Idealen und der enttäuschenden Realität geschlossen werden könne. [...] Die KPdSU hatte das föderal und national organisierte Vielvölkerreich zusammengehalten. [...]

Das Imperium zerfiel nicht, weil nationale Bewegungen es zerstörten, sondern weil Gorbatschow die Macht der Kommunistischen Partei preisgab. Erst nachdem die Ventile geöffnet worden waren, griffen auch die Kommunisten in den Republiken die Idee der nationalen Souveränität auf. Denn warum sollten die Sowjetrepubliken nicht haben, was Polen und Ungarn längst zugestanden worden war? [...] Der Traum von Wohlstand und Sicherheit verwandelte sich in einen Albtraum. Unter den Bedingungen des Weltmarktes zerfiel die russische Währung, Ersparnisse, Gehälter und Renten von Millionen waren nichts mehr wert. Kriminelle und Kommunisten waren die Gewinner dieser Privatisierungswelle, die mehr einem Raubzug als einer geordneten Übertragung von Staatseigentum glich. Allein im Jahr 1994 wurden mehr als 600 Kaufleute, Journalisten und Politiker im Krieg um die Beute getötet, rivalisierende Banden terrorisierten die Bevölkerung, Oligarchen entschieden darüber, wer gewählt werden durfte und wer nicht. [...] In den Neunzigerjahren [...] waren die Versorgungssysteme der Kolchosen und Industriebetriebe verschwunden, und der Schutz der Bürger durch Patrone und Funktionäre war aufgehoben worden.

Ohne staatliches Gewaltmonopol, ohne ein staatlich kontrolliertes Bankensystem, ohne den Schutz der Bürger vor Betrügern, Schwindlern und Gewalttätern gab die Privatisierung den Starken, was sie brauchten, aber sie gab dem Markt keine Chance. Denn der freie Markt ist nichts ohne die Institutionen, die ihn regulieren und den Marktteilnehmern Erwartungssicherheit geben. In Wahrheit entstand in Russland keine Marktwirtschaft, sondern eine Raubökonomie, die von niemandem beaufsichtigt wurde.

Der Staat zerfiel. Jelzins Apparat verselbstständigte sich, er selbst umgab sich mit einer Kamarilla [einem Klüngel] von Schmeichlern und Räubern. In den Provinzen entstanden kleine Feudalreiche, in denen die Gouverneure und ihre Seilschaften und Familien nach Gutdünken regierten und sich an der Erbmasse des sowjetischen Staates bereicherten. Die Oligarchen finanzierten Jelzins Wiederwahl, das Parlament war nur noch ein Ort, an dem die Machtlosigkeit der Volksvertreter ausgestellt wurde.

Jörg Baberowski: „Das sind einfach Diebe", in: ZEIT Geschichte Nr. 3/2015, S. 89–92

M7 Moskau, 1993: Blick in die Wohnung einer Familie, die unter dem Existenzminimum lebt. Die Mutter der Kinder näht, um das Familieneinkommen zu sichern. Nach dem Zerfall der UdSSR konnten sich viele Familien nur noch sehr kleine Wohnungen leisten. Vor allem in der Hauptstadt Moskau nahm durch die Verarmung im Zuge der Transformationsprozesse auch die Obdachlosigkeit stark zu.

M 8 Soziale Ungleichheit in Russland 1991–2000

	1991	1992	1993	1994	1995	1996	1997	1998	1999	2000
Geldeinkommen (Index: 1991 = 100)	100	53	61	69	59	59	62	52	45	49
Ungleichheit: Verhältnis zwischen dem Einkommen der obersten 10% und dem der untersten 10% der Bevölkerung (Faktor)	5	8	11	15	14	13	14	14	14	14
Gini-Koeffizient	0,260	0,289	0,398	0,409	0,387	0,385	0,390	0,394	0,400	0,395
Bevölkerungsanteil mit Einkommen unterhalb des Existenzminiums (in %)	--	34	32	22	25	22	21	23	28	29
Rentenniveau (Index: 1991 = 100))	100	52	68	66	54	58	55	53	32	41
Durchschnittsrenten im Verhältnis zum Existenzminium (in %)	170	119	138	129	101	116	113	115	70	76

zusammengest. nach: Manfred Hildermeier: Geschichte der Sowjetunion 1917–1991. Entstehung und Niedergang des ersten sozialistischen Staates, München [2]2017, S. 1159

Faktor: Lesebeispiel zu Spalte 1 (Faktor 5): „1991 war das durchschnittliche Einkommen der 10 % reichsten Russen fünfmal so hoch wie das der 10 % ärmsten Russen."

Gini-Koeffizient: statistische Maßzahl, die den Grad der Ungleichheit der Einkommensverteilung angibt. Bei 0 liegt vollständige Gleichheit und bei 1 vollständige Ungleichheit vor.

2. a) Analysieren Sie M 2.
   b) Arbeiten Sie aus dem Darstellungstext sowie M 2 und M 3 Ursachen heraus, die 1991 zur Auflösung der Sowjetunion führten.

3. a) Erläutern Sie mithilfe des Darstellungstextes den Begriff „Transformationsgesellschaft" am Beispiel der früheren Sowjetunion.

+ Finden Sie weitere Beispiele für Transformationsgesellschaften.

   b) Gestalten Sie mithilfe des Darstellungstextes, M 7 und M 8 eine Mindmap zu den Herausforderungen Russlands nach 1991.

+ Recherchieren Sie aktuelle Herausforderungen Russlands. Beurteilen Sie, inwiefern – im Hinblick auf Russland – die Gegenwart als etwas historisch Gewordenes dargestellt werden kann.

   c) Erläutern Sie, warum Roman Abramowitsch (M 5) als typischer „Oligarch" bezeichnet werden kann.

4. Begründen Sie mithilfe des Darstellungstextes und M 4, warum in Russland Korruption als „Teil der Systemarchitektur" (M 4, Z. 18) betrachtet werden kann.

5. Führen Sie – ausgehend von M 6 – ein Gespräch mit einer Partnerin/einem Partner: Waren in Russland die Transformationsprozesse der ersten Hälfte der 1990er-Jahre noch steuerbar?

6. Diskutieren Sie folgende These der russischen Systemkritikerin Irina Scherbakowa von 2015:
   „[D]ieses Geschenk, dass das Sowjetimperium unblutig zerfallen ist, dass es keinen neuen Bürgerkrieg gab, haben viele Menschen nicht wahrgenommen, und die Eliten haben diese historische Chance vertan."
   Zit. nach: ZEIT Geschichte Nr. 3/2015, S. 96

Eine Zeitenwende von globaler Reichweite?

Das Jahr 1989

M 1 „Der Zusammenbruch der kommunistischen Staatenwelt in Mittel- und Osteuropa läutete auch weltpolitisch ein neues Zeitalter ein."

Edgar Wolfrum/Cord Arendes: Globale Geschichte des 20. Jh., Stuttgart 2007, S. 274

1. a) Erläutern Sie das Zitat M 1 und stellen Sie es in einen Zusammenhang mit M 2.
   b) Formulieren Sie Hypothesen, inwiefern ein „neues Zeitalter" eingeläutet wurde.

1989 – eine globale Zäsur?

Es dürfte Konsens darüber herrschen, dass die Wandlungsprozesse von 1989 als Ereignisse von großer nationalhistorischer Bedeutung für viele Länder – insbesondere in Mittel- und Osteuropa – bezeichnet werden können. Sie umfassten Veränderungen, die nicht nur das politische System, sondern auch die Wirtschaft und die Gesellschaft betrafen. Revolutionär wirkten diese Veränderungen vor allem auch deshalb, weil der Zerfall der Sowjetunion und des gesamten Ostblocks sich in einem für viele völlig überraschenden Tempo vollzogen hatte. Mit ihm endete in der Wahrnehmung der Historiker das „kurze 20. Jahrhundert", das mit dem Eintritt der beiden Supermächte USA und Sowjetunion im „Epochenjahr" 1917 begonnen hatte. MIt ihm endete auch das bipolare System, das die globale Machtstruktur des Kalten Krieges verkörpert hatte. Die USA waren nun aufgefordert, ihre weltpolitische Führungsrolle neu zu definieren.

Von dem Wandel direkt betroffen waren aber auch supranationale Organisationen wie die Europäische Gemeinschaft (ab 1992: EU), die sich nach Osten hin erweitern sollte, sowie die NATO. Darüber hinaus eröffnete der Fall des „Eisernen Vorhangs" neue Möglichkeiten der kommunikativen und wirtschaftlichen Vernetzung und löste dadurch einen starken Globalisierungsschub aus. Der Historiker Ulrich Herbert schreibt den Wandlungsprozessen von 1989 sogar „einen globalen Schub der Demokratisierung [zu], den es so bis dahin in ähnlicher Weise nur 1919 und 1945 gegeben hatte".* Jedoch ist andererseits auch festzuhalten: Die nationalen Transformationsprozesse gestalteten sich sehr heterogen und sind auch zeitlich sehr unterschiedlich gelagert. So begann in Polen der Umbruch bereits mit den Danziger Protesten von 1980, und die Sowjetunion zerfiel erst 1991.

* Ulrich Herbert: Geschichte Deutschlands im 20. Jahrhundert. München 2017, S. 1092

2. Überprüfen Sie Ihre Hypothesen aus Aufgabe 1. b) mithilfe des Darstellungstextes.

3. a) Erörtern Sie mithilfe von M 3–M 5: War 1989 eine Zeitenwende von globaler Reichweite?
   b) Wovon hängt die Art des Urteils über 1989 ab? Nennen Sie mögliche Faktoren.

\+ Gestalten Sie eine Collage zum Jahr 1989.

M 2 Massendemonstration in Peking, 21. Mai 1989

Seit April 1989 kamen hauptsächlich Studierende auf dem „Platz des Himmlischen Friedens" in Peking zusammen, um für Demokratisierung und Meinungsfreiheit zu demonstrieren. Die Proteste weiteten sich zu friedlichen Sitzstreiks aus und zogen immer mehr Menschen an. In der Nacht zum 4. Juni 1989 – nach sieben Wochen friedlicher Proteste – setzte die kommunistische Regierung Militär gegen die Demonstrierenden ein; dem Massaker fielen mehrere Hundert Menschen zum Opfer. In der Folgezeit entschied sich China für einen Weg, der eine wirtschaftliche Liberalisierung mit politischer Repression verknüpfte.

M3 Hartmut Kaelble: 1989 – ein europäisches Ereignis

Es spricht [viel] dafür, den Umbruch von 1989 doch als ein gemeinsames europäisches Ereignis anzusehen. Er sah zwar nicht in jedem europäischen Land gleich aus, hatte aber fast überall in Europa gravierende Auswirkungen. Er beeinflusste die politische Landschaft nicht nur im östlichen Europa und in der zerfallenden Sowjetunion, sondern auch im westlichen Europa grundlegend. Das östliche Europa veränderte sich ohne Zweifel von Grund auf. Das sowjetische Imperium mit seiner politischen und wirtschaftlichen Kontrolle über Ostmitteleuropa und der Präsenz der Roten Armee brach zusammen. Die Länder Ostmitteleuropas, also Polen, die Tschechoslowakei und Ungarn, aber auch osteuropäische Länder wie Bulgarien und Rumänien konnten danach nicht nur über ihr Schicksal selbst entscheiden, sondern wurden auf mittlere Sicht auch Demokratien. [...] Entscheidend für die Bewertung von 1989 als europäisches Ereignis ist, dass sich auch im westlichen Europa die politische Landschaft 1989/90 tiefgreifend wandelte. [...]. Deutschland veränderte sich durch die Wiedervereinigung von 1990 grundlegend, bestand nun aus zwei Teilen mit anfangs ganz unterschiedlichen Wirtschaftsstrukturen, Lebensstandards und historischen Erfahrungen, die langsam zusammenwuchsen. In Italien, Frankreich, Spanien und Portugal veränderte sich die politische Landschaft mit dem Niedergang der zuvor einflussreichen kommunistischen Parteien. [...] Nicht nur die europäischen Nationalstaaten veränderten sich, sondern auch ihre Beziehungen zueinander verschoben sich in der Folge des Umbruchs von 1989 ganz erheblich. Die Europäische Gemeinschaft entwickelte sich von einer rein westeuropäischen zu einer gesamteuropäischen Union.

Hartmut Kaelble: Kalter Krieg und Wohlfahrtsstaat. Europa 1945-1989, München 2011, S. 270 ff.

M4 Philipp Ther: 1989 – transnationale Bedeutung

In Deutschland ist im allgemeinen Sprachgebrauch der Begriff „Wende“ verbreitet, in verschiedenen slawischen Sprachen der Begriff „Wechsel“ [...]. In der Tat war der Umbruch in staatssozialistischen Ländern, in denen ab Mitte der 1980er-Jahre wirtschaftliche und politische Reformen eingeleitet wurden, graduell. Das trifft zum Beispiel auf Polen zu, wo die Gewerkschaftsbewegung Solidarność bereits 1988 wieder zugelassen und im Sommer 1989 ein „Runder Tisch“ eingerichtet wurde, um die Opposition an der Regierung zu beteiligen. [...] Auch in der Sowjetunion markiert 1989 keinen tieferen Einschnitt [...]. Dagegen war der Bruch mit der Vergangenheit in der nahezu unreformierten DDR und ČSSR einschneidend und rasch. Für diese beiden Länder ist es somit plausibler, von einer „Revolution“ zu sprechen. Die Massenmobilisierung im Herbst 1989 und die Geschwindigkeit, mit der die Macht der auch visuell so erscheinenden „Anciens Régimes“ [der alten Regierungssysteme] erodierte, spricht für diese Bezeichnung. [...] In der Abwägung zwischen Wende und Revolution sprechen insbesondere die Folgen des Umbruchs von 1989 für letztere Variante. [...] 1989 begann in den staatssozialistischen Ländern der Wandel des politischen Systems von der Einparteienherrschaft zu einer pluralistischen Demokratie und von der Planwirtschaft zu verschiedenen Varianten der Marktwirtschaft. [...] Außerdem markiert das Jahr 1989 das Ende der [...] europäischen Nachkriegsordnung. Die Spaltung Deutschlands und Europas konnte nach zwei Generationen überwunden werden.

Philipp Ther: 1989 – eine verhandelte Revolution, Version: 1.0, in: Docupedia-Zeitgeschichte, 11.02.2010, zit. nach: docupedia.de/zg/ther_1989_de_v1_2010 (17.09.2021)

M5 Martin Sabrow: 1989 – keine allumfassende Zäsur

Der Epocheneinschnitt war nicht allumfassend. Der Herbst „1989“ markiert selbst in der engen deutschen Nationalgeschichte lediglich einen politischen [...] Einschnitt, der überdies nur einen Bruchteil der größer gewordenen Bundesrepublik betraf. Auch außenpolitisch lässt sich fragen, ob 1989/90 seinen Rang wirklich bewahren konnte oder ob die Folgejahre die Tiefe des Umbruchs eher wieder relativiert haben. In globalem Maßstab widerspricht das zähe Überleben kommunistischer Regime in Nordkorea, Kuba und vor allem China allen euphorischen Annahmen der Zeitgenossen von 1990/91, dass diese Fossile des Kalten Kriegs über kurz oder lang dem Zug der Zeit folgen und sich hin zu freiheitlichen und marktwirtschaftlichen Ordnungen wandeln müssten. Viele zeitgeschichtliche Entwicklungstrends auch in Deutschland und Europa blieben vom Mauerfall gänzlich unberührt. Die Herausbildung der Informationsgesellschaft in der digitalen Revolution, der Umbau des Bildungssystems, der demografische Wandel und die krisenhafte Expansion des Sozialstaats bezeichnen Entwicklungen, die vor 1989 einsetzten und vom Herbst 1989 zwar betroffen, aber kaum in ihrer Richtung verändert wurden. Für die Alltagsgeschichte der westeuropäischen Gesellschaft bedeutete der Beginn des Internetzeitalters einen sehr viel größeren Einschnitt als der Fall der Berliner Mauer.

Martin Sabrow: Zäsuren in der Zeitgeschichte, Version: 1.0, in: Docupedia-Zeitgeschichte, 03.06.2013, zit. nach: docupedia.de/zg/sabrow_zaesuren_v1_de_2013 (17.09.2021)

Europa – ein Friedensprojekt?

Die europäische Einigung

M 1 „Mit der Idee der europäischen Integration und mit ihrer Umsetzung entstand nicht nur eine völlig neue Ordnung in Europa [...], sondern die europäische Geschichte kehrte sich in ihrem Verlauf fundamental um. Vergleichen sie einmal die europäische Geschichte der ersten Hälfte des 20. Jahrhunderts mit dessen zweiten fünf Jahrzehnten."

Joschka Fischer, deutscher Außenminister, im Jahr 2000

Zit nach: www.bundesregierung.de/breg-de/service/bulletin/rede-des-bundesministers-des-auswaertigen-joschka-fischer-808150 (25.10.2021)

1. Erläutern Sie mit Bezug auf Ihr Vorwissen das Zitat von Joschka Fischer.

Veränderte Rahmenbedingungen

Die Idee eines vereinten Europas fand bis in das 20. Jahrhundert hinein kaum Beachtung. Die Katastrophe des Zweiten Weltkriegs jedoch erschütterte die Vorstellungen von Nation und Nationalstaat so nachhaltig, dass der Gedanke einer Einigung populärer wurde.

Als günstig für den Einigungsprozess erwiesen sich die politischen Rahmenbedingungen im westlichen Teil des Kontinents nach 1945: Nach dem Sieg über Deutschland zerbrach die Koalition der Sieger innerhalb kürzester Zeit. An ihre Stelle trat der Gegensatz der neuen Supermächte USA und UdSSR, der „Kalte Krieg". Für Frankreich und das Vereinigte Königreich bedeutete diese Entwicklung innerhalb weniger Jahre den Verlust ihrer Stellung als Kolonial- und Weltmächte. Die anderen westeuropäischen Staaten sahen sich mit der Einsicht konfrontiert, die eigene – militärische – Sicherheit nicht allein garantieren zu können. Vor allem die von der UdSSR ausgehende politische Umgestaltung Mittel- und Osteuropas hin zum Kommunismus sowie der von 1946–1949 dauernde Bürgerkrieg in Griechenland und der sich abzeichnende Konflikt in Korea (→ S. 42 f.) bereiteten durch externen Druck den Boden für eine intensivere europäische Kooperation. Eine zentrale Rolle für die westeuropäische Einigung in ihrer Anfangsphase spielte auch die durch die USA initiierte wirtschaftliche Hilfe im Rahmen des Marshallplans (→ S. 26 f.), die eine Zusammenarbeit der Staaten verlangte.

Die ersten europäischen Verträge

Bereits Anfang der 1950er-Jahre führten diese Rahmenbedingungen zur Gründung der Europäischen Gemeinschaft für Kohle und Stahl (EGKS). Sie ging vor allem auf eine deutsch-französische Zusammenarbeit zurück, und auch in den kommenden Jahren sollte die Kooperation dieser beiden Länder maßgeblich für die europäische Integration bleiben. Frankreich, die BRD, Italien und die Benelux-Staaten verpflichteten sich im Rahmen der EGKS, ihre Kohle- und Stahlindustrien der Staaten gemeinsam zu bewirtschaften. Zum ersten Mal wurden damit im Rahmen der europäischen Integration nationale Kompetenzen an eine supranationale, also nationenübergreifende Ebene abgegeben.

Andere Initiativen zur militärischen oder politischen Integration scheiterten in der ersten Hälfte der 1950er-Jahre jedoch am Widerstand der französischen Nationalversammlung. Denn so kurz nach dem Zweiten Weltkrieg war die Skepsis der Partnerländer gegenüber der BRD noch hoch. Und so war die Gründung der EGKS vor allem deshalb möglich geworden, weil die beteiligten Staaten darin eine Möglichkeit zur Kontrolle der deutschen Rüstung und der Förderung der eigenen, nationalen Wirtschaft sahen. Für die BRD wiederum bot sich die Möglichkeit, das Vertrauen der anderen europäischen Staaten zu erlangen und hierdurch schrittweise die volle staatliche Souveränität zurückzuerhalten. Neben der Friedenserhaltung wurde damit die Wohlstandsmehrung in Europa durch wirtschaftliche Kooperation eine der zentralen Triebfedern der europäischen Einigung.

Die Kooperation im Rahmen der EGKS bewirkte, dass Vorbehalte in den beteiligten Staaten gegen eine tiefergehende europäische Integration abnahmen. So erfolgte bereits 1957 die Unterschrift unter die „Römischen Verträge".

M 2 „Ich habe Appetit für zwei!" – Karikatur von Jean Plantureux, in: Le Monde, November 1989. Links neben Kanzler Helmut Kohl sitzen der französische Präsident Mitterand und die britische Premierministerin Thatcher.

Hierdurch wurde die Europäische Wirtschaftsgemeinschaft (EWG) mit dem Ziel eines gemeinsamen Marktes gegründet und eine Zusammenarbeit in Fragen der friedlichen Nutzung von Atomenergie beschlossen. Mit der Gründung der Europäischen Gemeinschaften (EG) 1967 schließlich wurden die bisher nebeneinanderstehenden Abkommen in einem Vertrag gebündelt und so die Gründungsphase der europäischen Integration beendet.

Erweiterungen und Vertiefungen

Es folgte eine Phase der Erweiterungen und Vertiefungen der Kooperation. Dabei waren für Beitritte von Staaten zur EG häufig wirtschaftliche Gründe ausschlaggebend, besonders die Möglichkeiten des zollfreien Handels. Griechenland, Spanien und Portugal, die 1981 und 1986 in die Gemeinschaft aufgenommen wurden, hatten zudem erst wenige Jahre zuvor Diktaturen überwunden. Von der EG-Mitgliedschaft erhofften sie sich auch eine Stabilisierung ihrer noch jungen Demokratien sowie die Modernisierung ihres Landes durch Fördergelder. Seit der Gründung der EG wurden sie für strukturschwache Regionen durch die Mitgliedsstaaten bereitgestellt.

Neben der geografischen Erweiterung strebte die EG jedoch auch nach Vertiefungen der Kooperation: So vereinbarten die am Schengener Abkommen beteiligten EG-Staaten 1985 die Abschaffung von Personenkontrollen an den Grenzen, und in der Einheitlichen Europäischen Akte wurden 1986 die Gründerverträge weiterentwickelt. Im Mittelpunkt standen „vier Freiheiten": freier Personen-, Waren-, Dienstleitungs- und Kapitalverkehr innerhalb der EG.

Der Zerfall des Ostblocks: Schub und neue Herausforderung

Als besondere Herausforderung für die EG stellte sich die deutsche Wiedervereinigung 1990 dar: Vorbehalte vieler Mitglieder gegen ein größeres Deutschland wurden offenbar. Ihnen begegnete die Bundesregierung u.a. mit der Zusicherung einer verstärkten europäischen Zusammenarbeit. Auch angesichts des zerfallenden Ostblocks erschien die Erarbeitung neuer Formen der Integration geboten. Denn immer mehr Staaten des Ostblocks führten demokratische und marktwirtschaftliche Prinzipien ein und ebneten damit den Weg für einen mittelfristigen Beitritt zur EG. Dabei wurde allen beteiligten Akteuren schnell klar, dass weder die Organisationsstrukturen noch die Mechanismen der Entscheidungsfindung innerhalb der EG für die Aufnahme einer so großen Zahl neuer Mitgliedsstaaten ausgelegt waren. Wie könnte sie sich „fit" machen für ein weiteres Zusammenwachsen Europas, das nun realistischer denn je erschien?

Der **Vertrag von Maastricht (1992)** sollte ein großer Schritt hin zu einer politischen Gemeinschaft der Mitgliedsstaaten sein und die Aufnahme neuer Staaten erleichtern. Auch der neue Name der Gemeinschaft brachte dies zum Ausdruck: „**Europäische Union**" (EU). Nach dem Vertrag von Maastricht verfügten die Mitgliedsstaaten über einen Binnenmarkt und hatten eine gemeinsam getragene Außenpolitik des Europäischen Rates verabredet. Auch kooperierten die Justiz- und Innenminister nun enger miteinander, u.a. mithilfe der neu gegründeten Europol und durch die Stärkung des Europäischen Gerichtshofes. Darüber hinaus erhielten die Bürgerinnen und Bürger ergänzend zu ihrer Staatsbürgerschaft eine Unionsbürgerschaft. Das bedeutete uneingeschränktes Reise- und Aufenthaltsrecht im EU-Raum. Die wichtigste Errungenschaft des Vertrages war allerdings die Verabredung einer Währungsunion: die Einführung des **Euro**, die 1999 Wirklichkeit wurde. Für eine gemeinsame Geldpolitik wurden die Nationalen Zentralbanken und die Europäische Zentralbank zuständig.

Einführung des Euro: Sie erfolgte 1999 als Buchgeld, ab 2002 war die neue Währung dann auch als Bargeld verfügbar.

Die Union wächst ...

13 Jahre nach dem Zerfall des Ostblocks – war es so weit: Polen, Ungarn, Tschechien, Estland, Lettland, Litauen, die Slowakei und Slowenien traten 2004 der EU bei – neben den südosteuropäischen Staaten Malta und Zypern. Insgesamt zählte die EU nun 25 Mitglieder, nachdem in den 1990er-Jahren auch die vormals blockfreien Staaten Österreich, Finnland und Schweden EU-Mitglieder geworden waren.

Für die ehemaligen Ostblockstaaten verbanden sich mit ihrem Beitritt vor allem Hoffnungen, die neu gewonnene staatliche Souveränität gegen Russland abzusichern und ihre noch jungen Demokratien – ähnlich wie es in den 1980er-Jahren Griechenland, Spanien und Portugal gelungen war – zu stabilisieren. Mit dem Zugang zum Binnenmarkt der EU erstrebten sie zudem einen ähnlich hohen wirtschaftlichen Wohlstand wie in den Staaten Westeuropas. Um dieses Ziel erreichbar zu machen, gewährte die EU umfangreiche finanzielle Hilfen, u.a. zur Modernisierung der Infrastruktur und des Agrarbereichs.

... aber in welcher Form?

Der institutionelle Rahmen der EU war auf die **Osterweiterung** bereits vorbereitet worden. So waren zum einen die Kompetenzen der verschiedenen europäischen Institutionen – wie EU-Parlament und Kommission – gestärkt worden, zum anderen war man vom Prinzip der Einstimmigkeit bei Abstimmungen abgerückt. Von nun an waren in einigen Politikfeldern auch Mehrheitsentscheidungen vorgesehen.

Zudem war im Europäischen Rat, in dem die Staats- und Regierungschefs die Leitlinien der EU-Politik festlegen, die Entscheidung gereift, die EU vom Staatenbund zu einem Bundesstaat des „europäischen Volkes" zu machen. Als solcher hätte sie eine den Regierungen der Mitgliedsstaaten übergeordnete Regierung, ein einflussreiches Parlament, eine eigenständige Außenpolitik sowie eine Armee. Die neue Rolle der EU sollte in einer Verfassung zum Ausdruck kommen, die an die Stelle aller früheren Verträge treten sollte. Unter Mitwirkung aller nationalen Regierungen und Parlamente der Mitgliedsstaaaten wurde sie erarbeitet. Im Oktober 2004 unterzeichneten die EU-Staats- und Regierungschefs den Verfassungsvertrag. Um ihn in Kraft zu setzen, war aber auch die Zustimmung der EU-Bevölkerung notwendig. In den meisten EU-Ländern wurde diese durch die Parlamente eingeholt; in anderen aber gab es Volksentscheide. Die ersten fanden in Frankreich und den Niederlanden statt – und fielen negativ aus. Die Skepsis gegenüber einer tieferen europäischen Integration war zu groß.

Mit dem Vertrag von Lissabon 2007 gingen die Staats- und Regierungschefs deshalb wieder dazu über, die EU in Einzelverträgen zu reformieren und weiterzuentwickeln. Die Idee einer europäischen Verfassung wurde damit aufgegeben, auch wenn einzelne Elemente des Verfassungsentwurfs nach 2004 umgesetzt werden konnten. Unter den mittlerweile zahlreichen Mitgliedsstaaten der EU besteht aktuell wenig Konsens darüber, in welche Richtung sich die europäische Integration in den kommenden Jahren entwickeln soll. Während einige Mitglieder die politische Integration und die Zusammenarbeit im Bereich der Außen- und Sicherheitspolitik weiter voranbringen wollen, sehen andere in der EU eher eine erweiterte Freihandelszone.

Begrüßungsansprache und -ansprüche

M3 Der deutsche EU-Politiker Günter Verheugen (links), in dessen Zuständigkeit die Verhandlungen zur EU-Osterweiterung 2004 fielen, begrüßt die neuen EU-Mitglieder. Karikatur von Götz Wiedenroth für die Deutsche Presseagentur, 2004

M4 1946: Eine Europa-Vision?

Der britische Premierminister Winston Churchill legte am 19. September 1946 in einer Rede an der Universität Zürich seine Idee für einen Weg in eine friedliche Zukunft Europas dar:

[In Europa brach] jene von den teutonischen Nationen ausgelöste Reihe furchtbarer, nationalistischer Streitigkeiten aus, welche wir im zwanzigsten Jahrhundert und zu unseren Lebzeiten den Frieden zerstören und die Hoffnungen der gesamten Menschheit ruinieren sahen.. [...]

Und doch gab und gibt es die ganze Zeit hindurch ein Heilmittel, das, würde es allgemein und spontan angewendet, wie durch ein Wunder die ganze Situation verändern und in wenigen Jahren ganz Europa oder zumindest den Großteil davon so frei und glücklich machen würde, wie es die Schweiz heute ist. [...] Es besteht darin, die europäische Familie – oder so viel davon, wie möglich – neu aufzubauen und ihr ein Gefüge zu verleihen, in dessen Schutz sie in Frieden, Sicherheit und Freiheit bestehen kann.

Wir müssen eine Art Vereinigte Staaten von Europa aufbauen. Nur so werden Hunderte Millionen hart arbeitender Menschen in der Lage sein, die einfachen Freuden und Hoffnungen zurückzugewinnen, die das Leben lebenswert machen. [...]

Der erste Schritt zu einer Neuerschaffung der europäischen Familie liegt in einer Partnerschaft zwischen Frankreich und Deutschland. Nur so kann Frankreich seine moralische Führungsrolle in Europa wiedererlangen. Ohne ein geistig großes Frankreich und ein geistig großes Deutschland kann es keine Wiederbelebung Europas geben. Wird das Gefüge der Vereinigten Staaten von Europa gut und richtig aufgebaut, dann rückt die materielle Stärke einzelner Staaten in den Hintergrund. Kleine Nationen werden genauso wichtig sein wie große, und sie werden ihre Ehre durch ihren Beitrag zur gemeinsamen Sache erlangen. [...]

Momentan erleben wir eine Atempause. Die Kanonen sind verstummt. Die Kämpfe haben aufgehört, nicht aber die Gefahren. Wenn wir die Vereinigten Staaten von Europa – oder welchen Namen und welche Gestalt wir diesem Gebilde geben werden – aufbauen wollen, dann müssen wir sofort damit anfangen.

Übers. zit. nach: Schweizer Radio und Fernsehen, Zürich (11.02.2022)

M5 1992: Der Vertrag von Maastricht

Die Präambel des Vertrages werden die Ziele der unterzeichnenden Staatsoberhäupter der Mitgliedsstaaten wie folgt formuliert:

ENTSCHLOSSEN, den mit der Gründung der Europäischen Gemeinschaften eingeleiteten Prozess der europäischen Integration auf eine neue Stufe zu heben,

EINGEDENK der historischen Bedeutung der Überwindung der Teilung des europäischen Kontinents und der Notwendigkeit, feste Grundlagen für die Gestalt des zukünftigen Europas zu schaffen,

IN BESTÄTIGUNG ihres Bekenntnisses zu den Grundsätzen der Freiheit, der Demokratie und der Achtung der Menschenrechte und Grundfreiheiten und der Rechtsstaatlichkeit, [...]

IN DEM WUNSCH, Demokratie und Effizienz in der Arbeit der Organe weiter zu stärken, damit diese in die Lage versetzt werden, die ihnen übertragenen Aufgaben in einem einheitlichen institutionellen Rahmen besser wahrzunehmen,

ENTSCHLOSSEN, die Stärkung und die Konvergenz ihrer Volkswirtschaften herbeizuführen und eine Wirtschafts- und Währungsunion zu errichten, die im Einklang mit diesem Vertrag eine einheitliche, stabile Währung einschließt,

IN DEM FESTEN WILLEN, im Rahmen der Verwirklichung des Binnenmarkts sowie der Stärkung des Zusammenhalts und des Umweltschutzes den wirtschaftlichen und sozialen Fortschritt ihrer Völker zu fördern und Politiken zu verfolgen, die gewährleisten, dass Fortschritte bei der wirtschaftlichen Integration mit parallelen Fortschritten auf anderen Gebieten einhergehen,

ENTSCHLOSSEN, eine gemeinsame Unionsbürgerschaft für die Staatsangehörigen ihrer Länder einzuführen,

ENTSCHLOSSEN, eine gemeinsame Außen- und Sicherheitspolitik zu verfolgen, wozu auf längere Sicht auch die Festlegung einer gemeinsamen Verteidigungspolitik gehört, die zu gegebener Zeit zu einer gemeinsamen Verteidigung führen könnte, und so die Identität und Unabhängigkeit Europas zu stärken, um Frieden, Sicherheit und Fortschritt in Europa und in der Welt zu fördern,

IN BEKRÄFTIGUNG ihres Ziels, die Freizügigkeit unter gleichzeitiger Gewährleistung der Sicherheit ihrer Bürger durch die Einfügung von Bestimmungen über Justiz und Inneres in diesen Vertrag zu fördern [...].

www.politische-union.de/euv/index.htm (11.01.2022)

M 6 100 D-Mark gegen etwa 50 Euro – für viele Deutsche ein schwerer Tausch? Eckart Stratenschulte meint, die D-Mark sei auch dewegen so beliebt gewesen, weil sie „frei von Nazivergangenheit war“ und daher ein Stück deutsche Identität, auf das man stolz sein konnte.

M 7 Der Euro – ungeliebt?

Aus einem Interview von Dieter Kassel (Deutschlandfunkkultur) mit dem Politikwissenschaftler und Soziologen Eckart Stratenschulte, 2019:

KASSEL: Können Sie sich noch an diesen [...] Januar 1999 persönlich erinnern, war das damals für sie ein besonderer, ein freudiger Tag?

STRATENSCHULTE: [...] Es gab ja eine heftige Diskussion um die Einführung des Euro. Sie wissen, dass er in Deutschland nicht besonders beliebt war, die Menschen wollten die D-Mark behalten. Ich fand die Entscheidung, den Euro einzuführen, richtig, finde das auch heute noch und habe mich gefreut, dass das dann auch tatsächlich geschehen ist.

KASSEL: Ich erinnere mich [...] an einen Satiriker, der damals sagte, na ja, die Europäer haben noch nicht mal einheitliche Steckdosen, und jetzt wollen sie eine einheitliche Währung. [...] War das damals früh, war das auch aus einer gewissen Hektik heraus, dass man den nun endlich einführen wollte?

STRATENSCHULTE: Die Frage ist, aus welcher Perspektive man es sieht. Politisch war die Einführung des Euro richtig und notwendig. Sie hatte natürlich auch damit zu tun, dass wir unseren Nachbarländern damit gezeigt haben, dass wir bereit sind, uns auch mit dem vereinigten Deutschland in die europäische Integration zu begeben. Ökonomisch war es früh, [...] deswegen sollten ja auch weitere Maßnahmen getroffen werden [...], zu denen es dann allerdings nicht gekommen ist. Also politisch richtig, ökonomisch früh, vielleicht zu früh.

KASSEL: Es gab verschiedene Formen der Kritik damals, und viele, gerade in Deutschland, haben auch gesagt, man solle sich doch nicht einfach eine Währung teilen wollen mit Staaten, deren Vorgängerwährungen so viel schwächer gewesen sind als die D-Mark. [...]

STRATENSCHULTE: Ja, die Kritik ist insofern berechtigt, als die Eurozone bis heute kein sogenannter optimaler Währungsraum ist [...]

KASSEL: Was würden Sie sagen, hat die gemeinsame Währung die Europäer in den letzten zwanzig Jahren näher zueinandergebracht oder hat sie sie eher weiter auseinanderdividiert?

STRATENSCHULTE: Ich glaube, ehrlich gesagt, beides ist der Fall. Sie hat sie näher zusammengebracht in dem Sinne auch, dass klargeworden ist, dass wir unser Schicksal miteinander verbunden haben und dass wir nur gemeinsam vorangehen können. Sie hat allerdings auch zu großen Streitigkeiten [u. a. bei der Eurorettung während der Finanzkrise] geführt. Das hat damit zu tun, dass wir sehr unterschiedliche Kulturen haben, die aufeinanderprallen.

Zit. nach: www.deutschlandfunkkultur.de/20-jahre-euro-politisch-richtig-oekonomisch-zu-frueh.1008.de.html?dram:article_id=437234 (13.09.2021)

optimaler Währungsraum: Das Schlagwort nimmt Bezug auf eine Theorie, die sich mit der Frage befasst, unter welchen Bedingungen eine einheitliche Währung in einem Wirtschaftsraum sinnvoll ist, der aus wirtschaftlich unterschiedlich starken Regionen besteht.

---

2. a) Beschreiben Sie mithilfe des Darstellungstextes die neuen Rahmenbedingungen, die die europäische Integration nach dem Zweiten Weltkrieg überhaupt erst möglich machten.
b) „Die Europäische Union ist im Gegensatz zu ihrer Vorläuferin, der Europäischen Gemeinschaft für Kohle und Stahl, kein deklariertes Friedensprojekt, sondern in erster Linie ein Wirtschaftsprojekt.“
Überprüfen Sie diese These mithilfe des Darstellungstextes.

3. a) Analysieren Sie die europapolitischen Vorstellungen von Winston Churchill (M 4).
b) Begründen Sie, ausgehend vom historischen Kontext dieser Rede im Jahr 1946, dass Zeitgenossen sie als revolutionär und visionär bezeichneten.

4. Überprüfen Sie mithilfe von M 5, ob die Vision Churchills mit dem Vertrag von Maastricht Realität geworden ist.

M 8 Die EU-Osterweiterung aus östlicher Perspektive

Der polnische Publizist Janusz Tycner beschrieb im Jahr 2003 polnische Sichtweisen bei der Osterweiterung der EU:

Die Frage der Unabhängigkeit, der staatlichen Souveränität, hat eine große Bedeutung in einem Land wie Polen, das 123 Jahre lang (von 1795 bis 1918) dreigeteilt war und nach nicht ganz 21 Jahren Unabhängigkeit (zwischen 1918 und 1939) wieder für 50 Jahre (bis 1989) seine Freiheit verlor. [...] Unabhängigkeit und Freiheit sind in Polen sehr kostbare Güter. [...]

Der Drang zur Wiedererlangung der staatlichen Souveränität war nach den Jahrzehnten der Unfreiheit etwas sehr Natürliches und stand, so paradox das auch klingen mag, in keinem Widersprich zum Willen, an der europäischen Integration teilzunehmen. Um an die EU Souveränität abzugeben, muss man sie erst einmal überhaupt besitzen. [...]

Die große EU-Begeisterung vom Anfang der 1990er-Jahre, als bis zu 90 % der Bürger den Beitritt befürworteten, ist [jedoch] längst vorbei. Je konkreter die Verhandlungen wurden, umso größer war die Ernüchterung. Als man im Osten Europas die EU nur aus der Ferne betrachten konnte und an den Beitritt Polens nicht zu denken war, überwog im Osten die Überzeugung, die EU sei vor allem eine spendable Modernisierungs- und Sanierungsagentur. Mehr als ein Jahrzehnt dauert inzwischen die Annäherung an die EU, doch an die Bräuche des Warschauer Paktes [...] gewöhnt, wo einmal, zumeist in Moskau, gefasste Beschlüsse nie infrage gestellt wurden, haben viele Menschen aus dem ehemaligen kommunistischen Machtbereich auch heute noch Mühe zu verstehen, „wie der Hase in der EU läuft“. Ihnen kommt die EU oft vor wie ein arabischer Basar [...]. Hier gilt das gesagte Politikerwort nicht viel, Bündnisse wechseln innerhalb der EU je nach Bedarf, Kompromisse gelingen meist nur dann, wenn der allerkleinste Nenner gefunden ist. [...]

Ein wichtiger, in Deutschland oft übersehener oder unterschätzter Wesenszug der polnischen Wahrnehmung von Zukunft und Gegenwart ist der historische Bezug aller wichtigen nationalen Debatten. Anders ausgedrückt: Wenn sich die Polen über das Hier und Jetzt streiten, dann begeben sie sich schnell und gerne in die Geschichte auf der Suche nach Argumenten und stellen Vergleiche an mit Ereignissen aus der Vergangenheit. [...]

Praktisch sah das nach 1989 so aus, dass Bedrohungen der Vergangenheit in die Gegenwart übertragen wurden. Hier war die Angst beheimatet, ein großzügiges Bodenrecht [, das es EU-Bürgerinnen und -Bürgern erlaubt, in jedem Mitgliedsstaat der EU Land zu erwerben,] müsse zum „Ausverkauf“ polnischen Bodens oder gar zur „Wiedereindeutschung“ Schlesiens, Pommerns und des ehemaligen Ostpreußens führen. Hier spielte vor allem die Erinnerung an die deutsche Siedlungskommission eine wesentliche Rolle. Von der Regierung in Berlin mit einem Ansiedlungsgesetz samt einer Enteignungsklausel und viel Geld ausgestattet, übernahm diese Kommission im Rahmen einer breit angelegten Germanisierungsaktion bis zum Beginn des Ersten Weltkrieges polnischen Grundbesitz in den preußischen „Ostmarken“ und gab das Land an deutsche Siedler weiter.

Janusz Tycner: Polen, Deutschland und die EU-Osterweiterung: Chancen, Hoffnungen und Ängste – mit polnischen Augen gesehen, Hannover 2003, S. 10 f., 15 f.

5. a) Nennen Sie Gedanken, die Menschen bei der Einführung des Euro als Zahlungsmittel (M 6) möglicherweise hatten.
   b) „Aus wirtschaftlicher Sicht war die Einführung des Euro ein Fehler, aus politischer Sicht gab es dazu keine Alternative.“ Erläutern Sie diese Aussage.

6. Analysieren Sie M 2 oder M 3. Beurteilen Sie dabei auch die vom Karikaturisten eingenommene Position.

7. a) Arbeiten Sie aus M 8 die wechselnde polnische Wahrnehmung der EU vor und nach dem Beitritt des Landes heraus.
   b) Der Autor des Textes in M 8 spricht der polnischen Geschichte einen großen Einfluss auf Entscheidungen und Wahrnehmungen der Gegenwart zu. Erläutern Sie dies entweder am Beispiel des im Text genannten „Bodenrechts“ oder an einem anderen, selbst recherchierten Beispiel.

Braucht die EU ein neues Selbstverständnis?

Herausforderungen und Entwicklungsperspektiven für die EU

M 1 Karikatur von Gerhard Mester, 28. November 2016

1. a) Beschreiben Sie die Karikatur M1.
   b) Stellen Sie auf der Basis Ihres Vorwissens Hypothesen über die Intention des Zeichners auf.

Tendenz zur Re-Nationalisierung?

Das Projekt der europäischen Einigung stellt in der Weltgeschichte einen bisher einmaligen Vorgang dar: Souveräne Nationalstaaten mit eigener Sprache und Kultur, die sich teils über Jahrhunderte feindlich gegenüberstanden, schlossen sich freiwillig zusammen, um zukünftig gemeinsam Frieden zu wahren und Wohlstand zu mehren. Dazu übertrugen sie nationale Kompetenzen – zunächst im Bereich der Wirtschaft, später auch in anderen Bereichen – auf eine supranationale Ebene, die europäische. Gleichwohl blieb die europäische Integration bisher eher ein Projekt der Eliten und wurde von den Bürgerinnen und Bürgern der Mitgliedsstaaten vielfach eher toleriert als tatsächlich gewollt.

Dies wird vor allem deutlich, wenn die Übertragung weiterer Souveränitätsrechte auf die EU diskutiert wird: Proteste in den Mitgliedsstaaten sind hier eher die Regel als die Ausnahme. Seit knapp zwei Jahrzehnten nimmt der Widerstand gegen die europäische Integration deutlich zu. Europakritische Parteien sind in nahezu allen Staaten der EU in den nationalen Parlamenten vertreten und konnten deutlich an Stimmen hinzugewinnen. In Deutschland und Frankreich, den beiden wichtigsten Impulsgebern der europäischen Einigung in der Vergangenheit, haben sich mit der „AfD“ und dem „Rassemblement National“ (RN) zwei dezidiert europakritische Parteien in den Parlamenten etabliert, mit den Parteien „Fidesz“ in Ungarn und „PiS“ in Polen stellen Skeptiker der europäischen Einigung in zwei Mitgliedsstaaten der EU die Regierung. Forderungen nach einer Rückverlagerung von Kompetenzen weg von der europäischen Ebene hin in die Nationalstaaten sind hiervon ebenso die Konsequenz wie Überlegungen, die Europäische Union gänzlich zu verlassen.

Ein Mitgliedsstaat hat die EU bereits verlassen: das Vereinigte Königreich. Am 1. Januar 2021 endete dessen Mitgliedschaft nach fast 40 Jahren. Vorausgegangen war eine Volksabstimmung im Juni 2016, in der rund 52 %

der Bürgerinnen und Bürger für einen Austritt votierten. Das Land ist seit dem Referendum tief in Gegner und Befürworter des „Brexit" – also des „British Exit" – gespalten. Hauptargument für die Befürworter des Austritts aus der EU war der Verlust eigener staatlicher Souveränität und Unabhängigkeit im Zuge der fortschreitenden europäischen Integration. Gesetze für das Vereinigte Königreich sollten allein in London und nicht in Brüssel gemacht werden. Hinzu kam, dass das Vereinigte Königreich sich als Nettozahler empfand, also tendenziell mehr Geld an die EU überwies, als durch Beihilfen und Subventionen zurückflossen. Allerdings vernachlässigt diese Sichtweise nationales Wirtschaftswachstum, welches durch die Teilnahme am Binnenmarkt generiert wurde.

Die EU – eine Wertegemeinschaft?

Die Mitgliedsstaaten der EU haben sich vertraglich verpflichtet, eine Reihe gemeinsamer Werte zu achten. Hierzu zählt beispielsweise, Verfolgten das Recht auf Asyl zu gewähren. Dennoch weigerten sich während der sogenannten Flüchtlingskrise 2015, als Millionen Kriegsflüchtlinge aus Syrien, dem Irak und Afghanistan nach Europa strömten, einzelne EU-Mitglieder – darunter Polen, Ungarn und Tschechien –, Geflüchtete in ihrem Land aufzunehmen. Formal befanden sie sich damit im Recht, denn in der EU galt, dass immer das Land für Asylverfahren zuständig ist, in dem Geflüchtete zuerst ankommen. Allerdings war diese Regelung nicht für solch große Flüchtlingsströme ausgelegt und führte zur finanziellen und logistischen Überforderung der Erstaufnahmeländer Italien und Griechenland. Doch die Mitgliedsstaaten konnten sich nicht auf ein Quotensystem einigen, nach dem die Geflüchteten auf alle Staaten der EU verteilt werden und damit alle die Lasten entsprechend ihrer Wirtschaftskraft tragen sollten.

Zu den in der EU zu achtenden Werten zählen vor allem auch solche, die Rechtsstaatlichkeit und den besonderen Schutz von Minderheiten betreffen. Jedoch wurden seit 2015 in Polen und Ungarn innenpolitische Maßnahmen ergriffen, durch welche die EU-Kommission die gemeinsamen Werte nicht mehr gewahrt sah – erstmals in der Geschichte ihres Bestehens: In Polen ging es um eine Justizreform und in Ungarn um ein Gesetz zur sexuellen Selbstbestimmung von LGBT. Gegen beide Mitglieder hat die Europäische Kommission 2021 Vertragsverletzungsverfahren eingeleitet, sodass ihnen das Einfrieren von finanzieller Förderung durch die EU drohte.

Globalisierung – die Rolle der EU in der Welt

Im Kontext der **Globalisierung** steht die Europäische Union auch international vor großen Herausforderungen. Vor allem mit den USA und China konkurriert sie um wirtschaftliches Wachstum und Wohlstand. Die USA haben die heimische Wirtschaft in den 2010er-Jahren durch protektionistische Maßnahmen (z. B. Einfuhrzölle) vor Importen aus der EU stärker abgeschottet. Gleichzeitig ist mit USMCA ein Abkommen zwischen den USA, Mexiko und Kanada in Kraft getreten, das eine große Freihandelszone schafft und den Handel mit den Staaten der EU weiter negativ beeinflusst. Dies gilt umso mehr, als ein Freihandelsabkommen zwischen der EU und den USA bisher nicht abschließend verhandelt werden konnte. China, lange als „Werkbank der Welt" bezeichnet, entwickelt sich mehr und mehr zu einem Land, das selbst zu weitreichenden technologischer Innovation fähig ist und Spitzentechnologie herstellt. Gleichzeitig wendet China seinen Blick aber auch nach außen. Abkommen mit einer Reihe afrikanischer Staaten sichern dem Land – häufig in Konkurrenz zur EU – notwendige Rohstoffe. Ehrgeizige Infrastrukturprojekte wie die „Neue Seidenstraße" stellen die notwendige Infrastruktur bereit.

In politischer und militärischer Hinsicht sind die zukünftigen Herausforderungen nicht minder groß. Der Blick der USA verlagert sich weg von Europa und hin in den pazifischen Raum. Die USA sehen mit China den Hauptkonkurrenten der kommenden Jahrzehnte dort. Für die EU hat dies zur Folge, dass deutlich mehr Verantwortung für die gemeinsame, auch militärische Sicherheit übernommen werden muss. Politisch werden die Mitgliedsstaaten der EU nur dann ihren Einfluss in der Welt bewahren können, wenn sie mit einer Stimme sprechen.

Werkbank der Welt: häufig verwendete Bezeichnung für China, da dort seit rund 20 Jahren ein Großteil der Waren des täglichen Bedarfs (z. B. Zahnbürsten, Kugelschreiber, Töpfe etc.) für den Weltmarkt produziert werden

Neue Seidenstraße: ein langfristiges Wirtschaftsprojekt Chinas in Asien, Afrika und Europa mit dem Ziel, die Handelsinfrastruktur deutlich zu verbessern. Investiert wird dabei in Bahnlinien, Straßen und Häfen.

M2 Die Zukunft der EU – „Ever Closer Union"?

Thomas Kirchner, Redakteur der „Süddeutschen Zeitung", schrieb 2020 über die Zukunft der EU:

„Ever Closer Union": In der Präambel des aktuellen EU-Vertrages zeigen sich die Mitgliedsstaaten noch immer entschlossen, „den Prozess der Schaffung einer immer engeren Union der Völker Europas […] weiterzuführen". In Großbritannien wurden die eingangs zitierten drei Worte zu einem Kampfbegriff der Brexit-Befürworter. Seht her, sagten sie, dieses Europa ist auf dem Weg zum Superstaat, da machen wir nicht mit. In Wahrheit steht die EU, was die Fortentwicklung ihrer Staatlichkeit anbelangt, längst still. Nach den traumatischen Erfahrungen der letzten fünfzehn Jahre – von der gescheiterten Verfassung für Europa über die Eurokrise bis zur Migrationskrise – traut sich niemand mehr, die Verträge zu verändern. […] Aber wäre es überhaupt sinnvoll, dieses einzigartige Gebilde – zwischen Staatenbund und Bundesstaat – strukturell zu verändern, der Union etwas mehr „echte Staatlichkeit" zu verleihen? […]

[Es] stimmt: Wir brauchen mehr Europa. Aber nicht überall. Mehr Europa brauchen wir ganz sicher in der Finanz- und Währungspolitik. Zumindest solange es den Euro geben soll. Denn ohne eine gemeinsame Politik, die den einzelnen Staaten das Heft aus der Hand nimmt, kann die gemeinsame Währung nicht funktionieren. Was es nicht braucht, ist eine gemeinsame Gesundheitspolitik. Man stelle sich vor, die Coronamaßnahmen würden aus Brüssel diktiert. Das würde die Union nicht lange überleben. Interessant wird es bei der Migration. Einerseits wäre es wünschenswert und vollkommen sinnvoll, die Kompetenzen hier zu vergemeinschaften und eine Politik aus einem Guss zu schaffen. Andererseits sieht man an Polen und Ungarn, wie mächtig der Widerwille gegen einen solchen Schritt noch immer ist.

Dasselbe gilt für die Außen- und Verteidigungspolitik. Natürlich wäre es besser, wenn die EU hier gemeinsam auftreten könnte. Aber ist es zu verkraften für die Gemeinschaft? Europa muss vorsichtiger sein, es darf die Bürger nicht überfordern, es muss sie mitnehmen. So viel Europa wie nötig, so viel national wie möglich, das scheint eine vernünftige Formel für das weitere Prozedere zu sein. Am Ende wird daraus wie von selbst ein Europa der flexiblen Zusammenarbeit, ein Europa der konzentrischen Kreise entstehen. Mehrere Europas auf einmal mit einer unterschiedlich intensiven Zusammenarbeit. Zum Teil gibt es das schon, siehe Euro. Es könnte auch sein, dass Länder wie Ungarn oder Polen im engeren Kreis keinen Platz mehr finden werden. Bundeskanzlerin Angela Merkel hat sich immer gestemmt gegen diese Idee. Sie hat Angst davor, dass Europa daran zerbrechen könnte. Das Gegenteil ist richtig: Zerbrechen würde der Kontinent an einem Einheitseuropa.

Zit. nach: www.sueddeutsche.de/politik/eu-europa-1.5136787 (17.09.2021)

Eurokrise: Der Begriff fasst eine Reihe von unterschiedlichen Krisen der Europäischen Währungsunion ab dem Jahr 2010 zusammen. Im Kern geht es dabei um eine hohe Staatsverschuldung einzelner Mitgliedsstaaten in Kombination mit schwachem wirtschaftlichem Wachstum. Konsequenz war die drohende Zahlungsunfähigkeit einzelner Staaten, die nur durch massive finanzielle Hilfen u.a. der EU abgewendet werden konnte.

M3 (unten) Schaubild der europäischen Integration (Stand 2022). *Die* eine Integration gibt es nicht, sondern verschiedene Abkommen, an denen unterschiedliche Staaten beteiligt sind.

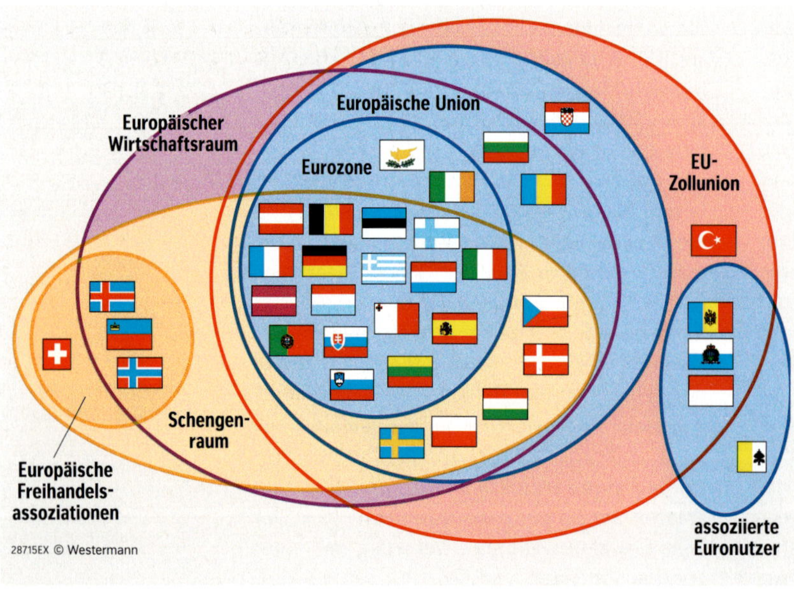

Europäischer Wirtschaftsraum: Zwischen den Mitgliedsstaaten gilt die Freiheit von Waren-, Dienstleistungs-, Personen- und Kapitalverkehr.

Eurozone: Mitgliedsländer der EU, die den Euro als Zahlungsmittel verwenden

EU-Zollunion: Der Handel zwischen den Mitgliedsstaaten unterliegt keinerlei Zollschranken.

Schengenraum: An den Grenzen zwischen diesen Mitgliedsstaaten finden in der Regel keine Kontrollen statt.

Europäische Freihandelsassoziationen: Die Mitgliedsstaaten ermöglichen Freihandel in bestimmten Bereichen.

assoziierte Euronutzer: Staaten ohne EU-Mitgliedschaft, aber mit dem Euro als offiziellem Zahlungsmittel.

M 4 Begeistern für Europa?

Matthias Krupa, Brüssel-Korrespondent der Wochenzeitung „Die Zeit", schrieb 2012:

Jede Generation beginnt im Schatten der vorangegangenen. Aber selten ist dieser Schatten so mächtig wie in der europäischen Politik. [...] Auf der einen Seite stehen die Alten, die auf den Trümmern des Zweiten Weltkriegs das große Werk der europäischen Einigung errichtet haben. Ihr Werk. Männer wie Schuman, Adenauer und de Gaulle, später Schmidt und Giscard, Kohl und Mitterand*. Die Gründer und die Verwalter. Ihnen gegenüber stehen die Amtsinhaber von heute, Nachgeborene, die den Krieg nicht mehr erlebt haben. [...]
Schmidt und Kohl, Giscard und Mitterand, sie alle sind Politiker geworden, weil sie als Kind oder Soldat den Krieg erlebt haben. Das hat ihrer Politik, vor allem ihrer Europapolitik, eine Dringlichkeit und eine Überzeugungskraft gegeben, die den Jüngeren naturgemäß nicht zur Verfügung stehen. Für die Alten ist die EU bis heute eine Antwort auf die Geschichte. Doch den Jungen fällt es schwer, sich einen Krieg in Europa noch vorzustellen. Und umgekehrt gilt: Den Alten fällt es schwer, von Europa zu sprechen, ohne dabei an Krieg zu denken. Das führt zu unterschiedlichem Europa-Bewusstsein. Die Generation von Schmidt, Kohl und Giscard empfindet die EU seit jeher als prekäres, gefährdetes Projekt. Für Merkel oder [den französischen Staatspräsidenten] Holland hingegen, die sich fast monatlich in Brüssel treffen, ist das Politikmachen im europäischen Verbund in einem Maße selbstverständlich, von dem ihre Vorgänger stets geträumt haben. Die EU, so hat es die Physikerin Merkel vor Kurzem gesagt, sei „längst in einem stabilen Aggregatzustand".
Der Hinweis auf den Krieg [...] zieht nicht mehr richtig. Die neue Begründung lautet daher: Wir brauchen die EU, weil wir Europäer in der Welt immer weniger werden. Nur gemeinsam können wir unseren Wohlstand verteidigen und für unsere Werte einstehen. Vieles spricht dafür, dass das so ist. Aber das Argument selbst hat wenig Strahlkraft. An die Stelle des Versprechens auf eine bessere Zukunft ist die Verteidigung des Erreichten getreten. Und statt auf die Vergangenheit zu verweisen, müssen Merkel & Co. mit Annahmen über die Zukunft operieren. [Dabei] fällt es nicht leicht, mit demografischen Kurven Begeisterung zu wecken.

www.zeit.de/2012/51/Europa-Schatten-der-Vaeter (13.09.2021)

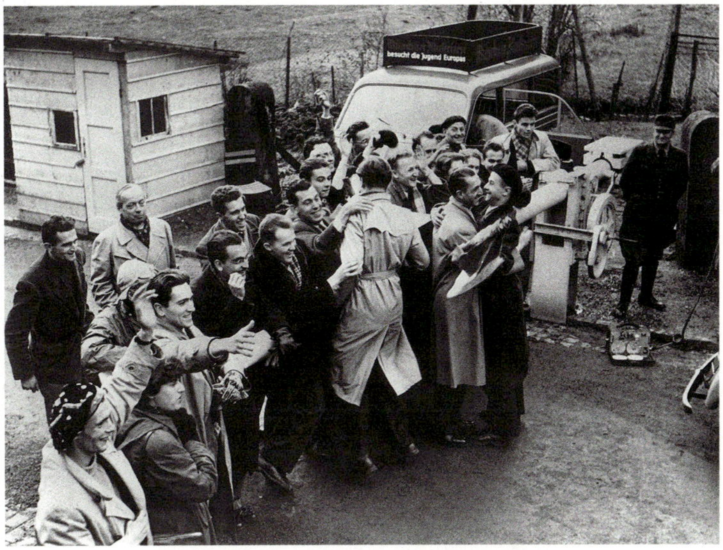

M 5 Ganz am Anfang. Deutsche und fran-zösische Studierende versuchen, eine Grenzanlage einzureißen. Foto, 1950

* Genannt sind hier die bedeutenden deutschen und französischen Politiker unterschiedlicher Epochen der Nachkriegsgeschichte.

2. a) Beschreiben Sie auf der Basis der Darstellungstextes aktuelle innere und äußere Herausforderungen, mit denen die EU sich konfrontiert sieht.
b) Bringen Sie die inneren und äußeren Herausforderungen der EU in eine Rangfolge. Vergleichen Sie Ihre Ergebnisse zu zweit und diskutieren Sie ggf. unterschiedliche Wahrnehmungen.

3. Die EU kann Fördergelder für Mitgliedsstaaten kürzen oder streichen, sofern sie die gemeinsamen Werte nicht hinreichend beachten. Diskutieren Sie mithilfe des Darstellungstextes: Ist dieses Mittel angemessen, um innenpolitische Entscheidungen in Polen bzw. Ungarn zu beeinflussen?

4. Als Ausweg aus der aktuellen Krise bei der europäischen Integration wird oft von einem flexiblen Europa gesprochen (M 2, Z. 48). Bewerten Sie diesen Vorschlag.

5. a) Vergleichen Sie auf der Basis von M 4 die europa-
politische Prägung der Gründerväter der EU mit derjenigen der aktuellen Politikerinnen und Politiker.
b) „Die EU hat keine Vision mehr, die die Menschen überzeugt." Beurteilen Sie diese Aussage.

Das Ende des Ostblocks

Zerfall und Transformationsprozesse

→ S. 134–139

Reformen in der Sowjetunion: Problemlösung oder Anfang vom Ende?

1985 leitete Michail Gorbatschow in der UdSSR Reformen in Wirtschaft und Gesellschaft ein: **Glasnost** (Transparenz) und **Perestroika** (Umgestaltung) sollten zu einer Modernisierung des Sozialismus führen. Mit der sogenannten **Sinatra-Doktrin** („I did it may way") gestand er auch den sowjetischen „Satellitenstaaten" zu, eigene Reformwege zu gehen. Gorbatschows neuer Kurs sollte zu Antworten auf die zahlreichen Herausforderungen führen, denen sich die UdSSR gegenübersah: Vor allem der **Rüstungswettlauf** mit den USA hatte zu steigender **Staatsverschuldung** und einer **Versorgungskrise** mit Konsumgütern, Lebensmitteln und Dienstleistungen beigetragen. Deutlich wurde, dass die sowjetische Wirtschaft mit dem **Strukturwandel**, wie er sich in vielen westlichen Staaten vollzog, nicht Schritt halten konnte. Sie sah sich mit einem **Innovationsdefizit** insbesondere im digitalen Bereich konfrontiert und hatte sich noch nicht zu einer Dienstleistungsgesellschaft entwickelt. Da der Anspruch, Wohlstand und Gleichheit zu schaffen, in einen Widerspruch zur erlebten Realität geriet, war vielmehr eine **Legitimitätskrise** entstanden.

→ S. 140–143

Umweltverschmutzung: Ein Problem des Sozialismus?

Der im Sozialismus verankerte Glaube an die Beherrschbarkeit der Natur durch Technik erschwerte in vielen sozialistischen Staaten die Entwicklung eines Umweltbewusstseins. Doch vor allem im Zuge der „Glasnost" wurden die Folgen der **Umweltverschmutzung** für viele Bürgerinnen und Bürger in den sozialistischen Staaten sichtbarer. Infolgedessen gründeten sich hier in den 1980er-Jahren isoliert agierende kleine Umweltgruppen. Umweltverschmutzung war aber – auch angesichts des Kalten Krieges mit seinem Rüstungswettlauf – ebenfalls im Westen ein Problem: eine globale Herausforderung.

→ S. 150–153, 154–161

Die DDR in den 1980er-Jahren: Krisenbewältigung ohne Reformen?

Auch in der DDR war der gesamtwirtschaftliche **Strukturwandel** hin zum Dienstleistungssektor ausgeblieben, und auch sie sah sich zunehmend mit einer **Versorgungskrise** und hoher **Staatsverschuldung** konfrontiert, die zu einer **Legitimitätskrise** führen sollten. Um Unruhen zu vermeiden und die drohende Zahlungsunfähigkeit abzuwenden, nahm der Staat Milliardenkredite bei der BRD auf. Im Gegensatz zur Sowjetunion versuchte die DDR aber, sich gegenüber Reformen zu verschließen. Doch bei dissidenten Strömungen in der DDR weckten Glasnost und Perestroika große Hoffnungen.

→ S. 162–165

Das Jahr 1989 in der DDR: Gehen oder bleiben?

Der Wahlbetrug bei den Kommunalwahlen im Mai 1989 stärkte die **Bürgerbewegung** in der DDR, die im Rahmen von „Wahldemonstrationen" ihren Forderungen Ausdruck verlieh. Vor allem bei den Leipziger Montagsdemonstrationen lautete das Motto der Protestierenden: „Wir sind das Volk". Auch die **Ausreisebewegung**, die sich im September 1989 durch die Grenzöffnung in Ungarn zu einer regelrechten Massenbewegung entwickelte, war Ausdruck einer zunehmenden politischen Opposition und ein Meilenstein zur **„Friedlichen Revolution"**, die in der DDR zunächst die Maueröffnung und letztlich auch das Ende der DDR bewirkte.

Weitere friedliche Revolutionen? Umstürze in anderen Ländern

Als Vorbild für die Bürgerbewegung in der DDR kann die polnische Bewegung **Solidarność** betrachtet werden, die bereits 1980 gegründet worden und – nach zwischenzeitlichem Verbot – seit 1988 am „Goßen Wandel" in Polen beteiligt war. Ihr Anführer Lech Wałęsa ging Ende 1990 sogar als Sieger aus den ersten freien Präsidentenwahlen des Landes hervor. Ebenso kann der Fall der Berliner Mauer am 9. November 1989 als ein Impuls für die **„Samtene Revolution"** in Prag verstanden werden. Als am 17. November 1989 die Polizei brutal eine Studentendemonstration in Prag unterdrückte, hatte dies eine Großdemonstration zur Folge. Der 17. November gilt als Wendepunkt zur Etablierung eines liberal-demokratischen Systems in der Tschechoslowakei.

→ S. 144–147, 166–169

Vom Mauerfall zur Einheit: Sind wir „das" Volk, oder sind wir „ein" Volk?

Mit der Schaffung einer **Währungs-, Wirtschafts- und Sozialunion** zwischen der BRD und der DDR waren die Grundlagen für die **Deutsche Einheit**, die am 3. Oktober 1990 offiziell vollzogen wurde, gelegt worden. Die internationalen Rahmenbedingungen für die Deutsche Einheit definierte der **Zwei-plus-vier-Vertrag**, ein Staatsvertrag, der zwischen der BRD und der DDR sowie Frankreich, der Sowjetunion, Großbritannien und den USA geschlossen wurde und dem vereinigten Deutschland „die volle Souveränität über seine inneren und äußeren Angelegenheiten" gewährte.

→ S. 170–173

Aufbau oder Abbau Ost? Aufbruch zu Demokratie und Marktwirtschaft

Insbesondere die neuen Bundesländer standen vor zahlreichen Herausforderungen im Zuge des nun durchzuführenden Transformationsprozesses. Hierzu zählten vor allem die Umstellung von der sozialistischen Planwirtschaft auf die soziale Marktwirtschaft und eine damit einhergehende Privatisierung des Staatsvermögens der DDR, aber auch die Aufarbeitung der SED-Vergangenheit. Innerhalb der ostdeutschen **Transformationsgesellschaft** wurde der Prozess oftmals als „Abbau Ost" wahrgenommen.

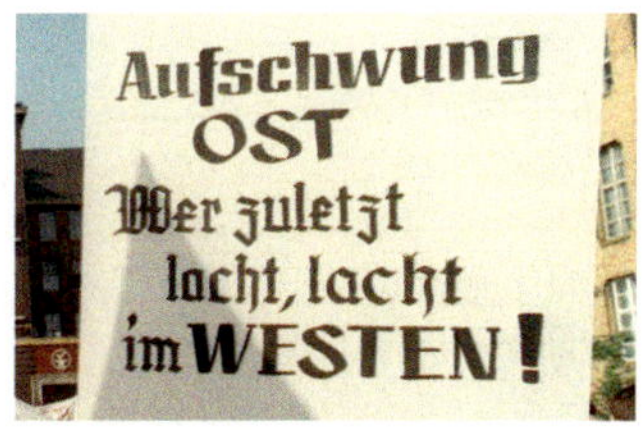

→ S. 174–175

Transformationsprozesse in der Sowjetunion: Nicht mehr steuerbar?

In der sowjetischen **Transformationsgesellschaft** entwickelten die Reformprozesse eine nicht aufzuhaltende Dynamik und führten 1991 schließlich zum Zerfall der UdSSR und zur Gründung der **Gemeinschaft Unabhängiger Staaten (GUS)**, einer zwischenstaatlichen Organisation, deren größte und einflussreichste Teilrepublik die Russische Föderation war. Die russische Transformationsgesellschaft zeichnete sich infolge einer neoliberalen Politik, wie sie vom russischen Präsidenten Boris Jelzin forciert wurde, durch eine hohe Arbeitslosenquote, Vertrauensverlust in den Staat und die Herausbildung einer neuen Schicht von politisch einflussreichen „Superreichen", den Oligarchen, aus. Der Staat hatte seine Funktion als Ordnungsmacht weitestgehend verloren.

→ S. 176–181

Die erweiterte EU – eine „Ever Closer Union"?

Die ehemaligen Satellitenstaaten der UdSSR orientierten sich zunehmend am westeuropäischen Wirtschaftsraum, der seit der Gründung der **Europäischen Union (EU)** 1994 auf eine gemeinsame Währung, den **EURO**, zusteuerte. 2004 begann die **Osterweiterung** der EU. Doch nicht alle Mitgliedsstaaten verfolgen das Ziel der „Ever Closer Union". Wird es der EU künftig gelingen, in der **globalisierten** Welt als Staatenbund aufzutreten?

→ S. 184–193

Postkoloniale Räume

Aktuelle Probleme in historischer Perspektive

In den siebzig Jahren von 1890 bis 1960 prägten europäische Kolonialreiche das Leben der Mehrheit der Weltbevölkerung. Spuren dieser Zeit beeinflussen bis heute das Bewusstsein der Menschen in den ehemaligen kolonialen Zentren und in den ehemaligen kolonialisierten Gesellschaften. Sie sind in Kultur und Wirtschaft bis in aktuelle Probleme hinein zu erkennen. Deshalb spricht man auch nach dem Kolonialzeitalter von „postkolonialen" Räumen. Das vorliegende Kapitel lädt zu einem bewussten, kritischen Umgang damit ein:

- Welche Herrschaftsformen entwickelte der Kolonialismus, der vor allem zwischen 1890 und 1960 das Leben der Mehrheit der Weltbevölkerung prägte?
- Zu welchen Gegenstrategien griffen Unabhängigkeitsbewegungen?
- Welche Folgen hat der Hochimperialismus auf den Umgang der Menschen und Länder miteinander in der postkolonialen Welt heute?

Abbildungen

- „Kolonialbesitz der europäischen Staaten" – Karte aus dem „Diercke Schulatlas für Höhere Lehranstalten" aus dem Jahr 1900
- (rechts unten) 1947 ging nicht ein souveräner Staat aus der Kolonie Britisch-Indien hervor, sondern zwei: Indien und Pakistan, deren Verhältnis bis heute konfliktreich ist. Das 2017 in Amritsar eröffnete Museum der Teilung Indiens beleuchtet die Hintergründe dessen und lässt Zeitzeugen zu Wort kommen.

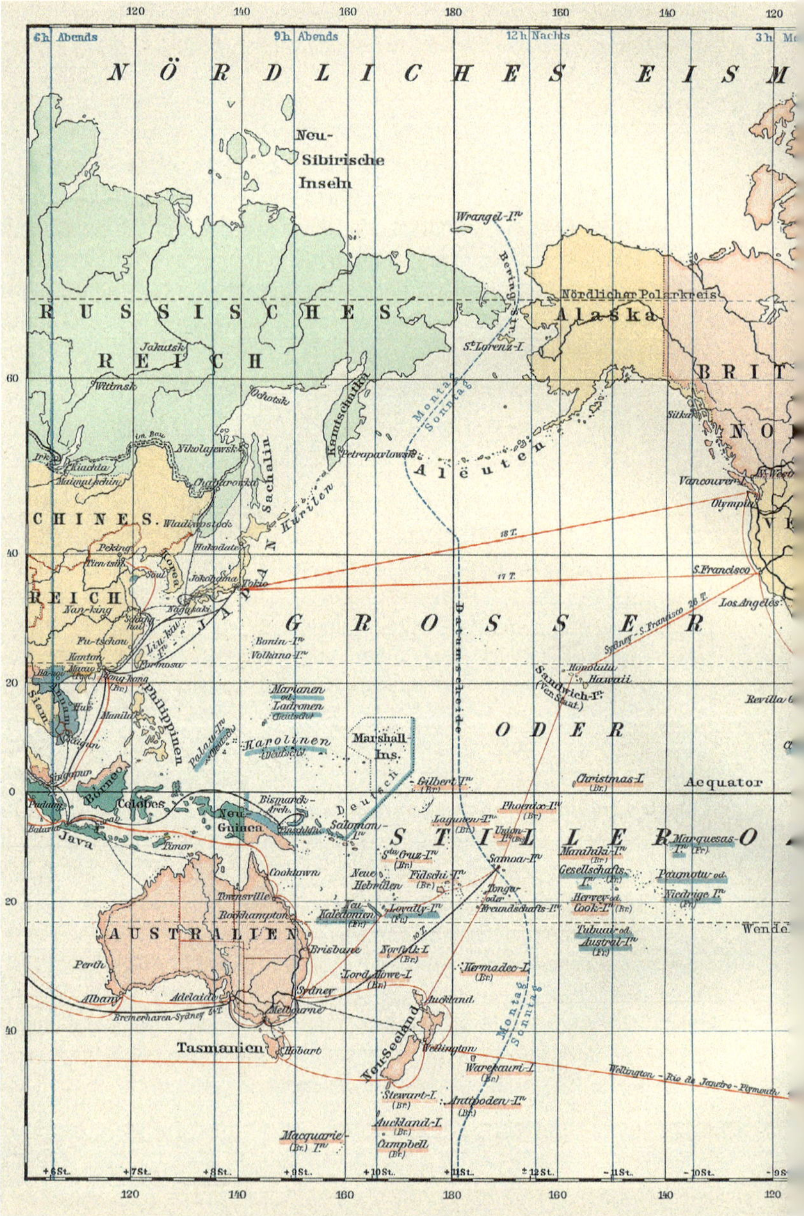

Kolonialbesitz
der
europäischen Staaten:
Deutsch
Britisch
Französisch
Niederländisch
Belgisch
Portugiesisch
Italienisch
Spanisch
Dänisch
Weltverkehr:
Deutsche Dampferlinien
Ausländ. Dampferlinien
Haupt-Eisenbahnen
Telegraphen u. Kabel
Karawanenstrassen
NÖRDLICH. EISMEER
GRÖNLAND
Spitzbergen
Nowaja Semlja
Island
Jan Mayen
Bären-I.
ATLANTISCHER OZEAN
INDISCHER OZEAN
RUSSISCHES REICH
CHINESISCHES REICH
BRASILIEN
ARGENTINA
BOLIVIA
KONGO-STAAT
ARABIEN
INDIEN
PERSIEN
Wendekreis des Krebses
Mitteleuropäische Zeit
westl. Länge 0 östl. Länge
v. Greenwich

Ist die Welt europäisch?

Ausprägungen der Kolonialherrschaft um 1900

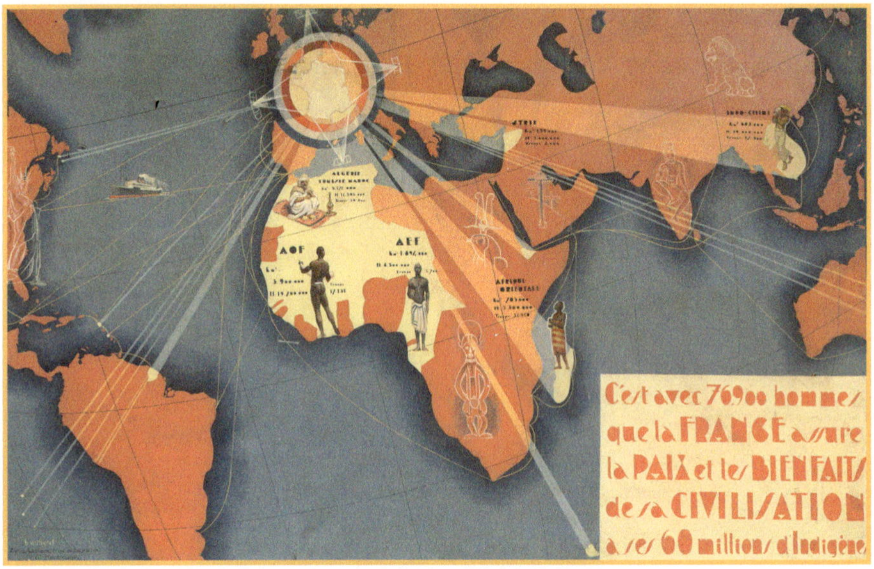

M1 „Mit 76900 Männern sichert Frankreich den Frieden und die Wohltaten der Zivilisation für 60 Millionen Indigene." – Plakat zur Internationalen Kolonialausstellung, die 1931 in Paris nach dem Konzept bisheriger Weltausstellungen das französische Kolonialreich präsentierte.

1. a) Charakterisieren Sie das Bild, welches M1 vom Kolonialismus zeigt.
   b) Entwickeln Sie Fragen an das Kapitel.

Das Zeitalter der Imperien

In den Jahrzehnten um 1900 lebte die Mehrheit der Weltbevölkerung in einem **Imperium**, einem Großreich. Wie gelang der Aufbau imperialer, teils weltweiter Herrschaftsstrukturen? Welche Auswirkungen hatten Imperien auf Handelswege und Warenströme, auf das Zusammentreffen von Kulturen und die Wanderungsbewegungen von Menschen?

Das Herrschaftsstreben der Großmächte in Europa, aber auch in Teilen Asiens hatte seit den 1880er-Jahren neue Formen gewonnen. Bis etwa zum Beginn des Ersten Weltkriegs dehnten sie – untereinander rivalisierend – ihre Herrschaft gezielt auf entfernt gelegene Gebiete aus und betrieben **Kolonialismus**: Durch die Kontrolle über Kolonien sicherten sie sich Rohstoffe, neue Märkte für ihre Fertigwaren sowie neue Siedlungsgebiete. Da sie dadurch die Bildung von Großreichen mit Weltmachtstellung anstrebten, bezeichnet man die Herrschaftspraxis der Kolonialmächte als Imperialismus. Zur Legitimierung ihres Herrschaftsanspruchs ließen sie Gesandte undurchsichtige Verträge mit Einheimischen schließen und setzten später militärische Gewalt gegen Widerstände und Unabhängigkeitsbewegungen ein. Ihren Führungsanspruch begründeten sie mit ihrer angeblichen kulturellen Überlegenheit. Im Sinne des Sozialdarwinismus bekannten sie sich zu der Auffassung, nur die stärksten Nationen würden sich in einem „Kampf ums Dasein" durchsetzen: Die Verbreitung von Fortschritt, Christentum und somit „Zivilisation" sei ihre Aufgabe – unterlegene Kulturen würden untergehen.

Sozialdarwinismus: im 19. Jh. verbreitete, auf die Lehre des Naturforschers Charles Darwin zurückgehende Theorie über die Entwicklung menschlicher Gesellschaften. Sie ging davon aus, dass das Erbmaterial der Menschen von unterschiedlicher Qualität sei, und behauptete, nur diejenigen mit dem besten Erbmaterial würden die Menschheit voranbringen. So rechtfertigte sie die Unterdrückung angeblich minderwertiger „Menschenrassen".

Machtausübende Akteure

Die europäischen Kolonialmächte entwickelten unterschiedliche Herrschaftsformen. So schlossen die Briten in Indien anfangs Handelsabkommen mit dem Herrscher des im Norden gelegenen Mogulreichs und pachteten das Recht zur Eintreibung von Steuern. Mit weiteren Verträgen erweiterten sie ihr Einflussgebiet nach und nach. Ihre Kolonialherr-

Mogulreich: von 1526 bis 1857 bestehender Staat, der zeitweise ganz Indien unter der Oberherrschaft eines Mogul-Herrschers vereinte schaft übten sie teils indirekt aus: Indische Fürsten konnten im Amt bleiben, wenn sie die britische Oberhoheit loyal anerkannten. So erhielten Inder unter britischer Leitung Verwaltungsämter, und in der Kolonialarmee konnten sie unter britischem Oberbefehl bis zum Subedar, Kompanieführer, aufsteigen. Für den Transport von Exportwaren wurden Eisenbahnlinien zu den Häfen gebaut – mit Schienen, Lokomotiven und Kohle aus England. Durch die Verfügung über Zölle, Steuern und festgesetzte Währungskurse wurden Warenströme so gelenkt, dass die Gewinnspannen in den Zentren groß waren. Um die Kosten der Kolonialverwaltung gering zu halten, wurde aber nur wenig in die Kolonie investiert. Erst nach Aufständen und Hungerkatastrophen führte die Kolonialmacht bescheidene Reformen durch. Die Zentren der Imperien beuteten ihre Peripherie aus.

In Afrika setzten manche Kolonialmächte eine direkte Herrschaft durch, indem sie Siedlerkolonien errichteten – so auf deutscher Seite „Deutsch-Südwestafrika“. Die Europäer betrachteten die Afrikaner als minderwertige „Rasse“, die unter europäischer Anleitung zur Arbeit gezwungen werden müsse. Aufstände Indigener wurden mit militärischer Gewalt unterdrückt. „Weiße“ Siedler dominierten auch in den britischen Kolonien Kanada, Australien und Neuseeland.

Auch Einzelpersonen traten als Kolonisatoren auf. Der englische Kaufmann Cecil Rhodes (1853–1902) weitete den Besitz einzelner Gold- und Diamantenminen von der Kapkolonie im Süden Afrikas weit nach Norden aus. Die so entstandene britische Kolonie wurde zeitweise nach ihm benannt: „Rhodesien“. Und der Deutsche Carl Peters gründete eine Kolonialgesellschaft und begann 1885, in der Region Usagara im heutigen Tansania Herrschaftsansprüche zu erwerben, indem er die afrikanischen Partner dazu drängte, für sie unverständliche Verträge zu unterzeichnen. Als dort 1888 Aufstände ausbrachen, übernahm das Deutsche Reich die Kontrolle und ernannte Peters 1891 zum „Reichskommissar“ im Kilimandscharo-Gebiet: Die Kolonie Deutsch-Ostafrika entstand. Peters setzte sich 1891 für die Gründung des völkisch gesinnten „Alldeutschen Verbandes“ zur Förderung deutscher Kolonialinteressen ein.

Zentrum und Peripherie

In Europa wurden Männer für den Einsatz in den Kolonien ausgebildet – in Militär, Verwaltung, Handel und Mission. Kolonialvereine warben für den Ausbau der Imperien, Zeitungen berichteten von der militärischen Überlegenheit der Kolonialtruppen, und Jugendbücher bereiteten Kinder auf spätere Rollen als „Kolonialherren“ vor. Zudem waren bei den Europäern die zu geringen Kosten importierten „Kolonialwaren“ wie Tee, Kaffee, Tabak oder Kakao beliebt. Auch einfache Arbeiter konnten sie sich leisten und wurden dadurch zu kleinen Profiteuren der imperialen Wirtschaft. Zudem schuf der Export von Industriewaren Arbeitsplätze – in Europa. Der englische Ökonom und Journalist John A. Hobson nannte das System „Sozialimperialismus“.

In den Kolonien dagegen wurden einheimische Gewerbe, etwa in der Textilindustrie, oft gezielt als lästige Konkurrenz von den Märkten verdrängt. Stattdessen schufen die Kolonialherren große Plantagen für den Anbau von Zuckerrohr, Baumwolle oder Kautschuk. Da diese für den Export vorgesehenen „Cash Crops“ den Anbau von Früchten für den lokalen Markt stark einschränkte, kam es infolge von Missernten häufig zu Hungersnöten. Teile der einheimischen Eliten begannen bald, die Ausbeutung der Arbeiterinnen und Arbeiter zu kritisieren. Doch wenn Angehörige der Eliten die Privilegien der Europäer hinnahmen, konnten sie in manchen Kolonien Besitz und Ämter erhalten.

Austausch oder Konflikt?

Der weltweite Ausbau von Infrastrukturen in Handel, Transport und Kommunikation förderte vom Imperialismus geprägte kulturelle Verflechtungen. Europäer nutzten das Wissen anderer Erdteile für ihre eigenen Zwecke, und Intellektuelle aus den Kolonien analysierten die Herrschaft der Imperialmächte. Aus der Konfrontation mit fremden Machtansprüchen entwickelten sie ein neues Selbstverständnis. Muslimische Gelehrte etwa forderten bald Reformen und einen politischen Islam: Fortschrittliche Muslime strebten eine Öffnung des Islams für die moderne Welt an, andere wollten westlichem Einfluss durch eine enge Auslegung des Koran auch politisch entgegentreten.

Alldeutscher Verband: Organisation mit bis zu 52 000 Mitgliedern, die von 1891 bis 1939 im Deutschen Reich bestand. Sie vertrat ein völkisches, kolonialistisches, rassistisches und antisemitisches Programm.

M2 Zur Kolonialausstellung in Paris

a) Die große Kolonialausstellung sollte die Vielfalt und die wirtschaftlichen Ressourcen des französischen Kolonialreiches präsentieren. Der Journalist Artus berichtete darüber:

Welches Staunen! Diesen Sonntag schien die Sonne, ganz kolonial, auf die weißen Fassaden, und die 130 Hektar des Ausstellungsgeländes konnten kaum die Massen der 400 000 enthusiastischen Besucher fassen. Der Tempel von Angkor Wat [ein Nachbau] wird geradezu gestürmt. [...]

Zur Einweihung eines Pavillons sind der Kolonialminister Renaud und der Generalsekretär der Ausstellung, Marschall Lyautey, eingetroffen. [...] Dieser sagt: „Die internationale Kolonialausstellung in Paris ist ein Werk des Friedens." Und mit einem Blick auf die Nachbauten und Ausstellungshallen unserer Besitzungen ergänzt er: „Wie schön ist doch das friedliche Werk des Kolonialismus!" – Und tatsächlich gehört Lyautey zu denjenigen, die verstanden haben, dass sich dauerhafte koloniale Eroberungen mehr durch Geist und Herzen als durch mörderische Schlachten gewinnen lassen. Und so äußerte er noch vor Kurzem: „Kolonisieren, das bedeutet nicht nur den Bau von Häfen, Fabriken oder Eisenbahnen, sondern es bedeutet auch, die wilden Herzen der Savanne und der Wüste durch menschliche Sanftmut zu gewinnen." Und er fügte hinzu: „Indem wir die enorme Arbeit zeigen, welche die kolonisierenden Nationen bereits geleistet haben, führt diese Ausstellung vor Augen, wie viel mehr noch zu leisten ist! [...] Könnte sie doch allen Völkern, vor allem den im Geiste älteren, einen neuen Esprit, ein neues Bewusstsein vermitteln!"

Robert Artus: „Ce que nous dit le Maréchal Lyautey", in: Le Journal de l'Exposition Coloniale. Paris 06/1931, S. 1 (Übers.: Friedrich Huneke)

M3 Umschlagmotiv des Ausstellungskatalogs zur Kolonialausstellung, 1931

b) Zu den wenigen Kritikern der internationalen Kolonialausstellung in Paris 1931 gehörte neben der Kommunistischen Partei Frankreichs eine Gruppe surrealistischer Künstler, die zur Eröffnung ein Flugblatt mit dem Titel „Ne visitez pas L'Exposition Coloniale" veröffentlichten. Darin heißt es:

Am Vorabend des 1. Mai 1931 und der Eröffnung der Kolonialausstellung wurde der vietnamesische Student Tao von der französischen Polizei entführt. [...] Taos Verbrechen? Er ist Mitglied der kommunistischen Partei, die in Frankreich in keiner Weise als illegal gilt, und hat vor dem Elysée-Palast gegen die Exekution von vierzig Vietnamesen protestiert. [...]

[Ein] Blick hinter den Vorhang ist anscheinend notwendig im Jahr 1931, zur Eröffnung der Kolonialausstellung. [...] Man investiert überflüssiges Kapital in Afrika und in Asien, man bezeichnet es als Gabe für deren Völker und hält es für ganz natürlich, dass sich durch die Arbeit dieser Millionen neuer Sklaven goldene Ketten in der Bank von Frankreich ansammeln. [...] Man bezieht sich auf die Lehre von der Unteilbarkeit des nationalen Territoriums, um Massaker [an Aufständischen] zu rechtfertigen. Es vergeht keine Woche ohne Todesopfer in den Kolonien. Die Anwesenheit des Präsidenten der Republik [und] des Erzbischofs von Paris [...] auf dem Podium der Kolonialausstellung zeigt deutlich die Komplizenschaft der Bourgeoisie mit diesem neuen und intolerablen Konzept eines „Großen Frankreich".

Unterzeichner: André Breton, Paul Eluard, Louis Aragon [...] – Die Namen unserer ausländischen Kameraden geben wir zu deren Schutz nicht öffentlich bekannt.

Zit. u. übers. nach: www.andrebreton.fr/work/56600100711050 (18.10.2021)

M 4 Was ist ein Imperium?

Der Historiker Jürgen Osterhammel analysierte den Wandel globaler Beziehungen durch die imperiale Politik im 19. Jahrhundert. Er geht von vielfältigen Formen von Imperien aus, nennt aber folgende Aspekte eines „Idealtypus“:

Ein Imperium ist ein großräumiger, multiethnisch zusammengesetzter Herrschaftsverband mit einer asymmetrischen, in autoritärer Praxis realisierten Zentrum-Peripherie-Struktur, der durch den Zwangsapparat, die Symbolpolitik sowie die universalistische Ideologie des imperialen Staates und der ihn tragenden imperialen Elite zusammengehalten wird. Eine soziale und kulturelle Integration unterhalb der imperialen Elite findet nicht statt; es gibt keine homogene imperiale Gesellschaft und keine gemeinsame imperiale Kultur. Auf internationaler Ebene gestattet das Zentrum den Peripherien keine eigenständigen Außenbeziehungen.

Dass es im Vollzug imperialer Beziehungen immer wieder zu „Aushandlungen“ und Kompromissen kommt, steht außer Frage. Ein Imperium ist kein riesiger Kasernenhof, und allenthalben finden sich Nischen für Widerstand und Freiräume für die Entfaltung von Eigensinn. Man kann auf allen gesellschaftlichen Ebenen unter günstigen Bedingungen in Imperien gut und sicher leben. Doch darf dabei der fundamentale Zwangscharakter eines jeden Imperiums nicht vergessen werden. Ein Imperium, dem sich viele oder alle freiwillig anschließen, ist keines, sondern – wie die NATO – ein hegemonialer Verband mit überwiegend autonomen Partnern und einem primus inter pares in der Mitte.

Jürgen Osterhammel: Die Verwandlung der Welt. Eine Geschichte des 19. Jahrhunderts, München 2009, S. 615 f.

M 5 Die deutsche „Schutztruppe“ führt Chiefs der Ngoni in „Deutsch-Ostafrika“ zur Abschreckung Waffen vor, darunter das Maxim-Maschinengewehr, Foto, 1897. Zwecks Niederschlagung von Aufständen war die Kolonialtruppe in „Deutsch-Ostafrika“ 1888 als erste militärische Einheit mit dem neu entwickelten Maschinengewehr ausgestattet worden und hatte damit Massaker verübt.

M 6 Was ist Kolonialismus?

Jürgen Osterhammel definierte 1995:

Kolonialismus ist eine Herrschaftsbeziehung zwischen Kollektiven, bei welcher die fundamentalen Entscheidungen über die Lebensführung der Kolonisierten durch eine kulturell andersartige und kaum anpassungswillige Minderheit von Kolonialherren unter vorrangiger Berücksichtigung externer Interessen getroffen und tatsächlich durchgesetzt werden. Damit verbinden sich in der Neuzeit in der Regel sendungsideologische Rechtfertigungsdoktrinen, die auf der Überzeugung der Kolonialherren von ihrer eigenen kulturellen Höherwertigkeit beruhen.

Jürgen Osterhammel: Kolonialismus. Geschichte, Formen, Folgen, München 1995, S. 21

2. Erklären Sie das Leben in den Zentren und Peripherien von Imperien auf der Basis des Darstellungstextes.

3. Arbeiten Sie die Aussagen der bildlichen Darstellungen des Kolonialismus in M 1, M 3 und M 5 heraus.

4. Der Kolonialismus – ein „friedliches Werk“? Überprüfen Sie diese Deutung auf der Basis von M 2 a) und b).

5. Geben Sie Osterhammels Begriff eines idealtypischen Imperiums (M 4) wieder.

6. a) Grenzen Sie die Begriffe Imperialismus und Kolonialismus mithilfe des Darstellungstextes, M 4 und M 6 voneinander ab.
b) Analysieren Sie auf der Basis Ihrer Ergebnisse Formen der Kolonialisierung.

Selbstbestimmungsrecht oder Vormundschaft?

Der lange Weg zur Dekolonisierung

M 1 Postkarte zur Gründung des Völkerbundes, USA 1920.Der Schriftzug auf der Mauer lautet: „Thus said the Lord: Come let us reason together." Auf der Kinderkrippe steht: „The League of Nations"

1. Nehmen Sie die Perspektive des Zeichners ein und erklären Sie den Bildaufbau von M 1. Beginnen Sie auf der linken Seite.

14 Punkte für ein Miteinander?

Wenn auch ihre Rivalität um Kolonien untereinander immer wieder zu Spannungen führte, vertraten die europäischen Mächte bis 1914 doch alle den Anspruch, imperiale Herrschaft bringe der Welt Frieden und Fortschritt. Die Katastrophe des Ersten Weltkrieges aber stellte dies mehr denn je infrage, vor allem außerhalb Europas. Das Schlagwort vom **„Selbstbestimmungsrecht der Völker"** geriet dabei in den Fokus. Bereits 1917 hatten die Bolschewiki in Russland die Souveränität der Völker und Ethnien des vormaligen Zarenreiches sowie ihr Selbstbestimmungsrecht verkündet und den freiwilligen Charakter des Völkerbündnisses im neuen russischen Staat betont. Das Modell wirkte auf Gegner der imperialen Politik in der ganzen Welt zunächst ermutigend.

Weltweite Beachtung fanden kurz darauf auch die Ideen des Präsidenten der USA, Woodrow Wilson. Auch er sprach vom Selbstbestimmungsrecht der Völker, das er als das Recht jedes Volkes verstand, frei über seine Staats- und Regierungsform zu entscheiden. Ausgehend von diesem Grundsatz erklärte er dem US-Kongress im Januar 1918 in einem **14-Punkte-Programm** die Grundlagen seiner Außenpolitik, die eine neue internationale Friedensordnung schaffen sollte. So wollte Wilson die einseitige Geheimdiplomatie abschaffen, indem Verträge öffentlich ausgehandelt würden. Zudem sollten alle Nationen durch gleiche Handelsbedingungen in einen fairen Wettbewerb treten können und militärische Rüstung auf ein Minimum reduziert werden. Für die Völker in den im Ersten Weltkrieg zerbrechenden europäischen Imperien Österreich-Ungarn und Osmanisches Reich forderte er nach dem Prinzip des Selbstbestimmungsrechts die Schaffung neuer Staaten in neuen Grenzen. Wilsons wichtigster Punkt: Um die Beziehungen der Nationen künftig friedlich zu regeln, sollte eine internationale Organisation geschaffen werden, der **Völkerbund**.

US-Kongress: Legislative der USA, bestehend aus den beiden Kammern Senat und Repräsentantenhaus

Vor allem in den Kolonien weckte der Plan Erwartungen: Viele Menschen machten sich Hoffnungen auf baldige Souveränität nach Kriegsende. Doch gerade mit Bezug auf die Kolonien hatte Wilson ungenau von „unparteiischer Neuordnung aller kolonialen Ansprüche" gesprochen. Hatte er, wenn er von Selbstbestimmungsrecht sprach, überhaupt die Kolonien der Imperialstaaten in Blick gehabt? Wollte er eine **„Dekolonisierung von oben"** in Gang setzen?

Was wird aus den Kolonialgebieten?

Als das Deutsche Reich infolge der Kriegsniederlage seine Kolonien aufgeben musste und die Imperialmächte Großbritannien und Frankreich sie annektieren wollten, setzte sich Wilson damit durch, sie unter die Aufsicht des 1919 gegründeten Völkerbundes zu stellen: Für eine unbestimmte Zeit sollten sie unter der Vormundschaft meist europäischer Mächte verwaltet werden, die jährlich Rechenschaft über ihre Verwaltung abzulegen hätten.

So wurden die meisten der vormals deutschen Kolonien in Afrika als **Mandatsgebiete** an die Kolonialmächte Großbritannien, Frankreich und Belgien vergeben. Für „Deutsch-Südwestafrika", das heutige Namibia, übernahm die Republik Südafrika das Mandat, für die Karolinen-Inseln im Pazifik wurde Japan als Mandatar – Mandatsverwalter – eingesetzt.

Auch für die Gebiete des zerbrechenden Osmanischen Reiches mussten nach dem Ersten Weltkrieg Lösungen gefunden werden. Die im Friedensvertrag von Sèvres 1920 festgelegten Regelungen der Siegermächte sahen deutliche Gebietsverluste vor. Dies betraf etwa den Westen und den Osten Anatoliens, des türkischen Kerngebiets, aber auch den arabischen Raum. Dort hatte während des Krieges der Sherif von Mekka die britischen Truppen gegen die osmanische Zentralgewalt militärisch unterstützt. Dafür hatte die britische Regierung ihm zugesagt, sich nach Kriegsende für die Bildung eines arabischen Großreiches einzusetzen. Doch auch jüdischen Initiativen zur Bildung eines eigenen Staates in Palästina hatten die Briten ihre Unterstützung in Aussicht gestellt. Etwa zeitgleich aber hatten Großbritannien und Frankreich im geheimen Sykes-Picot-Abkommen ihre Interessenssphären im arabischen Raum abgesteckt, wobei es beiden um Zugang zu Erdölvorkommen ging. Das Versprechen an den Sherif von Mekka wurde dabei nicht berücksichtigt. Das ihm zugesagte Gebiet teilten sie in eine britische und eine französische Einflusszone: Ein Großteil des heute irakischen Gebietes sollte britisch werden – Syrien, der Libanon und ein Teil Galiläas Frankreich zufallen.

Außer Mandatsgebieten und Kolonien, die weiterhin unter direkter Herrschaft von Mächten wie Frankreich, Großbritannien oder den USA standen, gab es Gebiete mit einem sogenannten Dominion-Status. Diesen vergab die britische Regierung seit Anfang des 20. Jahrhunderts an einige ihrer Kolonien, darunter Kanada, Australien, Neuseeland, Neufundland und die Südafrikanische Union. In den Dominions lebten zahlreiche aus Großbritannien stammende Siedler, die sich zwar ihrem „Mutterland" verbunden fühlten, aber eigene Staaten gegründet hatten. Für diesen Kreis von Kolonien galt: Sie waren unabhängig, erkannten aber den britischen König als Staatsoberhaupt an und stimmten ihre Handels- und Außenpolitik auf die Großbritanniens ab.

Sykes-Picot-Abkommen: Der Name des Geheimabkommens weist auf die beiden Diplomaten hin, die die Verhandlungen führten: auf den Briten Mark Sykes und den Franzosen François Picot.

M 2 Mitgliedsländer des Völkerbundes

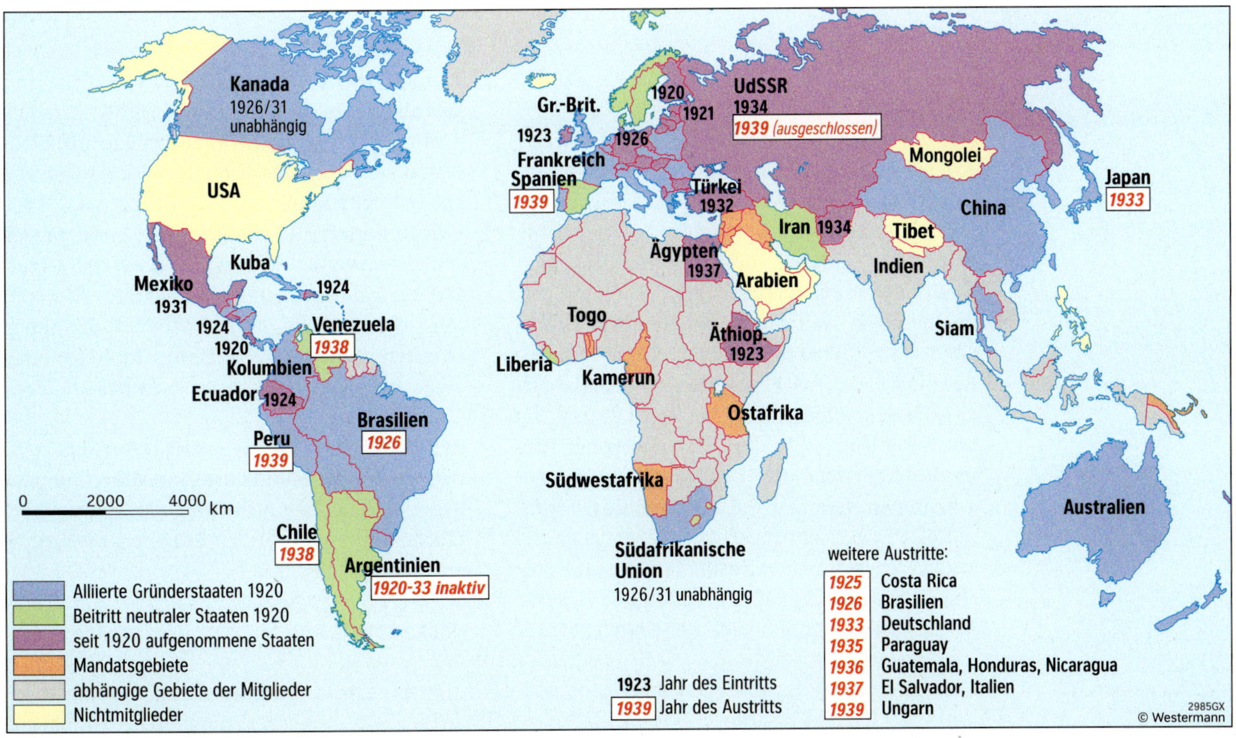

M3 Friede ohne Aneignungen

US-Präsident Wilson legte in 14 Punkten Grundlagen einer Nachkriegsordnung dar. Folgende waren für ehemalige Kolonialgebiete bedeutsam:

I. [...] Die Diplomatie [soll] stets offen gehandhabt werden und vor aller Öffentlichkeit sich abspielen.

V. Eine freie, aufgeschlossene und absolut unparteiische Neuordnung aller kolonialen Ansprüche, gegründet auf strenge Beachtung des Grundsatzes, dass bei Entscheidung aller [...] Fragen der Souveränität die Interessen der betroffenen Bevölkerung das gleiche Gewicht haben müssen wie die berechtigten Ansprüche der Regierung, deren Rechtstitel festgelegt werden sollen.

XIV. Ein allgemeiner Verband der Nationen muss aufgrund besonderer Verträge gebildet werden zum Zweck der Gewährung gegenseitiger Garantien für politische Unabhängigkeit und territoriale Integrität in gleicher Weise für die großen und kleinen Staaten.

Übers. zit. nach: Wolfgang J. Mommsen: Imperialismus – seine geistigen, politischen und wirtschaftlichen Grundlagen, Hamburg 1977, S. 262 ff.

M4 „Vormundschaft über diese Völker“

Die Völkerbundsatzung entstand auf Basis der „14 Punkte“ von Präsident Wilson als Teil des Versailler Friedensvertrages. Artikel 22 enthält Regeln für den Umgang mit ehemaligen Kolonien:

Auf die Kolonien und Gebiete, die infolge des Krieges aufgehört haben, unter der Souveränität der Staaten zu stehen, die sie vorher beherrschten, und die von solchen Völkern bewohnt sind, die noch nicht imstande sind, sich unter den besonders schwierigen Bedingungen der heutigen Welt selbst zu leiten, finden folgende Grundsätze Anwendung: Das Wohlergehen und die Entwicklung dieser Völker bilden eine heilige Aufgabe der Zivilisation [...].

Der beste Weg [...] ist die Übertragung der Vormundschaft über diese Völker an die fortgeschrittenen Nationen, die aufgrund ihrer Hilfsmittel, ihrer Erfahrungen oder ihrer geografischen Lage am besten imstande sind, eine solche Verantwortung auf sich zu nehmen [...]. Die Art des Mandats muss nach der Entwicklungsstufe des Volkes, nach der geografischen Lage des Gebiets, nach seinen wirtschaftlichen Verhältnissen und allen sonstigen Umständen dieser verschieden sein.

[A-Mandate]

Gewisse Gemeinwesen, die ehemals zum Osmanischen Reiche gehörten, haben eine solche Entwicklungsstufe erreicht, dass sie als unabhängige Nationen vorläufig anerkannt werden können, unter der Bedingung, dass die Ratschläge und die Unterstützung eines Mandatars ihre Verwaltung bis zu dem Zeitpunkt leiten, wo sie imstande sein werden, sich selbst zu leiten. Bei der Wahl des Mandatars sind in erster Linie die Wünsche jener Gemeinwesen zu berücksichtigen.

[B-Mandate]

Die Entwicklungsstufe, auf der sich andere Völker, insbesondere die mittelafrikanischen, befinden, erfordert, dass der Mandatar dort die Verwaltung des Gebiets übernimmt. Doch ist dies an Bedingungen geknüpft. Außer der Abstellung von Missbräuchen, wie Sklaven-, Waffen- und Alkoholhandel, muss Gewissens- und Religionsfreiheit [...] gewährleistet sein. [...] Dem Handel der anderen Bundesmitglieder muss ferner die gleiche Möglichkeit der Betätigung gesichert sein.

[C-Mandate]

Endlich gibt es Gebiete wie Südwestafrika und gewisse Inseln des australischen Stillen Ozeans, die infolge ihrer schwachen Bevölkerungsdichte und geringen Ausdehnung, ihrer Entfernung von den Mittelpunkten der Zivilisation [...] oder infolge anderer Umstände nicht wohl besser verwaltet werden können als nach den Gesetzen des Mandatars und als integraler Bestandteil seines Gebiets, unter Vorbehalt der Bürgschaften, die vorstehend im Interesse der eingeborenen Bevölkerung vorgesehen sind. [...]

Ein ständiger Ausschuss wird beauftragt, Jahresberichte der Mandatare zu prüfen und dem Rate über alle die Ausführung der Mandatsverpflichtungen angehenden Fragen sein Gutachten zu erstatten.

Übers. zit. nach: www.versailler-vertrag.de/vv1.htm (27.07.2021)

M5 Was ist ein Völkerbundsmandat?

Der Begriff des „Mandats" nach der Völkerbundsatzung (VBS) ist umstritten, wie die folgende Definition und ein kritischer Kommentar zeigen:

a) Der deutsche Völkerrechtler Wolfgang Schneider definierte „Mandat" im Jahr 1926 als ...

die Verwaltung eines genau bestimmten Gebietes durch eine einzelne Macht für die eigentlichen Träger der Hoheitsrechte [im Namen] des Völkerbundes unter genau bestimmten, in Art. 22 VBS grundsätzlich und in der Mandatssatzung im Einzelnen festgelegten Bedingungen.

Wolfgang Schneider: Das völkerrechtliche Mandat in historisch-dogmatischer Darstellung, Stuttgart 1926, S. 31

b) Der Jurist Raoul Jacobs ordnete 2004 diese deutsche Definition aus dem Jahr 1926 ein:

[Die Definition ist] natürlich von einem politisch gefärbten deutschen Verständnis des völkerrechtlichen Mandats geprägt, nämlich dass den alliierten und assoziierten Hauptmächten bzw. den Mandataren keine Souveränität über die Gebiete zustehen soll.

Raoul Jacobs: Mandat und Treuhand im Völkerrecht, Göttingen 2004, S. 32

M6 Gleichheit der Nationen?

Der Historiker Lloyd Ambrosius überprüfte 2017 Wilsons Standpunkt zum Verhältnis der Nationen:

Wilsons Vision einer neuen Weltordnung zog eine globale Farblinie, indem er die kolonialen Imperien der siegreichen Alliierten grundsätzlich billigte. Aber er verlangte, dass sie im Rahmen der Übernahme der außereuropäischen Gebiete der Verlierer ein Mindestmaß an Aufsicht durch das Mandatssystem des Völkerbundes anerkannten. [...]

Die Mandatsstufen bestätigten das Denken in Rassekategorien. Einige neue Nationen im ehemaligen Osmanischen Reich, die als recht fortgeschritten und der Selbstregierung nahe betrachtet wurden, erhielten den Status sogenannter A-Mandate. Andere, „weniger entwickelte" Völker von Deutschlands Pazifikinseln und afrikanischen Kolonien wurden als B- und C-Mandate klassifiziert. Diese Völker waren in seiner neuen Weltordnung noch die anderen. Auf der Friedenskonferenz [von Versailles] wies Wilson den Gedanken der Rassegleichheit zurück.

Bei der Ausarbeitung der Satzung des Völkerbundes brachten die japanischen Delegierten einen Änderungsantrag ein, dass „der Grundsatz der Gleichheit der Nationen und die gerechte Behandlung ihrer Staatsangehörigen als Grundlage für die künftigen Beziehungen in der Weltorganisation festgelegt werden sollten". [...] Am 11. April 1919 stimmten 11 der 17 Delegierten für diesen Zusatz. Aber als Vorsitzender der Kommission lehnte Wilson den Antrag ab, weil das Votum nicht einstimmig sei. Kein anderes Mal verlangte er Einstimmigkeit.

Lloyd E. Ambrosius: Woodrow Wilson and American Internationalism, New York 2017, S. 110 (Übers.: Friedrich Huneke)

2. Beschreiben Sie mithilfe des Darstellungstextes die historische Situation, die zur Gründung des Völkerbundes führte.

3. a) Werten Sie den Text M4 mithilfe einer Tabelle aus. Beachten Sie folgende Kategorien:

	Mandatsgebiet	Mandatarland	Mittel	Ziele
Kriterien				
A-Mandat				
B-Mandat				
C-Mandat				

b) Charakterisieren Sie Wilsons Punkte sowie die Regelungen der Völkerbundsatzung bezüglich der Kolonien. Beziehen Sie sich auf den Darstellungstext, M3 und M4.

4. Erklären Sie die Definitionsversuche zum Begriff des Völkerbund-Mandats (M5 a) und b)).

5. Beurteilen Sie auf der Basis von M6, inwieweit der Völkerbund die in ihn gesetzten Erwartungen der indigenen Kolonialbevölkerung erfüllen konnte.

6. Diskutieren Sie, inwiefern die Völkerbundordnung eine „Dekolonisierung von oben" einleitete.

Nationale Befreiung – aber wie?

Verschiedene Formen des Widerstands entstehen

M 1 Delegierte des „Internationalen Kongresses gegen koloniale Unterdrückung und Imperialismus", der im Februar 1927 in Brüssel stattfand.
1 Josiah T. Gumdede (Südafrika),
2 Ngalandou Diouf (Senegal),
3 Lamine Senghor (Senegal).
Nach dem Kongress wurden mehrere Delegierte verhaftet, Senghor starb in Haft.

1. Stellen Sie sich vor, Sie hätten 1927 als Reporter oder Reporterin den Kongress besucht. Notieren Sie Fragen an die Delegierten zum Thema Kolonialismus und zu den Zielen und Themen des Kongresses.

Zur Schreibung von Schwarz und *weiß*:

Der Begriff „Schwarz" verweist nach rassismuskritischem Verständnis nicht auf Hautfarbe. Er bezeichnet eine soziale Position, die mit Rassismuserfahrungen einhergeht und mit der Widerstandspotenzial verknüpft ist. Um dies zum Ausdruck zu bringen, wird das Adjektiv großgeschrieben.

„*Weiß*" hingegen meint eine konstruierte soziale Position, die durch die Zuweisung von Vorteilen und Macht geschaffen wurde. Erst die gemeinsame Erfahrung von Privilegien macht *Weiße* zu einer Gruppe. Die Kursivsetzung des Begriffes zeigt diese Bedeutung an.

Antikoloniale Bewegungen entstehen

Im Februar 1927 trafen sich in Brüssel 174 Delegierte von Unabhängigkeitsbewegungen und Kritikern des Kolonialismus aus 37 Ländern, um sich über Erfahrungen und Strategien im Kampf gegen die imperialistische Politik der Kolonialmächte auszutauschen. Zu den Teilnehmenden gehörte auch Jawaharlal Nehru von der indischen Unabhängigkeitsbewegung, und einer der Ehrenvorsitzenden war Albert Einstein. Den Kongress hatte der deutsche Medienunternehmer und Kommunist Willi Münzenberg mit der „Liga gegen Kolonialismus" organisiert. Die international aufgestellte Organisation war 1926 in Berlin gegründet worden und mithilfe der kommunistischen Internationalen Arbeiterhilfe (IAH) weltweit vernetzt und tätig. Der Auffassung Lenins folgend sah sie die Arbeiter in Europa und in den Kolonien als Partner im Kampf gegen Ausbeutung.

In zahlreichen Kolonien hatten sich seit Ende des 19. Jahrhunderts Unabhängigkeitsbewegungen herausgebildet: So gründeten 1885 gebildete Hindus, Muslime und einige fortschrittliche Briten in Britisch-Indien den Indischen Nationalkongress, INC (→ S. 222). Und als die britische Kolonie Südafrika das bereits sehr eingeschränkte Wahlrecht für Schwarze im Jahr 1912 weiter reduzierte, gründeten Vertreter der gebildeten Schwarzen Mittelschicht dort den „South African Native National Congress", seit 1925 kurz „African National Congress" – ANC – genannt (→ S. 231).

Zur Arbeit der Aktivisten für die Unabhängigkeit ihres Landes gehörte es, Wissen über die Kolonialmächte zu erwerben. Als 1917 der Vietnamese Nguyen Ai Quooc, der sich später Ho Chi Minh nannte (→ S. 215), nach Europa reiste, hatte auch er seine Reise vor Landsleuten so begründet. Sein Wissen sollte ihm helfen, die Vorherrschaft der Kolonialherren wirkungsvoll zu kritisieren und einen Machtwechsel vorzubereiten. Mit einer Gemeinschaft vietnamesischer Patrioten forderte er in einer Petition 1918 die Anwendung der Ideen Wilsons auf die französische Kolonie Indochina, zu der Vietnam gehörte. Über die Wege und Ziele des Kampfes um Unabhängigkeit entstanden nicht zuletzt in Brüssel 1927 lebhafte Diskussionen, die in der Folge auch in weiteren antikolonialen Konferenzen, in Zeitschriften und Büchern geführt wurden.

Wege der Opposition

Die Verurteilung der kolonialen Ausbeutung und die ungleiche Behandlung der Menschen nach sogenannten „Rassen" einte die Kritiker, aber ihre Vorstellungen über Wege zur Unabhängigkeit waren verschieden. Eine gemäßigte Gruppe erwartete von der kritischen Kooperation mit den Mutterländern Vorteile für Reformen und Modernisierung ihrer Heimatländer. Und einige Imperialmächte entschieden sich infolge des Drucks von Nationalbewegungen für eine **Dekolonisierung von oben**: Sie gewährten schrittweise Mitwirkungsrechte, um ihre Machtposition zu erhalten.

Dagegen waren radikale Stimmen zunehmend bereit, Gewalt als letztes Mittel gegen unnachgiebige Kolonialherren zu akzeptieren. So schloss sich der auf der französisch beherrschten Karibikinsel Martinique geborene Politiker und Psychiater Frantz Fanon, der einflussreiche antikolonialistische Schriften verfasste, der algerischen **Befreiungsbewegung** FNL an. Er unterstützte sie im **Unabhängigkeitskrieg** gegen Frankreich. In Kuba, das formal zwar bereits unabhängig war, unterstützten die armen Bevölkerungsschichten Fidel Castro (1926–2016), der von einer kommunistischen **Revolution** eine Befreiung vieler einheimischer Landarbeiterinnen und -arbeiter von der Macht der wohlhabenden, mehrheitlich US-amerikanischen Plantagenbesitzer erwartete. Dagegen entwickelte in Britisch-Indien der Rechtsanwalt Mohandas Karamchand Gandhi (1868–1948) eine Doppelstrategie des **gewaltlosen Widerstands**: Er suchte populäre Themen wie etwa die koloniale Besteuerung von Salz, um der einfachen Bevölkerung ihre Abhängigkeit bewusst zu machen, und forderte das britische Rechtsbewusstsein durch zivilen Ungehorsam heraus.

Die Ziele

Auch über mögliche künftige Entwicklungen gab es verschiedene Vorstellungen. In der französischen Kolonie Senegal setzte der Schwarze Politiker Blaise Diagne (1872–1934) auf die Orientierung an Frankreich, er wurde 1914 der erste Schwarze Abgeordnete der französischen Nationalversammlung. Diagne wollte Gleichberechtigung und die Entwicklung des Senegal im Rahmen des Kolonialsystems verwirklichen und akzeptierte das Angebot der „Francité", der völligen Assimilation – Anpassung – der Kolonisierten an eine französische Kultur.

Eine kritische, aber auch vermittelnde Haltung vertrat Aimé Césaire, der wie Frantz Fanon aus Martinique stammte. Von 1945 bis 1993 vertrat er die Karibikinsel als Abgeordneter in der französischen Nationalversammlung. Er kritisierte die Entwertung Schwarzer Kultur, die in der Kolonialforschung als geschichtslos und „unzivilisiert" gedeutet wurde. Warum beispielsweise sollte das, was in Europa als „Gefühl" galt, in Geschichte, Kunst, Literatur und Alltagskultur der Schwarzen nur „triebhaft" sein? Für eine neue Erforschung und Bewertung Schwarzer Kultur schuf Césaire den Begriff der „Négritude". Dieser Begriff, der in den 1930er-Jahren ein neues Schwarzes Selbstbewusstsein zum Ausdruck brachte, geriet ab den 1960er-Jahren selbst in die Kritik: Die Vordenker Schwarzen Selbstverständnisses sahen nun, dass man über eine Phase der Gegenüberstellung von *weißer* und Schwarzer Kultur zu einem neuen, „postkolonialen" Kulturverständnis gelangen müsse, in dem die gegenseitige kulturelle Verflechtung offener und vielfältiger zu gestalten sei. Césaire bleibt aber das Verdienst, als Erster erkannt zu haben, dass eine „Entkolonialisierung" auf der Landkarte ohne die „Dekolonisierung" des Kulturverständnisses in den Köpfen unvollständig bleibt.

M2 Der junge Vietnamese Nguyen Ai Quoc im Jahr 1920 in Paris. Das Foto wurde aufgenommen, als er an einem Kongress der Sozialistischen Partei Frankreichs teilnahm.

2. Charakterisieren Sie Formen der Opposition auf der Basis des Darstellungstextes.

3. In diesem Buch folgt die Schreibung der Begriffe Schwarz und *weiß* den Empfehlungen zum rassismuskritischen Sprachgebrauch. Diskutieren Sie: Sollte ein Schulbuch von der amtlichen deutschen Rechtschreibung abweichen, um eine Haltung zu vermitteln? Recherchieren Sie dazu ggf. unter **WES-116793-012**.

M3 Aimé Cesaire als Motiv eines Wandbildes des französischen Street-Artists Jef Aerosol in Sarcelles, einem Vorort von Paris

Aimé Césaire (1913–2008): Auf der französischen Karibikinsel Martinique geboren, erhielt Aimé Césaire als guter Schüler ein Stipendium zum Besuch eines Elitegymnasiums in Paris. Im Salon der Schriftstellerin Paulette Nardal entdeckte er mit einem Kreis Schwarzer junger Intellektueller die Vielfalt afrikanischer Kulturen.
Mit Leopold Senghor und anderen gründete er 1934 die Zeitschrift „L'étudiant noir". Hier verwendete er erstmals den Begriff der „Négritude", mit dem er gegen die Unterdrückung Schwarzer Kulturen im kolonialen Frankreich protestierte. Césaire ging es dabei mehr um die Entwicklung einer eigenständigen Kultur als um politischen Kampf. Er heiratete die Schriftstellerin Suzanne Roussi und kehrt mit ihr 1938/39 nach Martinique zurück, wo beide ein Gymnasiallehramt übernahmen. 1941 gründete das Ehepaar mit Gleichgesinnten eine Literaturzeitschrift.
Von 1945 bis 1993 war Césaire als sozial engagierter Abgeordneter der Nationalversammlung politisch aktiv. Um Martinique zu modernisieren, setzte er sich für den Status der Insel als französisches Departement ein – von einer Unabhängigkeit befürchtete er eine Klientelpolitik der konservativen Oberschicht, also eine Politik zugunsten eines persönlichen Netzwerkes und zulasten des Landeswohls. Nach seinem Tod 2008 wurde er durch ein Begräbnis im Panthéon in Paris geehrt, Straßen und Schulen wurden nach ihm benannt.

Salon der Paulette Nardal: Die französische Schriftstellerin (1896–1985) war eine Person of Colour. Sie arrangierte Gesprächs- und Diskussionsrunden (Salons), in denen sich PoCs trafen und ihre Situation reflektierten.

4. Französische Schülerinnen und Schüler trainieren für ihr Abitur Aufgaben wie die folgende: „Arbeiten Sie die Beziehung zwischen den Begriffen der Kolonisation und der Zivilisation in Césaires Text heraus." – Probieren Sie es einmal auf der Basis von M4.

M4 „Verbindungen zwischen verschiedenen Welten"

Aimé Césaire schrieb 1950/55 den Text einer Rede über den Kolonialismus, die er nie hielt. Aber seit 1995 gehört der Text zum Kanon der französischen Abiturtexte. Hier ein Auszug:

Was ist das eigentlich genau, Kolonisation? [Weder ist es] Evangelisation noch der Wunsch, die Grenzen der Unwissenheit, der Krankheit, der Tyrannei hinauszuschieben, noch eine Ausdehnung Gottes noch eine Ausbreitung des Rechts; [es geht darum] ein für alle Mal zuzugeben, dass die entscheidenden Täter hier der Kolonialwarengroßhändler und der Reeder, [...] die Gier und die Gewalt sind, eine Zivilisationsform [...], die sich zu einem bestimmten Zeitpunkt ihrer Geschichte von innen heraus gezwungen sieht, den Konkurrenzkampf ihrer widerstreitenden Ökonomien über den ganzen Erdball auszudehnen. Um meine Analyse fortzusetzen: Ich finde, [...] dass der große Schuldige auf diesem Gebiet der christliche Überlegenheitswahn ist, weil er die unanständigen Gleichungen Christentum = Zivilisation und Heidentum = Barbarei aufgestellt hat, die nur schändliche kolonisatorische und rassistische Konsequenzen zeitigen konnten, deren Opfer dann [die Indigenen] wurden.
Nachdem dies klargestellt ist, räume ich ein, dass es eine gute Sache ist, die verschiedenen Zivilisationen miteinander in Berührung zu bringen; dass es ganz vortrefflich ist, Verbindungen zwischen verschiedenen Welten herzustellen; dass eine Zivilisation, was immer ihr ureigener Genius sein mag, verkümmert, wenn sie sich abkapselt; [...] dass Europa das große Glück hat, ein Kreuzungspunkt gewesen zu sein, und dass die Tatsache, dass es der geometrische Ort aller Ideen, das Sammelbecken aller Philosophien, der Aufnahmepunkt aller Meinungen gewesen ist, es zum besten Weiterverteiler von Energie gemacht hat.
Aber dann stelle ich die Frage: Hat die Kolonisation denn tatsächlich miteinander in Berührung gebracht? Oder anders ausgedrückt: War sie von allen Möglichkeiten, Kontakt herzustellen, die beste? Ich sage Nein. Und ich sage, dass der Abstand zwischen Kolonisation und Zivilisation unendlich groß ist; dass man mit sämtlichen Kolonialexpeditionen [...] nicht einen einzigen menschlichen Wert zustande zu bringen vermag.

Aimé Césaire: Über den Kolonialismus. Berlin 2017, S. 29 f. (Übers.: Heribert Becker)

M 5 „Wir müssen eine neue Seite aufschlagen“

1954–1962 wurde in Algerien ein Unabhängigkeitskrieg geführt. Sowohl die Seite der Befreiungsfront wie auch die französische Armee setzten ein hohes Maß an Terror und Gewalt ein. Frantz Fanon analysierte die Auswirkungen auf einzelne Menschen und zog Schlussfolgerungen:

Fall 3, Neurose einer Französin, deren Vater bei einem Anschlag ums Leben kam: Diese 21-jährige Studentin kam in meine Praxis wegen Angstzuständen, welche ihr Arbeit und soziale Kontakte erschwerten. Schweißausbrüche, Kopfschmerzen und Nagelkauen gehörten zu ihren Symptomen.

Vom Tod ihres erst kürzlich verstorbenen Vaters sprach sie leichten Herzens: „Mein Vater war für eine große ländliche Region verantwortlich. Mit rasender Wut betrieb er die Jagd auf algerische Rebellen. Ich beschloss, nicht mehr nach Hause zu fahren, denn dort konnte ich nachts nicht schlafen, weil Schreie in mein Zimmer drangen. Im Keller und in ungenutzten Räumen wurden Algerier gefoltert, um Informationen zu erpressen. Wenn mein Vater mich in der Stadt besuchte, konnte ich ihn nicht mehr umarmen. [...]

Ich kannte doch alle Familien in meinem Heimatdorf, und wenn mein Vater mir von neuen Verhaftungen erzählte, wagte ich mich dort nicht mehr auf die Straße: Die algerischen Kindheitsfreunde mussten mich doch jetzt hassen [...]. Wäre ich Algerierin gewesen, wäre ich auch zu den Rebellen gegangen.“

Fanon zieht in seinem Bericht ein Resümee:

Verlassen wir dieses Europa, das nicht aufhört, vom Menschen zu reden, und ihn dabei niedermetzelt, wo es ihn trifft, an allen Ecken seiner eigenen Straßen, an allen Ecken der Welt. Ganze Jahrhunderte hat Europa nun schon den Fortschritt bei anderen Menschen aufgehalten und sie für seine Zwecke und seinen Ruhm unterjocht [...]. Also, meine Kampfgefährten, zahlen wir keinen Tribut an Europa, indem wir Staaten, Institutionen und Gesellschaften gründen, die von ihm inspiriert sind. [...] Für Europa, für uns selbst und für die Menschheit, Kameraden, müssen wir eine neue Seite aufschlagen, neue Konzepte erarbeiten, und versuchen, einen neuen Menschen auf den Weg zu bringen.

Frantz Fanon: Die Verdammten dieser Erde. Frankfurt/M. 1966, Sonderausgabe 2008, S. 211 f., 239–242 (Übers.: Traugott König)

M 6 Frantz Fanon wirkte durch seine Schriften.

Frantz Fanon (1925–1961) stammte von der französischen Karibikinsel Martinique. Er lernte früh von seinem Vater, dass die Werte der Französischen Revolution von 1789 – Freiheit, Gleichheit, Brüderlichkeit – der Schwarzen Bevölkerung auf Martinique erst durch die Abschaffung der Sklaverei 1848 zuerkannt worden waren. Für den *weißen* Sklavereigegner und Abgeordneten Victor Schoelcher stand ein Denkmal auf Fanons Schulweg, an die Aufstände der Schwarzen erinnerte aber nichts. Fanon sagte später: „Damals habe ich begriffen, dass man mir einen verfälschten Lauf der Geschichte erzählt hat.“

1944 kämpfte Fanon in den Freien Französischen Truppen für die Befreiung Frankreichs von nationalsozialistischer Besatzung, erlebte jedoch Vorurteile gegen die *nichtweißen* Soldaten. Nach dem Krieg studierte er Medizin und Philosophie. Drei Jahre nachdem er 1953 zum Leiter der Psychiatrie in der Klinik von Blida-Joinville in Französisch-Algerien berufen worden war, trat er der **Nationalen Befreiungs-bewegung** in ihrem Krieg gegen die französischen Besatzer bei.

Fanon verfasste antikoloniale Werke. Sein letztes, „Die Verdammten dieser Erde“, erschien wenige Tage vor seinem Tod im Dezember 1961. Darin kritisierte er die koloniale Gewalt scharf und akzeptierte den Befreiungskrieg als legitimen Ausweg.

5. Arbeiten Sie aus M 5 die Folgen der kolonialen Gewalt auf die geschilderten persönlichen Beziehungen von Menschen heraus.

6. Erörtern Sie die Schlussfolgerungen von Fanon und vergleichen Sie sie mit Césaires Standpunkt.

Prozesse der Dekolonisierung

Eine Einführung

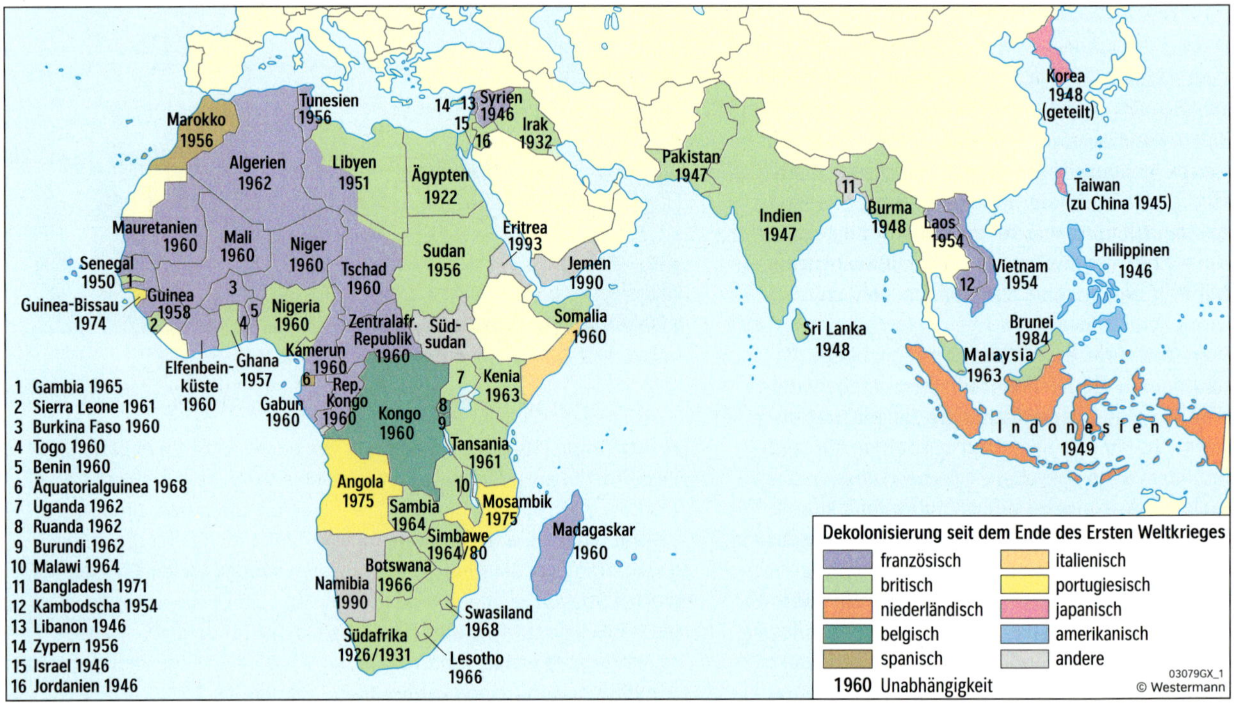

M 1 Die Dekolonisierung Afrikas und Asiens seit dem Ende des Ersten Weltkriegs. (Der deutsche Kolonialbesitz war nach Kriegsende unter das Mandat des Völkerbundes gestellt worden, → S. 202, Z. 55 ff.)

1. Analysieren Sie M 1.
2. Nennen Sie mithilfe von M 2 fünf Beispiele, die Sie im Hinblick auf die Dekolonisierung für besonders bedeutsam halten, und begründen Sie Ihre Auswahl.

Dekolonisierungsprozesse analysieren

Wenn heute von Dekolonisierung gesprochen wird, ist eine Entwicklung gemeint, die ehemalige Kolonien in den Status der Souveränität versetzte. Die Gründe dafür, dass dies geschehen konnte, waren vielfältig. Vor allem aber

M 2 Auswahl-Chronik

1880–1914	1914	1918	1919	1946–1954	1947
Phase des Hochimperialismus, „Wettlauf um Afrika“	In Russland propagiert Lenin ein „Selbstbestimmungsrecht der Völker“.	US-Präsident Wilson stellt das „14-Punkte-Programm“, ebenfalls auf der Basis eines Selbstbestimmungsrechts der Völker, vor.	Gründung des Völkerbundes. Kolonien und abhängige Gebiete der Verlierer des Ersten Weltkriegs werden unter das Mandat des Völkerbundes gestellt.	Indochinakrieg: Frankreich verliert seine Kolonien in Indochina (heute Laos, Kambodscha und Vietnam).	Großbritannien entlässt Indien und Pakistan in die Unabhängigkeit.

spielte der Druck der Oppositionsbewegungen auf die Kolonialmächte eine entscheidende Rolle. Mit welchen Erfahrungen aus den kolonialen Imperien traten die Menschen der Herrschaftszentren und der kolonisierten Peripherie aus der bestehenden Weltordnung heraus? Welche Formen des Widerstands führten die Völker in die Unabhängigkeit, welche Chancen eröffneten sich, welche Probleme aus dem kolonialen Zeitalter belasten die Gegenwart? Darum geht es in den folgenden Teilkapiteln, die Sie entweder mithilfe der jeweils formulierten Aufgabenstellungen im gemeinsamen Unterricht bearbeiten können oder auch im Rahmen einer arbeitsteiligen Gruppenarbeit.

Gruppenarbeitsvorschlag

1. a) Analysieren Sie den Dekolonisierungsprozess an mindestens einem der folgenden Fallbeispiele (im Leistungsfach: an mindestens zwei Fallbeispielen). Beachten Sie M3.
   b) Werten Sie Ihre Ergebnisse für mehrere Länder vergleichend aus.

2. 1961 schrieb Frantz Fanon während des algerischen Unabhängigkeitskrieges: „Verlassen wir dieses Europa, das nicht aufhört, vom Menschen zu reden, und ihn dabei niedermetzelt […] an allen Ecken der Welt.“
   Deuten Sie die Aussage Fanons und bewerten Sie sie anschließend.

Kategorien	Beispiele für Kriterien (hier allgemein)
1) Form der Kolonialherrschaft	direkte Herrschaft indirekte Herrschaft begrenzte Mitbestimmung Apartheidspolitik
2) Formen des Widerstands	Forderungen nach Reformen Eingaben von Petitionen Streik ziviler Ungehorsam Bildung einer Befreiungsbewegung Befreiungsrevolution
3) Einsatz von Gewalt (kolonial – antikolonial)	Gewaltlosigkeit Sabotage gegen Sachen Attentate auf Personen Guerillakrieg Bürgerkrieg
4) Akteure	Kolonialmacht Völkerbund Befreiungsbewegung charismatische Leitfigur
5) Ziele der Akteure	Imperium erweitern Dominion/Commonwealth sichern Unabhängigkeit erreichen
6) Folgen kolonialer Einflüsse	Landessprache(n) Rechtssystem(e) Grenzen Eigentumsverhältnisse (Unter-)Entwicklung ethnische Konflikte …
7) besondere Schwierigkeiten	…

M3 Beispiele für Analysekategorien

1948
Gründung des Staates Israel

1954–1962
Algerienkrieg: Die Nationale Befreiungsfront Algeriens, FNL, erkämpft die Unabhängigkeit.

1960
18 Kolonien in Afrika werden in die Unabhängigkeit entlassen.

Der erste Ministerpräsident des unabhängigen Kongo plant Verstaatlichungen. Belgien und der CIA fördern einen Umsturz, um Zugriff auf Bodenschätze zu behalten (Neokolonialismus).

1965–1975
Um eine Ausdehnung des Kommunismus zu verhindern, führen die USA Krieg in Vietnam – gegen die südvietnamesische Befreiungsbewegung und Nordvietnam.

1991
In Südafrika verkündet Präsident de Klerk das Ende der sogenannten Apartheidspolitik.

2019
Diskussionen um „Raubkunst“ führen zu ersten Rückgaben von unrechtmäßig erworbenen Kulturgütern, z. B. des Stuttgarter Lindenmuseums an Herero in Namibia.

Vietnam – ein langer Weg in die Unabhängigkeit?

Prozesse der Dekolonisierung – Fallbeispiel 1

M1 Dieses Bild ist ein verbreitetes Motiv der populären Volkskunst in Vietnam. Es zeigt die Trung-Schwestern auf Kriegselefanten, die in den Jahren 40–43 n. Chr. eine Rebellion gegen die chinesischen Besatzer ihres Landes anführten. Die Schriftzeichen oben links bedeuten: „Die Königinnen Trung vertreiben die diebischen Han." Gemeint ist die Han-Dynastie Chinas.

1. Bilden Sie anhand der Abbildung Hypothesen über die historische Beziehung Vietnams zu ausländischen Mächten.

Trung-Schwestern: Trung Trac und Trung Nhi waren vietnamesische Militärführerinnen. Trung Trac führte zwischen 40 und 43 n. Chr. als erste und einzige Königin Vietnams eine Gegenregierung zum Besatzungsregime, bis sie und ihre Schwester von chinesischen Truppen besiegt wurden. Um der Gefangennahme zu entgehen, sollen sich die Schwestern ertränkt haben. In Vietnam gelten sie heute als Nationalheldinnen.

Vichy-Frankreich: Bezeichnung für den französischen Staat, der nach der deutschen Eroberung 1940 gegründet wurde und mit den Besatzern kollaborierte. Er bestand bis 1944.

Vom Opfer zum Aggressor?

Die Geschichte Vietnams besteht aus einem komplexen Geflecht mehrerer imperialer Vergangenheiten. Vor 2000 Jahren siedelten aus Südchina kommende Bevölkerungsgruppen im heutigen Nordvietnam. Vom benachbarten Kaiserreich China wurden sie als „Viet" – „die jenseits der Grenzen Lebenden" – bezeichnet und im Jahr 111 v. Chr. erobert. 1000 Jahre lang herrschte China über die Viet, beeinflusste nachhaltig deren Regierung, Gesellschaft, Sprache und Religion, traf aber stets auch auf Widerstand. Dieser führte im 10. Jahrhundert zur Gründung des unabhängigen Königreichs „Dai Viet" – „Großartige Viet".

In den folgenden Jahrhunderten schuf Dai Viet ein eigenes Imperium, das sich an das Staats- und Kulturmodell Chinas anlehnte. Es eroberte Teile südlich gelegener Königreiche und schlug wiederholt Invasionen aus China zurück. Doch erst im Jahr 1802 gelang es der Nguyen-Dynastie, einen zusammenhängenden Vielvölkerstaat vom Roten Fluss an der Grenze zu China bis zum Mekong-Delta zu schaffen. Er nannte sich „Nam-Viet", „Viet des Südens".

Neue Kolonialmächte – alte Opferrolle?

1859 nahm Frankreich die Verfolgung von christlichen Missionaren in Vietnam zum Vorwand, um im Süden des Landes einzumarschieren und 1862 als Kolonie „Cochinchina" zu annektieren. Danach errichtete es Protektorate im heutigen Kambodscha, in Zentral- und in Nordvietnam. Die Nguyen-Dynastie blieb zwar bestehen, es gab jedoch kein unabhängiges, vereintes Vietnam mehr. 1887 fasste Frankreich diese Gebiete zur „Indochinesischen Union" zusammen, der später Laos sowie das chinesische Guangzhouwan angeschlossen wurden. Frankreichs sogenannte „Zivilisierungsmission" vernetzte die Gebiete „Französisch-Indochinas" durch Infrastrukturprojekte, ermöglichte Rohstoffausbeutung und Plantagenwirtschaft zugunsten der Kolonialmacht und verschärfte dabei die Zersplitterung der Region. Anfang des 20. Jahrhunderts bestimmten das nun romanisierte vietnamesische Schriftsystem sowie die Einführung westlicher Bildung und Massenmedien, z.B. Zeitungen und Radios, wie und worüber man in Vietnam sprach.

Im Zweiten Weltkrieg besetzte Nazi-Deutschland 1940 Frankreich, was auch in Asien spürbar wurde. Asiens neue Vormacht, Japan, erzwang eine Übereinkunft mit Vichy-Frankreich: Japans Militär durfte Teile der Region Indochina besetzen und musste mit lokalen Rohstoffen und Lebensmitteln versorgt werden. In Vietnam löste dies 1944/45 eine Hungersnot mit mehr als einer Million Toten aus. Nach der Befreiung Frankreichs durch die Alliierten übernahm Japan mit einem Staatsstreich im März 1945 die vollständige Kontrolle über Indochina. Als Japan fünf Monate später selbst kapitulieren musste, erklärten Anhänger der

Viet Minh Vietnam kurzerhand für unabhängig. War das Land damit endlich frei von Fremdherrschaft?

Gemeinsam gegen einen Feind?

„Nieder mit Faschismus und Kolonialismus" – so verkündeten Spruchbänder am 2. September 1945 in englischer, chinesischer und russischer Sprache die Geburt der Demokratischen Republik Vietnam (DRV). Der kommunistische Revolutionär Ho Chi Minh (→ S. 215), Führer der Viet Minh und erster Präsident der DRV, verlas am selben Tag die Unabhängigkeitserklärung in Hanoi. Doch zahlreiche Kräfte stritten um die Zukunft des nun offiziell vereinten Nationalstaates, der fortan allgemein als „Vietnam" bezeichnet wurde. Im Norden kämpften ab Mitte 1946 DRV-Sicherheitskräfte gegen die antikommunistische Opposition, im Süden religiöse Gruppen – wie die Cao Dai und die Hoa Hao – für eigene, autonome Staaten, teils in Koalition mit französischen Truppen. Frankreich nämlich verfolgte das Ziel, die koloniale Kontrolle über die Region zurückzugewinnen. Die DRV hingegen setzte sich mit Unterstützung aus China und der UdSSR sowie mithilfe einer Landreform, die die Arbeitskraft der Bevölkerung gänzlich für diesen „Ersten Indochinakrieg" mobilisierte, erfolgreich zur Wehr. Im Mai 1954 erlitt Frankreich eine spektakuläre Niederlage in der Schlacht von Dien Bien Phu, die das Ende französischer Kolonialpräsenz einläutete.

Trennen, um zu vereinen?

Kurz darauf schlossen die Kriegsteilnehmer in Genf einen für die Beteiligten größtenteils unbefriedigenden Kompromiss: Vietnam würde bis 1956 in zwei Staaten geteilt werden: die kommunistische DRV im Norden und die von den USA unterstützte Republik Vietnam im Süden. Wahlen sollten dann die Zukunft des Landes entscheiden. Doch der neue Präsident Südvietnams, Ngo Dinh Diem, lehnte es ab, über die Wiedervereinigung Vietnams abstimmen zu lassen. Als Antwort gründete die DRV die „Nationale Front zur Befreiung Südvietnams" (NFB), die versprach, dort eine „neue, ehrliche Regierung" zu etablieren. 1960 kontrollierten NFB-Guerillas bereits weite Teile des Südens, und drei Jahre später ermordeten südvietnamesische Militärs den unbeliebt gewordenen Präsidenten Diem. Die USA fürchteten nun, dass ganz Vietnam unter kommunistischen Einfluss geraten und – dominoartig – die gesamte Region folgen würde.

Neuer Feind, gleicher Kampf?

Ab Mitte der 1960er-Jahre entsandten die USA Hunderttausende Soldaten nach Südvietnam und flogen massive Luftangriffe in Nord und Süd. China, die Sowjetunion und ihre Satellitenstaaten wiederum erhöhten ihre Unterstützung der DRV. Dieser „Zweite Indochinakrieg", der in den USA als „Vietnamkrieg" und in Vietnam als „Amerikanischer Krieg" bezeichnet wird, wurde so zu einem Stellvertreterkonflikt des Kalten Krieges. In einem mehrjährigen, verlustreichen Guerillakampf konnten schließlich DRV- und NFB-Einheiten das technologisch überlegene US-Militär zur Aufgabe zwingen. Bis 1973 in Paris ein Friedensvertrag unterzeichnet wurde, der den Abzug der USA vereinbarte, hatte der Konflikt jedoch 60 % der Dörfer in Südvietnam zerstört und ganze Landstriche mit chemischen Kampfstoffen verseucht. Millionen Menschen waren gestorben, Hunderttausende auf der Flucht. Südvietnams Militär konnte ohne seine US-Verbündeten die Truppen der DRV und der NFB nun nicht mehr aufhalten. Im April 1975 eroberten diese Saigon, die Hauptstadt des Südens, was den Beginn der Wiedervereinigung des Landes unter kommunistischer Führung markierte. Zu Ehren des „Gründervaters" des unabhängigen Vietnam wurde Saigon nun umbenannt in Ho-Chi-Minh-Stadt.

Viet Minh: „Liga für die Unabhängigkeit Vietnams", eine nationale Unabhängigkeitsbewegung, gegründet 1941 von Ho Chi Minh. Sie war die einzige Gruppierung Vietnams, die organisierten Widerstand gegen die französische und japanische Fremdherrschaft leistete.

„Nationale Front zur Befreiung Südvietnams" (NFB): Eine paramilitärische Koalition vietnamesischer Kommunisten und Nichtkommunisten, geführt von der kommunistischen Arbeiterpartei des Südens sowie der DRV-Regierung im Norden. Von ihren Gegnern wurde die NFB als Vietcong („vietnamesische Commies") bezeichne, „Commies" abwertend für Kommunisten.

M2 Dieses Foto entstand nach der Eroberung Saigons Ende April 1975: Ein NFB-Soldat stutzt einem Passanten den „westlichen" Haarschnitt.

M3 Historische französische Karte des Kolonialgebiets „Französisch-Indochina"

M4 Arbeiter um 1900 in der Kohlemine im nordvietnamesichen Hon Gai. Diese größte Mine des Landes war für besonders harte Arbeitsbedingungen bekannt.

M5 Ist Widerstand immer kommunistisch?

Tran Van Don (1917–1997) war General in der vietnamesischen Nationalarmee und später Verteidigungsminister Südvietnams. 1975 floh er in die USA. In seiner Autobiografie beschreibt er Frankreichs Kolonialherrschaft:

Der Einfluss Frankreichs hatte positive und negative Seiten. [...] Unsere Jugend, mich eingeschlossen, lernte das freie Unternehmertum kennen und besuchte französische Schulen, lernte die französische Sprache und erkannte, dass wir mit den Westlern in einer Vielzahl von Disziplinen konkurrieren konnten. Als ein Nebenprodukt all dieser Erziehung wurden viele von uns zu politischen Kämpfern, vorbereitet auf den kommenden Kampf gegen die Unterdrückung. [...] Obwohl wir vieles an Frankreich als Nation und Kultur zu bewundern lernten, konnten wir uns nie mit den negativen Seiten der Kolonialadministration Vietnams zufriedengeben. Das herausstechendste Merkmal des französischen Regimes war die universell praktizierte Rassendiskriminierung. [...] Bei der wirtschaftlichen Entwicklung ging es immer um das, was Frankreich [...] zugutekam, nicht Vietnam. Vietnam wurde so abhängig wie möglich vom Mutterland gehalten, aber als Rohstoffquelle und als Absatzmarkt für französische Industriegüter benutzt. [...] Um es mit wenigen Worten auszudrücken: Die Menschen hatten die Nase voll. [...]

Widerstand gegen Frankreichs Herrschaft wurde oft nicht als das erkannt, was es war, ein simples nationalistisches Gefühl, gerichtet auf die Unabhängigkeit unseres Landes. Kurz nach dem Ersten Weltkrieg begannen die Franzosen, unseren politischen Widerstand gegen das koloniale Regime als Erscheinungsform des Kommunismus wahrzunehmen. [...] In den Augen der Franzosen, und später der Amerikaner, waren wir entweder Kommunisten oder Neutralisten, wenn wir uns nicht mit ihnen einigen konnten, während wir für die andere Seite zu Marionetten wurden, wenn wir kooperierten. [...] Ich entschied, mich auf die Seite des Westens zu schlagen, während andere ebenso patriotische Vietnamesen den marxistischen Pfad unter der Leitung des sowjetischen Russlands einschlugen.

Zit. u. übers. nach: Marylin B. Young/John J. Fitzgerald/A. Tom Grundfeld: The Vietnam War: A History in Documents, Oxford 2002, S. 21 ff.

M 6 Kommunistisches Plakat (undatiert). Es trägt den Schriftzug: „Nichts ist wertvoller als Freiheit und Unabhängigkeit“.

M 7 Ho Chi Minh, 1945

Ho Chi Minh (zunächst auch bekannt als Nguyen Ai Quoc → S. 207) bei der Verlesung der Unabhängigkeitserklärung Vietnams (→ M 8). Ho setzte sich früh für Vietnams Unabhängigkeit von kolonialer Herrschaft ein und kam in Frankreich mit kommunistischem Gedankengut in Berührung. Er studierte in Moskau an einer Universität der Komintern, gründete 1930 die Kommunistische Partei Indochinas und 1941 die Viet Minh. Von 1945 bis zu seinem Tod 1969 war er der erste Präsident der Demokratischen Republik Vietnam.

M 8 „Alle Völker der Erde sind gleich“

Am 2. September 1945 verlas Ho Chi Minh in Hanoi die Unabhängigkeitserklärung Vietnams:

An alle Landsleute.

Wir sind der Ansicht, dass alle Menschen gleich geschaffen sind; dass sie von Geburt einige unverbrüchliche Rechte mitbringen, darunter das Recht auf Leben, Freiheit und Glück.

Diese unsterblichen Worte stehen in der Unabhängigkeitserklärung der Vereinigten Staaten von Amerika, die im Jahre 1776 ausgerufen wurde. In weiterem Sinne bedeuten sie: Alle Völker der Erde sind gleich; jedes Volk hat das Recht auf Leben, Glück und Freiheit.

Die Erklärung der Menschen- und Bürgerrechte, die von der Französischen Revolution im Jahre 1791 verkündet wurde, besagt ebenfalls: Die Menschen werden frei und gleichberechtigt geboren und bleiben es. Das sind unumstößliche Tatsachen. […]

Aber schon achtzig Jahre rauben die französischen Kolonialherren unter dem Deckmantel des Wahlspruches von „Freiheit, Gleichheit und Brüderlichkeit“ unser Land aus und knechten unsere Landsleute. Ihre Taten stehen in einem schreienden Gegensatz zu allen Prinzipien der Menschlichkeit und Gerechtigkeit.

De facto hat unser Land im Herbst 1940 aufgehört, französische Kolonie zu sein; es wurde zu einer japanischen. Nach der Kapitulation Japans stand das ganze Volk unseres Landes auf, nahm die Macht in seine Hände und gründete die Demokratische Republik Vietnam. […]

Unser Volk zerschlug die Ketten der Kolonialsklaverei, die es fast hundert Jahre lang gefesselt hielten, und schuf das unabhängige Vietnam. Gleichzeitig stürzte unser Volk die Monarchie, die Jahrtausende bestanden hatte, und errichtete eine republikanische demokratische Ordnung.

Ein Volk, das achtzig Jahre lang einen beharrlichen Kampf gegen die französische Herrschaft geführt hat, das mehrere Jahre tapfer in den Reihen der Alliierten gegen den Faschismus kämpfte – solch ein Volk hat das Recht, frei zu sein! Solch ein Volk muss unabhängig sein!

Aus diesen Gründen verkünden wir, die Mitglieder der Provisorischen Regierung der Demokratischen Republik Vietnam, der ganzen Welt feierlich:

Vietnam hat das Recht, frei und unabhängig zu sein, und ist tatsächlich frei und unabhängig geworden. Das vietnamesische Volk ist entschlossen, all seine geistigen und materiellen Kräfte aufzubieten, Leben und Besitz zu opfern, um sein Recht auf Freiheit und Unabhängigkeit zu behaupten.

Übers. zit. nach: Vereinigung Schweiz – Vietnam: www.vsv-asv.ch/doc/info/UnabhaengigkeitserklaerungHCM.pdf (02.08.2021)

M9 Leiden an der Front

In seinen Memoiren beschrieb der NFB-Politbeamte Truong Nhu Tang seine Eindrücke von der Front im „Amerikanischen Krieg“.

[Es gelang] unserer Finanzabteilung, auch Versorgungskanäle für Waffen und Munition direkt zwischen [Verbänden der nordvietnamesischen Armee] und der Front einzurichten. [...] Weder diese Versorgungsrouten noch das Material, das vom Norden entlang des Ho-Chi-Minh-Pfades [nach Süden] floss, konnte die chronische Mangelernährung lindern oder die tropischen Krankheiten, die sich unter den geschwächten Männern ausbreiteten. Im Dschungel war der hauptsächliche Feind nicht die Amerikaner oder die nguy ([Marionetten] unser Begriff für die Regierung in Saigon und ihre Truppen), sondern Malaria. [...]
Doch trotz aller Entbehrungen und harten Umstände war nichts, was die Guerillas ertragen mussten, schlimmer als die schonungslose Terrorisierung durch die B-52-Bombardements. [...] Jeder Treffer innerhalb eines halben Kilometers ließ die Wände eines unbewehrten Bunkers einstürzen und begrub die Menschen, die darin kauerten, bei lebendigem Leib. [...] Stunden später kamen wir zurück und entdeckten, dass nichts übrig geblieben war, als ob eine gewaltige Sense durch den Dschungel gefahren wäre. [...] Die ersten paar Mal als ich einen B-52-Angriff erlebte, erschien es mir, als ich mich auf den Boden des Bunkers presste, als ob ich in die Apokalypse hineingeraten wäre. Der Terror war vollkommen. [...] Früher oder später aber nutzte sich der Schock der Bombardements ab und wich einem Gefühl tiefsten Fatalismus.

Zit. u. übers. nach Marylin B. Young u.a.: ebd., S. 101 ff.

Ho-Chi-Minh-Pfad: Begriff für ein verstecktes Wegenetz von Nordvietnam über Laos und Kambodscha nach Südvietnam. Es diente der Versorgung der im Süden gegen US-Truppen Kämpfenden mit Waffen und Nahrungsmitteln.

M10 Foto aus dem Jahr 1966 mit dem Titel „Kommunistische Guerilla-Soldaten der Südvietnamesischen Befreiungsarmee kehren von einer erfolgreichen Mission gegen US-Streitkräfte zurück.“

M11 US-Soldaten im Juni 1966 auf einer „Suchen und Vernichten“-Mission in Südvietnam. Unterstützung erhielten sie aus der Luft, von wo aus auch großflächig giftiges Entlaubungsmittel versprüht wurde, um den US-Flugzeugen freie Sicht auf den „Vietcong“ zu geben.

M12 Eine Lichtung im Dschungel

Der vietnamesische Autor Bao Ninh verarbeitet in seinem 1991 erschienenen Roman „Das Leid des Krieges“ das Trauma des Vietnamkriegs. Obwohl ein Bestseller in Vietnam, wurde er bald verboten. Hier weckt ein Ort bei dem Protagonisten Kien traumatische Erinnerungen:

Er war hier gewesen im Jahr 1969, als das [...] 27. Bataillon umzingelt und vernichtet wurde. [...] Diese schmale Lichtung in der Form einer Spindel mitten im Dschungel, von der heute gesagt wird, das Gras und die Bäume [...] getrauten sich nicht, aus der Erde wieder aufzutauchen, war damals mit Gefallenen bedeckt, mit aufgeplatzten, zerstückelten und verwesenden Leichen, die einen heftigen Brandgeruch ausströmten. [...]
Nachdem die Amerikaner abgezogen waren, überschwemmte heftiger Regen den Urwald. Das Schlachtfeld wurde zu einem Sumpf. Das erdige Wasser färbte sich mit blutigen Schlieren. [...] Als die Flut abschwoll, tauchte alles in einem verschwommenen Licht wieder auf, bedeckt von einer dicken Schlammschicht, die den widerlichen Gestank von verwesendem Fleisch ausströmte. [...] Seither spricht niemand mehr über das 27. Bataillon. Und doch irren immer noch die Geister, die Dämonen dieser Niederlage, die sich weigerten, zum Himmel aufzusteigen, durch die Büsche, am Rand des Urwaldes, an den Ufern des Baches.

Bao Ninh: Die Leiden des Krieges, Halle 2011, S. 8 ff. (Übers.: Günter Giesenfeld, Marianne Ngo, Nguyen Ngoc Tan)

M13 Warum verlor Südvietnam?

Der ehemalige General Nguyen Cao Ky war nach dem Staatsstreich gegen Ngo Dinh Diem zwei Jahre Premierminister Südvietnams. 1975 floh er in die USA. 1977 sagte er in einem Interview:

Ich dachte immer, dass meine Verantwortung darin liege, ein starkes Vietnam aufzubauen, die kommunistische Aggression zu stoppen und den Menschen Zufriedenheit und Gerechtigkeit zu bringen [...]. Ich selbst und meine Familie, wir waren nicht katholisch, aber ich ermutigte meine Familie, für [Ngo Dinh Diem] zu stimmen. Bevor er an die Macht kam, war er sehr beliebt, er hatte einen guten Ruf als Nationalist [...]. Aber dann, 1963, nach fünf Jahren an der Macht, [...] dachte Herr Diem, er sei Gott. [...] Es war aber falsch, dass man Diem eliminierte und

M 14 Wandfüllendes Relief im Eingangsbereich des 1956 errichteten Museums für Militärgeschichte in der Hauptstadt des Nordens, Hanoi. Das Relief entstand im Auftrag der Kommunistischen Partei Vietnams und zeigt die Wiedervereinigung Vietnams. Die Motive:

① Ho Chi Minh doziert vor Viet-Minh-Soldaten während des „Ersten Indochinakriegs" (einem berühmten Foto nachempfunden).
② Rebellion der Trung-Schwestern 40-43 n. Chr.
③ Sieg des Kaisers Nguyen Hue gegen Truppen Chinas 1798
④ Soldaten der Viet Minh nach der siegreichen Schlacht von Dien Bien Phu gegen französische Truppen im Jahr 1954
⑤ General Vo Nguyen Giap vor der ersten Einheit der Vietnamesischen Volksarmee (gegründet 1944)
⑥ Flugabwehrwaffen Nordvietnams, gerichtet gegen die US-Luftwaffe während des „Amerikanischen Krieges"
⑦ Soldaten und Panzer Nordvietnams bei der Besetzung von Saigon 1975

durch einen Haufen Generäle ersetzte, die noch dümmer waren als Herr Diem selbst. [...] Ich glaube, die meisten dieser vietnamesischen Generäle hatten das Gefühl, sie schuldeten Amerika etwas. [...]
Meistens lächelten die Amerikaner nur und taten dies sehr höflich, aber das Problem war, dass sie niemals auf mich [den Premierminister] hörten. [...] Es stimmte, wenn die Propaganda der Kommunisten uns nicht als Nationalisten, sondern als „eine Marionette und Lakaien Amerikas" verdammte. Die Art und Weise, wie die Vietnamisierung durchgeführt wurde, war falsch. Als [die USA] die Kampfverantwortung den Vietnamesen übertrugen, übergaben sie diese an jene, mit denen sie gut auskamen. [...] Das ist der Grund, weshalb am Ende [im Frühjahr 1975] innerhalb von 30 Tagen die gesamte Armee von einer Million Mann zusammenbrach, nicht weil die armen Soldaten weniger tapfer als die Nordvietnamesen gewesen wären, sondern weil alle Führungsoffiziere zu jener Zeit feige und korrupt waren.

Zit. u. übers. nach: Michael H. Hunt (Hg.): A Vietnam War Reader, Chapel Hill/NC 2010, S. 192 ff.

2. Verschaffen Sie sich mithilfe des Darstellungstextes einen Überblick, indem Sie einen Zeitstrahl zur Geschichte Vietnams erstellen.

3. Analysieren Sie auf Basis von M 3–M 8, die Rolle der französischen Kolonialzeit für den Unabhängigkeitskampf Vietnams

4. a) Vergleichen Sie die Darstellungen der kommunistischen Kämpfer und ihrer Gegner in M 9–M 13.
b) Beurteilen Sie deren Glaubwürdigkeit. Ziehen Sie dazu auch den Darstellungstext heran."

+ Analysieren Sie M 14, vor allem im Hinblick auf das darin vermittelte Geschichtsbild.

Tigerstaat Vietnam – erfolgreich dekolonisiert?

Prozesse der Dekolonisierung – Fallbeispiel 1

M 1 Kommunistische Propaganda in Ho-Chi-Minh-Stadt, 2011. Im Hintergrund der Bitexco Financial Tower

1. Bilden Sie anhand von M 1 Hypothesen zur Beziehung zwischen Staat, Wirtschaft und Bevölkerung im Vietnam der Gegenwart.

Endlich sozialistische Utopie?

1976 war Vietnam ein vereinigtes, unabhängiges Land mit neuem Namen: Sozialistische Republik Vietnam (SRV). Doch die Kriege gegen Frankreich und die USA waren auch vietnamesische Bürgerkriege gewesen und hatten historisch gewachsene Differenzen innerhalb Vietnams verschärft. Im Norden war in den vorangegangenen 30 Jahren eine streng regulierte, sozialistische Gesellschaft entstanden, während der Süden durch ein kapitalistisches System und US-Popkultur geprägt worden war. Zur Transformation des Südens ordnete die SRV-Führung nun allen staatlichen Behörden Parteiorgane bei, verfolgte angebliche Antikommunisten, verstaatlichte Unternehmen und kollektivierte die Landwirtschaft. In den folgenden Jahren brachen Lebensstandards ein, und es kam zu Hungersnöten. Zwischen 1975 und 1995 flohen über 800 000 Menschen aus Vietnam, oft mit kleinen Booten nach Malaysia oder Hongkong. Dies brachte ihnen die Bezeichnung „boat people" ein. Viele lebten später in den USA oder auch in Europa.

Tigerstaat: für Länder mit rasant wachsenden Volkswirtschaften geprägte Bezeichnung. Er bezieht sich auf das Bild eines zum Sprung ansetzenden Tigers.

ASEAN (Association of Southeast Asian Nations): 1967 gegründete internationale Organisation südostasiatischer Staaten, Sie fördert wirtschaftliche, politische, soziale und militärische Zusammenarbeit in der Region.

WTO: Welthandelsorganisation

Neuer „Tiger" Südostasiens?

Die Kontrolle der Kommunistischen Partei Vietnams (KPV) über den Staat war jedoch nie total. Um zu überleben, hatten landwirtschaftliche Kooperativen und Staatsunternehmen bereits in den 1960er-Jahren außerhalb der staatlichen Planwirtschaft eigene Märkte geschaffen. Ab 1986 bildeten diese die Basis für die „Doi Moi" genannte Liberalisierungspolitik, mit der eine neue KPV-Führung den Aufbau einer sozialistisch orientierten Marktwirtschaft anstrebte. Die Kollektivierung der Landwirtschaft wurde aufgehoben, es wurden Anreize für Privatunternehmer geschaffen. Ausländische Investoren bauten nun zahlreiche Fabriken in Vietnam, wo lokale Arbeitskräfte billig für den Weltmarkt produzierten. Nach Ende des Kalten Krieges investierten auch die USA wieder in Vietnam, und zwar so stark, dass der US-Dollar dort zum alternativen Zahlungsmittel wurde. Es folgte die Integration Vietnams in wichtige regionale und globale Organisationen wie ASEAN (1995) und die WTO (2007). In diesem Zeitraum verfünffachte sich das Pro-Kopf-Einkommen des Landes. Gleichzeitig gab Doi Moi aber auch der Korruption Auftrieb und schuf neue Ungleichheiten zwischen jenen, die mehr (Städter) oder weniger (Landbevölkerung) von den Reformen profitiert hatten.

In nur einer Generation machte Vietnam einen Transformationsprozess von einem der ärmsten Länder der Welt zu einem globalen Fertigungsdrehkreuz für Produkte wie Elektrogeräte und Textilien durch. Politische Reformen aber blieben weitgehend aus. Noch immer ist Vietnam ein autoritärer Einparteienstaat, der die Revolutionswerte der Kriegsgeneration als vorbildlich propagiert. Für die jüngere Bevölkerung verlieren sie jedoch zunehmend an Bedeutung. In den letzten Jahren schufen sich junge Menschen vor allem im Internet Räume für zivilgesellschaftliche Organisation und Meinungsäußerung. Dort werden oft staatliches Missmanagement, Umwelt- und gesellschaftliche Tabuthemen diskutiert. In die von der KPV regulierte Öffentlichkeit konnte sich der Online-Aktivismus bisher aber kaum übertragen.

M 2 Integrieren durch Umerziehen?

Vu Thi Kim Vinh, Katholikin und Tochter eines südvietnamesischen Offiziers, erinnert sich, wie sie als Teenager die Übergangszeit nach der Eroberung Saigons erlebte.

Der 1. Mai [der Tag nach dem Fall Saigons] war ein sehr trauriger Tag. [...] Im Radio hörten wir einen Nordvietnamesen mit sehr lauter und schriller Stimme Amerika und all jene verdammen, die mit ihnen kooperiert hatten. Er erniedrigte uns, indem er sagte, dass wir Diener und Laufhunde der amerikanischen Regierung gewesen seien [...]. Jeder trug auf einmal die Flagge der Vietcong. Die Flagge war eine Sicherheit, die dein Leben retten konnte. Jeder hatte eine. [...]

Nach einer Woche teilten sie uns in Sektionen auf, und in unserem Block befand sich ein politischer Typ. Er erzählte uns etwas vom Marxismus und Leninismus und wir mussten uns treffen und darüber diskutieren. Erniedrigend war, dass wir uns dabei selbst kritisieren mussten. Sogar mein Vater [...] musste sagen, dass er unschuldige Leute getötet habe. Aber ich wusste, dass er [das nicht getan hatte]. Dennoch sagte er, dass er schuldig sei, und bat um Vergebung [...]. Und ich schaute ihm zu, wie er vor ihnen weinte. Es war das erste Mal, dass ich meinen Vater weinen sah. Ich musste dasselbe tun. Also sagte ich, dass ich Menschen wie meine Eltern hasste [...]. Ich tat dies, um zu überleben.

Zit. u. übers. nach: Michael H. Hunt (Hg.): A Vietnam War Reader, a a.O., S. 195 ff.

M 3 Gradueller Wandel oder Umbruch?

Der Politikwissenschaftler William S. Turley beurteilte 2019 die Doi-Moi-Reformen:

Doi Moi gab [...] graduellem Wandel und politischer Stabilität den Vorzug vor radikaler Veränderung. [...]

Die Samen der Reform, vor allem in der Landwirtschaft, keimten in Form von Hilfsmaßnahmen, dank derer viele Gemeinden im Norden den Luftkrieg überlebten, den die USA bis 1973 führten. Die Regierung unterdrückte diese kriegszeitlichen Experimente später jedoch, um den „sozialistischen Aufbau" des Landes voranzubringen. [... Nach Kriegsende fielen] irregeleitete innenpolitische Strategien und die Folgen des Krieges mit ungünstigen internationalen Umständen [wie einem US-Embargo] zusammen und verursachten eine Krisensituation. Die Parteiführer erkannten nun die Klugheit, die in den Maßnahmen der Kriegszeit gesteckt hatte. 1979 begannen sie, einige privatwirtschaftliche Maßnahmen zuzulassen, und genehmigten 1981 formell die landwirtschaftliche Produktion in privater Initiative. Von diesem Zeitpunkt an bis zur Mitte der 1980er-Jahre kam es in der fortdauernden Krise zu weiteren schrittweisen Anpassungen, die nach und nach zu einer Öffnung der vietnamesischen Wirtschaft für marktwirtschaftliche Elemente führten. [...]

Gleichzeitig konnte die vietnamesische Führung die rapide wirtschaftliche Entwicklung anderer asiatischer Länder nicht ignorieren. Das plötzliche Wachstum Thailands, Indonesiens und Malaysias, das unmittelbar der rasanten Industrialisierung Singapurs, Taiwans, Hongkongs und Südkoreas folgte (alles Länder, die die vietnamesischen Kommunisten lange als amerikanische Neokolonien verspottet hatten), stand in schmerzlichem Kontrast zu Vietnams wirtschaftlicher Stagnation. [...] Vietnams beste Gelegenheit, sich [...] zu modernisieren, war es, sich direkt vor seiner Haustür zu öffnen [...].

Dies war der Hintergrund, vor dem im Dezember 1986 der 6. Nationalkongress der KPV stattfand, der anerkannte, dass das importierte [planwirtschaftliche] Modell, dem die Partei seit 1954 folgte, gescheitert war, und damit den Grundstein für die weitreichende Erneuerung namens Doi Moi legte. Nach verhaltenen Anfängen entledigte sich diese Erneuerung [...] bald des Vorwands, das existierende System perfektionieren zu wollen. Das Herzstück dieses Wandels war im wirtschaftlichen Bereich der umfassende Umstieg auf eine Marktwirtschaft.

Zit. und übers. nach: William S. Turley/Mark Selden (Hgg.): Reinventing Socialism: Doi Moi in Comparative Perspective, New York 2019, S. 1 f., 6 f.

M 4 Breite Boulevards, Kirchen und neobarocke Regierungsgebäude in vietnamesischen Städten zählen zum Erbe der französischen Kolonialherren. In postkolonialer Zeit kamen sozialistische Gebäude und Statuen hinzu. Das Foto von 2016 zeigt eine Ho-Chi-Minh-Statue vor dem 1902–1908 erbauten Rathaus in Saigon/Ho-Chi-Minh-Stadt.

2. Erläutern Sie mithilfe des Darstellungstextes sowie M 2 und M 4 die Auswirkungen des kommunistischen Sieges auf Gesellschaft, Staatsaufbau und den öffentlichen Raum Vietnams.

3. Beurteilen Sie Rolle und Auswirkungen der Doi-Moi-Politik auf die wirtschaftliche und politische Transformation Vietnams nach der Wiedervereinigung des Landes 1975. Ziehen Sie den Darstellungstext und M 3 heran.

Dekolonisierungsfolgen, auch für Deutschland?

Kontingentflüchtlinge: Menschen, die von einem Staat aus völkerrechtlichen oder humanitären Gründen aus Krisengebieten aufgenommen werden, ohne dass sie einen Asylantrag stellen müssen

Bruder- und/oder Feindstaaten?

Vietnams gewaltvolle Dekolonisierungserfahrung strahlte weit über die Region hinaus und berührte auch das geteilte Deutschland. Beispielsweise entsandte die westdeutsche Regierung 1966 – anstelle der erbetenen militärischen Hilfe für den Bündnispartner USA – unter der Flagge des Roten Kreuzes das Hospitalschiff Helgoland sechs Jahre lang zur Versorgung von Kriegsopfern nach Südvietnam. Als nach Kriegsende Tausende „boat people" auf der Flucht in Seenot gerieten, half eine private deutsche Hilfsorganisation mit dem Rettungsschiff „Cap Anamur". Überdies bildeten sich in der BRD Mitte der 1960er-Jahre Organisationen, vor allem linksgerichteter Studierender, die lautstark ihre Solidarität mit den Vietcong und deren Kampf gegen den „US-Imperialismus" bekundeten. Die DDR-Regierung entsandte ihrerseits Stasi-Mitarbeiter nach Nordvietnam, um die Behörden dort in Überwachungstechniken zu schulen. „Solidaritätskommittees der DDR" organisierten finanzielle Unterstützung für den „Befreiungskampf" Nordvietnams gegen die USA, und nach 1975 leistete die DDR Wiederaufbauhilfe.

Geteiltes Deutschland – sicherer Hafen?

Die Auswirkungen von Vietnams Dekolonisierungskriegen ließen in Deutschland eigene vietnamesische Diasporagemeinden entstehen: Zwischen 1975 und 1986 wurden in Westdeutschland rund 38 000 „boat people" als sogenannte Kontingentflüchtlinge aufgenommen. Sie erhielten rasch Zugang zum unterversorgten Arbeitsmarkt der BRD und gelten heute als gut integrierte „Vorzeigeminorität".

In der DDR wurden zwischen 1980 und 1989 etwa 60 000 Vertragsarbeiterinnen und -arbeiter aus Vietnam angeworben, um den Arbeitskräftemangel im Land ausgleichen. Sie wurden jedoch stets als nur temporär in der DDR lebend betrachtet und lebten abseits der deutschen Gesellschaft. Das abrupte Ende der DDR kappte die Solidaritätsbande zum kommunistischen Vietnam und beendete die Verträge der vietnamesischen Arbeitskräfte. Viele von ihnen kehrten nach 1989 in ihre Heimat zurück, doch rund 16 000 blieben in Ostdeutschland. In der dort wirtschaftlich prekären Lage der 1990er-Jahre blieb ihnen der Zugang zum Arbeitsmarkt jedoch oft versperrt. Im vereinten Deutschland leben im Jahr 2020 etwa 185 000 Menschen vietnamesischer Herkunft.

(K)ein Teil der deutschen Geschichte?

Die für viele Ostdeutsche in wirtschaftlicher Hinsicht schmerzhafte Wiedervereinigung verband sich mit einer politisch aufgeladenen Debatte um eine steigende Zahl an Asylbewerbern aus Krisengebieten, vor allem in Afrika. Dies kulminierte 1991 bis 1993 in einer Serie von Brandanschlägen auf Wohnheime, etwa in Hoyerswerda, Mölln, Solingen und nicht zuletzt Rostock-Lichtenhagen, wo im sogenannten „Sonnenblumenhaus" auch vietnamesische Vertragsarbeiterinnen und -arbeiter untergebracht waren. Beklatscht von Anwohnenden und von der Polizei nicht verhindert, sandten vor allem die Rostocker Angriffe eine harsche, ausgrenzende Botschaft an die deutsch-vietnamesischen Gemeinden und beeinflussten deren Identitätsbildung nachhaltig. So ist Letztere sowohl vom postkolonialen Erbe Vietnams als auch dem des wiedervereinigten Deutschlands geprägt. Doch eine umfassende öffentliche Aufarbeitung dieses komplexen, verwobenen Erbes als Teil der deutschen Geschichte und Gegenwart steht noch aus.

M1 Im Rahmen sogenannter Solidaritätsprogramme wurden in der DDR bis Mitte der 1970er-Jahre junge Menschen aus Vietnam ausgebildet, die nach ihrer Rückkehr in ihr Heimatland den Sozialismus aufbauen sollten. Diese Aufnahme entstand 1970 in einem Werk für Messelektronik in Dresden.

M2 Vergessene Pogrome?

2021 reflektierten Mitglieder deutsch-vietnamesischer Gemeinden in einem virtuellen Austausch die Anschläge von Rostock-Lichtenhagen vom 22. bis 26. August 1992:

a) Mai-Phuong Kollath: 1981 kam ich aus Vietnam nach Rostock und arbeitete als Küchenhilfe am Hafen. [...] August 1992: Das waren die schwärzesten Tage in meinem Leben. Damals stand ich gegenüber dem Sonnenblumenhaus und sah dicke Rauchwolken aufsteigen. Überall war Polizei, oben kreisten Hubschrauber, schwarzer Qualm. Es sah damals aus wie im Krieg in Vietnam. [...] Ich sagte mir damals: „Du bist hier ganz alleine. Wenn etwas passiert, wird niemand auf deiner Seite stehen. [...] Du musst lernen, für dich selbst zu sprechen. [...] Die Vorgänge von Rostock-Lichtenhagen führten dazu, dass ich mich bis heute für eine stärkere Integration und Teilhabe der Vietnames/innen am öffentlichen Leben einsetze.

b) Thao Ngyuen: Ich selbst habe keine direkten Erinnerungen an Rostock-Lichtenhagen, weil ich erst danach geboren worden bin. Ich gehöre zur zweiten Generation Viet-Deutscher. Meine Mutter ist 1987 als Vertragsarbeiterin nach Rostock geschickt worden. Tatsächlich habe ich erst mit 15 Jahren zum ersten Mal von Rostock-Lichtenhagen erfahren. Nicht wie man denken mag von meinen vietnamesischen Eltern, sondern von einem *weißen* deutschen Freund. [...]
Auf Nachfrage hat meine Mutter mir nur erzählt, dass sie selbst nicht im Sonnenblumenhaus untergekommen war [...]. Über vieles in Rostock-Lichtenhagen und ihre rassistischen Ausgrenzungserfahrungen in den 1990er-Jahren schweigt sie jedoch bis heute. Die Vorfälle sind Teil einer verdrängten traumatischen Erinnerung meiner Mutter. [...]
Die Ausschreitungen in Rostock-Lichtenhagen symbolisieren für mich [...] vor allem auch das Versagen von Staat und Polizei. [...] Die Verharmlosung und Vertuschung rechter Gewalt ging und geht auch nach Rostock-Lichtenhagen weiter, wie sich das zum Beispiel bei den NSU-Morden gezeigt hat. Viele Menschen wissen heute gar nicht, was in Rostock-Lichtenhagen passiert ist, wenn sie nicht wie in meinem Fall aktiv danach recherchiert haben.

Zit. nach: Kien Nghi Ha (Hg.): Asiatische Deutsche Extended, erw. Neuaufl., Berlin 2021, S. 173–183

M3 Komplexe Realität

2019 berichtete das Magazin ZEIT Campus über die promovierte Chemikerin Mai Thi Nguyen-Kim, Tochter eines vietnamesischen Einwandererehepaars, die als Wissenschaftsjournalistin erfolgreich ist und u.a. einen YouTube-Kanal betreibt.

Ein junger Mann [spricht sie] vor dem Bahnhof an, ein Deutsch-Iraner. Er sagt: „Ich habe dein Video zu #vonhier gerade total gefeiert!" Nguyen-Kim hatte auf ihrem Kanal ausnahmsweise nicht über die Wissenschaft gesprochen, sondern sich zur Twitter-Debatte #vonhier geäußert: Ob es rassistisch sei, Kinder von Einwanderern zu fragen, wo sie eigentlich herkommen. [...] In zwölf Minuten nimmt sie beide Perspektiven ein, die der Frager und die der Befragten. Und kommt, ganz Wissenschaftlerin, zum Schluss: Auf den Kontext kommt es an.
Nguyen-Kim hasst einfache Antworten, so ganz generell. Vielleicht weil ihre Realität schon als Kind komplex war. Als Tochter der damals einzigen vietnamesischen Familie in Hemsbach [...] in Baden-Württemberg, die sich in der Grundschule vor allem danach sehnte, deutsch zu sein, blonde Haare zu haben und Chantal oder Michelle zu heißen. Und die viele Jahre auf Deutsch antwortete, wenn ihre Eltern Vietnamesisch mit ihr sprachen. Aber man solle das Thema nicht überstrapazieren. „Mit 16 war das durch. Ich [...] war eine ganz normale, nervige Jugendliche, die dachte, sie sei cool und total reif. [...] Das einzige Klischee, das mir zugesetzt hat, war das der überstrengen asiatischen Eltern. Andere Eltern behaupteten, ich würde zu Hause zum Lernen gezwungen werden. Dabei bin ich einfach von Natur aus extrem motiviert."

Anant Agarwala: Mai Thi Nguyen-Kim: Bei ihr macht's Klick, in ZEIT Campus 4/2019, 04.06.2019

M4 Vietnamesinnen schwingen 2018 während der Parade der Kulturen in Frankfurt am Main die Fahne der ehemaligen Republik Vietnam (Südvietnam, 1949–1975). Die deutsch-vietnamesischen Gemeinden sind hinsichtlich ihrer regionalen Herkunft und politischen Einstellungen sehr heterogen.

Tipp: Der Spielfilm: „Wir sind jung. Wir sind stark" (D, 2014) erzählt die Ereignisse von Rostock aus der Sicht Jugendlicher.

2. Erklären Sie anhand des Darstellungstextes, wie die beiden deutschen Staaten den Dekolonisierungsprozess Vietnams beeinflussten und von diesem selbst beeinflusst wurden. Unterscheiden Sie hierbei nach politischen, wirtschaftlichen und gesellschaftlichen Faktoren.

3. a) Arbeiten Sie aus M2, M3 und M4 Aspekte zu den Kategorien Sicherheit, öffentliche Erinnerung und Zivilgesellschaft heraus.
b) Diskutieren Sie, ob die Geschichte vietnamesischer Migranten bereits als Teil der deutschen Geschichte wahrgenommen wird.

Indien – eine Nationalbewegung entsteht

Prozesse der Dekolonisierung – Fallbeispiel 2

M 1 In Indien um 1930 verbreitete Druckgrafik von Prabhu Dayal: „Das Schicksal Indiens wird besiegelt“

Auf der Waagschale links ist unter der Aufschrift „Kongress“ Gandhi dargestellt, der damalige Führer der indischen Unabhängigkeitsbewegung, rechts der damalige britische Vizekönig Lord Irwin. Gandhi reicht Irwin „Elf Bedingungen zur Klärung des Schicksals Indiens“. Zwischen beiden weint Bharat Mata, „Mutter Indien“. Im Hintergrund sind links Inderinnen und Inder mit einer Nationalflagge zu sehen, rechts bewaffnete Vertreter der Kolonialmacht.

1. Entwickeln Sie Sprechblasen für verschiedene in M 1 dargestellte Figuren, die die Szene verdeutlichen.

Britisch-Indien: Beharrung oder Wandel?

Resident: Verbindungsmann; hier: ein britischer Offizier, der in den Fürstenstaaten die Verbindung zum britischen Vizekönig herstellte

Hinduismus: Religion der indischen Mehrheit. Sie kennt verschiedene Wege für eine Verbindung zwischen dem Einzelnen und dem Universellen, das in einer Vielzahl von Erscheinungsformen (avataras) auftritt. Der Gläubige wendet sich einer oder mehreren dieser Gottheiten zu.

Um 1900 überwachten 2 000 britische Spitzenbeamte im elitären Indian Civil Service unter einem britischen Vizekönig, dem Generalgouverneur, die Arbeit von etwa 40 000 indischen Schreibern und Angestellten zur Verwaltung der wirtschaftlich bedeutenden Kolonie Britisch-Indien. Sie umfasste etwa zwei Drittel des Gebietes vom heutigen Pakistan bis nach Myanmar. Die verbleibenden Gebiete der 500 unabhängigen Fürstenstaaten Indiens waren durch Verträge und britische Residenten in das Empire eingebunden. Der Leiter des India Office in London war als Mitglied der Regierung dem britischen Parlament verantwortlich. Doch in Indien entstand eine Nationalbewegung, die Druck auf die Kolonialverwaltung ausübte: der 1885 gegründete Indische Nationalkongress (INC), aus dem später eine Partei, die Kongresspartei, hervorging. Großbritannien sah sich zunehmend mit gut organisierter Kritik konfrontiert.

Im INC, der zunächst von gebildeten Hindus dominiert wurde, trafen liberale Reformer und nationale Revolutionäre aufeinander. Eine religiöse Reformbewegung trat bald hinzu: Während die traditionelle hinduistische Philosophie, die Vedanta-Philosophie, eine Befreiung der Seele durch innere Erkenntnis suchte, vereinte der Religionsgelehrte Swami Vivekananda diese Lehre mit dem Karma-Yoga, dem uneigennützigen, vorbildlichen gesellschaftlichen Handeln. In der religiösen Welt verschob Vivekananda damit den Akzent von der weltabgewandten Reflexion zum aktiven Tun. Als er diese Gedanken 1894 auf dem Weltparlament der Religionen in Chicago vorstellte, trat er damit dem westlichen Stereotyp eines angeblich passiven Charakters asiatischer geistiger Orientierung entgegen.

Um 1900 wurden in der britischen Öffentlichkeit Stimmen laut, die die Kolonialkriege des Empire als Widerspruch zu den freiheitlichen Werten des Landes kritisierten. Vor allem nachdem 1905 die Liberalen die Wahlen gewonnen hatten, wurde die Zukunft des Empires neu diskutiert: Sollte eine dauerhafte Vorherrschaft über die Kolonien erzwungen oder ein flexibles System von britisch verwalteten Kolonien bis zu sich selbst regierenden „Dominions" angestrebt werden, ein Bund von Nationen unter der britischen Krone? Sollten nur Siedlerkolonien den Dominionstatus mit Selbstregierung erhalten oder auch andere wie Indien?

Auf dem Weg zur Selbstregierung?

Die neue liberale Regierung in London wollte die gemäßigten Kräfte des Indischen Nationalkongresses mit Reformen für sich gewinnen: In Provinzräten erhielten indische Vertreter nun die Mehrheit. Doch sie konnten nur Resolutionen verfassen, die Exekutive blieb in britischer Hand. Und als die 1906 gegründete Muslim-Liga getrennte Wählerschaften forderte, da sie fürchtete, die muslimische Minderheit werde von der hinduistischen Mehrheit sonst stets überstimmt, machte sich der neue britische Vizekönig, Lord Minto, diesen Wunsch zu eigen. Er hoffte, sich dadurch die Loyalität der Muslime zu sichern.

Der Nationalkongress forderte indessen zunehmend selbstbewusst eine Selbstregierung. Er berief sich auf den Kampf indischer Truppen an der Seite Großbritanniens im Ersten Weltkrieg und die Formulierung des Selbstbestimmungsrechts der Völker durch Präsident Wilson. Die Briten reagierten 1919 mit dem „Government of India Act": Für einige Bereiche der Politik – wie Bildung, Gesundheit und kommunale Angelegenheiten – ging die Exekutivgewalt an die Inder über, aber Innenpolitik und Staatshaushalt blieben in britischer Hand. Diese Aufteilung nannte man Dyarchie. Die Teile waren zwar ungleich, und von den 319 Millionen Indern erhielten nur die 1,4 Millionen Wohlhabendsten das Wahlrecht. Aber gut ausgebildete Inder konnten nun Erfahrungen mit staatlichen Einrichtungen sammeln.

Der gemäßigte Flügel des indischen Nationalkongresses begrüßte die Schritte zur Verfassungsreform zunächst. Dann kippte die Stimmung jedoch: Der britische Vizekönig erließ für den Fall von Unruhen ein Notstandsgesetz, den „Rowlatt Act", den die Inder auf eine kurze Formel brachten: „Keine Gerichtsverhandlung, kein Anwalt, keine Berufung". Der ohnmächtige Zorn der Bevölkerung nahm zu. Der Kongress begann eine gezielte Widerstandskampagne, um die Briten zum Abzug aus Indien zu bewegen. Die Führung übernahm der Rechtsanwalt Mohandas Karamchand Gandhi (1869–1948).

„Mahatma" Gandhi

Als Gandhi nach einem Jurastudium in London und einer Anstellung in Südafrika am 9. Januar 1915 nach Indien zurückkehrte, war er dort kein Unbekannter. In Britisch-Südafrika hatte er eine Methode entwickelt, die dort lebenden Inder für eine gewaltlose Art des Kampfes gegen gesetzliche Benachteiligungen zu befähigen. Er nannte sie Satyagraha: Durch massenhafte, angekündigte Verstöße gegen diskriminierende Gesetze machte sie auf Unrecht aufmerksam. Der indische Dichter Tagore nannte Gandhi fortan „Mahatma", „große Seele". Gandhi schloss sich in Indien dem liberalen Flügel des Kongresses an. Er gründete einen Ashram, eine Gemeinschaft, die sich selbst versorgte und den gewaltlosen Widerstand übte.

M2 Ein Mittel des Widerstands: Der Briefaufkleber mit Boykottaufruf aus dem Jahr 1930 war ein zeitgenössisches Medium von großer Reichweite unter den gebildeten Eliten.

Als Reaktion auf den Rowlatt Act veranlasste Gandhi indische Ladenbesitzer 1919 zu einem Streik: Sie schlossen ihre Geschäfte und fasteten. Trotz Gandhis Appell zur Friedfertigkeit kam es jedoch an einzelnen Orten zu Gewalttätigkeiten. Als am 13. April in der Stadt Amritsar britische Soldaten ein Massaker unter friedlich Demonstrierenden verübten, starben mindestens 379 Männer, Frauen und Kinder – und 1200 Menschen wurden verletzt. Gandhi jedoch nutzte den Aufruhr nicht aus, sondern stellte den Streik ein. Er erklärte, er habe einen „Fehler von der Größe des Himalaya" gemacht. Seine Anhänger schwor er auf das Gebot der Gewaltlosigkeit ein – und lernte, dass die Methode des friedlichen zivilen Ungehorsams große Disziplin verlangte. Doch 1930, als auch die in M 1 abgebildete Zeichnung entstand, betrachteten viele Inder die zögerliche Verhandlungstaktik der Briten und Gandhis Methode der Gewaltlosigkeit mit wachsender Ungeduld.

Dominions: aus britischen Kolonien hervorgegangene Staaten, die den britischen König als Staatsoberhaupt anerkannten (→ S. 203)

getrennte Wählerschaften: Die Minderheit der Muslime fürchtete, bei einheitlichen Wahlen völlig zu unterliegen. Durch getrennte Wahlen wollten sie reservierte Parlamentssitze besetzen können.

M 3 „Die Effizienz der Gewaltlosigkeit"

Nachdem Anfang 1930 Verhandlungen über die Unabhängigkeit Indiens gescheitert waren, formulierte Gandhi in einem Brief an den damaligen britischen Vizekönig Lord Irwin:

Satyagraha Ashram, Sabarmati, 2. März 1930

Lieber Freund,

bevor ich den Weg des zivilen Ungehorsams beschreite [...] wende ich mich gern an Sie, um einen Ausweg zu finden. [...] Ich beabsichtige nicht, einem einzigen Engländer Schaden zuzufügen. [...] Warum betrachte ich die britische Herrschaft als einen Fluch? Sie hat die sprachlosen Millionen mit einem System wachsender Ausbeutung in die Armut getrieben, durch ruinös hohe Ausgaben für Militär und Zivilverwaltung, die sich das Land niemals leisten kann. [...] Durch die Politik ehrloser Entwaffnung [...] gerieten wir in einen Zustand, der an feige Hilflosigkeit grenzt. [...]

Nach dem erfolglosen Gespräch in Delhi [Vizekönig Lord Irwin konnte Gandhi am 23.12.1929 keine Verhandlungen über den Dominion-Status in Aussicht stellen] hatten wir keine andere Wahl, als dem Beschluss der Kongresssitzung in Kalkutta 1928 zu folgen. [Das heißt, die vollständige Unabhängigkeit vom Empire zu fordern. ...]

Lassen Sie mich einige der wichtigen Punkte nennen: Der massive Druck der Grundsteuer, der einen großen Teil der Belastungen ausmacht, muss in einem unabhängigen Indien gründlich verändert werden. [...] Das ganze Pachtsystem muss für das Auskommen des Kleinbauern überarbeitet werden. [...] Selbst das Salz, das der Kleinbauer benötigt, ist so hoch besteuert, dass es schwer auf ihm lastet [...]. Während die Last der Steuern den Armen bedrückt, nimmt ihm die Zerstörung zentraler Einnahmequellen wie zum Beispiel des Handspinnens [→ Info zu M7], Möglichkeiten, sich Wohlstand selbst zu verdienen. [...]

Es ist mein Ziel, die Kraft [echter Gewaltlosigkeit] anzustoßen, sowohl gegen die organisierten gewaltsamen Kräfte der britischen Herrschaft wie auch gegen die unorganisierten gewaltsamen Kräfte der wachsenden Partei der Gewalt in Indien. [...] Mein unerschütterlicher Glaube an die Effizienz der Gewaltlosigkeit ließe es mir als Sünde erscheinen, wenn ich noch länger warten würde. Diese Gewaltlosigkeit wird ihren Ausdruck finden durch zivilen Ungehorsam. [...]

Ich weiß, dass ich auf dem Weg der Gewaltlosigkeit ein Risiko eingehe, das als verrückt bezeichnet werden kann. Aber die Siege der Wahrheit wurden nie ohne Risiken errungen, oft mit den ernstesten Folgen. Die Bekehrung einer Nation, die sich bewusst oder unbewusst eine andere zur Beute gemacht hat, welche zahlreicher, älter und nicht weniger kultiviert als sie selber ist, ist jedes Risiko wert. [...]

Ich verbleibe als Ihr aufrichtiger Freund

M. K. Gandhi

Zit. u. übers. nach: Collected Works of Mahatma Gandhi 42, S. 2–8, online: www.gandhiheritageportal.org/cwmg_volume_thumbview/MTQ%3D#page/1/mode/2up (08.09.2021)

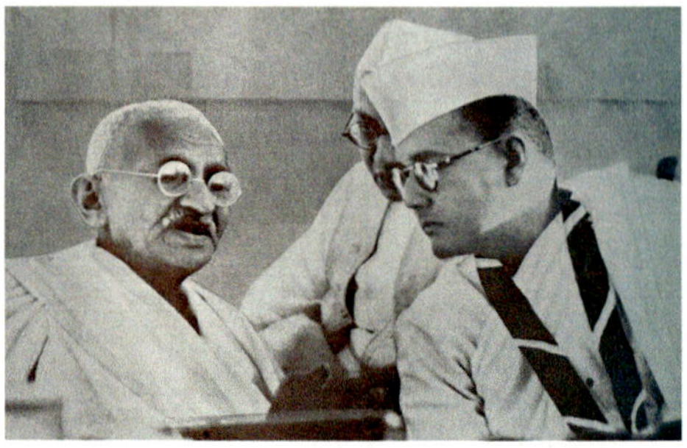

M 4 Gandhi mit Subhash Chandra Bose (1897 bis 1945), der im radikalen Flügel des Kongresses zum Konkurrenten Gandhis und Nehrus aufstieg. Bose setzte sich für den militärischen Widerstand gegen die Kolonialherrschaft ein. Foto, 1938

M 5 Die Flügel der Nationalbewegung

Der Historiker Dietmar Rothermund erklärt verschiedene Positionen:

Die Vorstellungen der liberalen Nationalisten und der Nationalrevolutionäre über die indische Nation unterschieden sich grundlegend. Die Liberalen glaubten an eine Nationsbildung im Rahmen der britischen Herrschaft. Nach ihrer Ansicht war eine Nation Indien eher ein zukünftiges Versprechen als ein Faktum. [...] Die Nationalrevolutionäre glaubten, dass eine indische Nation seit unvordenklichen Zeiten existiert habe und dass sie nur erweckt werden müsse, um die Fremdherrschaft abzuschütteln. Diese unterschiedlichen Sichtweisen hatten unmittelbare Konsequenzen für die indische Politik.

Die Nationalliberalen hießen Verfassungsreformen für Indien willkommen und verlangten auch eine verbesserte Sozialgesetzgebung. Die Nationalrevolutionäre glaubten dagegen, dass jegliche von den Briten gewährte Reform nur dazu dienen würde, die Fesseln der Fremdherrschaft zu stärken und die Briten zu Schiedsrichtern über das Schicksal Indiens zu machen. Bruch statt Bindung war das Schlagwort der Revolutionäre. Die Vedanta-Philosophie [...] bot sich für die politische Interpretation durch die Nationalrevolutionäre an: Die Betonung der spirituellen Einheit und der Befreiung von Illusionen konnte in eine Nachricht nationaler Solidarität und eines politischen Erwachens umgeformt werden, mit welcher der Fremdherrschaft ein Ende bereitet würde.

Hermann Kulke/Dietmar Rothermund: A History of India, Totowa/N. J.: 1986, 2004, S. 287 (Übers.: Friedrich Huneke)

M 6 Am 21. Mai 1930 führte die Dichterin und Aktivistin Sarojini Naidu (1879–1949) 2 000 Kongressmitglieder vor das Salzdepot von Dharsana, um die britische Salzsteuer zu brechen. Britische Soldaten schlugen die unbewaffneten Demonstranten, die sich nicht wehrten.
Der populäre Einblattdruck wurde um 1930 mit zwei Überschriften verbreitet. Übersetzt lautet die englische: „Srimati Sarojini Naidu vor dem Dharsana Salzdepot", die Überschrift auf Hindi: „Der Angriff auf das Dharsana Salzddepot durch die Löwin von Bharat". Die „Löwin" ist Sarojini.

M 7 Mutter Indien blickt auf Gandhi, der eine Spinnerin und einen Weber inspiriert. Daheim gewebter Stoff, Khadi, bedeckt Indien. Die Fahne des Nationalkongresses (oben rechts) zeigt das Spinnrad als Zeichen der Unabhängigkeit. Populärer Druck aus den 1920er-Jahren

Die Fertigung von Textilien war im 18. und 19. Jahrhundert in Indien ein leistungsfähiges, mechanisiertes Gewerbe; gewebte Stoffe das wichtigste Exportgut des Mogulreichs. Unter britischer Kolonialherrschaft wurde der Export indischer Stoffe jedoch verboten. Die britische Regierung förderte stattdessen den Vertrieb billiger, industriell produzierter Stoffe aus England. So wurde die indische Textilproduktion zerstört.

2. Beschreiben Sie das Verhältnis zwischen Großbritannien und Indien bis 1919 mithilfe des Darstellungstextes.

3. Charakterisieren Sie auf der Basis des Darstellungstextes sowie von M 1 die britischen und indischen Positionen arbeitsteilig: konservative und liberale Briten – Vertreter des Indischen Nationalkongresses – die Muslim-Liga.

4. a) 1919 sprach Gandhi von einem „Fehler von der Größe des Himalaya" (Darstellungstext, Z. 128). Erklären Sie seine Methode des Satyagraha an diesem Beispiel.
b) Ordnen Sie M 1 in den historischen Zusammenhang ein.

5. Arbeiten Sie aus M 3 und M 5 die verschiedenen Positionen in der indischen Nationalbewegung heraus.

6. Arbeiten Sie aus dem Darstellungstext, M 6 und M 7 heraus, wie es Gandhi gelang, die ganze Bevölkerung anzusprechen.

Indien: Löst die Unabhängigkeit alle Probleme?

Prozesse der Dekolonisierung – Fallbeispiel 2

M1 Indien am 15. August 1948 – ein Jahr nach der Entlassung in die Unabhängigkeit

1. Arbeiten Sie mögliche Konfliktfelder aus der Karte heraus.

Raus aus Indien?

Ohne ihre politischen Vertreter zu fragen, hatten die Briten ihre Kolonie in den Zweiten Weltkrieg geführt. Das Signal, das sie damit an die indische Unabhängigkeitsbewegung sandten, war das des Rückschrittes in die völlige Unmündigkeit. Im Nationalkongress erhielten radikale Haltungen Auftrieb. 1942 rief der Kongress eine neue Kampagne aus: „Quit India“ („Raus aus Indien!“) – woraufhin die führenden Köpfe der Bewegung inhaftiert wurden. Gleichzeitig jedoch kämpfte eine große indische Freiwilligenarmee an verschiedenen Kriegsschauplätzen. Vor allem Bauern hatten sich für den Kriegsdienst gemeldet, weil er regelmäßig Sold einbrachte. Am Ende des Zweiten Weltkrieges waren zwei Millionen Soldaten der britisch-indischen Armee zu demobilisieren – das ging nicht ohne eine indische Regierung, denn das Land drängte nach dem Kriegseinsatz mit Macht zur Unabhängigkeit. In dieser Situation ließ der britische Vizekönig getrennte Wahlen durchführen. Er hoffte auf Wahlerfolge der Muslim-Liga, die er als loyale Minderheit gegen den mehrheitlich von Hindus geprägten Kongress ausspielen wollte. Der Präsident der Muslim-Liga, der Jurist Ali Jinna, verlangte eine Teilung Indiens, damit der mehrheitlich muslimische Nordwesten und Osten unabhängig würden. Das stand gegen die Ziele der Kongresspartei, die einen indischen Einheitsstaat anstrebte. Britische Vermittlungsversuche, die auf die Stärkung der muslimischen Position in einem Einheitsstaat zielten, schlugen fehl – vielerorts eskalierte Gewalt zwischen Hindus und Muslimen.

Ein zersplittertes Land?

Als 1947 der letzte britische Vizekönig, Lord Mountbatten, sein Amt antrat, hatte ihm die britische Regierung weitreichende Vollmachten erteilt. Mountbatten setzte alle Seiten unter Zeitdruck, indem er den Unabhängigkeitstag zunächst für 1948, dann für August 1947 ankündigte. Eine Gruppe britischer Politiker um Premierminister Clement Attlee plante, ein geopolitisches Einflussgebiet in Indien zu behalten, indem die Fürstenstaaten und mehrheitlich muslimische Gebiete einzeln in die Unabhängigkeit entlassen würden, sodass viele Kleinstaaten entstünden. Als Mountbatten diesen Plan Jawaharlal Nehru, dem Vorsitzenden der Kongresspartei, zeigte, lehnte dieser entsetzt ab: Besser, Britisch-Indien würde in „nur“ zwei Staaten gespalten, als instabile Verhältnisse zu erhalten.

Die Teilung Indiens

Am 15. August 1947 gingen zwei unabhängige Staaten – Indien und Pakistan – aus der Kolonie Britisch-Indien hervor. Der Staat Pakistan im vorwiegend von Muslimen besiedelten Nordwesten und Osten bestand aus zwei Teilen, die durch den Norden Indiens getrennt waren. Bisher hatten in Britisch-Indien Angehörende verschiedener religiöser Gruppen fast über-

Pakistan: Der Name für den muslimischen Nordwest-Staat weist auf die Provinzen hin:
- P für Punjab,
- A für Afghan Province,
- K für Kaschmir,
- S für Sindh,
- tan für Belutschistan

all in guter Nachbarschaft gelebt. Die Teilung des Landes führte aber nun zu Massenumsiedlungen und Fluchtbewegungen. Millionen Menschen mussten ihre Heimat verlassen, es kam zu schweren Ausschreitungen. Schätzungen zufolge starben dabei bis zu eine Million Männer, Frauen und Kinder. Bis heute haben die Gewalterfahrungen in allen Bevölkerungsgruppen Traumata hinterlassen. Die indische Tradition religiöser Vielfalt und Pluralität ist noch immer von Rückfällen in Gewalt zwischen Menschen, die sich durch ihre Zugehörigkeit zu religiösen oder ethnischen Gruppen definieren, gefährdet. Zudem wurden Regionen infolge der Teilung zu Kriegsschauplätzen, so Ostpakistan, aus dem nach ethnischen Konflikten 1971 der Staat Bangladesch hervorging, und Kaschmir, das 1947 mehrheitlich von Muslimen bewohnt, jedoch von einem hinduistischen Maharadscha regiert wurde. Bis heute ist die Herrschaft über Kaschmir umstritten.

M 2 „Bapuji im ewigen Schlaf", populärer Druck, Kalkutta 1948. Er zeigt „Mutter Indien", die den durch drei Schüsse getöteten Gandhi im Arm hält. Gandhi wird als „Bapuji", Vater, bezeichnet. Das Bildtypus entspricht dem der Pietà in der christlichen Kunst.

Auch Gandhi wurde zum Opfer. In den Tagen der Teilung versuchte er in Kalkutta und Delhi, die Gewalt gegen Muslime in Indien zu stoppen, und setzte sich bei der Aufteilung der Staatskasse Britisch-Indiens dafür ein, den Pakistan zustehenden Anteil auszuzahlen. Dies lehnten nationalistische Hindus jedoch als Verrat am indischen Staat ab. Am 30. Januar 1948 verübte der radikale Hindu-Nationalist Nathuram Godse ein tödliches Attentat auf den „Mahatma". Durch seine Methode des gewaltlosen Widerstands gegen Unterdrückung wirkte Gandhi später aber fort – als Vorbild für andere Befreiungskämpfer, darunter der Anführer der afroamerikanischen Bürgerrechtsbewegung Martin Luther King sowie Nelson Mandela, der das Apartheidsregime in Südafrika bekämpfte.

Erfolgreiche Orientierung?

Der erste Premierminister Indiens, Jawaharlal Nehru (1889–1964), setzte sich für die Schaffung eines säkularen demokratischen Bundesstaates ein. Soziale Reformen sollten das traditionelle Kastenwesen zurückdrängen, die Alphabetisierung vorantreiben und die Armut bekämpfen. Wirtschaftspolitisch entstand neben privaten Unternehmen ein staatlicher Sektor, der die Industrialisierung des Landes voranbringen sollte. Nehrus Tochter Indira Gandhi, die – mit Unterbrechungen – von 1966 bis 1984 das Amt der Premierministerin innehatte, legte einen wirtschaftspolitischen Schwerpunkt auf die Modernisierung der Landwirtschaft, um Hungerkrisen künftig zu vermeiden. Und seit den 1990er-Jahren hat eine liberalere Politik zu stetigem Wirtschaftswachstum geführt. Trotzdem blieben die sozialen Unterschiede in Indien groß – nur etwa 10 % der indischen Bevölkerung von 1,4 Milliarden Menschen zählen zur Mittelschicht. Seit den 1990er-Jahren kämpfen zudem Hindufundamentalisten um die Partei BJP teils mit Gewalt für eine indische Identität, in der die muslimische Minderheit benachteiligt wird.

Außenpolitisch vermied Nehru es, das Land an einen der entstehenden Blöcke des Kalten Krieges zu binden. 1955 nahm Indien an der ersten „Asiatisch-Afrikanischen Konferenz" in der indonesischen Stadt Bandung teil, in der sich Vertreter von 29 Staaten, die mehr als die Hälfte der Weltbevölkerung repräsentierten, gegen Kolonialismus und für eine friedliche Entwicklung aussprachen. 1961 entstand auch unter Mitwirkung Indiens die Bewegung der Blockfreien Staaten, die sich im Ost-West-Konflikt neutral verhielten. Die Zahl der Mitglieder wuchs auf 120 Staaten (2012) an, aber ihre politische Handlungsfähigkeit blieb gering. Heute verfügt Indien ebenso wie auch Pakistan über die Atombombe. Abrüstungsbemühungen waren bislang vergeblich.

Kastenwesen: harte hierarchische Unterteilung der traditionellen indischen Gesellschaft in soziale Gruppen

BJP: Die Bharatiya Janata Party, „Indische Volkspartei", ist eine hindufundamentalistische, nationalistische Partei, die andere Religionen in Indien als Eindringlinge ablehnt. Zwischen 1998 und 2004 sowie seit 2014 stellte sie die Regierung.

M3 Flüchtlingstreck in den Tagen der Teilung. Foto aus dem Jahr 1947

M4 Eine Zeitzeugin berichtet

In einem Beitrag des Deutschlandfunks berichtete 2019 eine Zeitzeugin über ihre Erlebnisse während der Teilung des indischen Königreichs Punjab im August 1947. Dort hatten zuvor zahlreiche religiöse Gruppen nebeneinandergelebt:

Millionen Menschen entschlossen sich nach der Bekanntgabe der neuen Grenzen innerhalb weniger Stunden zur Flucht. Gurbhajan Kaur stammt aus einer wohlhabenden Sikh-Familie. Sie lebte in dem Teil des Punjab, der zu Pakistan gehören sollte. Gurbhajan war damals, 1947, neun Jahre alt:

„In dieser Nacht heulten auf einmal die Sirenen. Leute haben gerufen: Ihr müsst weg, ihr müsst weg! Wir hatten ein riesiges Haus und haben versucht, alles, was wir besessen haben, auf Holzkarren zu packen. Mein Vater ist zu den Ställen gegangen, um die Tiere zu holen. Dort haben sie ihn umgebracht. Seine Leiche haben sie einfach in den Fluss geworfen."

Gurbhajan starrt auf den Wohnzimmertisch und knetet ihre knöchernen Hände. Ihre Enkel sitzen um sie herum, die wollen ihre Geschichten sonst nie hören, sagt die 79-Jährige. Bis heute könne sie sich vor allem noch an ihr Gefühl von damals erinnern: die nackte Angst, die sie die gesamte Flucht über begleitet hat.

Zit. nach: Silke Diettrich/Jürgen Webermann: Das Trauma ewiger Feindschaft. Deutschlandfunk, 27.02.2019; online: www.deutschlandfunk.de/der-konflikt-zwischen-indien-und-pakistan-das-trauma-ewiger.724.e.html?dram:article_id=442270 (18.09.2021)

Sikhismus: religiöse Reformgruppe, im 15. Jahrhundert in Nordindien gegründet, die das indische Kastenwesen ablehnt und Islam und Hinduismus zu verbinden versucht

M5 „Zwei der wichtigsten Seiten des Weltproblems"

In einer Ansprache in der Universität von Kalifornien stellte der indische Premierminister Nehru am 31. Oktober 1949 weltpolitische Reflexionen an:

Auf der Weltbühne hat sich ein äußerst wichtiger Wandel vollzogen: die Wiedergeburt Asiens. Vielleicht wird später einmal, wenn es an der Zeit ist, die Geschichte unserer Tage zu schreiben, die Rückkehr des alten asiatischen Kontinents – der so viel Auf und Ab erlebt hat – in die Weltpolitik als das bedeutsamste Faktum dieser und der nächsten Generation gelten. Es geht die ganze Welt an, besonders aber die Vereinigten Staaten, schon wegen ihrer geografischen Lage im Angelpunkt, ganz abgesehen von dem Einfluss, den sie heute auf die Weltpolitik ausüben.

Die Welt ist voller ungelöster Probleme. Vielleicht lassen sie sich alle als Teile eines einzigen Problems betrachten. Dieses Problem ist nicht zu lösen, wenn man sich nicht die volle Bedeutung der asiatischen Wiedergeburt vor Augen hält, denn Asien wird unvermeidlicherweise eine wachsende Rolle in der Weltpolitik spielen.

Asien, in seinem Wachstum gehemmt, hat es mit zwei der wichtigsten Seiten des Weltproblems zu tun – mit der politischen und mit der wirtschaftlichen. Das politische Problem, das heißt der Kampf um die politische Freiheit, hat eine gewisse Priorität, weil ohne politische Freiheit kein wirklicher Fortschritt denkbar ist. Aber da die politische Befreiung sich verzögert, ist das wirtschaftliche Problem genauso wichtig und dringend geworden. An erster Stelle also steht die nationale Freiheit. Die meisten asiatischen Länder haben sie bereits erkämpft, aber einige sind noch immer der kolonialen Herrschaft unterworfen. Diese Reste der Fremdherrschaft werden verschwinden müssen, um das Nationalgefühl, den vorherrschenden Impuls der asiatischen Völker, zufriedenzustellen. Ebenso wichtig ist die Versorgung der breiten Masse, in ihrem eigenen Interesse und im Interesse des Weltfriedens und der Stabilität. Dazu gehört eine allmähliche Industrialisierung dieser Länder, bei der die Vereinigten Staaten eine wesentliche Rolle spielen können.

Jawaharlal Nehru: Summe meines Denkens. München 1962, S. 195 f. (Übers.: Paul Baudisch)

M 6 Indien als ökologisches Entwicklungsmodell

Im Jahr 1994 stellte der indische Umweltwissenschaftler Ashish Kothari eine These zu Entwicklungsmöglichkeiten Indiens in der Weltwirtschaft auf:

Wenn sowohl die Umwelt als auch die Lebensgrundlage der Menschen bewahrt werden soll, muss Indien noch lange ein Agrarland bleiben. Da gibt es kaum einen Ausweg; zwei Drittel der Bevölkerung leben von der Landwirtschaft. Das ist auch nicht schlimm. Wir müssen dem traditionellen Konzept entgegentreten, dass man umso entwickelter sei, je mehr Industrie man hat. Selbst wenn man wollte, gäbe es keine Möglichkeit, dass die Dritte Welt einen solchen Industrialisierungsgrad wie der Westen erlangt. Die USA verbrauchen etwa 40 Prozent der Weltressourcen, wenn Indien dazu aufschließen wollte, bräuchten wir 120 Prozent. Ich denke und hoffe, dass Indien und ähnliche Länder zu einem Vorbild, einem Entwicklungsmodell für die Welt werden. Das sind bislang die westlichen Länder gewesen. Aber ihr realisiert ja selbst, wie fehlerhaft dieser Prozess ist, in dem ihr steckt. So könnt ihr nicht weitermachen. Indien befindet sich in der Lage, eine alternative Entwicklungsvision zu initiieren. Wir haben darin eine uralte Tradition.

Zit. nach: Frank Braßel: Gandhis Erben. Indien in der Krise, Bonn 1994, S. 209

M 7 Aufarbeitung: 2017 wurde in der Stadt Amritsar das erste Museum der Teilung Indiens eingeweiht. Auf seiner Homepage bietet es u. a. Dokumente und Augenzeugenberichte in Videos mit englischen Untertiteln. Z. B. erzählt Sudershana Kumari (Hindu) aus Indien ihre Kindheitserlebnisse von der Flucht aus einer Stadt bei Lahore, und Ijaz Khan (Muslim) aus Pakistan berichtet, wie sein Vater bei einem Besuch in Indien von den vormaligen Nachbarn (Hindus) empfangen wurde.

---

2. Arbeiten Sie aus dem Darstellungstext die Standpunkte und Interessen der verschiedenen Akteure heraus, welche die Unabhängigkeit Indiens formten: Premierminister Attlee, Vizekönig Mountbatten, der indische Nationalkongress, die Muslim-Liga.

3. Erläutern Sie Folgen der Dekolonisierung Indiens mithilfe von M 3 und M 4.

4. a) Analysieren Sie mithilfe des Darstellungstextes unter Einbeziehung von M 1, welche Maßnahmen und Standpunkte dazu beitrugen, dass es infolge der Teilung zu Massengewalt kommen konnte.
b) Diskutieren Sie, durch welche Haltungen und Maßnahmen die Massengewalt infolge der Teilung hätte verhindert werden können.

+ Recherchieren Sie unter **WES-116793-013**, wie in der indischen Erinnerungskultur mit der traumatischen Erfahrung der Teilungsgewalt umgegangen wird.

5. M 2 ist am Motiv der Pietà, der mitleidigen Schmerzensmutter Maria, die Christus nach dem Kreuzestod hält, orientiert.
a) Recherchieren Sie die Bedeutung des Pietà-Motivs sowie die Werte, für die Christus und Maria stehen.
b) Arbeiten Sie heraus, welche Werte der hinduistische Künstler von dem Pietà-Motiv auf Gandhi und „Mutter Indien" überträgt. Beziehen Sie Ihre Kenntnisse über Gandhis Weg der Gewaltlosigkeit ein.

6. a) Arbeiten Sie die Schritte der Entwicklungsmodelle von Nehru (M 5) und Kothari (M 6) heraus, z. B. mithilfe von Flussdiagrammen.
b) Vergleichen Sie beide Modelle. Berücksichtigen Sie dabei ihre Entstehungszeiten.

Südafrika – eine Nation oder viele?

Prozesse der Dekolonisierung – Fallbeispiel 3

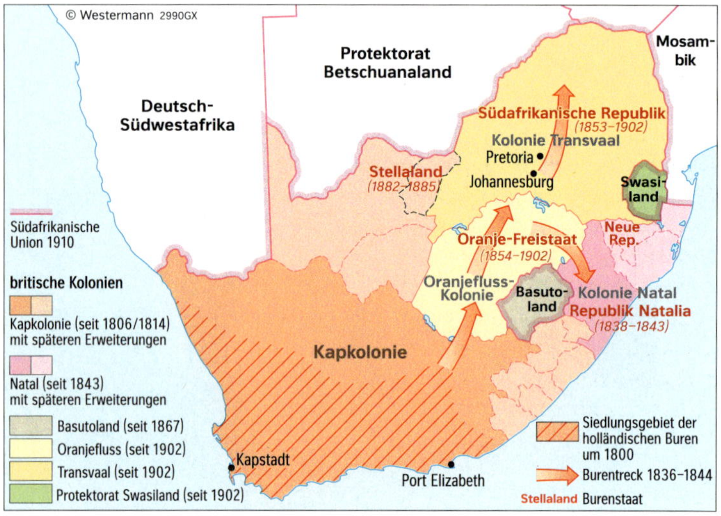

M1 Koloniale Siedlungen im Süden Afrikas bis 1902

Schwarz/*weiß*: zur Schreibung → S. 206

„Coloured“: in Südafrika eine historische rassistische Fremdbezeichnung für eine ethnisch divers zusammengesetzte Bevölkerungsgruppe, darunter Menschen mit asiatischen Wurzeln. Der Begriff wird in Anführungszeichen gesetzt. Von ihm abzugrenzen ist die Selbstbezeichnung „People of Colour“ von Menschen mit Rassismuserfahrungen.

kultureller Essentialismus: Annahme, das Verhalten von Menschen aus gleichen „Kulturräumen“ sei durch einen gemeinsamen kulturellen Kern dauerhaft unveränderlich festgelegt. Kulturaustausch ist dann negativ konnotiert bzw. wird als unmöglich betrachtet.

Industrialisierung am Kap – durch Diamanten und Gold

Im Jahr 1652 gründete die niederländische „Vereenigde Oostindische Compagnie“ – VOC – am Kap Südafrikas eine erste Proviantstation für den Schiffsverkehr nach Asien. Hier betrieb sie mit aus Asien verschleppten Sklaven Landwirtschaft. Als Großbritannien diese „Kapkolonie“ zu Beginn des 19. Jahrhunderts übernahm, entstanden Konflikte mit den dort siedelnden niederländischen Bauern, sodass diese bald in Ochsenwagen-Trecks erobernd nach Norden zogen, um „Burenrepubliken“ zu gründen. Es dauerte Jahrzehnte, bis sie sich gegen die mächtigen Reiche der Zulu, der Gcaleka-Xhosa, der Pedi und deren Nachbarn durchsetzen konnten.

Spektakuläre Entdeckungen machten die „Burenrepubliken“ Tansvaal und Oranje bald berühmt: Diamanten- und Goldfunde. Sie zogen Unternehmer an, die Bergwerke errichteten. Der nun beginnende Abbau der Bodenschätze führte zu einem steigenden Bedarf an Arbeitskräften. An die Stelle der früher eingesetzten Sklaven traten einheimische abhängige Kräfte. Zudem wurden aus Britisch-Indien gering bezahlte Vertragsarbeiter angeworben, und auch Händler und andere Berufsgruppen folgten. Großbritannien, das Ende der 1870er-Jahre seinen Imperialismus forciert hatte, eroberte im verlustreichen „Burenkrieg“ 1899–1902 die „Burenrepubliken“. Nach nur acht Jahren „Direct Rule“ regten die Briten jedoch 1910 die Gründung der „Union von Südafrika“ als Dominion im Empire an. Dieser neue Staat musste das Verhältnis seiner Schwarzen und *weißen* Einwohnerschaften klären.

Apartheid – auch eine Moderne?

Für die *Weißen* wurden Privilegien geschaffen: Sie erhielten Leitungsposten und Land. Für Schwarze Menschen jedoch wurde ab 1911 ein Gesetz vorbereitet, das ihren Landbesitz auf 7 % des Agrarlandes – in festgelegten Gebieten – einschränkte. Auch die Möglichkeiten zur Pacht von Farmland wurden für sie begrenzt, denn eine große Zahl von Landlosen sollte den Bergwerken als Arbeitskräftereservoir zur Verfügung stehen. Maßnahmen der Segregation kamen hinzu, etwa erste Trennungen von Wohnbezirken. Seit den 1920er-Jahren folgten weitere Gesetze zur „eigenständigen Entwicklung der Rassen“. Auf kommunaler Ebene wurden 1936 getrennte Schwarze Vertretungskörperschaften geschaffen, die nur beraten durften – und als Vorwand dazu dienten, das Wahlrecht für Schwarze Menschen ganz abzuschaffen, das es zuvor ohnehin nur in einer von vier Provinzen des Landes gab. Es hatte dort – als Zensuswahlrecht – nur eine kleine Wählerschaft zugelassen.

Woher kam dieses Konzept, das 1929 erstmals und ab 1950 systematisch als „Apartheid“ bezeichnet wurde? Ihre Fürsprecher wie der spätere Premierminister Hendrik Verwoerd beriefen sich auf die südafrikanische „Dutch Reformed Church“ und auf die „Rassentrennung“ im Süden der USA. Sie verstanden sich als „Sozialingenieure“ und behaupteten, „fremde“ Lebensweisen würden Schwarze und „Coloured“ aus dem Gleichgewicht ihrer festgelegten Kultur bringen. Der enthaltene kulturelle Essentialismus verkannte den kreativen, kulturellen Austausch völlig.

Der ANC – Ursprünge, Formen, Chancen

Bereits 1911 hatten Mitglieder der Schwarzen Bildungselite eine Befreiungsbewegung gegründet, die ab 1925 African National Congress (ANC) hieß. Die Gründungsmitglieder entstammten meist Berufen wie Arzt, Journalist, Pfarrer oder Anwalt, und ihre Protestformen waren zunächst die im Empire anerkannten, jedoch wenig erfolgreichen: Petitionen verfassen, Delegationen entsenden. Auch hatte der ANC kaum Kontakt zu der „African Political Organization" der „Coloured" – die „Rassentrennung" verhinderte noch den Gedanken an eine gemeinsame Front.

Als der Wahlsieg der *weißen* National Party 1948 von einzelnen Maßnahmen der Segregation zur systematischen Apartheid führte, stieg der ANC jedoch zu einer Massenorganisation auf. Eine jüngere Generation von Mitgliedern hatte in liberalen britischen Missionsschulen Bildung erworben. Sie teilte das Leben der bevormundeten Massen in den Townships, den allein Schwarzen Menschen zugewiesenen Wohngebieten. Und sie schwenkte von einem neuen, rein afrikanischen Nationalstolz über auf einen Staatsbürgernationalismus, der für die asiatischen Minderheiten anschlussfähig war. Letztere brachten Gandhis gewaltlosen Widerstand als eine Aktionsform ein.

Nelson Mandela

Zur jüngeren Generation der ANC-Aktivisten zählte der 1918 geborene Nelson Mandela. Er war mit der Methode der einvernehmlichen Beschlussfassung im Volk der Xhosa vertraut, hatte eine gute Schulbildung erworben in einer liberalen britischen Missionsschule und ein Jurastudium abgeschlossen an der Universität von Fort Hare, die von einem Oppositionsgeist gegen die Vormachtstellung der *Weißen* in Südafrika geprägt war. Mandela stieg in die Führungsriege des ANC auf – und bekannte sich zunächst zur friedlichen politischen Oppositionsarbeit. Nachdem diese durch Verbote jedoch mehr und mehr erschwert wurde, befürwortete auch er gewaltsame Mittel. 1964 wurde er mit anderen Anführern des ANC zu lebenslanger Haft verurteilt, die er auf Robben Island vor Kapstadt absaß – bis zu seiner Freilassung am 11. Februar 1990. 1991 wurde er zum Vorsitzenden des ANC gewählt, 1994 zum ersten Schwarzen Staatspräsidenten Südafrikas.

Transformation

Die Transformation vom Apartheidssystem zu einer parlamentarischen Demokratie begann 1984, als Südafrika international isoliert und wirtschaftlich durch die Regelungen der Apartheid in eine Krise geraten war. Das Dreikammerparlament von Staatspräsident Botha – für *Weiße*, „Coloured" und Schwarze – bot keine Lösung. Erst sein Nachfolger Frederik Willem de Klerk leitete Anfang der 1990er-Jahre die Transformation zu einer parlamentarischen Demokratie mit freiem, gleichem, direktem und geheimem Wahlrecht für alle Staatsbürgerinnen und Staatsbürger ein.

Der Staatsapparat des Apartheidregimes war von ständiger politischer Gewalt geprägt gewesen, sodass ein weißer Putsch ebenso wie Racheakte der vormaligen Opfer zu befürchten waren. Mandela und de Klerk entschieden auf Vorschlag des ANC die Einrichtung einer „Wahrheits- und Versöhnungskommission", die von 1996 bis 1998 tagte. Unter Vorsitz des Erzbischofs Desmond Tutu sollten reuige Täter durch die Chance auf Straffreiheit zur Aufklärung beitragen, und Opfer von Gewalt sollten unbürokratisch Entschädigungszahlungen erhalten. Verbrechen von *Weißen* an Schwarzen, von Schwarzen an *Weißen* und von Schwarzen an Schwarzen wurden verhandelt – öffentlich. 5 392 von 7 112 Antragstellern wurde die Amnestie jedoch verweigert. Trotz mancher Kritik war dieses Element einer „Transitional Justice", einer Justiz bei der Auflösung undemokratischer staatlicher Institutionen, Vorbild für andere Länder weltweit.

Desmond Tutu nannte als Ziel eine „Rainbow Nation", in der Menschen aller Hautfarben und Herkunft gleichberechtigte Staatsbürgerinnen und -bürger sind. Aber das Erbe der Apartheid lastet schwer: Der Wohlstand des Landes ist sehr ungleich verteilt, die Wohnverhältnisse vor allem Schwarzer Menschen sind oft unzureichend, und einige Regierungen waren von Korruption geprägt. Ob die Ziele des Übergangs zu Chancengleichheit und Sozialstaatlichkeit erreicht werden, muss die Zukunft zeigen.

einvernehmliche Beschlussfassung: In den Ratsversammlungen der Xhosa überstimmte nicht eine Mehrheit eine Minderheit, sondern es wurde nach einer Lösung gesucht, der alle zustimmen konnten.

M2 Passagiere in einem Zugabteil: ziviler Ungehorsam in Südafrika im Jahr 1952

M3 Gleichwertig, aber getrennt?

Der südafrikanische Historiker Hermann Giliomee untersuchte, wie Konzept und Begriff der „Apartheid" entstanden, und stellte dar:

Die Konferenz [der Dutch Reformed Church, DRC] in Kroonstad beschloss [1929], eine Missionspolitik zu entwerfen und der Synode [Kirchenversammlung] der DRC 1931 vorzulegen. Bei diesem Treffen lehnte die Kirche die Gleichstellung oder „rassische Nivellierung" und damit „Rassendegeneration" und „Bastardisierung" als „abscheulich für jeden rechtschaffenen *Weißen* und ‚Einheimischen'" ab. Doch die DRC bekräftigte auch, dass die „Einheimischen" in den Augen Gottes eine gleichwertige Seele besaßen und auf einer bestimmten Ebene den *Weißen* ebenbürtig waren. Aber Gleichheit im Jenseits bedeutete sicherlich keine soziale Gleichheit in dieser Welt.

Um ihre Ablehnung der Gleichstellung zu rechtfertigen, schlug die Kirche vor, dass sich Schwarze „auf ihrem eigenen Terrain, getrennt und apart" entwickeln. [...] Sie rief dazu auf, Afrikaner und „farbige" Menschen bei der Entwicklung „zu sich selbst respektierenden christlichen Nationen" zu unterstützen. [...] Strydom [...] berief sich auf den amerikanischen Süden, mit seinen getrennten Schulen, Kirchen und Vororten, als Modell für „Farbige" und Afrikaner in Südafrika [...]. 1947 bemerkte der Vorsitzende der National Party: „Nicht der Staat, sondern die Kirche [der Buren] übernahm die führende Rolle in der Apartheid."

Hermann Giliomee: The Making of the Apartheid Plan 1929–1948, in: Journal of Southern African Studies, 6/2003, Vol. 29, No. 2, pp. 373–392, hier S. 381 f. (www.jstor.org/stable/3557368, 01.07.2021; Übers.: Friedrich Huneke)

Strydom: Gemeint ist ein Missionssekretär der Dutch Reformed Church (DRC), der die Rassentrennung kirchlich vertrat. Er ist nicht zu verwechseln mit Johannes G. Strydom (1893–1958), 1954 Premierminister Südafrikas, der allerdings die gleiche nationalistische Position *weißer* Vorherrschaft und die Politik der „Rassentrennung" vertrat.

M4 „Eine Mauer zwischen zwei Welten"

Der deutsche Fotograf Jürgen Schadeberg lebte seit 1950 regelmäßig in Südafrika. Er schrieb:

Als ich 1950 aus Deutschland in Südafrika ankam, fand ich zwei parallel laufende Gesellschaften, die überhaupt nicht miteinander kommunizierten. Da war eine unsichtbare Mauer zwischen den beiden Welten. Die Schwarze Welt, oder „Nichteuropäische Welt", wie sie die weiße Gesellschaft beschrieb, wurde von der Weißen Welt kulturell und wirtschaftlich zurückgewiesen. Nur Hausangestellte und einfache Arbeiter konnten die Weiße Welt betreten.

In den Fünfzigerjahren entwickelte die Schwarze Welt eine große kulturelle und politische Dynamik, während die Weiße Welt auf mich isoliert wirkte, wie in einen Kokon eingesponnen, kolonial und unwissend gegenüber der Schwarzen Welt.

Als Neuling und Außenseiter konnte ich recht einfach von der einen zur anderen Welt springen [...]. Zum Beispiel fotografierte ich an einem Abend einen weißen Maskenball in der Stadthalle, am nächsten Morgen ein ANC-Treffen der Kampagne des zivilen Ungehorsams, oder eine Musikfeier im Stadtteil Sophia-Town. [...] Meine Fotos aus der vibrierenden Schwarzen Welt der Fünfzigerjahre, aus der „zurückgewiesenen Gesellschaft", fanden in Südafrika später große Nachfrage. Ich fühlte, wie wichtig es war, dass beide, Schwarze und Weiße, sahen, was die Ideologie der Apartheid erfolgreich zerstört hat.

Meine Bilder der Weißen Welt waren bis vor zwanzig Jahren historisch weniger drängend, aber jetzt fühle ich, dass es Zeit ist, sie zu publizieren und die andere Seite der Münze zu zeigen, das Ying und Yang, das weiße Gesicht Südafrikas in den Fünfzigern.

Zit. u. übers. nach: www.jurgenschadeberg.com/galleries/TheBlack_WhiteFiftiesinSouthAfrica/default.htm (12.08.2021)

M5 Gewaltloser Protest in den 1950er-Jahren

Das Museum der Apartheid in Johannesburg erklärt in einem Unterrichtsmaterial für südafrikanische Schülerinnen und Schüler den Strategiewechsel der ANC-Jugend von Protestnoten gegen die Apartheidpolitik zu ersten Massenaktionen im Jahr 1952:

Öffnet die Gefängnistore, wir wollen da rein!
1952 plante der Afrikanische Nationalkongress eine Kampagne der Widersetzlichkeit und des zivilen Ungehorsams. Dies bedeutete, dass Afrikaner friedlich, aber bestimmt das Gesetz [der Apartheid] brechen würden. Sie strebten es an, verhaftet zu werden und so die Gefängnisse zu überfluten. Sie hofften, so die öffentliche Aufmerksamkeit auf die Apartheidsgesetze zu lenken und die Regierung zu zwingen, sie abzuschaffen.

Massenversammlungen wurden im ganzen Land abgehalten und Gruppen von Freiwilligen losgeschickt, um das Gesetz zu brechen. Sie gingen durch die „Whites only"-Eingänge, setzten sich in Parks, die nur für Weiße zugelassen waren, brachen die abendliche Ausgangssperre für Schwarze, und sie weigerten sich, ihre Pässe stets mit sich zu führen. Daraufhin wurden über 8000 Personen verhaftet. Die Kampagne hatte eine enorme öffentliche Wirkung und die Mitgliederzahl des ANC schwoll von 7000 auf 100000 an. Aber die Polizei reagierte mit enormer Gewalt, besonders in der östlichen Kapprovinz. [...] Der ANC war schließlich gezwungen, die Kampagne zu beenden.

Im Gefängnis sangen die inhaftierten Menschen laut Protestlieder wie „Somlandela":

„Wir folgen Luthuli
[dem Präsidenten des ANC]
Luthuli – Wir folgen ihm, wohin er geht!
Die Gefängnisse sind voll, sie zeigen, dass
wir für unsere Freiheit kämpfen!"

Die Augenzeugin und spätere Parlamentssprecherin Baleka Mbete erläutert: „Musik spielte eine so große Rolle, dass ich nicht weiß, wie man die vielen Jahre des Kampfes zu Hause, im Exil, in Lagern, verstreut über die Welt, durchgestanden hätte, ohne Unterstützung durch Lieder."

Zit. u. übers. nach: Apartheid Museum (Hg.): Understanding Apartheid. Learners Book, Chapter 4: Resistance to Apartheid., Johannesburg 2006, S. 58

M6 „Wind of change"

Am 3. Februar 1960 sprach der britische Premierminister Harold Macmillan vor dem südafrikanischen Parlament über das Recht der Schwarzen Afrikaner auf nationale Selbstbestimmung:

Der Wind der Veränderung weht durch diesen Kontinent, und, ob es uns gefällt oder nicht, dieses Erstarken des Nationalbewusstseins ist eine politische Tatsache. [...] Ursachen sind [...] in der Durchsetzung westlicher kultureller Werte zu suchen, im Vorrücken der Grenzen des Wissens, [...] im Ausbau des Bildungswesens. [...]

Was die Regierung und das Parlament in Großbritannien seit dem Krieg taten, indem sie Indien, Pakistan, Ceylon, Malaysia und Ghana die Unabhängigkeit gewährten, [...] tun wir in dem Glauben, dass es der einzige Weg ist, um die Zukunft des Commonwealth und der freien Welt auf ein festes Fundament zu stellen. [...] Unsere eigene Erfahrung erklärt, warum es in den Ländern, für die wir eine natürliche Verantwortung haben, nicht nur unser Ziel war, den materiellen Lebensstandard zu steigern, sondern auch eine Gesellschaft zu schaffen, die das Recht von Individuen respektiert, eine Gesellschaft, in welcher es den Menschen ermöglicht wird, sich ungehindert zu entfalten – und das muss unserer Ansicht nach die Gelegenheit einschließen, vermehrt an der politischen Macht und Verantwortung teilzuhaben [...].

Ich bin mir sehr wohl des besonderen Problems bewusst, mit dem Sie in der Südafrikanischen Union konfrontiert sind. [...] Sie haben hier ungefähr drei Millionen Menschen europäischer Herkunft. Dieses Land ist ihre Heimat. Es ist ihre Heimat seit vielen Generationen. Sie haben keine andere. [...] Die Probleme, mit denen Sie als Mitglieder des Unions-Parlaments sich befassen müssen, unterscheiden sich sehr von den Problemen, mit denen es die Parlamente von Staaten mit einer homogenen Bevölkerung zu tun haben. [...] Als ein Mitglied des Commonwealth ist es unser aufrichtiger Wunsch, Südafrika zu unterstützen und zu fördern, aber Sie haben hoffentlich nichts dagegen, wenn ich offen sage, dass es einige Aspekte Ihrer Politik gibt, die es uns unmöglich machen, dies ohne Aufgabe unserer tiefen Überzeugungen von dem zu tun, was die politische Bestimmung freier Menschen ist, die wir auf unserem eigenen Territorium zu verwirklichen versuchen.

Harold Macmillan: Pointing the Way. 1959–1961, London u. a. 1972, S. 473–482 (Übers.: Gerhard Henke-Bockschatz)

Aufgabe aus dem südafrikanischen Unterrichtsmaterial zu M5:

Den Beitrag der Musik zum Kampf verstehen:

1. Was zeigt Ihrer Meinung nach das Lied „Somlandela" im Rahmen der Widerstandskampagne?

2. Wie könnte der Song den Inhaftierten geholfen haben?

3. [...] Erklären Sie, warum Musik ein so wichtiger Teil des Kampfes war.

4. Wenn Sie dieses Buch durchgearbeitet haben, wählen Sie eine der Widerstandskampagnen aus und schreiben Sie dafür ein Freiheitslied.

Zit. u. übers. nach: Apartheid Museum (Hg.): Understanding Apartheid, ebd.

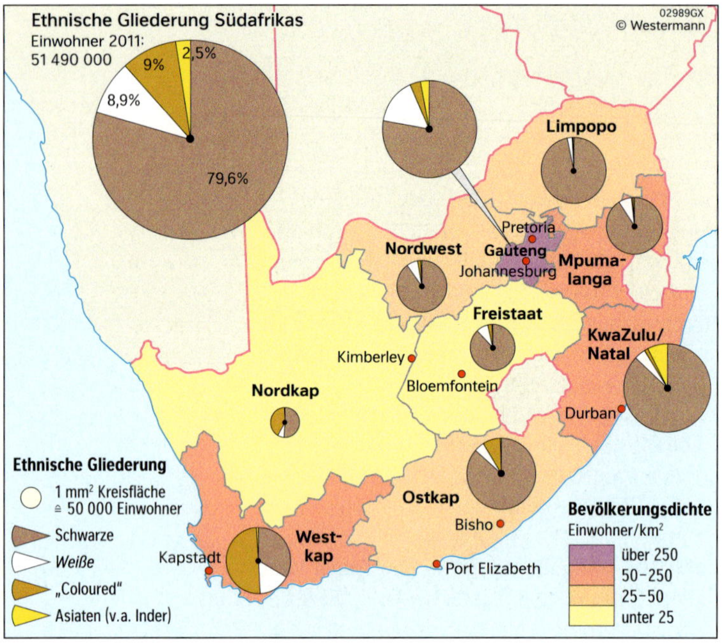

M7 Ethnische Gliederung der Republik Südafrika

M8 Das Kernprinzip der Freiheitscharta

Mandelas Autobiografie „Der lange Weg zur Freiheit" erschien 1994. Eine Fortsetzung, in der er schwierige Momente beschreibt, wurde aber erst 2010 – posthum – veröffentlicht. Darin heißt es:

a) Die nie dagewesene Herausforderung bestand darin, dem gesamten Volk seine Menschenwürde zurückzugeben, indem sämtliche Formen der Rassendiskriminierung abgeschafft wurden [...]. Das war eine Aufgabe von großer Tragweite, die unsere Demokratiepioniere da vor sich hatten. Der ehemalige Terrorist [Mandela] hatte nun die Aufgabe, Südafrika zu einen und das Kernprinzip der Freiheitscharta umzusetzen, das besagt, dass Südafrika seinem gesamten Volk gehört, Schwarz und Weiß.

b) Mich erreichten [vor dem ersten, freien Wahltermin am 27. April 1994] Geheimdienstberichte darüber, dass rechtsgerichtete Afrikaaner die bevorstehenden Wahlen mit Gewalt verhindern wollten. [...] Ich beschloss zu handeln. [...] Ich traf mich dann mit dem General [dem Oberbefehlshaber der Armee Constand Viljoen] und mit Ferdi Hartzenberg [dem Vorsitzenden der Konservativen Partei] und fragte sie, ob es wahr sei, dass sie planten, die Wahl mit Gewalt zu verhindern. Der General gab offen zu, dass die Afrikaaner sich tatsächlich bewaffneten und ein Bürgerkrieg auf das Land zukomme. Ich war erschüttert, gaukelte ihnen aber großes Zutrauen in den Sieg der Freiheitsbewegung vor. [...] Ich warnte sie jedoch, dass sie am Ende dieses leichtsinnigen Roulettes vernichtet werden würden. Wir stünden kurz vor einem historischen Sieg, nachdem wir der weißen Vorherrschaft einen tödlichen Schlag versetzt hätten. [...] Ich appellierte an sie, ihre Pläne aufzugeben und sich an Verhandlungen [über die Abschaffung des Apartheidsregimes] zu beteiligen.

Nelson Mandela: Bekenntnisse, München 2010, S. 354 f., 357 ff. (Übers.: Anne Emmert, Hans Freundl, Werner Roller)

Afrikaaner: deutscher Begriff für die Buren (von niederländ.: Boere, Bauer), die Nachfahren der meist niederländischen Siedler des 17. bis 19. Jahrhunderts), deren Sprache Afrikans aus dem Niederländischen hervorging. Die Afrikaaner/Buren setzten sich für eine *weiße* Vorherrschaft in Südafrika ein.

M9 Pretoria, 10. Mai 1994: Amtseinführung für den durch die ersten freien Wahlen 1994 neu gewählten Staatspräsidenten Mandela. Vizepräsident Mbeki reicht dem scheidenden Präsidenten de Klerk die Hand.

M10 Folgt der politischen Revolution die soziale Umwälzung?

Christoph Marx, Professor für außereuropäische Geschichte, analysiert die Reformpolitik der ersten ANC-Regierungen:

Der politischen Revolution, so erwarteten viele, musste die soziale Umwälzung folgen. [...] Dies betraf eine Reihe von Kernbereichen wie Landzugang, sanitäre Versorgung, Anschluss an Strom- und Kommunikationsnetze, an eine moderne Infrastruktur, Bau menschenwürdiger Unterkünfte und vor allem Arbeitsplätze. [Das sah] die Umsetzung des Reconstruction and Development Programme [RDP], des Kernstücks der Reformpolitik des ANC [, vor].
Die Entscheidung [des Vizepräsidenten] Thabo Mbeki 1996, das im Kern keynesianische RDP zugunsten der neoliberalen Growth, Employment and Redistribution (GEAR) aufzugeben, hieß auch, einer Wirtschaftspolitik den Vorzug zu geben, die arbeitgeberfreundlich war und die Gewinnmaximierung der Konzerne unterstützte. [...] Mbekis Entscheidung [...] war von den schlechten Beispielen anderer afrikanischer Länder in der Vergangenheit motiviert.

Denn sie hatten den Reichtum ihrer Länder in groß angelegte Sozialprogramme investiert und dabei oft Schulden angehäuft, die sie anschließend nicht mehr abzahlen konnten.

[... N]ach wenigen Jahren hatte die südafrikanische Regierung genügend Liquidität, dass sie ab 2004 stärker in den Sozialbereich investieren konnte, ohne Gefahr zu laufen, in eine Verschuldung und Abhängigkeit zu geraten. [...] Nun kamen 12 Millionen Südafrikaner erstmals in den Genuss staatlicher Wohlfahrtszuwendungen wie Renten und Erziehungsgelder, 2,7 Millionen neue Häuser wurden gebaut. [...] Doch das Hauptproblem, das sich als unlösbar erwies, war die Schaffung neuer Arbeitsplätze. [...]

Hinzu kam, dass Südafrika, um internationale Glaubwürdigkeit bei Kreditinstitutionen und Investoren zu finden, die Zollschranken des Apartheidstaates nicht nur abbauen, sondern weitgehend beseitigen musste. Dabei gehörte es zu den hinreichend bekannten doppelten Maßstäben, insbesondere der EU, welche die Demokratie nur zum Nulltarif und risikolos verbreiten will, dass sie ihre Agrarmärkte gegen südafrikanische Produkte weiterhin abschirmte. Die Aufhebung der südafrikanischen Zollschranken gegen Importe aus anderen Ländern hatte sogar zur Folge, dass innerhalb kurzer Zeit die südafrikanische Textilindustrie Tausende von Arbeitsplätzen vor allem von Frauen verlor.

Christoph Marx: Südafrika. Geschichte und Gegenwart. Stuttgart 2012, S. 296–298 (stark gekürzt)

M 11 Eine Gedenkstätte in Soweto bei Johannesburg, das Hector-Pieterson-Memorial. Hector Pieterson war ein Schüler, der am 16. Juni 1976 während einer Demonstration von einem Polizisten erschossen wurde. Das für die Gedenkstätte verwendete Foto ist im heutigen Südafrika sehr bekannt. Es wird auch in zahlreichen Schulmaterialien verwendet.

Zum Hintergrund: Das Bantu-Bildungsgesetz von 1953 sah für Schwarze Schülerinnen und Schüler bis zur 8. Klasse der Primarschule keinen Unterricht in den Amtssprachen Afrikaans und Englisch vor, die an den Schulen für ***Weiße*** Pflicht waren, sondern nur muttersprachlichen Unterricht. Als die Prüfungen 1975 auf die 7. Klasse vorgezogen wurden und zudem nur in Afrikaans und Englisch stattfinden sollten, reagierte die Schuljugend mit Protestzügen. Allein in Soweto beteiligten sich 250 000 Jugendliche an dem Aufstand, der bis Februar 1977 anhielt. Insgesamt starben 451 Demonstrierende an Polizeigewalt. Seit 1995 ist der 16. Juni 1976 in Südafrika öffentlicher Feiertag.

1. Erstellen Sie einen Zeitstrahl zur Geschichte Südafrikas mithilfe des Darstellungstextes sowie M 1 und M 9.
2. Arbeiten Sie mithilfe des Darstellungstextes (Z. 27–70) und M 3 die Entstehung des Apartheidsystems heraus.
3. Erläutern Sie Folgen des Apartheidsystems auf der Basis von M 4, M 5 und M 11.
4. Charakterisieren Sie den Standpunkt des britischen Premiers MacMillan (M 6).
5. Überprüfen Sie die Aussage des Pressefotos M 9, das als Symbol des friedlichen Übergangs der Macht große Verbreitung fand, mithilfe des Textauszuges aus Mandelas Autobiografie M 8.
6. Bewerten Sie die Wirtschafts- und Sozialpolitik der ANC-Regierungen 1994 bis 2010 (M 10).
7. Die aufeinanderfolgenden südafrikanischen Staatspräsidenten de Klerk und Mandela erhielten 1993 gemeinsam den Friedensnobelpreis. Diskutieren Sie auf der Basis des Darstellungstextes sowie von M 8–10, ob die Entscheidung gerechtfertigt war.

Palästina und Israel: Konflikte im Nahen Osten

Prozesse der Dekolonisierung – Fallbeispiel 4

M1 Gebietsverluste des Osmanischen Imperiums bis 1920

1. Beschreiben Sie die Entwicklung des Osmanischen Reiches bis 1920 an M1.

Das Osmanische Reich zerfällt

Das Osmanische Reich erstreckte sich um 1680 auf Europa, Asien und Afrika. Bereits vor dem Ersten Weltkrieg aber konnte es weder dem neuartigen Nationalbewusstsein der Ethnien im Vielvölkerstaat noch den kolonialen Interessen der europäischen Großmächte standhalten. 1918, nach dem verlorenen Ersten Weltkrieg, zerfiel das Imperium endgültig, und auf europäischem Gebiet entstanden souveräne Staaten. Wie aber entwickelte sich der Nahe Osten weiter? Der 1920 gegründete Völkerbund sah vor, die dortigen ehemals osmanischen Gebiete – von Palästina bis nach Mesopotamien – den Siegermächten Großbritannien und Frankreich als sogenannte A-Mandate (→ S. 204) zu unterstellen. Sie sollten möglichst bald in eine neue unabhängige Staatlichkeit geführt werden. Doch einen verbindlichen Zeitplan gab es dafür nicht.

Naher Osten: deutsche Bezeichnung für die außereuropäischen Gebiete des ehemaligen Osmanischen Reiches (engl.: „Middle East")

Zionismus: Der Name der jüdischen Nationalbewegung bezieht sich auf Zion, Jerusalem, die Hauptstadt des antiken Israel. Gründer der Bewegung war der Journalist Theodor Herzl. Er lud 1897 aus Anlass des zunehmenden Antisemitismus in Europa zum ersten „Zionistenkongress" nach Basel ein.

Interessen stehen gegeneinander

Im Hinblick auf den Nahen Osten trafen Interessen verschiedener Akteure aufeinander. Großbritannien hatte sich während des Ersten Weltkriegs den Arabern als Schutzmacht gegen das Osmanische Reich angeboten. Als Gegenleistung für militärische Unterstützung hatten die Briten dem Sherifen von Mekka aus der Dynastie der Haschemiten die Schaffung eines Arabischen Großreiches in Aussicht gestellt. Doch etwa zeitgleich klärten die Briten mit Frankreich ihre Interessensphären an Erdöl, Land und der Kontrolle des Suez-Kanals im geheimen Sykes-Picot-Abkommen (→ S. 203). Tatsächlich unterstützte Großbritannien nach Kriegsende zwar haschemitische Thronanwärter im Irak und im Westjordanland, aber ein arabisches Großreich war durch die Gebietsaufteilung nicht mehr möglich.

Vor allem um Palästina – wo seit der Spätantike Juden und Christen, später auch Muslime lebten – hatten sich schon vor Kriegsende Konflikte abgezeichnet. Zum einen sahen die dort lebenden Araber die Zukunft des Landes als Teil des angestrebten arabischen Großreiches. Zum anderen waren nach antijüdischen Pogromen und Ausgrenzungen in Europa seit den 1880er-Jahren die jüdischen Siedlungen in Palästina in mehreren Einwanderungswellen – den Aliyot (Singular: Aliya) – erweitert worden. Bald formulierte auch die entstehende jüdische Nationalbewegung, der Zionismus, Forderungen nach einem jüdischen Staat in Palästina.

1917 erklärte der britische Außenminister Balfour, dass Großbritannien die Schaffung einer „jüdischen Heimstätte" in Palästina unterstützen werde. Mit dieser Erklärung (→ M2) gab es nun britische Zusagen für die arabische wie auch die jüdische Seite. Zwar waren die Haschemiten trotz Skepsis bereit, Vertretern des Zionismus die Sicherheit jüdischer Siedlungsgebiete in einem arabischen Staat zu versprechen – wie daraus eine neue Staatlichkeit entstehen sollte, blieb aber offen.

Völkerbundmandate entstehen

1922 wurden der Irak und Palästina offiziell zu britischen Mandaten erklärt, Frankreich wurde Mandatarmacht in Syrien und im Libanon. Gemeinsam vertrieben beide Mächte den Haschemiten Faisal, der sich im März 1920 zum Herrscher Großsyriens hatte ausrufen lassen, und Großbritannien plante in seinen neuen Mandatsgebieten eine Pipeline von den Erdölquellen in Mossul zur Hafenstadt Haifa in Palästina.

Als Mandatsmacht Palästinas förderte Großbritannien die jüdische Einwanderung dorthin – in der Erwartung, dass etwa gleich starke jüdische und arabische Bevölkerungsanteile einen künftigen Staat Palästina ausgewogen lenken würden. Auch die arabische Elite richtete sich – trotz erster Spannungen zwischen Juden und Arabern – zunächst nicht gegen die zunehmenden Einwanderungen von Juden, da sie von Einnahmen aus Landverkäufen profitierte. Als aber ab 1933 die Zahl der Einwanderer sprunghaft anstieg, kam es 1936 zu einem großen arabischen Aufstand, der sich sowohl gegen die britische Mandatsmacht als auch gegen die jüdischen Einwanderer wendete. Eine britische Untersuchungskommission sah 1937 erstmals eine Teilung Palästinas vor, denn eine nationale Assimilation von Arabern und Juden zu einem Staatsvolk erschien nicht mehr denkbar.

Der Staat Israel entsteht

Nach der Shoah im Zweiten Weltkrieg entwickelten die 1945 gegründeten Vereinten Nationen (UN) den Teilungsplan für Palästina weiter. Die meisten Juden stimmten zu, die Araber lehnten den Plan aber ab. Dennoch stimmte die UN-Generalversammlung dem Teilungsplan zu. So endete am 14. Mai 1948 um Mitternacht das britische Mandat über Palästina. Einige Stunden zuvor war mit der Verlesung der Unabhängigkeitserklärung der Staat Israel ausgerufen worden. Die Staaten der Arabischen Liga beantworteten die Staatsgründung schon am nächsten Tag mit einem militärischen Angriff, den Israel jedoch abwehren konnte. Es kam zu einer massiven Fluchtwelle arabischer Einwohner Palästinas. Von den Arabern werden die Ereignisse bis heute als Nakba, Katastrophe, erinnert. In den Nachbarländern entstanden Flüchtlingslager, die bis heute bestehen.

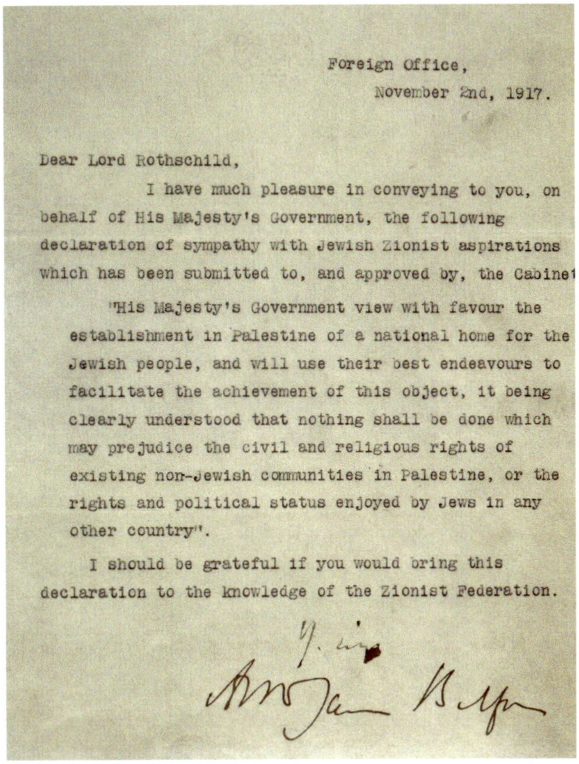
Foreign Office,
November 2nd, 1917.

Dear Lord Rothschild,

I have much pleasure in conveying to you, on behalf of His Majesty's Government, the following declaration of sympathy with Jewish Zionist aspirations which has been submitted to, and approved by, the Cabinet

"His Majesty's Government view with favour the establishment in Palestine of a national home for the Jewish people, and will use their best endeavours to facilitate the achievement of this object, it being clearly understood that nothing shall be done which may prejudice the civil and religious rights of existing non-Jewish communities in Palestine, or the rights and political status enjoyed by Jews in any other country".

I should be grateful if you would bring this declaration to the knowledge of the Zionist Federation.

M2 Die Balfour-Erklärung: Brief des britischen Außenministers Arthur James Balfour an die zionistische Bewegung

Israel – vom Pionierland zur Moderne

Nach der Staatsgründung kamen Hunderttausende Geflüchtete aus Europa – Überlebende der Shoah – nach Israel. Spätere Einreisewellen folgten auf die Errichtung der Islamischen Republik Iran im Jahr 1979 und auf antisemitische Strömungen beim Zerfall der Sowjetunion in den 1990er-Jahren. Bis heute haben Eingewanderte in Israel im Neuhebräischen eine gemeinsame Sprache gefunden. Auch der zwei- bis dreijährige Militärdienst für junge Männer und Frauen hilft, Herkunftsunterschiede zu überwinden. Eine lebendige Kulturszene mit Einflüssen aus dem europäischen und arabischen Raum hat sich in Israel entwickelt, und Wissenschaft sowie Wirtschaft sind von Innovationen geprägt. Auch das religiöse Leben Israels ist vielfältig – es reicht von säkularen bis zu ultraorthodoxen Lebensstilen. Diese Vielfalt prägt auch die politische Parteienlandschaft. Orthodoxe Parteien spielen oft das Zünglein an der Waage zwischen der Sozialdemokratie und den nationalkonservativen Teilen der Bevölkerung. Auch Parteien des arabischen Bevölkerungsanteils werden ins Parlament, die Knesset, gewählt.

Arabische Liga: 1945 gegründete internationale Organisation arabischer Staaten. Sie soll die Beziehungen der Mitglieder auf verschiedenen Gebieten (z. B. Kultur, Wirtschaft) fördern und für ihre Souveränitätsrechte eintreten.

M3 Die gesellschaftliche Zusammensetzung Israels:

Einwohner

1948	806 000
1960	2 150 000
1980	3 922 000
2000	6 289 000
2020	9 291 000

Bevölkerungsgruppen

Juden	73,9 %
Araber	21,1 %
andere	5,0 %

Palästinenser
(Araber aus Palästina)

Westjordanland/ Gaza	3 700 000
Israel	1 213 000
Jordanien	2 598 000
Syrien	395 000
andere Staaten	1 101 000
gesamt	9 007 000

Religion der Juden in Israel

säkular	46 %
traditionell	32 %
orthodox	15 %
ultraorthodox	7 %

Religion der Araber in Israel

christlich	13 %
muslimisch (Sunniten)	87 %

Zusammengest. nach: www.cbs.gov.il/he/pages/default.aspx (20.05.2021)

Israel – ein bedrohter Staat

Bis heute ist Israel aber auch ein bedrohter Staat. Mehrere Kriege und Konflikte erschütterten ihn seit 1948, darunter

- der Sechstagekrieg, mit dem Israel 1967 einem Angriff der Arabischen Liga zuvorkam und Ostjerusalem, Gaza, das Westjordanland, die Sinai-Halbinsel und die Golanhöhen besetzte. Als die Arabische Liga nach dem Krieg Verhandlungen nach dem Prinzip „Land gegen Frieden" ablehnte, gründeten nationalreligiöse Juden – Juden mit religiös-zionistischer Haltung – auf den strategisch wichtigen Golanhöhen erste Siedlungen im besetzten Gebiet.
- der Jom-Kippur-Krieg 1973, als Syrien und Ägypten Israel überfielen. Erst 1979 schlossen Ägypten und Israel einen Friedensvertrag.
- der Libanonkrieg 1982, provoziert durch Raketenangriffe auf Nordisrael durch die „Palestine Liberation Organization" (PLO). Israel zerstörte deren Basen im Nachbarland, musste sich dann aber wieder zurückziehen.

Der schwierige Friedensprozess

Die 1964 gegründete PLO verstand sich als Dachverband aller für einen unabhängigen arabischen Staat Palästina kämpfenden Gruppierungen und verübte zahlreiche, gegen Israel gerichtete Attentate. Zudem entwickelten sich 1987 jahrelange Aufstände palästinensischer Jugendlicher gegen Israel, die „Intifada". Doch 1993 kam es zu einer Annäherung zwischen dem Staat Israel und der PLO, die mittlerweile von den Vereinten Nationen als rechtmäßige Vertretung des palästinensischen Volkes anerkannt wurde. In Friedensverhandlungen im norwegischen Oslo rückte die PLO nun von ihrem Ziel der Zerstörung Israels ab. Zudem einigten sich die PLO und der Staat Israel in Oslo auf ein Autonomieabkommen für Gaza und das Westjordanland: Beide Gebiete wurden von Israel als palästinensische Gebiete anerkannt und werden seitdem autonom verwaltet.

Dass der Friedensprozess zwischen Israelis und Palästinensern jedoch radikale Gegner auf beiden Seiten hatte, zeigte sich bereits 1995, als der liberale israelische Ministerpräsident Jitzchak Rabin, der mit der palästinensischen Seite verhandelt hatte, von einem extremistischen Juden ermordet wurde. Und als im Jahr 2000 die Gründung eines Staates Palästina bei Verhandlungen in Camp David/USA möglich wurde, versuchten Gegner beider Seiten, den Ausgleich zu verhindern: auf palästinensischer Seite vor allem Anhänger der 1988 gegründeten radikal-islamischen Bewegung Hamas, auf israelischer Seite vor allem extremistische jüdische Siedler, die inzwischen zu Tausenden auch im Westjordanland und in Ostjerusalem ansässig geworden waren.

Die palästinensische Autonomiebehörde erhielt 2012 einen Beobachterstatus bei den Vereinten Nationen und benannte sich 2013 um in „Staat Palästina". Demokratische Traditionen konnten sich hier bislang jedoch nur begrenzt ausprägen, Parlaments- und Präsidentschaftswahlen finden nur sehr unregelmäßig statt, zuletzt 2009 (Stand 2022). Hinzu kommt: In der Zeit der Intifada haben viele der Beteiligten jahrelang keine ausreichende Schulbildung erhalten, sodass sie oft als unqualifizierte Hilfsarbeiter nur niedrige Einkommen erzielen und mit ihren Familien in Armut leben. Zudem zieht die Hamas, die in Gaza ihre Hochburgen hat, mit ihrem kämpferischen Charakter bis heute vor allem Jugendliche an. Eine friedliche Lösung des israelisch-palästinensischen Konflikts ist weiterhin offen.*

Konflikte überlagern sich

Nach wie vor gibt es arabische Staaten, die – wie Iran – Israel das Existenzrecht absprechen und Terrorakte der Hamas unterstützen. Allerdings hat inzwischen etwa die Hälfte der Mitglieder der Arabischen Liga den Staat Israel anerkannt. Eine Lösung des sogenannten Nahostkonflikts wird jedoch auch durch innenpolitische Konflikte in zahlreichen arabischen Staaten erschwert. Ab 2010 breiteten sich dort – von Marokko im Westen bis zum Iran im Osten – Proteste aus. Sie wurden als „Arabellion" oder „Arabischer Frühling" bezeichnet. Getragen wurden sie vor allem von der jungen Generation, die sich in den sozialen Medien solidarisierte. Sie verlangte mehr demokratische Beteiligung, Meinungsfreiheit und sozialpolitische Maßnahmen. Während etwa in Marokko eine Liberalisierung einsetzte, kam es in Syrien zu einem jahrelangen Bürgerkrieg.

* Unter dem Webcode **WES-116793-014** finden Sie ein Interview über das Leben in Jerusalem und den Nahostkonflikt in unserer Zeit.

M4 Das britische Mandat für Palästina

Aus den Bestimmungen des Völkerbundes, 1922:

Der Rat des Völkerbundes

eingedenk des Einvernehmens der Alliierten Hauptmächte, dass die Mandatarmacht verantwortlich sein sollte, die Deklaration der britischen Regierung vom 2. November 1917 in Kraft zu setzen, und dass die genannten Mächte diese Deklaration annehmen, um in Palästina eine nationale Heimstätte für das jüdische Volk zu schaffen, bei klarem Verständnis, dass nichts getan werden sollte, das die bürgerlichen und religiösen Rechte der bestehenden nichtjüdischen Gemeinschaften in Palästina schaden könnte, oder die Rechte und den politischen Status, den Juden in anderen Ländern genießen;

und eingedenk und in Anerkennung der historischen Verbindung, welche das jüdische Volk mit Palästina hat und der Gründe für die Wiedererrichtung ihrer nationalen Heimstätte in diesem Land;

eingedenk der Wahl der britischen Majestät als Mandatar für Palästina durch die Alliierten Hauptmächte; [...] bestätigt das genannte Mandat, und bestimmt seine Bedingungen folgendermaßen:

Artikel 1: Der Mandatar hat die vollständige Macht über Rechtsprechung und Verwaltung, ausgenommen Einschränkungen durch dieses Mandat.

Artikel 2: Der Mandatar verantwortet die Schaffung politischer, administrativer und wirtschaftlicher Zustände, welche die Einrichtung einer Jüdischen Nationalen Heimstätte sicherstellen, wie es in der Präambel festgelegt ist, sowie die Entwicklung von Institutionen der Selbstregierung, und die Sicherung der bürgerlichen und religiösen Rechte aller Einwohner von Palästina, unabhängig von ihrer Rasse und Religion.

Artikel 3: Der Mandatar soll, soweit es die Umstände erlauben, lokale Autonomie ermutigen.

Artikel 4: Eine geeignete Jüdische Agentur soll als öffentliche Körperschaft anerkannt werden, die mit der Verwaltung Palästinas kooperiert und diese berät [...].

Artikel 15: [...] Unter den Einwohnern Palästinas soll kein Unterschied gemacht werden bezüglich Rasse, Religion oder Sprache. [...]

Artikel 21: Innerhalb von 12 Monaten setzt der Mandatar ein Gesetz zum Schutz antiker Fundstücke in Kraft.

Übers. zit. nach: Helmut Mejcher (Hg.): Die Palästina-Frage 1917–1948, Paderborn, 2., überarb. Aufl. 1993, S. 244 ff.

M5 Ein Lösungsvorschlag 1937: Teilung

Eine britische Untersuchungskommission schlug nach heftigen Ausschreitungen in Palästina vor:

Die Vorteile einer Teilung nach den von uns vorgeschlagenen Richtlinien für die Araber seien folgendermaßen zusammengefasst:

I Sie erlangen nationale Unabhängigkeit und können mit den Arabern der Nachbarländer [...] auf gleichem Fuß zusammenarbeiten. [...]

III Die endgültige Begrenzung des jüdischen Nationalheims innerhalb einer festgelegten Grenze und [...] die Einführung eines neuen Mandats zum Schutze der Heiligen Stätten [...] beseitigt alle Befürchtungen, dass die Heiligen Stätten jemals unter jüdische Kontrolle kommen könnten.

IV Als Entschädigung für den Verlust des Territoriums, das von den Arabern als das ihre angesehen wird, erhält der arabische Staat von dem jüdischen eine Subvention. [...]

Die Vorteile der Teilung für die Juden können folgendermaßen zusammengefasst werden:

I Eine Teilung sichert die Errichtung eines jüdischen Nationalheims. [...]

II Eine Teilung macht es den Juden möglich, ihr Nationalheim im vollsten Sinne ihr Eigen zu nennen, denn sie verwandelt es in einen jüdischen Staat. Seine Bürger werden in der Lage sein, so viele Juden zuzulassen, als sie glauben, dass aufgenommen werden können. Sie werden endlich aufhören, das „Leben einer Minderheit" zu führen.

Übers. zit. nach: Rosemarie Wehling: Der Nahost-Konflikt in der politischen Bildung, in: APuZ 1978, Beilage 18, S. 29

jüdische Siedlungen: 2016 lebten mehr als 700 000 Juden in Siedlungen auf palästinensischem Gebiet. Der UN-Sicherheitsrat erklärte im selben Jahr in seiner Resolution 2334, dass die Siedlungen gegen das Völkerrecht verstoßen.

Palästinenser: Von der antiken Bezeichnung des Landes Palästina wurde der Name für das Völkerbundmandat abgeleitet, und alle dort lebenden Personen „Palästinenser" genannt. In den 1960er-Jahren wurde die Bedeutung auf die arabische Bevölkerung eingeengt.

Heilige Stätten des Islam in Jerusalem: Dies sind die Al-Aqsa-Moschee, eine der drei wichtigsten Moscheen der Muslime, sowie der Felsendom: Von dort auf dem Tempelberg habe Mohammed seine Himmelsreise angetreten.

M6 Die Gründung des Staates Israel

Am 29. November 1947 billigte die UNO die Teilung Palästinas in einen palästinensisch-arabischen und einen jüdischen Staat. Israel verkündete am 14. Mai 1948 seine Unabhängigkeit:

Im Lande Israel entstand das jüdische Volk. [...] Durch Gewalt vertrieben, blieb das jüdische Volk auch in der Verbannung seiner Heimat in Treue verbunden. [...] Beseelt von der Kraft der Geschichte und Überlieferung suchten Juden jeder Generation, in ihrem alten Lande wieder Fuß zu fassen. Die Katastrophe, die in unseren Tagen über das jüdische Volk hereinbrach und Millionen von Juden in Europa vernichtete, bewies unwiderleglich aufs Neue, dass das Problem der jüdischen Heimatlosigkeit durch die Wiederherstellung des jüdischen Staates im Lande Israel gelöst werden muss, eines Staates, dessen Pforten jedem Juden offen stehen.

Übers. zit. nach: Hermann Meier-Cronemeyer u. a.: Israel, Hannover 1970, S. 149

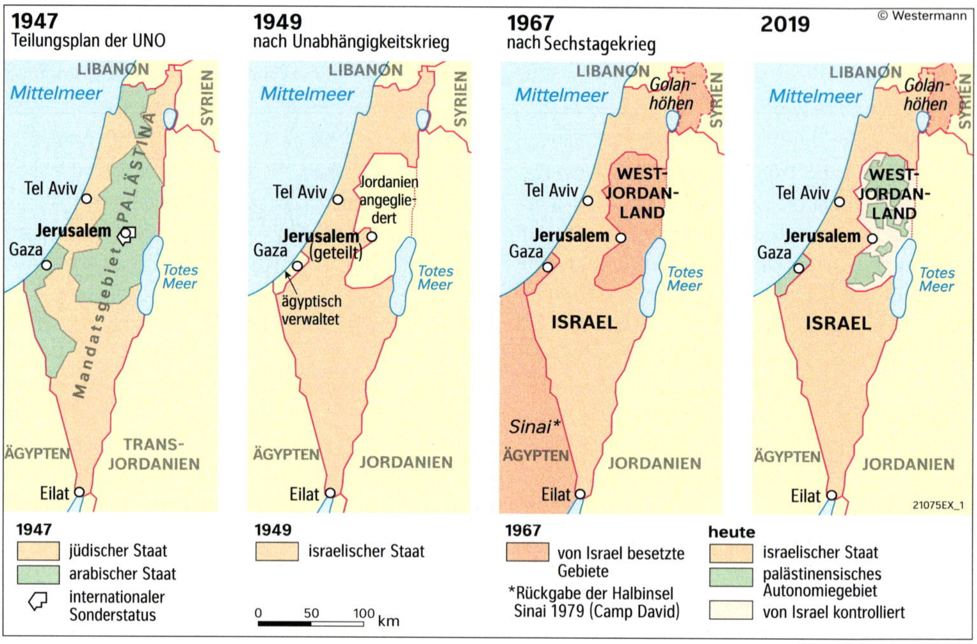

M7 Die Entwicklung des Staates Israel

M8 Geteilte Erinnerung

Fünfzig Jahre nach dem Sechstagekrieg 1967 trug der Journalist Jochen Stahnke in einer Reportage Erinnerungen zusammen:

a) Der Weg zu Mahmoud Qassim Muali führt durch zwei Checkpoints der israelischen Armee in das Dorf Qarawet Bani Zaid. [...]. In diesem Dorf wurde Muali 1938 geboren. Sein Vater war Olivenbauer. [...] Muali sagt, er würde eher von einem „Sechsstundenkrieg" denn einem Sechstagekrieg sprechen. [...] Von sechshundert Einwohnern seines Dorfes seien zweihundert geflohen und nie wiedergekommen. „In jedem Krieg gibt es Gewinner und Verlierer", sagt Muali, „aber wir hätten in unseren kühnsten Träumen nie gedacht, dass die Jerusalemer Altstadt und das Westjordanland fünfzig Jahre lang besetzt sein würden." [...] Muali sagt, unter israelischer Besatzung sei es anfangs besser gewesen als unter den Jordaniern. Für die Palästinenser herrschte weitgehende Reisefreiheit. „Noch Anfang der Achtzigerjahre konnte ich nach Jaffa ans Meer fahren", sagt Muali. Bis die erste Intifada gegen die sich stetig ausbreitenden Besatzer begann. „Heute haben uns die arabischen Staaten vergessen", sagt Muali. „Und unsere eigene Führung ist schwach."

b) „Ich erinnere mich an die Euphorie nach dem Sechstagekrieg", erzählt Uri Dromi, der damals Pilot in der israelischen Luftwaffe war. [...] Später wurde er Sprecher der Ministerpräsidenten Jitzhak Rabin und Schimon Peres. [...] „Jerusalem ist für immer unser, das war das Gefühl – aber wir dachten nicht daran, dass wir das Westjordanland behalten würden", sagt Dromi. [...] „Wir warteten auf den Anruf der Araber – Frieden gegen Land." Doch der Anruf kam nicht. Stattdessen folgten die „drei Neins" der arabischen Staaten, als diese im September 1967 beschlossen, Israel nicht anzuerkennen, keinen Frieden zu schließen und auch nicht mit Israel zu verhandeln. „Also gaben wir das Gebiet eben nicht wieder her."

Jochen Stahnke: „Gemeinsam allein". In: Frankfurter Allgemeine Zeitung, 03.06.2017, S. 6

M9 Eine Proklamation der PLO, 1988

Die PLO proklamierte 1988 einen unabhängigen palästinensischen Staat und berief sich dabei auf die 1947 von der UNO verabschiedete Resolution 181, den Teilungsplan:

[Die Resolution der Vereinten Nationen,] die Palästina in zwei Staaten, einen arabischen und einen jüdischen, teilte, [...] die immer noch der internationalen Legitimität entspricht, [stellte] das Recht des palästinensisch-arabischen Volkes auf Souveränität und nationale Unabhängigkeit sicher. [...]
In Ausübung der Rechte des palästinensischen Volkes auf Selbstbestimmung, politische Unabhängigkeit und Souveränität über sein Land proklamiert der Palästinensische Nationalrat im Namen Gottes und im Namen des palästinensischen Volkes die Gründung des Staates Palästina auf seinem palästinensischen Boden mit Jerusalem als Hauptstadt. Der Staat Palästina ist der Staat aller Palästinenser, wo immer sie sich auch befinden. [...]
Im Rahmen des Kampfes um Frieden ruft der Staat Palästina die Vereinten Nationen auf, ihre besondere Verantwortung gegenüber dem palästinensisch-arabischen Volk und seiner Heimat wahrzunehmen.

Übers. zit. nach: palaestina.org/uploads/media/beschluesse_des_19_pnr_1988.pdf (28.08.2021)

M 10 „Pulverfass Nahost"?

Johannes Becke, der Israel- und Nahoststudien an der Hochschule für jüdische Studien in Heidelberg betreibt, trifft historische Einordnungen:

Im Gegensatz zu europäischen Schreckensbildern, die ihn zu einem „Kampf der Kulturen" oder einem „Pulverfass Nahost" erklären wollen, ist der israelisch-arabische Konflikt seit langer Zeit nicht mehr die prägende Konfliktlinie der Region. Bürgerkrieg und Staatszerfall im Vorderen Orient als Auswirkungen des vermeintlichen „Arabischen Frühlings" werden angetrieben vom saudisch-iranischen Ringen um die Vormachtstellung in der Region, von ethnoreligiösen Bruchlinien und nicht zuletzt von der Frage des Umgangs mit Minderheiten – ob Kurden, Alawiten oder Jesiden.

Der israelisch-arabische Konflikt mag die politischen und institutionellen Grundlagen der Region gelegt haben – für das militärische Geschehen sind zionistisches Projekt und palästinensische Selbstbestimmung seit langer Zeit in den Hintergrund gerückt: [Inzwischen] haben sich die meisten Staaten der Region de facto (wenn auch sehr widerwillig) mit der Existenz Israels abgefunden. Die Identifikation mit der palästinensischen Nationalbewegung [...] ist in der arabischen Welt trotzdem weiterhin stark verwurzelt [...].

Aber wie könnte eine [funktionale Zweistaatenlösung] herbeigeführt werden trotz Siedlerbewegung, Hamas, europäischer Schwäche und eines zunehmenden amerikanischen Desinteresses am Schicksal der Region? Elemente für eine israelisch-arabische Annäherung könnten hier aus einer kritischen Auseinandersetzung mit den jeweiligen Gründungsnarrativen postkolonialer Staatlichkeit in der Region erwachsen: Der Staat Israel kann sich nicht länger als „Villa im Dschungel" verstehen und die arabische Welt kann nicht länger behaupten, das jüdische Volk habe keinen Anspruch auf nationale Selbstbestimmung im Land Israel/Palästina.

Johannes Becke: Israel und seine Beziehungen zu den Nachbarstaaten. In: Informationen zur politischen Bildung Nr. 336, Bonn 2018, S. 24–31, hier: S. 31

Gründungsnarrative: gemeint sind hier jeweils einseitige Darstellungen der eigenen Staatsgründung

M 11 „Arabellion"

Tunis im Februar 2011: Protestierende setzen sich für bessere Studienbedingungen ein.

„Es gab die Generation meines Vaters, der aus einem einfachen familiären Hintergrund durch Bildung sozialen Aufstieg erfahren hat. Solche Wege sind heute kaum noch zu finden, weil die Mittelschicht in vielen dieser Staaten zusammengebrochen ist. Arm und Reich gab es natürlich schon immer, aber Ägypten ist ein gutes Beispiel für ein Land, wo in den letzten zwanzig Jahren auch eine starke räumliche Trennung stattgefunden hat: Jene Menschen, die es sich leisten können, leben zunehmend in eigenen Communitys in den Vororten von Kairo [...]. Außerdem wurde das früher öffentliche Sozialsystem mittlerweile weitgehend privatisiert. Das beginnt mit dem Kindergarten, geht dann weiter mit der Schulbildung. Die Protestbewegung war eine radikale Kritik an diesen Gegensätzen, wo eben soziale Mobilität und damit Perspektiven für junge Menschen zunehmend schwieriger werden. [...]"

– Adham Hamed, österreichischer Konfliktforscher, dessen Familie aus Ägypten stammt

Adham Hamed/Philipp Mühlegger: Von Konflikt und Vermittlung, zit. nach: www.unipress.at/politik/__trashed-4 (15.06.2021)

2. a) Erklären Sie mithilfe des Darstellungstextes (S. 236) und M 1 die Ursachen der Konflikte um Palästina, die Anfang des 20. Jahrhunderts entstanden.
   b) Erstellen Sie auf der Basis von M 2, M 4 und M 5 ein Schaubild der Kräfte, die auf Palästina 1917 bis 1948 einwirkten.

3. „Dekolonisierung von oben"? Bewerten Sie die Rolle des Völkerbundes mithilfe des Darstellungstextes (S. 237) und M 4.

4. Beschreiben Sie die demografische Situation in Israel und Palästina auf der Basis von M 3.

5. Analysieren Sie Ursachen, Formen und Folgen des sogenannten Nahostkonflikts um Palästina und Israel auf der Basis des Darstellungtextes (S. 238) sowie von M 7, M 8 und M 9.

6. Stellen Sie mithilfe von M 10 und M 11 einen Zusammenhang zwischen dem Nahostkonflikt und der „Arabellion" her.

7. Beurteilen Sie auf der Basis Ihrer Ergebnisse die Bedeutung der Kolonialzeit für die aktuellen Konflikte im Nahen und Mittleren Osten.

Erworben oder geraubt?

Fremde Kulturschätze in europäischen Museen

M 1 Britische Soldaten nach der Eroberung und Zerstörung des Palastes von Benin mit ihrer Beute, Foto aus dem Jahr 1897

M 2 Plakat des Künstlers Emeka Ogboh aus Nigeria für das Völkerkundemuseum Dresden, 2019

1. a) Suchen Sie die auf M 2 abgebildete Bronze, eine Leopardenfigur, auf dem Foto M 1.
b) Diskutieren Sie mögliche Zusammenhänge.

„Primitive" Kunst?

Viele europäische Museen besitzen Kunst- und Kulturobjekte aus ehemaligen Kolonien. Doch wie sind sie dorthin gelangt: fair gehandelt oder geraubt? Dies zu prüfen ist Aufgabe der Provenienzforschung. Im Fall der Benin-Bronzen ist belegt: 1897 eroberte britisches Militär Benin und erbeutete mehrere Tausend Objekte.

Da die Europäer afrikanische und asiatische Gesellschaften in der Zeit des Kolonialismus als kaum entwicklungsfähig betrachteten, deuteten sie die außereuropäischen Kunst- und Kulturobjekte nicht als den europäischen ebenbürtige Schöpfungen, sondern als „primitive" Nachahmungen griechisch-antiker Kunst. Etwa tausend Bronzen aus Benin gelangten durch den Kunsthandel nach Deutschland, wo sie in eigenen Museen – sogenannten Völkerkundemuseen – gesammelt wurden. Heute bringen diese Museen den außereuropäischen Kunst- und Kulturobjekten hohe Wertschätzung entgegen – und benennen sich um, etwa in „Museum für Kunst und Kulturen der Welt".

Doch vielen ehemaligen Kolonien reicht das nicht: Schon bald nachdem sie Unabhängigkeit erlangt hatten, erhoben sie Forderungen nach Rückgabe – Restitution – einiger, für sie bedeutender Kunst- und Kulturobjekte. Den ehemaligen Kolonialmächten ist inzwischen klar, dass ihre Haltung zu dieser Forderung auch die Frage berührt, wie sie das Verhältnis zu diesen Ländern künftig gestalten wollen. So beraten Vertreter von Museen aus den beteiligten Ländern gemeinsam in der „Benin Dialogue Group" über die Zukunft der Benin-Bronzen. Ein Ziel des Dialogs sind Restitutionen oder Dauerleihgaben für das in Benin-City geplante „Edo Museum of West African Arts", am Ort des 1897 zerstörten Palastes.

M3 Ausgewählte Standpunkte in der Restitutionsdebatte

a) Aus einem Brief des Botschafters von Nigeria, Yusuf Maitama Tuggar, an die damalige deutsche Bundeskanzlerin Angela Merkel vom 16. August 2019:

Antrag auf Rückgabe von geraubten kulturellen Kunstwerken

Ich habe die Ehre, Ihnen im Namen der Regierung der Bundesrepublik Nigeria zu schreiben, um Sie um die Rückgabe aller geraubten kulturellen Kunstwerke [...] Nigerias, die sich in Verwahrung der Museen in Deutschland befinden, zu bitten. Wie Ihrer Exzellenz bekannt sein dürfte, hat Nigeria seit 1968 immer wieder die Rückgabe dieser geraubten Artefakte gefordert. Obwohl diese wertvollen Kulturgüter von existenzieller Bedeutung für die Identität, das Selbstverständnis und das historische Erbe der Nigerianer sind, bleiben sie der überwältigenden Mehrheit der 200 Millionen Nigerianer unbekannt. Die Rückgabe der Kulturgüter durch die deutschen Museen würde einen großen Beitrag zur Stärkung der kollektiven Identität und des Selbstwerts der nächsten Generation von Nigerianern leisten, da sie dann für die gesamte Nation zugänglich wären.

Yusuf Maitama Tuggar/Botschaft der Bundesrepublik Nigeria, Berlin, 16.08.2019 (Übers.: Friedrich Huneke)

b) In der „Frankfurter Allgemeinen Zeitung" (FAZ) erschien 2020 ein Interview mit Klaus-Dieter Lehmann, dem ehemaligen Direktor der Stiftung Preußischer Kulturbesitz. Der hier wiedergegebene Auszug nimmt Bezug auf eine Studie, die sich für die Rückgabe afrikanischer Kulturgüter einsetzt. Sie wurde 2018 von der Kunsthistorikerin Bénédicte Savoy und dem Sozialwissenschaftler Felwine Sarr im Auftrag des französischen Staatspräsidenten Macron erstellt:

Frage: Bénédicte Savoy und Felwine Sarr haben [...] die Kulturgüter aus kolonialen Kontexten implizit [indirekt] mit den im Nationalsozialismus geraubten Kunstgegenständen aus jüdischem Besitz gleichgesetzt. Finden Sie den Vergleich zwischen Kolonialkunst und [NS-]Raubkunst berechtigt?

Antwort: Nein, das ist eine Vereinfachung, die die NS-Verbrechen verharmlost. Kunst ist durch alle Jahrhunderte zur Kriegsbeute geworden, ob in Kolonialkriegen oder anderen Auseinandersetzungen. [...] Das moderne Völkerrecht hat diese Art der Aneignung fremder Kulturen geächtet. Deshalb, glaube ich, ist es nicht unfair gegenüber den Herkunftsgesellschaften, wenn man der Restitution die Provenienzforschung vorschaltet, um zu erfahren, wie ein Objekt genau in die Depots der Museen gelangt ist. Das ist für mich die Voraussetzung für Rückgaben.

www.faz.net/aktuell/feuilleton/humboldt-forum-vor-eroeffnung-das-schloss-darf-kein-kolonialmuseum-sein-17088682.html (29.10.2021)

c) Die Ethnolgin (Völkerkundlerin) Brigitta Hauser-Schäublin setzt sich für kritische Forschung ein. Sie schreibt:

Die Benin-Bronzen, 1897 von den Briten erbeutet, sind heute die Galionsfiguren der Restitutionsdebatte. Ihre Geschichte wird in einer bereinigten Fassung erzählt, in der Täter und Opfer zu säuberlich sortiert sind. *Hauser-Schäublin erläutert weiter, dass die Plünderung eine Strafexpedition war und dass der Reichtum des Königreichs Benin nicht zuletzt auf Sklavenhandel beruhte.*

Dies.: Dieses Blut gehört dem König, in: Frankfurter Allgemeine Zeitung, 16.3.2021, S. 14

d) Der Kunsthistoriker Horst Bredekamp wurde 2019 in einem Beitrag der „FAZ" wie folgt zitiert:

Die Benin-Bronzen machen als globale Objekte geradezu symbolisch das Herz, die Idee des Humboldt-Forums aus. Denn wo kommt das Metall her? [...] Es ist europäisches Metall, das seit dem Ende des fünfzehnten Jahrhunderts über die Portugiesen ins Königreich Benin kommt. Das heißt, es ist hier eine umgekehrte Hierarchie gegeben, dass das Königreich das Metall aus Europa kommen lässt und mit einer Hochtechnologie in Skulpturen ummünzt. Die Benin-Bronzen sind von Beginn an Produkte eines grandiosen Austauschs zwischen Europa und Afrika, eines Austauschs, in dem Afrika sich, wenn nicht gleichrangig, dann überlegen fühlte.

Zit. nach: Andreas Kilb, Stefan Trinks: War Humboldt Kolonialist? Ein Streitgespräch. FAZ, 03.01.2019, S. 11

Humboldt-Forum: ein 2021 eröffnetes Museum in Berlin, das u.a. die Bestände mehrerer Berliner ethnologischer Museen vereint. Es ist benannt nach den bedeutenden Natur- und Kulturwissenschaftlern Alexander und Wilhelm von Humboldt.

2. a) Arbeiten Sie aus M3 verschiedene Standpunkte heraus.
b) Entwerfen Sie ein Antwortschreiben an den nigerianischen Botschafter (M3 a)).

Ein Terroranschlag als Folge imperialer Politik?

9/11 – die Spur führt nach Afghanistan

M 1 New York City am 11. September 2001, auch zu sehen in einem Film, der unter dem Webcode **WES-116793-015** abrufbar ist.

1. Kennen Sie das Bild M 1? Formulieren Sie eigene Assoziationen zu dem Foto.

Der 11. September 2001

Innerhalb weniger Minuten rasen zwei entführte Passagierflugzeuge in die Türme des World Trade Centers in New York, ein drittes Flugzeug stürzt kurz darauf in das US-Verteidigungsministerium in Washington D.C., ein viertes auf dem Weg dorthin auf ein Feld, als die Passagiere versuchen, die Entführer zu überwältigen. 3044 Menschen sterben. Es sind Angehörige vieler Nationen und aller Weltreligionen.

Es waren Terroranschläge, also „planmäßig vorbereitete Gewaltakte an öffentlichen Orten und gegen Zivilisten, um politische Ziele durch die Erzeugung von Furcht direkt oder indirekt zu erreichen“*. Doch wer hatte die Gewaltakte vom 11. September geplant, und mit welchem Ziel? Die meisten der 19 Täter stammten aus Saudi-Arabien. Ihre Eltern hatten ihnen ein Studium im Ausland ermöglicht, und erst an ihren Studienorten hatten sie Kontakt zu extremistischen Kreisen gefunden – vier der Täter in Hamburg. Zu ihrer Ideologie gehörten Hass auf eine als imperialistisch empfundene westliche Macht, die islamische Länder unterdrücke, Hass auf eine Globalisierung, die soziale Ungerechtigkeit verbreite, und der Glaube an eine angebliche „jüdische Weltverschwörung“. Die Spur der Gruppe führte nach Afghanistan, zu „al-Qaida“ („Die Basis“), einer Organisation, die 1988 von dem aus einer reichen saudi-arabischen Familie stammenden Osama bin Laden in Afghanistan gegründet worden war. Warum gerade hier?

Ein Land zwischen imperialen Mächten

Afghanistan war seit dem 19. Jahrhundert von den imperialen Machtinteressen des russischen Zarenreiches im Norden und Britisch-Indiens im Osten bedroht gewesen. In diesem Machtkampf konnten die afghanischen Volksgruppen sich zwar militärisch behaupten, aber das Land geriet außenpolitisch in Abhängigkeit von Großbritannien. Erst 1919 gelang es dem reformwilligen Emir Amanullah Khan, militärisch und diplomatisch die volle Unabhängigkeit zurückzugewinnen.

Während des Kalten Krieges begannen jedoch zwei neue Mächte, um Einfluss in Afghanistan zu konkurrieren: die USA und die Sowjetunion. Letztere marschierte 1979 zur Unterstützung einer kommunistischen Regierung in das Land ein. Viele Afghanen verstanden den Einmarsch als **Neokolonialismus**. Traditionalisten begannen nun, moderne Reformen grundsätzlich abzulehnen, weil diese immer mit Machtinteressen verbunden zu sein schienen. Gegen die sowjetischen Besatzer entwickelte sich ein Partisanenkrieg, geführt von kleinen Gruppen einheimischer Kämpfer und unterstützt von Freiwilligen aus anderen arabischen Ländern, wie etwa von Osama bin Laden. Geld und Waffen für den Partisanenkrieg stellten Saudi-Arabien und die USA zur Verfügung. Der Kampf war erfolgreich: 1988 begann die Sowjetunion, ihre Truppen abzuziehen. Doch Osama bin Laden sah sich noch nicht am Ziel: Er wollte den Kampf für einen muslimischen Staat fortsetzen und gründete nun mit ehemaligen Kämpfern die Gruppe al-Qaida, die sich gegen die Einflussnahme von Großmächten im arabischen

* Carsten Bockstette u. a. (Hg.): Strategisches Informations- und Kommunikationsmanagement, Bonn 2006

Neokolonialismus (altgriech.: neo, neu): von dem ghanaischen Präsidenten Kwame Nkrumah bereits 1965 geprägter Begriff zur Charakterisierung von Abhängigkeiten ehemaliger Kolonien vom andauernden Einfluss der Kolonialmächte

Raum richtete. Die Gruppe begann bald, in verschiedenen Ländern Attentate zu verüben.

In Afghanistan gelang es auch nach dem vollständigen Abzug der sowjetischen Truppen 1992 nicht, Frieden zu schaffen. Vielmehr brachen zwischen verschiedenen Ethnien Konflikte um Macht, Identität und Religion auf, die vorher im Kampf gegen den gemeinsamen Feind in den Hintergrund getreten waren. Es entwickelte sich ein Bürgerkrieg, in dem „Warlords" – Befehlshaber von Truppen kleinerer ethnischer Gruppen – um die Macht kämpften. Schließlich konnte sich 1996 die radikale religiöse Bewegung der Taliban durchsetzen. Sie verstand den neuen afghanischen Staat als Theokratie – als Gottesstaat – und lehnte alle Merkmale eines demokratischen Staates sowie weltlich orientierte Lebensweisen ab. Osama bin Laden unterstützte die Taliban durch den Aufbau von etwa fünfzig militärischen Ausbildungslagern. Mit den Taliban gründete er 1998 eine „Internationale Front für den Dschihad gegen Juden und Kreuzfahrer". Sie umfasste neben al-Qaida weitere radikale Organisationen, deren Kräfte gebündelt werden sollten.

„Krieg gegen den Terrorismus"

Nach den Attentaten vom 11. September 2001 identifizierte die US-amerikanische Regierung schnell bin Laden als Drahtzieher und verlangte von der afghanischen Regierung dessen Auslieferung. Als diese sich weigerte, entschied sich Präsident George W. Bush, eine klare Führungsposition in der Außenpolitik zu beanspruchen. Er erklärte die Verfolgung der Täter zu einem „Krieg gegen den Terrorismus" und gegen dessen weltweite Unterstützer. Die Amerikaner und die Welt sollten die USA als stark und handlungsfähig wahrnehmen. Beide Kammern des Kongresses unterstützten Bushs Konzept, ebenso wie die Verbündeten in der NATO. Bereits am 12. September 2001 hatte der UN-Sicherheitsrat die Anschläge als Gefahr für die internationale Sicherheit verurteilt und in einer Resolution des Recht zur Verteidigung gegen diese Bedrohung bekräftigt.

Am 7. Oktober 2001 griffen amerikanische und britische Streitkräfte im Rahmen einer NATO-Mission die Regierung der Taliban an und marschierten einen Monat später in die Hauptstadt Kabul ein. Der Militäreinsatz zielte zum einen auf die Beseitigung al-Qaidas, zum anderen wurde er mit dem Projekt der Demokratisierung Afghanistans verbunden. Dieses jedoch scheiterte – trotz fast 20-jähriger Präsenz internationaler Truppen und zahlreicher humanitärer Projekte vor Ort. Bereits kurz nach dem Abzug der internationalen Truppen aus Afghanistan im August 2021 gelangten die Taliban erneut an die Macht.

2001 stimmte der US-Kongress angesichts der Bedrohungslage aber nicht nur dem Krieg gegen den Terror zu, sondern beschloss kurzfristig auch den „USA PATRIOT Act", den Präsident Bush am 26. Oktober 2001 unterzeichnete. Dieses Bundesgesetz erlaubte deutliche Einschränkungen der Grundrechte zum Schutz der USA, wie etwa die Inhaftierung Verdächtiger ohne Gerichtsverfahren auf dem US-Militärstützpunkt Guantanamo in Kuba.

9/11 gedenken

In den USA wurden die Terroranschläge als nationale Katastrophe erlebt. Am Ort der zerstörten Türme des World Trade Centers in New York wurden 2014 das Memorial „Reflecting Absence" sowie ein Museum eröffnet. Die namentliche Erinnerung an die Opfer sowie die Rekonstruktion der Geschehnisse stehen im Zentrum dieser Gedenkorte. Sie tragen dazu bei, 9/11 im kulturellen Gedächtnis der Menschen zu bewahren.

M2 Karte des Nahen und Mittleren Ostens

Taliban (arabisch: Koranschüler): eine islamistische Miliz, die von 1996 bis 2001 große Teile Afghanistans beherrschte und dort seitdem Attentate gegen andersdenkende Muslime und Andersgläubige verübt

Dschihad (arabisch: Anstrengung, Einsatz, Kampf): Begriff mit verschiedenen Bedeutungen von der friedlichen religiösen Anstrengung bis zum militärischen Kampf für die Verbreitung des Glaubens

USA PATRIOT: Akronym für **U**niting and **S**trengthening **A**merica by **P**roviding **A**ppropriate **T**ools **R**equired to **I**ntercept and **O**bstruct **T**errorism (deutsch etwa: „Gesetz zur Einigung und Stärkung Amerikas durch Bereitstellung geeigneter Instrumente, um Terrorismus aufzuhalten und zu blockieren")

M 3 Kandahar/Afghanistan, im März 1996: Wegen der strikten Ablehnung westlicher Einflüsse wurden Fernseher und Videorecorder von Taliban zerstört und öffentlich aufgehängt

Mudschahedin: Bezeichnung für afghanische Guerilla-Kämpfer. Die wörtliche Bedeutung ist: „im Dschihad kämpfender Muslim".

M 4 „Ein paar verwirrte Moslems"

Die Rolle der USA in Afghanistan im Jahr 1979 beschrieb der Sicherheitsberater des damaligen US-Präsidenten Carter, Zbigniew Brzezinski, 1998:

Brzezinski: In der offiziellen Version der Weltgeschichte begann die Unterstützung der Mudschahedin durch die CIA in den 1980er-Jahren, sprich nach dem Einmarsch der Sowjettruppen in Afghanistan im Dezember 1979. Die bisher gut behütete Realität dahinter sieht jedoch völlig anders aus. Tatsächlich unterzeichnete Präsident Carter den ersten Befehl zur verdeckten Unterstützung der Gegner des prosowjetischen Regimes in Kabul bereits am 3. Juli 1979. Am gleichen Tag schrieb ich dem Präsidenten [...], dass meiner Ansicht nach diese Unterstützung unweigerlich zu einer sowjetischen Militärintervention führen würde.

Frage: Aber trotz dieses Risikos waren Sie ein Befürworter dieser verdeckten Operation. Vielleicht wünschten Sie sich ebenfalls eine Kriegserklärung der Sowjetunion und wollten diese provozieren?

Brzezinski: Das ist so nicht ganz richtig. Wir haben die Russen nicht gedrängt zu intervenieren, wir haben nur absichtlich die Wahrscheinlichkeit dafür erhöht.

Frage: Als die Sowjets ihre Intervention mit der Bekämpfung einer verdeckten Einmischung der Vereinigten Staaten in Afghanistan begründeten, glaubte ihnen niemand, obwohl diese Aussage im Grunde genommen richtig war. Bereuen Sie diesen Schritt aus heutiger Sicht nicht?

Brzezinski: Was soll ich bereuen? Diese verdeckte Operation war eine hervorragende Idee. Sie bewirkte, dass die Russen in die afghanische Falle tappten [...]. Und tatsächlich sah sich Moskau während der folgenden zehn Jahre gezwungen, einen Krieg zu führen, den sich die Regierung nicht leisten konnte, was wiederum die Demoralisierung und schließlich den Zusammenbruch des sowjetischen Herrschaftsgebiets zur Folge hatte.

Frage: Und sie bereuen es also auch nicht, den islamischen Fundamentalismus unterstützt und somit Waffen und Know-how an zukünftige Terroristen weitergegeben zu haben?

Brzezinski: Was ist wohl bedeutender im Lauf der Weltgeschichte? Die Taliban oder der Zerfall des sowjetischen Reiches? Ein paar verwirrte Moslems oder die Befreiung Mitteleuropas und das Ende des Kalten Krieges?

Nouvel Observateur, 15.–21. Januar 1998, S. 76 (Übers.: Friedrich Huneke)

M 5 al-Qaida gibt sich neue Ziele

Osama bin Laden gründete mit Gleichgesinnten die „Internationale Front für den Dschihad gegen Juden und Kreuzfahrer". Im Februar 1998 verkündete diese das folgende Fatwa (Rechtsspruch):

Zur Pflicht eines jeden Muslims soll es werden, die Amerikaner und all ihre Verbündeten zu töten; ob Zivilisten oder Militärs. Jeder, der befähigt ist, aus jedem Land, in dem er befugt ist, soll die heiligen Stätten von Ungläubigen befreien und sie aller islamischen Länder verweisen. Die Ungläubigen müssen niedergezwungen werden, um die Bedrohung von uns Muslimen abzuwenden. [...]

Im Namen Allahs rufen wir jeden gottgläubigen und gottgefälligen Muslim dazu auf, dem Befehl Allahs zu folgen und die Amerikaner zu töten. Man nehme deren Vermögen, wo und wann immer es sich anbietet. [...] Wer der Pflicht nicht nachkommt, den wird Allahs bittere Rache ereilen.

Zit. u. übers. nach: irp.fas.org/world/para/docs/980223-fatwa.htm (05.01.2022)

M 6 Krieg gegen al-Qaida

Am 20. September 2001 hielt Präsident Bush vor dem US-Kongress eine programmatische Rede:

Die Führung von al-Qaida hat großen Einfluss in Afghanistan und unterstützt das Taliban-Regime bei der Kontrolle des Großteils des Landes. In Afghanistan sehen wir al-Qaidas Vision der Welt. [...] Die Vereinigten Staaten respektieren die Menschen in Afghanistan [...] aber wir verurteilen das Taliban-Regime. Es unterdrückt nicht nur sein eigenes Volk, es bedroht Menschen überall, indem es Terroristen unterstützt, versorgt, und sie beliefert. Durch Beihilfe zum Mord begeht das Taliban-Regime Mord. Und heute Abend fordern die Vereinigten Staaten von Amerika Folgendes von den Taliban: Liefern Sie den Vereinigten Staaten alle führenden Mitglieder der al-Qaida aus, die sich in Ihrem Land verstecken. [...] Über diese Forderung kann nicht verhandelt oder diskutiert werden. Die Taliban müssen handeln, und sie müssen sofort handeln. Sie werden die Terroristen aushändigen oder sie wird das gleiche Schicksal wie die Terroristen ereilen.

Ich möchte mich heute Abend auch direkt an die Muslime aller Welt wenden: Wir respektieren Ihren Glauben. Er wird von vielen Millio-

nen Amerikanern in Freiheit ausgeübt sowie von vielen weiteren Millionen in Ländern, die Amerika zu seinen Freunden zählen darf. Die Lehren des Islams sind gut und friedvoll, und diejenigen, die Böses im Namen Allahs begehen, schänden den Namen Allahs. [...]
Unser Feind ist ein radikales Netzwerk von Terroristen sowie jedes Land, das diese Terroristen unterstützt. Unser Krieg gegen den Terrorismus beginnt mit der Al-Quaida, aber er wird dort nicht enden. Er wird nicht eher zu Ende sein, bis jede weltweit tätige terroristische Gruppe gefunden, am weiteren Vorgehen gehindert und besiegt worden ist.

Übers. zit. nach: usa.usembassy.de/etexts/docs/ga1-092001d.htm (12.07.2017)

M7 Ein Mittel gegen Terrorismus?

Der amerikanische Politikwissenschaftler Chalmers Johnson schrieb am 14. Oktober 2001 in einem Gastbeitrag in „DER SPIEGEL“:

Der Zyklus von Gewalt und Vergeltung hat begonnen: am 7. Oktober, als amerikanische und britische Bomben begannen, auf Afghanistan zu fallen. [...]
Gewiss gibt es für bin Ladens Taten keine Rechtfertigung, wohl aber eine Erklärung. Die USA müssen die Ursachen verstehen und aufgrund dieser neuen Einsichten handeln – und nicht einfach reagieren wie ein imperialistischer Rabauke.
Washingtons Verhalten ist bedrohlich: Es könnte mehr terroristische Attacken und mehr Vergeltungsaktionen nach sich ziehen, bis am Ende alle gemäßigten Kräfte und kompromissbereiten Politiker ausgeschaltet sind. Dann wäre dieser Konflikt wirklich ein Krieg, in dem es keinen Gewinner mehr geben kann. [...]
Bisher waren die US-Angriffe irrational. Da wurden täglich 37 000 humanitäre Tagesrationen [...] über Afghanistan abgeworfen: Bohnen mit Tomatensauce, Erdnussbutter nebst Erdbeermarmelade und Streichhölzern. [...] Ich glaube, dass es einen Widerspruch gibt, wenn man ein wehrloses Volk mit Bomben und Bohnen eindeckt – und ich glaube, dass die Afghanen sich genauso widersprüchlich verhalten werden: Sie werden die Bohnen essen, gesetzt den Fall, sie finden die Care-Pakete überhaupt, und dann werden sie Osama bin Ladens al-Qaida-Organisation beitreten.

Zit. nach: Der SPIEGEL, Nr. 42, 15.10.2001, S. 206

M8 Nach dem Fall der Taliban-Herrschaft lebte Osama bin Laden im Untergrund. Erst 2011 spürten US-Militärs sein Versteck in der Stadt Abbottabad in Pakistan auf. Das Foto zeigt u. a. US-Präsident Obama und Außenministerin Clinton, während sie die Auffindung und Tötung bin Ladens durch ein US-Kommando live beobachten.

2. Analysieren Sie auf der Basis des Darstellungstextes und M4 den Einfluss von Großmächten auf Afghanistan im 19. und 20. Jahrhundert.

3. Erstellen Sie in Partnerarbeit ein Schaubild, das die Informationen dieses Kapitels über 9/11 zusammenführt. Ausgehend von den Attentaten sollen Bezüge zwischen ihren Hintergründen und ihren Folgen deutlich werden. Beide Partner konzentrieren sich beim Lesen auf einen dieser Aspekte:
   - Hintergründe: Darstellungstext (bis Z. 92), M4 und M5,
   - Folgen: Darstellungstext (ab Z. 93), M6 und M8.

4. Beurteilen Sie unter Berücksichtigung von M7 die Angemessenheit der Reaktion Präsident Bushs auf die Anschläge vom 11. September.

5. 9/11 – eine Folge imperialer Politik? Diskutieren Sie diese Frage.

USA – wie bleibt der 11. September in Erinnerung?

9/11 in der Gedenkkultur

M1 Eine Trauernde am 9/11-Memorial (rechts eine Luftaufnahme der Anlage), das in New York nach den Plänen der Architekten Daniel Libeskind und Michael Arad errichtet wurde. Es bezieht die Namen der Opfer ein. Auf der Webseite des Memorials sind ihre Lebensdaten abrufbar.

„Ground Zero" ...

– so wird der Ort der zerstörten Türme des World Trade Centers in New York genannt. 2014 wurde dort das Memorial „Reflecting Absence" als nationaler Gedenkort eröffnet, mit dessen Hilfe die Erinnerung an die Anschläge wachgehalten werden soll. Die einzelnen Opfer stehen im Zentrum dieses öffentlichen Gedenkortes, an dem zwei große quadratische Bassins am Fuße künstlicher Wasserfälle in den Boden eingelassen wurden. Die Namen der Opfer sind auf Granittafeln eingraviert und umfassen die Bassins. Darunter befindet sich eine Gedenkausstellung, und ein Museum erinnert an die Geschehnisse.

9/11 im kulturellen Gedächtnis

Nicht nur Gedenkorte halten die Erinnerung an die Attentate wach: Zu jedem Jahrestag finden in den USA Gedenkveranstaltungen statt. Bei der zentralen Veranstaltung in New York spricht der Präsident der Vereinigten Staaten, und die Namen aller Opfer des Anschlags werden verlesen. Welche Bedeutung haben solche Gedenktage?

Zeitzeugen auf der ganzen Welt erlebten die Anschläge als zutiefst erschütternd. Doch Erinnerungen und Gefühle verblassen. Was gespeichert wird, hängt nicht nur von der Kapazität des Gedächtnisses ab, sondern vor allem davon, welche Formen dem Erinnern gegeben werden. Erinnerung findet statt, wenn Menschen sich austauschen, privat, aber auch in öffentlichen Gedenkveranstaltungen. Dass jährlich am 11. September die Opfer des Anschlags geehrt werden, stärkt zugleich die Verbundenheit der Gedenkenden. Die Erinnerung wird in einem gemeinsam vollzogenen Ritual praktiziert und geht dadurch in das kulturelle Gedächtnis der Amerikaner ein.

Vom individuellen zum kulturellen Gedächtnis: Ein Ereignis wird zum einen auf individueller Ebene erinnert. Dabei kann es von verschiedenen Menschen unterschiedlich erinnert werden.
Wenn ein Ereignis in Gruppen – z. B. Freundeskreisen, Familien oder Mannschaften – gemeinsam erinnert wird, ist es ins **kommunikative Gedächtnis** eingegangen. Indem die Gruppenmitglieder sich über das Erlebte austauschen, bestimmen sie, wie es erinnert wird. Die gemeinsam geteilte Erinnerung beeinflusst auch ihr Zusammengehörigkeitsgefühl.
Um ein Erlebnis/ein Ereignis/einen Vorfall über einen längeren Zeitraum gemeinsam zu erinnern, bedarf es besonderer Formen und Rituale, z. B. Gedenktage und -feiern, die emotional ansprechen, aber auch Gedenkstätten oder Museen, die Authentizität vermitteln. Sie sind Formen des **kulturellen Gedächtnisses**.

9/11 in der Populärkultur

Auch Künstlerinnen und Künstler trugen dazu bei, die Attentate und ihre Folgen im kulturellen Gedächtnis zu verankern. Viele versuchten, in ihren Werken Ängste und Zweifel sowie den Mut, mit dem die Zivilgesellschaft auf die Attentate reagierte, zu verarbeiten. Der Rockmusiker Bruce Springsteen beispielsweise machte mit seinem 2002 veröffentlichten Album „The Rising" die Trauer und die Verunsicherung der Menschen zum Thema. Nicht nur in den USA, sondern auch in vielen anderen Ländern stieg es sofort auf Platz 1 der Charts. Im Song „The Rising" singt er:

„I make my way through this darkness
I can't feel nothing but this chain that binds me
Lost track of how far I've gone
How far I've gone, how high I've climbed
On my back's a sixty pound stone
On my shoulder a half mile line".*

Auf ganz andere Art reagierte der Filmemacher Michael Moore (M2): Er nahm die amerikanische Außenpolitik nach dem Attentat zum Anlass, Kritik zu üben. So fragte er, ob nicht die USA durch ihre Unterstützung von al-Qaida und durch ihren weltpolitischen Führungsanspruch die Attentate provoziert hätten. Den Titel seines Films, „Fahrenheit 9/11", wählte er in Anlehnung an einen älteren Filmtitel: „Fahrenheit 451". Dieser bezeichnet die Temperatur, bei der Papier verbrennt. Entsprechend sollte der Titel „Fahrenheit 9/11" anzeigen, dass mit einer überzogenen Reaktion auf das Attentat die Wahrheit „verbrannt" worden sei. Filmkritiker werfen Moore vor, einseitig zu sein, indem er mit Auslassungen und suggestiven Bildern gearbeitet habe. Doch sein Film brach Zuschauerrekorde – und nahm ebenfalls Einfluss auf die Art, wie 9/11 in Teilen der amerikanischen Gesellschaft erinnert wird.

M2 „Fahrenheit 9/11" – ein Dokumentarfilm?

Michael Moore 2004 bei seiner Dankesrede in Cannes, wo sein Film mit der Goldenen Palme ausgezeichnet wurde

„Fahrenheit 9/11" gewann mehrere Preise, darunter 2005 den „Critics' Choice Movie Award", mit dem die besten Dokumentarfilme ausgezeichnet werden. Tatsächlich griff Michael Moore für „Fahrenheit 9/11" vor allem auf dokumentarisches Archivmaterial zurück. Die Art seiner Montage wurde vielfach als genial gelobt. Manche Filmkritiker halten die Vorgehensweise Moores jedoch für fragwürdig. Im Magazin DER SPIEGEL veröffentlichte der Journalist Matthias Gebauer 2004 einen Faktencheck. Er schrieb:

Natürlich lügt Michael Moore in „Fahrenheit 9/11" nicht. Gleichwohl spielt er so virtuos mit Fakten, Zahlen und Zusammenhängen, dass man sich schon fast an die Methoden seines erklärten Erzfeindes, der Regierung George W. Bushs, erinnert fühlt. [...]
Die Verbindung des Terroristen Osama bin Laden zu Saudi-Arabien taucht im Film mehrmals auf. Akribisch wird die These aufgebaut, die saudischen Ölbillionäre kontrollierten die US-Regierung und große Teile der amerikanischen Wirtschaft. So wahr und sicher nicht immer positiv der Einfluss der Saudis durch ihr Geld auch ist, so suggestiv ist die Darstellung Michael Moores. Am Ende gewinnt man als Zuschauer den Eindruck, dass sämtliche Männer mit arabischer Kopfbedeckung, die auf Archivmaterial den führenden US-Politikern die Hände schütteln, mehr oder minder Mitglieder von Osama bin Ladens al-Qaida sind.
Dass der Terrorpapst schon vor vielen Jahren von seiner Familie verstoßen und – entgegen gestreuter Medienberichte – nicht mit einem Milliardenerbe ausgestattet wurde, vergisst Moore nur allzu gern.

Matthias Gebauer: „Faktencheck in ‚Fahrenheit 9/11'. Moores vereinfachte Welt", In: Spiegel online, 29.7.2004, zit. nach: www.spiegel.de/kultur/kino/faktencheck-in-fahrenheit-9-11-moores-vereinfachte-welt-a-310795.html (10.01.2022)

1. Charakterisieren Sie den in M1 vorgestellten Gedenkort und seine mögliche Wirkung. Sie können die Webseite des Memorials in Ihre Bearbeitung einbeziehen (→ www.westermann.de/webcode: **WES-116793-016**).

2. Untersuchen Sie in Partnerarbeit die Beiträge von Bruce Springsteen und Michael Moore auf ihre Absichten und Wirkungen hin. Ziehen Sie dafür M2 sowie möglichst auch Videos (z. B. den Filmtrailer) heran.

3. Erklären Sie auf der Basis Ihrer Ergebnisse, wie die Beiträge von Springsteen und Moore zum kulturellen Gedächtnis beigetragen haben könnten. Ziehen Sie dazu die Zusatzinformation auf Seite 248 heran.

Wie werden Menschen zu Extremisten?

Islamistische Gruppen und Attentäter

M 1 Terroristische Anschläge islamistischer Gruppierungen weltweit. Die Karte zeigt lediglich eine Auswahl.

Muslimbruderschaft: Als Gegenbewegung zum kolonialen Einfluss Großbritanniens in Ägypten gründeten Muslime dort 1928 die Muslimbruderschaft. Ihr Anführer Al-Banna legitimierte zunehmend Gewalt als Mittel zur Erreichung einer islamischen Ordnung.

Ideologie des Dschihad: Eine politische Ideologie mit Ursprüngen in der Kolonialzeit, die den Begriff „Dschihad" (→ Randspalte, S. 245) neu interpretierte. Sie behauptet, eine gefühlte Unterlegenheit islamischer Länder durch eine rückwärtsgewandte Deutung des Islams zu überwinden, und rechtfertigt so politische Gewalt.

Salafismus – eine Antwort auf Krisenphänomene?

Nicht nur die Gruppe al-Qaida verschrieb sich Ende der 1980er-Jahre dem Kampf gegen die Einflussnahme von außen auf die muslimische Welt. Auch anderenorts – etwa auf den Philippinen oder in Westafrika – entstanden Gruppierungen, die diesen Kampf aufnahmen – er wurde zu einer globalen Bewegung. Welchen Auffassungen folgten die Terrorgruppen?

Als Gegenentwurf zum Einfluss der Kolonialmächte war in Ägypten und Indien im 19. Jahrhundert eine Lehre des Islams entstanden, die behauptete, sich auf die Zeit des Propheten und seiner unmittelbaren Nachfolger – arabisch: salaf – zu beziehen: der Salafismus. Er wird als Strömung innerhalb des **Islamismus** verstanden, also einer konservativen Auslegung des Islams, die eine Gesellschaftsordnung nach religiösen Grundsätzen anstrebt. Die neue Lehre verbreitete die ägyptische Muslimbruderschaft im frühen 20. Jahrhundert. Manche ihrer Anhänger waren in sich gekehrt religiös, andere verstanden sich als politische Revolutionäre. In Ägypten wurden sie verfolgt und flohen nach Saudi-Arabien, wo sich ihr religiöses Denken mit einer extrem konservativen Gesellschaftsauffassung verband. Während des Afghanistankriegs verbanden sich Teile des Salafismus mit dem Kampfeinsatz zu der neuen Ideologie des Dschihad. Der Terrorismusforscher Peter R. Neumann erläutert, dass aus theologischer Sicht die Dschihadisten keineswegs „den Islam" bildeten, sondern nur eine sehr kleine Strömung: die dschihadistische Minderheit innerhalb der salafistischen Minderheit – weniger als ein Prozent der Muslime weltweit.

Was macht Menschen zu Terroristen?

„Terror-Bestie lebte acht Jahre in Deutschland" – so lautete die Schlagzeile einer deutschen Tageszeitung am 14. September 2001, nachdem der Ägypter Mohammed Atta als Drahtzieher des Attentats auf das World Trade Center identifiziert worden war. Handelte es sich bei den Attentätern um grundsätzlich böse Menschen, „Bestien"? Oder waren es – so eine andere Theorie – „Schläfer", also unauffällige junge Männer, nach Europa entsandt von einer Organisation wie al-Qaida, um dort ein Netz von jederzeit aktivierbaren Terroristen zu bilden? Terrorismusforscher, die diese Form des Terrorismus zu erklären versuchten, erkannten, dass keine der beiden Theorien haltbar ist. Sie entdeckten verschiedene Ursachen für die Entstehung terroristischer Gewalt.

Die ersten islamistischen Attentäter stammten meist von gebildeten Eltern der Mittelschicht, die ihre Kinder auf ein Leben für Familie und Beruf vorbereiten wollten. Irgendwann erlebten die jungen Männer aber einen persönlichen Wendepunkt und suchten Kontakt zu islamistischen Terrororganisationen wie al-Qaida. Der Vater des Ägypters Mohammed Atta beispielsweise war Rechtsanwalt in Kairo. Atta studierte ab 1992 in Hamburg Stadtplanung und schloss 1999 sein Studium mit einer Diplomarbeit über die Sanierung eines Altstadtviertels in Aleppo in Syrien ab. Darin setzte er sich für den Erhalt arabischer Hofhäuser und gegen den Bau europäischer Hochhäuser ein. Er sprach fließend Englisch, Deutsch und Arabisch. In Hamburg fand er jedoch 1998 in der kleinen, radikalen Al-Quds-Moschee neue Freunde. In diesem Kreis entstand die Idee zum militanten Kampf. Atta reiste nach Pakistan und suchte Kontakt zu al-Qaida. Anderthalb Jahre lang bereiteten 19 junge Männer das komplizierte Attentat mit vier Flugzeugen auf das World Trade Center in New York vor, das sie am 11. September 2001 schließlich durchführten. Atta steuerte das erste Flugzeug gegen den Nordturm des Gebäudekomplexes. sein Hamburger Studienfreund Al-Shehhi war in dem Flugzeug, das den zweiten Turm traf.

Auch Mohammed Sidique Khan, der am 7. Juli 2005 in London ein Attentat verübte, war Teil der Gesellschaft, gegen die er sich richtete: Er war in einem einfachen Viertel von Leeds als Kind pakistanischer Einwanderer aufgewachsen, setzte sich in einer muslimischen Jugendgruppe engagiert gegen Drogenhandel ein und studierte Wirtschaftswissenschaften. Mit dem traditionell pakistanischen Religionsverständnis seiner Eltern konnte er sich aber ebenso wenig identifizieren wie mit der englischen Gesellschaft. Auf der Suche nach Orientierung konvertierte er zum wahhabitischen Islam, der ein Leben nach strengen Regeln verlangte. Hier fand er eine neue Identität, und er änderte sein soziales Engagement radikal. Mohammed Sidique Khan begann, zu Ausbildungslagern in Afghanistan und Pakistan zu reisen. Als er und drei weitere Attentäter, die er angeworben hatte, sich am 7. Juli 2005 in Londoner U-Bahn-Zügen und in einem Bus in die Luft sprengten, starben 56 Menschen, 700 wurden verletzt.

M2 Das Foto links zeigt Samir Jarrah, Vater des Flugzeugentführers Ziad Jarrah (auf der rechts abgebildeten Veröffentlichung des US-Justizministeriums unten links), während er von dem Attentat vom 11. Sptember liest.
Samir Jarrah sprach dem amerikanischen Volk sein Beileid aus. Sein Sohn sei ursprünglich nicht religiös und nicht an Politik interessiert gewesen, habe im Libanon eine christliche Schule besucht, sei mit einer Deutschen verlobt gewesen. Der Wandel müsse während seines Studiums in Hamburg erfolgt sein.

Der „Islamische Staat" und die zweite Tätergeneration

Auf Europäer, die zu Dschihadisten wurden, übte der „Islamische Staat" – auch „ISIS" oder „IS" – große Anziehungskraft aus. Der „IS" hatte sich 2003 im Irak gebildet. Anlass war der Sturz des dortigen Machthabers Saddam Hussein im selben Jahr durch US-Truppen gewesen. Ihren Einmarsch hatte die US-Regierung mit dem Argument gerechtfertigt, Saddam habe einen Angriff auf die USA vorbereitet, ein Argument, für das sich später keine Belege finden ließen. Der Anführer der neuen Miliz, Abu Bakr al-Baghdadi, verstand sich als Nachfolger des Propheten Mohammed, als Kalif. Seit 2013 betrieb der IS das Staatsbildungsprojekt eines „Kalifats" im Irak und in Syrien und verfolgte dabei Andersgläubige in seinem Herrschaftsgebiet brutal. Er setzte moderne Medien als Sprachrohr ein, um seine Helden zu feiern, Schrecken zu verbreiten und weltweit Kämpfer zu werben.

Salafistische Prediger in Europa versprachen ihren Anhängern ein hohes Ansehen als Kämpfer, die treue Gemeinschaft Gleichgesinnter und nicht zuletzt ein großes Abenteuer. So gingen z.B. allein aus der Stadt Wolfsburg in Niedersachsen nach und nach 25 befreundete junge Männer zum „Islamischen Staat" nach Syrien. Während bei einigen die religiöse Idee zog, wollten andere ihre vorausgeeilten Freunde nicht im Stich lassen.

Diese sogenannte zweite Generation der Täter in Europa stammte häufiger auch von den Rändern der Gesellschaft – orientierungslose junge Erwachsene, Ausgegrenzte mit geringem Bildungsstand, die sich durch Kleinkriminalität daran gewöhnt hatten, gegen die Regeln der Gesellschaft zu verstoßen und Gewalt anzuwenden. Prediger der Salafisten verhießen ihnen klare Regeln, Anerkennung, ein sinnerfülltes Leben – und manchmal auch Vergebung aller Sünden und ein Leben im Paradies, wenn sie mit Gewalt zu Märtyrern ihres Glaubens würden.

wahhabitisch: dem Wahhabismus, einer strengen Form des sunnitischen Islam, folgend. Der Wahhabismus ist Staatsreligion in Saudi-Arabien.

M3 Die Hamburger Terrorzelle

Der Politikwissenschaftler Peter R. Neumann ist seit 2008 Direktor des „International Centre for the Study of Radicalisation" am Londoner King's College. Er erforschte, wie sich die Radikalisierung der Männer aus Hamburg, die an den Anschlägen vom 11. September beteiligt waren, vollzog, und erläutert:

Die Zelle bestand aus acht jungen Arabern, die im Laufe der späten 1990er-Jahre in Hamburg lebten. Ihr wichtigstes Mitglied war Mohammed Atta, der ägyptische Stadtplaner und Anführer der Hijacker vom 11. September 2001. Er [...] hatte sich einer Korangruppe an der salafistischen Al-Quds-Moschee angeschlossen, wo er die anderen kennenlernte. Spätestens Mitte 1998 war hieraus ein enger Freundeskreis entstanden, der nach strengen salafistischen Glaubensregeln lebte und vom Dschihad fantasierte. Doch mit al-Qaida und den Anschlagsplänen vom 11. September hatten die acht Studenten bis Ende 1999 nichts zu tun [...]. Der Prozess der sozialen Abschottung [...] begann, als Atta mit zwei anderen Mitgliedern der Gruppe in eine Wohnung in die Hamburger Marienstraße zog. Atta benannte die Wohnung nach einem „Gästehaus" im pakistanischen Peshawar, von dem aus arabische Auslandskämpfer während der 1980er-Jahre nach Afghanistan in den Kampf zogen. [...] Ständiges Thema waren der Dschihad und die „jüdische Weltverschwörung", die die Männer hinter allem vermuteten, was zulasten der Muslime ging. [...] Ende 1999 entschied sich die Clique, in den Kampf zu ziehen. [...]

Die einzige Person, die bereit war, ihnen zu helfen, war ein al-Qaida-Mann, der sie [...] auf die Reise nach Afghanistan schickte. Nach ihrer Ankunft dort empfing sie al-Qaidas Chefplaner Khalid Sheikh Mohammed mit offenen Armen, denn die Studenten aus Hamburg passten genau in das Profil, nach dem er händeringend gesucht hatte: hochintelligent, fließend Englisch sprechend und vertraut mit dem Leben im Westen. Nach drei Monaten im al-Qaida-Trainingslager schworen sie bin Laden die Treue und wurden zum Kern der Terrorzelle, die die Anschläge am 11. September durchführte.

Peter R. Neumann: Der Terror ist unter uns. Dschihadismus und Radikalisierung in Europa, Berlin 2016, S. 110ff.

M4 „Terroristen sind Fallensteller"

Nachdem 2016 auf der Strandpromenade im südfranzösischen Nizza ein Lastwagen in eine Menschenmenge gesteuert wurde, entbrannte eine Diskussion darüber, ob der Attentäter tatsächlich ein „Soldat des IS" gewesen sei. Der Politikwissenschaftler Herfried Münkler schrieb aus diesem Anlass:

Der klassische Terrorismus, der in seiner sozialrevolutionären wie nationalseparatistischen Variante bis ins 19. Jahrhundert zurückreicht, [...] zielte mit seinen Gewaltakten auf herausgehobene Personen der politischen Klasse [...]. Das terroristische Erfolgsrezept lautete: Wohldosierte Gewalt provoziert eine massive Repressionskampagne des Staates, und die erst schuf die Voraussetzungen dafür, dass sich viele aus den Reihen des „zu interessierenden Dritten" mit den Zielen der Terroristen identifizierten und diesem anschlossen. [...] Terroristen sind Fallensteller, und der Staat geht umso häufiger in die gestellte Falle, je schneller er sich provozieren lässt und „blindwütig" reagiert. [...]

Man muss sorgfältig prüfen, ob man terroristische Angriffe nach dem Kriegs- oder nach dem Kriminalitätsparadigma angeht und welche Folgen damit jeweils verbunden sind. [...] Nach allem, was wir über die Attentäter von Paris, Brüssel und Nizza wissen, waren es gerade keine strengen Islamisten, sondern muslimische Kleinkriminelle, [...] die aus unterschiedlichen Gründen in eine Lebenskrise geraten waren [...].

Was durch die Anschläge provoziert werden soll, ist – vermutlich – die in Reaktion auf solche Untaten vollzogene Feinderklärung des Westens gegen alle Muslime, insbesondere gegen die, die in den westlichen Gesellschaften leben. Ist sie erst einmal erfolgt, kann der IS auf Millionen von Unterstützern rechnen, und er wäre damit seinem Ziel einer großen Konfrontation zwischen Islam und Westen einen entscheidenden Schritt näher gekommen. Es gibt ihn also auch in den neuen Formen des Terrorismus, den „als interessiert unterstellten Dritten". [...] Es bedarf einer klugen [...] Gegenstrategie, um nicht in diese Falle hineinzutappen.

Herfried Münkler: Die Falle ist gestellt. In: DIE ZEIT, Nr. 31, 21.07.2016

Paris, Brüssel:

7. Januar 2015: In Paris ermordeten Attentäter zehn Mitarbeiter der Satirezeitschrift Charlie Hebdo wegen deren Mohammed-Karikaturen.
13. November 2015: An drei Pariser Orten töteten Attentäter über 130 Menschen, u. a. im Club Bataclan.
22. März 2016: An zwei Orten in Brüssel sprengten sich drei Terroristen in die Luft, 32 Menschen aus 22 Ländern starben.

Die Organisation „Islamischer Staat" (IS) reklamierte alle diese Attentate für sich.

M5 Die „Wolfsburger Zelle“

Aus Wolfsburg gingen 25 junge Männer zum IS nach Syrien. Der Experte für islamistischen Terror, Peter R. Neumann, analysierte einige Fälle und stellt dar:

Ebrahim war keiner der typischen „Loser“ oder „Taugenichtse“, die in die Fänge des „Islamischen Staates“ geraten, weil ihnen der Salafismus Halt, Struktur und Ordnung gibt. Er hatte einen sicheren Job bei einem Autozulieferer und wollte sich [...] mit einer Frau aus Wolfsburg verheiraten. Doch Mitte des Jahres 2014 tauchte in Wolfsburg ein salafistischer Prediger auf. Der Mann, der von seinen Anhängern „wissender Bruder“ genannt wurde, stellte seinen Zuhörern Fragen über Leben und Tod, erzählte vom Leiden der Muslime in Syrien und erinnerte sie an ihre Pflicht, ihre Glaubensbrüder zu verteidigen. Die Einstellung von Ebrahims Freunden änderte sich dramatisch. Innerhalb kurzer Zeit wurden viele zu Salafisten, beteten fünfmal am Tag und trafen sich allabendlich in einem Café, wo sie über Politik und Religion diskutierten [...].
Auch für Ebrahim, der noch nie in seinem Leben religiös gewesen war, wurde der Islam wichtiger. Doch anders als bei seinen Kameraden war die Konversion zum Salafismus oberflächlich. Was zählte, war die Gruppe:
„Das waren nicht irgendwelche fremden Leute, die waren alte Schulkameraden, alte Freunde. [Früher] war die Mode, dass jeder einen Boxerschnitt und Bushido auf dem Handy hatte. Wenn du das gemacht hast, dann gehörtest du dazu. Und 2014 war es dann so, dass man auf Bart machte, sich anders anzog, auf irgendwelche Veranstaltungen ging. Dann gehörtest du zur Gruppe. Genau so war das.“
Am Ende tat Ebrahim das, was seine Freunde von ihm erwarteten: Er packte seine Sachen und machte sich auf den Weg nach Syrien. [...] [Ebrahim kehrte einige Zeit später enttäuscht vom IS zurück und erklärte in einem Fernsehinterview allen Ernstes:] „Ich wollte gerne eine rauchen oder ein Glas Wein trinken, was normal ist, aber das wurde ja verboten.“

Peter R. Neumann: ebd., S. 100 f., 157

Frustration
→ Öffnung von Personen für neue, radikale Lebensentwürfe

Drang
individuelle und soziale Bedürfnisse

Ideen
Inhalte des politisch motivierten Extremismus

Gewalt
Rechtfertigung von Gewalt als Reaktion

Leute
Radikalisierung als Gruppenprozess

M 6 Fünf „Bausteine“ der Radikalisierung zum Terrorismus (nach Peter R. Neumann: ebd., S. 21)

1. a) Tragen Sie auf der Basis des Darstellungstextes und der Materialien M 1, 2 und 5 in sechs Gruppen Informationen über die Formen und Ursachen des islamistischen Terrorismus in Europa zusammen:
   - Hamburger Terrorzelle (Text/M 1),
   - 7/7 in London (Text/M 2),
   - Salafismus,
   - „Islamischer Staat“,
   - zweite Tätergeneration,
   - Wolfsburger Zelle (M 5).

   b) Arbeiten Sie Beziehungen zwischen den Formen des Terrorismus heraus.
2. Überprüfen Sie Neumanns Erklärungsansatz zum Dschihadismus in Europa (M 6) anhand einzelner Terrorakte bzw. Gruppen durch eigene Recherchen.
3. Arbeiten sie Münklers Modell (M 4) zu den Funktionsweisen des Terrorismus heraus.
4. Terroristen als „Schläfer“ oder „Bestien“ – nehmen Sie zu diesen Theorien Stellung.
5. Stellen Sie auf der Basis ihrer Arbeitsergebnisse Zusammenhänge des islamistischen Terrorismus zu Kolonialismus und Dekolonisierung heraus. Nehmen Sie dabei auch zur Rechtfertigung politischer Gewalt Stellung.

Postkoloniale Räume

Aktuelle Probleme in historischer Perspektive

→ S. 198–201

Die Welt um 1900: eine europäische Welt?

In den Jahrzehnten um 1900 lebte die Mehrheit der Weltbevölkerung in einem **Imperium**, in dem eine Großmacht als Zentrum eine Peripherie abhängiger Gebiete dominierte. Das umfassende Machstreben der Imperialmächte ging über die älteren Formen des **Kolonialismus** hinaus, der enger die Besiedlung und wirtschaftliche Einflussnahme zum Ziel gehabt hatte. Die Vorherrschaft europäischer Kulturen wurde mit dem Sozialdarwinismus legitimiert und mit militärischer Gewalt durchgesetzt.

→ S. 202–205

Selbstbestimmungsrecht oder Vormundschaft?

Im verlustreichen Ersten Weltkrieg hatten auch Truppen aus den Kolonien für ihre Mutterländer gekämpft, und der Widerstand gegen die Kolonialherrschaft nahm zu. Der US-amerikanische Präsident Roosevelt schlug mit einem Programm von **Vierzehn Punkten** die Gründung einer multilateralen Organisation vor, die das **Selbstbestimmungsrecht der Völker** unterstützen und eine **Dekolonisierung von oben** befördern sollte, den **Völkerbund**. Vor allem die ehemaligen Kolonien der unterlegenen Mächte wurden als Mandatsgebiete an meist europäische Mächte gegeben, die sie als Treuhänder in die Unabhängigkeit führen sollten. Da es keine Zeitpläne gab, sahen Kritiker darin jedoch die Form eines neuen Kolonialismus. Auch wurde die Mehrzahl der Imperien nicht infrage gestellt.

→ S. 206–209

Nationale Befreiung – aber wie?

In den kolonialisierten Ländern und Gebieten formierten sich Unabhängigkeitsbewegungen, die verschiedene Formen des Widerstands entwickelten. Der indische Nationalkongress beispielsweise setzte lange Zeit darauf, durch politischen Druck eine allmähliche **Dekolonisierung von oben** zu erreichen, ging jedoch wegen ausbleibender Erfolge unter der Führung Gandhis zu einer Strategie der „Non-Cooperation" und des **gewaltlosen Widerstands** über. Die algerische Befreiungsbewegung FLN dagegen sah 1954 keinen anderen Weg als den Beginn eines **Unabhängigkeitskrieges**, der erst 1962 zum Erfolg führte.

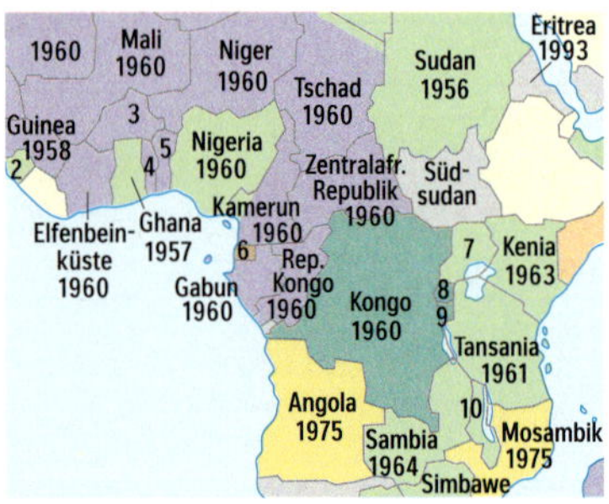

→ S. 210–241

Dekolonisierung – wie kann sie gelingen?

Historikerinnen und Historiker analysieren **Dekolonisierungsprozesse** in vergleichenden Forschungen. Mit folgenden Kategorien versuchen sie, die Folgen der Dekolonisierung für die Welt von heute besser zu verstehen:

- Welche Wege beschritten Befreingsbewegungen? Warum kam es in Vietnam zu einer Revolution, warum gelang im Fall Indiens der gewaltlose Widerstand, warum kam es in Algerien zu einem blutigen Unabhängigkeitskrieg?
- Welche Ziele hatten die Akteure der beteiligten Seiten, die Imperialmächte und die Unabhängigkeitsbewegungen?
- Aus welchen Ursachen gab es Strategiewechsel, welche Folgen hatten die kolonialen Einflüsse?

Thema 1: In **Vietnam**, geprägt von 1000 Jahren chinesischer und 80 Jahren französischer Kolonialherrschaft, rief die kommunistische Unabhängigkeitsbewegung nach dem Ende des Zweiten Weltkriegs einen eigenen Nationalstaat aus. Doch Frankreichs Versuch, das Land erneut zu kolonisieren und US-amerikanische Interventionen im Kontext des Kalten Krieges spalteten Vietnam und führten zu einem 30 Jahre währenden Konflikt, der Dekolonisierungs-, Bürger- und Stellvertreterkrieg zugleich war. 1975 siegten die kommunistischen Kräfte Vietnams und vereinten das Land in einem unabhängigen, sozialistischen Staat.

→ S. 212–219

Thema 2: In Britisch-**Indien** ging nach dem Ersten Weltkrieg aus dem 1885 gegründeten Nationalkongress eine einflussreiche nationale Befreiungsbewegung hervor, in der sich Gandhis Form des gewaltlosen Widerstandes gegen einen militanten Flügel durchsetzte. Als die Briten Versprechungen einer Dekolonisierung von oben hinauszögerten, rief Gandhi zur Nichtzusammenarbeit auf und verlangte die sofortige Unabhängigkeit. Die Briten förderten Spaltungen zwischen der muslimischen Minderheit und der hinduistischen Mehrheit, und der Unabhängigkeitstag am 15. August 1947 führte zur Spaltung des Landes in Indien und Pakistan.

→ S. 222–229

Thema 3: In **Südafrika** siedelten niederländische Buren seit dem 17. Jahrhundert. Als England diese „Kapkolonie" übernahm, zogen viele Buren siedelnd weiter nach Norden. 1931 erreichten sie die Unabhängigkeit von England und bauten in den 1950er-Jahren ein Apartheidsregime auf: Sie trennten die ethnischen Gruppen rechtlich streng, um die Herrschaft der weißen Minderheit zu sichern. Aus dem bereits 1912 gegründeten ANC, dem African National Congress, wurde angesichts der Apartheidspolitik eine militante Befreiungsbewegung. Ihr Vorsitzender Nelson Mandela wurde nach langjähriger Haft 1994 zum ersten Schwarzen Staatspräsidenten und leitete eine Politik der Versöhnung ein.

→ S. 230–235

Thema 4: Im Nahen Osten wurden infolge des Zerfalls des Osmanischen Reichs etliche Mandatsgebiete des Völkerbunds eingerichtet, welche die alten Imperialmächte England und Frankreich wegen der dortigen Erdölvorkommen als Teil ihrer Interessenssphären betrachteten. In **Palästina** entstand allmählich ein jüdischer Staat, der von seinen Nachbarn lange Zeit nicht anerkannt wurde. Die Staatsgründung **Israel**s führte 1948 zur Flucht vieler der dort siedelnden Araber. Ein friedlicher Interessenausgleich zwischen den Organisationen dieser Palästinenser und Israel zur Lösung dieses ethnopolitischen Konflikts ist bis heute nicht gelungen.

→ S. 236–241

Terror als Folge imperialer Politik?

„9/11": Am **11. September 2001** erschütterten Terroranschläge auf New York und Washington die Welt. Die Attentäter waren Anhänger des islamistischen Terrornetzwerkes al-Qaida. Dessen Anführer Osama bin Laden glaubte die muslimische Welt von einem christlich-abendländischen **Neokolonialismus** bedroht. Bin Laden operierte von Afghanistan aus, wo ihm das Regime der Taliban Zuflucht bot. Die Taliban waren in Afghanistan nach der Destabilisierung des Landes durch den Kalten Krieg der Großmächte 1996 an die Macht gekommen. In der Folge des Anschlags erklärten die USA den „Krieg gegen den Terror" und marschierten mit ihren Verbündeten in Afghanistan ein.

„9/11" hatte zahlreiche Vorläufer, und auch danach wurden weltweit weiterhin Anschläge von Terroristen verübt, deren „Ideologie des Dschihad" im **Islamismus** wurzelt. Terrorismusforscher gehen davon aus, dass verschiedene Ursachen für die Radikalisierung der meist jugendlichen Attentäter eine Rolle spielen, darunter Frustration über bestehende Lebensverhältnisse und auch Gruppenprozesse, die die Aufnahme extremistischer Ideen fördern.

→ S. 244–251

Text- und Bildquellen

Textquellen

(Einführung) S. 6, M1 b) Jon Vachon zit. nach Keith Lowe: Der wilde Kontinent. Europa in den Jahren der Anarchie 1943–1950, Stuttgart: Klett-Cotta 2014, S. 23 (Übers.: Stephan Gebauer/Thorsten Schmidt) | **M2 b)** Philip Dark zit. nach ebd., S. 26 | **S. 8, M4** Keith Lowe: Der wilde Kontinent, a.a.O., S. 11 f. | **M5** Martin Sabrow, zit. nach: www.bpb.de/apuz/303645/die-stunde-null-als-zeiterfahrung (06.11.2021) | **S. 8f., M6** Christoph Kleßmann: 1945 – welthistorische Zäsur und „Stunde Null", zit. nach: docupedia.de/zg/klessmann_ 1945_v1_de_2010 (29.06.2021); Leibniz-Zentrum für Zeithistorische Forschung Potsdam (ZZF), Potsdam | **S. 9, M7** Akira Iriye (Hg.): Geschichte der Welt. 1945 bis heute. Die globalisierte Welt, München: C. H. Beck 2013, S. 9–11, 14 (Übers.: Andreas Wirthenson) | **S. 11, M** Christoph Cornelißen: Europa im 20. Jahrhundert (Neue Fischer Weltgeschichte 7), Frankfurt/M.: S. Fischer 2020, S. 293, 301 | **S. 12, M6 a)** Eva Hahn/Hans Henning Hahn: Flucht und Vertreibung, in: Etienne François/Hagen Schulze (Hgg.): Deutsche Erinnerungsorte, München: C. H. Beck 2005, S. 335–352, hier S. 335 | **M6 b)** Hans-Jürgen Bömelburg/Renate Stößinger/Robert Traba (Hgg.): Vertreibung aus dem Osten. Deutsche und Polen erinnern sich. Olsztyn: Borussia/Osnabrück: Fibre-Verlag 2000, S. 9 | **M7 a)** BM für Vertriebene, Flüchtlinge und Kriegsgeschädigte (Hg.): Dokumentation der Vertreibung der Deutschen aus Ost-Mitteleuropa, Bonn 1954, Bd. I, S. 682 | **M7 b)** Hans-Jürgen Bömelburg/Renate Stößinger/Robert Traba (Hgg.): Vertreibung aus dem Osten, a.a.O., S. 82 | **S. 13, M8** Krzysztof Ruchniewicz: Zwangsmigration. In: Online-Lexikon zur Kultur und Geschichte der Deutschen im östlichen Europa, 2015 (ome-lexikon.uni-oldenburg.de/p32750; Stand 14.09.2021), Carl von Ossietzky Universität Oldenburg | **S. 13 M9** Władysław Bartoszewski, zit. nach: www.bundestag.de/parlament/geschichte/gastredner/bartoszewski/rede_bartoszewski-245134 (09.01.2020)/Deutscher Bundestag, Berlin 1995 | **S. 13** (Sprechblase) Richard von Weizsäcker/Bundespräsidialamt Berlin.

(Geteilte Welt) S. 15 Bernd Stöver: Ein totaler Krieg. In: Zeit Geschichte 3/2012: Der Kalte Krieg. Weltpolitik im Schatten der Bombe, S. 14–17, hier: S. 15 | **S. 16, M1** Odd Arne Westad: Der Kalte Krieg. Eine Weltgeschichte, Bonn: bpb 2020, S. 9 (Übers. Helmut Dierlamm, Hans Freundl) S. 18, **M4 a)** ebd., S. 24 f. | **M4 b)** Wilfried Loth: Geteilte Welt im Kalten Krieg. In: Die ZEIT – Welt- und Kulturgeschichte Bd. 14, Hamburg/Mannheim: Bucerius/Duden 2006, S. 362 | **S. 18 f. M5 a)** Informationen zur politischen Bildung 245: Internationale Beziehungen I. Der Ost-West-Konflikt., Bonn: bpb 2003, S. 5 | **S. 19, M5 b (1)** Stalin übers. zit. nach: John Lewis Gaddis: Der Kalte Krieg. Eine neue Geschichte. München: Pantheon 2007, S. 24 f. (Übers. aus dem Amerik. Klaus-Dieter Schmidt); **(2)** Stalin übers. zit. nach: Odd Arne Westad, a.a.O., S. 68 | **M5 c)** Winston Churchill übers. zit. nach: Informationen zur politischen Bildung 245, a.a.O., S. 13| **S. 22, M4** Harry S. Truman übers. zit. nach: Wolfgang Lautemann/Manfred Schlenke (Hgg.): Die Welt seit 1945 (Geschichte in Quellen 7), München: BSV 1980, S. 576 f. | **S. 22f., M5** Andrej A. Schdanow übers. zit nach: Boris Meissner: Das Ostpakt-System. Dokumentensammlung Bd. XVIII, Frankfurt/Berlin: Metzner 1955, S. 97f. | **S. 23, M6** Wilfried Loth: Der Kalte Krieg. Ursprünge und Verlauf. In: Katharina Hochmuth (Hg.): Krieg der Welten. Zur Geschichte des Kalten Krieges, Bonn u. a.: Metropol 2017, S. 25 | **M7** Bernd Stöver: Der Kalte Krieg. Geschichte eines radikalen Zeitalters 1947-1991, München: C. H. Beck 42012, S. 18–20 | **S. 28, M4** George C. Marshall: Rede an der Harvard University, 5. Juni 1947, in: Themenportal Europäische Geschichte 2010, übers. zit. nach: www.europa.clio-online.de/quelle/id/q63-28407 (07.06.2021), Clio-online – Historisches Fachinformationssystem e. V., Berlin, 2010 | **S. 29 M6 a)** Elke Kimmel: Grundzüge des Marshallplans. Eine Einleitung, zit. nach: www.bpb.de/geschichte/zeitgeschichte/marshallplan/40034/einleitung (30.09.2021) | **M6 b)** Odd Arne Westad: Der Kalte Krieg, a.a.O., S. 130 | **S. 31, M2 a)** John Lewis Gaddis: Der Kalte Krieg, a.a.O., S. 41 | **M2 b)** Odd Arne Westad: Der Kalte Krieg, a.a.O., S. 130 f. | **S. 36, M6 a)** aus: Die Einheit. Zeitschrift für Theorie und Praxis des Sozialismus, Nr. 9, Ostberlin: Dietz Verlag 1947 (o. S.) | **M6 b), c)** Erich Bayer/Frank Wende: Wörterbuch zur Geschichte. Begriffe und Fachausdrücke. 5. erw. Aufl., Darmstadt: WBG 1995, S. 568, 420 ff. | **M7** Ian Kershaw: Achterbahn. Europa 1950 bis heute. München: DVA 2019, S. 72 f. (Übers.: Klaus-Dieter Schmidt) | **S. 37, M8** aus: Die ZEIT – Welt- und Kulturgeschichte, Bd. 15: Die Welt im Zeitalter des Ost-West-Konflikts, Hamburg/Mannheim: Bucerius/Duden 2006, S. 34 f. | **S. 38, M2** Bernd Stöver: Der Kalte Krieg, a.a.O., S. 9 | **S. 40, M1 a)-c)** Dokumente zur Berlinfrage, S. 76 (a), 82 ff. (b), 117 (c), zit. nach: Wolfgang Lautemann/Manfred Schlenke (Hgg.): Die Welt seit 1945, a.a.O., S. 132 ff. | **S. 41, M4** Ulrich Herbert: Geschichte Deutschlands im 20. Jahrhundert, München: C.H. Beck 2014, S. 600 f. | **S. 42, M2 a)** übers. zit. nach: Wolfgang Lautemann/Manfred Schlenke (Hgg.): Die Welt seit 1945, a.a.O., S. 592 | **S. 42, M2 b)** übers. zit. nach: Youn-soo Kim: Die Teilung und Wiedervereinigung Koreas 1945–1973, Kiel: Institut f. Recht, Politik u. Gesellschaft d. sozialistischen Staaten d. Universität 1973, S. 109f. | **S. 43, M3** Dierk Walter: Globale Fronten. In: ZeitGeschichte 3/2012: Der Kalte Krieg. Weltpolitik im Schatten der Bombe, S. 50–57, S. 53 f. | **S. 44, M1** übers. zit. nach: Keesings Archiv der Gegenwart 27, Wien u. a.: Elbemühl 1957, S. 6683 | **S. 45, M3** Bernd Stöver: Der Kalte Krieg, a.a.O., S. 52 ff. | **S. 47, M3** Odd Arne Westad: Der Kalte Krieg, a.a.O., S. 335 f. | **S. 48, M6** Nikita Chruschtschow übers. zit. nach: Bernd Greiner: Die Kuba-Krise. 13 Tage im Oktober, Nördlingen: Greno 1988, S. 326 ff. | **M8 a)** Che Guevara übers. zit. nach: Heinrich August Winkler: Geschichte des Westens. Vom Kalten Krieg zum Mauerfall. München: C. H. Beck 2016, S. 384 f. | **M8 b)** Nikita Chruschtschow übers. zit. nach: ebd., S. 385 | **S. 49, M9** Daniela Spenser: Die Kubakrise 1962 und ihre Folgen für das kubanisch-sow-jetische Verhältnis. In: Bernd Greiner u. a. (Hg.): Krisen im Kalten Krieg, Bd. 2, Hamburg: Hamburger Edition 2008, S. 297–320, hier S. 319f. | **S. 52, M4 a)** Nikita Chruschtschow übers. zit. nach: Dokumente zur Deutschlandpolitik, III. Reihe, Bd. 2: 01.01.–31.12.1956, Erster Halbband, Hgg.: BM für innerdeutsche Beziehungen, Frankfurt/M.: Metzner 1963, S. 114–118, hier S. 114–117 | **M4 b)** Alexej Kossygin übers. zit. nach: Bernd Stöver: Der Kalte Krieg, a.a.O., S. 368 | **S. 53, M5** John F. Kennedy übers. zit. nach: Dokumente zur Deutschlandpolitik, IV. Reihe, Bd. 9, Erster Halbband (01.01.–30.06.1963), Hgg.: BM für innerdeutsche Beziehungen, Frankfurt/M. 1978, S. 382–388 | **S. 54, M9** Egon Bahr zit. nach: Dokumente zur Deutschlandpolitik, IV. Reihe, Bd. 9, Zweiter Halbband (01.7.–01.12.1963), Hg.: BM für innerdeutsche Beziehungen, Frankfurt/M. 1978, S. 572–575.

(Zwischen Aufschwung und Krise) S. 62, M1 Erwin Schoettle zit. nach: Institut für Zeitgeschichte/Wissenschaftliche Dienste des Deutschen Bundestags (Hgg.): Wörtliche Berichte und Drucksachen des Wirtschaftsrates des Vereinigten Wirtschaftsgebietes 1947–1949, bearb. v. Christoph Weisz/Hans Woller, München/Wien 1977, Bd. 2, S. 623 | **S. 64, M5** „Der Bund" zit. nach: Christoph Kleßmann/Georg Wagner (Hgg.): Das gespaltene Land. Dokumente zur Sozialgeschichte, München: C. H. Beck 1993, S. 177 | **M6** Ludwig Erhard: Wohlstand für alle, bearb. v. Wolfram Langer, Düsseldorf/Wien: Econ-Verlag 1957, S. 251f. | **M8** Ulrich Herbert: Geschichte Deutschlands im 20. Jahrhundert, a.a.O., S. 705 f. | **S. 9, M5** Gerlinde Fellmann: Telefongeschichten (o. J.), zit. nach: research.uni-leipzig.de/fernstud/Zeitzeugen/zz153.htm (09.11.2021) | **M6** Hans-Ulrich Wehler: Deutsche Gesellschaftsgeschichte. Fünfter Band. Bundesrepublik und DDR 1949–1990, München: C. H. Beck 2008, S. 74 f. | **S. 72, M4** Kathrin Aehnlich: Intershop – Krumme Geschäfte im Warenparadies, 2020, zit. nach: www.mdr.de/geschichte/stoebern/damals/der-verfuehrerisches-duft-des-westens100.html (05.01.2022), Mitteldeutscher Rundfunk, Leipzig, 06.01.2022 | **M5** Mary Fulbrook: Ein ganz normales Leben, Darmstadt: WBG 2008, a) S. 66f., b) S. 61, 65 (Übers.: Kai Nicolai) | **S. 73, M6** Neue Zürcher Zeitung, 26.11.1955 | **M3** Petra Weber: Getrennt und doch vereint. Deutsch-deutsche Geschichte 1945–1989/90, Berlin: Metropol 22020, S. 372 f. | **S. 77, M2** Artikel „Mit dem Knüppel", in: Der SPIEGEL 47/1967, 12.11.1967 | **M4** Karl Schiller zit. nach: Jürgen Krack/ Karl Neumann: Konjunktur, Krise, Wirtschaftspolitik. Die wirtschaftliche Entwicklung in der Bundesrepublik sowie Möglichkeiten und Grenzen der politischen Einflussnahme, Köln/Frankfurt/M.: EVA 1978, S. 178 (bearb.) | **S. 84, M3** Karen Horn zit. nach: www.kas.de/de/web/soziale-marktwirtschaft/ neoliberalismus (09.12.2021) | **S. 85, M4** Tony Judt: Geschichte Europas von 1945 bis zur Gegenwart, München u.a.: Hanser 2006, S. 619 f. (Übers.: Hainer Kober) | **S. 86, M1** Lisa Paus: „Wir müssen den zügellosen Kraäften des Marktes Einhalt gebieten", in: Der TAGESSPIEGEL, 20.12.2020 | **S. 87, M2** Marco Buschmann: Ohne Gewinne kann unsere Gesellschaft nicht", in: ebd. | **S. 89, M3** Alexander Kluy: „Der 29. Oktober ist Internet-Tag", in: Die WELT, 09.10.2007 | **S. 92 f., M4** Anette Dowideit, Steffen Fründt, Sebastian Jost, Christiane Kühl: Globalisierung: Segen oder Fluch?, in: Die WELT, 24.03.2009.

(Proteste und staatliche Reaktionen) S. 99, M2 Dieter Rucht: Zivilgesellschaft als regulative Idee und Wirklichkeit, wzb.eu/system/files/ docs/sv/iuk/rucht01_zivilgesesellschaft.pdf (10.12.2021), Wissenschaftszentrum Berlin für Sozialforschung gGmbH, Berlin | **M3** Edgar Grande: Wie wichtig ist die Zivilgesellschaft? Einführende Bemerkungen, in: Brigitte Grande/Edgar Grande/Udo Hahn: Zivilgesellschaft in der Bundesrepublik Deutschland. Aufbrüche, Umbrüche, Ausblicke, Bielefeld: transscript 2021, S. 13–19, hier: S. 14 f. | **S. 104, M9** Reinhard Hecht (Wilhelmi-Gymnasium, Sinsheim/Elsenz): Wilhelminischer Geist in unserer Schule, in: Martin Meier-Siem (Hg.): Abiturientenreden gehalten in der Bundesrepublik, Hamburg: Hoffmann und Campe 1969, S. 62–66 | **S. 105, M10** Ian Kershaw: Achterbahn, a.a.O., S. 340–342 | **S. 110, M6 a)** Lehrbuch für Geschichte. 10. Klasse der Oberschule und der Erweiterten Oberschule, Berlin (Ost): Volk und Wissen Volkseigener Verlag 1961, S. 316 ff. | **S. 110, M7** Philipp Gassert: Bewegte Gesellschaft. Deutsche Protestgeschichte seit 1945, Stuttgart: Kohlhammer 2018, S. 8 | **S. 111, M8** Ulrich Herbert: Geschichte Deutschlands im 20. Jahrhundert, a.a.O., S. 727 f. | **S. 112, M11** übers. zit. nach: Peter Gosztony: Der Ungarische Volksaufstand in Augenzeugenberichten, Düsseldorf: Rauch 1966, S. 27 ff. | S. 113, M12 Ludvík Vaculík: Manifest der „2000 Worte", übers. zit. nach: Stefan Karner, Natalja Tomilina, Alexander Tschubarjan u.a. (Hgg.): Prager Frühling. Das internationale Krisenjahr 1968. Dokumente, Köln u. a.: Verein z. Förderung d. Forschung v. Folgen nach Konflikten u. Kriegen 2008, S.139–147 | **S. 118, M4** Regierungserklärung von Bundeskanzler Willy Brandt vor dem Deutschen Bundestag in Bonn am 28. Oktober 1969, zit. nach: www.willy-brandt-biografie.de/wp-content/uploads/2017/08/Regierungserklaerung_Willy_Brandt_1969.pdf (19.08.2021), Bundeskanzler-Willy-Brandt-Stiftung d.ö.R., Berlin | **M5** Ulrich Herbert: Geschichte Deutschlands im 20. Jahrhundert, a.a.O., S. 915 | **S. 119, M6** Edgar Wolfrum: Die geglückte Demokratie. Geschichte der Bundesrepublik Deutschland von ihren Anfängen bis zur Gegenwart, Bonn: bpb (Lizenzausgabe) 2007, S. 405 (bearb.) | **S. 121, M2** zit. nach: Archiv Soziale Bewegungen (Hg.): Nai hanmer g'sait! Kein Atomkraftwerk in Wyhl und anderswo, CD-ROM 2005 (Dok. 17652) | **M4** Dieter Rucht: Anti-Atomkraftbewegung, in: Roland Roth u. a. (Hgg.): Die sozialen Bewegungen in Deutschland seit 1945, Frankfurt/New York 2008, S. 245–266, hier S. 264 f. | **S. 123, M2** zit. nach: Ursula Linnhoff (Hg.): Die neue Frauenbewegung. USA – Europa seit 1968, Köln: Kiepenheuer und Witsch 1974, S. 6 f. | **M5** Alice Schwarzer: Der „kleine Unterschied" und seine großen Folgen, Frankfurt/Main 1975, S. 236 | **S. 125, M2** Krefelder Appell – Erklärung des Krefelder Forums vom 15./16. November 1980, zit. nach: www.1000dokumente.de/index.html?c= dokument_ de&dokument=0023_kre&object=trans lation&st=&l=de (30.10.2021, bearb.), Bayerische Staatsbibliothek, München | **M4** Philipp Gassert: Bewegte Gesellschaft. Deutsche Protestgeschichte seit 1945, Stuttgart 2018, S. 164 f. | **S. 127, M2** übers. zit. nach: Jürgen Schmidt: Zivilgesellschaft. Bürgerschaftliches Engagement von der Antike bis zur Gegenwart, Reinbek: Rowohlt 2007, S. 236–238 | **M4** Wolf Biermann: Warte nicht auf bessre Zeiten, 1973, © Rechte beim Urheber.

(Das Ende des Ostblocks) S. 137, M3 Odd Arne Westad: Der Kalte Krieg, a.a.O., S. 568 f., 573, 577 f. | **S. 138, M6** Presseabteilung der Botschaft der UdSSR in Zusammenarbeit mit der Informationsagentur Nowosti (Hg.): Gorbatschows historische Rede. Zum 70. Jahrestag der Oktoberrevolution – Perestroika und Glasnost, Wochenschau 16/17/1987 (Sonderausgabe) | **S. 138 f. M7 a)** Manfred Hildermeier: Geschichte der Sowjetunion 1917–1991. Entstehung und Niedergang des ersten sozialistischen Staates, München: C. H. Beck 22017, S. 1109 f. | **S. 139, M7 b)** Dietmar Neutatz: Träume und Alpträume. Eine Geschichte Russlands im 20. Jahrhundert. München: C. H. Beck 2013, S. 531 | **S. 143, M6** Michail Gorbatschow: Todesstoß für die UdSSR, in: Die WELT, 21.04.2006 (Übers. aus dem Englischen: Anke Püttmann) | **S. 146, M3** Solidarność: 21 Forderungen (Übers.: Brigitte Jaeger-Dabek, Stade), zit. nach: www.das-polen-magazin.de/die-21-forderungen-der-solidarnosc (31.10.2021) | **M4** Włodzimierz Borodziej: Geschichte Polens im 20. Jahrhundert, München: C. H. Beck 2010, S. 58 f. | **S. 146 f., M5** Stephan Bickkardt: Solidarność in Polen: Vorbild für die Bürgerrechtler in der DDR, zit. nach: www.mdr.de/geschichte/polen-ddr-solidarnosc-100.html (06.11.2021), Mitteldeutscher Rundfunk, Leipzig, 22.12.2021 | **S. 147, M6** Jerzy Holzer: Solidarność. Selbstbeschränkte Revolution, in: Hans-Henning Hahn/Robert Traba (Hg.): Deutsch-Polnische Erinnerungsorte Bd. 2, Paderborn: Schöningh 2014, S. 159 | **M7** Maria Jarosz: Macht, Privilegien, Korruption. Die polnische Gesellschaft 15 Jahre nach der Wende (Veröffentlichungen des Deutschen Polen-Instituts, Darmstadt, Band 21), Wiesbaden: Harrassowitz 2005, S. 9 ff. (Übers.: Peter Oliver Loew) | **S. 149, M2 a)** übers. zit. nach: Florian Peters: Rezension zu: Europäisches Solidarność-Zentrum, 30.08.2014, in: H-Soz-Kult, 10.01.2015, www.hsozkult.de/exhibitionreview/id/rezausstellungen-205 (05.11.2021), Clio-online – Historisches Fachinformationssystem e.V., Berlin, 10.01.2015 | **M2 b)** Monika Heinemann: Politik im Museum – der Kampf um Deutungshoheiten im polnischen Museumsboom, zit. nach: www.laender-analysen.de/polen-analysen/259/politik-im-museum-der-kampf-um-deutungshoheiten/ (04.11.2021), Forschungsstelle Osteuropa an der Universität Bremen | **M3** Maciej Stasiński: Fluch aus dem Jenseits (Übers. Anne Becker), zit. nach: www.bpb.de/internationales/europa/polen/40663/vergangenheitsbewaeltigung (04.11.2021) | **S. 152, M5** BStU, MfS, ZAIG, 0/223 zit. nach: Daniela Münkel (Hg.): Die DDR im Blick der Stasi. Die geheimen Berichte an die SED-Führung. Göttingen: Vandenhoeck & Ruprecht 2017, S. 199 f. | **S. 152 f. M6** Stefan Wolle: Die heile Welt der Diktatur. Alltag und Herrschaft in der DDR 1971–1989. Berlin 1999, S. 342 | **S. 154, M1** Gerhard Schürer zit. nach Theo Pirker u. a.: Der Plan als Befehl und Fiktion. Wirtschaftsführung in der DDR, Opladen: Westdeutscher Verlag 1995, S. 91 | **M2** Studien- und Seminarhinweise für Teilnehmer und Propagandisten der Seminare zur politischen Ökonomie des Sozialismus und der ökonomischen Strategie der SED, Teil: 3. Studienjahr, Berlin Dietz Verlag, 1989, S. 10 ff. | **S. 155, M3** Hans-Hermann Hertle/Stefan Wolle: Damals in der DDR, München: Bertelsmann 2004, S. 224 ff. | **M4** BStU, MfS, ZAIG, 0/223 zit. nach: Daniela Münkel (Hg.): Die DDR im Blick der Stasi 1989, a.a.O., S. 201 | **S. 156, M 2** Doris und Peter Strelzyk: Schicksal Ballonflucht. Der lange Arm der Stasi, Berlin: Quadriga, 1999, S. 11 f. | **S. 156 f., M 3** zit. nach: Hans-Jürgen Grasemann: Das politische Strafrecht, in: Eberhard Kuhrt: Am Ende des realen Sozialismus, Bd. 1: Die SED-Herrschaft und ihr Zusammenbruch, Opladen: Leske + Budrich, 1996, S. 91–114, hier S. 97 | **S. 157, M5** Stefan Wolle: Die heile Welt der Diktatur. a.a.O., S. 283 f. | **M6** Erich Honecker: Rede auf der Tagung des Thomas-Müntzer-Komitees, 1989, zit. nach: Neues Deutschland, 20.01.1989 | **S. 58, M3** Bericht der „Abteilung Volksbildung" des Bezirks Rostock, 28.04.1982, BArchP.Dr-2A.1735, zit. nach Falk Blask u. a.(Hg.): Schule: streng vertraulich! Die Volksbildung der DDR in Dokumenten, Bd. 1, Berlin: BasisDruck VerlagsGmbH 1996, S. 538 | **S. 159, M4 a)** Friedrich Schorlemmer: „Schwerter zu Pflugscharen". Die Schmiedeaktion im Luther-Hof in Wittenberg, in: Ulrich Hermann (Hg.): Protestierende Jugend. Jugendopposition und politischer Protest in der deutschen Nachkriegsgeschichte, Weilheim u. a.: Juventa 2002, S. 237 f. | **M 4 b)** Stefan Nau zit. nach: www.mdr.de/geschichte/ddr-friedensaktion-schwerter-zu-pflugscharen-schmied-von-wittenberg100.html, Mitteldeutscher Rundfunk,

Leipzig, Transkription: Melanie Urban (06.01.2022) | **M5** Eingabe an das Ministerium für Volksbildung Eingangsdatum 08.12.1988, Anlage, Archiv MfV/D484, zit. nach Oskar Anweiler u.a. (Hgg.): Bildungspolitik in Deutschland 1945–1990, Bonn: bpb 1992, S. 426 ff. | **S. 161, M3** Eingabe der Initiative Frieden und Menschenrechte an den XI. Parteitag der SED, 2. April 1986, zit. nach Eberhard Kuhrt (Hg.): Am Ende des realen Sozialismus, Bd. 3: Opposition in der DDR, Opladen: Leske + Budrich, 1999, S. 188 ff. | **M4** Stefan Berg: Die Geschichte der eigenen Angst. Ein Zeitzeugenbericht, in: Eberhard Kuhrt (Hg.): Am Ende des realen Sozialismus, Bd. 1: Die SED-Herrschaft und ihr Zusammenbruch, Opladen: Leske + Budrich, 1996, S. 39 | **S. 164, M5** zit. nach: www.nd-archiv.de/artikel/1971101.sich-selbstaus-unserer-gesellschaft-ausgegrenzt.html (02.08.2017) | **M6** Christian Führer zit. nach: Wolfgang Kenntemich u.a. (Hgg.): Das war die DDR. Eine Geschichte des anderen Deutschland. Begleitbuch zur gleichnamigen siebenteiligen Dokumentation des Mitteldeutschen Rundfunks, Berlin: Rowohlt 1993, S. 228 f. | **S. 165, M7** Hans-Dietrich Genscher: Glücksgefühle auf dem Prager Balkon, in: Elke Bitterhof (Hg.): Goodbye, DDR. Erinnerungen an den Mauerfall, Berlin: Aufbau Verlag 2014, S. 23 ff. | **S. 168, M4** Oldřich Tůma: 1989. Zusammenbruch zweier kommunistischer Regime. In: Detlef Brandes u.a. (Hg.): Wendepunkte in den Beziehungen zwischen Deutschen, Tschechen und Slowaken 1848–1989, Essen: Klartext 2007, S. 302 f., 305 | **M5** Václav Havel: New Year's Address to the Nation, Prag 1989/90, zit. u. übers. nach: old.hrad.cz/president/Havel/speeches/index_uk.html (08.07.2021) | **S. 169, M6** Václav Havel/Dieter Wildt/Rudolf Augstein: „Der Geist siegte über die Macht", in: Der SPIEGEL 40/1990, 30.09.1990| **S. 172, M2** zit. nach: Neues Deutschland, 29.11.1989 | **M3** Wolfgang Schäuble: Danach ist man immer schlauer. In: ZEIT-Punkte 5/1995: Vereint doch nicht eins, S. 32 ff., Zeitverlag Hamburg | **S. 173, M5** Andreas Rödder: Geschichte der deutschen Wiedervereinigung. München: C. H. Beck 32020 (Beck Wissen), S. 93, 112 | **S. 175, M2** Christoph Cornelißen: Europa im 20. Jahrhundert (Neue Fischer Weltgeschichte Bd. 7), Frankfurt/M.: S. Fischer 2020, S. 520 ff. | **M3** Willy Brandt/Paul Lersch/Klaus Wirtgen: „Erst das Land, dann die Partei", in: Der SPIEGEL 9/1992 | **M4** Reinhard Höppner zit. nach: Dirk Laabs: Der deutsche Goldrausch. Die wahre Geschichte der Treuhand, München: Pantheon 2012, S. 329 | **S. 179, M4** Tony Wood: Korruption in Russland – ein Fehler im System, in: Le Monde Diplomatique, 12.09.2019 (Übers.: Sigrid Ruschmeier) | **S. 180, M5** Jörg Baberowski: „Das sind einfach Diebe", in: ZEIT Geschichte Nr. 3/2015, S. 89 ff. | **S. 182, M1** Edgar Wolfrum/Cord Arendes: Globale Geschichte des 20. Jahrhunderts, Stuttgart: Kohlhammer 2007, S. 274 | **S. 183, M3** Hartmut Kaelble: Kalter Krieg und Wohlfahrtsstaat. Europa 1945–1989, München: C. H. Beck 2011, S. 270 ff. | **M4** Philipp Ther: 1989 – eine verhandelte Revolution, Version: 1.0, in: Docupedia-Zeitgeschichte, 11.02.2010, zit. nach: docupedia.de/zg/ther_1989_de_v1_2010 (17.09.2021), Leibniz-Zentrum für Zeithistorische Forschung Potsdam (ZZF), Potsdam, 11.02.2010 | **M5** Martin Sabrow: Zäsuren in der Zeitgeschichte, Version: 1.0, in: Docupedia-Zeitgeschichte, 03.06.2013, zit. nach: docupedia.de/zg/sabrow_zaesuren_v1_ de_2013 (17.09.2021), ebd., 03.06.2013 | **S. 184, M1** Joschka Fischer zit. nach: www.bundesregierung.de/breg-de/service/bulletin/rede-des-bundesministers-des-auswaertigen-joschka-fischer-808150 (25.10.2021), Presse- und Informationsamt der Bundesregierung, Berlin, 12.05.2000 | **S. 187, M4** Winston Churchill: Rede an der Universität Zürich, 19. September 1946, übers. zit. nach: Schweizer Radio und Fernsehen, Fernsehstr. 1–4, CH-8052 Zürich, online: www.srf.ch/kultur/gesellschaft-religion/grosse-reden-lasst-europa-entstehen-churchills-flammender-appell (11.02.2021) | **S. 188, M7** Eckart Stratenschulte im Interview mit Dieter Kassel („Politisch richtig, ökonomisch zu früh"), 02.01.2019, zit. nach www.deutschlandfunkkultur.de/20-jahre-euro-politisch-richtig-oekonomisch-zu-frueh-100.html (13.09.2021), Deutschlandradio, Köln, 02.02.2019 | **S. 189, M8** Janusz Tycner: Polen, Deutschland und die EU-Osterweiterung: Chancen, Hoffnungen und Ängste – mit polnischen Augen gesehen, Hannover: Niedersächsische Landeszentrale für Politische Bildung 2003, S. 10 f., 15 f. | **S. 192, M2** Thomas Kirchner: An einem Einheitseuropa könnte der Kontinent zerbrechen, zit. nach: www.sueddeutsche.de/politik/eu-europa-1.5136787 (17.09.2021), Süddeutsche Zeitung, München, 03.12.2020 | **S. 193, M4** Matthias Krupa: „Im Schatten der Väter", Die ZEIT, 51/2012.

(Postkoloniale Räume) S. 200, M2 a) Robert Artus: „Ce que nous dit le Maréchal Lyautey", in: Le journal de l'Exposition coloniale. Paris 06/1931, S. 1 (Übers.: Friedrich Huneke) | **M2 b)** André Breton/Paul Eluard/Louis Aragon u.a.: „Ne visitez pas L'Exposition Coloniale", zit. nach: www.andrebreton.fr/work/ 56600100711050 (18.10.2021; Übers.: Friedrich Huneke) | **S. 201, M4** Jürgen Osterhammel: Die Verwandlung der Welt. Eine Geschichte des 19. Jahrhunderts, München: C. H. Beck 2009, S. 615 f. | **M6** Ders.: Kolonialismus. Geschichte, Formen, Folgen, München: C. H. Beck 1995, S. 21 | **S. 204, M3** übers. zit. nach: Wolfgang J. Mommsen: Imperialismus – seine geistigen, politischen und wirtschaftlichen Grundlagen. Ein Quellen- und Arbeitsbuch, Hamburg: Hoffmann und Campe 1977, S. 262 ff. | **S. 205, M5 a)** Wolfgang Schneider: Das völkerrechtliche Mandat in historisch-dogmatischer Darstellung, Stuttgart: Ausland und Heimat 1926, S. 31 | **M5 b)** Raoul Jacobs: Mandat und Treuhand im Völkerrecht, Göttingen: Universitätsverlag 2004, S. 32 | **M6** Lloyd E. Ambrosius: Woodrow Wilson and American Internationalism, New York: Cambridge University Press 2017, S. 110 (Übers.: Friedrich Huneke) | **S. 208, M4** Aimé Césaire: Über den Kolonialismus. Berlin: Alexander Verlag 2017, S. 29 f. (Übers.: Heribert Becker) | **S. 209, M5** Frantz Fanon: Die Verdammten dieser Erde. Frankfurt/M.: Suhrkamp 1966, Sonderausgabe 2008, S. 211 f., 239–242 (Übers.: Traugott König) | S. 214, M5 Tran Van Don zit. nach: Marylin B. Young/John J. Fitzgerald/ A. Tom Grundfeld: The Vietnam War: A History in Documents, Oxford: Oxford University Press 2002, S. 21 ff. (Übers. a. d. Englischen: Daniel Schumacher) | **S. 215, M8** übers. zit. nach: Vereinigung Schweiz-Vietnam: www.vsv-asv.ch/doc/info/UnabhaengigkeitserklaerungHCM.pdf (02.08.2021) | **S. 216, M9** Truong Nhu Tang zit. nach: Marylin B. Young/ John J. Fitzgerald/ A. Tom Grundfeld: The Vietnam War, a.a.O., S. 101 ff. (Übers. a. d. Englischen: Daniel Schumacher) | **M10** Bao Ninh: Die Leiden des Krieges, Halle: Mitteldeutscher Verlag 2011, S. 8 ff. (Übers.: Günter Giesenfeld, Marianne Ngo, Nguyen Ngoc Tan) | **S. 216 f., M13** Nguyen Cao Ky zit. nach: Michael H. Hunt (Hg.): A Vietnam War Reader, Chapel Hill/ NC: The University of North Carolina Press 2010, S. 192 ff. (Übers. a. d. Englischen: Daniel Schumacher) | S. 219, M2 Vu Thi Kim Vinh zit. nach ebd., S. 195 ff. (Übers. a. d. Englischen: Daniel Schumacher) | **M3** William S. Turley zit. nach: William S. Turley/Mark Selden (Hgg.): Reinventing Vietnamese Socialism: Doi Moi in Comparative Perspective, New York: Taylor & Francis Ltd. 2019, S. 1 f., 6 f. (Übers. a. d. Englischen: Daniel Schumacher) | **S. 221, M3** Kien Nghi Ha (Hg.): Asiatische Deutsche Extended, erw. Neuaufl., Berlin: Assoziation A 2021, S. 173–183 | **M4** Anant Agarwala: Mai Thi Nguyen-Kim: Bei ihr macht's Klick, in ZEIT Campus 4/2019, 04.06.2019 | **S. 224, M3** Mahatma Gandhi zit. nach: Collected Works of Mahatma Gandhi 42, S. 2-8, online: www. gandhiheritageportal.org/cwmg_volume_thumbview/MTQ%3D#page/1/mode/2up (08.09.2021); Übers.: Friedrich Huneke), Gandhi Ashram/Gandhi Smarak Sangrahalaya, Gujarat | **M5** Hermann Kulke/Dietmar Rothermund: A History of India, Totowa/New Jersey: Barnes and Noble Books 1986, S. 287 | **S. 228, M4** (Zeitzeugenbericht) in: Silke Diettrich/Jürgen Webermann: Das Trauma ewiger Feindschaft. Deutschlandradio, Köln, 27.02.2019; online: www.deutschlandfunk.de/der-konflikt-zwischen-indien-und-pakistan-das-trauma-ewiger.724.e.html?dram:article_id=442270 (18.09.2021) | **M5** Jawaharlal Nehru: Summe meines Denkens. München: Kindler 1962, S. 195 f. (Übers.: Paul Baudisch) | **S. 229, M 6** Ashish Kothari übers. zit. nach: Frank Braßel: Gandhis Erben. Indien in der Krise, Bonn: Dietz 1994, S. 209 | **S. 232, M3** Hermann Giliomee: The Making of the Apartheid Plan 1929–1948, in: Journal of Southern African Studies, 6/2003, Vol. 29, No. 2, London: Routledge pp. 373–392, hier S. 381 f. (www.jstor.org/stable/3557368, 01.07.2021; Übers.: Friedrich Huneke) | **M4** Jürgen Schadeberg zit. nach: www.jurgenschadeberg.com/galleries/TheBlack_WhiteFiftiesinSouthAfrica/default.htm (12.08.2021; Übers.: Friedrich Huneke) | **M5** Apartheid Museum (Hg.): Understanding Apartheid. Learners Book, Chapter 4: Resistance to Apartheid, Johannesburg: Apartheid Museum 2006, S. 58 (Übers. Friedrich Huneke) | **S. 233, M6**

Harold Macmillan: Pointing the Way. Autobiografie Bd. 5, 1959–1961, London u. a.: Macmillan 1972, S. 473–482 (Übers.: Gerhard Henke-Bockschatz) | **S. 234, M8** Nelson Mandela: Bekenntnisse, München: Piper 2010, S. 354 f., 357 ff. (Übers.: Anne Emmert, Hans Freundl, Werner Roller) | **S. 234 f., M10** Christoph Marx: Südafrika. Geschichte und Gegenwart, Stuttgart: Kohlhammer 2012, S. 296–298 (gekürzt) | **S. 239, M5** übers. zit. nach: Rosemarie Wehling: Der Nahost-Konflikt in der politischen Bildung, in: Aus Politik und Zeitgeschichte (APuZ), Bonn: bpb 1978, Beilage 18, S. 29 | **M6** übers. zit. nach: Hermann Meier-Cronemeyer/Rolf Rendtorff/Ulrich Kusche: Israel, Hannover: Verlag für Literatur u. Zeitgeschehen 1970, S. 149 | **S. 240, M8** Jochen Stahnke/Qarawet Bani Zaid: „Das lange Warten auf den Frieden". In: Frankfurter Allgemeine Zeitung, 03.06.2017, S. 6 | **M9** übers. zit. nach: palaestina.org/uploads/media/beschluesse_des_19_pnr_1988.pdf (28.08.2021), Palästinensische Mission, Berlin | **S. 241, M10** Johannes Becke: Israel und seine Beziehungen zu den Nachbarstaaten. In: Informationen zur politischen Bildung Nr. 336, Bonn: bpb 2018, S. 24–31, hier: S. 31 | **M 11** Adham Hamed/Philipp Mühlegger: Von Konflikt und Vermittlung, zit. nach: www.unipress.at/politik/__trashed-4 (15.06.2021) | **S. 243, M3 a)** Yusuf Maitama Tuggar/Botschaft der Bundesrepublik Nigeria, Berlin, 16.08.2019 | **M3 b)** Klaus-Dieter Lehmann zit. nach: Andreas Kilb: „Das Schloss darf kein Kolonial-museum sein", in Frankfurter Allgemeine Zeitung (FAZ), 05.12.2020 | **M3 c)** Brigitta Hauser-Schäublin: Dieses Blut gehört dem König, in: FAZ, 16.3.2021, S. 14 | **M3 d)** Horst Bredekamp zit. nach: Andreas Kilb, Stefan Trinks: „War Humboldt Kolonialist? Ein Streitgespräch", FAZ, 03.01.2019 | **S. 246, M4** Zbigniew Brzezinski zit. nach: Le Nouvel Observateur, 15.–21. Januar 1998, S. 76 (Übers.: Friedrich Huneke) | M5 Osama bin Laden: Jihad against Jews and Crusaders, zit. nach: irp.fas.org/world/para/docs/980223-fatwa.htm (05.01.2022; Übers. Friedrich Huneke), Federation of American Scientists, Washington DC | **S. 246 f. (M6)** George W. Bush: „Krieg gegen den Terror", übers. zit. nach: usa.usembassy.de/etexts/docs/ga1-092001d.htm (10.01.2022), U.S. Embassy Berlin | **S. 247 (M7)** Chalmers Johnson: „Kein Rezept für den Frieden", in: Der SPIEGEL, Nr. 42, 15.10.2001, S. 206 | **S. 249, M2** Matthias Gebauer: Faktencheck in „Fahrenheit 9/11". Moores vereinfachte Welt. In: Spiegel online, 29.07.2004, zit. nach: www.spiegel.de/kultur/kino/faktencheck-in-fahrenheit-9-11-moores-vereinfachte-welt-a-310795.html (10.01.2022)| **S. 252, M 3** Peter R. Neumann: Der Terror ist unter uns. Dschihadismus und Radikalisierung in Europa, Berlin: Ullstein 2016, S. 110 ff. | **S. 252, M4** Herfried Münkler: Die Falle ist gestellt, in: Die Zeit Nr. 31, 21.07.2016 | **S. 253, M5** Peter R. Neumann: ebd., S. 100 f., 157.

Bildquellen

|**akg-images GmbH, Berlin:** 27 M2, 61 M2, 64, 70, 94, 108; Alain Gesgon/CIRIP/akg-images 27 M3 Mi.; Album/M. Flynn/Prisma 174 (RS); Album/Prisma 148 M1 li.; AP 39 M4 u., 100, 106 M1 li., 130, 170 M1 RS, 195; Becker, Elizaveta 140; Bidermanas, Manuel 97 (3); British Library 237; Ehrt 81 u.; fine-art-images 128 M5 (2); Henschel 102 M6; Heritage Images/Fine Art Image 17, 56; INTERFOTO/TV-Yesterday 58; Interfoto/TV-Yesterday 60; INTERFOTO/TV-Yesterday 68 M4; Interfoto/TV-Yesterday 94; INTERFOTO/TV-Yesterday 125 M3 li., 125 M3 re.; Keystone 52, 57; L. Bielik 97 (4); Lessing, Erich 107; NASA 15 u. re.; Philips 61 M3; picture-alliance/ZB/Reinhard Kaufhold 141 M3, 151 M2 u. li.; Pictures From History 212, 215 M6; Sammlung Berliner Verlag 58 u.; Sammlung Berliner Verlag/Archiv 66 M1 u.; Science Source 43; SNA 141 M2; Universal Images Group/Sovfoto/UIG 129 M5 (3), 167 RS o., 169, 195; World History Archive 224. |**Alamy Stock Photo, Abingdon/Oxfordshire:** 20 M2, 56, 101 M2; ALLTRAVEL 4, 165; Azoor Photo 12; Coat, Christophe 214 M3; Cum Okolo 166; Delimont, Danita 90 M1 li.; Douglas Peebles Photography 219; FORUM Polska Agencja Fotografow 145; imageBROKER/Martin Storz 98 M1 u.; Nevena, Zdravic 109; PA Images 148 M1 re. u.; Pacific Press Media Production Corp. 221; Panther Media GmbH 98 M1 o.; Photononstop 90 M1 re.; public domain sourced/access rights from Historic Collection 242 M1; public domain sourced/access rights from Archive PL 6 M1; Scott, Michael 132; Shawshots 32; SPUTNIK 177 M3; Trinity Mirror/Mirrorpix 6 M2; Zoonar GmbH 11 M2. |**Alamy Stock Photo (RMB), Abingdon/Oxfordshire:** John, Robert 102 M5; nsf 136; Probst, Peter 144 RS. |**Archiv der sozialen Demokratie der Friedrich-Ebert-Stiftung:** SPD/AdsD, Bonn: 131. |**Baaske Cartoons, Müllheim:** Behrendt, Fritz 113, 126, 131; Henniger, Barbara 143, 194; Mester, Gerhard 190, 195. |**Batellier, Jean-Francois:** 162. |**bpk-Bildagentur, Berlin:** 26, 106 M1 re.; Abisag Tüllmann 116, 123 M4; D. Katz 50; Deutsches Historisches Museum/Arne Psille 68 M3; Deutsches Historisches Museum/Sebastian Ahlers 202, 254; Hubmann, Hanns 54; Interflug-Luftbildarchiv 66 M1 o.; RMN-GP 198, 254; Schmitt, Harald 71. |**Bridgeman Images, Berlin:** 144 M1; ‚The New Imperialism.' American cartoon on the growing empire of Joseph Stalin's Soviet Union. Cartoon by D.R. Fitzpatrick, 1951. 30; Bibliothèque Nationale, Paris/Achives Charmet 207; Everett Collection 16; Pictures from History 214 M4, 215 M7; SZ Photo 80; © Archives Charmet 200. |**Butalia, Urvashi, New Delhi:** 222. |**Courtesy of Pest Control Office – Banksy, London:** Courtesy of Pest Control Office, Banksy, Palestine, 2005 96. |**Das Bundesarchiv, Koblenz:** 170 M1 o. |**DER SPIEGEL, Hamburg:** Spiegel Titel 09/1987 134, 194; Spiegel Titel 36/1991 177 M2. |**Domke, Franz-Josef, Hannover:** 46. |**Emeka Ogboh, Berlin:** 242 M2. |**Focus Photo- u. Presseagentur GmbH, Hamburg:** Magnum Photos/Susan Meiselas 244, 255. |**FrauenMediaTurm – Das Archiv und Dokumentationszentrum, Köln:** VAR.03.021 Mit freundlicher Unterstützung des FrauenMediaTurm, Köln" 123 M3 li., 123 M3 re. |**Getty Images, München:** AFP/François Guillot 249; Bettmann 5, 82, 228, 232; ERIC FEFERBERG 208; FETHI BELAID 241; Hindustan Times 229 M7 o.; Hulton Archive 216 M11; Keystone-France 223; LABBE, Jean-Claude 213; Langevin, Jacques 167 RS u.; NARINDER NANU 197 M7 u., 229; Pool 248 M1 o.; Sovfoto 216 M10; The Washington Post 234, 255; The White House 247; © 2021 Bloomberg Finance LP 88 M1 re., 95. |**Güttler, Peter – Freier Redaktions-Dienst (GEO), Berlin:** 11. |**Haitzinger, Horst, München:** 176, 195. |**Haus der Geschichte der Bundesrepublik Deutschland, Bonn:** Rechteinhaber: Offsetdruck: Gerth & Oppenrieder, Gera 27 M3 re., 56; Sputnik Novosti 155; Wolfgang Hicks 111 M9 a); 55. |**Hirsch, R., Berlin:** Grenzfall – Vollständiger Nachdruck 1989 160 M1. |**Hoffmann, Hubert, Sölden:** 121. |**Huneke, Friedrich, Hannover:** 201, 209, 254. |**Imago, Berlin:** Klaus Rose 76, 95. |Interfoto, München: HERMANN HISTORICA GmbH 20 M1; Pulfer 112; Sammlung Rauch 63, 94; TV-Yesterday 72. |**iStockphoto.com, Calgary:** FPG 41 M2; JANIFEST 248 M1 re.; Turnley, Peter 182. |**NDR Media GmbH, Hamburg:** Norddeutscher Rundfunk 2014 251. |**Neues Deutschland Druckerei und Verlag GmbH, Berlin:** 111 M9 b). |**Neumayer, Erwin, Wien:** 225 M6, 225 M7, 227, 255 M6. |**Ostkreuz Bildagentur, Berlin: Harald Hauswald** 151 M2 o., 151 M2 u. re., 160 M2. |**Picture-Alliance GmbH, Frankfurt/M.:** akg-images 41 M3; dpa 174 M1, 193, 195; dpa/Bertram, Hans 129 M5(4); dpa/Kruse 104 M10; dpa/Lehtikuva Oy c900852 15 u. li.; dpa/Scholz 159 M6; dpa/Zinken, Paul 151 M3; FERNANDO LEZCANO 47 M4; Geisler-Fotopress 86; Holschneider, Roland 124; imageBROKER/Michalke, Norbert 163, 194; Keystone 74; Kumm, Wolfgang 164 M4; Marcel Mettelsiefen 122; Munoa, Manuel 49; Nietfeld, Kay 188; photothek 87; Schoening 217, 255; Steiner, Egon 118; Stepanov, Tass 179; United Archives/DEA 47 M5; Warzawa, Adam 148 M1 re. o.; ZB 39 M4 o., 57; Zimmer, Georg 220. |**Robert-Havemann-Gesellschaft e.V., Berlin:** Fischer, Werner 158 M2. |**Roger Schmidt/cartoons.pub, Brunsbüttel:** 85, 95. |**Schoenfeld, Karl-Heinz, Potsdam:** 105. |**Schumacher, Daniel, Konstanz:** 218; Foto: Mahnmal Hector Pieterson, Pretoria 235. |**stock.adobe.com, Dublin:** vetkit 78. |**Süddeutsche Zeitung – Photo, München:** 39 M4 Mi., 46 M2, 57; AP 97 (1), 159 M7; Hesterberg, Thomas 103 M7; UPI 45. |**ullstein bild, Berlin:** 111 RS; AP 101 M3; Archiv Gerstenberg 27 M3 li.; BPA 51; CTK 164 M3; dpa 97 (2), 102 M4, 128 M5 (1), 130, 150, 194; H. Christoph 88 M1 li.; Heritage Images 44; imageBROKER 10; Konzept und Bild 180; Lange 158 M1; Lohse 157; Mehner 103 M8; Probst 120; RDB 59 u.; Schirner Titel; Schuhmacher, Henn 104 M12; Trappe 246. |**wgr-kartographie, Braunschweig:** 230 l., 234. |**wgr-tegra, Braunschweig:** 14, 21, 38, 43, 53, 77, 81, 84, 117, 137, 192, 203, 236, 250, 255. |**Wiedenroth, Götz/www.wiedenroth-karikatur.de, Flensburg:** 186. |**Wilhelm-Busch-Gesellschaft e.V., Hannover:** H.E. Köhler 53 M6. |**© DEFA-Stiftung, Berlin:** Günter Marczinkowsky 75. |**© Plantu, Paris:** dessin paru dans Le Monde du 16 novembre 1989 185.

Musterlösungen zum Klausurentraining

Eine Rede analysieren (AFB II), S. 24 f.

Trumans Rede aus dem Frühjahr 1947 gilt bis heute als eines der zentralen Dokumente des Kalten Krieges. Der amerikanische Präsident erläuterte vor dem Kongress der Vereinigten Staaten von Amerika und damit vor der Gesamtheit der amerikanischen Abgeordneten am 12. März 1947 die neuen Richtlinien der amerikanischen Außenpolitik. Diese Rede soll im Folgenden analysiert werden. Dabei werde ich zunächst Inhalt und Sprache des Textes untersuchen und dann die Rede in ihren historischen Kontext stellen. Abschließend werde ich meine Ergebnisse zusammenfassen und in ihrer Bedeutung einordnen.

Der amerikanische Präsident eröffnet seine Rede mit einer Darstellung der gegenwärtigen Situation: Als zentrales Kennzeichen dieser Situation beschreibt er die Bedrohung der Freiheit vieler Völker. Dem stellt er das Ziel der USA entgegen, für sich, aber auch für andere Nationen ein Lebensmodell zu ermöglichen, das von Freiheit geprägt ist. Die Idee der Freiheit ist der Schlüsselbegriff und ihre Verteidigung der Grundgedanke der gesamten Rede. Truman betont, dass die Amerikaner für diese Freiheit viel geleistet haben – z. B. bei der Bekämpfung der Hitlerdiktatur im Zweiten Weltkrieg. Von der Vergangenheit kommt er zur Gegenwart: Auch in jüngster Zeit sei Protest gegen Zwang und Einschüchterung durch totalitäre Regierungsformen notwendig gewesen. Es ist offensichtlich, dass die Sowjetunion für ihn das Regime darstellt, was nun als Gegner der Freiheit auftritt. Obwohl er den Sowjetstaat als Gegner und Aggressor nicht namentlich nennt, ist er doch durch die angeführten Beispiele „Polen, Rumänien und Bulgarien“ (Z. 12) leicht als gemeinte „alternative Lebensform“ (Z. 14 f.) erkennbar. In der Darstellung Trumans gibt es keine Zwischentöne: Jede Nation muss sich entscheiden, zu welcher Lebensform sie gehören will. Diese Feststellung kann als Kernaussage der gesamten Rede identifiziert werden. Durch die Verwendung des Modalverbes „müssen“ schreibt er dieser Entscheidung zudem eine zwangsläufige Notwendigkeit zu.

Anschließend charakterisiert er die beiden alternativen Lebensformen. Dabei zählt er ihre Merkmale scheinbar nüchtern auf: für die erste Lebensform wählt er Attribute wie „Willen der Mehrheit“, „freie Institutionen“, „freie Wahlen“ oder „Garantien für die persönliche Freiheit“ (Z. 21 ff.). Auch bei dieser Aufzählung wird der zentrale Stellenwert der Freiheit und damit die liberal-demokratische Verortung dieser Lebensform deutlich. Die zweite Lebensform kennzeichnet er durch Zuschreibungen wie „Willen der Minderheit“, „Terror und Unterdrückung“, „manipulierte Wahlen“ und „Entzug persönlicher Freiheiten“ (Z. 26 ff.). Sämtliche Attribute sind negativ besetzt. Die bis ins Detail ausgestaltete Gegenüberstellung parallel gesetzter Begriffe (z.B. „Willen der Mehrheit“ – Willen der Minderheit“) zeigt, wie Truman den Gegensatz zwischen den beiden Systemen inhaltlich und sprachlich miteinander verknüpft. Er betont die Unvereinbarkeit beider Pole.

Auf diesem Weg kommt er zu einer einzig möglichen Folgerung: Die USA, so sagt er, müssten den „freien Völkern“ in deren Kampf gegen die von einer Minderheit angestrebte Unterwerfung beistehen. Er unterstreicht sein Fazit dadurch, dass er an dieser Stelle mehrfach von sich spricht („Ich glaube“, „verstehe ich“, Z. 31, 35, 38). Seine persönliche Handlungsempfehlung an den Kongress erscheint aber gleichzeitig unabdingbar: Indem Truman ein weiteres Mal das Modalverb „müssen“ verwendet, betont er, dass es die Politik der Vereinigten Staaten sein müsse, den „freien Völkern“ beizustehen (Z. 42 f.). Im folgenden Teil seiner Rede konkretisiert er die Unterstützung der USA als Hilfe zur Selbsthilfe durch wirtschaftliche und finanzielle Unterstützung.

Zum Schluss erzeugt Truman Handlungsdruck, indem er die Notwendigkeit eines schnellen Handelns betont. Dabei weist er darauf hin, dass das Zögern der USA nicht nur den „Frieden der Welt“, sondern auch die „Wohlfahrt des eigenen Landes“ gefährden würde (Z. 45 f.).

Wie lässt sich nun diese zentrale Rede vor dem zeithistorischen Hintergrund erklären? 1947 waren die Brüche in der Anti-Hitler-Koalition immer deutlicher geworden. Zwar hatten Großbritannien, die USA und die UdSSR noch im Sommer 1945 auf der Potsdamer Konferenz Regelungen zur künftigen Deutschlandpolitik getroffen, doch konnten selbst gemeinsame Gremien – wie etwa der Alliierte Kontrollrat – die zunehmende Entfremdung zwischen den Westmächten und der UdSSR nicht aufhalten. Vor allem in Europa und Ostasien wurde die Zusammenarbeit zwischen den USA und der UdSSR immer schwieriger und die ideologischen Unterschiede und machtpolitischen Auseinandersetzungen deutlicher. Die USA beobachteten z. B. manipulierte Wahlen, die in allen Staaten Europas unter sowjetischem Einfluss zum Sieg kommunistischer Parteien führten, mit großem Argwohn und lebhaftem Protest. In den USA, wo sich nach dem Krieg zunächst isolationistische Stimmen durchgesetzt hatten, kam es deshalb zu einer Neuorientierung: Die Truman-Regierung setzte nun auf ein längerfristiges Engagement in Europa und der Welt. Diese neue Politik fand im März und Juni 1947 ihren Ausdruck in zwei deutlichen Statements: politisch-ideologisch in der analysierten Rede, der sogenannten Truman-Doktrin, wirtschaftspolitisch im Marshallplan. Aber auch die sowjetische Reaktion erfolgte schnell und zeigt die Perspektive der Gegenseite:

Im September gründete sich das „Kommunistische Informationsbüro“. In diesem Zusammenhang hielt Andrej A. Schdanow, Sekretär des ZK der KPdSU, eine Rede, die das Gegenstück zu Trumans Ansprache bildet. Ihre Grundgedanken werden als „Zwei-Lager-Theorie“ bezeichnet. Mit diesen beiden „Quasi-Kriegserklärungen“ hatte sich die Verständigung während des Zweiten Weltkrieges zu einer verbal offen geführten Auseinandersetzung entwickelt: dem Kalten Krieg.
In ihrer Bedeutung kann die Rede also kaum überschätzt werden. Nach innen erzeugte sie Handlungsdruck zur Änderung der amerikanischen Politik und führte in den kommenden Jahrzehnten zu einem amerikanischen Engagement auf der ganzen Welt. Nach außen stellte sie im Zusammenspiel mit ihrem sowjetischen Pendant einen Wendepunkt im Verhältnis der Supermächte dar.

Einen Sachverhalt erörtern (AFB III), S. 78f.

Der Soziologe Helmut Schelsky bezeichnete die Gesellschaft der BRD in den 1950er-Jahren als „nivellierte Mittelstandsgesellschaft“, weil die sozialen Unterschiede zwischen Arbeiterschaft und Bürgertum durch das „Wirtschaftswunder“ schwinden würden. In der DDR war die soziale Gleichheit sogar grundlegend für die Legitimation des „Arbeiter- und Bauernstaates“. Doch stimmte das überhaupt? Im Folgenden will ich erörtern, ob die wirtschaftliche Entwicklung der Nachkriegszeit in BRD und DDR zu mehr sozialer Gleichheit geführt hat. Unter sozialer Gleichheit verstehe ich die Gleichheit von Einkommen, Vermögen, Besitz und Lebensbedingungen. Weil die Systeme sehr unterschiedlich waren, werde ich die Argumentation für BRD und DDR getrennt aufbauen.

Zunächst zur BRD: Für eine Entwicklung zu mehr sozialer Gleichheit spricht, dass durch den Wirtschaftsboom seit der Mitte der 1950er-Jahre Wohlstand einsetzte, durch den sich die Lebensumstände verschiedener sozialer Gruppen tatsächlich annäherten. Nach und nach konnten sich die meisten Haushalte einen Fernseher, ein Auto und andere Güter leisten. Die Armut der unteren Arbeiterschaft, früher und direkt nach dem Krieg ein Massenphänomen, verschwand allmählich. Das erklärt die Wahrnehmung der Zeitgenossen wie im erwähnten Zitat von Schelsky. Zudem trug die staatliche Sozialpolitik dazu bei, auch ärmere Schichten am Wirtschaftsaufschwung zu beteiligen. Hier sind etwa das Lastenausgleichgesetz von 1952 und die Rentenreform 1957 zu nennen. Mit dem Lastenausgleich wurden die Menschen entschädigt, die durch den Krieg erhebliche Verluste erlitten hatten, z. B. den Verlust von Wohnraum. Insbesondere die Vertriebenen aus den Ostgebieten erhielten dadurch Unterstützungsleistungen. Mit der Rentenreform wurde die Rente an das Wirtschafswachstum gekoppelt, sodass auch alte Menschen vom Boom profitieren konnten.
Auf der anderen Seite jedoch blieben soziale Ungleichheiten erhalten. Da Eigentum durch das Grundgesetz gesichert ist, behielten z. B. Unternehmer ihren Besitz und profitieren deutlich mehr vom Wirtschaftsboom. So blieb die Ungleichheit an Vermögen und Besitz bestehen, wenn auch auf höherem Niveau. Dazu muss man sagen, dass die soziale Marktwirtschaft die soziale Gleichheit im Sinne materieller Gleichheit auch gar nicht anstrebt. Festzuhalten ist zudem, dass in der Bundesrepublik der 1950er- und 1960er-Jahre die Lebensumstände von Männern und Frauen sehr unterschiedlich waren, da Frauen im konservativen Gesellschaftsbild der 1950er-Jahre weitgehend wieder auf den Haushalt beschränkt blieben, während die Männer Erwerbsarbeit leisteten.

Anders in der DDR: Schon in der Verfassung war das Recht auf gleichen Lohn für gleiche Arbeit festgeschrieben. Tatsächlich war die soziale Gleichheit im Großen und Ganzen gegeben. Auf der einen Seite gab es eine Grenze nach oben, der Erwerb von Reichtum war kaum möglich und auch nicht gewollt. Dies war eine Folge der Verstaatlichung an Produktionsmitteln (VEB), der Kollektivierung von Land (LPGs), der staatlichen Wirtschaftslenkung und der staatlich festgesetzten Löhne, die zwischen den Gruppen der Arbeiterinnen/Arbeiter und Akademikerinnen/Akademiker nur geringe Unterschiede aufwiesen. Der unternehmerische Spielraum war gering. Auf der anderen Seite sorgten das Wirtschaftswachstum (wenn auch deutlich geringer als im Westen) und vor allem der Staat für eine Grenze nach unten. Durch die Subventionierung von Mieten, durch festgelegte günstige Preise konnten sich fast alle Menschen ein ordentliches Auskommen leisten. Da der Staat auch auf die Erwerbsarbeit von Frauen angewiesen war, schuf er Rahmenbedingungen, z. B. die Einrichtung von Kinderkrippen, unter denen Frauen in hohem Maße am Arbeitsleben teilnehmen konnten. Daher waren sich die Lebensumstände von Männern und Frauen in der DDR ähnlicher als in der BRD.
Gegen die These, dass in der DDR soziale Gleichheit erreicht worden ist, spricht, dass eine kleine Elite der SED Privilegien beim Zugang zu materiellem Wohlstand hatte, etwa mit Eigenheimen oder bei Westwaren. Es sollte auch nicht übersehen werden, dass Frauen neben ihrer Berufstätigkeit doch zusätzlich weitgehend für den Haushalt zuständig waren.

Als Fazit lässt sich sagen, dass es in der DDR zu mehr sozialer Gleichheit kam als in der BRD. In der BRD sorgten Wirtschaftsboom und staatliche Sozialpolitik zwar seit Mitte der 1950er-Jahre für wirtschaftlichen Wohlstand. Es ging fast allen Menschen materiell besser als früher. Dabei glichen sich die Lebensumstände tatsächlich an. Aber da die Eigentumsverhältnisse (z. B. von Unternehmen) nicht angetastet wurden, blieben auch die Unterschiede im Besitz und im Vermögen erhalten. In der DDR herrschte dagegen durch die staatliche Wirtschafts- und Sozialpolitik, von der SED-Elite abgesehen, tatsächlich eine deutlich größere soziale Gleichheit, aber auf deutlich niedrigerem Niveau als in der BRD und mit viel geringeren Freiheiten. Vielen DDR-Bürgerinnen und -Bürgern erschien die Chance auf individuellen Wohlstand im Westen reizvoller als die größere soziale Gleichheit. Dies war einer der Gründe für die hohe Zahl an Flüchtlingen in den Westen.

Einen Sachverhalt erläutern (AFB II), S. 114f.

Zwischen 1949 und 1968 gab es in West und Ost einige Proteste von Bürgerinnen und Bürgern gegen die Politik. Ich werde im Folgenden die Proteste gegen die Wiederbewaffnung der BRD bis 1955 und den Volksaufstand in der DDR vom 17. Juni 1953 sowie die jeweilige Reaktion des Staates darauf erläutern. Dabei werde ich auf folgende Fragen eingehen: Wer übte Protest? Warum und mit welchen Forderungen wurde Protest geübt? Welche Mittel des Protests wurden angewandt? In welchem historischen Kontext standen die Proteste? Hatte der Protest Erfolg, und welche Folgen hatte er? Wie reagierte die Staatsmacht?

Nach dem Potsdamer Abkommen war Deutschland entmilitarisiert. Aber angesichts des aufkommenden Kalten Krieges und vor allem nach Beginn des Koreakrieges (1950–53) wollten die USA die BRD an der Verteidigung gegen den kommunistischen Osten beteiligen. Bundeskanzler Adenauer sah in einem Militärbeitrag die Möglichkeit, mehr Souveränitätsrechte für die BRD zu erhalten. So setzten ab etwa 1950 die Planungen für eine westdeutsche Armee ein. Dagegen erhob sich Protest, die sogenannte „Ohne mich"-Bewegung. Teile der SPD und der Gewerkschaften, die Kommunisten, evangelische Christen und einige Intellektuelle wandten sich gegen die „Wiederbewaffnung". Es gab Demonstrationen und Protestveranstaltungen. Innenminister Heinemann trat aus Protest gegen die Remilitarisierung aus der CDU und der Bundesregierung aus, und der evangelische Theologen Martin Niemöller startete eine Volksbefragung gegen die Wiederbewaffnung, die 6 Mio. Unterschriften zusammenbrachte. 1955 verabschiedete eine Veranstaltung das „Deutsche Manifest".

Die Protestierenden hatten verschiedene Motive. Zum einen lag der Krieg erst wenige Jahre zurück, die Schrecken waren sehr präsent. Die Angst vor einem neuen, diesmal atomaren Krieg kam dazu. Zum anderen wurde befürchtet, dass eine westdeutsche Armee die Wiedervereinigung für lange Zeit unmöglich machen würde. Zudem war unvorstellbar, dass (West-)Deutsche auf (Ost-)Deutsche schießen könnten.

Der westdeutsche Staat ließ diese Diskussion zu, verbot jedoch die Volksbefragung, weil man eine kommunistische Unterwanderung vermutete. Insgesamt änderten die Proteste nichts an der Politik: 1955 trat die BRD der NATO bei. Im selben Jahr wurde die Bundeswehr gegründet. Dennoch wirkte die Protestbewegung nach. Die Friedensbewegung blieb weiterhin aktiv, wie sie sich in der folgenden „Kampf dem Atomtod"-Bewegung gegen die Atombewaffnung der Bundeswehr zeigte.

In der DDR erhob sich etwa zeitgleich aus anderen Gründen Protest. Im Zuge des „planmäßigen Aufbaus des Sozialismus" wurden Betriebe verstaatlicht, die Landwirtschaft kollektiviert in LPGs und mit der Gründung der Stasi ein staatlicher Überwachungsapparat aufgebaut. Zudem wurde der wirtschaftliche Abstand zum Westen immer größer. Die DDR-Führung erhöhte 1953 die Arbeitsnorm um 10 %, um diesen Rückstand aufzuholen. Das alles löste große Unzufriedenheit in der DDR aus, die Zahl derjenigen, die in die BRD flüchteten, stieg enorm an. Als nach Stalins Tod im März 1953 die neue Führung der Sowjetunion einen liberaleren Kurs einforderte, nahm die SED manche Maßnahmen zurück, die Erhöhung der Arbeitsnorm jedoch nicht. Im Juni 1953 demonstrierten zunächst Arbeiter in Berlin für die Rücknahme der Erhöhung der Arbeitsnorm. Am 17. Juni 1953 weitete sich dieser Protest aus: Menschen aus allen Berufsgruppen demonstrierten oder streikten in der gesamten DDR, nun aber für freie Wahlen, für den Rücktritt der SED-Regierung, für die Wiedervereinigung. Es kam auch zu Stürmungen von Gefängnissen und SED-Büros. Das Ende der DDR drohte, weshalb der Aufstand von sowjetischen Truppen gewaltsam niedergeschlagen wurde. Es gab etwa 50 Tote, darunter auch Hinrichtungen. In der Folgezeit kam es zu Tausenden Verhaftungen. Auch dieser Protest scheiterte also. In der Folge setzte die SED-Führung die Umwandlung Ostdeutschlands in ein sozialistisches System fort. Aber sie reagierte insofern, als sie durch Subventionen für günstige Preise versuchte, die Bevölkerung „stillzuhalten". Dennoch hielt die Flucht in den Westen an.

Als Fazit lässt sich sagen, dass es in den frühen 1950er-Jahren in beiden deutschen Staaten Proteste gab: Im Westen geplante Protestveranstaltungen, im Osten spontane Demonstrationen. In der BRD zielten die Proteste auf eine bestimmte Entscheidung, die Wiederbewaffnung, ohne den Staat als solchen infrage zu stellen. In der DDR richteten sich die Proteste zunächst auch gegen eine bestimmte Maßnahme und weiteten sich dann zu Forderungen nach einem grundsätzlich anderen System aus, weshalb Historiker auch von einer versuchten Revolution sprechen. Beide Proteste scheiterten: in der BRD auf politischem Weg, in der DDR wurde Waffengewalt eingesetzt, um die Proteste zu stoppen.

Operatorenglossar

Die Aufgaben im Unterricht und vor allem in den Abiturprüfungen steigern sich in ihrer Schwierigkeit. Man unterscheidet drei Stufen bzw. Anforderungsbereiche (AFBs):

AFB 1: Reproduktion Dieser Anforderungsbereich umfasst das Wiedergeben und Beschreiben von bekannten Sachverhalten oder von Aussagen eines Materials.

AFB 2: Reorganisation und Transfer Dieser Anforderungsbereich umfasst das selbstständige Erklären und Bearbeiten von bekannten Sachverhalten und das Übertragen gelernter Methoden auf unbekannte Materialien.

AFB 3: Reflexion und Problemlösung Dieser Bereich umfasst das Reflektieren der aus AFB 1 und 2 neu gewonnenen Ergebnisse und daraus resultierender neuer Problemstellungen, um zu eigenen, begründeten Urteilen zu gelangen.

beschreiben, bezeichnen, nennen (AFB I)
beschreiben: Sachverhalte schlüssig wiedergeben
bezeichnen: Sachverhalte (insbesondere bei nichtlinearen Texten wie zum Beispiel Tabellen, Schaubildern, Diagrammen oder Karten) begrifflich präzise formulieren
nennen: Sachverhalte in knapper Form anführen

Was bedeutet das?	Was ist zu tun?	Formulierungshilfen/-beispiele
Die Operatoren bezeichnen den ersten Arbeitsschritt, der die Grundlage für weitergehende Erklärungen und Analysen schafft. Hier geht es darum, einen Sachverhalt oder den Inhalt eines Materials sachlich, knapp und in eigenen Worten wiederzugeben. Dabei sollte man auf bloßes Nacherzählen verzichten. Es gilt, den Sinnzusammenhang darzustellen, ohne sich in Einzelheiten zu verlieren. „Beschreiben" bezieht sich häufig auf Situationen, oft aber auch auf Bildmaterialien, wie Gemälde, Fotos, Karikaturen oder Plakate. „Bezeichnen" nimmt meist Tabellen, Schaubilder oder Karten in den Blick. Mit Fachbegriffen sollen Kernaussagen des Materials auf den Punkt gebracht werden. „Nennen" verlangt eine knappe Zusammenfassung oder Aufzählung von Sachverhalten.	Wenn Sie einen Sachverhalt beschreiben sollen, stellen Sie Ihre Kenntnisse darüber zunächst stichwortartig zusammen. Wenn Sie ein Material beschreiben sollen, verschaffen Sie sich zuerst einen Eindruck: Was ist das Thema? Was springt sofort ins Auge? Was könnte Absicht des Autors/Zeichners sein? Markieren Sie in Texten Begriffe oder notieren Sie eigene, um Inhalte zu sammeln, die in der Beschreibung erscheinen sollen. Teilen Sie dann die Textvorlage in Sinnabschnitte ein, die Sie für eine Zusammenfassung thesenhaft formulieren. Bei Bildquellen identifizieren Sie zunächst wesentliche Bildelemente und machen sich Notizen zur Darstellung, z. B. zu Farbgebung, Position etc. Bei Statistiken, Diagrammen und Ähnlichem gilt es, die Darstellungsform mit Fachbegriffen zu erschließen, z. B. Säulen- oder Kreisdiagramm, absolute oder relative Zahlen. Strukturieren Sie Ihre Textlösung vor: Achten Sie darauf, Ereignisse, Gedanken oder Sachverhalte in ihrem ursächlichen Zusammenhang darzustellen: Grund – Folge. Dafür müssen Sie Gedankengänge ggf. neu anordnen (z. B. vom Ergebnis her). Beginnen Sie beim Schreiben mit einer Einleitung, in der Sie angeben, ob Sie es mit einer Quelle oder einer Darstellung zu tun haben. Machen Sie Angaben zum Autor (wer?), zu den Adressaten (an wen?), zum Thema (was?), zur Textform und zum Stil (wie?), zum Entstehungszeitpunkt und -ort (wann? wo?) sowie zur Intention des Autors (mit welcher Absicht?). Verwenden Sie als Tempus das Präsens. Wenn Sie die Auffassung der Autorin oder des Autors einer Quelle wiedergeben, verwenden Sie den Konjunktiv der indirekten Rede.	• *Beim ersten Blick fällt auf …* • *Im Zentrum, Vordergrund, Hintergrund sind … erkennbar …* • *In der vorliegenden Quelle, verfasst von … aus dem Jahr …, geht es um …* • *Bei dem vorliegenden Material handelt es sich um eine Karikatur/Fotografie/Statistik von …* • *In seinem Artikel/Brief/Aufsatz/Aufruf aus dem Jahr … kritisiert/thematisiert/erklärt der Autor …* • *Der Autor äußert sich hier appellativ/aggressiv/mitreißend/verhalten optimistisch …* • *Die Autorin richtet sich an … mit der Absicht/dem Ziel …* • *Das Bild trägt den Titel …* • *Die Karikatur/das Gemälde/der Text ist im Jahr … entstanden.* • *Da die Quelle ein Tagebucheintrag/ein Brief/ein Kommentar ist, handelt es sich um eine subjektive Äußerung …*

analysieren (AFB II)

Materialien oder Sachverhalte systematisch untersuchen und auswerten

Was bedeutet das?	Was ist zu tun?	Formulierungshilfen/-beispiele
Das Analysieren verlangt zusätzlich zum Beschreiben eine vertiefte Auseinandersetzung mit dem Material sowie seine Einordnung in den historischen Kontext. Falls keine Kriterien für die Aufgabe vorgegeben sind, wählen Sie bestimmte Aspekte aus, die Sie genauer untersuchen und auswerten möchten.	Stellen Sie das zu analysierende Material einleitend vor. Gehen Sie dabei – soweit bekannt – auf Autor, Adressaten, Thema, Textform, Entstehungszeit und -ort ein (→ beschreiben, bezeichnen, nennen). Benennen Sie die Aspekte, die Sie im Folgenden untersuchen werden. Markieren Sie im Material entsprechend der genannten Aspekte (Analysekriterien) Schlüsselbegriffe, entscheidende Textpassagen, Bildelemente oder auffällige Werte in Statistiken etc. Falls ein Text vorliegt: Gliedern Sie ihn nach Sinnzusammenhängen und geben Sie diesen jeweils eine Überschrift. Arbeiten Sie bei Statistiken auffällige Werte/Daten heraus und vergleichen Sie sie mit anderen. Bei Texten und Bildern müssen Sie Stilmittel erkennen (bei Texten z. B. Alliterationen, Steigerungen etc., bei Bildern z. B. Größenverhältnisse etc.) und ihre Wirkungen benennen. Erklären Sie das Material vor dem Hintergrund der historischen Situation, auf die es sich bezieht bzw. in der es entstand. Formulieren Sie strukturiert Ihre Aufgabenlösung. Belegen Sie Ihre Aussagen dabei am Material (z. B. durch Zeilenangaben, Nennung von Bildelementen oder statistischen Werten). Fassen Sie Ihre Erkenntnisse in einem Fazit zusammen.	Zur Beschreibung des Materials und der Analysekriterien • *Der Autor stellt die These auf, dass ...* • *In der Karikatur wird das Thema ... auf den Punkt gebracht.* • *Die Materialien stammen aus der Zeit des ... Sie stehen im Zusammenhang mit ...* Zu Inhalt und Stil • *In den Zeilen ... wird deutlich, dass ...* • *Die zentralen Bildelemente wie ... und ... verweisen auf ...* • *Als stilistische Mittel fallen vor allem ... auf.* Zur Einordnung • *Die Rede von ... ist im Zusammenhang mit ... (Ereignis/Sachverhalt) zu sehen.* • *Indem der Autor von ... schreibt, wird deutlich, dass ...* • *In Hinblick auf ... kann man in M2 einen positiven/negativen/überraschenden Trend erkennen. Das zeigt sich in/an ...* • *Die Autorin beabsichtigte mit ihrem Kommentar ...* • *Abschließend lässt sich festhalten, dass ...* • *Zusammenfassend kann man sagen, dass ...*

begründen (AFB II)

Aussagen (z. B. eine Behauptung, eine Position) durch Argumente stützen, die durch Beispiele oder andere Belege untermauert werden

Was bedeutet das?	Was ist zu tun?	Formulierungshilfen/-beispiele
Beim Begründen formulieren Sie eine klare Aussage, die Sie mithilfe von Argumenten und Beispielen stützen. Dabei geht es noch nicht um eine Urteilsbildung, sondern darum, einen Gedankengang wertfrei zu verdeutlichen.	Formulieren Sie eine präzise These/Aussage, sofern sie noch nicht durch die Aufgabenstellung vorgegeben ist. Sammeln Sie anschließend stichhaltige Argumente und anschauliche Beispiele, die die These/Aussage stützen.	• *XY ist ein typisches Beispiel für ...* • *Dafür spricht, dass ... ...* • *Erkennbar wird dies durch ...* • *Weitere Beispiele dafür wären ....*

charakterisieren (AFB II)

Sachverhalte mit ihren typischen Merkmalen und in ihren Grundzügen bestimmen

Was bedeutet das?	Was ist zu tun?	Formulierungshilfen/-beispiele
Beim Charakterisieren stellen Sie typische Merkmale von Sachverhalten oder Gegenständen heraus. Ziel ist es, eine möglichst hohe Genauigkeit beim Erfassen des Gegenstands oder Sachverhalts zu erreichen. Denn um seine Besonderheit zu verstehen, gilt es, das für ihn Typische zu erkennen: Was unterscheidet ihn von ähnlichen Sachverhalten? Welche sind seine Wesenszüge? Beim Charakterisieren müssen Sie diese Merkmale einzeln erfassen und unter angemessenen Gesichtspunkten im Zusammenhang darstellen.	Beschreiben Sie die Eigenschaften des Sachverhalts mithilfe von Adjektiven und fachspezifischen Begriffen. Wählen Sie genaue Bezeichnungen. Weisen Sie auch auf Widersprüche hin. Vermeiden Sie dabei Verallgemeinerungen oder vorschnelle Zuschreibungen. Achten Sie darauf, der historischen Zeit angemessene Begriffe zu benutzen. (So sind etwa mittelalterliche Stände nicht als „Klassen" zu bezeichnen.) Fassen Sie Ihre einzelnen Beobachtungen zu einem Gesamtbild zusammen und formulieren einen Gesamteindruck, ohne Ihre eigene Meinung einfließen zu lassen.	Mit Bezug auf Politik: • *konservativ, national, populistisch, liberal, fortschrittlich, links* Mit Bezug auf Wirtschaft: *zunehmend/expandierend, stagnierend, schrumpfend, Wachstum, Stagnation, Krise* mit Bezug auf Gesellschaft: *arm, reich, privilegiert, Stand, Klasse, Schicht* allgemein *Bezeichnend ist sowohl ... als auch ...* *Einschränkend muss festgehalten werden, dass ...* *Verstärkend kommt hinzu, dass ...* *Insgesamt erweist sich der Gegenstand als ...* *Einschränkend ist festzuhalten, dass ...* *Das Gesamtbild ist widersprüchlich.* *Zwar ..., trotzdem ...*

darstellen, ein- und zuordnen (AFB II)

darstellen: Sachverhalte strukturiert und zusammenhängend verdeutlichen
ein-/zuordnen: Sachverhalte schlüssig in einen vorgegebenen Zusammenhang stellen

Was bedeutet das?	Was ist zu tun?	Formulierungshilfen/-beispiele
Beim Darstellen fassen Sie alle wesentlichen Elemente eines Sachverhalts strukturiert zusammen und bringen sie in eine sinnvolle Reihenfolge. Beim Ein- oder Zuordnen tun Sie dies im Rahmen bestimmter Vorgaben, z. B. des zeitlichen Umfelds, zeittypischer Ideologien und/oder Entwicklungen.	Klären Sie zunächst alle für den Sachverhalt/das Material relevanten Merkmale, Akteure etc. Bei der Ein-/Zuordnung wählen und benennen Sie den Kontext (z. B. historisch, ideologisch ...), unter dem Sie den Sachverhalt einordnen wollen, falls dieser nicht schon durch die Aufgabenstellung vorgegeben ist. Notieren Sie sich Aspekte bzw. Ereignisse, um den Zusammenhang möglichst überzeugend zu konstruieren. Klären Sie dabei die Bedeutung des zugrunde liegenden Materials bzw. Sachverhalts für seine Zeit. Begründen Sie in einem Fazit die von Ihnen vorgenommene Platzierung des Materials oder Sachverhaltes.	• *In der Rede/dem Artikel/dem Brief aus dem Jahr ... wird deutlich, dass die Autorin sich der Partei .../der Ideologie .../der Bewegung ... verbunden fühlt. Das zeigt sich etwa in Zeile ..., wo sie ...* • *Indem Klischees aufgegriffen und zu Tatsachen erhoben werden, wurden Ängste geschürt. Das zeigt sich etwa in Zeile ...* • *Die Karikatur aus dem Jahr ... thematisiert ... und ist damit in die Phase der zunehmenden Auseinandersetzung zwischen X und Y einzuordnen.* • *Bereits zuvor zeigten sich erste Anzeichen dafür, als ... Darauf wird in der Karikatur Bezug genommen, indem ...*

erklären/erläutern (AFB II)

erklären: Sachverhalte schlüssig aus Kenntnissen in einen Zusammenhang stellen (z. B. Theorie, Modell, Gesetz, Regel, Funktions-, Entwicklungs- und/oder Kausalzusammenhang)

erläutern: Sachverhalte mit Beispielen oder Belegen veranschaulichen

Was bedeutet das?	Was ist zu tun?	Formulierungshilfen/-beispiele
Beim Erklären ebenso wie beim Erläutern geht es darum, einen Sachverhalt oder einen Aspekt näher auszuführen. Es soll nachvollziehbar werden, warum oder in welchem Zusammenhang eine Handlung, eine Entscheidung oder eine Entwicklung stattgefunden hat. Dazu müssen Sie auf Ihr Hintergrundwissen – z. B. über Theorien oder über den historischen Zusammenhang – zurückgreifen. Beim Erläutern werden über die Erklärung hinaus Sachverhalte oder Zusammenhänge mithilfe eigener Beispiele anschaulich gemacht.	Notieren Sie zunächst Ursachen, Akteure, Zusammenhänge und Folgen der zu erklärenden Sachverhalte und Prozesse. Falls die Aufgabe sich auf bestimmte Materialien bezieht, schreiben Sie die in Bezug auf die Aufgabenstellung relevant erscheinenden Aussagen/Hinweise/Merkmale, die einer näheren Erklärung bedürfen, heraus. Notieren Sie daneben Bezüge zu Theorien, Modellen oder historischen Zusammenhängen, die Ihnen sinnvoll erscheinen, sofern das nicht durch die Fragestellung vorgegeben ist. → Beachten Sie: Es geht nicht darum, möglichst viele Einzelheiten aufzuzählen, sondern sich auf wesentliche Aspekte zu konzentrieren und anhand dieser die Zusammenhänge zu verdeutlichen. Auch beim Erläutern geht es nicht um die Zahl der Beispiele, sondern um ihre Eignung, den jeweiligen Prozess oder Sachverhalt verständlich zu machen. Bündeln Sie die einzelnen Aspekte Ihrer Erklärung oder Erläuterung in einem zusammenfassenden Ergebnis. Wenn ein Material erklärt oder erläutert werden soll, stellen Sie einen konkreten Bezug her.	• *Der zu erklärende Gegenstand/Prozess/Sachverhalt zeichnet sich vor allem durch ... aus.* • *Im Hinblick auf den Gegenstand/Prozess/Sachverhalt erscheint als besonders wichtig/zentral ...* • *Anhand des Modells, der Theorie von ... lässt sich zeigen, dass ...* • *Laut der Theorie von ... Hierauf lässt sich ... beziehen ...* • *Der zu untersuchende Gegenstand/Sachverhalt bildet den Ausgangspunkt von ... ist einzuordnen in ... lässt sich als Begründung für ... anführen ...* • *Damit wird deutlich, dass ...* • *Der Gegenstand/Prozess/Sachverhalt zeigt somit ...* • *Vor dem Hintergrund der (bestimmten) Entwicklung ist der Prozess/Sachverhalt/Gegenstand zu erkennen als ...*

erstellen (AFB II)

Sachverhalte (insbesondere in grafischer Form) unter Verwendung fachsprachlicher Begriffe strukturiert aufzeigen

Was bedeutet das?	Was ist zu tun?	Beispiele
Beim Erstellen geht es darum, Sachverhalte in eine neue Form zu bringen, z. B. in ein Schaubild oder Flussdiagramm. Wichtig ist dabei, Zusammenhänge (z. B. kausale oder zeitliche) oder Beziehungen deutlich werden zu lassen.	Klären Sie, welche Elemente durch die in der Aufgabe genannte grafische Form vorgegeben sind (z. B. Verfassungsschaubild → Institutionen und ihre Beziehungen). Gibt es keine Vorgaben, überlegen Sie sich, in welcher Form sich das Material am besten veranschaulichen lässt (z. B. Kreisdiagramm für Zahlenverhältnisse, Flussdiagramm für Entwicklungen). Verwenden Sie zur Beschriftung Fachbegriffe (z. B. absolute/relative Zahlen; Balkendiagramm etc.).	• *einen Verfassungstext in ein Verfassungsschaubild umgestalten* • *Wahlergebnisse/Sitzverteilungen in einem Balken- oder Kreisdiagramm wiedergeben* • *Veränderungen von Wahlergebnissen/Mitgliederzahlen in einem Kurvendiagramm verdeutlichen* • *Ursache-Wirkung-Zusammenhänge in einem Flussdiagramm aufzeigen* • *detaillierte Zusammenhänge in einer Mind-Map übersichtlich darstellen*

herausarbeiten (AFB II)

Sachverhalte unter bestimmten Gesichtspunkten aus vorgegebenem Material entnehmen, wiedergeben und/oder ggf. berechnen

Was bedeutet das?	Was ist zu tun?	Formulierungshilfen/-beispiele
Beim Herausarbeiten werten Sie ein vorgegebenes Material unter bestimmten Gesichtspunkten aus, z. B.: Welche These vertritt der Autor und wie begründet er sie? Dabei geht es um ein wertfreies Erarbeiten zentraler Merkmale und Aussagen des zugrunde liegenden Materials. Konzentrieren Sie sich dabei auf die Gesichtspunkte, die die Aufgabenstellung fordert oder die Sie im Vorfeld klar benannt haben. Eine bloße Nacherzählung des Materials wird dem Operator nicht gerecht.	Klären Sie die Gesichtspunkte, unter denen Sie das Material untersuchen. Notieren Sie Merkmale, Aussagen etc., die diese Gesichtspunkte betreffen. Belegen Sie Ihre Ergebnisse ggf. durch Zitate und Zeilenangaben. Achten Sie beim Heranziehen konkreter Textpassagen auf die Verwendung der indirekten Rede (→ beschreiben/bezeichnen/nennen). Vermeiden Sie eine bloße Wiedergabe von Textpassagen.	• *In der Karikatur wird das Thema ... auf den Punkt gebracht.* • *Bei der Frage nach der politischen Einstellung des Autors wird deutlich, dass ...* • *Der Leitartikel/ Kommentar ... nimmt als Kernthema .... in den Blick.* • *Der Autor untermauert seine Position mithilfe ...* • *Das Plakat thematisiert ...*

vergleichen (AFB II)

Vergleichskategorien festlegen, Gemeinsamkeiten und Unterschiede gewichtend einander gegenüberstellen sowie ein Ergebnis formulieren

Was bedeutet das?	Was ist zu tun?	Formulierungshilfen/-beispiele
Der Vergleich ist eine der wichtigsten Vorgehensweisen des historischen Arbeitens. Mindestens zwei Sachverhalte werden dabei auf Gemeinsamkeiten und Unterschiede hin untersucht. Die größte Herausforderung stellt das Finden und Formulieren vergleichbarer Kategorien dar. Diese Kategorien können aus ganz unterschiedlichen Bereichen stammen, z. B. Politik, Gesellschaft, Kultur, Wirtschaft. Die Untersuchung auf Gemeinsamkeiten und Unterschiede hin erfolgt in Bezug auf die gewählten Kategorien. In einer abschließenden Gegenüberstellung sollten Sie darauf achten, vorschnelle Urteile und Klischees zu vermeiden.	Legen Sie, sofern in der Aufgabenstellung nicht bereits vorgegeben, Kategorien für den Vergleich fest, z. B.: Wie ist die politische Herrschaft organisiert (Herrschaftsorganisation)? Wie sieht der Aufbau der Gesellschaft aus (Gesellschaftsstruktur)? Was kennzeichnet den Alltag der Menschen (Alltagsleben)? Beschreiben Sie mit Blick auf die zugrunde liegenden Kategorien Merkmale und Aspekte der zu vergleichenden Materialien/Sachverhalte. In vielen Fällen bietet es sich an, dies stichwortartig in einer tabellarischen Gegenüberstellung zu tun. Erarbeiten Sie in einer abschließenden Gegenüberstellung ausgehend von Ihren Ergebnissen zentrale Gemeinsamkeiten und Unterschiede und gewichten Sie diese.	• *Auf den ersten Blick scheinen sich A und B nicht zu widersprechen/unterscheiden sich A und B deutlich ...* • *Sowohl (hier) ... als auch (da)* • *Ähnlich wie in A wird auch in B ...* • *Die größten Übereinstimmungen/ Unterschiede erkennt man in ...* • *Weitgehend übereinstimmend sind die Ergebnisse/Werte ...* • *Hier sind die Materialien sehr ähnlich, insofern als ...* • *Differenzen finden sich ...* • *Im Gegensatz zu diesem Aspekt/im Unterschied zu X findet sich hier ...* • *Dieser Punkt wird grundsätzlich anders verstanden/bewertet ...* • *A und B formulieren begrifflich anders, meinen aber etwa dasselbe.*

beurteilen/bewerten (AFB III)

beurteilen: Sachverhalte, Aussagen, Vorschläge oder Maßnahmen untersuchen, die dabei zugrunde gelegten Kriterien benennen und ein begründetes Sachurteil formulieren

bewerten: Sachverhalte, Aussagen, Vorschläge oder Maßnahmen beurteilen, ein begründetes Werturteil formulieren und die dabei zugrunde gelegten Wertmaßstäbe offenlegen

Was bedeutet das?	Was ist zu tun?	Formulierungshilfen/-beispiele
Zu einem historischen Ereignis, einem Geschehen, einer Aussage, einer Meinung oder einer Entwicklung soll eine begründete Haltung entwickelt werden. Das bedeutet, dass man z.B. die Aussage einer historischen Person oder eines Historikers auf ihre Stichhaltigkeit überprüft und anschließend bewertet. Zu unterscheiden ist dabei zwischen einem Sachurteil („beurteilen“) und einem Werturteil („bewerten“): Bei einem **Sachurteil** wird überprüft, ob eine Handlung angemessen, eine Behauptung zutreffend war, welche historischen Folgen ein bestimmtes Geschehen hatte. Dabei müssen die Perspektiven der beteiligten Personen(gruppen) berücksichtigt werden. Das Sachurteil bezieht sich demzufolge auf die Umstände der zu untersuchenden Zeit. Bei einem **Werturteil** geht man noch einen Schritt weiter: Hier entwickeln Sie zu dem Geschehen, der Aussage, der Handlung etc. über das Sachurteil hinaus ein eigenes Urteil. Dazu müssen die eigenen Werte (z.B. Gerechtigkeit, Frieden, Demokratie, Sicherheit, Wohlstand, Freiheit etc.) klar benannt werden. Sie sind die Grundlage für die Argumente, mit denen Sie Ihr Werturteil untermauern. Das Werturteil wird damit stets aus einem heutigen Blickwinkel und Ihrer persönlichen Position formuliert.	**Sachurteil** Benennen Sie zuerst klar und deutlich den Sachverhalt, der beurteilt werden soll. Sammeln Sie nun Kriterien für das Sachurteil, z.B. Legitimität (War das Vorgehen legitim?), Effizienz (Welche Ergebnisse hat es gebracht?), ggf. auch damals geltende Wertmaßstäbe. Achten Sie aber darauf, nicht heutige Maßstäbe auf damalige Verhältnisse oder Denkweisen anzuwenden, um sogenannte Anachronismen (unzulässige Übertragungen heutiger Sichtweisen auf vergangene Zeiten) zu vermeiden. Prüfen Sie nun, inwiefern diese Kriterien zum Beurteilungsgegenstand passen, und erläutern Sie sie. **Werturteil** Für das Werturteil bewerten Sie aus Ihrer persönlichen Sicht den Sachverhalt, das historische Problem oder den Prozess. Machen Sie dabei deutlich, welche Wertmaßstäbe Sie heranziehen. Sie können sich z.B. auf die Menschenrechte oder das Grundgesetz beziehen, auf den christlichen Wertekanon oder auch den Umweltschutz. Hier sind also heutige Maßstäbe und Ihre persönliche Position zum Sachverhalt von Bedeutung.	Zur Benennung des Sachverhalts: • *Die Haltung der Autorin lässt sich wie folgt noch einmal zusammenfassen ...* • *Die Entscheidung von ... zog schwerwiegende Konsequenzen nach sich, wie ...* Zur Benennung der Kriterien für das Sachurteil: • *Die Entscheidung des Autors kann unter dem Gesichtspunkt der Legitimität/Effizienz ... beurteilt werden.* • *Der vorliegende Gesetzesentwurf und die damit verbundene Absicht lässt sich sinnvoll unter der Frage der Effizienz/Legitimität ... beurteilen.* • *Aus Sicht der Bürger/der Opposition/der Nachbarstaaten bedeutete dieses Gesetz/diese Entscheidung jedoch ...* • *In Anbetracht der damals herrschenden Vorstellung/zu diesem Zeitpunkt gültigen gesellschaftlichen Ordnung ... kann diese Entscheidung als ... betrachtet werden.* • *Auch damals galten bereits die Menschenrechte! Vor diesem Hintergrund muss ... als ... beurteilt werden.* • *Für die herrschende Partei/Regierung/Staatsführung war dieses Gesetz/diese Entscheidung für den Machterhalt/aus wirtschaftlichen Gründen/für die Kriegsvorbereitung/für die Friedenswahrung ... notwendig.* Zur Formulierung der eigenen Bewertung: • *Entgegen den Aussagen des Autors komme ich zu dem Schluss ...* • *Aus heutiger Sicht, unter Berücksichtigung der Menschenrechte, ist das Geschehen/die Entscheidung/das Gesetz zu verurteilen.* • *Zwar war diese Entscheidung in der damaligen Gesellschaftsordnung akzeptiert/im Rahmen der damaligen Machtverhältnisse tolerabel ..., heute aber, in Anbetracht von ... ist sie abzulehnen.* • *Besonders positiv ist zu bewerten, dass sich die Autorin über die ... Zwänge ihrer Zeit hinwegsetzte und damit einen Beitrag zu unserem heutigen ... leistete.*

erörtern (AFB III)

zu einer vorgegebenen These oder Problemstellung durch Abwägen von Pro- und Kontra-Argumenten ein begründetes Ergebnis formulieren

Was bedeutet das?	Was ist zu tun?	Formulierungshilfen/-beispiele
Ein historischer Sachverhalt, ein Konzept oder eine Problemstellung lässt mehrere Lösungen, Beurteilungen oder Bewertungen zu. Das Gleiche gilt für eine These (z. B. einer Historikerin oder eines Zeitgenossen) zu einem Thema: Mit ihr wurde eine Beurteilung oder Bewertung eines Sachverhalts vorgenommen, der auch widersprochen werden kann (→ beurteilen/ bewerten). Bei einer Erörterung müssen Sie Argumente erarbeiten, auf die Sie eine eigene Bewertung aufbauen können. Dabei müssen Sie darauf achten, Pro- und Kontra-Argumente einander so gegenüberzustellen, dass ein echtes Abwägen möglich wird und nicht zu schnell voreilige oder einseitige Beurteilungen/Bewertungen erfolgen.	Benennen Sie zunächst die wesentlichen Aspekte des historischen Problems und ordnen Sie es in seinen historischen Kontext ein. Bei einer These erklären Sie zunächst deren Kernaussage(n). Suchen Sie nun bisher nicht berücksichtigte Faktoren der Problemstellung sowie Gegenargumente gegen die in der These vorgenommene Bewertung. Gewichten Sie dann die vorhandenen oder von Ihnen entwickelten Argumente nach ihrer Bedeutung für die historische Situation und nach ihrer Überzeugungskraft. Stellen Sie die Argumente für die Erörterung in Form einer Pro-Kontra-Liste zusammen. Formulieren Sie einen zusammenhängenden Text, der mit der Klärung der historischen Frage oder der These beginnt. Entwickeln Sie anschließend Ihre Erörterung über Erläuterung und Gegenüberstellung der Pro- und Kontra-Argumente. Dabei müssen Sie die Pro- und Kontra-Argumente als solche deutlich kennzeichnen. → *Tipp:* Sie können jedem Pro-Argument ein Kontra-Argument gegenüberstellen (oder umgekehrt). Möglich ist aber auch, erst alle Argumente der einen Seite anzuführen und dann die Gegenargumente zusammenhängend zu formulieren. Am Schluss sollten Sie Ihr stärkstes Argument anführen, auf das Sie Ihr Urteil stützen..	Zur Vorstellung des Sachverhalts/der These: • *In dem vorliegenden Material/der vorliegenden These wird die Frage aufgeworfen, ob ...* • *Die Autorin beschreibt/beurteilt/bewertet die Situation/das Thema, indem sie ...* Zur Analyse und Erläuterung des Sachverhalts/der These: • *Dabei werden Faktoren benannt wie ...* • *Dabei bezieht sich der Autor auf historische Bedingungen/Einschätzungen wie ...* Zur Diskussion des Sachverhalts/der These: • *Es bleibt allerdings unerwähnt, dass ...* • *Zwar nennt die Autorin ..., sie berücksichtigt jedoch nicht, dass ...* Zur Argumentation: • *Auf den ersten Blick lässt sich sagen ..., bei näherer Betrachtung jedoch ...* • *Dagegen lässt sich jedoch einwenden, dass ...* Zur Formulierung des eigenen Werturteils: • *Insgesamt bleibt festzuhalten, dass ...* • *Den Aussagen des Autors kann man entgegnen, dass ...* • *In Übereinstimmung mit dem Material kann man zusammenfassen, dass ...* • *Daher komme ich zu dem Schluss, dass ...*

entwickeln (AFB III)
zu einer vorgegebenen oder selbst entworfenen Problemstellung einen begründeten Lösungsvorschlag entwerfen

Was bedeutet das?	Was ist zu tun?	Formulierungshilfen/-beispiele
Eine historische oder gegenwärtige Problemstellung oder Entscheidungssituation lässt mehrere Lösungen oder Handlungsalternativen zu – z. B. von früheren Politikern in bestimmten Krisensituationen. Ihre Aufgabe ist es, zu einer eigenen Deutung zu gelangen und so eine mögliche Position/eine Lösung vorzuschlagen und argumentativ zu stützen. Dabei sollten wie beim historischen Sachurteil Anachronismen vermieden werden (→ beurteilen). Deshalb ist es wichtig, dass Sie Ihre Lösung vor dem Hintergrund der historischen Bedingungen entwickeln und begründen.	Benennen Sie die wesentlichen Aspekte des Problems. Berücksichtigen Sie dabei dessen (historischen) Kontext. Fassen Sie den Kern Ihres Lösungsvorschlags in einer These zusammen und sammeln Sie Argumente, die Ihre These stützen. Wählen Sie einen oder mehrere Aspekte der gegebenen Situation als Ausgangspunkt für Ihr Lösungskonzept aus. Skizzieren Sie ein Lösungsmodell. Formulieren Sie einen Text, der mit der Benennung des Problems oder der Position beginnt. Stellen Sie davon ausgehend Ihre Einschätzung oder Lösung dar. Beziehen Sie sich immer wieder auf die vorgelegte Problemstellung oder These.	Zum Vorstellen der Problemstellung: • *In dem vorliegenden Material/der vorliegenden These wird die Frage aufgeworfen, ob ...* • *Die Autorin beschreibt/beurteilt/bewertet die Situation/das Thema, indem sie ...* Zur Analyse und Erläuterung der Problemstellung: • *Dabei werden Faktoren benannt wie ...* • *Dabei bezieht sich der Autor auf historische Bedingungen/Einschätzungen wie ...* Zur Formulierung eines Lösungskonzeptes: • *Entgegen den Aussagen des Autors kann man sagen, dass ...* • *In Übereinstimmung mit dem Material lässt sich zusammenfassen, dass ... In Anbetracht dessen schlage ich folgende Lösung vor ...* • *Ausgehend von dem Aspekt ... erscheint folgende Handlungsalternative plausibel ...*

gestalten (AFB III)
zu einer vorgegebenen oder selbst entworfenen Problemstellung ein Produkt rollen- bzw. adressatenorientiert herstellen

Was bedeutet das?	Was ist zu tun?	Tipps für die Gestaltung
Hier ist eine Auseinandersetzung mit einem Problem verlangt – dieses kann vorgegeben oder selbst gestellt sein. Das Ergebnis soll aber nicht in einem Sachtext formuliert werden, sondern im Rahmen einer kreativen Gestaltung, z. B. als Brief, Rede oder Streitgespräch, als Modell oder Skizze, als Szenario oder Strategie. Dabei ist die besondere Leistung, dass Sie zusätzlich zur historisch-kritischen Auseinandersetzung mit der Problemstellung die gestalterischen Regeln des jeweiligen Formates beachten und dabei möglichst in der Perspektive der jeweiligen Zeit formulieren und handeln müssen.	Analysieren Sie zunächst den historischen Sachverhalt und den zeitlichen Kontext mit Blick auf die Problemstellung. Machen Sie sich die typischen und notwendigen Elemente der Darstellungsform klar, z. B. Simulationsspiel oder Zeitungsbericht. Greifen Sie dabei auf Ihr methodisches Wissen und Können aus anderen Fächern zurück. Wenn die Aufgabe eine Perspektivübernahme verlangt, überprüfen Sie, was eine handelnde Person/Gruppe zu diesem Zeitpunkt wissen kann. Arbeiten Sie anschließend das Ergebnis gestalterisch aus.	... eines Zeitungsartikels: • *Was hat die Zeitgenossen beschäftigt?* • *Welcher politischen Richtung gehörte die Zeitung an?* • *Wer ist der Adressatenkreis?* • *Was verlangt ein Zeitungsartikel?* • *Welches Ziel verfolgt er?* • *Was konnte der Autor (nicht) wissen?* ... eines Simulations- oder Rollenspiels: • *Auf welche konkreten historische Situation bezieht sich das Spiel?* • *Habe ich genug Informationen über die Rolle?* • *Wie hat die jeweilige Person/Persönlichkeit gedacht, gefühlt, gehandelt?* → *Tipp:* Versuchen Sie, heutige Denkmuster zu vermeiden, und bemühen Sie sich, sich in die entsprechende Zeit hineinzudenken.

überprüfen (AFB III)

Aussagen, Vorschläge oder Maßnahmen an Sachverhalten auf ihre sachliche Richtigkeit hin untersuchen und ein begründetes Ergebnis formulieren

Was bedeutet das?	Was ist zu tun?	Formulierungshilfen/-beispiele
Aussagen, Vorschläge oder Maßnahmen entstehen in einem historischen Kontext und sind von gesellschaftlichen Entwicklungen oder Ideologien und Wertungen geprägt, ohne dass auf diese explizit Bezug genommen wird. Beim Überprüfen ist zu untersuchen, ob diese Aussagen, Vorschläge oder Maßnahmen – angesichts des historischen Kontexts – überhaupt stimmig sind. So ist z. B. zu fragen, ob sie von falschen Tatsachen ausgehen. Daher muss beim Überprüfen auf Hintergrundwissen – also Sachverhalte, die aus Quellen und Darstellungen rekonstruiert wurden – zurückgegriffen und die Aussagen, Vorschläge oder Maßnahmen müssen auf ihre Angemessenheit hin untersucht werden.	Wenn eine Überprüfung anhand eines Materials (z. B. einer Quelle) erfolgen soll, arbeiten Sie die zu überprüfende Information aus dem Material heraus und geben diese knapp wieder. Unterziehen Sie die gegebene Aussage/den Vorschlag/die Maßnahme einer genauen Prüfung: Verfügt der Inhalt über eine innere Logik oder weist er Widersprüche und Brüche auf? Ist er sachlich richtig oder möglicherweise subjektiv gefärbt oder gar verfälscht? Achten Sie auf Details. Falls Sie ohne Materialbezug arbeiten, notieren Sie auf der Grundlage Ihres Vorwissens Argumente, die für bzw. gegen die Aussage/den Vorschlag/die Maßnahme sprechen. Falls Sie an einem Material arbeiten, versehen Sie die kritisch gelesenen Inhalte mit eigenen Bestätigungen, Ergänzungen oder Korrekturen. Formulieren Sie nun auf der Basis Ihrer Kommentare eine zusammenhängende Einschätzung zu den überprüften Aussagen, Vorschlägen oder Maßnahmen. Sie können ihnen zustimmen oder sie ablehnen. Wichtig ist, • dass Sie Ihr Ergebnis auf historisches Wissen stützen. Dazu sollten Sie sich auf andere Quellen, Darstellungen oder Ihr Hintergrundwissen berufen. • dass Sie Ihr Urteil möglichst objektiv und sachlich (Sachurteil → beurteilen) formulieren.	Zur Wiedergabe: • *Nach Auffassung der Autorin/Bei der Anordnung des Regierenden handelt es sich ...* • *Die Autorin ist der Meinung, dass .../stellt die These auf, XYZ habe ...* Zur kritischen Überprüfung: • *Im Gegensatz zu dieser Behauptung lässt sich festhalten, ...* • *Zwar erläutert der Historiker, dass ..., tatsächlich aber handelte es sich keineswegs um ...* • *Die Quellen aus Sicht von ... legen einen ganz anderen Schluss nahe ...* • *Ich kann/Man muss der Quelle in ihrer Grundaussage zustimmen, da ...* • *Völlig zu Recht weist die Autorin des vorliegenden Materials auch auf ... hin, denn ...*

Fachmethoden

Textquellen analysieren

Textquellen sind aus der Vergangenheit überlieferte Texte. Zu ihnen werden verschiedene Textsorten gezählt, z. B. Briefe, Reden, Tagebuchaufzeichnungen, Zeitungsartikel, Urkunden, Gesetzestexte, programmatische Texte (→ „Manifest"), wissenschaftliche Texte, Flugschriften. Von Textquellen zu unterscheiden sind Sekundärtexte, also Texte, die aus späterer Zeit stammen und sich mit der Vergangenheit befassen.
Bei der Analyse einer Textquelle fragen Historikerinnen und Historiker nach der Perspektivität und Absicht. So achten sie auf das Verhältnis des Autors zu dem beschriebenen Ereignis oder Zustand (Beruft er sich ggf. auf Überlieferungen anderer?) und auf den Zeitpunkt der Textentstehung (Handelt es sich z. B. um eine Erinnerung, in die späteres Wissen eingeflossen ist?). Die folgenden Arbeitsschritte geben Anhaltspunkte für eine ausführliche Quellenanalyse:

1. Formale Beschreibung
- Wie lautet der Titel der Quelle?
- Wer hat sie veröffentlicht (Autor, Verlag, ggf. Behörde)?
- Wann und wo wurde der Text veröffentlicht?
- Welche Textsorte liegt vor (z. B. Rede, Protokoll, Sachtext, Biografie)?
- An wen ist der Text gerichtet (Adressat)?

2. Untersuchung und Deutung von Inhalt und Sprache
a) Herausarbeiten der zentralen Inhalte
- Was ist das Thema bzw. das Problemfeld der Quelle?
- Welche Kernaussagen werden getroffen?
- Um diese herauszuarbeiten, kann es nützlich sein, im vorliegenden Text Sinneinheiten zu markieren und dafür zunächst Überschriften/Schlagworte zu finden.
- Mit welchen Argumenten/Beispielen wird die Kernaussage gestützt?

b) Herausarbeiten der verwendeten sprachlichen Mittel, die zur Deutung der Inhalte wichtig sind:
- Verwendet der Autor besondere sprachliche Mittel (z. B. Metaphern, Wortwiederholungen, Euphemismen)?
- Zeichnet sich seine Sprache durch einen besonderen Stil (z. B. nüchtern/sachlich, pathetisch, polemisch, ironisch) oder durch einen auffälligen Wortschatz aus (z. B. Begriffe aus wissenschaftlichem Kontext)?
- Welche Textgattungsmerkmale sind erkennbar (z. B. sachlich/respektvoll bei einer Gedenkrede; polemisch/angriffslustig bei einer Wahlkampfrede)?
- Was für eine Wirkung entsteht durch die Sprache?

Hinweis zur schriftlichen Wiedergabe: Achten Sie darauf, den Konjunktiv zu nutzen, wenn sie Aussagen wiedergeben.

3. Erklären im historischen Kontext
- Kann der Text einem bestimmten historischen Kontext zugeordnet werden?
- Gibt es spezielle Ereignisse oder Sachverhalte, auf die sich der Text bezieht?
- Sind über den Autor des Textes weiterführende Informationen verfügbar (z. B. politische Haltung, Amt)?
- Welche Perspektive hat der Autor auf den Textinhalt? (Hebt er bestimmte Aspekte besonders hervor/lässt er andere unerwähnt? Stellt er ausgewogen/parteiisch dar?)
- Ist eine Wirkungsabsicht erkennbar (z. B. informativ, problemlösend, aufrüttelnd, propagandistisch)?
- Soll mit dem Text eine bestimmte Reaktion erreicht werden (z. B. Anhänger mobilisieren)?

4. Formulieren eines Fazits
Die Kernaussage(n) und die herausgearbeitete Deutung des Textes werden abschließend zusammengefasst.

Sonderfall: Eine Rede analysieren

Eine besondere Form der Textquelle ist die politische Rede, denn sie ist in der Regel für ein bestimmtes Publikum verfasst worden und wurde diesem ursprünglich mündlich vorgetragen. In der Regel ist eine Rede daher daraufhin konzipiert,
- die Adressaten argumentativ von etwas zu überzeugen,
- sie für etwas zu begeistern und/oder
- sie zu einem bestimmten Verhalten aufzufordern.

Die Analyse einer Rede beginnt mit einer formalen Beschreibung. Anschließend sollte das Augenmerk auf den Aufbau, Inhalt und Sprache Rede gelegt werden.

Zunächst ist zu fragen:
- Was ist die Hauptthese, die in der Rede vertreten wird?
- Welche Argumente werden verwendet?
- Wie ist die Argumentation aufgebaut?

Auf folgende Aspekte sollte anschließend besonders geachtet werden:
- Werden Sachargumente verwendet oder Pauschalaussagen getroffen?
- Werden Aussagen belegt?
- Wie kommt der Redner/die Rednerin zu Folgerungen?
- Werden auffällige rhetorische Stilmittel (z. B. Metaphern, Ellipsen, Ironie) verwendet?

- Werden Schlüsselbegriffe wiederkehrend genutzt?
- Ist die Sprache eher nüchtern-sachlich, emotional oder appellativ?

Um die Absicht der Rede herauszuarbeiten, sind auch die sprachlichen Mittel und der Sprachstil in ihrer Wirkung zu deuten.

Hinwies zur schriftlichen Wiedergabe: Um die Position des Redners wiederzugeben, ist die Verwendung der indirekten Rede nötig (mit wenigen zentralen wörtlichen Zitaten). Paraphrasierung ist ebenso zu vermeiden wie die Aneinanderreihung von Zitaten.

3. Erklären im historischen Kontext
Zunächst müssen der historische Hintergrund der Rede sowie die Funktion des Redners/der Rednerin geklärt werden. Danach gilt es, die im Einzelnen herausgearbeitete Wirkungsabsicht in diesen Kontext zu stellen. Dabei ist wichtig, nicht nur das Was und das Wie der Rede einzuordnen, sondern auch darzustellen, was ggf. verschwiegen wird.

4. Formulieren eines Fazits
Die Hauptintention der Rede sowie die Art und Weise, wie diese erreicht werden soll, werden zusammengefasst. Außerdem wird abschließend – sofern bekannt – kurz auf den Stellenwert der Rede für die weitere historische Entwicklung eingegangen. Ein Werturteil über den Inhalt ist nicht verlangt.

Historikertexte/Darstellungen analysieren

Historikertexte sind „gedeutete“ Geschichte, sie geben eine Meinung wieder. Dabei können sie explizit an eine sachkundige Leserschaft mit spezifischen Fach- und Methodenkenntnissen gerichtet sein, aber auch an interessierte Laien, die durch eine spannende Erzählweise gefesselt werden sollen. Zu unterscheiden sind u. a. folgende Textsorten:

- die Gesamtdarstellung, mit der ein Überblick über einen Zeitraum gegeben und große Zusammenhänge charakterisiert und beurteilt werden sollen, z. B. „Die Welt der Griechen“,
- die Monografie, also eine Darstellung, die sich auf eine ausgewählte Fragestellung konzentriert, z. B. „Der Ausbruch des Ersten Weltkriegs“,
- der Essay, eine Darstellung, die von prägnanten Zuspitzungen lebt. Ziel eines Essays ist es, neue Aspekte aufzuwerfen, die zum Überdenken bekannter Positionen führen.

In jedem Fall greifen die Autorinnen und Autoren bestimmte Ereignisse und Entwicklungen aus der Vergangenheit heraus und ordnen sie zu einer stimmigen Darstellung, die meist eine argumentative Struktur aufweist. Die Analyse eines Historikertextes sollte daher folgende Aspekte umfassen:

1. Formale Beschreibung
Bei einer schriftlichen Analyse ist in einer knappen Einleitung (im Präsens) einzugehen auf: Titel, Autor/in, Erscheinungsort, -datum, Textsorte und Adressaten.

2. Untersuchung und Deutung von Inhalt und Sprache
Lesen Sie den Text sorgfältig und klären Sie unbekannte Namen, Abkürzungen oder Begriffe. Stellen Sie anschließend folgende Fragen:

- Was ist das Thema/die Problemstellung?
- Welche Kernaussagen werden getroffen?
- Wie argumentiert die Autorin, um ihre Kernaussagen zu stützen? (Wo werden Begründungen gegeben, z. B. mit „weil“/„deshalb“/„da“? Wo werden Gegensätze aufgezeigt, z. B. mit „einerseits – andererseits“/„obwohl“?)
- Setzt der Autor besondere sprachliche Gestaltungsmittel ein? (Zwar spielen sprachliche Mittel für Historikertexte meist eine eher untergeordnete Rolle – im Gegensatz z. B. zu Propagandatexten oder Reden –, aber auch Historikertexte können sprachliche Besonderheiten aufweisen, etwa die schlaglichtartige Wiederholung von Thesen.

Hinwies zur schriftlichen Wiedergabe: Bei der schriftlichen Formulierung Ihrer Ergebnisse müssen Sie darauf achten, die Thesen und Argumente des Autors/der Autorin durch den Gebrauch der indirekten Rede deutlich zu machen. Zudem ist keine Paraphrase – Nacherzählung – des Textes gewünscht, sondern die Formulierung übergeordneter Gesichtspunkte, die der Text enthält.

3. Erklären im (historischen) Kontext
Um die Haltung des Autors/der Autorin näher zu bestimmen, ist zu fragen:

- Um welche politische/gesellschaftliche/kulturelle/wirtschaftliche Situation/Problematik geht es ihm/ihr?
- Welche Perspektive nimmt die Autorin ein? Lässt sie sich einer politischen Strömung zuordnen (z. B. konservativ, marxistisch)?
- Wie steht der Autor zu seinem Untersuchungsgegenstand? Ist er persönlich involviert oder eher neutraler Beobachter?
- Verfolgt die Autorin eine bestimmte Wirkungsabsicht?

4. Formulieren eines Fazits
In einem abschließenden Fazit fassen Sie Ihre Erkenntnisse zusammen. Ein Werturteil ist nicht verlangt.

Statistiken analysieren

Statistiken liefern Informationen über
- wirtschaftliche Prozesse (z. B. Wirtschaftswachstum, Arbeitslosenquote, Lohnentwicklung),
- politische Entwicklungen (z. B. Wahlergebnisse, Mitgliederzahlen von Parteien, Sitzverteilungen in Parlamenten) und
- gesellschaftliche Trends (z. B. zur Entwicklung der Anzahl von Urlaubsreisen, Verbreitung von Mobiltelefonen).

Sie können in Diagramm- (z. B. Säulen- oder Kreisdiagramm) oder in Tabellenform vorliegen.

Bei der Auswertung von Statistiken ist zu berücksichtigen, dass die systematische Erhebung von Daten erst Anfang des 19. Jh. beginnt. Daten aus früheren Jahrhunderten sind oft recht ungenaue Schätzungen. Hinzu kommt, dass Maßangaben (z. B. Gewicht, Währung) aus verschiedenen Zeiten und/oder Regionen uneinheitlich sein können und daher direkte Vergleiche nicht immer erlauben. In vielen Fällen ist es lediglich möglich, Entwicklungstendenzen zu erkennen. Häufig werden deshalb sogenannte Indexstatistiken verwendet, bei denen mit Vergleichsgrößen, sogenannten Indizes, gearbeitet wird. Zu berücksichtigen ist ferner, dass die objektive Erfassung von Daten nicht in allen Ländern und zu allen Zeiten gewährleistet war. So waren die veröffentlichten Wirtschaftsdaten der Sowjetunion in den allermeisten Fällen nicht an den realen Entwicklungen orientiert, sondern an politischen Vorgaben. Eine Analyse einer Statistik geht im Idealfall auf folgende Aspekte ein:

1. Formale Beschreibung
- Um welchen Diagrammtyp (z. B. Säulendiagramm, Balkendiagramm etc.) oder welchen Statistiktyp (z. B. Indexstatistik, Datenreihe etc.) handelt es sich?
- Um welche Art von Zahlendarstellung handelt es sich (z.B. Prozentwerte, absolute Werte, Indexdaten)?
- Welche Behörde oder Institution (z. B. Statistisches Bundesamt) hat die Veröffentlichung vorgenommen?
- In welchem Jahr und in welcher Publikation wurde das Datenmaterial veröffentlicht?
- Für wen und mit welcher Absicht wurden die Daten erstellt?

2. Untersuchung und Interpretation des Inhalts
- Welches Thema wird durch die dargestellten Daten behandelt (z. B. Wirtschaftswachstum, Wahlergebnisse)?
- Stellen die Daten einen zeitlichen Verlauf dar (z. B. die Produktion von Stahl in England 1830–1870) oder eine Situation zu einem bestimmten Zeitpunkt (z. B. die Produktion von Stahl in England 1830 in den einzelnen Grafschaften)?
- Sind die dargestellten Informationen vollständig oder gibt es Lücken, die mit anderen Daten geschlossen werden müssen?
- Welche wesentlichen Erkenntnisse liefern die Daten (z. B. Zu-/Abnahme bestimmter Werte, deutliche Unterschiede zwischen Regionen oder Jahren, erkennbare Trends etc.)?

3. Erklären im historischen Kontext
- Auf welchen Zeitraum beziehen sich die dargestellten Daten?
- Ist die Statistik oder das Diagramm in der Epoche, auf die sich die Daten beziehen, entstanden, oder handelt es sich um eine nachträgliche Zusammenstellung der Daten?
- Welche wichtigen Ereignisse fanden in der Zeit, auf die sich die Daten beziehen, statt?

4. Formulieren eines Fazits
- Wie lauten die zentralen Aussagen, die mithilfe des Datenmaterials getroffen werden können?
- Entsprechen die Ergebnisse der Analyse den vorherigen Erwartungen oder sind zuvor gemachte Annahmen und Überzeugungen zu korrigieren?
- Werfen die analysierten Daten weitere Fragen auf?

Bilder als historische Quellen

Bildwerke der „bildenden“ ebenso wie der „angewandten“ Kunst können für Historikerinnen und Historiker wichtige Quellen sein. So zeigen Kunstwerke wie Gemälde, Zeichnungen oder Drucke nicht nur, was Menschen zu früheren Zeiten wichtig und „bildwürdig“ erschien. Über ihr eigentliches Thema hinaus geben sie z. B. auch Auskunft über Lebenswelten, z. B. Wohnverhältnisse. Werke der angewandten Kunst hingegen – etwa Karikaturen oder Plakate – sollten zur Zeit ihres Entstehens eine gezielte Funktion erfüllen, z. B. Kritik üben oder für etwas werben. Werden sie als Quellen genutzt, gilt es zu verstehen, wie zeitgenössische Betrachtende sie „gelesen“ haben. Dafür ist es vor allem wichtig, sich über verwendete Symbole oder Allegorien klar zu werden und diese – oft mithilfe zusätzliche Informationen – zu entschlüsseln.

Allgemeine Tipps zum Beschreiben und Untersuchen:
- **Beim inhaltlichen Beschreiben** geht es um das WAS. Gehen Sie systematisch vor. Beginnen Sie z. B. beim dominierenden Bildmotiv. Gehen Sie auch auf auffällige Bezüge zwischen Bildelementen ein, z. B. auf Blickkontakte oder Gesten.
- **Beim Untersuchen** des Inhalts steht die Frage nach dem WIE im Mittelpunkt. Achten Sie darauf, wie die Gestaltungsmittel eingesetzt wurden und welche Wirkung dies erzeugt, z. B.:
  – die Perspektive: Hat man als Betrachter das Gefühl, mitten im Geschehen zu sein? Blickt man von unten zu Personen im Bild auf oder sieht man auf sie herab?
  – Licht und Schatten: Wird eine dargestellte Person oder ein Bildbereich besonders beleuchtet, dadurch hervorgehoben?
  – Formen und Farben: Wurden sie naturgetreu eingesetzt oder verzerrt bzw. übersteigert? Erscheint ein Motiv dadurch ggf. massig, instabil, kraftlos, vital, düster ...?

Karikaturen analysieren

Karikaturen (von ital.: caricare, überladen/übertreiben) können als bildliche Form der Satire bezeichnet werden. Schon seit der Antike werden Personen, Ereignisse oder Zustände zeichnerisch „aufs Korn“ genommen – durch ironische Darstellungen in Bild und Text, oft unter Nutzung von Symbolen. Die Analyse einer Karikatur erfolgt in folgenden Schritten:

1. Formale Beschreibung
- Wie lautet der Titel der Karikatur?
- Wer hat die Karikatur gezeichnet?
- Wo (Ort/Zeitschrift) und wann ist sie erschienen?
- An wen richtet sich die Karikatur?

2. Inhaltliche Beschreibung, Untersuchung und Deutung
Hier ist zunächst die genaue Beschreibung der Bildgegenstände wichtig. Als Grundregel gilt: Es muss alles beschrieben werden, was für die Deutung wichtig sein kann. So ist zu fragen:
- Wer oder was steht im Mittelpunkt?
- Was für Personen/Tiere sind dargestellt? Wie ist ihre Mimik/Gestik?
- Von welchen Gegenständen sind sie umgeben (unbelebte Dinge, Natur, Wetter)?
- Wie sind die Größenrelationen?
- Welche Rolle spielen Textelemente?

Um die Karikatur deuten zu können, ist es wichtig, versteckte Botschaften zu erkennen. So ist zu fragen nach:
- der Identifikation von Personen und Gegenständen,
- sozialen oder politischen Personengruppen. Handelt es sich z. B. um Allegorien, Symbole oder Metaphern?

3. Erklären im historischen Kontext
- In welchem Zusammenhang ist die Karikatur entstanden?
- Auf welche konkrete historische Situation bezieht sich die Karikatur?

Das Wichtigste ist, die Gesamtaussage zu ermitteln, also eine schlüssige und plausibel an der Karikatur zu begründende Deutung:
- Welche Aussage hat die Karikatur?
- Welche Perspektive nimmt der Karikaturist in der konkreten historischen Situation ein? An wem übt er Kritik?
- Welchen politischen oder gesellschaftlichen Standort nimmt die Karikatur ein?

4. Formulieren eines Fazits
Abschließend wird die Deutung auf den Punkt gebracht. Zum Operator „analysieren“ gehört allerdings nicht die Beurteilung der Karikatur, also die Frage danach, ob die Aussage der Karikatur der historischen Situation angemessen ist.

Plakate analysieren

Ob sie für ein Produkt, eine Partei, eine Veranstaltung oder einen politischen Standpunkt werben – immer haben Plakate einen ausgesprochen appellativen Charakter und einen besonderen Adressatenbezug. Dabei müssen sie so gestaltet sein, dass sie die Aufmerksamkeit flüchtig Betrachtender – etwa Vorübergehender – erregen. Bei der Analyse sollten daher folgende Aspekte berücksichtigt werden:

1. Formale Beschreibung
- Wo und wann wurde das Plakat veröffentlicht?
- In wessen Auftrag und von wem wurde es gestaltet?
- Zu welchem Anlass ist es entstanden?
- Wie lautet der Titel/der Slogan des Plakats?
- An wen richtet sich das Plakat?
- Was ist über seinen Verbreitungsgrad bekannt?

2. Inhaltliche Beschreibung, Untersuchung und Deutung
- Wer oder was ist abgebildet?
- Welches Motiv dient als Eyecatcher, der die Aufmerksamkeit fesseln soll?
- Inwiefern lenken Schriftarten/-größen die Aufmerksamkeit der Betrachtenden?
- Was sagen die verwendeten Textbausteine aus? (ggf.: Handelt es sich um Zitate? Von wem stammen sie?)
- Welche Symbole wurden verwendet?
- Wie wurden die Bild- und Textelemente angeordnet, wie also wurde die Komposition angelegt? (Z. B.: Was tritt in den Vordergrund? Wie und wo wurden z. B. aufsteigende oder abfallende Linien eingesetzt?)
- Welche Farben dominieren?

Da die Gestaltungsabsicht herausgearbeitet werden soll, ist es wichtig, nicht nur verwendete bildsprachliche Mittel zu benennen, sondern ihre Wirkung zu erfassen.

3. Erklären im historischen Kontext
- In welchem politischen/wirtschaftlichen/kulturellen Kontext ist das Plakat entstanden?
- Welche Wirkungsabsicht wurde verfolgt?
- Welche Funktion hatte das Plakat?
  Hinweis: Für die schriftliche Darstellung des vergangenen Geschehens muss das Präteritum verwendet werden.

4. Formulieren eines Fazits
Das Ergebnis der Analyse, vor allem in Bezug auf die Funktion des Plakates, wird zusammenfassend festgehalten.

Arbeitstechniken

Im Internet recherchieren

Wenn Sie eine Webseite zur Recherche aufgerufen haben, sollten Sie prüfen, ob der Anbieter seriös und die Informationen wissenschaftlich gesichert sind.

1. Die Webseite einordnen
- Wer ist der Anbieter (z.B. eine offizielle Institution wie Universitäten oder Museen, eine Firma oder eine Privatperson)? Darüber informiert z.B. das Impressum der Seite.
- An wen richtet sich die Seite (z.B. an Jugendliche oder Historiker)?
- Mit welcher Absicht wurde die Seite erstellt (z.B. Informationsvermittlung, Werbung, Stimmungsmache)?

2. Die Art des Internetauftritts untersuchen
- Mit welchen Medien wird gearbeitet (z.B. Texte, Filme)?
- Wird deutlich gemacht, woher die Materialien/Informationen stammen (Quellenangaben)?
- Gibt es Links (z.B. zu Institutionen, Fachleuten oder weiterführender Literatur)?
- Gibt es die Möglichkeit zur Interaktion (z.B. Blog oder Diskussionsforum)?

3. Die Informationen beurteilen
- Entscheiden Sie, ob die Materialien brauchbar sind.
- Sind die Informationen verständlich aufbereitet?
- Passen sie zu Ihnen bereits vorliegenden Informationen?

Verlässliche Webseiten zur Geschichte – eine Auswahl
- **www.bpb.de** Bundeszentrale für politische Bildung: zahlreiche aktuelle Artikel und Dossiers zur Geschichte des 19. und 20. Jahrhunderts
- **www.dhm.de/lemo** Lebendiges Museum Online: informative, bilderreiche Darstellung der deutschen Geschichte
- **germanhistorydocs.ghi-dc.org/Index.cfm?** Deutsche Geschichte in Dokumenten und Bildern: Bild- und Textquellen von 1500 bis zur Gegenwart
- **ieg-ego.eu/?set_language=de** Europäische Geschichte online, ein Projekt des Leibniz-Instituts für Europäische Geschichte (IEG) der Universität Mainz mit vielfältigen Angeboten zu Kategorien wie „Europäische Medien“, „Bündnisse und Kriege“ oder „Transnationale Bewegungen“
- **www.dw.com/de/themen/geschichte/s-12313** Beiträge zur Geschichte auf den Webseiten der Deutschen Welle
- **www.leo-bw.de** Portal zur Landeskunde Baden-Württembergs

Exzerpieren

Ein **Exzerpt** gibt die wichtigsten Gedanken eines Textes – ggf. zu einer bestimmten Fragestellung – wieder. Liest man z.B. einen längeren Text über Industrialisierung in England auf die Frage hin, inwieweit geltende Gesetze unternehmerische Freiheiten erlaubten, so schreibt (oder kopiert) man Aussagen zum Thema heraus (und macht sie dabei durch Anführungszeichen als Zitate kenntlich) oder man paraphrasiert sie. Exzerpieren bedeutet also, die wichtigsten Aussagen eines Sachtextes komprimiert festzuhalten und dabei seinen Argumentationsgang herauszuarbeiten. Ziel ist es, die Aussagen eines Textes so zusammenzufassen, dass sie für spätere Arbeitsschritte verfügbar sind. Dabei muss kein vollständig ausformulierter Text entstehen.

Exzerpieren erfolgt in vier Schritten:
- Frage(n) formulieren
- Text überfliegen (Überblick verschaffen)
- Text gliedern
- Inhalt schriftlich aufbereiten

Als Hilfsmittel können Unterstreichungen und das Formulieren von Randbemerkungen dienen. Meist lassen sich daraus schon Gliederung und Hauptthesen des Textes ableiten. Achten Sie darauf, nicht nur Zitate aneinanderzureihen, sondern Zitate mit eigenen Formulierungen zu verbinden. So können Sie auch überprüfen, ob Sie den Text verstanden haben.

Literaturangaben machen

Am Ende einer schriftlichen Hausarbeit oder eines Handouts zu einem Referat muss die Literatur, auf die man sich gestützt hat, aufgelistet werden. (Nicht zu nennen sind weitere, für das Thema interessante Veröffentlichungen, die aber nicht verwendet wurden.) Die Angaben werden nach bestimmten Regeln und in bestimmter Reihenfolge gemacht:

Bei Buchpublikationen:
Autor/Autorinnen bzw. Herausgeber/innen (Hg.): Titel des Buches. Ggf. Untertitel, ggf. Bandangabe (Bd. 1), Erscheinungsort und -jahr (Auflage), Seite(n)

Bei Aufsätzen aus Zeitschriften oder Zeitungsartikeln:
Autor/innen: Titel des Aufsatzes. In: Titel der Zeitschrift, laufende Nummer/Jahr, Seite(n).
Angaben zu Erscheinungsort und Verlag sind hier nicht erforderlich. Falls aber der Artikel im Internet gefunden wurde, wird zusätzlich die URL hinzugefügt sowie das Datum des letzten Aufrufs.

Cluster – Mind-Map – Concept-Map

Cluster bedeutet Anhäufung oder Bündel. Ein Cluster ist geeignet, um eine Begriffssammlung zu erstellen, und kann helfen, Ordnung in Gedanken zu bringen. Um ein Cluster anzulegen, geht man von einem zentralen Begriff oder Satz aus, dem passende Begriffe oder Aussagen zugeordnet werden. Auch zu diesen werden wiederum Begriffe assoziiert. Bei einem Cluster wird darauf verzichtet, Beziehungen zwischen den Begriffen näher zu bestimmen; es hat Ähnlichkeit mit einem Brainstorming-Verfahren.

soziale Frage
Arbeiter Proletarisierung
Verstädterung elende Wohnverhältnisse
Industrialisierung Fabrik
Beschleunigung Verkehr Unternehmer
Telegrafie Umweltbelastung

Anders als beim Cluster geht es bei einer **Mind-Map** („Gedankenlandkarte“) darum, von einem zentralen Begriff ausgehend geordnet Unterkategorien zu bilden. Die Mind-Map ist stets hierarchisch angelegt und wird so vom Zentrum ausgehend entwickelt, dass eine verzweigte Struktur entsteht, die Aspekte eines Themas übersichtlich darstellt. Ihre Struktur unterscheidet die Mind-Map auch vom linear angelegten Pfeildiagramm (links).

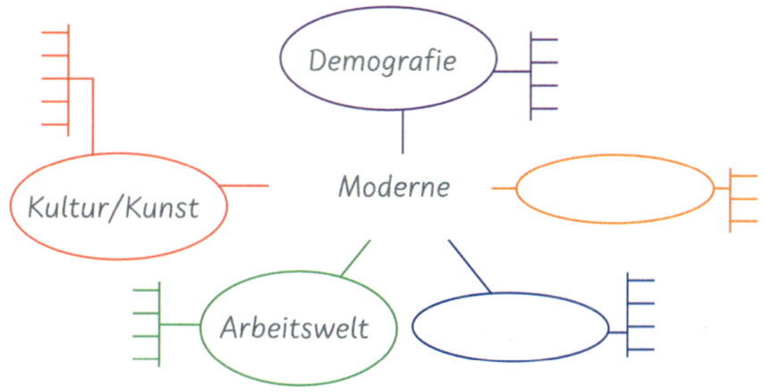

Während die Mind-Map in erster Linie ein Instrument zur Strukturierung von Inhalten bzw. von Wissen ist, dient die **Concept-Map** – zu übersetzen mit „Begriffslandschaft“ – eher dazu, einen Denkprozess zu visualisieren. In ihr werden Begriffe verknüpft; ihre Beziehungen zueinander durch beschriftete Pfeile dargestellt. Ein Zentrum gibt es nicht; verschiedene Begriffe können nebengeordnet sein und zu Ausgangspunkten weiterer Verzweigungen werden. Dadurch entsteht eine netzartige grafische Struktur.
Eine Concept-Map dient in der Regel dazu, eine Fragestellung zu klären oder einen Textinhalt zu erfassen. Ziel ist es, durch den Prozess der Anordnung und des Inbeziehungsetzens von ausgewählten zentralen Begriffen ein Thema zu durchdenken: Indem verschiedene Möglichkeiten erprobt werden, die Begriffe sinnvoll miteinander zu verknüpfen, werden ihre Bedeutungsebenen klarer. (Abb. → S. 253)

Ein Pfeil- oder Flussdiagramm entwickeln

Ein Instrument, mit dem sich Abläufe übersichtlich herausarbeiten und darstellen lassen, ist das **Pfeil- oder Flussdiagramm**. Liegt Ihnen beispielsweise eine Darstellung einer historischen Entwicklung oder eine Darlegung eines Argumentationsgangs vor, lesen Sie den Text zunächst aufmerksam durch und notieren Sie wichtige Aspekte (Ereignisse/Handlungen bzw. Argumente). Bringen Sie dann die Stichpunkte in eine Abfolge. Stellen Sie Abfolgen mit Pfeilen dar. Ein Beispiel:

März 1848: Barrikadenkämpfe
↓
1848/49: Deutsche Nationalversammlung in Frankfurt am Main

Kommentieren Sie die Pfeile anschließend, indem Sie stichwortartig aus dem Text herausschreiben, wie es von einem Ereignis zum nächsten kam bzw. welche Hintergründe die Argumente haben. Notieren Sie dies als Beschriftung an dem passenden Pfeil.

März 1848: Barrikadenkämpfe
↓ *preußischer König gibt Forderungen nach, verspricht eine Verfassung und Wahlen; „Märzminister“ werden eingesetzt*
1848/49: Deutsche Nationalversammlung in Frankfurt am Main

Diskussionsforum Fishbowl

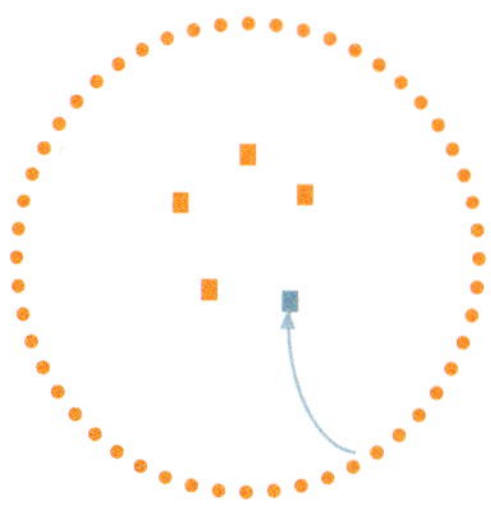

Wenn Ergebnisse von Gruppenarbeiten zusammengeführt, diskutiert und bewertet werden sollen, kann dies in Form eines „Fishbowl“ (oder „Aquariums“) durchgeführt werden. Dafür wählt am Ende der Gruppenarbeitsphase jede Gruppe eine Sprecherin oder einen Sprecher. Sie oder er muss die Ergebnisse der Gruppenarbeit nach außen vertreten.

Um ein **„Fishbowl“** zu bilden, bildet innerhalb eines großen Stuhlkreises eine Kleingruppe von vier bis sechs Schülerinnen und Schülern, die zuvor von ihren Arbeitsgruppen als Sprecherin oder Sprecher gewählt wurden, einen Innenkreis. Sie führen stellvertretend für die ganze Gruppe die Diskussion. Im Innenkreis steht ein freier Stuhl. Er kann kurzfristig von einem Gast aus dem Außenkreis besetzt werden. Wer sich setzt, erhält sofort Rederecht, muss aber, nachdem er gesprochen hat, wieder auf seinen Platz im Außenkreis zurückkehren.
Am Schluss der Diskussion bewerten alle gemeinsam:

- Welche Argumente haben überzeugt?
- Waren sie in Bezug auf den historischen Kontext angemessen?

Register

Im Register ist eine Auswahl wichtiger Begriffe und Personen zusammengestellt. Verwiesen wird nur auf Seiten, auf denen Informationen zu den Stichworten zu finden sind – nicht alle Seiten, auf denen sie vorkommen, sind aufgeführt.

Personen